世界银行

地方政府债务应急处置的国际比较

——世界银行专家谈地方政府债务

奥塔维亚诺·卡努托
刘琍琍　编

本书翻译组　译

中国财政经济出版社

图书在版编目（CIP）数据

地方政府债务应急处置的国际比较：世界银行专家谈地方政府债务 /（美）卡努托，（美）刘琍琍编；《地方政府债务应急处置的国际比较》翻译组译. —北京：中国财政经济出版社，2014.8

ISBN 978 - 7 - 5095 - 5393 - 0

Ⅰ.①地… Ⅱ.①卡… ②刘… ③地… Ⅲ.①地方财政 - 债务管理 - 研究 - 世界 Ⅳ.①F811

中国版本图书馆 CIP 数据核字（2014）第 085661 号

著作权登记号：图字 01 - 2014 - 2602

责任编辑：赵　力　杜　剑　　　　　　责任校对：李　丽
封面设计：邹海东

中国财政经济出版社 出版

URL：http：//www. cfeph. cn

E - mail：cfeph @ cfeph. cn

社址：北京市海淀区阜成路甲 28 号　邮政编码：100142

营销中心电话：88190406　北京财经书店电话：64033436　84041336

北京财经印刷厂印刷

787 × 1092 毫米　16 开　29 印张　534 000 字

2015 年 8 月第 1 版　2015 年 8 月北京第 1 次印刷

定价：90.00 元

ISBN 978 - 7 - 5095 - 5393 - 0/F · 4361

（图书出现印装问题，本社负责调换）

本社质量投诉电话：010 - 88190744

打击盗版举报热线：010 - 88190492、QQ：634579818

序

地方政府举债是工业化、城市化进程中的必然选择。地方政府合理适度举债有利于促进代际公平。但如果监管缺位、过度举债可能引发债务危机，进而影响经济社会可持续发展。如何防范和化解债务风险，保持经济社会可持续发展，是地方政府债务管理的重要内容。

从国际范围看，许多国家都经历过地方政府债务问题的困扰，有的甚至出现债务危机。这些发生债务危机的国家，有的是地方违背“黄金法则”举债用于弥补经常性收支赤字，有的是地方基于中央政府隐性担保无序举债，有的是金融市场不成熟或金融机构信贷管理不审慎，有的是外部经济环境恶化诱发地方债务危机。为应对债务危机，这些国家大多建立了地方政府债务破产制度或临时性的债务重组机制。如巴西、印度等国中央政府主导了对地方政府债务的重组，并督促地方政府完善了债务管理制度，硬化预算约束以防止道德风险，建立激励约束机制以避免“搭便车”行为；美国、法国等国则建立了地方政府破产机制，并分别通过司法程序或行政程序予以实施，中央政府（或联邦政府）对地方政府债务坚持不救助原则，以防止出现道德风险。从上述国家经验看，有效、健全的债务应急处置机制，能够有效平衡维护债权人权利和确保公共服务连续性之间的关系，合理界定各级政府的责任边界，避免地方政府道德风险以及“搭便车”行为，防范化解财政金融风险。

从我国情况看，2013 年审计结果显示，地方政府债务风险总体可控，但局部地区债务风险已经比较高。为规范地方政府债务管理，2014 年新修订的《预算法》和《国务院关于加强地方政府性债务管理的意见》（国发〔2014〕43 号）对地方政府债务管理做出了整体制度安排。明确允许地方政府发行地方政府债券规范举债，中央对地方政府债务坚持不救助原则，建立地方政府债务应急处置及责任追究制度。

本书作者世界银行政府债务问题专家 Lili Liu 和 Otaviano Canuto 博士对主要市场经济国家的地方政府债务重组、地方政府破产以及地方政府债务市场有着长期深入的研究。希望本书的出版，对我国建立地方政府债务应急处置机制，进一步规范地方政府债务管理发挥积极的推动作用。

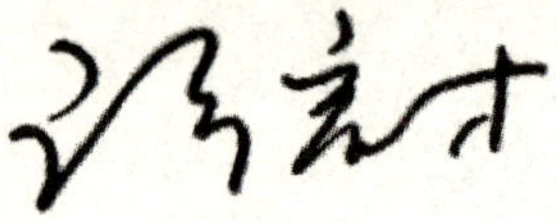

2015 年 7 月

目　录

第二部分 地方政府破产制度

第三部分 发展地方债务市场

专栏

图

表

致　谢

本书是团队共同努力的成果。我们需要感谢的人有很多。

第一，我们要感谢作者们。他们是多级政府系统背景下公共财政行业中领先的实践者与专家。我们感激他们不仅仅因为他们为本书的高质量所做出的贡献，也为他们为本书所致力于解决的问题做出的不懈探寻。

第二，本书的研究成果是于 2011 年 6 月在华盛顿世界银行总部所主办的“次主权财政论坛——债务、破产、市场”上形成。论坛的参会者由发达国家与发展中国家——包括本册书所涉及的国家——的高级官员与实践者组成，同时，还包括学者、国际技术援助提供者、世界银行以及国际货币基金组织经理及职员。论坛中的讨论成果不断充实着本书。

第三，本书是世界银行减贫与经济管理网络——经济政策与债务部门全球知识项目的一部分。我们感谢项目主管 Jeffrey D. Lewis、前任主管 Carlos Braga 和部门经理 Sudarshan Gooptu 所给予的支持。

第四，我们尤其要感谢私营基础设施咨询基金（PPIAF）——地方政府援助项目，对法国次主权论坛、本书的产生与背景研究的大力支持。我们感谢 PPIAF 经理 Adriana de Aguinaga de Vellutini、前任经理 James Leigland 和 Paul Reddel 对本书提供的帮助。

第五，我们感谢同事与评论者帮助作者们精简观点以及吸取经验。本书中很多章节根据各领域相关人员在世界银行任职期间的讨论而写出。尤其，我们要感谢以下同事与外部人员的批评与意见：

第一部分 地方政府债务重组

巴西国会经济顾问和国家银行的经济与社会发展的经济学家 José Roberto Afonso 和世界银行的 Pablo Fajnzylber、José Guilherme Reis 以及 Rafael Barroso（第 1 章）；中国财政部财政科学研究所财政教研室主任张晓云教授，中央财经大学中国公共财政与政策研究院副教授刘乐峥以及世界银行的 Chorching Goh 和 Min Zhao（第 2 章）；印度第 13 财政委员会主席 Vijay Kelkar 博士，印度马德拉斯经济学院主任 D. K. Srivastava 教授以及世界银行的 Deepak Bhattasali（第 3 章）；世界银行的 Arturo Herrera、Paloma Anos Casero、David Rosenblat、Jozef Draaisma 和 Andrea Coppola 以及顾问 Steven Webb（第 4 章）。

第二部分 地方政府破产制度

世界银行的 Lars Christian Moller、Christian Yves Gonzalez 以及 Jose M. Garrido（第 5 章）；法国经济和财政两部国际合作的咨询和执行机构（ADETEF）前董事长特别顾问以及法国经济财政的前特别顾问 Alban Aucoin，法国审计法院前主管 Danièle Lamarque，美国罗德岛大学商业法讲师 Michael De Angelis 和世界银行的 Francois Boulanger（第 6 章）；匈牙利政府部门，世界银行的 Jose M. Garrido 和 Riz Mokal，世界银行顾问以及前工作人员 Michael De Angelis 和 Mihaly Kopanyi（第 7 章）；美国公共资本顾问及总经理 Joel Motley，美国查普曼和卡特勒律师事务所合伙人 James E. Spiotto 以及世界银行的 Jean – Jacques Dethier、Jose M. Garrido 和 Matthew D. Glasser（第 8 章）；以及美国马里兰大学经济系教授 Michael De Angelis 和 John Joseph Wallis（第 9 章）。

第三部分 发展地方债券市场

中国财政部财政科学研究所财政教研室主任张晓云教授，中央财经大学中国公共财政与政策研究院副教授刘乐峥和世界银行的 Chorching Goh、Catiana Garcia – Kilroy、Zhi Liu 以及 Min Zhao（第 10 章）；世界银行的 Yan Zhang、Victor Vergara、José M. Garrido 和 Lawrence Tang（第 11 章）；世界银行的 Kaspar Richter、Stepan Anatolievich Titov 和 Pavel Kochanov（第 12 章）；世界银行的 Sandeep Mahajan 和 Matthew Glasser（第 13 章）；美国罗德岛大学商业法讲师 Michael De Angelis，美国证券交易委员会前任市政财务总监 Martha Haines，美国乔治梅森大学经济系助理教授 Noel Johnson，西班牙纳瓦拉大学助理教授 Isabel Rodriguez –

Tejedo 和世界银行的 Jean – Jacques Dethier 以及 José M. Garrido（第 14 章）。同时也很感谢美国公共资本顾问公司总经理 Joel Motley，感谢他对第三部分有关章节提出的建议。

第六，向所有为完成这本书而参与讨论的政府官员和其他人致谢。感谢中国财政部对第 2 章和第 10 章给予的支持。第 3 章的作者感谢 Ying Li 投入了宝贵的分析和技术。第 4 章的作者向 Fernanda Márquez – Padilla 和 Rodrigo Sanchez – Gavito 提供的大量研究帮助，以及 Tuffc Miguel 和 Emilio Pineda 对这一主题提供的富有成效的讨论致谢。关于哥伦比亚的第 5 章得益于 2010 年 10 月 4—6 日世界银行代表团访问哥伦比亚期间与中央和地方政府官员、银行职员、评级机构分析员以及监管人员的讨论，以及随后 2011 年 7 月 13 日与财政部和公共信贷部的官员对早前的底稿的讨论。关于法国的第 6 章是 2009 年 7 月世界银行代表团访问法国的成果。世界银行代表团与来自 Agence Française de Développement 的中央和地方政府官员、评级机构评级员和大学教授进行了讨论。关于匈牙利的第 7 章要感谢 Miklos Udvarhelyi of LGID Ltd 的 Laszlo Osvath 和 Gabor Peteri 以及匈牙利中央和地方政府官员、financial services community 的成员。关于菲律宾的第 11 章是 2011 年 1 月世界银行代表团访问菲律宾的成果，感谢参与讨论的政府官员、公共金融机构以及私人银行。关于俄罗斯的第 12 章得益于与惠誉和标准普尔的分析员的讨论。这章的作者还感谢 Yulia Gerasimova 提供的研究帮助。第 13 章得益于 DNA 南非经济学研究机构提供的早期研究成果。第 14 章的作者感谢 Jessica Hennessey 和 Isabel Rodriguez – Tejedo 分享他们的研究成果。最后感谢 Ying Li 为确保各章节数据的一致性所作的巨大努力。

最后，我们还非常感谢为完成这本书从手稿到出版这一复杂工程所付出努力的工作人员。他们是：我们杰出的语言编辑 Diane Stamm；带领我们度过出版各个阶段的 Stephen McGroarty、Mary Fisk 以及 Alejandra Viveros；在著作权方面给我们指导的 Mayya Revzina；帮助设计版式的 Detre Dyson、Debbie L. Sturgess 和 Tania Tejeda；以及把各个地方政府金融论坛高效地进行整合并管理这一过程各个阶段的 Ivana Ticha。

关于编辑和撰稿人

奥塔维亚诺·卡努托（Otaviano Canuto）是世界银行副行长兼减少贫困和经济管理网络（PREM）的经理。PREM 是世界银行的一个分支部门，有着超过 700 名经济学家和公共部门专家，致力于为经济政策提供建议和技术扶持，并负责给世界银行客户国借款业务，希望以此方式能够减少贫困。Canuto 先生在 2009 年 5 月起担任这个职务，此前，从 2007 年 6 月开始他一直是拉美国际发展银行的副行长。他把握了经济政策前进的方向，并在此方面展现了卓越的领导力。这些经济政策涉及发展、贫困、债务、贸易、性别以及公共领域的管理和治理等领域。他参与了世界银行与主要合作机构（包括世界货币基金组织在内）的整体合作。在经济的发展、金融危机的管理以及地域的经济发展等领域，Canuto 博士都有大量著作和讲座。他已经发表了至少 70 篇文章，刊登于英语、葡萄牙语和西班牙语的经济学周刊和书籍中。另外，在政策发展和全球经济问题研究方面，他还做了许多公开演讲。Canuto 博士在巴西圣保罗的坎皮纳斯大学获得经济学博士学位，在加拿大蒙特利尔的康戈迪亚大学获得硕士学位。他会讲四种语言——葡萄牙语、英语、法语和西班牙语。

刘琍琍是世界银行欧洲和中亚地区公共部门和机构改革部门的首席经济学家。2012 年秋天以前，她在经济政策和债务发展部门工作，是地方政府公共财政智囊团的领导者。现任世界银行城市和交通部门委员会成员，也是分权化和地方政府区域经济学专题组（其成员遍布全银行，人数超过 350 人）的联席主席。此前，她领导了高层次的政策对话，并主管给印度和其他国家的贷款业务，涉及发展策略、宏观经济政策、公共财政、贸易以及基础设施建设等方面。她在公共财政、地方政府财政以及它们在宏观经济结构、政府间财政系统、资金市场的发展和基础设施建设融资的关系的研究领域中多有建树，并出版了大量书籍。另外，她还领导了世界银行对发展中国家的业务咨询服务。刘博士是众多国际高级会议以及国家代表团参观世界银行时的被邀发言者。她在美国安娜堡的密歇根大学获得了博士和硕士学位，在上海复旦大学获得了学士学位。

Kenneth Willy Brown 是南非财政部政府间关系处副处长。在加入公共部门以前，Brown 先生是一位教师。他在 1998 年担任了国家财政部财政预算局副局长一职。2001 年，他成为省级政策部部长，主要负责国家财政给地方财政的政府转移支出政策。而且，他曾经主管政府间政策和规划，监管影响省级和地方政府的部门政策的制定。现在作为副处长，他负责监管省级和地方政府包括财政转移支出在内的财政政策。Brown 先生在伊利诺伊大学厄本那一香槟分校获得了硕士学位，在南非的西开普大学经济学获得了优秀学士学位，并获得了小学教师资格证。

Michael A. De Angelis 是罗德岛大学经济学院的讲师。他是纽约 Mudge Rose Guthrie & Alexander 律师事务所的前合伙人，主要负责公共财政部分。De Angelis 先生专攻美国（国家和地方）经济转型和发展的政策研究，包括一般义务、公用事业、基础建设、教育、与非盈利组织相关的卫生保健、债券基金、担保抵押以及项目和证券化融资等领域。他还曾是发行人、承销商、借款人、担保和贷款人的律师顾问。另外，他也曾参加与政府基础建设融资交易相关的金融工具的开发。De Angelis 先生最近在研究在资金市场借款的政府和次级政府的法律框架，这包括西非经济和货币联盟以及至少 25 个国家在内的转型经济体和发展中经济体。De Angelis 先生在马萨诸塞州波士顿大学获得了法学博士和硕士学位，并在纽约的康奈尔大学获得了公共管理硕士学位。

Azul del Villar 自 2002 年以来一直在世界银行的拉丁美洲公共部门小组工作，致力于国家和地方政府的政策发展和技术援助，主要支持他们的地域发展、分权化、财政的可持续发展以及公共财政的管理。她参与了关于财政自律、预算改革以及债务管理的经济研究。在 2007 年至 2010 年，全球基础设施建设项目以及金融集团的惠誉评级建立过程中，她对交通运输和能源部门的债务发行的金融集团评级进行了研究。在 1999 年到 2001 年，她在墨西哥外交部的经济合作与发展部门工作，为墨西哥的财政事务、公共管理以及经济发展委员会提供建议。Del Villar 女士在墨西哥伊比利亚美洲大学获得了理学学士学位，并在纽约的哥伦比亚大学获得了经济政策管理硕士学位。

Norbert Gaillard 是一位法国经济学家、独立顾问以及日内瓦研究院的客座教授。他是国际金融公司、世界银行、索诺拉州（墨西哥）、经济合作发展组织以及欧洲议会的顾问。他著有一些研究文章，并在地方债务和信用评级机构的书中写了部分章节。他最近的一篇研究是“守门的结束：保险公司和主权债券市场的质量，1815—2007”，这篇文章是与 Marc Flandreau、Juan H. Flores 以及 Sebastián NietoParra 合著的。另外，还有“人非圣贤孰能无过：评级机构和两次世界大战外国政府的债务危机”，这一篇是与 Marc Flandreau 以及 Frank Packer 合著的。Gaillard 博士已经出版了两本书：《信用评级机构 》（巴黎 La Découverte 出版，2010）以及《一个主权评级的世纪》（纽约斯普林格出版 ，2010）。他在 2008 年获得了经济学博士学位，他的博士论文对主权评级方法进行了研究。在 2004 年 5 月至 2006 年 7 月期间，他曾是新泽西普林斯顿大学的富布莱特研究员。

Sol Garson 在巴西里约热内卢联邦大学公共政策、策略和发展项目中教授国家和地方财政管理这一门课。她也是公共部门财政和预算的专业顾问。从 1975 年到 2001 年，Garson 博士是经济和社会发展国家银行的经济学家。1993 年她被借调到里约市，然后从 1996 年到 2000 年都是财政部部长。1997 年至 2000 年，作为首都的财政秘书协会主席，她参与了税收改革、财政责任法的制定以及其他与巴西各城市利益相关的工作。在 2007 年，她是里约热内卢州的财政秘书处的副部长。Garson 获得了城市和地区规划的博士学位。她有许多著作出版，其中包括《城市地区：为什么他们不愿意合作?》（里约热内卢，Letra Capital 出版，2009）一书。

Kúroly（Charles）Jókay 是市政财政和破产处理方面的专家，并在匈牙利布达佩斯的中欧大学公共政策系教授市政财政、公共预算以及公共管理等课程。他在中东欧多国有过处理市政财政与信誉的经历，如波斯尼亚、黑塞哥维那、匈牙利、前南斯拉夫马其顿共和国、罗马尼亚以及塞尔维亚。他在政策改革、市政财政与预算、财政权力下放的操作实现方面如市政债券的管理以及财政拨款政策的发展等领域颇有建树。作为世界银行的常任顾问，Jókay 博士完成了市政债券的公开流程、市政服务部门的公用事业转变与规则以及市政债券的规则制定。他分别在伊利诺伊大学厄本那一香槟分校获得政治科学硕士与博士学位，在密歇根大学获得经济学学士学位。Jókay 博士建立了家庭基金来支持匈牙利 Pàpa 市归正教会高中里贫困农村孩子的教育。

Galina Kurlyandskaya 是公共财政与府际关系领域的专家。她是莫斯科财政政策中心的总干事以及俄罗斯在经济过渡时期政府财政与政府间关系方面智囊团成员。Kurlyandskaya 博士为俄罗斯以及其他一些发展中国家中央政府以及区域地方政府提供财政政策、公共财政管理以及政府间关系方面的基于研究的政策建议与技术支持。她在俄罗斯科学院世界经济与国际关系研究所获得经济学博士学位。

James Leigland 是私人基础建设集团的技术顾问，并管理着技术援助机构。在2010 年从世界银行提前退休，Leigland 博士是公共—私营基础设施咨询基金（PPIAF）地方政府技术援助小组组长，该基金是世界银行一个多捐助方的技术援助基金。2005 年起他在 PPIAF 身兼数职，包括非洲和代理项目经理。在加入世界银行之前，他是市政基础设施投资单位咨询团队领导。一个由南非政府创立的项目开发公司，在 1998 年至 2005 年间，建立了 45 个私人融资项目，包括公私伙伴关系，私有化以及市政债券发行。Leigland 博士在 90 年代中期是美国国际开发署东亚城市政策高级顾问，也是纽约哥伦比亚大学的前教职工，并在哥伦比亚大学获得政治经济学博士学位。在基础设施、私有化和地方财政等领域 Leigland 博士出版过 35 种专业出版物。

Gilberto M. Llanto 是菲律宾发展研究所高级研究员。曾是国民经济和发展机构副总干事和农业信贷政策委员会的执行董事。在 2004—2005 年期间任菲律宾经济协会主席以及《菲律宾发展》杂志编辑。现任康拉德 · 阿登纳委员会委员，该委员会给菲律宾杰出的地方政府授予荣誉。他的研究领域包括地方财政、住房信贷以及公共财政。他在马尼拉菲律宾大学经济学院获得经济学博士学位。

Alvaro Manoel 是世界银行经济政策和债务部门的高级经济学家，其为多个领域提供政策建议，包括债务管理、债务持续性分析、地方政府公共财政以及宏观风险和财政政策。在加入世界银行之前，他是国际货币基金组织财政事务和非洲部门的高级经济学家，参与 IMF 项目研讨以及为 20 多个国家提供财政问题的技术支持。Manoel 博士是巴西财政部国库司副秘书长，兼任巴西计划与预算部经济顾问委员会领导人，曾协调政府专责小组，设计和起草财政责任法案（1998—2000 年）并与巴西国会成员协商该条款。Alvaro Manoel 在巴西圣保罗大学获得经济学博士学位，并曾任巴西圣保罗大学经济学教授。

Mônica Mora 是巴西应用经济研究学会（IPEA）经济学家，于1998 年加入该学会，供职于宏观经济学部门。她在公共财政、财政政策以及宏观经济协调等领域多有建树。自 2004 年起，Mora 女士在巴西资本市场研究院教授经济学。在巴西里约热内卢联邦大学获得经济学学士和硕士学位。

Edgardo Mosqueira 自 2003 年起任世界银行公共部门高级专家。他多年专注于公共政策、公共管理、分权化以及土地政策与管理等领域的研究。并参与过阿根廷、玻利维亚、哥伦比亚、克罗地亚、厄瓜多尔、墨西哥、秘鲁以及塞尔维亚各国政府治理改革。Mosqueira 先生是秘鲁总统部长、劳动部长并兼任其他政府高级职位。在他进入秘鲁政府任职之前，是秘鲁 Hernando de Soto 自由和民主研究所高级研究员。同时也是 Peruana de Ciencias Aplicadas 大学法学院系主任，联合国开发计划署贫困人口法律赋能委员会专家成员。他在约翰·霍普金斯大学高级国际研究学院获得国际公共政策硕士学位，在秘鲁利马天主教大学获得法学博士学位。

Tebogo Motsoane 是南非国家财政部（SANT）高级经济学家。他在 2004 年加入 SANT，研究地方政府财政转移。他的研究领域包括地方政府财政与市政债务融资。Motsoane 先生发表过多篇论文并出席过若干市政财政融资的论坛。他发表的文章包括：《私人融资杠杆》（Leveraging Private Finance），该文发表在 2008 年和 2011 年由 SANT 出版的《地方政府预算支出审查》（Local Government Budget and Expenditure Review）、《私营部门对基础设施的投资》（Private Sector Investment in Infrastructure），该文发表在 2009 年 5 月由世界银行出版的《市政基础设施融资综合报告》（Municipal Infrastructure Finance Synthesis Report）。Motsoane 先生获得南非约翰内斯堡大学成本与管理会计毕业证书。

John E. Petersen 是公共财政方面的专家，是分析市政债券市场方面的著名经济学家。他曾是市政证券规则制定委员会委员，也是弗吉尼亚州费尔法克斯乔治梅森大学公共政策学院的教授，以及市政债券市场方面著名的专家。他在美联储开始了他作为资本市场经济学家的生涯。他是证券行业协会公共财政董事，在 1970 年成为全国州长会议政策研究与分析中心董事，之后他又成为政府财政官员协会的政府金融研究中心的高级董事。1992 年，Petersen 博士建立了政府财政集团，提供国际财政政策建议与研究服务。在 1998 年至 2002 年间，他是政府财政集团 ARD 的部门主管。John E. Petersen 获得伊利诺斯州埃文斯顿的西北大学经济学学士学位，费城宾夕法尼亚大学沃顿商学院的 MBA 学位，在宾夕法尼亚大学获得经济学博士学位。Petersen 博士于 2012 年去世。

Abha Prasad 是世界银行经济政策与债务部门的高级债务问题专家。作为世界银行的核心部门成员，她领导开发了债务管理绩效评估工具，其也适用于地方政府。她致力于研究地方以及发展中国家的债务管理问题，这些国家包括孟加拉共和国、不丹、圭亚那、马尔代夫、摩尔多瓦、尼加拉瓜、尼日利亚、坦桑尼亚和越南。在这之前，她曾担任印度储备银行的内部债务管理部门董事，任职期间，她帮助管理印度联邦政府和28个地方政府债务。她为印度财政制度框架制定提供建议并在2004年对政府债务进行重组。她在债务、地方财政、银行与债券运作风险管理方面发表过多篇文章。Prasad 女士获得印度德里大学以及华盛顿乔治敦大学的硕士学位。

乔宝云 中央财经大学中国公共财政与政策研究院院长，经济学教授。他接受过来自多国政府（包括中国、印度尼西亚、巴基斯坦和泰国）和国际组织（亚洲发展银行和世界银行）的邀请，就政府间财政关系、财政分权、地方政府治理、地方债务以及地方基础设施的融资方面等问题发表专题演讲。他的研究主要集中在财政学、税务、政府间财政关系、预算管理、地方治理和经济发展等领域，发表了大量的论文和专著。他在2007—2008年担任过中国经济学家协会副会长一职。乔博士毕业于美国乔治亚州立大学并获该校经济学博士学位。

C. Rangarajan 印度总理经济顾问小组组长。他担任过第十二届财政委员会会长、安得拉邦市长以及印度储蓄银行行长等职务。他曾是负责起草印度自由化进程核心小组的成员。他曾是印度国会一位杰出的成员。Rangarajan 博士曾在诸多学院工作过，其中包括宾夕法尼亚大学、纽约大学和负有盛名的印度管理学院。在2002年，印度政府授予他 Padma Vibhushan，印度第二高的公民奖。他在财政委员会做的关于分配印度中央和邦政府之间资源的工作是管理政府间关系和转移资金的杰出例子。他在众多课题上，包括财政联邦转移支付、货币政策、农业增长、银行、宏观经济和预测，都发表过相关文章。

Ernesto Revilla 墨西哥财政部首席经济学家。在他担任这一职位之前，他是财政部税务政策部门的长官，这一部门主要掌管收入政策和项目、税收政策决定的经济分析以及预算和财政政策选择估计的设计和实施工作。Revilla 先生也担任过财政部财政联邦局的主管，他负责联邦政府向地方政府之间的转移支付工作以及与墨西哥政府间财政关系框架的设计工作；他还担任过收入部门的部门主管；还担任过证券市场的副主管。在进入财政部之前，Revilla 先生还在世界银行总部担任过要职。作为世界银行青年专家计划的一员，他曾是金融发展部门的经济学家，主要研究亚太东部地区。Revilla 先生的经济学学位是从芝加哥大学和墨西哥科技学院（ITAM）获得的。他现在在 ITAM 教授高级宏观经济学。

Juan Pedro Schmid 美洲开发银行研究牙买加问题的经济学家，他主要负责的事情有：监控宏观经济运行，筹划国家战略，以及设计分析工作。在加入美洲开发银行之前，Schmid 博士作为经济学家在世界银行经济政策和债务部门工作了三年。尽管他主要的研究领域是债务免除（主要是关于那些受债务严重影响的落后国家），他还致力于债务管理、增长分析和财政政策方面的工作。他从苏黎世大学获得了经济学硕士学位，而经济学博士学位是从瑞士联邦理工学院获得的。

田小维 中国甘肃省财政厅员工。他从事公共支出、预算管理以及制定有关农业和生态保护方面的财政政策的相关工作。田先生曾在世界银行减少贫困和经济管理网络担任顾问。他从事财政学研究、全球危机对政府财政的影响（尤其地方政府）以及宏观经济中地方债务市场发展等方面的工作。

Michael Waibel 英国剑桥大学的一名讲师，他主要讲授法律，同时他也是劳特派特中心的一名成员。他主要的研究领域是公共国际法和国际经济法，尤其关注金融领域以及国际纠纷的处置。在剑桥，他讲授国际法、世界贸易法以及欧盟法。他还在哈佛学院、伦敦经济学院、圣一格伦大学工作过。他的专题论文《在国际法庭下主权债务违约将如何处理》，2011 年由剑桥大学出版社出版。Waibel 博士从维也纳大学获得了法学硕士学位和法学博士学位；他还从伦敦经济学院获得了经济学理学硕士；从哈佛法学院获得了法学硕士。他是 New York Bar 的成员，并且拥有荷兰黑格学院的国际法文凭。他曾为多个国际组织工作过，其中包括欧洲中央银行、国际货币基金组织和世界银行。

John Joseph Wallis 马里兰大学经济学教授、国家经济研究局研究员。他是一名经济历史学家，同时也是一名学院派的经济学家，他主要注重研究跨时间政治和经济制度之间的相互关系。作为一名美国经济历史学家，它已经收集了大量关于政府财政以及州宪法方面的数据集，同时它也研究了政治和经济力量是如何在 1830 年和 1930 年改变美国宪法。在过去的十年里，他的研究已经扩展到涵盖更长的时期和更广的地域了，同时，他也研究了更一般性的问题，例如，社会如何使用经济和政治制度来解决暴力问题，并维持经济增长。Wallis 博士是《暴力和社会秩序：阐释人类历史的一个概念框架》的作者之一，另外两位作者分别是 Douglass North 和 Barry

Weingast（该书由剑桥大学在 2009 年出版）。他于 1983 年在华盛顿获得了博士学位，并在芝加哥大学做了两年博士后。

Steven B. Webb 过去的 24 年里，他在世界银行担任首席经济学家、研究顾问、评估和运营顾问，主要涉及非洲、拉丁美洲、加勒比和其他区域。他擅长政治经济学、财政学、中央银行和货币政策、分权和经济历史。他分别发表并出版了大量的文章和书籍：如《德国魏玛的恶性通货膨胀和经济稳定》；他还是《分权的收获和挑战：墨西哥经验》的作者之一；《公共部门改革——什么办法才能奏效、为什么?》；《为改革投票：在新民主下政治的调整》以及《暴力下的阴影：政治、经济和发展的问题》。Webb 博士还在密歇根大学经济学部门任职，同时他还曾是美国国务院的高级经济学家。他在耶鲁大学获得经济学学士学位，在芝加哥大学获得历史学硕士学位和经济学博士学位。

缩略语

ARI	平均固定工资
ARO	信贷业务预期收入
BLGF	地方政府财政局
BPA	美国邦纳维尔电力局
CGCT	地盘性独立存在体的一般性法则
DAF	财政支援机构
DBSA	南非发展银行
DCED	宾夕法尼亚州社区与经济发展部门
DGCL	行政区划总指挥部
DGCP	公共会计总指挥部
DOF	财政部
€	欧元
ESF	突发事件社会基金
EU	欧洲联盟
FC	财政委员会
FEIEF	联邦机构稳定联邦收入基金
FIFA	国际足球联合会
FINDETER	地方融资机构
fisc	政府财政活动组合，包括收入、支出与债务
FONPET	国家养老基金
FPE	国家参与基金
FRL	巴西财政责任法

FRL	印度财政责任法
FUNDEF	金融教育基金
GDP	国内生产总值
GFI	政府金融机构
GJMC	约翰内斯堡大都会委员会
GNP	国民生产总值
GSDP	州内生产总值
GTS	一般性转移系统
IBGE	巴西地理和统计研究所
ICMS	商品、市政间交通和通讯服务的增值税
IFI	国际金融机构
IGP-DI	一般物价指数、国内有效性
IMF	国际货币基金组织
INFIS	领土推广和发展机构
IPI	工业产品增值税
IRA	国内收入分配
IRRF	从源扣缴的所得税
ISS	服务税
KWK	Kloha，Wissert 和 Kleine
LGC	北卡罗来纳州地方政府委员会
LGU	地方政府单位
LGUGC	地方政府单位担保公司
LWUA	地方自来水管理局
MAV	国有铁路
MDFO	市政发展基金办公室
MEC	执行委员会成员
MFMA	市政府金融管理法
MFPC	融资和公共信贷部门
MHCP	融资与农村信贷部门
MOF	财政部
MSRB	市政证券制定规则
MVM	电力网
NCR	当前净营收
NPD	国家计划部门

NSSF	国家储蓄基金
OCIP	橙县联合投资组织
OECD	经济合作与发展组织
OTB	场外投注公司
OTP	1995 年匈牙利垄断国有储蓄银行私有化
PACER	公共访问法院电子档案
PAF	激励计划的州的重组和财政调整
PAI	联邦立即行动计划（1993）
PFI	私人融资活动
PICA	宾西尼亚政府间合作机构
PPP	公共私营合作制
PSBR	公共部门借款需求
PSUs	事业单位
PUDs	公用设施区
RBI	印度储备银行
RCA	账户区域室
RCL	当前净收入
RDF	雨天基金
RLR	实际净收益
S&P	标普公司
SEC	美国证券交易委员会
SELIC	特殊的结算和托管系统
SELIC rate	主要利率：平均负责日常运营支持的国债和债券，在 SELIC 注册
SEMs	公私伙伴关系
SGP	中央政府的转移支付
SNG	地方政府
SOC	监管公司
SOE	国有企业
STN	国库秘书处
TSS	分税制
UDC	城市发展公司
UDIC	城市发展投资公司
URV	实际价值单位

USAID	美国国际开发署
VAT	增值税
WPPSS	华盛顿公共电力供给系统
WMA	财政短期借款
ZAC	城市发展中心

注意：所有的金额单位都是美元，除非另有说明。

总论

奥塔维亚诺·卡努托　刘琍琍

州、其他地方政府债务以及准公共机构的债务变得日益重要。三大结构性趋势导致地方政府在公共财政中投融资所占比重和地方政府债务在公共债务中所占比重不断上升（Canuto 和 Liu，2010a）。

第一，许多国家进行了财政分权，给予地方政府（SNGS）[1]某些支出责任和一些税收的权利以及举债的资格。随着主权债务进入金融市场，地方政府也正在寻求进入这些市场以融资。

第二，在发展中国家，快速的城市化进程需要为基础设施建设进行大规模的融资，以帮助容纳不断涌入的农村人口。[2]贷款使地方政府可以更快速地获得大型资本投资的收益，而不用等待当期经常性收入累积到足够的储蓄之后再进行投资。基础设施建设造福子孙后代，这些“子孙后代”理应承担部分成本。地方政府使用债务为基础设施融资促进了代际公平，因为债务的还本付息与资产的经济寿命的一致性，使提供基础设施服务的成本，可以更公平地由实际受益者分担。

第三，发展中国家的地方政府债务市场经历了一个显著的转变。私人资本已经开始在地方政府融资中发挥重要作用，并且地方政府债券开始与传统的银行贷款竞争。尽管地方政府信贷市场在2008—2009年全球金融危机中遭到暂时的冲击，但更多元化的地方政府信贷市场的趋势有望延续。很多国家的地方政府或其实体已开始使用债券作为融资工具（如中国、哥伦比亚、印度、墨西哥、波兰、俄罗斯联邦和南非）。更多的国家正在考虑促进地方政府债券市场发展的政策框架（如印度尼西亚），而另一些国家则对特定的地方实体进行试点测试和融资能力培养（例如，秘鲁）。

伴随债务而来的是破产风险。当地方政府采用不可持续的财政政策时，其偿还债务的能力、正在提供的服务、金融体系的安全、国家的国际信用评级以及整体宏观经济的稳定都可能受损。大多数情况下，中央政府会受到拖累被迫提供救助，但提供救助会威胁中央政府自身的财政可持续性，并且会激励受助政府冒道德风险。

在20世纪90年代，一些主要的新兴市场经历了地方政府债务危机。刚进行财政分权的国家都面临着潜在的财政风险。许多观察家认为，在门多萨和布宜诺斯艾利斯省的地方债务失控是2001年阿根廷主权债务违约背后的一个因素。巴西在20世纪80年代和90年代经历了三次地方政府债务危机。20世纪90年代末到21世纪初，印度的许多邦的财政赤字、债务及或有负债上升，从而带来了较大的财政压力。1994年至1995年，墨西哥金融危机暴露了地方政府的债务脆弱性。

在历史上，地方政府破产事件时常发生。1842年，美国的8个州及佛罗里达领地拖欠其债务，同时其他三个州也处于危机四伏的财务状况之中（Wallis，2005）。在大萧条期间，4 770个地方政府拖欠28.5亿美元的债务（Maco，2001）。随着资本市场和监管框架的成熟，美国地方政府违约率下降了。但近期违约事件还是时有发生，如1983年华盛顿公共电力供应系统的违约，以及1994年加利福尼亚州橙县和2011年阿拉巴马州杰佛逊县的破产。

由于经济增长放缓、借贷成本上升以及基本盈余恶化，2008—2009年的全球金融危机对各个国家的地方政府融资都产生了深远影响。许多国家的财政刺激、货币宽松政策以及增加的财政转移支付会使得这种影响有所缓和。然而，地方政府的财政压力可能继续——从可能较高的资金成本、全球经济复苏的脆弱性以及再融资风险和主权风险可以预见到这种情况的发生（Canuto和Liu，2010b）。

调整财政激励

地方政府债务危机促使许多国家寻找地方债务重组的框架，并进行司法和机构改革来长远地维持地方政府的债务融资。在一个多层级的政府体系里，改革需要解决三个方面的难题（Liu和Webb，2011）。第一个难题适用于任何一级政府，而第二和第三个主要是与存在多级政府的国家相关。

第一个难题是相对于居民寿命而言，政府官员的执政任期时间较短。如果在短期公职人员的成果不令人满意，他们会面临被开除的风险。公民和商业的辖区间流动性意味着过度借款可能推动居民离开辖区，使剩下的居民承担多于预期的人均债务。

第二个难题是搭便车。当选举压力等因素激励地方政府采取不可持续的财政政策时，个别地方政府的利益可能会偏离共同的国家利益。地方政府只承担其行为不端的部分成本，但只要（大部分）其他地方政府继续采用良好的财政政策，行为不端的地方政府会得到所有最终实现的收益。所以，这有可能是一个“囚徒困境”——在这种情况下，孤立个人的均衡选择导致了整体的次优结果[3]。

第三个难题是道德风险。地方政府可能有动机不向债权人偿还债务，同时倘若债权人认为违约债务人可以获得中央政府的紧急援助，债权人会不进行风险鉴别就借贷给地方政府。

在一个具有多层次政府的国家中，中央政府是为保护共同利益（及其他利益）而存在，并且通常会拥有特殊权力，比如运行央行和调节金融部门等。中央政府还向地方政府提供转移支付。然而，宪法和规章（如收入共享方面的规则）可能会限制中央政府在地方的权利。基于政治上的考虑，如中央的政治周期或地方的政治周期，可能会导致中央政府的决策远离最优（Braunchy 和 Tommasi，2004）。举例来说，当与中央政府同属一个党派的州政府面临一场势均力敌的选举时，中央政府可能倾向于通过提供债务救助计划或重新安排抵押品的偿还期，从而“纵容”州政府的财政不当行为。此外，在某些政治制度的结构下，国家行政机关可能通过给地方政府财政支持来“收买”立法投票街区。

政治制度的激励机制影响着建立有效地方财政控制机制的需求。宪法和政党制度导致权力集中的国家可能不太需要用专门机构在时间维度上和跨政府之间来协调财政纪律。然而，权力下放和市场放开扩大了对协调财政纪律的需要。

在几个主要发展中国家中，20 世纪 90 年代出现了地方政府债务危机和财政危机，这些危机推动了地方政府借款框架的改革，包括借债前的财政规则和债务限额。对破产解决方法的寻求也变得积极：如果没有事后机制，只有借债前的规则已被证明是不够的。如果债权人和债务人绕过借贷前的监管，破产机制应加重对这种行为的处罚，从而加强预防规则。

地方政府债务重组的关键设计问题

世界各国的经验揭示了债务重组框架的几个设计问题：（1）如何平衡债权人的合同权利和在地方政府破产的情况下维持公共服务之间的紧张关系；（2）在解决破产时，如何界定各级政府部门应担当的角色；（3）如何开发一个解决债务的整体框架；（4）在司法、行政或混合的方法之间的选择。国家案例分析表明一个国家的具体情况——历史、宪法、经济背景和改革的切入点，都影响着每一个国家的框架设计。

框架设计最终需要解决在一个多层次的政府体系中对地方政府的财政激励的难题。一个健全的框架应降低地方政府违约的道德风险，阻止搭便车，让所有地方政府追求可持续的财政政策，并面对地方政府官员的短期任职问题，使不可持续的财政政策对后世的影响最小化。

公共及私人破产

地方政府破产不同于民营企业实体破产。核心的区别是地方政府提供服务是公益性质的。因此，债务重组不可避免地要涉及债务人（及它服务的公民）的利益与债权人（及储户）之间艰难的平衡。公司可以解散，但这条途径对地方政府来说却是不可行的。当一家私人公司破产时，其所有资产都将受到扣押，但在许多国家，债权人扣押地方政府资产的能力受到限制。例如在美国，司法原则通常会认为只有政府“自有财产”才能被扣押。能被扣押还债的“自有财产”被美国最高法院定义为“（市政府）用于盈利或者创造财政收入且这种收入不用于对任何公共信托基金负责和使用的自有财政资产”[4]（McConnell 和 Picker，1993）。

谁对什么有权利

债务人的财政调整需要艰难的政治抉择，以使支出与收入、借款与还本付息能力相一致。在财政分权的体系中，中央政府加强地方政府的集体财经纪律和地方政府的财政自主权之间存在矛盾。更高一级的政府能强迫较低层的政府削减开支和增加税收吗？开支优先次序和税收选择通常是由立法和行政部门决定，法院能影响这些吗？一个国家的法律框架和政治现实怎么界定政府的不同部门和层次的作用呢？这些都是国际案例研究要尝试解决的关键问题。

相对于地方政府和政府间财政制度，通过中央政府的立法得到授权进行的地方财政调整也很复杂。由于无法发行自己的货币，地方政府不能使用铸币税融资。地方政府有可能不得随意调整其基础财政收支，因为他们存在很多约束因素：提高地方税收的法律约束、对中央政府转移支付的依赖程度、或中央政府对如工资和养老金等主要开支项目上的影响力等。许多其他影响经济增长和地方政府经济财政健康的政策也很大程度上由中央政府决定。

债务重组和债务清偿是复杂的过程，但可以被提炼成两个基本的问题：债权人和债务人是否可以达成债务解决协议，以及当双方未能达成协议时，谁拥有强制力[5]（Liu 和 Waibel，2009）。在巴西和墨西哥，中央政府带领地方政府进行债务重组，债务没有勾销。在匈牙利和美国，当地方政府和债权人谈判时，法院拥有强制权力。

规则和集体执法的清晰度

没有破产的框架，地方债务人及其债权人之间会采用临时性质的债务重组谈判。对用来解决索债申诉的集体框架的需要，不仅源于债权人和债务人之间的冲突，也源于债权人之间的利益竞争和债务人之间的竞争。个别债权人对欠他们的债务可能有不同的保护性条款，他们可能要求被特殊对待，并可能威胁多数债权人和地方政府之间的自愿协商债务重组——这就是债务重组中的“钉子户问题”。单独的临时特设谈判对多数债权人的利益可能是成本昂贵和有害的（McConnell 和 Picker，1993）。如果债务都集中在少数银行，拒不合作问题并不严重。随着地方政府债券市场的发展和成长使债务问题涉及数以千计的债权人，债务重组的集体框架显得更加重要。

缺乏明确破产的规则可能提高借贷成本，并限制信誉良好的借款人进入市场。南非的决策者认为清晰的破产规则是建立和发展具有广泛基础的竞争性地方政府资本市场的关键。在美国，破产法第 9 章的使用会给违约市政当局带去强烈的耻辱感，用以抵消债务人的道德风险。因此，市政当局需要警惕资本市场将把联邦破产保护申请解释为财政管理不善的一个强烈信号，贷款人可能因此向其收取风险溢价。

保持基础公共服务的需要和保护债权人的合同权利之间的矛盾关系，意味着破产的痛苦将由债权人和债务人共同承担。破产机制需要平衡这些相互竞争的利益，并引导解决诉求的优先级结构。优先级结构将取决于：第一，全社会关于收入分配的价值判断；第二，一个选中的优先级结构对资本市场和新融资产生的可能影响（Liu 和 Waibel，2009）。

司法与行政的途径

这里讨论地方政府破产程序的两种途径，分别是司法途径和行政途径。[6]当然各种混合途径也存在。在司法途径中，法院做出决定，以引导重组过程。司法途径的优点是在复杂的重组过程中缓解政治压力。然而，法院影响地方政府财政调整的能力是有限的，因为预算事宜的授权通常取决于行政机关和立法机关。相反，在一些行政干预中，一个更高级别的政府会干预涉及的实体，在财政管理的许多方面承担直接政治责任，并将地方的债务义务重组为长期债务。

方法的选择因国家而异。匈牙利倾向于司法途径因为中央对破产的地方政府实行解求带来了政治压力。南非市政破产的法律框架是一个混合体，在决定债务重组和清偿时混合了行政干预和法院干预。哥伦比亚有一个正式的行政程序——

中央政府的代表组织地方政府借款人和债权人之间的重组谈判，并监督财政调整和债务重组协议的实施。在巴西，联邦政府在20世纪90年代后期重组地方政府债务，这是以地方政府承诺进行财政改革和一揽子调整为条件的。同样，墨西哥联邦政府在金融危机后重组州的债务，并在几年后推出针对贷款人的法规，也有效地限制了借款人。在印度，联邦政府使用债务互换工具作为激励，以鼓励各州制定自己的财政责任法。

财政激励调整改革和稳健框架的建立

20世纪90年代后期以来，一个发展趋势是发展中国家开始密集实施地方政府借款框架和债务重组机制的改革。改革的目标是大致相似的——加强财政管理和防止未来破产。通常情况下，这些改革与更广泛的公共财政改革、宏观经济稳定、稳健的中期财政框架以及透明度的发展相联系。这些国家选择的改革路径和顺序反映了自己的历史背景、法律框架和改革力度。

我们调查了选定国家加强地方财政纪律和为解决地方政府债务压力制定框架的改革经验。本书的前两部分专注于两种类型的债务重组。一类是国家政府主导的债务重组，其中包括巴西、印度和墨西哥的经验，还包括中国中央政府主导农村教育遗留债务重组，以使地方政府可以获得更强的财政能力来提供教育服务的经验。另一种类型关注事前约定的地方政府债务违约重组程序的框架，并比较了哥伦比亚、法国、匈牙利和美国的经验。地方政府的破产不仅限于发展中国家，发达国家的改革经验也提供了重要的启示。

这本书的第三部分讨论了中国、菲律宾、俄罗斯、南非等国在发展自己的地方政府信贷市场的经验。这个主题与地方政府财政激励改革和发展有效的管理架构高度相关。当中央政府不救助时，债权人可以通过违约风险定价成为地方政府财经纪律的强行执行者。降低违约风险并不意味着尽量减少债务工具的使用。正如已指出的那样，债务工具对大规模基础设施融资和经济增长支持来说必不可少的。地方信贷供应的竞争性降低了借贷成本，并延长了贷款期限。

我们还讲到了美国，它拥有世界上最大的地方政府资本市场，这个市场有着惊人的3.4万亿美元的地方政府（州、地方政府以及他们的特殊目的投资工具（SPV））债务，而且平均每年增发4500亿美元。然而，美国一开始并不具有一个成熟的、运作良好的市场。在其漫长的历史中，美国地方政府资本市场在19世纪40年代、70年代以及20世纪30年代经历了很多的违约事件。法律框架和机构的改革是渐进的和相互依赖的，在某种意义上说，后来的改革是以以前的改革为基础的。美国的经验为发展中国家提供了启示，但一个发展中国家不能简单地重复目前美国管理地方政府借款的模式。然而，美国的经验的确给发展中国家指出了几个要点：将借贷和收入来源紧密相联很重要，政府信用市场保持透明度，以及创建机制形成债权人之间关于加强借贷规则的共同利益。

国家政府主导的地方政府债务重组

本书的第一部分评论了巴西、中国、印度和墨西哥的地方政府债务重组。巴西、印度和墨西哥都有一个联邦系统，但他们的地方政府债务危机起源不同，他们重组方案的规划也不相同。中国章节的重点在农村学校债务重组，这种重组是为了更好地调整政府间财政体系和支持包容性的经济增长。这些国家为解决债务重组的公共池问题、道德风险问题以及如何走向以规则为基础的透明框架等方面提供了经验。

巴西地方政府在20世纪80年代和90年代经历了债务危机，同时巴西出现了宏观经济不稳定、石油危机和国际收支平衡危机。地方政府绕过对其借贷的严格控制，使公共部门的借贷支持资本投资大幅增加。联邦政府发放过渡贷款以协助地方政府将外债延期，但地方政府的债务压力却没有减少。联邦政府于1989年重组地方政府的外债，并在1993年重组地方政府欠联邦机构的债。由于相当一部分地方政府债务仍未解决，加上持续的基础财政收支平衡方面的压力，地方政府的财政和债务状况持续恶化。随着高通货膨胀得到控制，地方政府的实际债务迅速上升。联邦政府于1996年发起了第三轮的债务重新谈判。

在前两轮的债务重组中，州政府的官员和政客们遭受的惩罚很小，而且债权人几乎没有受到损失。在第三轮的债务重组中，不断轮回的财政纪律放松和失败合作的情况被结束了，因为国家的宏观经济调整结束了高通胀时代并稳定经济后，更深层次的政治和经济激励措施已经转变并发挥作用。除了稳定宏观经济，联邦政府的雷亚尔计划也试图重组整个公共部门，并将银行和公共企业私有化。联邦政府向地方政府提供激励重组债务，同时要求他们进行全面的结构性改革和财政改革，其中包括国有银行和企业的私有化。四个最大的债务州中的三个州支持改革，并成了众多州支持财政限制的核心力量，从而使得其他州加入改革。

雷亚尔计划的成功，加上第三轮地方政府债务重组谈判，为2000年财政责任法（FRL）的制定创造了政治和经济条件。这部法律对关键的财政变量设定了界限和限制并对履行义务和提高财政透明度分配了责任。在整个21世纪前十年中，州和市级财政明显地改善了。公共净债务总额在国内生产总值（GDP）的占比从2001年的52%下降到2010年的39%，三个层次的政府都存在跌幅。地方政府财政账目的改善与巴西在宏观经济基本面上的改进相关，但这是以降低地方政府基础设施投资为代价的。

在中国，地方政府靠借贷为学校设施提供资金，以实现普及九年义务教育的目标。在2000年，中国实现了这一目标，这是一个历史性的成就。然而，农村教育债务变成了地方政府的一个很大的财政负担。在20世纪90年代后期，随着以包容性经济增长为目标的公共政策的出现，农村区域的九年义务教育的债务融资被替换为给所有儿童提供的财政拨款。新的政策需要解决遗留债务及其勾销。

凭借雄厚的财政状况，中央政府可以很容易地勾销全部债务。此措施没有被采用是因为它会增加道德风险。2007年的债务重组计划使三级政府共同承担债务勾销的财政责任。中央政府拨款是基于产出的，而不是基于投入的，它同时考虑为达到教育的基本要求所需的费用和地方政府的财政能力。采用以产出为基础的方法目的是避免对地方政府产生不正当的激励，地方政府在预期会得到更多的补助或救助时会增加其债务规模或减少他们的债务偿还。如中央拔款是基于产出的，过度借贷的地方政府不会获得额外的好处，同时另一个减少借贷或还清其债务的地方政府也不会处在不利的地位。

印度宪法禁止各邦从国外借款，他们需要获得中央政府的许可才能在国内借贷。中央政府通过每年与邦政府商讨邦发展的资助计划，以限制各邦的贷款。尽管限制了各邦债务的爆炸性增长和系统性破产，但该系统并没有阻止邦政府财政状况恶化，正如在20世纪90年代晚期，许多邦的债务已超过其邦内生产总值。邦债务占其GDP比重在2003—2004年度达到顶峰——从1997—1998年度的20%增长到32.8%，利息支付占税收收入的份额也在同期从16.9%上升至26%。在20世纪90年代中后期，导致印度各地财政账户日益恶化的因素，包括支出中工资、退休福利、养老金及补贴迅速增加；增加借贷以维持日益增长的财政赤字（经常性支出超过了包括财政转移支付在内的财政收入）；财政支持的邦所有企业的或有负债增加。

自21世纪初以来，印度财政改革一直专注于走向一个更灵活，更与市场挂钩的借贷制度，将整体借贷规模控制在可持续水平上。2003年，联邦政府颁布了财政责任及预算管理法，该法只适用于中央政府，但一些邦政府在联邦财政责任法条生效前通过了本邦的财政责任法条。在第十二届财经委员会后，财政责任法条成为强制性，中央政府很大程度上激励地方政府对高成本债务进行重组，以使地方政府符合财政责任法条的规定。

在20世纪90年代前，墨西哥是中央财政集权制度，大量的债务由中央政府隐性担保。重要的管制与结果均依赖于政党之间的联系，并游离正式规则之外。在20世纪90年代，墨西哥中央政府由于承诺转移支付，不经意间参与了地方政府借贷的决策过程，这个行为形成了附带的隐性的救助担保。债权人没花时间对地方政府财政状况进行彻底的评估。结果一些地方政府超出自身还款能力借债。地方政府债务状况脆弱的主要表现有：一是州的债务/各州共享收入比重较高，二是短期债务和浮动利率下的再融资风险。1994—1995年的金融风暴（“龙舌兰酒”危机）导致货币快速贬值，利率急剧上升，共享收入池迅速缩小，以上这些都是导致州债务危机的原因。弥补漏洞需要昂贵的联邦救助计划，这迫使墨西哥重新考虑贷款决策考虑的参数。

联邦救助计划将地方政府债务期限延长，可偿还但仍有正实际利率以通货膨胀指数化调整，并给予4年救助支付。为了避免再次出现财政危机，各州需要与财政秘书处设定的财政调整计划达成一致，财政秘书处监管每年援助前各州的遵守情况，并在20世纪90年代末为各州创造了良好的财政环境。银行被迫接受的指数化债务帮助他们避免了系统性的毁坏和崩塌，但资产的流动性不足和低回报率也惩罚了借款人。联邦政府也停止了对地方债务的正式担保，但是作为过渡，联邦政府同意接受和执行一些地方政府使用共享收入作为贷款抵押的债务合约。1999—2000年间，联邦政府要求对地方政府进行信用评级，并通过对借款方更紧的约束为地方政府带来全新的借贷框架。在对地方借款人直接监管方面联邦宪法仅留了很小的空间。

我们已经从巴西、中国、印度和墨西哥的经验中学到，每个债务重组制度都取决于债务问题的来源和债务压力下特定的历史和制度背景。债务重组计划必须关注激励效应。以规则为基础的债务重组能减少临时谈判和负面激励；硬预算约束会防止道德风险；负担分摊会提供适当的激励并避免搭便车行为，同时要认识到上级政府为促进改革所需扮演的激励角色。

地方政府破产体系

本书第二部分讨论了哥伦比亚、法国、匈牙利和美国的地方破产体系。这四个国家都为破产流程开发了一个框架来响应地方政府债务危机。但框架在不同国家有所不同，反映各自的历史背景、宪法框架、改革切入点和相互依赖的机构发展路径。其中匈牙利和美国倾向于选择使用司法诉讼，而哥伦比亚和法国则选择使用行政程序。所有四个国家都面临关键的设计问题，无论他们是联邦制国家（美国）还是单一制国家（哥伦比亚、法国、匈牙利）。第二部分最后一章讨论了1983年美国华盛顿公共供电系统违约的案例得出结论。该案例是现代美国历史上最大的地方债券违约案，展现了不同利益者之间的动态互交对于监管改革和市场发展方面的影响。

在20世纪80年代后期和90年代，哥伦比亚政治分权的趋势伴随着更自由的地方政府借款。20 世纪 90 年代中后期到 21 世纪初，受经济衰退加剧的影响，地方政府承受着较大的债务压力。影响因素包括银行贷款监管不力、过度依赖转移支付，同时为经常性支出而借贷弱化了财政纪律。虽然在国际比较下，地方债务水平并不高，但在 90 年代后期逾期欠款有所增加，且地方政府还本付息的能力逐渐减弱，这主要是因为地方政府自身的收入和财政转移支付下降。

地方政府的债务压力引发了深入的公共财政改革。在 1998 年和 2003 年之间，哥伦比亚颁布了一些法律来规范地方政府债务的产生，并鼓励财政责任约束。法令 550（1999 年）明确了地方政府破产的行政程序。行政程序的本质是根据债务的优先级结构，评估和协调地方政府债务人的诉求。在哥伦比亚，破产程序由企业监管局与其他中央政府机构协调完成。基于法院系统薄弱的历史背景，企业监管局在 20 世纪 30 年代创立，起到了独特的作用。企业监管局管理企业和多数政府实体的破产程序。

2003 年起实施第 550 条法律和其他财政法规时，哥伦比亚的国家宏观经济形势有了好转。法令 550 与其实践执行之间的差异并不大。破产法第 550 条提供的保护使破产的地方政府与债权人达成有序的债务重组协议。该法律第 550 条着眼于解决债务问题，但对消除财政压力和债务根源有局限性。其他配套法律（主要包括立法第 358、617 和 819 条）通过限制借贷、促进财政透明度、加强预算编制过程和帮助债务重组融资等支持破产法 550 发挥作用。

1982—1983 年和 2003—2004 年间，法国两次下放了三层地方政府的权利：市镇级、省级和大区级。这种新的体制框架使地方政府享受到更大程度的支出自主性，他们可以提高本级税收，并按中央政府制定的事前规则在金融市场融资。然而，地方政府要受省政府和区域会计协会的事后控制和公共会计师的持续监督。

法国 20 世纪 90 年代初地方政府借贷不受监管，在经历了权力下放和后续的债务压力后，法国建立了管理地方政府财政风险的事前财政规则和监管框架。监管框架将法律法规与三层机构设置结合起来，同时保留了地方政府相当大的财政自主权。法律和财政审慎规则监管债务、现金流及或有负债。中央通过中央在省级政府的代表、地方会计协会和公共会计师对地方政府融资账户实行强有力的监管。根据法律规定，地方政府不能倒闭，公共资产不能作为抵押品。如果地方政府无力偿债，中央政府将介入实施财政调整，并促使债权人和债务人之间进行债务谈判。在一些情况下，中央在省级政府的代表和地方会计协会可直接控制地方政府账户，这些情况包括：未能提出平衡预算、赤字超过营业收入的 5% 和未能对包括债务偿付在内的刚性支出拨出预算。

虽然过去 20 年发生过几次债务重组，但各省的监管大幅降低了地方政府的破产风险。然而，缺乏明确规定的债务支付优先级结构会造成不确定性。另外，预算外实体（如公私合营实体）会造成或有风险，这是许多国家面临的共同挑战。

1990 年匈牙利地方政府法律赋予地方政府管理自身财政的极大自由。他们为商业活动借款，用长期债务为短期运营赤字融资。20 世纪 90 年代中期的宏观经济恶化暴露出地方政府财政危机的严重性。公共银行在没有正确评价地方政府信誉的基础上就轻率放贷，这是因为他们假定中央政府会为地方债务担保。一些地方政府成功地游说中央政府拨款解救，这开了中央救助的先河，增加了公众对债务人和债权人受不良激励的担忧。

当时有几个备选方案，其中就包括债权人与地方政府间的非正式重组谈判。地方政府财政表现的不断恶化引起了对中央政府创建或有负债账户的关注。匈牙利最终还是选择了正式的破产机制。透明度和可预见性被视为地方政府破产机制有效的关键。1996 年匈牙利议会通过市政债务调整法使法院在（无力偿债的地方政府的）财政和债务调整中起到核心作用。

法律的实施效果超出了制定者的预期。司法过程是透明的，救助的道德风险已经最小化，并且地方政府一直能维持必要的公共服务。债务调整程序为参与城市提供了重新健康发展的基础。然而，许多破产案件仍要通过非正式谈判解决。虽然双边谈判是破产机制的组成部分，但非透明性和潜在的资产剥离会对不太知情的或小的债权人和公共利益造成负面影响。目前，匈牙利的利益相关者正在就如何使破产前的谈判重组更透明展开讨论。

直到 20 世纪 30 年代的大萧条和新政计划前，美国联邦政府除了在美国革命战争后承担当时由于战争引起的州债务并为这些债务进行初次再融资外，联邦政府几乎不参与州和地方政府融资和财政收入分配。1933 年后，国家政府开始向州大幅拨款和进行转移支付（Wallis，1984）。20 世纪 30 年代以来，国家、州和地方财政更加紧密地交织在一起，但总体上保持了联邦政府对州和地方政府的债务危机不援助的原则，并保留了州政府对其地方借款进行管理的监管结构。第 14 章关于州、地方政府举债制度的分析显示，美国有 50 个不同的地方政府融资制度。

作为对大萧条期间市政普遍违约的反应，美国国会于 1937 年通过了市政破产法，称为美国破产法第 9 章。第 9 章是美国各州以下的政治分支和机构的债务重组机制。大萧条期间地方财政的普遍困境揭露了法令（法庭颁令迫使市政偿还债务）的无效以及市政债务人和债权人间旷日持久谈判的实际弊端（McConnell 和 Picker，1993）。第 9 章中的程序（多数债权人可以接受债务重组计划）是对少数持反对意见人的约束。

第 9 章的设计遵循了美国宪法规定，各州对州和地方政府融资管理保留完全自主权。市政地方政府向破产法庭申请第 9 章的先决条件是该州的批准。第 9 章不是美国主要的地方政府破产机制。只有约一半的州授权他们的政治分支机构可以提交第 9 章申请救助。美国独特的联邦结构也深刻影响了第 9 章的具体设计，结果是联邦法院只有有限的权力为市政债务破产的地方政府财政调整计划设置条件。美国地方政府借款的大多数制度体现在州宪法、州法律和州行政机关中。

美国企业破产法对其他国家也有影响。虽然美国市政破产框架为其他国家提供了有价值的参考，但框架本身不能轻易复制。第 9 章的设计目标狭窄——专门解决难对付的钉子户问题。它要基于受人尊敬、独立和完善的司法制度（此制度有权拒绝市政的调整计划）。而在许多发展中国家，地方政府体系仍在不断发展，对地方政府的借款仍被少数公共机构主导，司法系统能力也较低。地方政府破产机制的完善需要其他一系列改革。

要制定解决财务困境的法律框架，许多国家正面临相似的目标和挑战，即，地方政府自治的运作利益、维护必要的公共服务和提供服务的资产、透明的程序、债权人的利益和地方资本市场的发展。

该书的第 2 部分还描述了 20 世纪 50 年代以来美国最大规模的市政债券违约。1983 年华盛顿公共电力供应系统（WPPSS）拖欠 22.5 亿美元的未偿还债券。WPPSS 发行的债务被州最高法院裁定为无效的和不可强制执行的。因此，申请第 9 章不可行。违约在现代美国地方债务市场上已经是罕见和低频的事件，这个违约为市场、法院、监管机构、债务人、债权人、联邦与州政府和纳税人提供了一个了解彼此相互作用的机会。

国会从未认真考虑救助提议。政府以最少的行动来应对 WPPSS 闹剧中的演员，这是因为自我监管原则的重要性超过了执行监管的成本。虽然政府很少行动，但私人损失诉讼数量前所未有地增加，并导致了个人事业失败和企业破产。虽然只有个别市场参与者从 WPPSS 灾难中获益，但市场不仅承受住了风暴——而且变得更强。几乎没有证据表明美国市政债券市场受到 WPPSS 违约的负面影响。WPPSS 违约后市场不仅很快恢复正常，而且在 WPPSS 闹剧持续的 1975—1985 年间市政债券年度总发行量增长了 10 倍——这是现代市场历史上戏剧性的十年。

地方信贷市场的发展

本书的第三部分集中讨论中国、菲律宾、俄罗斯、南非和美国地方信贷市场的发展。发展中国家正面临提高地方信贷市场流动性、深层性和竞争性的长期挑战。一般情况下，发展中国家的银行贷款在地方政府信贷供应中始终占主导地位，有些国家的公共金融机构持续主导信贷供给。发展中国家的地方证券市场普遍规模较小，缺乏流动性和二级市场。虽然美国有最大、最具流动性和最有竞争力的地方资本市场，但市场发展是与历史上一系列的制度改革分不开的。虽然美国各州的历史经验不尽相同，但有些普遍性的经验教训可被发展中国家借鉴。

中国每年在基础设施建设上的投资已达国内生产总值的10%左右，其中地方政府投资占相当大份额，这迅速改变着城市基础设施景观。地方政府使用中央政府转贷和自身的预算外工具——城市开发投资公司（简称“城投公司”，UDIC)，直接从金融市场（通过贷款、债券和土地财政）融资来发展城市基础设施。对政策制定者而言，这些融资工具的局限性在本世纪头十年中逐步显现。由于中央政府转贷，地方政府与债权人缺乏市场互动，借款能力和偿还责任不挂钩。城投公司的预算外债务不透明，用土地租赁（出让金）为基础设施融资在长期不可持续，因为这是一次性预付的。

2009年来中国已进行改革，允许发行省政府债券，开展市政债券试点。政策制定者认识到2009年的时候，中国还缺乏各省发行债券的先决条件。开发信用评级系统需要时间，而且地方政府没有进入市场的经验。因此改革采取边学边做的方式。中央政府担任发行机构，地方政府参与拍卖。2009年到2011年共授权并发行省级债券人民币6 000亿元（约合900亿美元）。2011年政府采取了进一步举措：国务院批准了4个城市作为试点，它们不需要中央政府作为发行机构，可直接发行债券（230亿元人民币）。

改革有助于地方政府为（应对2008—2009年全球金融危机的）中央投资项目提供地方配套资金。新债务工具大大降低了地方政府的融资成本，使地方政府开始获得进入市场的能力，并将地方政府作为债务人与他们的还本付息义务联系起来。对地方政府来说，不需要中央政府作为发行人的市政债券试点使他们与市场更近一步。

逐渐完善的法律、制度和市场基础设施可以为地方政府举债提供支持。财政管理改革（包括单一国库账户和支出改革）和公有企业所有权和管理权分离改革为省政府债券试点奠定了基础。在新研制的预算编制程序下的（为资本支出融资的）新债券工具将会有助于完善基础投资的中期资本预算编制框架。对城投公司的债务审核和对其更好地分类将有利于不同债券工具的完善，这些债券工具有不同的风险和证券化程度。进一步的监管改革可以为持续的市场准入提供支持，也会强化政府间财政体系，并提高财政透明度、深化金融市场。

菲律宾是新型经济体，它正在为本国设计地方债务市场的发展路线。菲律宾一直致力于以创新方式扩大地方政府（积极主动地利用信贷和设计信贷市场）的法律可能性。地方政府法规就是其开拓性的努力结果，它授予地方政府种类繁多的借款权利，并创建地方政府部门担保公司来支撑信用。

菲律宾地方债券市场规模小、债务水平低。转移支付拦截机制可以保证债务违约风险最小化。因此，缺乏正式破产制度并非是发展竞争性地方债务市场面临的主要挑战。更根本的是结构性挑战，包括制度和政治经济因素，它们会阻碍地方政府进入私人部门的借贷市场，同时地方债务工具也缺乏竞争。

竞争性地方债务市场发展需要同时关注需求和供给约束。需求方面关键是加强地方融资和问责制度，为居民提供更好的服务。在供给方面，放松私人银行参与地方债务市场的约束会增加竞争，并有助于降低融资成本。融资工具可以帮助地方政府收入与进入市场能力之间建立联系，这反过来又加强了地方问责。菲律宾近期尝试鼓励地方政府与私人部门信贷市场加强合作，这为建立更具竞争力和多元化的地方信贷市场铺平了道路。

20 世纪 90 年代初俄罗斯联邦的地方债务市场开始发展。无资金支持的联邦授权和政治分权促进了对债务工具（包括外币债务）日益增长的需求。与此同时，债务缺乏监管，地方政府缺乏管理债务风险的经验。债务被用来为经常性支出融资，其中大部分是短期债务。随着 20 世纪 90 年代后期俄罗斯宏观经济环境的急剧恶化，地方政府面临的再融资风险迅速上升。1998—2000 年 89 个地区中有 57 个都发生了债务违约。

2000—2008 年期间宏观经济基本面改善和实质立法改革（显著修订的税法、预算法的采用和 2006 年对地方自治政府的立法）促成了政府间关系的积极变化，为制定新的地区和市政金融管理原则提供了激励。预算法包含规范地方债务的规定，其中包括对赤字、债务与还本付息、外部借款监管、担保和债务工具的结构与类型限制。随着收入增长，地区与市政的财务状况大大改善。到 2007 年底，俄罗斯地区的债务负担保持到较低水平。

2008—2009 年的全球金融危机在 2009 年打击了俄罗斯的公共财政，虽然这一影响对不同地方政府有所不同。但由于联邦政府的支持和各地区前几年积累的现金流，区域债务危机没有发生。2011 年来，随着油价和俄罗斯经济的逐步复苏，地方财政状况有所改善。债务市场已经恢复，借贷成本也下降了。然而，直到 2011 年国内债券市场扩张前，债券市场依然不活跃，地方债务市场的发展仍面临持续的挑战。例如，大多数地方政府有一年期银行贷款为主的短期债务，这意味着较高的再融资风险；各地区的银行融资由少数国有控股银行主导；仍缺乏对政府企业或有负债的全面核算。

在后种族隔离时代，南非市政面临的挑战是需要大规模的基础设施投资来弥补种族隔离制度、快速城市化和经济加速发展留下的大量积压问题。1998 年地方政府的白皮书中强调了引入私人部门资金以满足城市基础设施要求的重要性。随后是 1998—2003 年间广泛的利益相关者磋商，从而制定了有里程碑意义的市政财务和管理法案（MFMA）。作为财务管理的一部分，该法案规定了全面的事前规则来监管市政借款。该法案也阐明了处理陷入财务困境市政当局的程序方法，这对贷款人有重要意义。

为了完善破产程序，南非进行了漫长的政治协商。两个宪法修正案为市政破产机制铺平了道路。南非的情况说明了地方借款和破产立法的复杂性，及改革的路径依赖。这说明不同利益群体中政治共识建设的重要性。要获得广泛的支持可能需要数年的共同努力。南非花了两年时间开发基本政策框架（1998—2000年），又花了一年时间获内阁批准（2001 年），随后用两年对宪法修正案和市财政管理法案进行国会辩论（2001—2003 年）。

所有大都市的市政厅在过去十年中从银行部门、资本市场或二者同时借款来为基础设施建设融资。2005 年来市政信贷市场活动迅速增加。长期借款在 2010 年南非世界杯时迅速增长，因此在地方融资上，南非地方政府依赖财政转移支付融资的情况逐步扭转，信贷在资本支出融资中起着越来越重要的作用。私人贷款人相信市政财务和管理法案（MFMA）是推动市场活动的最重要因素。但是仍存在持续不断的挑战，包括缺乏充分发展的二级市场、短—中期债务期限与长期基础设施资产的不兼容性及市场对更多私人融资的需求。

美国拥有目前世界上最大的地方政府资本市场，市场经历了最悠久的历史，机构经历了一系列长时间的增量变化。所有州以下的政府（美国人所说的“地方政府”）都没有主权，它们由各州法律创建并受制于各州法律。地方政府为基础设施投资融资的借款额巨大，但违约率很低。大多数州的地方政府面临以下限制：它们如何借、为什么借和能借多少（有些州）。大多数情况下，这些地方政府必须遵循的限制是有关借款获批的程序，以及有关还本付息义务与特定的收入来源相联系（特别是在收益债券的情况下）。

美国经验的主要特征是重视事前规则和被动破产制度。50 个州中有 23 个禁止市政厅向联邦法院提交“第 9 章”。只有 1/3 的州有监控地方政府的制度，不到 20% 的州有制度和政策（在面临地方政府危机时）需要州做出行动。但是州缺乏积极举措并不意味着地方政府的举债和还本付息行为不受社会的积极监控。相反，它显示出事前制度规则、选民、资本市场和法庭之间的相互联系如何在监管和限制地方政府举债中发挥关键作用。

美国州制度的显著特点是建立了举债和税收之间的密切联系。在 19 世纪 40 年代的债务危机后，多数北部州的制度在改革后需要州政府（19 世纪 70 年代后也需要地方政府）在发行债务时提高相应的税收（Wallis，2005）。强制选民和纳税人在政府借钱增加借贷负担的同时提高税收，使选民密切关注地方政府提议的支出与债务收益。19 世纪末随着特殊服务区政府和收益债券的发展也产生了类似的激励。用债券收益融资的项目将由该项目的收入流担保，项目受益者（包括后代）支付使用费为债务清偿融资。

美国的经验表明了激励债权人对加强法制和私人市场发展的利益关注的重要性。这与贷款人假设中央政府将会（经常是）最终负责偿债的体系形成鲜明对比。被动破产制度的运行还明确要求强大而可靠的法律制度。建立地方纳税人不对（未经授权或有程序缺陷的）债务服务负责的法律先例是一个漫长的过程，实际上这直到19世纪末才出现。

这个地方政府举债框架产生的效果不是地方政府以未经授权的方式疯狂借款，而是私人资本市场在两方面能力持续提高：一是评估地方政府信用的能力；二是告知潜在借款人地方债发行人发行和偿还债务的实际情况的能力。制度的完善包括（19世纪40年代）事前债务规则、（19世纪后期）债券律师和（20世纪70年代中期）市政证券规则制定委员会等，这些都为私人市场参与者提供了更可信和透明的信息。国家政府既没有违背各州的征税意愿、支出和借款的主权权利，也没有损害各州为其地方政府建立制度的能力。

原则上，各州拥有单方面改变任何地方政府结构的权利。然而实际上各州倾向于使用“一般性”规则管理其地方政府。这是美国内生性的制度变化。如果个别地方政府能要求州特殊对待，或如果州能挑出个别地方政府特殊对待（无论是正面的或负面的），那么会削弱建立并实施可信规则的激励。如果所有城市都知道他们被平等对待，那所有城市都有强烈的动机确保州在各城市执行的规则相同。

经验教训

发展中国家很可能会持续分权和城市化的结构性趋势，这意味着地方政府需要为大量地方基础设施投资。一些中等收入国家和正向更加开放市场转型的低收入国家正在考虑为基础设施建设融资扩大地方政府借款和债务融资。本书涵盖的国家例子提供了宝贵的经验教训。

如Canuto和Liu（2010a）表明，地方政府信贷风险与更广泛的宏观和体制改革交织在一起。宏观经济稳定性和主权信用评级为地方政府信用评级设立了上限，并会影响资金的可获得性和成本。地方政府债务的可持续性取决于现存债务、经济增长、借贷成本和基本收支平衡之间的相互作用。而宏观经济框架和政策强烈地影响着这些因素之间的相互作用。地方政府债务危机的历史表明不受监管的借贷（特别是处在不稳定的经济环境中的借贷）风险极大；特别是当地方政府借款人自由的市场准入超前了建立健全的财政收入制度和合适的证券制度。

赤字和债务源于制定财政政策的政府借款人和债权人的共同决策。这些决策不仅考虑到债务发行规则，也考虑到如果出现偿债困难，对债务人和债权人的期望——谁会蒙受损失，或谁会被迫进行痛苦的调整。贷款时刻的决定成为既定事实影响后续决定。这使我们认识到控制政府借贷的两个重要层面：第一，类型或时间选择（事前控制还是事后承担后果）；第二，事前控制和事后后果是否会影响借款人或贷款人的行动。

对地方政府借款人的事前约束包括借债程序规则、债务和赤字上限、国际市场借贷规则和基于财政实力的地方政府借贷监管。为了配合事前约束并使它们可信，不遵守财政规则的地方政府，要在事后承担后果。没有贷款人就没有借贷或债务，所以他们的约束和激励同样值得关注。只对借款人约束意味着贷款人仍然有激励推动贷款，这些贷款人可能会找到鲁莽的官员愿意违反规则借款。

如果只依赖事前约束，事后不用承担后果，不负责任的贷款人和借款人就会有激励避开事前规则执行交易，最后不得已要救助他们。如果仅依靠事后后果，不负责任的（大的）实体就会建立起庞大的债务，大到可能威胁宏观经济稳定。

进行债务重组需要密切关注其激励效应。基于规则的债务重组减少了临时谈判和负面激励；硬预算约束会减少道德风险；负担分摊会提供适当的激励，并避免搭便车行为，同时也认识到上级政府可以为改革创造激励。

控制借贷和破产并不是为了尽量减少债务融资，而是通过竞争的和多元化的地方政府信用体系促进债务融资的可持续性。持续的债务融资可以帮助确保资本成本最小化和信贷供给的持续性。债务融资对完善基础设施很重要，一般情况下，资产的寿命期限要比当期税收和转移支付长。

中央政府与地方政府互动的动态平衡为改革提供了动力。一方面，可将一个或几个地方政府作为财政改革的催化剂和全国改革示范。另一方面，国家政府可以激励地方政府进行财政调整。成功的地方债务重组有一个共同特点：中央政府对自身的财政审慎原则做出承诺。

设计债务和破产监管制度需要与更广泛的文化、经济、法律、制度和国家社会背景一致。地方财政调整和债务重组是在该国特定的政府间体系中运行的，该体系定义了每级政府各自的权力；同时也是在该国特定政治体系中进行的，该体系定义了每个分支和每级政府各自的权力。改革的能力和切入点都很重要。法律制度的成熟性和司法能力则会影响改革程序的选择。

债务管理和破产程序不能弥补整体政府间财政关系设计的不足。政府间财政体系支撑着地方财政结构的基础。如果财政自主权和收入都不增加，地方政府几乎不能依靠自身进行可持续的借贷。此外，如果政府间财政转移制度定期填补赤字缺口，这会削弱平衡预算的激励。债务管理和破产条例不能取代其他改革，如预算和财务管理、税收改革和治理改革。破产机制的激励信号需要一个更具竞争性的地方资本市场。

关键是要了解规则、规则执行和资本市场之间的互动关系。在政府借款的情况下，当前支出决策必须对应未来的征税决策和债务服务。运作良好的资本市场是社会收集（关于目前状况和未来变化的）信息的最佳方式。如果政府能随意改变当前和未来之间的游戏规则，那资本市场就很难评估基础设施支出融资的收益或债务违约风险了。

需要重要的强调一个完善的制度设计的特点是把借款决策和收入决策紧密挂钩。债务必须偿还，而且应注意到举债时就与增加税收措施或专项收入来源捆绑的债务更容易被偿还。本书中讨论的经验表明转变为基于规则的系统的重要性，该系统中上级政府以相同规则平等对待下级政府。无论规则是什么，如中央政府对各地方政府的规则应用随意不同，就都可能引发道德风险和公共池问题。

注　释

本文所述的发现、解释和结论，均属作者个人观点，不代表世界银行、世界银行执行董事会及其所代表的政府，或者外部作者可能隶属的任何机构的观点。

1. 本书中术语“地方政府（*subnational*）”是指低于联邦/中央政府的各级政府，同时包括地方政府创建的特殊用途机构或投资公司。

2. 在国家层面上对未来基础设施投资需求的估计在不同收入水平上差异很大。Estache 和 Fay（2010）讨论了量化这些要求的方法，并估计出低收入国家应该保持投资占国内生产总值的 12.5% 以满足需求；低—中等收入国家和高—中等收入国家投资应各占国内生产总值的 8.2% 和 8.3%。

3. Inman（2003）针对此情况建立了囚徒困境模型，显示出如果中央政府采取放手、不救援的方式，那市场在一定条件下能成功建立地方财政纪律。这些条件包括地方公共服务的竞争性供给、稳定的中央政府、明确和可执行的会计标准、管理良好的总体经济及信息已知和设计精细的地方政府债券市场。

4. 例如，这可能包括企业限制外的未使用空地或不交税的私人住宅（McConnell and Picker 1993，432）。

5. “强制（cramdown）”是法令，它迫使少数持不同意见的债权人接受大多数债券人与债务人达成的协议。

6. 一些国家没有体系，所以“临时”是第三种体系。另一些国家违约作为政治问题来处理，这些国家没有（或少有）处理问题的司法或行政能力。

参考文献

Braun, Miguel, and Mariano Tommasi. 2004. "Fiscal Rules for Subnational Governments: Some Organizing Principles and Latin American Experiences." In *Rules and Practice in Intergovernmental Fiscal Relations*, ed. G. Kopits. Washington, DC: International Monetary Fund and World Bank.

Canuto, Otaviano, and Lili Liu. 2010a. "Subnational Debt Finance: Make It Sustainable." In *The Day after Tomorrow: A Handbook on the Future of Economic Policy in the Developing World*, ed. Otaviano Canuto and Marcelo Giugale, 219 – 38. Washington, DC: World Bank.

———. 2010b. "Subnational Debt Finance and the Global Financial Crisis." Premise Note, Poverty Reduction and Economic Management Network, World Bank, Washington, DC.

Estache, A., and M. Fay. 2010. "Current Debates in Infrastructure Policy." Commission on Growth and Development Working Paper 49, World Bank, Washington, DC.

Ianchovichina, Elena, Lili Liu, and Mohan Nagarajan. 2007. "Subnational Fiscal Sustainability Analysis: What Can We Learn from Tamil Nadu?" *Economic and Political Weekly* 42 (52): 111 – 19.

Inman, Robert P. 2003. "Transfers and Bailouts: Lessons from U. S. Federalism." In *Fiscal Decentralization and the Challenge of Hard – Budget Constraints*, ed. J. Rodden, G. Eskeland, and J. Litvack, 35 – 83. Cambridge, MA: MIT Press.

Liu, Lili, and Michael Waibel. 2009. "Subnational Insolvency and Governance: Cross – Country Experiences and Lessons." In *Does Decentralization Enhance Service Delivery and Poverty Reduction?*, ed. Ehtisham Ahmad and Giorgio Brosio, 333 – 375. Cheltenham, U. K.: Edward Elgar.

Liu, Lili, and Steven Webb. 2011. "Laws for Fiscal Responsibility for Subnational Discipline: International Experience." Policy Research Working Paper 5587, World Bank, Washington, DC.

Maco, Paul S. 2001. "Building a Strong Subnational Debt Market—A Regulator's Perspective." *Richmond Journal of Global Law and Business2 (1): 1 – 31.*

McConnell, Michael, and Randal Picker. 1993. "When Cities Go Broke: A Conceptual Introduction to Municipal Bankruptcy." *University of Chicago Law Review* 60: 425 – 35.

Wallis, John J. 1984. "The Birth of the Old Federalism: Financing the New Deal." *Journal of Economic History* 44 (March): 139 – 59.

———. 2005. "Constitutions, Corporations, and Corruption: American States and Constitutional Change, 1842 to 1852." *Journal of Economic History* 265 (1): 211 – 56.

[illegible] 2008. [illegible] MA: [illegible]

[illegible] World Bank. [illegible]

[illegible] "Fiscal [illegible]."

[illegible] *Journal of [illegible]* [illegible].

第一部分

地方政府债务重组

1

巴西：20 世纪 90 年代的地方政府债务重组——起因、条件和结果

Alvaro Manoel　Sol Garson　Monica Mora

简　　介

20 世纪 80 年代至 90 年代，巴西地方政府经历了十分严重的财政困难，这使得债务增加，从而分别产生了 20 世纪 80 年代末、1993 年和 1997—2000 年期间地方政府与联邦政府的几次重要协商。在每个阶段，联邦政府都同州、市政府一起承担了大规模的债务重组。每次危机的发生都是在不同的潜在宏观经济条件和政治经济动态下，因此后续的债务重组就会产生不同的结果，而这些条件和结果都与巴西不断演化的财政联邦制体系相关。从这些危机和由此带来的债务重组中得到的启示，不仅对于巴西从 2008—2009 年全球金融危机中的复苏有借鉴作用，对于那些实行财政分权制以及债务仍然作为经济增长重要融资工具的发展中国家来说，同样有很重要的意义。

随着 20 世纪 80 年代至 90 年代期间分权化和城市化进程的加深，巴西地方政府，即州和市政府[1]，在提供商品和服务方面的重要性不断提高。1970 年，9 300 万总人口的 56% 居住在城市地区；2000 年，将近 1.7 亿总人口的 81.2% 居住在城市，而在巴西最发达的东南地区，城市化比率达到了 90.5%。在这整个期

间内，地方政府几乎承担了公共部门支出的一半以及教育、医疗、基础设施和公共安全支出的大部分。

20 世纪 80 年代和 90 年代的债务危机在军事政府的发展和宏观经济政策的大环境下产生（1964—1985 年）。在此期间，公共部门借贷大量增加，以满足伴随着快速的城市化进程而产生的资本投资融资需求。这些投资主要由新成立的机构（比如一些联邦和地方两级的公共机构和企业）来承担。巴西的联邦制在 20 世纪 80 年代随着民主的恢复而重新确立，1986 年，拥有大量地方政府代表的国会制订的 1988 年宪法条例，赋予了地方政府许多重大的权力和资源，其中包括更广泛的州级增值税税基，但并未明确规定地方政府的支出义务，也没有制订审慎财政的相关规定。

20 世纪 80 年代，巴西地方政府遭遇了巨大的债务危机，这一期间，宏观经济极不稳定，其中包括石油价格的冲击和收支失衡的危机，尽管联邦政府提供了过渡性贷款来帮助地方政府延缓偿付外债，地方政府的债务压力仍然丝毫未减。接下来的三次债务重组（1989 年、1993 年和 1997—2000 年）分别针对不同类型的债务——外债、向联邦政府的借债以及包括市场证券在内的其他所有债务。20 世纪 90 年代早中期以雷亚尔计划为中心展开的宏观经济稳定计划明确了第三次债务重组的方向，雷亚尔计划旨在重组所有公共部门——包括银行和公有制企业的私有化以及减少恶性通货膨胀。

第三轮债务重组最显著的特点是，这次重组通过对财政调整和改革质量的集中观察，讨论了地方政府财政失衡的根本原因。联邦政府激励地方政府进行债务重组，但同时要求地方政府进行全面的结构改革和财政改革，包括控制人员经费和国有银行、国有企业的私有化。雷亚尔计划和第三轮巴西地方政府债务重组的成功，为 2000 年《财政责任法》的实施创造了政治和经济条件，《财政责任法》对关键的财政变量设定了限制，并规定了需要履行的义务和需要达到的财政透明度。

21 世纪的第一个十年，巴西各州和市级财政都有了极大的改善。巴西地方政府开始产生约占国内生产总值 1% 的基本盈余，扭转了之前 20 年的恶化局面。《财政责任法》就公共支出、债务和债务清偿施加的限制，对于实现这些财政改善起到了至关重要的作用，并且对地方政府债务重组协议和预算与财政执行规则也极为重要。净公共债务总量占国内生产总值的比重从 2001 年的 52% 下降到 2010 年的 39%，并且三级政府各自的债务均在减少。巴西地方政府的财政改善与巴西宏观经济基础的改善息息相关。

本章回顾了 20 世纪 80 年代末和 20 世纪 90 年代的巴西地方政府债务重组，并在宏观经济危机、稳定性和改革的背景下评估了其发展。第二节阐述了巴西地方政府债务危机起因的历史背景；第三节阐述了引起巴西地方政府高度负债的宏观经济框架，并详述了数轮债务重组的细节；第四节分析了债务重组后巴西地方政府财政绩效的演变；第五节重点分析了2007—2010年期间的财政状况，研究了2008—2009年全球经济危机对地方政府债务和财政的影响以及近期出现的对财政联邦制的主要挑战；第六节得出了一些结论。

财政联邦制、集权化和分权化：历史背景

巴西的财政联邦制在集权化与分权化的交替中不断发展。1891年，巴西联邦共和国第一部宪法规定，巴西采取分散收入、给予各州出口税控制权的联邦结构（瓦尔萨诺，1996年），同时，在区域寡头的支持下，它还赋予各州州长对选举程序的控制权，因而，1930—1945年的这段期间被烙上了"支持财政集权化的非民主政权"的标签。1946年宪法标志着民主的恢复和更加分权化的财政结构，之后是1964—1985年的军事独裁——这是一段集权主义和独裁主义的时期。1985年后，巴西再度恢复民主，而且随之而来的是巴西地方政府收入份额不断增加，但是地方债务也累积到很高的水平。[2]

20世纪60年代至70年代的经济与政治危机和独裁统治

1964年，军事政府在严重的经济和政治危机中接管了巴西政权，并开始采取一项基于两个基本要素的战略。第一个要素由稳定经济、促进财政和金融改革的措施组成。这些改革建立了一个新的税收系统，从而增加了税收总收入，改善了税收征收体制，同时，这些改革还运用了现代金融工具，创建了：（1）由专项收入组成的专项基金；（2）巴西中央银行和巴西国家货币政策理事会；（3）金融资产与通货膨胀的对照索引机制。

第二个战略因素是，通过赋予那些所谓的间接管理部门（公众服务机构、基金会、公有制企业和混合所有制企业）自主权，来重新调整公共管理部门。很大一部分产品和服务的生产都被转移到这些部门，集中的计划和资源分配涵盖了与国家整合相关的关键部门（如运输部门和电信部门）和基本物资（比如石油化工产品、纸和纤维板）。

20世纪60年代中期经济稳定，在这个时期的初期阶段以后，巴西在1968—1973年间进入一个每年经济增长率可以达到11%左右的加速增长阶段。这期间，通货膨胀率降低，出口增加，汇率和利率波动均下降。然而，经济的加速增长突出了国家对资本品和进口投入的强烈依赖，尤其是对石油及其衍生品的依赖。外债和外商直接投资的增长增加了需偿还债务和国外利润返还，为了某些大规模项

目融资，联邦政府也建立了专项基金（比如城市发展联邦基金）和专门公共机构（比如国家住房银行）。利用外国资本进行融资来增加投资和运营资本，使得债务不断增加，最终演化成为1982年的国家债务危机。

1974年，政府支持的国家革新联盟在各州和国家选举中遭遇重大失败，一场政治危机由此爆发。在经济方面，油价猛涨：第一次石油冲击导致油价在1973至1974年之间的上涨幅度超过了300%。全球经济增长的突然减速和利率的上升导致出口减少，从而使得国际收支平衡的压力进一步增加。1979年中期，第二次石油冲击引起利率进一步上升，从而致使巴西在伦敦债务市场只能以更高的借款成本进行融资。曾经以浮动利率获得外国资本的巴西遭遇了外国借贷供给的骤减和债务延期偿还造成成本的增加。

严重的国际收支平衡危机之后，紧接着的是紧缩的国内财政和货币政策，这带来一系列重大的影响：（1）联邦税收负担占国内生产总值的比重从1980年的18.4%上升到1983年的20.6%；（2）对公共支出的严格控制对公共投资产生了负面影响；（3）1981—1984年间国内生产总值下降了6%；（4）通货膨胀加速，1982年的通货膨胀率约为100%，而在1983—1985年期间每年的通胀率均超过200%，这导致公共收入的下降以及股票和国债的显著上涨，而这些都会提高通货膨胀水平（见Hermann，2005）。

20世纪80年代早期的再民主化：巴西地方政府收入份额的上升和债务危机的深化

1982年选举标志着巴西再民主化进程的第一步。在实行了长达22年的州长间接任命方式以后，1982年，州级选举恢复到直接选举方式，这种方式允许新的州长收回他们的权力，由于州和市选举的一致性，从而建立了州政府与地方政府的联盟。这一选举方式给了在野党有力的支持——22个在野党州长竞选人中有10个当选——包括最大的州和实力最强的州。1984年和1985年的经济复苏期间，中央政府失去了部分政治影响力，而各州州长却从中获益。[3] 结果，各州州长能够以高投资水平完成他们的任务（见Villela和Rezende，1986，215）。1983年的宪法修订增加了对巴西地方政府的转移支付，并增加了州级课税税基。州级政府在1983年获得21.3%的可支配财政收入（相当于国内生产总值的5.7%），在1986年获得27%的可支配财政收入（相当于国内生产总值的7.1%）。同时，如图1.1所示，市级政府可支配财政收入的比例从8.9%上升到12.1%，相当于从国内生产总值的2.4%上升到国内生产总值的3.3%。

20世纪70年代末到80年代初，宏观经济危机背景下的民主化浪潮鼓励了民众向巴西地方政府寻求服务，尽管这些服务的提供属于中央政府的职责范围。

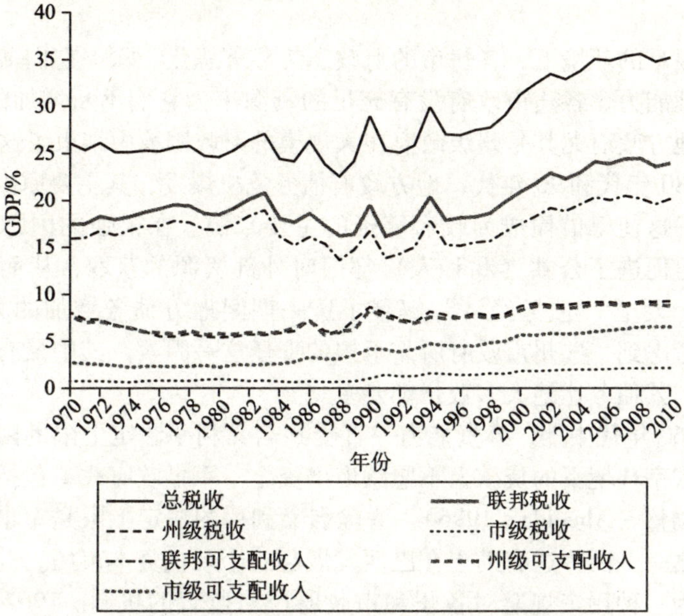

资料来源：Afonso 2011；国民经济与社会发展银行；财政事务秘书处。

注释：GDP = 国内生产总值

图 1.1 1970—2010 年期间巴西国家、州、市级税收征收和可支配收入

1987—1988 年国民制宪议会讨论宪法修订事宜期间，州长和市长们纷纷争取更大份额的公共收入，因而，1988 年宪法极大地扩大了政府的社会责任，然而，大部分增加的服务提供由州和市级政府承担，这增加了它们的支出义务，从而增加了地方政府的借款需求。结果，在 1991 年，地方政府在可支配财政收入中的比例均大幅增加，州级政府收入上升到 29.8%（国内生产的 7.5%），市级政府收入上升到 15.9%（国内生产总值的 4%）。后续的发展，由于高社会福利所带来的高税收（并不与地方政府共享），使得中央政府占可支配收入的比例逐步提高。

尽管收入有所增加，但是由于服务需求的增加和债务的积累，巴西地方政府的财政困境进一步加剧。信贷紧缩、偿债困难以及债务带来的通货膨胀水平的大幅度提高加剧了巴西地方政府的财政脆弱程度，从而使得地方政府努力寻求短期借款，这种短期借款被称为“预期收入信贷业务”（ARO），根据法律规定，基于本期间内的预期税收收入，这一借款应在同一财政年度内偿还。然而，这类借款经常都是在年复一年地累积后，以比常规借贷利率高得多的利率来偿还。1989 年，预期收入信贷业务类型的借款占州市债务的比例达到 97%（见 Lopreato,

2000，127）。

在这种艰难的环境下，各州市的财政态势显著恶化。除了它们薄弱的规划能力和财政管理能力，各州市政府没有充足的资源来为它们不断增加的支出融资。因此，一些地方政府尤其是州级政府在大规模的财政困境中结束了这十年。

20世纪80年代和90年代，地方政府债务危机爆发，其主要原因是军事政府体制改革——这使得借债成为政府筹资的主要来源。在很强的国际流动性环境下，一些规定促进了公共（和私人）部门对外部资源的获取，从而导致了一场“债务经济”。尽管“债务经济”解释了这一期间地方债务增加的大部分原因，但同时还应考虑到一些州市政府所需承担的责任这一因素，其中最有名的例子就是圣保罗市，其债务比绝大多数州都要多。

20世纪60年代中期，筹资能力一直受到名义利率法定上限的限制，这使得在高通货膨胀率环境下的贷款人不愿意借出资金。军事政府改革包括债券价值对通货膨胀的调整（Almeida，1996）。去除名义利率的法定上限是军事政府发起的最重要改革之一，因为这有助于在巴西发展起一个现代资本市场。

借贷成为一种用来规避对各州和市政府严格监管的机制。1967年宪法授权参议院有权批准巴西地方政府的国内外信贷业务，订立信贷合同的规定由负责监管金融和银行系统的中央银行制订。1975年，第93号参议院决议为信贷合同订立业务制订了严格的规定。然而，外国信贷业务和所谓的“额外限制”并未受到监管。为了促使各州和市政府的行动符合中央政府的利益，中央政府优先考虑的社会和城市项目都通过那些“额外限制”业务来筹资。通过了中央政府的随机抽查和参议院的授权，这些信贷业务会变得十分重要。1979年第二次石油冲击之后，无论地方政府支付能力大小，各州市都纷纷鼓励公有企业从国外市场借款，以此作为扭转公共部门国际收支赤字的联邦战略的一部分。

为了应对1982年墨西哥的延期偿付所带来的债务危机，以及国际收支平衡的恶化和外汇储备减少，巴西不得不向国际货币基金组织寻求援助。中央政府在1983—1984年采取了紧缩性财政政策，从而使得税收负担增加到国内生产总值的27%，并严重减少了公共投资。尽管如此，通货膨胀仍然继续侵蚀税收收入和扩大公共债务。巴西地方政府预算和财政管理严格遵循中央政府制定的宏观经济政策。20世纪80年代期间，巴西地方政府通过国库获得“过渡性贷款”以偿还外债，通过这种方式，地方政府的外债被转移到国内，而中央政府是主要的债权人。

巴西地方政府债务重组及其宏观经济背景

从 20 世纪 80 年代末到 90 年代末，巴西经历了三次主要的地方政府债务重组。这些债务重组必须在宏观经济和政治改革的大背景下加以理解，每次重组的焦点逐步变得广泛。第一轮债务重组仅仅集中于改变债务偿还的条款；第二轮重组的同时，巴西经济从国家控制向开放市场过渡，因此这一轮重组在稳定宏观经济形势和提高政府效率上做出了重要努力；第三轮重组巩固了 2000 年颁布的《财政责任法》中的财政调整。本节简要地介绍了三次债务重组，并分析了它们与宏观经济稳定和财政巩固之间的关系。[4]

应对巴西地方政府债务危机：三次主要的债务重组

1989 年，第一轮地方政府债务重组致力于解决地方债务的外债。这个问题源于联邦政府本身，联邦政府曾试图筹集资金，以填补平衡国际收支的差额。根据 1989 年 12 月 27 日颁布的第 7976 号法律文件，联邦政府为地方政府债务重新融资，其中包括联邦政府贷款，以偿还由国库担保或 1988 年底到期的外债。

1991 年，各州新任州长就任以及科勒尔总统计划二[5]失败之后，各级地方政府当局开始讨论一种新的方法，这导致了 1991 年 12 月 30 日第 8388 号法律文件的产生。然而，1992 年因弹劾科勒尔总统而带来的体制危机将这一法律的实施推迟到了 1993 年，此时，第二轮债务重组已经开始。

1993 年的第二轮地方债务重组将重点放在归属于联邦政府所控制的机构和公司的债务上。1993 年 11 月 5 日发布的第 8727 号法律文件，将 1964—1985 年军事政权期间因与联邦政府共同投资所产生贷款的未偿还金额也包括在内。[6]新的法律重新调整偿付条款，将贷款期限延长到长达 20 年，并将地方债务清偿义务限制到不超过其真实净收入的 11%。[7]一旦债务清偿义务超过了 11% 的限制，联邦政府将提供额外的贷款来弥补超出额，并且允许州级政府在未来 10 年内偿还这一新债务。另外，新法律还规定利率将一直保持在债务发生时的初始水平。

尽管各州要求将公共证券（州级国债和债券）包括在地方债务中，但这部分证券并未包含进来。事实上，20 世纪 80 年代末和 90 年代初，联邦政府和地方政府都十分关注公共证券的迅速增长以及利用它们再融资困难程度的增加。1993 年 3 月 17 日颁布的宪法第 3 号修正案限制了地方政府发行公共证券的能力，直到 1999 年底才重新放开。除了为支付司法令状而发行的证券之外，地方政府只能发行与通货膨胀相挂钩的本金数额的公共证券，并足以通过再融资来偿还。[8]

第三轮债务重组开始于 1996 年。第一轮和第二轮仅仅重组了地方政府债务的一部分，由于地方政府债务的很大一部分未解决，并且施加在基本财政收支上的压力一直存在，巴西地方政府的财政和债务状况持续恶化。随着恶性通货膨胀得到控制，债务的真实值上升，地方政府债务情况不断恶化。地方政府债务占国内生产总值的比例从1993年的9.2%上升到1996年的10.7%，债务清偿的压力更加严重。1997年9月11日发布的第9496号法律文件开始实施第三轮债务重组，为整合、再融资和承担国债及其他由各州和联邦特区发行的证券义务建立了一系列标准。这一轮债务重组与之前两轮的主要区别在于，本轮重组的基础是一个主要的财政整合项目。尽管与州级债务相关的一项法案在1997年就已通过，但与市级债务相关的一项立法在1999年才生效。

宏观经济稳定

在全国努力实现宏观经济稳定和使巴西走上一条更加可持续增长道路的大环境下，长达十年的地方政府债务重组展开了。第二轮重组同时进行了两项互补的宏观经济调整项目：1993年试图重组和调整包括地方政府在内的所有公共部门的联邦紧急行动计划（PAI）（专栏1.1）；1994年以控制通货膨胀（1994年第二季度的月通货膨胀率约为45%）为目标的雷亚尔计划（专栏1.2）。这两个宏观经济调整项目的实施，有助于形成第三轮也是最重要的一轮债务重组的方向和内容。

专栏1.1　1993年联邦应急行动计划

1993年联邦应急行动计划对公共部门进行了重组，包括通过增加专项收入和减少支出。联邦应急行动计划的建立是基于这样一个假设，即在众多因素中，通货膨胀主要是由巴西各州的财政和行政混乱引起的。其主要条款如下：

- 通过征收金融交易税、严厉打击逃税行为来增加税收收入
- 控制公共支出，提高资源使用效率
- 改变中央政府和地方政府之间关系的本质，减少违背宪法规定的转移支付，重组地方政府债务
- 重组公共银行（联邦和各州两级），旨在将政府份额私有化
- 深化包括电力和铁道部门在内的行业的私有化进程，完成石油化工和钢铁部门的国有企业私有化
- 建立应急社会基金，用于短期内减少联邦和州级政府专项收入的比例

专栏 1.2 雷亚尔计划，1994 年

以联邦应急行动计划为支柱的 1994 年雷亚尔计划的实施包括两个步骤：

第一步涉及货币改革，即通过引入真实价值单位（URV）来瓦解价格和收入的指标体系，以此对抗通货膨胀。1994 年 1 月 3 日开始施行的真实价值单位根据三个价格指数的每日比例变动来设定，所有的合同都使用新的计量单位来描述。为了与通货膨胀预期相一致，真实价值单位采用钉住美元的方式。在新货币采用之前，真实价值单位的使用是用来调整相对价格、减少再分配效应和协调代理商期望。1994 年 7 月 1 日，货币改革完成，真实货币单位转换为新货币，体现了其真实值。整个货币体系完全被替换，真实货币成为了交换媒介。另外，工资的发放也被转换到新货币上，基于 3 月到 7 月之间真实价值单位的平均值得以计算出来。

第二步以调节预期为目的，采用了锚定策略。在经过采用货币锚的第一次尝试之后，显而易见，经济需要一个更强大的工具来稳定预期，这一选择很自然地落到了汇率上。为了实现调整通货膨胀预期的目标，1994 年到 1999 年期间，汇率机制经历了三次重新设计。

- 1994 年 10 月至 1995 年 2 月采用汇率盯住机制这段期间，尽管官方公布了波动范围，汇率仍是固定的。
- 1994 年 12 月墨西哥债务危机爆发时，大量减少的资本流向了新兴市场，中央银行外汇储备大量损失，这导致了汇率波动幅度的放宽。
- 当本币相对于美元的巨大升值越来越明显时，汇率波动幅度也进行了有计划的调整，以确保本币的逐步贬值。

尽管存在这些变化，但这段期间内中央银行基本上通过设定汇率来调节预期，并防止通货膨胀再度来袭。虽然存在本币的高估，但人们认为，本币贬值可能会对通货膨胀产生负面影响。所以，即使当这一系统显示出无能为力的迹象时，中央银行仍然不愿意重新起草新的制度。只有当 1999 年初投机性冲击致使中央银行无法维持平价时，这一策略才被废弃。

1994 年雷亚尔计划的主要内容包括引入一种新货币（真实价值）、经济去指数化、公共部门价格首次冻结、紧缩货币政策以及实行与美元挂钩的浮动汇率制。雷亚尔计划设法打破高通货膨胀的恶性循环并实现经济的去指数化。

Eichengreen（2007）认为，维持一个能够保证资本流动性的特定汇率意味着实施旨在稳定经济系统的国内政策，在巴西也同样如此。雷亚尔计划期间的货币政策力图维持汇率的稳定，十分有利于稳定计划的成功。因此，除了紧缩的货币政策在生产和消费上产生的预期效果，较高的利率也吸引了投机资本寻求更大的利益空间。正如图 1.2 所示，1995 年 2 月，特别结算和保管系统（SELIC）[9]利率在一年内上升到了 80% 以上。

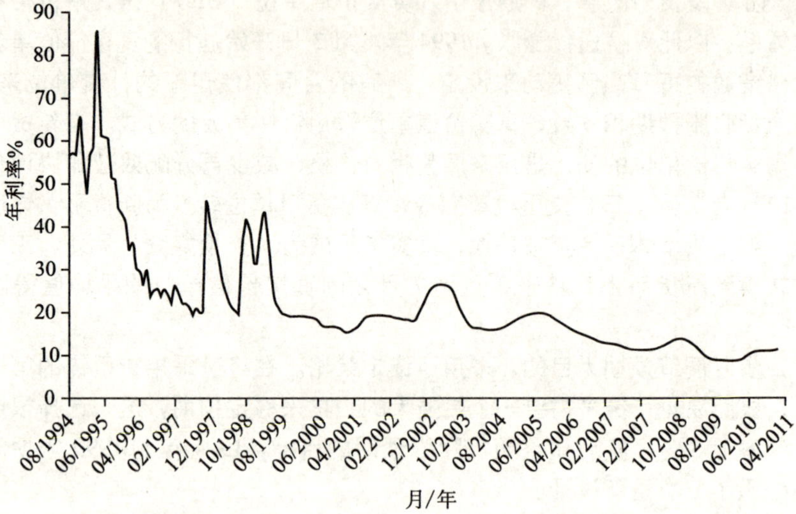

资料来源：巴西中央银行。

图 1.2 巴西特别结算和保管系统利率，1994 年 8 月至 2011 年 4 月

雷亚尔计划的重点在于稳定价格，而联邦应急行动计划和应急社会基金（ESF）带来了更强的预算灵活性，从私有化中获取收益，创造了更多的收入来源。所以，联邦应急行动计划和应急社会基金为 21 世纪初统一公共部门获得基本盈余创造了条件，如图 1.3 所示。

然而，联邦应急行动计划和应急社会基金不足以保证短期财政平衡，部分原因是，即使经过了第二轮债务重组，仍有很大一部分地方政府债务留存。

雷亚尔计划施行之后，尤其是在 1995—1998 年期间，巴西地方政府特别是州政府开始出现基本财政赤字（见图 1.4）。重要的是，各州代表在 1994 年已经结束了他们的任期，而各市代表正在他们的 4 年任期之中，这意味着州级政府实施的是宽松的财政政策。在一轮政治周期过后，各州公共财政恶化，这很可能是因为：（1）通货膨胀末期效应（请见下一段）；（2）州级政府在 1994 年底和 1995 年大幅度提高工资水平，为接下来几年带来全面的财政影响。

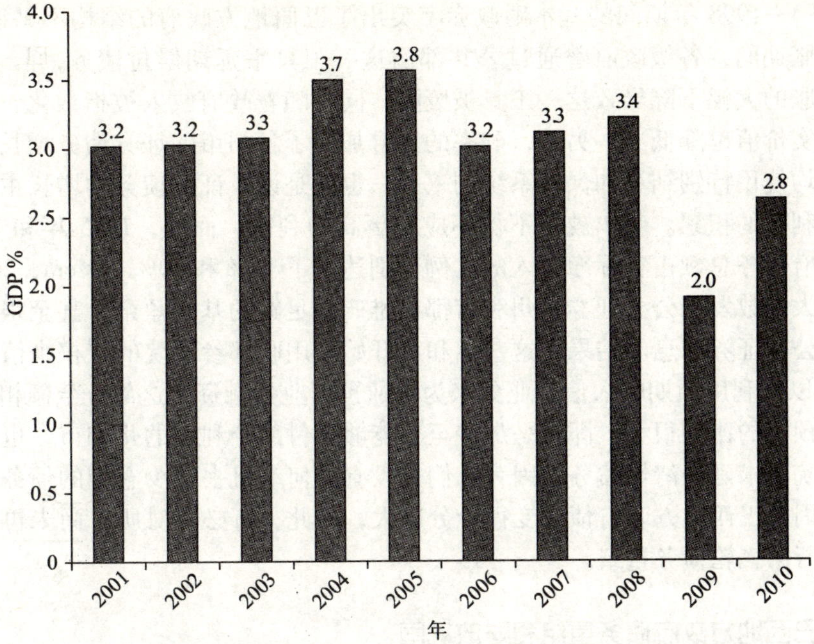

资料来源：巴西中央银行。

注释：GDP = 国内生产总值

图 1.3　巴西统一基础财政收支平衡，2001—2010 年

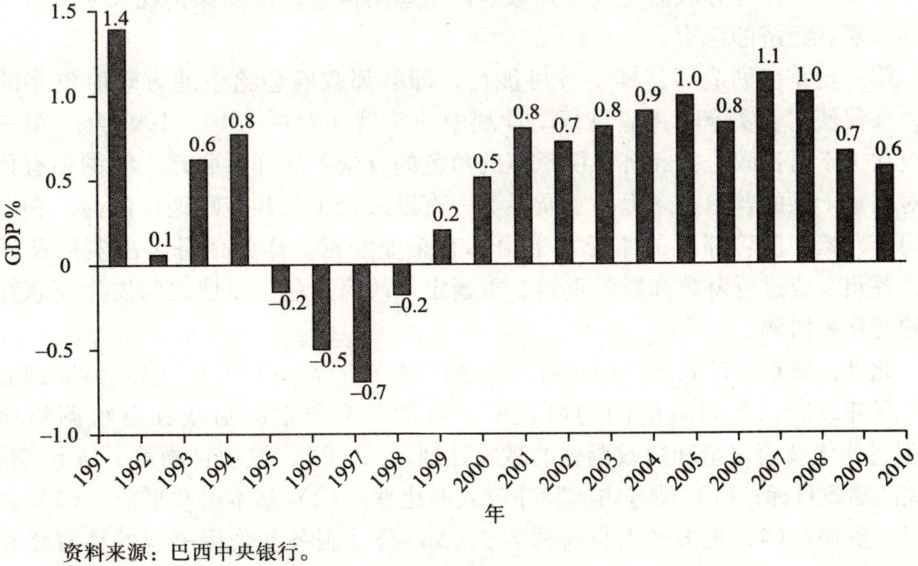

资料来源：巴西中央银行。

注释：GDP = 国内生产总值；不包括州属和市属公有企业。

图 1.4　巴西各州和市基本财政平衡，1991—2010 年

1994—1998 年期间的基本财政赤字突出了巴西地方政府的结构不平衡问题。通货膨胀期间，各级政府曾通过公共部门这一工具来延期偿付债务，但 1994 年通货膨胀的大幅下降导致这一工具被废除，同时随着政府收入被指数化，政府债务的真实价值也降低了。另外，利率的上升加快了各州市的证券债务增长率，这些证券均使用特别结算和保管系统利率——也就是说，证券债务的增长主要是由于本金利息的积累。基本盈余不得不应对更高的利率，而且，1995 年和 1996 年地方政府债务总额占实际净收入的比例分别达到了 15% 和 10% （Mora，2002）。

绝大多数发行公共证券的州和市都很难产生足够的基本盈余，甚至很难有能力支付公共证券利息。结果，这些州和市开始利用联邦参议院的授权来清偿所有债务，[10]以及利用预期收入信贷业务来为普通预算业务融资，这部分金额相对于年度财政预算的比例很大。即使是那些至少能够支付部分利息的州和市，也都纷纷向参议院要求延期清偿债务，因为它们并没有任何动机去减少它们的债务。由于这个原因，巴西地方政府债务变得十分庞大，因此，有必要对所有尚未再融资的债务进行第三轮债务重组。

第三轮巴西地方政府债务重组和财政巩固

在雷亚尔计划中，财政平衡的核心作用是要求地方政府与联邦政府的行动一致，即促进经济稳定、降低通货膨胀。财政政策是一个关键因素，并且第三轮债务重组试图促使地方政府尤其是州政府产生基本盈余，以确保实现长期财政可持续性和宏观经济的稳定。

第三轮重组创造了这样一种可能性，即联邦政府会给予地方政府更多的激励，来促使它们实施联邦应急行动计划中的条例（专栏 1.1）。1996 年，第三轮重组在关于讨论政府在经济中所承担的角色的背景下展开，联邦一级的私有化进程对国家干预的普遍观念提出了质疑。一直以来处于公共垄断地位的通信和电力部门，开始在监管部门的监管之下由私有企业经营。作为债务再融资的条件之一，各州需要进行财政和财务重组，重新定位政府角色，以使之与发生在联邦一级的变化相协调。

此外，该重组计划的目的是解决失衡的潜在根源，以为逐步偿还债务创造条件。联邦政府与各州政府间的协议中，包括一个严格的财政和重组调整项目（《促进州级政府重组和财政调整的激励计划》，PAF），[11]该项目涵盖了与下列指标有关的财政目标：（1）债务占实际净收入的比率；（2）基本财政平衡；（3）公共部门工资额；（4）地方政府自身税收；（5）公共服务和公用事业的私有化和特许经营；（6）行政改革；（7）资本支出占实际净收入的比率。州级政府债务会被指数化到一般物价水平（利用国内通胀指数 IGP－DI），[12]在假设州政府会在两年内偿还债务的20%这一前提下，设定年利率为6%。这些资源将会通过国有企业的私有化来获得。

再融资协议及合同几乎涵盖了所有现有债务：

- 重组债务总额达到国内生产总值的11.2%，并主要集中于四大债务人。圣保罗州和里约热内卢的重组债务分别占国内生产总值的5.9%和1.7%。米纳斯吉拉斯和南里奥格兰德的金融负债也十分巨大。这四大债务人大约共占重组债务的90%。
- 根据各个州初始情况以及利用公有资产私有化的收入支付头期款的可能性不同，合同的条款也有所不同：比如，债务偿还占收入的比率，会有12%—15%不同的限制。大多数州都签订了30年的合同，其中有些还有15年的到期条款，大多数合同中的年利率为国内通胀指数加上6%—7.5%。

为了履行其合同义务，各州政府进行了严格的财政调整，并开始产生基本盈余。这种广泛的财政和财务重组过程还包括以下内容：

- 国有企业的私有化，尤其是在电力部门。
- 州级公共银行的重组和私有化，这符合《促进州级政府在公共银行部门中减少份额的激励计划》的要求。
- 州级公共财政的重组，赋予州级政府更多的财政责任。

除了削减开支，第三轮债务重组还鼓励各州采取贷款形式来使其税收管理现代化，这将有利于提高税收征管能力，特别是有助于增加对货物及货物流通增值税的征收（ICMS），同时，货物流通税的增加还得益于对运输、电力和通讯部门税率的提高，因为这些部门商品和服务的特点是需求弹性较低。另外，财政调整战略也增加了债务偿还的财政空间。如果各州没有履行自己的承诺，那么，联邦政府有权从州政府参与基金（FPE）甚至是各州自有税收收入（ICMS）中扣除相应的转移支付。

《促进州级政府重组和财政调整的激励计划》及其监管和执行机制对重组的成功至关重要。《促进州级政府重组和财政调整的激励计划》由25个州的州长共同签署，[13]为接下来的三年制订了年度目标。债务重组合同中有一项特殊的条款，即对于那些不遵循合同要求的州，允许国库停止向它们提供转移支付，甚至可以没收它们的自有税收收入，以防止它们不偿还约定的债务。上一年的目标和承诺每年都要进行评估，并将目标进行适当更新，若目标未达成，则将处以罚款。这些程序将会贯穿再融资合同的整个存续期间，直到债务得以清偿。

因此，我们可以很合理地得出这样的结论：在雷亚尔计划实施之后，联邦政府从州级政府债务重组中可以获得明确的利益，这是因为雷亚尔计划将债务重组与其他经济措施联系了起来，比如公用事业和州级金融机构的私有化以及促进州级税收征管现代化进程的项目等。除此之外，考虑到当时的宏观经济环境，债务重组对于改善巴西银行系统的偿付能力和流动性有至关重要的作用：由州级政府持有的大型商业银行资产（之前被划分为高风险资产）可与联邦政府持有的高收益资产交换（国债）。

市级政府债务重组项目从1998年开始陆续进行。由于市级政府的财政状况远比州级政府要好得多，因此，与州级政府债务重组不同，市级政府债务重组并未使用1996年的第9496号法律文件。尽管如此，但仍有一些持有证券债务的城市财政状况出现恶化，如坎皮纳斯、瓜鲁柳斯、奥萨斯喀、里约热内卢和圣保罗等，这是因为，联邦政府对州级政府债务的承担意味着市证券不得不“独自”与联邦证券在市场中竞争。

里约热内卢进行的研究[14]表明，真实净收入最高的50个市占据了全国29%的人口、55%的真实净收入和82%的长期市级债务。债务占真实净收入的比率平均为0.72，只有28个城市的这一比率高于1。此外，1998年4月，两个省会城市（圣保罗和里约热内卢）的证券债务占据了巴西地方政府需重组债务总额的25%。[15]

1999年1月，联邦政府发布第1891号临时措施，该措施按照与各州相同的一般条件推广到各市，而不需要财政计划来辅助，但却加强了对债务合同订立的限制。市级债务重组的主要条款[16]如下：

- 年利率为9%，若某市政府可以在签订合同的30个月内分期偿还未偿付余额的10%或20%，则年利率可以降低到7.5%或6%。
- 根据《促进州级政府重组和财政调整的激励计划》的要求，各州有义务进行财政调整计划，然而各市可以免于执行财政调整计划。在这些新条件下，大约有180个市与联邦政府签署了债务重组合同，这一行为大概影响到市与州之间10%的业务。对于较大城市来说，分期还款的可能性仅仅是推迟支付9%的年利率而已。[17]

在宏观经济领域，1999年国内货币的贬值引发货币危机[18]，暗示着汇率锁定机制的结束。随后，通货膨胀目标管理体制的采用保证了雷亚尔计划的施行。事实上，当通胀目标管理体制刚刚引入之时，巴西地方政府的财政账户就已经开始改善了，但政策制定者希望确保这一改善可以持续下去，避免再次出现财政失衡。毕竟，新宏观经济政策的主要目的是稳定宏观经济状况。在引入通胀目标管理体制的同时，巴西还开始采用浮动汇率制，并努力维持财政紧缩。

2000年《财政责任法》与长期财政可持续性

2000年，雷亚尔计划的成功和第三轮地方政府债务重组为《财政责任法》

的通过和实施提供了经济与政治条件。[19]《财政责任法》对关键财政变量施加了财政限制和约束——比如人员经费和债务存量，并规定了政府履行义务的责任和透明度要求（见专栏1.3）。《财政责任法》对于加强包括地方政府在内的政府财政和财务重组进程、保证长期财政可持续性有非常重要的意义。

《财政责任法》的通过，将一系列关键且渐进的改革推向高潮，在这一过程中，改革顺序和速度至关重要。[20]其中最重要的有以下几点：

- 1986年，巴西财政部国库局成立，它承担起大量的公共财政责任，尤其是在管理联邦资产和负债方面。[21]
- 1988年宪法扩大了政府特别是地方政府的社会责任。
- 20世纪90年代初期，国有商业银行的关闭或私有化。
- 1998年宪法修正案第19号建立了与行政管理有关的新规定，使公众开始了对公务员工资的最高限额和养老金制度等问题的讨论。

雷亚尔计划的实施还深刻影响了州和市遵循的一般财政路径。

此外，正如Liu和Webb（2011，10）所说的那样，“即使没有强大的政党系统，一个有权威的总统也可以加强地方政府的财政纪律。20世纪90年代末的巴西总统Cardoso即使在政党忠诚度很低的背景下，也通过利用他的权威地位（以及他从任财政部长时起通过对抗通货膨胀所建立起来的声望），成功地加强了中央政府和地方政府的财政纪律。”

专栏1.3 《财政责任法》（2000年5月4日，第101号补充文件）

《财政责任法》是为加强财政制度所付出的努力的一部分。该部法律应用于联邦政府、州政府、联邦特区以及市政府、立法机关（包括审计司法机关）、司法部长和检察长办公室以及有关部门、机构和基金会。《财政责任法》主要处理以下几个问题：

- **计划与预算**。除了为行政部门编制的年度预算法案定义了基本准则以外，《预算准则法》还为基本财政平衡和债务设定了财政目标，其中包括对政府或有负债的详细评估。多年度计划、《预算准则法》与《年度预算法》必须相一致。
- **债务**。《财政责任法》对综合长期公共债务、公共证券、信贷业务和担保作出了详细的定义，为借债以及中央银行发行国债设置了严格的规定，并禁止债权人在不同层级的政府之间进行债务重组。根据联邦宪法第52条，参议院通过了一项决议，规定了各级政府的最高债务限额，若地方政府超过了该债务限额，则可禁止其进行新的融资活动或停止向其支付无条件转移支付。

专栏1.3 （续）

- **人员经费**。《财政责任法》对包括养老金和分包商薪金支付在内的人员经费规定了最高限额。它规定，联邦政府的人员经费不得超过其经常收入净额的50%，而各州市政府的人员经费不得超过各自经常收入净额的60%。除此之外，《财政责任法》还规定了行政部分、立法部门和司法部门的人员经费限额。一旦出现违规行为，违规单位或部门一律不得进行新的借贷行为，地方政府将不会收到联邦政府的转移支付或得到联邦政府的信贷担保。
- **控制与透明度**。预算报告以及《财政责任法》规定的上述限额的执行情况须每两个月或四个月报告一次。以各级政府同级法院为支持的立法机构负责对相应政府的财政目标和限额执行情况进行监管。政府账户的记录和整合程序得到了极大的改善，以反映该法律的遵守情况。

为防止地方政府及各部门利用借款为经常性支出融资，联邦宪法第三部分第167条特制定了一条“黄金指导法则”：新贷款发生额不得超过资本支出金额。该法律第10028条（2000.10.31）对不遵守《财政责任法》的公职人员制定了处罚标准。

所有这些变革都为磋商提供了必要信息，并使那些主要部门承担起更多财政责任，提高了它们的透明度，这些都被整合在2000年的《财政责任法》中。《财政责任法》的编制、审议、通过和实施，是在联邦政府和地方政府、议会、金融部门、媒体和公共财政专家等所有关键部门都意识到改变和强化巴西公共财政框架的必要性之后进行的。过去财政困境给巴西尤其是地方政府留下的“创伤”，也使这些部门更愿意在公共财政上加入更多的控制和限制。[22]

债务重组后的巴西地方政府财政状况

从1989年第一轮债务重组开始，巴西经济便出现了深刻的变化，比如宏观经济指标开始持续改善，尤其是在财政态势方面。其中，制度的改革使政府间关系出现了新的格局，在此格局中，各州市政府都能够获得稳健的财政绩效。

正如上文中描述的那样，接下来雷亚尔计划的实施，使巴西政府开始采用通胀目标管理体制和浮动汇率制，并开始产生大量的基本盈余。通货膨胀程度降低，到2005年，通货膨胀率已经降低到5.9%以下并一直保持这一低水平。从2004年开始，巴西经济开始了稳健增长，经济年增长率保持在5%以上（除2009年外，当年国内生产总值下降了0.6%）。2010年，巴西外汇储备的积累使巴西公共部门成为外汇市场上的债权国，不仅地方政府的债务水平下降，联邦政府的债务也减少了，联邦政府债务占国内生产总值的比例从 2005 年的 38% 下降到 2010 年的 27.5%。

《财政责任法》实施之后，巴西地方政府债务重组和制度改革导致了过去十年里巴西的财政调整。从 1999 年和 2000 年的债务重组开始，地方政府债务占国内生产总值的比例迅速下降，从 2000 年初的 20% 下降到 2010 年的 13% 左右。为了解出现这种结果的原因，我们来看一下 2000—2009 年间政府的收入和支出。[23]我们有必要看一下州和市的综合公共财政数据，并且有必要将一些间接机构如国有企业、基金会、公众服务机构及自筹自治单位的数据等包括进来，[24]否则，就会使得低估政府或有负债的风险增加。

财政周转：赤字和债务趋势

在整个 21 世纪的前十年，各州市的财政状况都得到了显著的改善。巴西地方政府产生了约占国内生产总值 1% 的基本盈余，扭转了之前 20 年持续恶化的财政状况（见表 1.1）。《财政责任法》对公共支出、债务及债务偿还等施加的限制对这些结果的产生起到了至关重要的作用，此外，巴西国家货币政策理事会还对银行增加对公共部门的信贷业务设置了一系列控制和限制。

表 1.1　　巴西公共部门借款需求，1999—2010 年[a]

	1999	2000	2001	2002	2003	2004	2005	2006	2007	2008	2009	2010
综合名义余额[b]	5.3	3.4	3.3	4.4	5.2	2.9	3.6	3.6	2.8	2.0	3.3	2.6
各州市[c]	3.2	2.0	2.0	3.8	1.5	1.8	0.2	0.6	0.5	1.2	−0.1	1.3
州级政府	2.7	1.8	1.9	3.2	1.2	1.4	0.2	0.4	0.5	1.0	−0.1	1.1
市级政府	0.5	0.3	0.1	0.5	0.2	0.3	0.0	0.1	0.1	0.2	0.0	0.2
综合名义利率[c]	8.2	6.6	6.7	7.7	8.5	6.6	7.4	6.8	6.1	5.5	5.4	5.3
各州市[d]	3.4	2.7	3.0	4.7	2.5	2.8	1.4	1.6	1.7	2.3	0.7	1.9
州级政府	2.9	2.3	2.7	4.0	2.1	2.4	1.1	1.4	1.4	1.9	0.5	1.6
实际利率	n. a.	n. a.	n. a.	0.3	1.1	0.7	0.8	0.8	0.5	1.0	0.5	0.6
价格修正	n. a.	n. a.	n. a.	3.8	1.0	1.7	0.3	0.5	0.9	1.0	0.0	1.1
市级政府	0.5	0.4	0.4	0.7	0.4	0.4	0.2	0.3	0.2	0.3	0.1	0.3
实际利率	n. a.	n. a.	n. a.	0.2	0.2	0.2	0.2	0.2	0.1	0.2	0.1	0.1
价格修正	n. a.	n. a.	n. a.	0.5	0.1	0.2	0.0	0.1	0.1	0.2	0.0	0.2
综合基本财政平衡[b]	2.9	3.2	3.4	3.2	3.3	3.7	3.8	3.2	3.3	3.4	2.0	2.8
各州市[b]	−0.2	−0.6	−1.1	−1.0	−1.0	−1.0	−1.1	−1.1	−1.1	−1.1	−0.8	−0.6
州级政府	−0.2	−0.5	−0.8	−0.8	−0.9	−0.9	−0.9	−0.9	−1.0	−0.9	−0.6	−0.5
市级政府	0.0	−0.1	−0.3	−0.1	−0.1	−0.1	−0.2	−0.1	−0.2	−0.2	−0.1	−0.1

资料来源：巴西中央银行。

注释：GDP = 国内生产总值；n. a. = 资料不详。

a. 包括 1999—2001 年巴西石油公司和巴西国有电力公司的数据，该数据不影响各州市数据；

b. 就借款需求而言的盈余；

c. 包括企业；

d. 对于国有企业来说，并没有货币修正/实际利率这一比例的数据，所以货币修正是通过名义利率计算的。

净公共债务总额占国内生产总值的比例从 2001 年的 52% 下降到 2010 年的 39%，各级政府债务情况均有所改善：联邦政府的这一债务比例从 31.7% 下降到 26.4%，州级政府的这一债务比例从 18.1% 下降到 11%[25]，而市级政府从 2.2% 下降到 1.8%（见图 1.5）。这些改善不仅是国内生产总值增长的结果，还得益于税收的增加和地方政府债务净额与国内生产总值比率的下降（见图 1.6）。

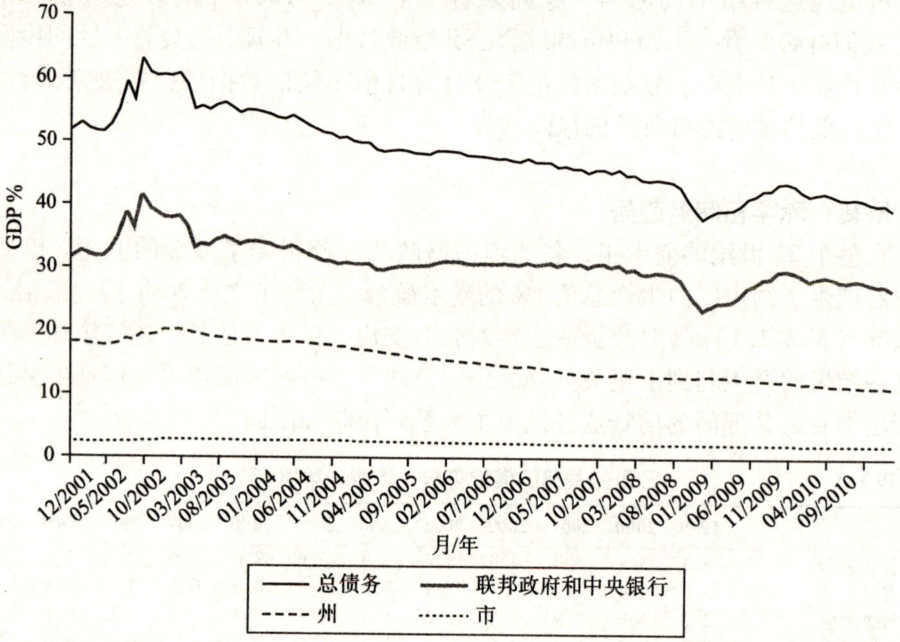

资料来源：巴西中央银行。

注释：GDP = 国内生产总值。

图 1.5 巴西公共债务净额，2001—2010 年

1998 年以后，因收入增加，地方政府获益巨大。这一结果的产生，部分是因为某些产品（如几个州的电话产品）的高税率增加了货物流通税的征收，部分是由于石油价格的普遍攀升，另外还得益于税收征管效率的提高（Giambiagi, 2008)。同时，市级政府的税收收入有了大幅度的实质增长，特别是服务税 (ISS)。2001 年到 2010 年期间，市级政府税收收入相对于通胀水平增加了 50%，同期，服务税增加了 105%，巴西国内生产总值增长了 40.7%。

从债务净额与经常性收入净额的比率也可以看出州级政府公共债务的减少。2000 年，17 个州的这一比率高于 1，而在 2010 年只有 7 个。持有大量地方政府债务的州政府的债务净额与经常性收入净额比率也相对降低，如圣保罗和里约热

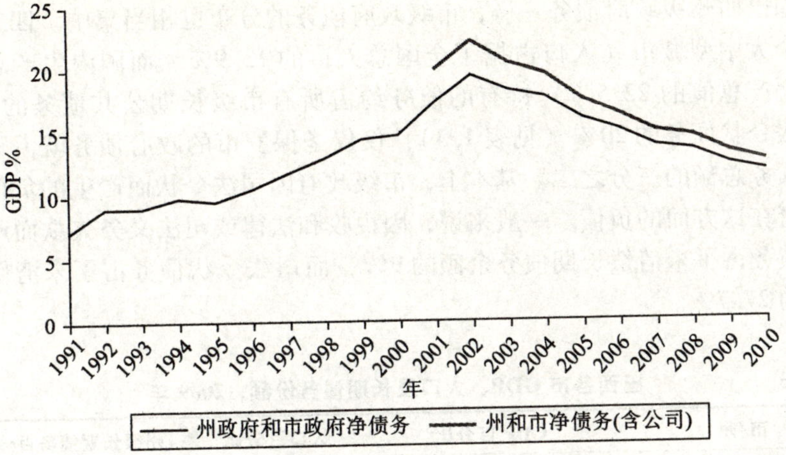

资料来源：巴西中央银行。

注释：GDP = 国内生产总值。

图 1.6　巴西各州市债务净额，1991—2010 年

内卢，分别从 2000 年的 1.9 和 2.1 下降到 2010 年的 1.5 和 1.4。大体来看，巴西地方政府预算执行力有所提高，债务偿还负担减轻。正如前文中所反映的，巴西州级政府债务分布高度集中，这对于财力越雄厚的州越有利，从而这些富裕的州就成为债务重组的主要受益方。2009 年，三个财力最雄厚的州——圣保罗、米纳斯吉拉斯和里约热内卢，约占了债务总额的三分之二（见表 1.2）。

表 1.2　　巴西各州 GDP、人口及长期债务份额，2009 年

州名	GDP 百分比[a]	人口百分比[a]	州级长期债务百分比，2009[b]
圣保罗	33.1	21.6	38.5
米纳斯吉拉斯	9.3	10.5	14.3
里约热内卢	11.3	8.4	12.9
南里奥格兰德	6.6	5.7	9.4
戈亚斯	2.5	3.1	3.2
巴伊亚	4.0	7.6	2.4
阿拉戈斯	0.6	1.6	1.6
南马托格罗索	1.1	1.2	1.6
其他	31.5	40.2	16.1
总额	100.0	100.0	100.0

资料来源：巴西国库局；巴西统计调查局。

注释：GDP = 国内生产总值。

a. 2008 年 GDP 和人口；

b. 2009 年 12 月 31 日长期债务存量。

正如巴西州级政府债务一样，市级政府债务的分布也相当集中。四个省会城市和五个大中型城市（人口占据了全国总人口的13.9%，而国内生产总值占全国国内生产总值的22.5%）持有的债务约占所有市级长期公共债务的84.2%，约占司法令状债务的20%（见表1.3），仅仅圣保罗市的政府债务就占了全国市级政府债务总额的三分之二。基本上，市级政府因司法令状而产生的负债要多于州级政府在这方面的负债。一般来说，因税收和法律或司法义务欠款而产生的市级政府债务占了未清偿长期债务余额的9%，而司法令状债务占了未清偿长期债务余额的27.7%。

表1.3　　巴西各市GDP、人口及长期债务份额，2009年

市/州	GDP百分比[a]	人口百分比[a]	州级长期债务百分比，2009[b]
圣保罗/圣保罗	11.8	5.8	63.3
里约热内卢/里约热内卢	5.1	3.3	11.0
坎皮纳斯/圣保罗	1.0	0.6	2.4
贝洛奥里藏特/米纳斯吉拉斯	1.4	1.3	2.1
萨尔瓦多/巴伊亚	1.0	1.6	2.0
瓜鲁柳斯/圣保罗	1.1	0.7	1.4
康塔根/米纳斯吉拉斯	0.5	0.3	0.8
Joinville/圣卡塔琳娜州	0.4	0.3	0.7
Maua/圣保罗	0.2	0.2	0.5
其他	77.5	86.1	15.8
总额	100.0	100.0	100.0

资料来源：巴西国库局；巴西统计调查局。

注释：BA＝巴伊亚；GDP＝国内生产总值；MG＝米纳斯吉拉斯；SP＝圣保罗。

a. 2008年GDP和人口；

b. 2009年12月31日长期债务存量。

州级政府收入与支出

21世纪初，巴西州级政府财政赤字和债务情况的改善，主要源于强劲的收入增长和对支出的整合。收入方面，正如表1.4所示，州级政府自有收入增长率超出实际国内生产总值增长率30%，带来了总收入占国内生产总值比率的普遍上升趋势，同时，收入来源也变得明确。[26]

表 1.4　巴西州级政府收入，2000—2009 年（占 GDP 百分比）

	2000	2001	2002	2003	2004	2005	2006	2007	2008	2009
收入总额	12.9	12.7	13.1	12.4	12.5	13.0	13.0	12.7	13.2	13.2
税收	7.8	8.2	8.1	8.1	8.2	8.4	8.3	8.2	8.6	8.5
货物流通税	6.7	7.1	7.0	6.9	7.0	7.1	7.0	6.9	7.2	7.1
其他税收	1.0	1.1	1.2	1.2	1.2	1.3	1.3	1.3	1.4	1.5
其他政府捐赠	2.5	2.6	2.9	2.3	2.4	2.6	2.7	2.6	2.8	2.6
经常性补助	2.4	2.5	2.6	2.2	2.3	2.6	2.6	2.5	2.7	2.5
资本拨款	0.1	0.2	0.2	0.1	0.1	0.1	0.1	0.1	0.1	0.2
信贷业务	0.3	0.1	0.3	0.2	0.1	0.1	0.1	0.1	0.1	0.4
资产出售	0.7	0.1	0.1	0.1	0.0	0.1	0.1	0.1	0.0	0.1
其他收入	1.7	1.6	1.8	1.8	1.7	1.8	1.7	1.7	1.6	1.6

资料来源：巴西国库局；州级政府财务报告；巴西统计调查局。

GDP = 国内生产总值。

预算收入（包括贷款和其他信贷业务）主要来源的波动性是需要考虑的，因为它有助于解释为什么地方政府的投资不稳定（图 1.7）。

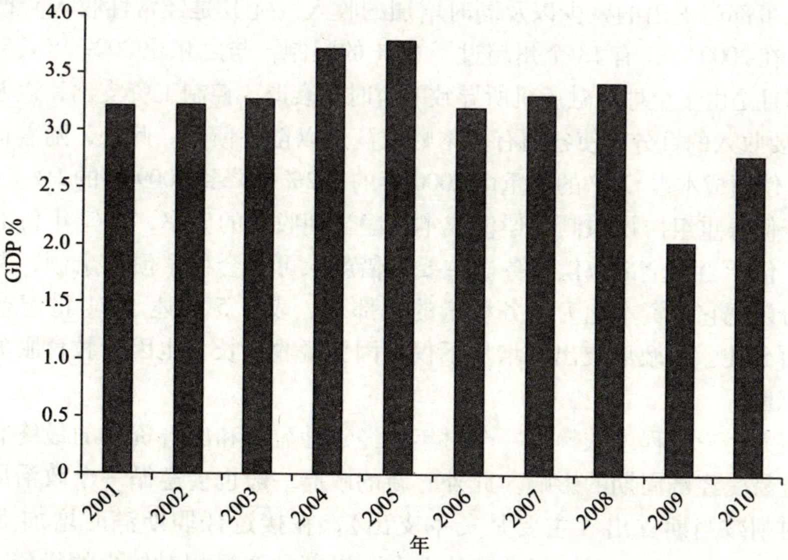

资料来源：巴西国库局。

图 1.7　巴西州级政府收入主要来源，2000—2009 年（2000 年取值 100）

2000 年开始直到 2009 年全球金融危机爆发，各州自有税收和接受的联邦政府经常性补助一直稳定增长（见图 1.7）。各州自有税收平均每年增长 7%。[27]货物流通税的增加，除了由于各州努力改善税收征管以外，还得益于一些部门（如通讯部门）的增加和石油相关产品价格的上升。

2000—2009 年期间，联邦政府经常性补助增加了 36.2%，这是因为提供医疗服务的权利下放和州政府参与基金的扩大，通过经常性补助，联邦所得税和工业产品增值税（IPI）的 21.5% 被转移到各州。[28]2000—2009 年，州政府参与基金在经常性转移中所占的比重从 48.4% 上升到 56.9%。石油价格的上涨尽管使部分产油州受益，但也大量增加了关于特许权使用的联邦转移支付，2008 年转移支付总额几乎是 2003 年的两倍。

在 2007 年前，与投资（资本拨款和信贷业务）相关的预算收入来源一直下降（图 1.7）。资本拨款一般不是强制性的，但可能会受到联邦政府所设定的目标的限制，[29]经常性转移支付全部指定用于特定的社会领域，没有为额外的资本投资留出余额。此外，信贷业务受到中央银行公共借债总额的限制。从 2007 年起，这两个来源都扩张了，即使在世界金融危机以后。宏观经济条件和财政情况的改善使得各州可以在减少它们债务收入比的同时借新债。

在支出方面，《财政责任法》限制人事部门支出不能超过净经常性收入的 60%。人事部门支出的减少以及同时增加的收入（尤其是经常性收入）改善了这个比率：在 2000 年，有 13 个州超过了 60% 的限制，与之相比 2009 年只有少数几个州，而且是由于全球金融危机所导致的暂时的衰退。控制工资支出，以及减少投资[30]占主要收入的百分比使各州有基本财政盈余以偿还债务。此外，随着债务存量的减少，偿债成本占 GDP 的比重由 2000 年的 1.2% 下降到 2009 年的 1%。

由于债务重组协议限制了偿债成本与净当期收入的比率，特定年份的偿债成本可能不包括当年全部应偿债务。主要的借款人可能会积累债务余额，并根据债务重组协议把它们资本化为债务存量的一部分。表 1.5 描述了 21 世纪初支出占 GDP 的百分比。市政府支出的增加不仅是因为税收增长，也因为教育服务资助基金[31]的创建。

在地方，投资程度依赖于一个财年的经常性盈余和出售资产的最终收入，这使得地方易受经济周期的影响。此外，新的政府一般也会遵循一个政治周期，在一上任时削减当期支出（主要是资本支出），在接近任职期满时增加支出。[32]例如，在 2003 年和 2007 年，新政府的上台可以部分解释相对较少的投资。2008—2009 年全球金融危机期间，投资增长迅速主要是由于资本拨款和信贷业务被用作反周期的宏观经济政策（见图 1.8）。2009 年，国家经济与社会发展银行向各州提供联邦贷款以资助联邦加速增长计划的关键项目。[33]

表 1.5　　2000—2009 年巴西州级政府支出表（占 GDP 百分比）

	2000	2001	2002	2003	2004	2005	2006	2007	2008	2009
总支出	12.9	13.0	13.4	12.5	12.5	12.9	13.1	12.4	12.9	13.3
人事支出	5.8	5.8	6.1	5.8	5.6	5.7	5.8	5.6	5.5	5.7
公务员	3.7	3.7	3.4	3.3	3.1	3.2	3.3	3.3	3.3	3.4
退休/养老金	1.9	1.8	2.1	2.0	1.9	1.9	1.9	1.8	1.8	1.8
其他人事支出	0.2	0.3	0.6	0.6	0.6	0.6	0.6	0.5	0.4	0.5
其他政府的拨款	2.0	1.9	2.4	2.2	2.3	2.4	2.2	2.3	2.5	2.5
投资和金融资产购置	1.4	1.3	1.3	0.9	1.0	1.1	1.2	1.0	1.3	1.5
偿还债务	1.2	1.1	1.1	1.1	1.0	1.0	1.1	1.0	1.0	1.0
其他费用[a]	2.5	2.8	2.4	2.5	2.6	2.7	2.8	2.5	2.6	2.7

资料来源：巴西国库局；州级政府财务报表；巴西统计调查局。

注释：

a. 商品和服务/社会保障拨款。

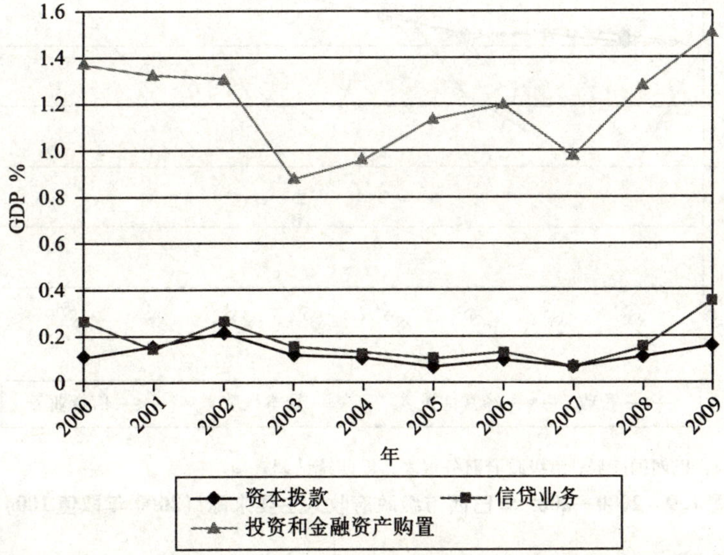

资料来源：巴西国库局。

图 1.8　2000—2009 年巴西州级政府投融资的主要来源（占 GDP 百分比）

市级政府的收入与支出

与州级政府在21世纪初期第三轮债务重组协定后开始有盈余不同，市级政府在1997年就开始有基本盈余。该年恰逢新市政府上任，支出较低。在债务重组协定起作用以后，1999—2001年基本财政平衡改善，并在之后的年份一直有盈余。

在2000—2009年，市级政府实际收入增长（见图1.9）。税收平均每年增长4.4%。从2004年起，ISS每年实际增长不会低于10%，只有2009年例外，金融危机期间利率比往年高3.3%。快速的经济增长、法律变革，以及税收管理的现代化促成了这种改善。到目前为止，主要来自联邦和州级政府的资助在2000—2009年以平均每年4.8%的速率增长。在此期间，由于医疗服务由地方自身提供，市级政府有希望能获得教育（来自FUNDEF以及基本教育和师资培训维持及发展基金）和医疗的额外资源。

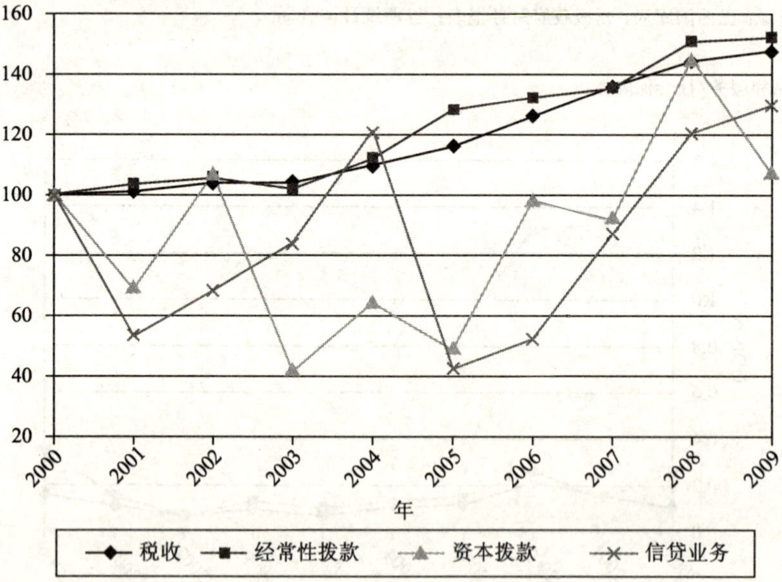

资料来源：巴西国库局；市级政府财务报表；巴西统计调查局。

图1.9 2000—2009年巴西市级政府收入主要来源（2000年取值100）

支出构成相对稳定，主要包括人事支出和其他各类支出（主要为提供服务所引致的经常性支出）。表1.6列出了主要的支出项目。该表包括了一个备忘项目——人事支出与净经常性收入的比率——除了在2009年略有增加外，在整个分析周期维持相对稳定。图1.10描述了市级政府在该周期内的主要支出。

表1.6　　2000—2009年巴西市级政府支出（占GDP百分比）

	2000	2001	2002	2003	2004	2005	2006	2007	2008	2009
总支出	7.0	7.0	7.4	7.0	7.2	7.1	7.7	7.6	7.8	8.0
人事支出	3.0	3.0	3.2	3.1	3.2	3.3	3.4	3.3	3.4	3.7
公务员薪金支出	2.3	2.3	2.3	2.3	2.3	2.3	2.4	2.4	2.4	2.6
退休/养老金	0.3	0.3	0.4	0.3	0.3	0.3	0.3	0.3	0.4	0.4
其他人事支出	0.4	0.4	0.6	0.5	0.6	0.6	0.7	0.6	0.6	0.7
投资和金融资产购置	0.8	0.7	1.0	0.8	0.8	0.6	0.9	0.9	1.1	0.8
偿还债务	0.2	0.2	0.3	0.3	0.3	0.3	0.3	0.3	0.3	0.3
其他支出[a]	2.9	3.0	2.9	2.9	2.9	3.0	3.2	3.1	3.1	3.2
备忘：										
人事支出/净经常性收入（%）	43.1	42.1	43.5	44.8	43.2	41.3	42.8	42.8	41.7	45.6

资料来源：巴西国库局；市级政府财务报表；巴西统计调查局。

注释：

a. 商品和服务/社会保障拨款。

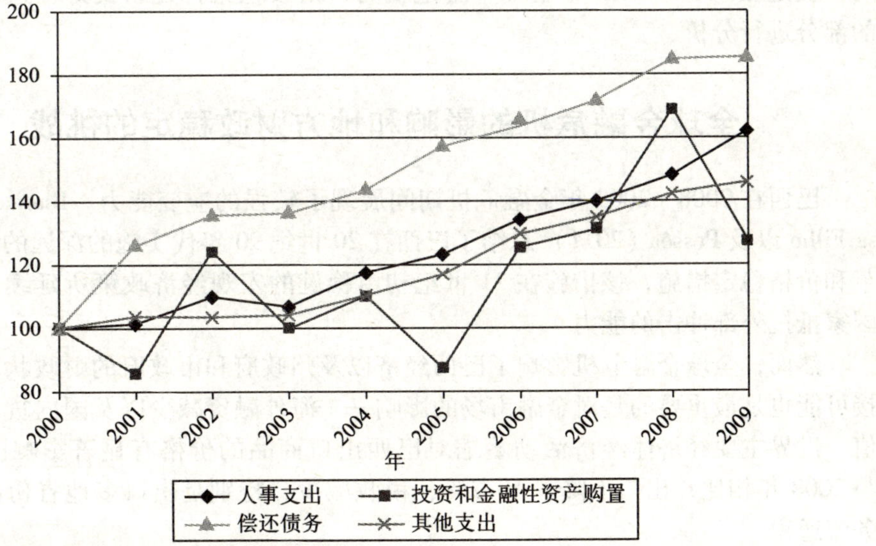

资料来源：巴西国库局；市级政府财务报表；巴西统计调查局。

图1.10　2000—2009年巴西市级政府主要支出（2000年取值100）

在地方层面，政治周期解释了新政府上台的第一年总支出中较小的投资份额，例如2001年和2005年。2001年投资占支出的10%，之后的3年则上升到平均12%。2005年，下降至8.8%，而在2005—2008年则恢复至平均12%。较低的债务收入比使得偿债成本较低，在2000—2009年平均占GDP的0.26%。根据《财政责任法》所设置的目标，偿债成本占净经常性收入的比率平均接近3.5%。由于支出占净经常性收入的限制，偿债成本不一定包括当年全部应偿债务。然而，由于市政府债务重组协定主要在1999—2000年发挥作用，并且2001年国库作为主要债权人重新确认了地方政府债务，偿债成本的快速增长仅是一个“基础效应”。

总之，在2000—2009年，除了某些例外，例如2003年之前的债务增长。公共部门的借款需求、债务、人事支出都稳定改善。收入增长以及人事支出的限制，特别是某些州加强了地方政府的财政账户管理，这些改进是应对2008—2009年金融危机的基础[34]。一个重要的经验是20世纪初建立的债务重组的地方财政框架不但允许地方政府改善财政政策，也展现出较强的应变能力和适度的灵活性水平，该框架在没有重大变动的情况下，应对了两次经济衰退。一次是在2001—2003年，《财政责任法》刚颁布，巴西遭遇了一次能源供给危机（尤其是电力资源），危机深刻影响了经济发展，同时伴有2002年大选所引起的市场信心危机。另一次是在2008—2009年全球金融危机时，财政框架仍运行良好，这在接下来的部分进行分析。

全球金融危机的影响和地方财政稳定的挑战

巴西在2008—2009年金融危机期间展现了较强的应变能力。Blanco、Barbosa Filho以及Pessôa（2011）总结了巴西在20世纪90年代实施的深远的结构性改革和价格稳定措施，该措施在21世纪初由稳健的宏观经济政策所延续，强化了国家抵抗外部冲击的能力。

然而，全球金融危机影响了巴西经济以及州政府和市政府的财政状况。最直接可能也是最重要的是对金融市场的影响——海外融资减少以及国内货币急剧贬值。世界主要经济体经济活动萎缩对巴西出口商品的价格有显著影响：2009年与2008年相比，出口下降了10.2%，税收减少，特别是出口多地省份的商品服务流通税。

政府对宏观经济政策——特别是财政、货币和外部政策——的积极管理，减轻了危机的影响。实际GDP于2009年萎缩了0.3%，在2010年反弹增长了7.5%，由于全球经济危机的持续，2011年经济增长放缓只增长了2.7%。年通货膨胀率增长至6%左右，但仍然低于央行规定的通胀目标上限。官方总储备恢复，对私营部门的信贷恢复至2010年水平。

经济活动的减少，以及旨在维持家庭总消费的一系列税收减免措施的实施使得 2009 年税收收入下降。税收占 GDP 的百分比由 2008 年的 34.4% 下降至 2009 年的 33.6%，GDP 萎缩 0.6%，总税收下降了近 3%。联邦政府增加了公务员工资开支并提高了最低工资标准，这也影响了养老金支付。结果，总的基本财政盈余 2009 年下降至 GDP 的 2%，远低于 2004—2008 年 3.5% 的平均水平。由 IGP—DI 指标表示的通货膨胀率在 2009 年下降了 1.4%，降低了名义利率和公共部门借款需求[35]。

反周期的财政政策包括了许多改善州和市政府收入的措施：（1）在联邦增长加速计划框架下根据联邦投资计划增加资本拨款；（2）减少所得税和 IPI 税，有助于支持汽车工业，减少失业，减少地方政府通过州分配基金对城市分配基金拨款；（3）补偿经常性拨款的减少——为维持投资并达到联邦增长加速计划规定的联邦资本拨款，国家经济和社会发展银行给予各州额外的信贷额度；（4）对市政府的一般拨款与 2008 年城市分配基金拨款数额相同。公共银行扩大了信贷供应，以帮助出口商应对外汇成本，抵消对企业和消费者私人信贷[36]的下降。

危机对州级政府和市级政府的影响

危机对各州、各市及其参与者有不同的影响，除了研究危机影响外，研究减轻经济衰退的联邦政策也是必要的[37]。

经济衰退对州财政账户的直接影响是商品服务流通税税收减少和来自州分配基金的拨款减少，后者是由于联邦收入中所得税和工业产品税的减少。对于所有的州来说，这两种来源的收入占到了可支配收入的约 50%—70%（在向市政府拨款后）。[38]全球经济危机对州财政的影响开始于 2008 年底，还不足以影响到 2007 年和 2008 年大部分的收入：

- 2008 年，作为各州收入主要来源的商品服务流通税实际利率平均增长了 9.5%（27 个州中有 8 个增长超过 10%），而 2007 年仅为 3%。2008 年来自联邦政府州分配基金的拨款增长更快，增长了 12.9%（各州相同），而 2007 年仅为 3%。2009 年，与增长较快的 2008 年相比，商品服务流通税（全国平均 2.5%）以及来自州级政府分配基金的拨款（8.9%）都有所减少。2010 年，商品服务流通税已恢复至危机前的水平。
- 2007—2009 年一个包含了 10 个州的样本的财政指标证明了这些结论[39]。2009 年，样本中除一个州外其他州的收入都少于 2008 年，但是与 2007 年相比净经常性收入增加（RCL）。[40]2008—2009 年投资增长惊人。2007 年，投资大部分是来自“其他内部来源”，包括经常性盈余（在支付债务后）。虽然各州来源构成不同，但投资扩张都是资本拨款和信贷业务扩张的重要因素。根据国家货币委员会的决议，联邦政府通过贷款向各州提供额外资金以补偿来自州分配基金拨款的减少。通过新增债务筹集的资金比未偿还债务存量小，因此，对净债务与净经常性收入的比率影响不大。2009 年信贷总额占未偿还契约性债务的 2.5%。此外，净经常性收入的增长和 IDP - DI 指数的下降也减少了这个比率。[41]

全球金融危机对州级政府的影响要强于对市级政府。2008—2009 年州级政府经常性收入普遍减少，而市级政府商品服务流通税的减少却可以通过其他的拨款和自有税收得到补偿。一个包含六个市级政府的样本（贝洛奥里藏特、库亚巴、阿雷格里港、里约热内卢、萨尔瓦多和圣保罗）的财政指标显示，2009 年总收入维持不变，主要是由于以下几个因素：

- 财产税和服务税的增长快于通货膨胀率（分别为 5% 和 3.3%），这使实际税收总额增长。
- 对医疗服务的联邦拨款实际增长 10.2%，弥补了其他经常性拨款的轻微减少（0.5%）。
- 联邦政府采用自动拨款的政策来补偿城市分配基金拨款的减少（大约 25% 的经常性拨款），以使对市政当局的拨款等同于之前年份的名义数额。
- 由于州级政府的资助，基本教育和师资培训维持及发展基金的资本快速增长。

与州级政府相反，正如六个州首府的投资情况所反映的那样，2009 年市级政府的投资只有轻微的上升或下降。[42]此外，收入的稳定也导致了人事支出占净经常性收入比率的稳定。

地方财政稳定性的挑战

过去十年巴西地方政府的财政状况令人印象深刻。然而，地方政府现在正面临着长期财政稳定的挑战。在这里，我们主要强调三个与之前章节所讨论的债务重建框架直接相关的问题[43]：（a）20 世纪 90 年代末债务重组协定的指数化规则和累积欠债；（b）狭窄的财政空间和较低的经常性公共投资；（c）通过更具竞争性的地方信贷市场减少借债成本的潜力。我们将依次讨论这 3 个问题。

如前所述，地方政府债务重组协定要求地方债务按 IGP - DI 指数调整，加上一个大约 6% 的“实际”利率。在债务重组协定时，由于当时的宏观经济条件，这种安排是合理的。利率（即 SELIC 率，联邦政府的基本筹资成本）比协议利率要高很多。汇率制度为固定汇率制，而通货膨胀目标制度还未成为货币政策的一部分。最终没有一个类似于《财政责任法》的保护性的财政法规来构建财政上的限制及条件。现在，随着新改善的机制，例如浮动汇率制以及通胀目标制，宏观经济情况发生了改变，这导致了较高水平的宏观稳定性。更重要的是，自以 SELIC 率稳步下降，特别是全球经济危机以来，债务重组协议所规定的利率要高于国内经济基准利率。因此，各州希望能在市场上重新融资以偿还债务，而这违反了协议。[44]

国家有关部门已经开始在国会谈判，希望能改变原协议的一些条款。然而，由于 IGP - DI 指数有很大的灵活性，因此联邦和地方政府的资产负债管理并没有一个很好的参考。一个相关的挑战是来自债务重组协定中 13% 的年偿债率上限。虽然这个上限是一个很好的反周期措施，对一些负债严重的州是有用的，但这也导致了一些州的累积欠债——建立资本化的债务利息，这是一个潜在的严重的财政问题。根据法律规定，这些余额必须从 2030 年起在 10 年内偿清。累积欠债还依赖于 GDP 增长以及 IGP - DI 指数的趋势。对于一些州来说，例如里约热内卢，如果 2010—2020 年间国内生产总值平均增长 4%，而 IGP - DI 收敛于通胀率（根据 Levy 2009），累积欠债可能消失。对圣保罗市政府的官方预测显示如果净经常性收入每年增长 1%，债务与净经常性收入的比率在 2030 年大约为 327%，同时偿债成本与净经常性收入之比可能会达到 51%，处于不可持续的状态（Prefeitura da Cidade de São Paulo，2011）。

狭窄的财政空间和对新增债务的各种法规限制给地方公共投资的筹资带来了挑战。地方政府财政调整对公共投资造成了冲击，从而导致基础建设的恶化，并威胁经济增长。对地方政府债务融资的限制作为财政调整计划的一部分已经成功地扭转了地方政府财政失衡，接下来的挑战是在维持财政纪律的同时找出增加基础建设投融资的方式。从长远来看，经济增长是财政可持续性的一个关键因素。最后，另一个挑战是发展地方公共投资竞争性的信贷市场。更具竞争性的地方信贷市场有助于降低融资成本，延长债务期限。融资成本是财政可持续性的另一个关键的决定性因素。Canuto 和 Liu（2010）的研究显示发展中国家的地方债务市场经历了一个显著的转变。一些国家私人资本已经出现并对地方财政发挥了重要的作用，如波兰、罗马尼亚和南非。越来越多的地方债券与传统银行贷款竞争。尽管危机期间信贷市场暂时中断，但地方信贷市场的多元化有望继续。在许多国家，地方政府或其机构已经发行债券工具（例如，中国、哥伦比亚、印度、墨西哥、波兰、俄罗斯和南非）。越来越多的国家正在考虑促进地方债务市场发展的政策（例如，印度尼西亚和南非），而其他国家正在进行试点交易和能力培训活动来达到相同的目的（例如，秘鲁）。竞争性的金融市场，多样的买家和卖家和多元化的金融产品，可以降低借贷成本[45]。

巴西现在主要由公共金融机构向地方政府提供信贷[46]。债务重组协定禁止地方政府发行债券。这有助于地方债务趋于一条可持续发展的道路。展望未来，一个关键的挑战是找到增大地方信贷市场竞争性的方式，使得长期融资成本降低，财政可持续发展。国际经验表明，地方资本市场审慎的监管框架对管理违约风险十分重要，同时改进这样一个框架的过程是循序渐进的。

总　　结

巴西地方政府债务危机不仅是由于地方政府自身决策所导致，也是联邦政府在财政内外因素的制约下实施经济发展计划所导致，尤其是1964—1985年间的独裁统治。地方政府在吸引外部资源，缓解国际收支压力以及实施加快城市化进程的大项目方面有重要作用。再加上地方政府的外部筹资——由中央政府宏观经济政策指导——对外举债是规避严格控制的财政管理的一种方式，这对地方政府的财政账户，特别是各州的财政账户有显著的负面影响。

1997年债务重组协定对地方政府金融和财政的管理有严格的规定并确保地方遵循联邦政府实施的宏观经济政策指导，该协定限制了地方借贷。1997—2000年最新一轮债务重组为宏观经济稳定铺平了道路。

在“实际计划”成功的基础上，1999年巴西采用了通货膨胀目标制和灵活的汇率制度，并启动了一个强有力的财政调整计划，正是该计划带来了显著的基本盈余。从2005年起，通货膨胀率降低并维持在5.9%之下，原因之一是进口在逐步降低的价格（由于2003—2010年巴西货币升值）下强劲增长。从2004年开始，巴西步入可持续的经济增长轨道。由于良好的宏观经济管理和21世纪初非常有利的外部环境（除了2009年国际流动性危机时），巴西在面对2008—2009年全球金融危机时极富弹性。地方政府和联邦政府的债务水平都降低了，联邦政府的债务占GDP的比重从2002年的38%下降到2010年的26.4%。随着外汇储备的累积，巴西公共部门成为一个外汇净债权方。国家实现贸易顺差，特别是2005年和2007年之间，平均每年437亿美元。

随着国家制度的巩固和现代化，《财政责任法》在2000年获批，这是理解过去11年来相应的财政巩固和债务与GDP比例下降过程的关键。然而，制度改革并没有随着《财政责任法》的批准而结束。如果不采取其他措施（如继续努力改善公共账户记录和报告的规则和程序，以及采取统一的标准来表明遵守法律的限制），《财政责任法》的原则、程序及要求将是无效的。这些努力将会使财务报表更加可信，特别是地方政府财务报表。

本章指出，各级政府结构——联邦和地方政府——财政调整和巩固受到政府税收增长的极大推动。由于债务重组，几乎所有的州和大部分的市已经使他们的税收管理现代化。然而，收入的增长并没有扩大公共投资，城市基础设施建设急需项目的资金不足。相反，基本公共服务的供给扩大——例如医疗和教育服务覆盖面扩大——但更高的经常性支出增加了融资需求。

尽管财政改革和债务重组成功，巴西地方政府仍然面对着可能会影响地方财政和经济增长可持续发展的挑战。对债务重组有直接影响的三大挑战是：指数化规则和潜在的欠债累积，为公共投资缺口融资时狭窄的财政空间及其对经济增长的影响，以及培育竞争性地方信贷市场以降低公共投资的融资成本。

注　释

本文所述的发现、解释和结论，均属作者个人观点，不代表世界银行、世界银行执行董事会及其所代表的政府，或者外部作者可能隶属的任何机构的观点。

1. 巴西是一个联邦共和国，包括一个联邦政府（联邦）、26个州政府、一个联邦特区（巴西利亚）和5 564个市政府。2010年，巴西有1.91亿人口，世界人口排名第五。各州和各市的规模差别很大。除非另有说明，本章中的州政府包括联邦特区。

2. Serra and Afonso (2007) 提醒我们，巴西的联邦结构是一个仍在不断发展的体系，他们还指出了纵向和横向财政分权与政府权力的主要方面。

3. 1974—1979年的投资计划（第二次全国发展计划）以及世界经济的复苏导致进口依赖减少，再加上限制性的财政政策，使得1984年GDP增长5.4%，1985年和1986年增长约为4.5% (Giambiagi et al. 2005)。

4. Rezende and Afonso (2002) 发现两个塑造了巴西财政联邦主义现状的重要事实：(1) 1985年军事政权灭亡后从独裁统治向民主的过渡；(2) 在20世纪90年代为了达到国内外平衡所采取的政策。Rigolon和Giambiagi (1999) 描述了债务重组发生的背景，强调这是旨在减少地方政府借贷的行政措施的一部分。

5. 科洛尔计划II试图应对持续的通货膨胀和越来越困难的公共债券发行。该计划旨在消除隔夜操作和其他的价格指数形式。金融投资基金是作为政府证券的垄断市场而创建的。财政紧缩措施包括通过部委和国有企业来消减联邦支出。尽管实施后通货膨胀率较低，然而政治上的阻力使得该计划最终失败（Gremaud，Vasconcellos，和Toneto 2010）。

6. 1989年的7976号法案规定地方政府直接和间接债务的再融资由国库担保，而这些债务是为了兑现之前的承诺而由国民政府担保的由外部信贷业务而引致的贷款。

7. RLR被用来计算地方政府偿债限额和金融负债与RLR的比例。它也常常被用作各州财政调整和重组计划的一个参数。它的计算公式为12个月的上缴收入的移动平均，但不包括信贷业务的收入、财产出售、自动转移支付，为了满足资本支出而接受的捐赠，如果是州政府，还要排除按照宪法和法律规定的对市政府的转移支付。

8. 司法令状，即 precatórios，是法律规定的联邦、州或市财政部门的一个确定数额的支付。他们不能被上诉。在司法令状执行结束后，要求偿债的函件被提交给法院院长。每年 7 月 1 日前法庭收到的申请被纳入财政预算建议，下一个财年将被支付。地方政府往往大量拖欠这种债务。

9. SELIC 率，即巴西的基准利率，是日常融资操作所收取的平均利率，是由按 SELIC 率登记的政府债券担保。

10. 根据联邦宪法，参议院有权确定由联邦、各州和市政当局发行的债务数量及条件。

11. 债务谈判已经采取了“合同的做法。”见 Grembi 和 Manoel（2011）对拉丁美洲的分析。

12. IGP – DI 指数是分别赋予批发价格指数、消费者物价指数和全国建设工程造价指数 6、3、1 的权重所构成的一个加权指数。“国产化”的版本是 1969 年为了隔离咖啡价格振荡的影响而赋予出口产品一个低权重。

13. 阿马帕州和托坎廷斯州并无显著的债务，所以不包括在内。

14. 基于财政部的数据。

15. 圣保罗和巴伊亚州已经完成了债务重组。

16. 在 1998 年底，里约热内卢市政府提交了与联邦政府重组其债务的提案。该提案建议的重组条款与适用于各州的重组条款相同（9496 号法案）（见 Prefeitura Municipal do Rio de Janeiro 1998）。

17. 最近，里约热内卢市政府通过向世界银行贷款 10.45 亿美元来重组其债务，这些贷款用来偿还与联邦政府签订的债务重组协议中 25% 的债务。该预付款项的利率由 9% 下降到 6%。

18. 国际货币基金组织（2003 年 9 月）对危机做出了详细解释。根据国际货币基金组织的解释，巴西危机就像在 20 世纪 90 年代其他新兴市场国家一样，“将其描述为区别于那些主要源于经常性账户的传统危机的资本账户危机”更合适。

19.《财政责任法》在 2000 年 5 月 4 日作为 101 号法案的补充（见专栏 1.3）获得批准。补充法案的批准需要通过一个较高的投票门槛（两院的 75%）。

20. 雷特（2011）认为，其中的一些因素是解释为什么《财政责任法》会在巴西国会通过的关键。

21. 在财政部设立国库局是巴西综合分析和控制公共财政的一个里程碑。其职责包括：（1）执行预算（现金流）；（2）监督地方政府公共财政；（3）监督国有银行和国有企业的财务状况；（4）公共债务管理（登记、控制、报告）；（5）管理联邦政府的金融资产；（6）联邦政府账户的核算和报告。几年来，国库局也负责了联邦政府的“内部控制”工作。

22. Tavares、Manoel 和 Afonso（1999）描述了《财政责任法》项目以及新的财政规则的前因。

23. 这部分的主要信息来源是巴西统计调查局（IBGE）、巴西中央银行、巴西国库局、财政部下属的各州秘书委员会，以及一些州的财务报表。2000—2009 年有关各州预算执行的数据可以在巴西国库局获得，国库局根据各州提供的信息整合了数据。尽管不同来源之间的统计方法和覆盖范围不同，这些指标得到的结果是一致的，而且允许数据的比较。

24. 关于净公共债务和主要财政指标的数据，在直接和间接行政单位（州政府和市政府）方面，巴西中央银行的数据和国有企业的数据有所不同。巴西国库局的数据整合了收入、支出以及总债务。2000—2009年市政府的数据覆盖了大约95%的巴西城市。

25. 债务存量既包括州政府的债务，也包括国有企业的债务。

26. 地方政府收入和支出的数据是基于巴西国库局、州政府、市政府通过官方网站发布的信息。图1.9描述的收入随时间序列的变化，其中通货膨胀的影响已经消除了。

27. 从2000年起，税收包括了在源头上扣留的联邦所得税和拖欠债务税。在2000年，这两部分各占了总税收收入的4.5%。因此，只能在2000—2009年间比较。

28. 巴西国税局（Receita Federal）的报告指出，所得税占GDP的比重由2000年的5.5%上升至2009年的12.6%。消费税占GDP的比重由2000年的0.9%上升至2006年的1.7%，这是由于汽车行业的消费税暂时免于征收。

29. 为了达到国会所设定的基本盈余的目标，联邦政府不得不减少对地方政府的资本性拨款。

30. 投资包括金融资产的购置，特别是独立的国有企业发行的债券。

31. 基础教育发展基金（FUNDEF）是根据宪法修正案No. 14/96建立政府间金融合作以改善基础教育的法规创立的。该基金的资金来源于收入共享体系所指定百分比的转移支付，其目的是保证全国每个进入公立小学的学生都获得一个特定的最小额度的资助。FUNDEF的构成包括：（1）市政府与州政府共享的商品服务流通税的15%；（2）城市分配基金的15%；（3）FPE的15%；（4）市政府与州政府共享的出口补偿基金的15%。FUNDEF基金是根据学生就读于市级或州级小学的数量来分配的。如果从这些来源获得的资金无法保证法律规定的最低支出，联邦政府负责提供辅助性的拨款。2007年，由于基本教育和师资培训维持及发展基金的成立，专项收入从15%上升到20%，这其中其他收入都包括在内，主要是州政府财政收入。分配标准也进行了相应的改变，除其他事项外，把接受高等教育的学生数量和由各州提供的服务也考虑在内。

32. 巴西联邦、州政府和市政府官员任期为4年。政府首脑——总统、州长、市长——可连任一次。联邦和州任期一致，市政府官员任期比联邦和州要迟两年。市政府官员在2001年、2005年和2009年上任。联邦和州政府官员在2003年和2007年上任。

33. 2009年，圣保罗州出售国有银行Nossa Caixa，为投资筹集资金。

34. Piancastelli and Boueri (2008)，在研究了债务重组协定后10年的州财政账户，认为债务重组协定是公共部门改善财政状况的主要努力。

35. 央行数据；http：//www. bc. gov. br。

36. 见财政部网站；http：//www. fazenda. gov. br。

37. 在此分析中使用的数据可以在巴西国库局网站和一些州政府及市政府的官网上找到。2010年市政府财政信息来源为《财政责任法》报告，可以在市政府或巴西国库局网站上找到。可能缺少一些州和市政府某些年的指标，这些缺少的数据可以在巴西财政部（FINBRA）数据库中找到。http：//www. stn. fazenda. gov. br/estados_ municipios/index. asp。

38. 根据IBGE，巴西领土包括5个地理区域：北部、东北部、中西部、南部和东南部。北部和东北部是最穷的，而南部和东南部最富有。国家的首都——巴西利亚在中西部地区。

39. 样本中包含以下几个州：Bahia，Ceará，Goiás，Maranhão，Minas Gerais，Paraná，Pernambuco，Rio de Janeiro，Rio Grande do Sul，São Paulo。

40. RCL由经常性收入（税收，政府间转移支付以及其他）减去宪法规定的对各市拨款（强制性）与公务员养老基金的社会捐赠的差额。

41. 债务存量是经过IGP－DI指数修正的，该指数在2009年下降（－1.43%）。

42. 这是4年任期（2009—2012年）的第一年，是政治周期的开始，经常性支出，主要是投资减少，使得管理者可以积累现金用于任期的最后一年的支出。

43. 影响地方政府财政稳定性的其他因素包括：政府间财政体系、支出结构、税制改革，这些超出了本章范围。

44. 例如，FRL的35条禁止公共机构之间任何形式的债务重组协定。Pellegrini（2012）也分析了一些限制，如法律、技术和财政，阻碍了经常性债务正常的重组协定。

45. 各国都向着更加多元化的借债手段发展，包括债券。发展中国家总的地方政府债券发行量在2000—2007年达到451亿美元，在2008—2010年第一季度达到1028亿美元，中国是最大和最主要的发行方，其次是俄罗斯（Canuto and Liu，2010，基于DCM资料分析）。

46. 2010年四个最大州的国内债务（包括直接和间接的政府机构）的中央银行的数据表明，私人机构仅占国内债务总融资的0.5%。它们仅在米纳斯吉拉斯州和圣保罗州持有较多的债权，在那里他们分别持有约20%和10%的国有企业未偿还债务。

参考文献

Abrucio, Fernando Luiz. 2002. *Os barões da federação: Os governadores e a redemocratização brasileira.* 4d edition. São Paulo: Hucitec.

Afonso, José Roberto. 2011. *Crise, estado e economia brasileira.* Sao Paulo: Agir.

Almeida, Anna Ozório de. 1996. "Evolução e crise da dívida pública estadual." Texto para Discussão No. 448, Instituto de Pesquisa Econômica Aplicada (IPEA), Brasília.

Bacha, Edmar. 1995. "Plano Real: Uma avaliação preliminar." *Revista do BNDES* 2 (3): 3 – 26.

Blanco, Fernando, Fernando de Holanda Barbosa Filho, and Samuel Pessôa. 2011. "Brazil: Resilience in the Face of the Global Crisis." In *The Great Recession and Developing Countries: Economic Impact and Growth Prospects*, ed. Mustapha K. Nabli. Washington, DC: World Bank.

Canuto, Otaviano, and Lili Liu. 2010. "Subnational Debt Finance and the Global Financial Crisis." PREM *Economic Premise* 13, World Bank, Washington, DC, May.

Eichengreen, Barry. 2007. *Globalização do capital.* São Paulo: Editora 34.

Garson, Sol. 2010. "Gestão fiscal do Espírito Santo 2002 – 2008: Pavimentando o caminho para o crescimento da economia estadual." In *Espírito Santo: Instituições, desenvolvimento e inclusão social.* Vitória: Instituto Jones dos Santos Neves.

Giabiagi, Fabio, Fernando Blanco, and Wagner Ardeo. 2008. "Proposta de recriação de uma dívida estadual e Municipal com o Setor Financeiro Privado." *Revista do BNDES* 14 (29): 365 – 98. Rio de Janeiro.

Giambiagi, Fúbio. 2008. "18 anos de política fiscal no Brasil: 1991/2008." *Economia Aplicada* 12 (4): 535 – 80.

Giambiagi, Fabio, and Ana Claudia Além. 2007. *Finanças públicas: Teoria e prática no Brasil.* 3d edition. Rio de Janeiro: Editora Campus.

Giambiagi, Fabio, André Villela, Lavinia Barros de Castro, and Jennifer Herrman. 2005. *Economia brasileira contemporânea* (1945 – 2004). Rio de Janeiro: Editora Elsevier.

Gremaud, Amaury Patrick, Marco Antonio Sandoval Vasconcellos, and Rodinei Toneto Jr. 2010. *Economia brasileira contemporânea.* 7 edition. São Paulo: Atlas.

Grembi, Veronica, and Alvaro Manoel. 2011. "Fiscal Rules for Subnational Governments? Evidence from Latin America." World Bank, Washington, DC.

Hermann, Jennifer. 2005. "Auge e declínio do modelo de crescimento e endividamento: O II PND e a crise externa (1974/1984)." In *Economia Brasileira Contemporânea* (1945 – 2004), ed. Fabio Giambiagi, André Villela, Lavinia Barros de Castro, and Jennifer Herrman. Rio de Janeiro: Editora Elsevier, pp. 93 – 115.

IMF (International Monetary Fund). 2003. "The IMF and Recent Capital Account Crises: Indonesia, Korea, Brazil." International Monetary Fund, Washington, DC, http://www.imf.org/external/np/ieo/2003/cac/pdf/all.pdf.

———. 2011. "IMF Executive Board Concludes 2011 Article IV Consultation with Brazil." Public Information Notice No. 11/108, Washington, DC, August, http://www.imf.org/external/np/sec/pn/2011/pn11108.htm.

———. 2011. *World Economic Outlook: Slowing Growth, Rising Risks.* Washington, DC, September, http://www.imf.org/external/pubs/ft/weo/2011/02/.

Leite, Cristiane Kerches da Silva. 2011. "Federalismo, processo decisório e ordenamento fiscal: A criação da Lei de Responsabilidade Fiscal." Texto para Discussão 1, 593, Instituto de Pesquisa Econômica Aplicada, Brasília, www.ipea.gov.br.

Levy, Joaquim V. F. 2009. "Stability and Innovation in Brazilian Subnational Debt." Presentation at the Subnational Fiscal Reform and Debt Management Forum, World Bank, Washington, DC, April.

Liu, Lili, and Steven Webb. 2011. "Laws for Fiscal Responsibility for Subnational Discipline: International Experience." Policy Research Working Paper 5587, World Bank, Washington, DC, March.

Lopes, Francisco. 1986. *O choque heterodoxo: Combate à inflação e reforma monetária.* Rio de Janeiro: Campus.

Lopreato, Francisco Luiz C. 2000. "O endividamento dos governos estaduais nos anos 90." *Econo-*

mia e Sociedade 15 (dezembro): 117 – 58.

Modenesi, A. M. 2005. *Regimes monetários: Teoria e experiência do Real.* Barueri: Manole.

Mora, Monica. 1997. "Processo de endividamento dos estados: Problemas e limites à descentralização e à autonomia." Dissertação de Mestrado, Universidade Federal do Rio de Janeiro, Rio de Janeiro.

———. 2002. "Federalismo e dívida estadual no Brasil." Texto para Discussão 866, Instituto de Pesquisa Econômica Aplicada, Brasília.

Pellegrini, Josué A. 2012. "Dívida Estadual." Textos Para Discussão No. 110, Núcleo de Estudos e Pesquisas do Senado, Brasília, March.

Piancastelli, Marcelo, and Rogério Boueri. 2008. "Dívida dos Estados 10 Anos Depois." Texto Para Discussão No. 1366, Instituto de Pesquisas Econômicas Aplicada, Rio de Janeiro, December.

Prefeitura da Cidade de São Paulo. 2011. "Dívida com a União – MP 2185 – 35." Secretaria de Finanças, Report of December 31, 2011, São Paulo.

Prefeitura Municipal do Rio de Janeiro. 1998. "Proposta de reestruturação das dívidas municipais." Rio de Janiero.

———. 2011. "Emissão de Títulos." Texto para Discussão, Rio de Janeiro, April.

Rezende, Fernando, and José R. Afonso. 2002. "The Brazilian Federation: Facts, Challenges and Prospects." Working Paper No. 149, Center for Research on Economic Development and Policy Reform, Stanford University, Stanford, CA, August.

Rigolon, Francisco, and Fabio Giambiagi. 1999. "A Renegociação das Dívidas e o Regime Fiscal dos Estados." In *A Economia Brasiliera nos anos90*, ed. F. Giambiagi, and M. M. Moreira. Rio de Janeiro: National Bank of Economic and Social Development.

Serra, José, and José R. Afonso. 2007. "Fiscal Federalism in Brazil: An Overview." Cepal Review, No. 91, Santiago, Chile.

Tavares, April, R. Martus, Alvaro Manoel, and J. R. R. Afonso. 1999. "Uma proposta para um noveo regime fiscal no Brasil: O da responsabilidade fiscal." Compendio de Documentos, XI Seminário Regional de Política Fiscal, CEPAL, Brasília.

Varsano, Ricardo. 1996. "A evolução do sistema tributário ao longo do século: Anotações e reflexões para futuras reformas." Texto para Discussão 405, Instituto de Pesquisa Econômica Aplicada, Brasília, www. ipea. gov. br.

Villela, R., and F. Rezende. 1986. "Alterações na política financeira: Desenvolvimento urbano e problemas metropolitanos; Aspectos financeiros." In *Alternativas político – institucionais para a região metropolitana de Salvador: Dimensão nacional*, ed. Ana Maria Brasileiro. Rio de Janeiro: Convênio IBAM/CONDER, pp. 212 – 34.

2

中国农村教育遗留债务的重组

刘琍琍　乔宝云

简　介

中国自20世纪80年代中期开始在全国农村实行九年义务教育。为实现这一目标，1986年颁布的《中华人民共和国义务教育法》规定国务院和地方各级人民政府须保障农村义务教育的运营和资本支出。事实上，地方政府尤其是县级政府，在资助农村义务教育方面发挥了主要作用。在财政资源有限的前提下，地方政府通过多种渠道进行农村义务教育融资。尤其是，为了实现到2000年在全国范围内普及九年义务教育的目标，尽管1994年颁布的《中华人民共和国预算法》明确禁止各地农村义务教育举债，但为了达到所有学校的最低设施标准，地方政府（乡级和村级政府）仍然寻求借债方式为学校设施筹措资金。

2000年，中国在全国范围内基本普及了九年义务教育，这是一项历史性的成就。然而，因农村义务教育融资所积累的债务已经成为地方政府的一大财政负担。截至2007年底，农村义务教育债务总计约达1 100亿人民币[1]，约占地方财政总收入（不含转移支出）的3.9%。庞大的义务教育债务中，用于资本支出和运营支出的融资分别约为800亿元人民币和300亿元人民币。农村义务教育债务对于农村经济和社会发展的负面影响愈加严重。2001年的农村税费改革[2]，目的在于减轻农民经济负担（如税收、附加费和收费等），但这也进一步限制了地方财政来源，同时，农村改革又增加了对用于推进农村基础设施建设和社会福利事业的财政资源需求。

因此，重组农村教育的遗留债务成为中央政府在21世纪初期的一项首要任务。与20世纪90年代后期包容性经济增长的公共政策目标相符，农村地区九年义务教育的债务融资将由为所有儿童拨款的融资方式所取代。化解普遍存在的农村地方政府债务以推动由举债向拨款融资转变是必须的，并且，在这一转变过程中，必须重视遗留债务及其削减问题。

化解遗留债务、推动向拨款融资方式的转变应被视为建立可持续财政系统框架的一部分，以保证基本公共服务的提供，其中包括保证《中华人民共和国义务教育法》的实施。农村税费改革导致了地方财政能力降低，县级政府可以选择新的方式来增加农村居民的财政负担。

2007年，中国中央政府通过财政部启动一项旨在重组农村义务教育遗留债务的项目。这是一种开拓性的努力——是中央政府第一次对全国地方政府的债务进行重组。任何债务重组的一个关键设计问题就是如何避免道德风险。国际经验表明，无条件的债务削减会产生软预算约束。为了解决道德风险这一问题，财政部的方案有两个不同的特点：

第一，用于偿还债务坏账的财政资源被均匀摊派给中央政府，省政府和地方政府。也就是说，中央政府、省政府和地方政府三者分别承担各三分之一的财政资源。

第二，中央政府的转移资金的分派是基于这样的原则：它需要考虑到为提供基本教育的支出需求，同时也要考虑到地方政府实现这一要求的财政能力。所以，中央政府对某一特定地区的转移支付资金的分配不是直接基于其债务规模。这种基于产出的方法是为了防止地方政府有不良动机去扩大自己的债务规模，或者防止地方政府故意减少债务偿付以期得到更多地转移资金或援助。

本章分析了在当今中国各级政府间财政框架下有关农村债务重组的道德风险问题。其他的章节将做这样的安排。第二节总结了义务教育体系和中国各级政府的责任分配。第三节审视了农村教育遗留债务的特点。第四节集中讨论中国应对道德风险的对策。第五节审视了中国向农村学校注资时是怎样重组遗留债务。第六节给出相关的结论。

中国对于教育的税收和责任分配

中国拥有一个涵盖五级政府的单一体制。中央政府处于最高位置，并附属四级地方政府，即省级、市级、县级和乡级。[3]中央政府决定省级、市级和县级政府的建立和地理划分，而省政府决定乡政府的建立和地理划分。

省级政府直接接受中央政府的领导，由22个省、5个自治区和4个较大的直辖市组成，该4个直辖市与省的地位平行[4]。受某一省管辖的地或地级市是介于省和县之间的一个行政区划。截止到2009年末，中国共有333个地或地级市。县或县级市是地方级别的最高行政区划。截至2009年末，中国共有2 858个县或县级市。乡是最基层的行政区划。到2009年末，中国共有40 858个乡。

根据中国的宪法规定，省、地（或市）、县、乡一级的代表大会和人民政府分别是立法机关和权力执行机关。

九年义务教育法

中央政府于1986年7月1日颁布了九年义务教育法，该法规定各地必须开展义务教育以及开始的期限（要适应地方情况），并保证学龄儿童接受最少为期九年的义务教育的权利（其中包括六年的小学教育以及三年的中学教育）。地区层级的人民代表大会在落实九年义务教育时要遵照中央政府的方针，同时根据具体的指示和地方情况制定实施步骤、策略和最后期限。以往乡村地区的义务教育只有4－6年，而该计划旨在让乡村学生享有与城市学生同样的受教育年限。

国务院于1985年开始实施的关于教育体系的改革可以分为三个层面：（1）沿海省份的城市和经济发达地区以及内地少量的发达地区（大约占中国人口的25%）；（2）处于平均经济发展水平的乡镇和农村（占中国人口的50%）；（3）经济落后地区（约占中国人口的25%）。

事实上，第一阵营中的某些地区已经在1985年之前完成了普及九年制教育的目标，而该阵营中的其他地区也在1990年完成了该目标。第二阵营中的所有地区在1995年前完成了九年制教育的目标，并且，更高技能和更高层次的教育也在同步推进。第三阵营中地区应该在一个时间表内让所有的学生完成基础教育，而这一时间表与那些地区的经济发展速度相一致。与此同时，中央政府还希望能帮助解决少数民族地区和偏远地区的教育发展问题。

现在，中国的农村有超过260 000所小学和初中，培养着大约7 600万的学生，如表2.1所示。

各级政府关于教育责任的分布情况

中国继经济改革之后的分税制改革开始于20世纪80年代初，这一改革给地方政府在很多领域内相当大的财政自主权，例如，地方政府能决定财政支出优先于哪些方面，并能制定与地方预算相关方面的政策。1994年，中央政府推出了税收分享系统（TSS）的改革。这一改革有两个目标：第一，提高中央地方综合税收收入占国内生产总值的份额，第二，提高综合税收收入归入中央的份额（世

表 2.1　　2009 年农村小学及初中学校数量和学生人数的统计

项目	学校数量（所）	初中	九年制的初等学校	所有注册的（人数）
农村中学教育	30 178	22 921	7 257	19 345 061
由教育部门设立或集体所有的学校	28 590	22 240	6 350	18 498 085
私立学校	1 222	557	665	646 478
其他部门设立的学校	366	124	242	200 498
农村小学教育	234 157			56 555 439
由教育部门设立或集体所有的学校	231 360			54 941 004
私立学校	2 395			1 260 235
其他部门设立的学校	402			354 200

资料来源：中国 2010 年统计年鉴。

界银行 2002）。这一改革明确了中央和各省政府之间有关税收收入的清晰而稳定的安排，并在各级政府间设立了不同的税收管理体系。TSS 改革规定，将增值税作为主要的政府税收来源，并设定了统一的税收分享体系，即 75% 的增值税归中央所有，剩余的 25% 归地方所有。

上缴中央政府的税收和归地方政府的税收大部分都是通过最近成立的国家税收机关来征收，这些机构在所有省份都有分支。这些新的税收体系为地方税务机构征收那些归地方政府所有的税收而服务。而作为地方税务机构的总部——国家税收总局，则监管地方税务机构并防止地方政府滥用税收豁免权。

然而，就分税制改革中有关税收部分的主要内容而言，在中央政府和地方各省政府以及四个直辖市之间的支出分配上的政策与实践方面并没有明显的改变。事实上，分税制改革重申了改革前的支出分配体系，并且在划定中央与地方政府支出责任方面提供了基本的指导方针。例如，1994 年的“国务院关于分税改革规定与实施办法”是这样规定中央与地方政府的支出责任的：

中央预算主要负责国家安全问题、国际事务、中央政府运行成本和调整国家经济的结构，同时，协调区域发展并调控宏观经济等。详细项目包括：国防、军队警察的开支、国际事务及对外援助、中央政府管理成本、中央财政资本投资、央企的技术革新和新产品开发成本，为支持农业、艺术文化、教育和健康事业的开支，价格补贴以及其他项目。

地方各省预算主要负责地方政府的运营支出，地方社会经济发展需求。详细项目包括：各省政府的运行成本，地方经济发展需求，军队警察以及民兵的部分支出，地方性财政资本投资，地方省属企业的技术革新和新产品开发，为支持农业的支出，城市维护和建设，为支持艺术和文化、教育和健康事业的支出，价格补贴以及其他项目。

这些规章表明，中央政府和地方省政府不仅肩负广泛的支出责任，并且这些责任有重叠且不甚明确。另外，省级以下地方政府没有明确的支出分配，从而使地方与中央之间支出分配计划更加不明晰。各省政府的支付分配基本上处于省内自由支配的情况。为提升各省政府财政支出的水平，2002 年 12 月，财政部出台了《提升各省财政联系的相关建议》的文件，为各省的财政支出分配提供更详细地指导。然而，在明晰支出分配方面，依然有很多严峻的问题亟待解决。

例如，教育主要是地方政府的责任。对于义务教育而言，中央政府的职责在于政策制定和全局规划。除此之外，中央政府的责任还在于，要为贫困及少数民族地区的义务教育及老师教育的补贴设立特殊的教育基金。而省政府的责任在于制定义务教育的发展计划，为各县提供援助以满足周期性教育支出需求。就城市而言，真正完成义务教育计划的责任在于城市和大型城市地区，就农村而言，这种责任由县来承担。

鉴于近些年农村义务教育服务质量下降，特别在贫困地区，向农村地区提供义务教育服务成为中央政府的主要任务之一。一些法案，尤其是国务院于 2003 年 9 月颁布的《关于加强农村地区教育的决定》拓展了中央政府对于义务教育的责任范围。这项基础服务被认为是政府的一项责任，其目标是通过免除书本费、学费及其他学杂费用来支持来自贫困家庭的学生，同时向中小学生的住宿开支提供补贴。

总体来说，为完成国务院 2003 年的决议，各地县政府都被赋予了一些重要的决策权。比如，县政府有权在其管辖范围内关闭学校或缩减其规模。这项分权最终显著地影响了教育部门。除此之外，上级政府（省政府和中央）越来越多地参与到教育经费分担上。

对于上级政府教育责任的分配的变化来说，原因有两点：第一，正如之前所探讨的，因税费改革导致的税收减少使一些地方政府无力承担教育经费（项和袁 2008），所以地方政府需要更多的转移经费使教育事业顺利开展。第二，减少教育支出上的不均等被认为是一个理想的公共政策目标。所以，越是贫困的地区，越需要得到更多的转移支付。

在现行教育财政补贴体制下，各地县政府已经成为最重要——但不是唯一的承担者。其他的各级政府，比如县级市，各省和中央政府，也发挥着重要的作用；在某些特别的地区，甚至是乡政府和村委会也要承担相应的责任（黄，2006）。尽管制定教育政策的权利依旧归中央和各省政府，但县政府在日常的教育服务的管理上已经有了很大自主权，如表 2. 2 所示。

表 2.2 中国各级政府主要的教育责任分配

项目	中央政府	省政府	市政府	县政府
政策	1. 构建教育体系 2. 课程表和教材批准 3. 决定师生比率	1. 为教育发展制定政策 2. 规划小学和初中的重组 3. 对学校的评估 4. 认定教师队伍的规模	1. 协调教育计划的执行 2. 完成教育性的评估工作	1. 计划地方学校的体系构建 2. 给教师发工资 3. 行政人员及教师的管理 4. 教学活动的指导 5. 评价农村学校 6. 计划师生比率
财政	转移资金以帮助贫困和少数民族地区	为贫困县提供支持	无	购买设备和书本
教师工资	指定对于教师工资的转移资金	使用转移资金帮助贫困县	向贫困地区提供转移资金	给教师发工资
运营成本	无	1. 决定教师学生比率和相应的对于农村地区的运营支出 2. 向贫困地区转移资金	帮助县政府关于操作成本的融资工作	给学校的运行提供资金
建设成本	指定对于贫困地区有倒塌风险的教室修复费用的补贴	向县政府提供补贴来帮助建设学校设施	帮助县政府就建设学校设施融资	完成学校建设计划

资料来源：由作者编纂。

农村义务教育的税收分配

尽管有多种融资渠道，关于义务教育的融资主要还是由政府完成，特别是由政府的预算性支出来管理，如表 2.3 所示。

中国的义务教育融资体系自 20 世纪 50 年代开始，一直在改革，其过程经历了三个阶段。

1950 年到 1993 年是第一阶段。在这一阶段里，中小学的教育服务主要是由各省政府提供。中央政府在很大程度上根据各省政府的要求给与财政支持。教育服务在当时被认为是一项地方性的公共产品，而教育支出主要由预算内资金、教育附加费、捐赠和学费承担。民办教师（非政府编制人员）则主要在农村地区

表 2.3 中国农村中小学的融资来源，2008 年（百万元人民币）

融资来源	农村中学	%	农村小学	%	加总	%
政府	135 722.3	95.03	222 362.4	96.76	358 084.7	96.09
预算	128 372.0	89.88	213 637.4	92.96	342 009.4	91.78
私立学校	210.4	0.15	210.7	0.09	421.1	0.11
捐赠	823.0	0.58	1 233.2	0.54	2 056.2	0.55
学校收费	4 412.2	3.09	4 058.6	1.77	8 470.8	2.27
学费	1 173.4	0.82	1 073.3	0.47	2 246.8	0.60
其他	1 656.0	1.16	1 954.2	0.85	3 610.2	0.97
加总	142 823.9	100.00	229 819.1	100.00	372 643.1	100.00

资料来源：2010 中国统计年鉴。

作为教员，并且，学校设施的费用绝大多数由当地居民承担。

1994 年到 2003 年是第二阶段。这一阶段，教育部门继续分权。1994 年的分税制改革有两个目标：提高中央地方综合税收收入在全部国内生产总值中的比重，提高综合税收中归于中央的份额。由于越来越多的财政资源与财政税收归上级政府——尤其是中央政府所有，同时，对于支出责任的分配没有发生任何变化，所以，地方政府，尤其是乡政府开始在提供教育服务上出现财政困难。在这一阶段，相比于上一阶段，预算外资源，尤其是学费，在为教育服务融资方面发挥的作用更大。

这一阶段还有一些其他的政策加重了地方政府的财政压力。例如，1996 年至 1997 年间，为了和国务院颁布的政策一致，许多民办教师拥有了公务员编制。本来，地方政府财政已经吃紧，与此同时工资的上升更加剧了其财政压力。除此之外，九年制义务教育计划要求所有的农村地区学校要符合学校设施方面的规定。为了遵守这些规定，地方政府的建设成本大幅增加。

如表 2.4 所示，随着河南省农村小学对每位学生的支出的增加，工资支付总额也明显提高，而为了达到学校完成九年制义务教育计划的要求，建设成本在 1999 年更为集中。同时，财政部 1999 年的调查表明，地方政府要完成九年制义务教育计划的最小财政差额也需要 350 亿人民币（胡，2002）。

表 2.4　河南省 1999—2002 年农村小学教育支出的组成

（人民币，每位学生）

年份	1999	2002	变化量
教育支出	364.45	545.76	181.31
教师工资	224.42	450.23	225.81
占总支出的比重	61%	82%	21%
运营支出	**97.16**	**81.59**	**-15.57**
占总支出的比重	27%	15%	-12%
建设支出	**42.87**	**13.94**	**-28.93**
占总支出的比重	12%	3%	-9%

资料来源：河南省教育部门。

简而言之，在这一阶段，由于支出的增加和预算内收入的减少使一些地方政府不能提供充足的资金来完成其教育责任。许多地方政府的教育经费明显不足，这导致了一系列后果：（1）许多省份的教师不能及时领到工资。事实上，所有的未支付的教师工资（不包括北京、上海、天津、浙江和西藏）为 136 亿元人民币（廖，2004）；（2）学生承担高额的学费以满足学校日常运行的费用；（3）村民被征收高额的税收用于新学校建设融资参见，如 Li，2006。

第三阶段开始于 2003 年并延续至今。为减少农村家庭巨大的经济压力，中央政府于 2001 年开始实施税费改革。改革取消了由村政府向农户征收的各种税费，并改善了农村税收结构与管理[5]。在减少农户经济压力的同时，改革也消除了乡政府的税基额度，因为他们的主要税基，尤其是五个和农业相关的税收和预算内资金已经不再属于征收的范围。中央政府还重新分配了对于乡一级政府关于教育服务的责任，并增加了对中小学教育的资金划拨[6]。

然而，县政府最新被赋予的职责并无相应的税收收入来匹配，因为农业税以及其他费用也是县政府的主要财政来源。面对财政紧缩的压力，县政府首先关闭了一部分小学和初中，紧接着向高中学生收费以支付现存学校的运营成本。根据新的安排，教师的工资增加了并有望及时领取工资。学校的运营成本由财政拨款和学生所付费用两方面承担。而关于兴建学校的费用计划仍然没有确定（廖，2004）。

自 1994 年税制改革以来就存在的税收和支出的失衡问题给地方的公共服务带来严峻的挑战。其他中央政府的政策也给地方政府增加了财政压力。尤其是九年义务教育的实施计划要求所有乡村学校满足一些必备的条件，其中包括学校要有优质的体育设施和高质量的教学队伍[7]。然而该政策需要加大地方对于教育的支出并增加兴建费用。但中央政府对于给予地方政府的拨款并没有变化。

为了应对公共财政的不平衡，地方政府制定了两种战略：

在支出方面，地方政府提供的公共物品数量和质量都有所下降。例如，在一些地区，地方政府不能按时支付教师工资。在其他地区，这里的老师可能相对幸运一些，他们能够按时拿到工资，但是他们的工资降低了20%。拖欠教师工资的情况并非个别存在，据报道除了北京市、上海市这样的富裕地区全国很多城市都存在这种情况（Zhang，2005）。

在收入方面，农村地方政府本身是很难提高收入的，因为税基和税率基本是由中央政府控制的。但是地方政府可以通过各种正式或者非正式收费项目来取得额外资金，用来为教育和其他当地公共物品筹资。由于没有适当的水平问责机制，当面对财政危机时，不难猜测各地方政府会更多并且一致地利用职权从农村家庭获取资金（廖，2004）。

这些情形下的问题都通过各种方式反映到中央政府。为了抗议工资的克扣和拖欠，教师们首先通过各级人大代表来表达他们的担忧。另外，更多的教师则辞去在农村学校的工作，或者调到富裕地区的学校以获得更高和更稳定的工资（Cai 2002；Zhou Liu 和 Tian 2003；Wang 2004）。结果，在农村学校出现了教师的逆向选择的问题：在农村学校留下任职的老师并非这些学校需要的。优秀教师资源的流失降低了农村地区提供的教育服务质量，并且使家长更加担心孩子的教育。这些问题最终都会转嫁给中央政府，因此用于农村学校筹资的遗留债务重组尤其需要中央政府立即关注。

根据2003年国务院指示，从根本上说县级政府应该在教育筹资上起关键作用。县级政府将自有资金和转移支付得到的资金汇总，并且决定资金在教育筹资上的使用以及资金在其辖区内三种类别学校上的分配。上一级政府更多起的是支持作用，尽管在一些情况下，它要负担教育支出筹资中很大一部分。高级别政府特别关注教师工资问题，并且提供专用资金，但是很少关注其他类型的支出。[8]

农村义务教育债的重要特征

一般而言，在中国存在责任与收入分配的不对等；特别是县级和低一级政府的总收入仅占到其支出的42%，如表2.5所示。尽管中央政府要求地方政府提供农村义务教育，但是负责执行的县级政府或者其他等级地方政府只有有限资金，地方政府因此被迫为这项服务借款筹资（Xiang 和 Yuan，2008）。然而，正如我们前面提到的，在中国的预算法下借款是不允许的，这就使得借款问题变得更复杂，并且鼓励了县级政府的预算外借款。

表 2.5　　2003 年度中国各级政府收入占总支出的百分比

政府等级（合并的）	各级政府收入占总支出的百分比（%）		
	平均数	最小值	最大值
省级	53	8	75
市级	55	2	85
县级及以下	42	0	90

资料来源：财政部。

上述问题导致的结果是不但债务集中于县级政府，而且县级政府和上级政府特别是中央政府之间存在债务规模和服务成本上的信息不对称。除此之外，借贷关系不够正式，一般来说这是因为借款政府不具备借款的合法地位（Shi，2004）。更重要的是，大部分县级政府的自有资金不足以偿还贷款。这些因素都加大了解决农村教育债务问题的难度（Wang，2007）。

表 2.6 给出了在 2005 年底 14 个省份义务教育债务占地方政府预算支出的份额。因为大多数债务都集中于县级政府[9]，所以县级政府债务占支出的份额更高。这些债务主要由拖欠的款项构成，包括对兴建学校的建筑企业和供应商的欠款，以及教师的工资和养老金。只有一小部分的债务是兴建学校时由地方政府预算外的筹资渠道产生，也就是从金融机构的贷款。

表 2.6　　中国 14 个省份义务教育债务占地方政府预算支出的份额，2009 年（十亿元人民币）

省　份	义务教育债务（到 2005 年底）	预算支出	百分比（%）
内蒙古	3.92	192.684	2.03
吉　林	2.31	147.921	1.56
黑龙江	2.434	187.774	1.30
江　苏	5.75	401.736	1.43
安　徽	3.079	214.192	1.44
福　建	2.312	141.182	1.64
江　西	4.094	156.237	2.62
湖　北	3.074	209.092	1.47
湖　南	4.803	221.044	2.17
四　川	9.092	359.072	2.53
宁　夏	0.901	43.236	2.08
贵　州	3.994	137.227	2.91
山　西	3.065	184.164	1.66
甘　肃	2.333	124.628	1.87
合　计	51.161	2 720.189	1.88

资料来源：财政部。

农村义务教育债务重组成为中央政府在21世纪初期的首要任务。主要原因包括：（1）它是提高农村人力资本以及保证城乡教育公平的重要手段；（2）偿清农村义务教育债务是建立农村义务教育可持续财政体系的必要条件；（3）它可以避免农村居民财政负担的增加。另外，就其规模和复杂程度来说，农村义务教育债务相对来说更容易清偿，同时，该项重组也会给其他地方政府债务重组提供经验和相关知识（Zhang，2007）。

虽然这项债务总体规模相对较小，但是在政策制定者看来，债务如何重组可能会影响地方政府未来的行为。特别是，不合理的激励可能会引起道德风险，这将在未来解决债务问题时带来更多麻烦。

应对债务重组中道德风险的核心战略[10]

2010年底，1 100亿元人民币的农村义务教育债务仅占了10.7万亿元地方债务中微不足道的份额。[11]然而，农村义务教育债务改革代表了地方债务重组的第一次尝试。因此，这项改革的设计和方法将会影响接下来的债务重组工作。特别是，就未来贷款决策而言，不合理的重组框架设计会给地方政府带来负面影响。

清偿农村义务教育债务的关键问题是道德风险。在许多国家的财政体系中都存在软预算约束的问题（参看，例如Liu和Webb，2011）。不合理的财政体系设计会助长地方政府的道德风险并且形成软预算约束。软预算约束问题也对中国财政体系形成了危害，这点不足为怪。义务教育债务从一定程度上来说，产生于预算软约束以及中国政府间财政关系的薄弱环节。

因此，政策制定者在设计义务教育债务重组框架时要重点关注如何应对潜在道德风险的挑战。这项债务重组是一次试点改革，它为其他债务改革提供经验。最后，中国的农村义务教育债务重组发生在政府间财政关系框架内。债务重组过程能帮助地方政府明确在基础教育提供上的财政关系并且能对未来政府间财政体系的改革起到借鉴作用。

解决农村遗留债务问题可能还有一些其他的办法。一种办法是中央政府可以偿清所有贷款。中央政府没有采取这种方式因为这会助长道德风险。另一种办法是允许省政府解决当地政府的债务问题。因为中央政府将农村债务重组视为调整政府在农村教育问题上财政关系的一个机会，而在现有政府间财政关系下，让省政府解决问题是行不通的，所以这种方式也没被采取。中央政府基于责任共担、透明化以及公式化等债务重组原则来选择解决途径。正如上文所说，农村债务仅仅是地方政府债务的一小部分，还有更多与道德风险和地方政府投机性行为有关的问题。在农村债务重组上的经验可以帮助解决这些问题。

在农村义务教育债务重组上，存在两种道德风险。第一种与当地政府借款总规模有关。作为债务人，县级政府很有可能扩大农村义务教育债务的总规模，希望以此来寻求更多的中央政府拨款来偿还新增的债务。另一种道德风险是关于县政府为了偿清债务所做的表现。县政府不是用自己收入来偿清债务，而是愿意寻求更多救助拨款来偿清现有债务。

为了应对这两种类型的道德风险，中央政府设计了一个具有两种显著特征的战略。

第一种特征是，债务的偿还和重组所需要的资金在三种级别的政府间分配，大约三分之一来自中央政府，三分之一来自省级政府，还有三分之一来自再低一级政府。因此，各级政府共摊债务重组的财政负担。

第二种特征是，中央拨款的分配是依据产出为基础而不是投入为基础的公式。产出包括两组因素。第一组因素形成了计算每个管辖区总拨款的依据，第二组因素形成了评价当地政府在偿还农村义务教育债务上表现的依据。

就第一组因素而言，虽然中央政府拨款总规模取决于农村义务教育债的总规模，[12]但是每个管辖区的拨款并不直接与该辖区债务规模相关。总拨款只作为提供各项拨款来源的公共池，总额如何在当地政府间进行分配需要通过以下两个步骤决定：

第一，正如前面所述，拨款并不直接取决于辖区债务总额；也就是说，中央政府拨款额并不取决于县政府或乡政府的实际债务量。

第二，中央政府分配给地方政府偿债的拨款是由公式决定的，该公式要考虑到当地政府辖区的四方面因素：①学生数量；②学校数量；③人口密度；④当地政府财政能力。

通过这种方法，过度借款的地方政府也不会得到额外好处，而其他借款更少或者已还清债务的地方政府也不会因此面临不利形势。通过选择客观因素并且充分考虑所有试点地区的财政困难，向所有试点地区的拨款额将会严格按照公式计算得出。[13]财政困难较重的地区会得到更高比重的补助。一些县和乡虽然没有债务，但是它们需要资金来支付学校和学生的花销，所以它们也可以得到资金作为一项正面激励。另外，为了防止新的义务教育债务出现，中央政府也制定了一些处罚措施。如果某地方政府出现新的农村义务教育债务，那么中央政府对该地方政府的拨款将会减少。中央政府要求省政府拨款也遵循相同原则。

第二组因素形成了判断当地政府在偿还农村义务教育债务表现上的基础。为了鼓励地方政府偿还债务，中央政府通过提供补助来激励那些努力偿还农村义务教育债务的地方政府，而对于那些在规定时限内没有完成这项工作的则拒绝提供补助。也就是说，中央政府对各省拨款是基于它们的财政表现的，各省只有在其下级政府偿还债务以后才能得到中央政府的资金。[14]偿还债务的要求、公式以及相应的模式也包含在内以排除可能出现的寻租行为。

中央政府鼓励所有试点省份和当地政府调动其收入来偿还该省的义务教育债务。中央政府也鼓励地方政府通过一些方式增加收入，例如改善当地预算收入的征收效率和支出效率、重新利用闲置教学设施以及动员人们捐款。

对于重组用于农村学校筹资的遗留债务的实践

通过上述战略，中央政府推出了农村义务教育债重组项目。2007 年 12 月，国务院办公厅提交了关于解决农村九年义务教育债务问题试点工作的审查意见通知书，这份意见书是由国务院下设的农村地区综合改革工作小组编制的。[15]准备工作包括对现有地方农村学校遗留债务的分类和审查。

这个项目是在遵循现有的政府间财政关系框架下实施的。在这种框架下，农村义务教育由省级政府计划，由县级政府实施。因此，偿清农村义务教育债务的试点项目由省级政府规划，由县级政府开展。根据国务院的意见通知，所有试点省份在义务教育筹资时必须控制新债务的产生。为了保证可靠的资金收入来偿还新债务，所有地方政府需要调整财政支出结构。

在 2007 年底，未偿还农村学校债务总额达到 1 100 亿元人民币，其中，800 亿元人民币是用来资本融资的（学校建设）。另外 300 亿元人民币用来填补运营赤字。战略的实施是用两个步骤来偿清用于学校建设融资的 800 亿元债务。

第一步是在两年内（也就是到 2009 年底）偿清 14 个省份的义务教育债务。[16]在这一步中，所有非试点省份可以选择两到三个县（市或区）来试点偿清该债务。当这一步在 14 个省份以及试点城市、县区取得进展以后，第二步就是将重组项目延伸到所有其他省份，在 2010 年底完成所有非试点省份债务的偿清。

尽管中央政府原计划分担 800 亿元人民币义务教育债务中的 266. 7 亿元人民币，但最终中央政府分担了 300 亿元人民币，略高于原来计划的 800 亿的 1/3，地方政府分担 500 亿元人民币。到 2009 年底，中央政府提供 145 亿元人民币的拨款，占总资金量的 90%，来偿还 14 个试点省份以及重庆的债务，这与计划的债务偿还的安排相一致。

在 2009 年，中央政府在非试点地区推出义务教育债务偿还项目。到 2009 年底，中央政府拨款 35. 8 亿元人民币给非试点省份，在 2010 年，剩下的 110 亿元拨款也转移到一个中央政府账户来分配给非试点省份。到 2011 年底，全部资金几乎都完全发放出去。

鉴于在试点地区成功偿还用于资本筹资的农村义务教育债务，中央政府在

2009 年开始了一个新的项目，该项目在试点地区用于偿还消减运营赤字的债务。这个项目采用同样的产出公式。中央政府在偿还义务教育运营所导致的债务上的拨款占农村义务教育总运营债务的 37.5%，这个比例和中央政府在偿还资本债务上所占的份额相同。

先试点的 14 个省份在 2009 年完成了贷款偿清任务，这使得 170 万农村债权人从中收益。17 个非试点地区也积极准备偿还债务并且在 2009 年正式开始。在 2009 年底，31 个省政府已经支付了 566 亿元农村义务教育债务，其中中央政府拨款 145 亿元，地方政府包括省级政府筹资 421 亿元。在 2011 年底，几乎所有的农村义务教育债务都已完成重组，包括 300 亿元的运营赤字。自从 2007 年开始，中央政府负担了农村义务教育债务偿还项目的 37.5%，也就是 300 亿元人民币。

为了保证整个项目的开展，中央政府成立了管理体系来监督项目的实施。原则上，所有的中央政府拨款都计划用来偿还义务教育债务。与此同时，对于单个地方政府，中央政府拨款在偿还农村义务教育债务以后，剩余的部分可以优先偿还农村教育类债务，然后再偿还当地的其他非教育类债务。

地方政府要求建立农村义务教育债务监管系统，该系统用来监查各省和中央政府的拨款，并且监督偿还债务的进度，以确保政府拨款的使用是有效率的并且符合中央政府的要求。另外，省、市、县级政府的财政部门需要在预算中，以及对全国人大及其常委会的年终财务报告中公布拨款的使用情况。省级财政部门必须每月汇报义务教育债务的偿还进度以及中央政府拨款的使用情况。如果有新的债务合约出现，那么政府要接受强制处罚。另外，财政部要保留 20 亿元人民币来应对突发事件。

现在评估偿还农村义务教育债务带来的影响还为时过早，因为整个项目在 2011 年年底才完成。一些问题不可避免的出现，包括：地方政府是否会继续借款来为农村教育筹资？农村教育的筹资由债务向拨款过渡，拨款制度是否能为义务教育筹足资金？

尽管中国在 2007 年已经普及了义务教育，但是如何保证教育的持续性和质量仍是一个关键问题。我们需要在政府间财政体系不断变化的背景下评价债务偿还情况并且解决上述问题。中国政府间财政体系改革仍在进行中，同时进行的还有对各级政府支出分配功能的讨论；政府层级的简单化，大致分成三个层级；以及继续改革政府间收入体系从而保证地方政府收入的灵活性，这对巩固其金融市场地位至关重要。

结　论

国际经验表明，在进行债务重组以及偿还债务的同时，要应对道德风险是很困难的。在单一政府体系中，中央政府的设计机制对地方政府和金融市场的激励信号有重要影响。中国在偿还农村义务教育债务所制定战略和框架的经验提供了重要参考意义的。

用合理的政府间财政关系来保证基本公共服务是很重要的。除了保证各级政府间合理的收入支出分配，也需要为地方政府提供正式的财政手段来管理资本支出。中国地方政府义务教育债务存在的一个主要原因就是地方政府缺少财政资金和财政手段，例如正式的债务融资手段。

政府间财政关系的一个重要部分就是合理的地方政府债务管理框架。在建立健全的债务管理体系时，很重要的一点是要用信息系统以及会计统计报告体系来保证地方政府债务风险的透明化和及时披露。另外，需要有效的审计部门。更重要的是，因为预算软约束的存在和借款共同分担的问题，地方政府倾向于过度借款。因此，提供适当激励来避免道德风险是很重要的。

进行地方政府债务偿还时，需要同时坚持改善地方政府间财政关系的目标。在中国，县级政府需要对债务偿还负责，这也与现有财政体系的责任分配相一致。然而，如果中央政府不提供有效激励，那么地方政府会消极偿还贷款。尽管中央政府有足够资金来偿还所有农村教育债务，但是这样做会带来道德风险。

中国基于透明的、规则化的和产出为基础的公式来建立财政拨款分配体系；对某一地方政府财政拨款的分配与该政府债务规模无关。如果对某一辖区的拨款与其债务规模相联系，那么该地方政府会减少在谨慎管理偿债问题上的努力，同时，这也会鼓励地方政府积累其他债务以期得到更多中央政府援助。中国的农村教育债务重组基于努力程度和一些基本的地方政府因素，比如学生规模以及他们的财政能力，在很好的鼓励地方政府实现目标的同时，也有效地控制了道德风险。

每项债务重组都需要考察最初债务出现时要解决的问题以及遗留债务的特定历史和制度背景。任何债务重组都需要密切关注它的设计以及激励效应。

中国农村债务重组的经验和教训可以帮助我们理解如何为一般债务重组制定一个统一和相辅相成的战略。基于一定规则的债务重组可以减少地方政府对中央政府的讨价还价和不良动机，预算硬约束可以防止道德风险，责任分担提供了恰当的激励并且避免了搭便车行为，同时也使高一级政府明确自己在债务改革中起到的激励作用。

注　　释

本文所述的发现、解释和结论，均属作者个人观点，不代表世界银行、世界银行执行董事会及其所代表的政府，或者外部作者可能隶属的任何机构的观点。

1. 写作本书时，人民币与美元的汇率为一美元兑换6.3元人民币。人民币从2005年后一直在升值，大概每年升值3%—5%。

2. 2001年，统称为“税费改革”的一揽子政策开始实施。详见下一章节。

3. 根据2004年的中华人民共和国宪法第30条，中国的行政区划方式如下：（1）国家分成省级、自治区和直接归中央的直辖市。（2）各省和自治区分成自治市、县和自治县以及市；（3）县和自治县分成乡、民族乡和镇。直接归中央管理的直辖市和其他大型城市分成不同地区和县。自治市分成县、自治县和市。

4. 中国有两个特殊的管理行政区（香港和澳门），并对中国台湾地区宣誓享有主权。

5. 改革的试点工作在安徽省开展，之后推向全国。在改革前，中国有五项农业税收，包括各种农业税和屠宰税，以及各种收费比如教育附加费。2001年的税费改革有三个核心内容：（1）取消多重对于农户的收费，包括取消乡镇一般性费用，教育费和屠宰税；（2）两项调整：①农业税的改变使得征税土地的数量和税率固定下来，同时产量水平应该由过去五年的平均水平决定；税率的最高额为7%；②特殊农业税的改变。这一税收基于农业税的征收过程，但征收更高的税率；（3）一项改革：乡镇能够征收的税收基本上只有对于农业税的附加税，且最高税率为20%。这一附加税能用来偿付农村的三项主要支出：①村委会领导的工资；②养老扶持项目；③管理部门的运营开支。在改革之后，只留下了农业税。2006年后，农业税被废除。2001年，国务院颁布了新政策“关于初等教育改革与发展的决定”。这一政策使得县政府将承担提供教育服务的责任。2002年5月，国务院颁布了对于教育改革的补充性政策。在“有关农村地区义务教育管理的改进的通知”中规定，义务教育的融资责任由乡政府划归到县政府。这两项规定结束了过去17年里（1985—2002年）以乡政府为中心的教育管理体系，同时，县政府开始在提供教育服务上发挥重要作用。

6. 1993年，中央政府发布了有关“教育改革与发展”的蓝图。该计划表明“两项基本”应该在2000年前执行到位。在随后的年份里，教育部颁布了有关一些教师资格认证和学校设施状况的规章制度。为达到这些要求，乡政府，行政村和普通家庭做出了巨大的努力，但也积累了庞大的债务，这是因为经费支出不属于地方政府的控制能力范围。

7. 例如，在2003年，在所有2 806个县中，有1 424个收到了教师工资的专项转移资金。

8. 根据国务院2003年的指示，镇政府和乡政府债务都转到本县政府的账户下。

9. 这一部分以及接下来的部分都是依据财政部官员的论述。

10. 来自中国国家审计署2010年审计报告第35号公告。

11. 债务规模的估算截止到2005年12月31日。

12. 用于偿还试点地区义务教育债务的财政拨款额是依据标准义务教育投入缺口（标准义务教育债务）和拨款系数计算的。公式是：某一试点地区拨款额 = 标准投入缺口（该地区）

×拨款系数（该地区），其中标准投入缺口（该地区）=Σ［（0.85 ×农村义务教育学生数量［农村人口不少于总人口60%的县级辖区］×每个学生的标准投入缺口）+（0.15 ×学校数量×每个学校的标准投入缺口×单位成本差异）］。

13. 每个学生标准投入缺口和每个学校标准投入缺口是分别计算而得的，它依据总投入缺口，并与该省辖区范围内的学生人数和人口密度相一致。单位成本差异是由各县依据某些影响建筑成本的因素计算出来的，例如地域海拔和天气状况。拨款系数是由财政能力决定的。中西部地区的拨款系数遵照一般转移支付的财政困难系数。

14. 对试点地区每年的拨款额是基于该地区义务教育债务偿还进度的，依据以下公式：拨款量（第T年）=已偿还债务量（第T年）/需要偿还的义务教育债务总量×该试点地区的总拨款量。一部分拨款会根据当年预期的还款量，并在年初提前发放，剩余的部分在每年年底进度完成以后发放。中央和地方政府提供的专门用来偿还贷款的资金在国库里一个单独的账户体系下管理，并且定期监查。

15. 国务院办公厅2007年第70号文件。

16. 14个省、市是安徽、福建、甘肃、黑龙江、湖北、惠州、湖南、内蒙古、江苏、江西、吉林、宁夏、山西和四川。

参考文献

Cai, Yue'e. 2002. "Why did Rural Teachers Quit Their Jobs? A Case Study on the Prefecture of Hengyang, Hunan Province." Website of the Statistics Bureau of Hunan Province, http://www.hntj.gov.cn/csdc/news/ztdc/2002917171354.htm.

Chang, H. G. 2003. "Urbanization and Unemployment in China." In *Urbanization and Social Welfare in China*, ed. A. Chen, G. G. Liu, and K. Zhang. Aldershot, England: Ashgate Publishing, pp. 96 – 105.

China Statistical Yearbook 2010. 2010. Beijing: China Statistics Press.

Henan Education Department. 2002. "An Analysis of Education Finance of Henan Province." Henan, http://www.jyck.gov.cn/system/info/showinfo.asp.

Hu, Yifan. 2002. "Difficult Issues in Rural Compulsory Education." *Caijin* (11): 44 – 51.

Huang, Shixian. 2006. "Exploration of Function of Village and Township Governments after Reform of Tax and Fees." *Academic Journal of Changbai* (4): 27 – 30.

Jia, Kang. 2008. "Build a Central – local System with Matched Function and Finance." *China Public Finance* 13: 1 – 3.

Li, Qun. 2006. "Thinking about Funding for Compulsory Education in Rural Areas." *Journal of Education Exploration* 2: 44 – 45.

Liao, Hongfeng. 2004. "An Analysis of the Education Expenditure after Tax for Fee Reform." *Journal of Guangxi School of Public Finance* 2: 43 – 48.

Liu, Lili, and Steven B. Webb. 2011. "Laws for Fiscal Responsibility for Subnational Discipline:

International Experience." World Bank Policy Research Working Paper Series, March, http://ssrn.com/abstract=1792244.

Qiao, Baoyun. 2011. *The Subnational Financial Platforms of China.* Beijing: China Fiscal and Economic Press.

Shi, Hongxiu. 2004. "The Decentralization of Lending and Borrowing Cannot Deal with Problem Assessment: The Way Out of Local Government Debt." *Journal of the Banker* 5: 68 – 71.

Wang, Wenhong. 2004. "A Study of Transfer Payment Mode of PublicFinance in Rural Compulsory Education—Based on the Study of the Country – Level Finance from the Perspective of Public Finance." *Journal of Dalian University* 28 (1): 123 – 28.

Wang, Youwen. 2004. "Paying Attention to Loss of Teaching Staffs in Rural Areas." *China Education Daily*, November 26, http://www.jyb.cn/gb/2004/11/26/zy/jryw/12.htm.

World Bank. 2002. "China National Development and Sub – national Finance: A Review of Provincial Expenditures." World Bank, Washington, DC.

Wu, H. X. 1994. "Rural to Urban Migration in the People's Republic of China." *China Quarterly* 139 (September): 669 – 98.

Xiang, Jiquan, and Fangcheng Yuan. 2008. "The Effect of Reducing Revenues on Compulsory Education in Rural Areas—Current Financial Dilemma and Policy Choice of Compulsory Education in Rural Areas, February 23. China Agricultural Economy and Information Net. http://www.caein.com/index.asp? xAction=xReadNews&NewsID=31785.

Yuan, Guilin. 2004. "Research on the Current Situation and Multi – development Model of the 'County – level' Administration Mechanism for Compulsory Education in Rural Areas." *Journal of Northeast Normal University* (Philosophy and Social Sciences) 1 (1): 115 – 22.

Zhang, Shaochun. 2007. Speech at the Executive Meeting of Writing – off Rural Compulsory Education Debt, Chongqing, June 5. http://www.mof.gov.cn/pub/nczhggbgs/zhengwuxinxi/lingdaojianghua/200806/t20080616_ 45565.html.

Zhang, Shouxiang. 2005. "The Compulsory Education System in Rural China: Progress, Problems and Solutions." *Basic Education Review* 1: 4 – 8.

Zhang, Zhuogong. 2004. "The Outstanding Issues and Policy Options in Dealing with the 'County – level' Administration Mechanism for Compulsory Education in Rural Areas." *China Agriculture Education* 1: 4 – 6.

Zhou, Dongai, Ziling Liu, and Jianjun Tian. 2003. "Why do Rural Teachers Quit?" *People's Daily*, April 6, http://www.people.com.cn/GB/kejiao/40/20030406/964244.html.

Zong, Xiaohua. 2010. "Empirical Test of Fiscal Decentralization, Population Movement and the Investment of the Local Government in Compulsory Education." *Journal of Statistics and Decision* 15: 86 – 88.

3

邦债务的管理与偿付能力的保证：印度的经验

C. Rangarajan　Abha Prasad

导　论

尽管自20世纪90年代后期以来，印度的许多邦面临财政吃紧的状况和债务偿还的压力，并且这一状况在21世纪初曾显著地持续恶化，然而，印度各邦从来没有出现过债务偿还违约的情况[1]。经常性项目的恶化是各邦财政健康衰退的主要原因，而这种衰退反映在财政与基本收支账目的不断恶化上。对印度各邦的债务、赤字与利息偿付状况演变过程的分析揭示了三个不同的阶段。

1998年以前是第一阶段，这一阶段的特点是低的经常性账户（收入账户）[2]与低的财政赤字并存并伴随适度的债务水平。20世纪90年代末至21世纪前十年的中期是第二阶段，这一阶段反映出在所有关键赤字指标上的显著恶化，并且债务水平与利息负担不断提高。在这一阶段，未偿还的各邦债务占GDP之比从1997—1998年的20%上升至2003—2004年32.8%的最高水平，与此同时，同一时期利息偿还额占收入之比从16.9%上升至26%。

值得注意的是，在这一阶段中央政府也面临着财政压力（品托、扎海尔，2004）。联合中心邦在这阶段的财政赤字占GDP之比从7.3%上升至9.4%。然而，这还仅仅反映了各邦的直接负债；各邦为支持当地的企业而提供的担保形成了或有负债，而这些或有负债更加剧了其债务负担和偿还压力。第三阶段自21世纪前十年的中后期开始，在这一阶段印度开始了财政整顿和改革，其表现体现在所有关键赤字指标的走低和债务与利息偿付额占GDP比重的下降上。

由此形成的一揽子改革计划有三个互相关联的因素：第一，为了扭转财政上的衰退，印度制定了一个财政调整计划来控制经常性支出（比如工资和福利）的增长，并实施了税收体系（比如将营业税改为增值税）的结构性改革。第二，印度形成了一个规则导向性的组织结构以确保调整和整合的可持续性。第三，印度开始从之前的由中央政府直接向各邦借贷转向以市场为导向的融资方式，同时着眼于自我约束（通过财政立法）与市场规则。

财政整合的首要目的是要使收入账户恢复平衡，也就是说将收入赤字降为零。印度已经意识到，即使在降低了基本赤字之后，政府依然存在还本付息的压力并继续保持很高的债务水平，这是因为在2003—2004年各邦的借款中，有将近80%是以高成本、非市场化的利率借贷而来。但是，将各邦转到一条可持续的财政道路意味着要同时降低其债务存量和借贷成本。然而，债务重组，销账和债务减免等行为将面临固有的道德风险挑战。正是意识到了这一点，印度的债务重组项目与更广泛的体制改革相结合，其中包括激励各邦去执行复杂而困难的财政改革。

印度第十二届和第十三届金融委员会[3]全面而综合地审视了中央政府和各邦的状况，并强调了中央与地方的依存关系，同时提出了一个全面的计划。绝大多数财政责任法方面的配套改革措施都是基于精心筹划的策略和激励结构而形成。尽管改革的措施刚刚逐步开展，但是许多体制性，财政性与立法性的改革的协同作用将更为巨大。政府的不同部门已经开始改革行动并予以实施，这包括财政委员会，中央政府各财政部门，各个邦和计划委员会以及印度储备银行。各个党派都意识到这不再是“例行公事”（世界银行，2005），并急于扭转这种状况。

对于各个邦而言，他们已通过终止竞争性税率减免并实施积极有效的增值税来寻求合作，不再推崇包括补贴和降低税率等政策的竞争性民生主义政策。与此同时，各邦在第十二届和十三届金融委员会设立的中央税收中份额的提升以及中央直接税收的积极活力也改善了各邦的财政状况，使其向财政责任法的目标不断迈进。各个参与部门间的合作及磋商保证了他们改革途径的一致性，而这推动着改革不断向前。

现在，已有大量和印度各邦的财政改革相关的财政文献，这些文献涵盖了财政规则、财政调整质量、支出和税收改革、权力部门的改革以及政府预算和财政管理的改革[4]等内容。本章将集中讨论各邦的借贷和债务重组过程，而这些都是以建立推动规则导向性的体制和市场规律为基础的[5]。本章还将关注在这一时期政策制定者这方面的内容，并反映那些在提供债务减免和避免道德风险以加强财政规则间寻求平衡时所面临的关键挑战。

本章的其他部分内容将这样安排：第二节将介绍印度宪法规定的各邦借贷体制和在借贷渠道及各邦借贷政策上所发生的变化，（并借助以规则导向性的体系来刺激市场渠道）；第三节将总结过去20年来印度各邦的赤字、债务以及利息偿付的趋势，并强调各邦在财政表现上的不一致；第四节将介绍为重组各邦债务而采取的主要政策和体制改革内容，并讨论为最小化道德风险而做出的努力。第五节将介绍现今全球金融危机对印度的影响和挑战。第六节将给出结论。

印度各邦的借贷体制

印度是一个由28个邦政府和7个联合属地组成的联邦政体。各个邦的借贷体制由联邦制度来确定，并通过三级政府：中央、各邦和地方机关中的宪法权力部门来确定[6]。中央政府拥有征收主要税收的权力，而各邦则需要承担主要的支出责任——因为他们对当地情况和需求更了解。尽管各邦的税收收入占到了全部税收收入的37%，但他们的支出却占据了全部政府支出的55%（印度储备银行，RBI 2011a）。两者间的差额通过中央向地方的财政转移来解决，该转移支付由金融委员会授权。

宪法对于印度各联邦间税收分享的安排和中央与各邦间的磋商机制往往能降低各邦显性债务违约的风险[7]。就宪法安排而言，金融委员会使用某种公式的方法来分配税收和拨款，其目标是为填补支出与税收间的差额（财政赤字）。中央与各邦间的纵向收益分享被简化了，这种简化是通过将所有的中央税收和消费税都包含在那些可分割的中央税收基金中[8]。对于各邦间的横向税收分享，金融委员会已努力尝试调整不同邦之间固有的税收能力与借贷成本的差异。通过金融委员会这一渠道的转移模式表明，自第一届金融委员会成立以来，来自中央税收的收益分享一直都是所有税收分享中最重要的部分。而从第九届金融委员会开始，印度更加重视在平衡收支差额过程中的财政规则（印度储备银行，2007）[9]。

在接受了联邦间的转移后，财政账户中剩余的差额部分将通过借贷来弥补。主要的借贷来源有国内和国外的，以及自己发行的担保贷款。借贷的渠道有很多种，并且程序复杂，但他们都是围绕着维护各邦借贷稳定性，可偿还性和流动性的原则来展开的（参见专栏 3.1）[10]。中央从总体上掌控，并且宪法第 293 条第 3 款规定，任何邦如果想向中央借款的话，它需要中央的批准。并且，宪法还禁止各邦擅自从国外借款，因此，所有的国外借贷都必须经中央转借或担保[11]。

对借贷的年度性额度和借贷来源的限制是基于中央、各邦政府、计划委员会和印度储备银行的协商结果[12]。在此之前，在中央下达了对各邦的计划借贷[13]和计划拨款后，各邦往往会同争取更大的计划指标来修改其最大化的预算目标，而这也导致了各邦更高的借贷。这种计划的改变很大程度上和财政责任法目标的制定有关。就需求方面而言，其关键性决定参数包括各邦的财政需求、发展要求、偿还情况和他们自本世纪早期以来的债务持续情况。而供给方面的话，一个重要的因素是，在不影响以生产性为目的的私人部门信贷的供给的前提下，中央和各邦从市场中吸收了流动资金[14]。从 2000 年中期开始，各邦一级的财政责任法规制定的财政目标已经规定了各邦借贷的上限[15]。

专栏 3.1 各邦的借款

各邦的借款渠道多种多样且程序复杂，有一些渠道由中央掌控并有所限制，而其他的则为自发性借款。

由中央掌控的借款渠道

1. 市场借贷：中央控制了市场借贷且由印度储备银行管理。通过这条渠道发行的各邦的国债符合银行的法定流动性要求，因此他们由国库账户的（自动截留）来支持。这些借款从来不会发生违约或重组的问题，从而投资者将这些借款与内在的主权担保相挂钩。

2. 来自中央的借款：历史上，中央曾向各邦借款或转借款。而这些已随着金融市场的发展和各邦自身借贷能力的提升而改变。自 2005 年 5 月以后中央不再提供转借款。

3. 来自银行和金融机构的借款：中央设定了各邦从银行和金融机构借款的上限额，但利率是由各邦和相关的借款者协商。最终利率取决于各邦的信用记录和财政地位。

4. 来自国外的借款：以前，中心转贷卢比较为困难，只得通过调整交换时双方的见面次数或是延长到期日。随着最近贷款政策的变化，整个过程可以由债权人通过中心直接向不同国家以统一的条款（货币、到期日和摊销方式等）发出贷款。这些邦虽然承担着货币流通风险和再融资风险，但大多数不受其总债务投资组合的交易成本所产生的风险评估的影响（见表 B3. 1. 1）。

专栏 3.1 （续）

表 B3.1.1 邦政府借款的方式和来源

	中央控制的账户	自动截留	贷方担保
来自外国的贷款	是	是	是
来自中央的贷款	是	是	
市场借贷	是	是	是
来自银行与金融机构的贷款	是	否	部分
公积金	否	否	否
国家小额储蓄基金	否	否	否
或有债务	否	否	部分

注：国家小额储蓄基金在这里不适用。

不被中央控制的借款渠道：

1. 小额储蓄贷款和各邦公积金：这些贷款不需要得到中央的同意就可以使用。中央之所以开展小额储蓄计划是为鼓励家庭储蓄从而保持社会的安定。在各邦管辖范围内，这种借款的80%都是通过国家小额储蓄基金自动传送至各个邦。各邦现今为这些贷款而支付的利息率一直保持在固定的9.5%。另外，这些借款要在25年内偿还，但有5年的宽限期。

2. 专用车辆担保贷款：各邦会以其专用车辆为担保物在市场上筹措资金，发行担保贷款。有传闻表明，这些借款有时被用于为各邦的支出融资。

流动性管理

来自印度储备银行的财政短期借款：这些项目是为了解决暂时的流动性不足而设立。他们是以公式的方式设立，其规模取决于各邦的总支出状况。如果某个邦的流动性差额高于其财政短期借款账户额，那这个邦就陷入透支状态，因此他们将被征收惩罚性利率，并在十天内补偿其差额，否则该邦的账户将被冻结。若单一国库账户中有多余的现金，那这笔资金将会被投资到14天的中介性国债中。

为了保证透明性，一个邦在一个财政年度中使用这种账户的天数将在印度储备银行的年度报告中公布。为了能使用这种短期的信用工具，各邦往往会谨慎地管理其流动性不足以避免账户被关闭，并且他们也因避免拖欠款和支付违约的情况而受益。

A. 印度储备银行通过与全国28个邦分别签订协议来管理全国的借款。

B. 公积金是一种退休福利项目。雇员每月缴纳12%的工资，则他们在退休或者55岁后便可领取这份基金。这些公积金在公共账户是属于没有保证金的负债，但账户的结存邦政府能够查到（参考Rao、Prasad、Gupta，2001）。

图 3.1 阐明了 20 世纪 90 年代至 21 世纪前十年期间各邦债务的融资模式的改变情况。这反映出三个阶段：第一阶段（1998—1999 年）以中央中介性贷款和转借贷款减少为特点；第二阶段（1999—2000 年）表现出国家小额储蓄基金（NSSF）[16]和小额储蓄借贷增长；第三阶段（2000 年以后）印度政府开始转向基于市场的融资模式。

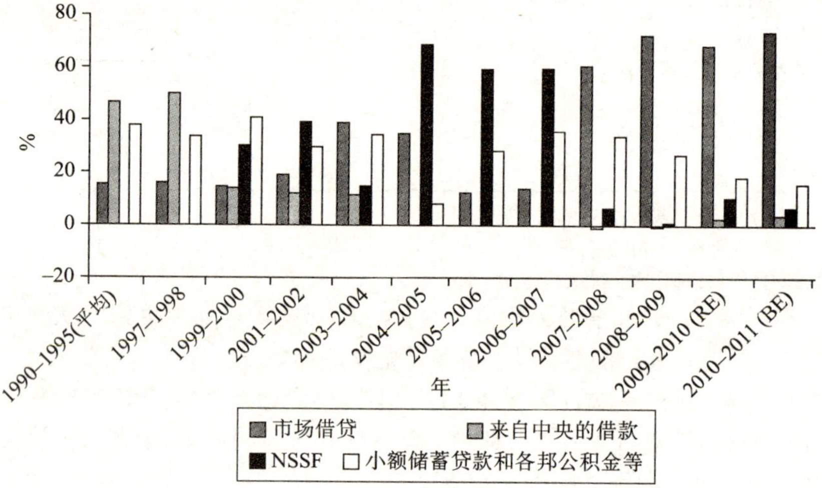

资料来源：印度储备银行

标注：NSSF = 国家小额储蓄基金（参见专栏 3.1）。

图 3.1　印度各邦债务的融资模式组成（每年度的 3 月）

考虑到第十二届金融委员会推行更多地自主性借贷，并有意终止中央作为金融中介的角色，可以说借款政策已经发生了改变，各邦有更多的市场融资机会[17]。因此，各邦借款自由度更大，但同时也承担了更多的债务管理的责任。一系列新的借款政策表明印度正致力于遵守市场规则，并提高透明度和增强市场参与者的信任。市场上的竞争逐步加强让各邦能利用最佳的市场环境，并获得信用评级。在政策的推行过程中，有证据表明各邦间已经存在些许差异，即有一些邦的借款利率相对较低，尽管总体来看这种差异很小（见表 3.1）。

另一方面，各国间的证据表明，中央政府债券的利率应该与债务水平和各邦的赤字（财政性赤字）指标相挂钩[18]。比如，Schuknecht、von Hagen 和 Wolswijk 用欧盟成员国的例子证明了这一点。同时，lemmen 也分析了澳大利亚、加拿大和德国国内各邦的类似的事例。Poterba 和 Rueben 发现，那些执行更为严格的反赤字的财政规则并拥有邦内立法权的邦，能以更低的利息负担发行债券。然而，印度的情况与这一直觉性结论有所不同。Bose、Jain 和 Lakshmanan 指出，传统

表 3.1　　2010—2011 年度的借款利率加权平均

加权平均（基本点）[b]	一般的邦／联合属地	特殊的邦[a]
1	2	3
30—40	Puducherry, Gujarat, Goa, Rajasthan, Tamil Nadu, Bihar	Manipur, Nagaland, Meghalaya, Tripura
40—50	Kerala, Andhra Pradesh, Madhya Pradesh, Punjab, West Bengal, Uttar Pradesh, Karnataka, Haryana, Orissa	Assam, Himachal Pradesh, Jammu and Kashmir
50—60		Sikkim, Uttarakhand

资料来源：Rakshitra, various issues, The Clearing Corporation of India Ltd。

标注：a. 一些特殊的邦包括所有的东北部的邦以及 Jammu 和 Kashmir, Himachal Pradesh 与 Uttarakhand 等邦。他们的显著特点是：资源基础匮乏，因为其地理特点如地貌稀疏，偏远闭塞或因为其历史环境造成融资成本上的先天不足。但是，这些邦的产值只占全国各邦生产总值之和的 5%—6%。

b. 以中央为基准。

意义上的赤字指标并不能显著地决定印度 2006—2007 年与 2010—2011 年的利率差。但是，该研究认为，由于该时期的特点是以普遍流行的规则为基准的财政政策，且各邦承诺遵守财政规则，这些为投资者带来了信心。因此，尽管我们不能直接判定财政责任法的影响，但也不能由此而否定它的作用。

各邦借贷来源和方式的转变也伴随着利息支付、赤字和各邦债务的问题。下面将介绍各邦财政赤字趋势、债务组成结构和利息负担以及各邦之间这些关键指标差异的细节。

各邦赤字、债务、利息负担的发展趋势和组成结构

对印度各邦赤字、债务和利息负担（债务负担定义为利息偿付额与现金收入的比率）的演变过程的分析表明，在 20 世纪 90 年代至 21 世纪前十年共经历了三个阶段（见图 3.2）。第一阶段为 1990 年之前，这一阶段的特点是低经常性账户（收入账户）与低财政赤字并存并伴随适度的利息负担。20 世纪 90 年代末至 21 世纪前十年的中期是第二阶段，这一阶段反映出在所有关键赤字指标上的显著恶化，并且债务水平与利息负担不断提高。第三阶段自 20 世纪前十年的中后期开始，这一阶段印度开始了财政整顿和改革，并表现为所有关键财政指标的提升。

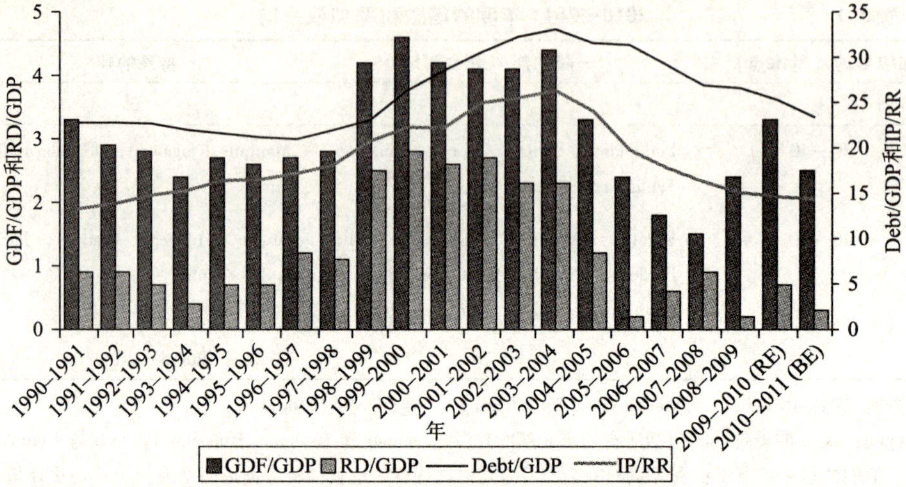

资料来源：RBI 出版的各邦财政统计手册。

标注：BE = 预算估算；GDP = 国内生产总值；GFD = 财政赤字总值；IP = 利息偿付；RE = 修正预算；RR = 税收收入。

图 3.2　赤字和债务占 GDP 之比以及利息偿付占税收收入份额

到 20 世纪 90 年代中期，各邦的金融状况相对稳定，具体表现为平均低于 GDP 1%—3% 的低流动负债和低财政赤字。债务水平保持在相对适度的水平，维持在 GDP 的 20% 左右，同时利息负担率徘徊在收入的 15% 左右。而转折点出现在 1998 年至 1999 年间，伴随着现金账户的显著恶化，以及由此为主要推动力所造成的各邦财政健康程度的下降，包括在行政服务以及利息支付上的花费不断增加。

下一个阶段，从 1998—1999 年度到 2003—2004 年度，财政赤字占 GDP 的比重急剧上升——从 2.8% 上升到 4.2%；收入赤字从 1.1% 上升至 2.5%，涨幅超过两倍。结果，各邦未偿付债务占 GDP 的比重从 1997—1998 年间的 21.7% 上升至 2003—2004 年间的峰值，达到 32.8%。在同一时期，利息支出与财政收入的比例（还款负担）从 17.9% 上升至 26%，同时原始赤字也从 0.9% 上升至 1.5%。这一时期，直到 2003 年，也同样表现出随着利率逐渐自由化所引起的高利率的特征；这个时期的各邦市场的平均借款利率超过 10%。伴随而来的，是平均 23.4% 的利息负担，这一数字显著高于可容忍债务水平（15%）（Dholakia、Mohan 和 Karan, 2004）[19]。

目前有大量 20 世纪 90 年代末国家金融状况恶化成因的财政文献资料。被认为导致金融状况恶化的关键因素包括，工资调整的影响；无法控制含各种补贴在内的浪费性支出；难以筹集另外的资金来源；以及竞争导致税收减少。Mohan

（2000）指出，各邦财政状况恶化背后的重要原因是不断增长的债务服务支出以及政府支出的回报率不足。Acharya（2001）和 Rao（2002）将这一时期收入（现金）恶化归咎于第五届薪酬支付委员会建议的实施[20]。2002—2003 年，当注意力被吸引到不断增长的财政和收入赤字以及各联邦较高的债务水平时，一项印度储备银行（RBI）对于各邦预算的研究指出，各邦财政状况恶化的原因如下：（1）税收增加量不足；（2）由于公共事业部门损失，来自公共投资的收益微不足道甚至出现亏损；（3）大量的补贴支出；（4）因偿付规则的修改导致工资支出的激增；（5）更高的津贴补助支出。Prasad、Goyal 和 Prakash 的研究认为利息支付是各邦财政状况恶化的重要原因。

直到 20 世纪 80 年代中期，政府借款的利息率都享受高额的补贴政策，这表明了金融压制的程度。在此之后，政府债券的利率开始逐步和市场利率挂钩；20 世纪 90 年代，银行的存款利率和政策性利率纷纷提高，在这一时期，平均利率上升，而邦政府发行债券的平均利率上升了 10% 以上。与此同时，依靠市场借贷来为财政赤字融资的比例从 80 年代的 11% 上升至 90 年代的 16%。整个 90 年代，各邦债务结构和成本的显著变化导致了偿还负担上升了 60%。利率在 21 世纪前十年的中期开始疲软，各邦从而利用低利率制定了债务互换计划（具体见"债务重组和体制改革"部分）。

表 3.2 的数据仅仅反映了各邦直接的显性债务，各邦为支持当地的企业而提供的担保形成了或有负债，而这些或有负债更加剧了其债务负担和偿还压力。90 年代的中期至晚期，各邦为支持本地公营企业而发行的担保贷款快速增加，而那些企业仅凭借自己的信用能力是无法筹集这些资金的[21]。尽管最新的数据表明，截止到 2009 年 3 月，印度各邦发行的担保贷款占 GDP 比重从 2008 年的 3.3% 下降至 2.8%，但这些数据并没有包括那些无基金贮备的津贴债务和各邦公共事业部门的损失。第十三届金融委员会估计，到 2007—2008 年度末期，大约 1 160 个邦的公共事业部门已经损失了大约 6 592.4 亿卢布（大概占全国 GDP 的 1.3%），这其中，来自国家电力公司的隐性负债尤其突出，因为他们的亏损意味着各邦要去承担庞大的还债义务[22,23]。对于不同的邦来说，这些债务被转移的概率不尽相同，因此对于他们的财政影响也不能同等看待[24]。一般来说，假设三分之一这样的债务被移交到邦去承担，图 3.3 给出了这种"延伸性"债务更宽泛的概念，即那些包括了可能转移的无偿付担保的债务，同时该图也为各邦提供了一个评估各邦财政风险的方式。延伸性债务的计算方法是直接债务加上各邦政府所延伸的或有债务[25]的三分之一。这些延伸性债务加剧了各邦的紧张局面。

表 3.2　　　　主要银行一年期以上的定期存款利率

年份	平均利率	银行利率／回购利率／逆回购利率
1	2	3
1991 年 3 月	10	10
1992 年 3 月	12.5	12
1993 年 3 月	11	12
1994 年 3 月	10	12
1995 年 3 月	11	12
1996 年 3 月	12.5	12
1997 年 3 月	12	12
1998 年 3 月	11.3	10.5
1999 年 3 月	10.3	8
2000 年 3 月	9.5	8
2001 年 3 月	9.3	7
2002 年 3 月	8	6.5
2003 年 3 月	5.3	5
2004 年 3 月	4.8	4.5
2005 年 3 月	5.8	4.75
2006 年 3 月	6.5	5.5
2007 年 3 月	8.3	6
2008 年 3 月	8.3	6
2009 年 3 月	8.3	5
2010 年 3 月	6.8	5
2011 年 3 月	8.6	6.75

资料来源："RBI 关于储蓄银行的存款利率规制：一篇探讨文章"，2011 年 4 月 28 日。

标注：平均利率指的是商业银行活期存款利率的中间值。在第三列中，所使用的政策利率是指那个时期的相关的政策利率。在 2003 年以前使用的是银行利率，因那时普遍使用这种利率。在以后的年份中，回购和逆回购的利率取决于在当时系统中普遍的流动性情况。

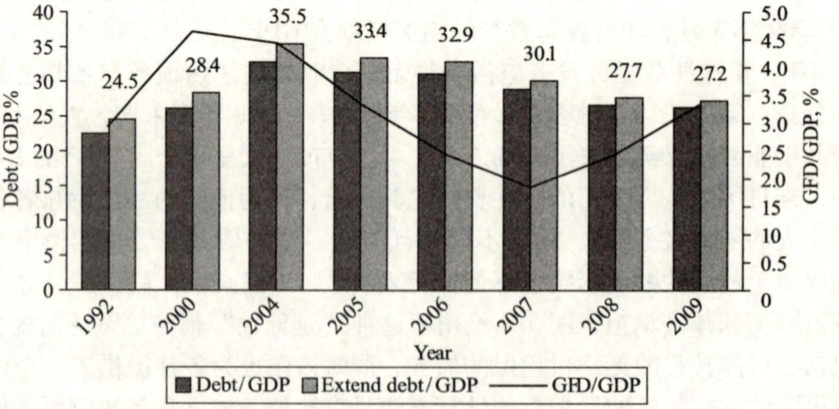

资料来源：印度储备银行和作者的计算；担保贷款的最近数据截止到 2009 年。

标注：GDP = 国内生产总值。

图 3.3　延伸性债务占 GDP 的份额

在第二个阶段（1998—1999年度至2003—2004年度）各邦财政状况不断恶化的同时，中央政府也感受到了财政压力。在这一时期联合中心邦的财政赤字从1997—1998年度GDP的7.3%上升到9.3%的平均水平。研究表明尽管印度已经有了财政赤字，但它仍避免了债务的急速上升，主要因为相比于政府债务的利息偿付，印度的经济保持了高速的增长。米兰（2011）运用债务力度强弱法分析了印度公众债务轨迹的分解方式。他认为，与债务利息的偿付额相比，正是由于印度高速的经济增长才帮助其避免了债务的激增。邦政府财政也面临相似的状况，较低的债务利率和税收的高速上涨（第十三届金融委员会，第126页）（来自他们自己的税收和来自中央的税收分享）足以改善政府财政状况。

伴随着超越“财政空间领域”的改革，2004—2005年度的财政修正开始了（世界银行，2004年11月）。其中包括一些消费方面的改革，如控制支出、限制招聘、抑制行政支出增长；一些邦还削减养老金计划和减少补贴（通过电力部门的改革），包括关闭和私有化事业单位。在收入方面，改革的目的是在重点改善依法纳税的同时，通过调整税率、扩大税基来提高税收收入。体制改革则反映了模式的改变，即采用了国家级中期财政框架和财政责任法（豪斯、拉希里和斯特恩，2003）。

关于对纠正财政失衡和部门改进方面的改革已有很多论述，包括通过改善商业环境来促进经济增长（世界银行，2003b）。我们将在下一节讨论那些为重组或减少债务、利息负担，以及为增强国家信誉，确保债务可持续性而专门进行的改革。自从21世纪前十年中期实行改革以来，财政债务的下降趋势已经得到扭转。然而，2008—2009年全球金融危机又带来了新的挑战。

另一个方面要考虑的是，各邦的综合分析在宏观上掩饰了各邦之间财政表现的差距。不过这些差异仍然存在，且随时间而动态改变。一些邦扭转了从第二阶段到第三阶段的财政下降（如Karanataka和Orissa），而另一些却仍持续恶化（如West Bengal）。通过对各邦中期财政表现进行评估，揭示出在基本赤字方面，相比1998—1999年度至2003—2004年度期间的恶化（与中间值相比），Bihar、Chattisgarh、Gujarat、Haryana、Karnataka、Madhya Pradesh、Orissa、Punjab和Uttar Pradesh这些非特殊邦[26]自2004—2005年度（至2009—2010年度）以来其财政表现已经有所改善（主要账户）[27]。而Goa，Jharkhand，Kerala，Maharashatra，Uttar Pradesh，and West Bengal这些邦即使是在财政校正阶段（从2004年起）仍持续高赤字，见图3.4。

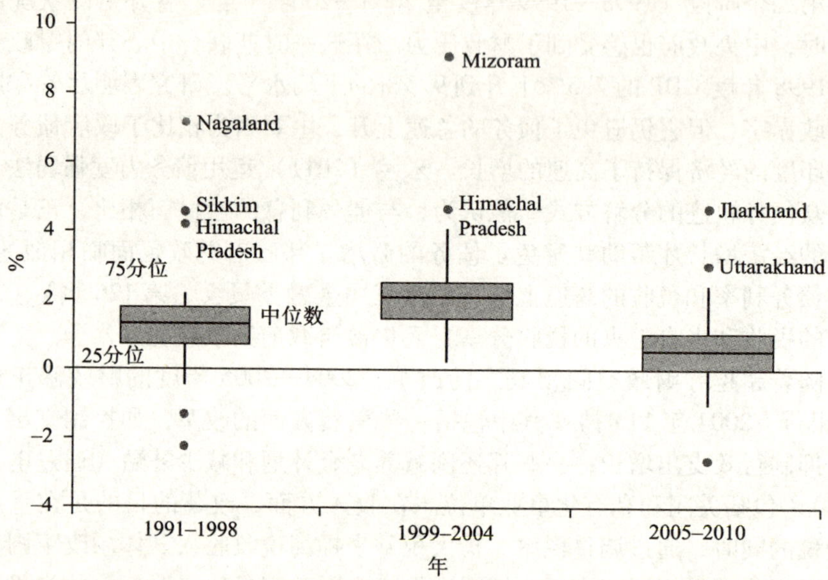

资料来源：使用 stata 软件，根据印度储备银行的数据绘制。

标注：每个箱线盒的中间那条线代表中位数（50 分位）。盒的上面那条代表 75 分位，底部那条代表 25 分位。盒的上面和下面两条线代表了相邻的数值，他们都在其相邻四分位数的四分位差的 1.5 倍以内（上面那条线毗邻的 75 分位，下面那条线毗邻的 25 分位）四分位差表示的是 75 分位数减去 25 分位数的值。所以，最大值（即上面那条线的上界值）等于 75 分位值乘以 1.5 倍的四分位差，而最小值（即下面那条线的下界值）等于 25 分位值乘以 1.5 倍的四分位差。

图 3.4　主要赤字占全邦生产总值（GSDP）之比

和预期的一样，大部分财政绩效表现脆弱的国家也被持续 3 个阶段的高负债和还款负担所困扰。从图 3.5 的箱线图可以看出，在这 3 阶段期间许多邦正在研究超过 75 分位的债务和利息负担。一个典型的例子就是 West Bengal，即使是在当前时期它仍有高额债务（平均 45%，在 2005—2010 年）和很高的利息负担（39.3%）（见图 3.6）。

债务占全邦生产总值（GSDP）比率和利息负担（支出占全邦税收收入的比率），能为分析该邦债务的脆弱性提供一个有用的敏感性指标。表 3.3 中将一些邦集中于一个矩阵中，这表明那些邦面临更严重的脆弱性问题。Gujarat、Himachal Pradesh、Kerala、Punjab、Rajasthan 和 West Bengal 的数据表明，这些邦的债务占 GSDP 之比超过了 30% 且面临很高的利息负担，而这些邦的邦生产总值占了全国 GDP 的 12%。在财政调整过程中，持续处于财政困境的这些邦给印度提出了一个挑战，而这个问题又因全球金融危机而更加严重了（具体探讨见“全球金融危机的影响和走向”部分）。

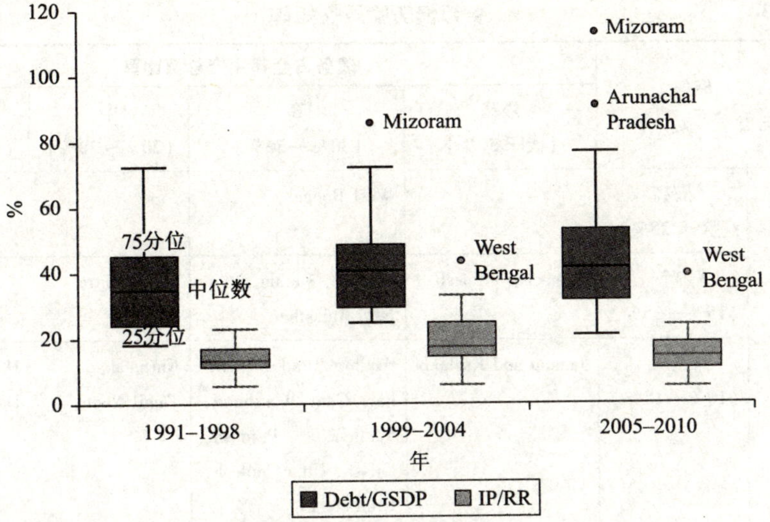

资料来源：使用 stata 软件，根据印度储备银行的数据绘制。

标注：GSDP = 全邦生产总值

图 3.5　债务占全邦生产总值（GSDP）的比率以及利息负担的箱线图 Ratio

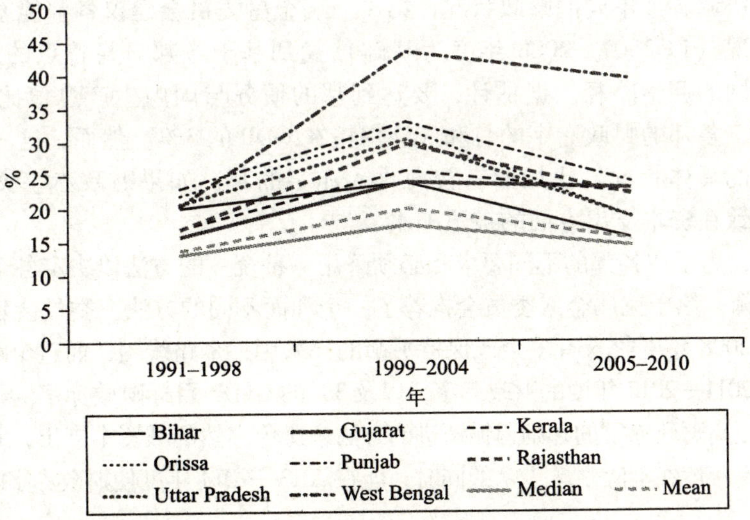

资料来源：作者根据印度储备银行的报告计算而来。

图 3.6　利息负担在特定邦的比重（%）

表 3.3　各邦债务脆弱性矩阵

债务 / 利息支出		债务占全邦生产总值比率			
		极高（大于50%）	高（30%—50%）	中（20%—30%）	低（小于20%）
利息支出占全邦税收收入的比率	极高（大于25%）		West Bengal		
	高（15%—25%）	Himachal Pradesh	Gujarat, Kerala, Punjab, Rajasthan	Maharashtra	
	中（10%—15%）	Jammu and Kashmir	Andhra Pradesh, Bihar, Goa, Jharkhand, Madhya Pradesh, Orissa, Uttar Pradesh, Uttaranchal	Karnataka, Tamil Nadu	Haryana, NCT Delhi
	低（小于10%）	Arunachal Pradesh, Manipur, Mizoram, Nagaland, Sikkim	Meghalaya, Tripura	Assam	Chhattisgarh

资料来源：作者根据印度储备银行的报告计算而来。

为了协调各邦不同的财政状况，第十三届金融委员会建议各邦能基于其过去的财政状况（以 2007—2008 年度为基础）找到基于各邦自身特点的调整方法，并制定不同的调整路径。据估计，要达到邦的债务与国内生产总值比例为 25% 的总目标，各邦的财政赤字的总和应该保持在 GDP 的 3%。然而，这一指标不能反映各邦的具体状况。比如拥有较高收入赤字的邦，如果财政赤字突然降低的话，会导致在资本支出方面的被迫缩水。

因此，为了在各邦的不同要求和必须采用一种统一的方法以决定各个邦的目标间找到平衡，第十三届金融委员会推荐了一个和而不同的方法。委员会建议在基准年 2007—2008 年度收入有盈余或保持平衡的邦采用一个路线图，而这个路线图能消除它们在 2011—2012 年度的财政赤字，以及 3% 的 GSDP 目标财政赤字。其他的在基准年拥有更高财政赤字的邦则遵循渐进的方法来避免突然削减资本支出，并且力争到 2014—2015 年度在消除财政赤字的同时，能在 2013—2014 年度使财政赤字降到 3%。[28]

债务重组和体制改革

国家金融结构的恶化引发了在利益相关者——国会议员、政策制定者、智囊团以及其他权益团体间激烈的磋商和讨论，其内容是关乎改革模式的选择——改革不仅在于扭转财政衰退和降低债务水平还在于把国家财政置于更可持续的前进之路。从21世纪前十年中期开始，多个领域改革同时在印度展开，对国家财政的整顿也在同步进行，且在很大程度上受益于更高水平的财政收入（第十三届金融委员会）和印度整体强劲的经济增长趋势。财政整合的首要目的是要使收入账户恢复平衡，也就是说将收入赤字降为零。改革包括通过支出和税收的改革来实现标准化的财政整合。但是，重要的是，印度已经在努力制定一个基于规则的体制框架，包括财政责任的立法，以确保整合的可持续性。从中央政府转借为主转向依靠市场的融资机制，这种以规则为基准的系统是一个良好的补充，能更好地满足各邦的融资需求。但是，印度已经意识到，即使在降低了基本赤字之后，政府依然存在还本付息的压力并继续保持很高的债务水平，这是因为在2003—2004年度各邦的借款中，有将近80%是以高成本、非市场化的利率借贷而来。

研究表明，财政整顿除了包括某些重要手段，例如控制当前费用的快速增长和实施财税结构改革，还应该包括减少利息费用来降低还款压力这一项目。第十二届金融委员会也认为高的利息支付是人们偿还政府债务的主要困难，减少利息支付有助于保持债务的持续性。对于保持债务可持续发展所广泛采取的方法，第十二届金融委员会认为债务减免是保持收入平衡的先决条件。而且，国际经验表明鉴于邦政府较高的债务水平，我们很难坚持各邦财政责任法规定的财政目标（Liu 和 Webb，2011）。为了达到这一财政目标，政府既需要减少债务量，又需要降低借款费用。[29]

然而，单一的债务核销、减免或重组不能保证政府财政的稳定性。政策制定者们意识到应该限制贷款及利息的豁免来避免道德风险，并且鼓励大家遵守债务偿还的规则。债务重组于是与各邦的改革方案结合起来，以增加收入，控制支出，并且调整支出的用途以保持经济增长（第十二届金融委员会）。这一节主要讲述债务改革重组项目以及其与激励各邦进行机构机制改革的关系。

债务减免和财政责任立法

减免债务的形式有很多，包括免除还款和应付利息，改变还款条款，降低利率和贷款合并。在20世纪八九十年代，金融委员会连续几年无条件给各邦政府减免债务，尽管这种减免只是周期性的，而且减免数量不够显著（见表3.4）。[30]因此，政府还是要偿付大部分的债务。第十届和第十一届金融委员会开始将债务减免与财政表现挂钩[31]。然而，还没到第十二届金融委员会召开，债务减免就已经明确纳入立法改革。第十二届金融委员会历史性的建议债务减免只是针对那些建立了财政责任法和纳入财政整顿机制的邦，这为达到财政目标并且改善当前收入平衡（到2008—2009年将赤字降为零）起到了里程碑意义的作用。

表3.4　债务减免——来自财政委员会

财政委员会	报告年份	卢比（10亿）	GDP卢比（10亿）	GDP（%）
第六届	1974	20	667	2.95
第七届	1979	22	1 025	2.11
第八届	1984	23	2 223	1.03
第九届	1989	10	4 357	0.22
第十届	1995	5	10 672	0.05
第十一届	2000	34	20 050	0.17
第十二届	2005	535	31 494	1.70

资料来源：McCarten 2001；金融委员会第十三次报告2009。

为了实施第十二届金融委员会的建议，2005—2006年度开始实施债务合并和救济措施，通过一系列方式来减免债务，包括债务合并，20年期还款期限调整，和把利率降低到7.5%。在执行财政责任法以后，所有的邦都能成功减免债务。因为利息支付降低而减少的债务有1 870亿卢比，因为还款额降低而减少的债务有2 110亿卢比，从2005—2006年度到2009—2010年度，债务减少量共计达到3 980亿卢比（89亿美元[32]）。另外，本应2005—2010年间到期还款的中央贷款被提前到了2004年3月31日（在债务合并和还款期限调整之后），不过由于收入赤字的减少，这部分还款可以被免除。债务减免也要控制在保证财政赤字与2004—2005年度持平的水平。在这些条款下，如果收入赤字在2008—2009年度降低至零，所有2005—2010年的还款将都可以被免除。

为了继续支持政府的紧急财政整顿，第十三届金融委员会提出了一个分化的财政调整路线图（我们在前面章节描述过），它基于各邦过去的财政表现（以2007—2008年度为基年）而对各邦分别采取特定的方法。这一调整的关键就是要求各邦消除收入赤字（出现在资产负债表上的赤字），但是到2014—2015年度各邦可以有占GSDP 3%的财政赤字，并在同年将债务目标降到GDP的24.3%（从2008—2009年度的27%）。这一财政减免的规定也与第十二届金融委员会提出的规定类似；如果印度各邦制定并修改财政责任法，那么该邦政府在2009—2010年度未偿还的中央政府贷款就可以被免除。更重要的是，全国社保基金理事会的借款利率（2006—2007年间立约）也从9.5%降低到9%。

中央在2003年制订了财政责任法和预算管理法，这两项法规只对国家政府适用。一些邦也在中央颁布法令之前制定了他们的财政责任法（例如Karnataka

和 Punjab，在 2002 年），而且从 2003 年起有很多邦将国家法律和财政责任法一同执行。第十二届金融委员会随后要求各邦颁布财政责任法以享受债务减少带来的好处，包括收入赤字（总收入减去当期花费）的消除，以及财政赤字在 2009 年减少到 GSDP 的 3%[33]。从那时开始，所有 28 个邦都通过了财政责任法，其中大多数财政责任法都要求政府制定中期财政计划以及年度预算，这一计划要包括针对主要财政指标的多年滚动目标，并上报国家立法机构。一些邦通过的财政责任法也对担保方面做了限制，其他的则要求政府披露或有负债以及其他借款。大多数财政责任法要求披露明显的会计政策变动。

印度各邦在财政和收入赤字上的财政目标非常相似。一些邦也对财政目标有了补充立法，例如 Kerala Ceilin 的政府担保法（2003），它与本邦的财政责任法同年颁布。根据担保法，任何财政年度的担保余额不能超过 1 400 亿卢比[34]，政府担保不会交由私人团体负责，同时担保赎回基金需要建立起来。还有一些其他举措，包括（1）建立综合偿债基金（1999）来缓冲政府对市场贷款的偿还（20 个邦已经建立了这项基金）；（2）建立担保赎回基金（2001）来缓冲由政府向事业单位提供担保的或有负债；（3）建立针对现金及债务管理热点问题的技术委员会和工作组。[35]

债券互换和证券化：走向市场化融资

"债券互换方案"（2003—2004 年）的目的是为了降低现有利息负担并且放宽市场准入条件，这一方案的引入推动了财政整顿的发展。中央的贷款额达到了一万亿卢比（230 亿美元[36]），其原利率超过了 13%，通过债券互换，这部分贷款被低利率的市场贷款和小额储蓄取代，但是未偿还贷款额维持不变。当时市场条件良好，市场利率低至 7.5%（印度储备银行国家财政研究 2004—2005 年度，第 24 页），这为各邦节省了 3 100 亿卢比的利息费用（71 亿美元[37]），并且带来每年 0.75% 的财政收入增加（第十二届金融委员会）。第十二届金融委员会再次重申将政府债务市场化以减免政府债务，并且同时指出，就未来贷款政策而言，中央政府不能只充当中间人，任凭各邦直接切入市场。（第十二届金融委员会，236）

如果电力公司发电成本高于所收电费，这种损失会带来一定的财政风险，政府颁布"电力债券"来将这种风险证券化。这一成本收入差额导致了巨额损失以及欠款积累。随着证券化的出现，15 年免税的"电力债券"[38]保证各邦偿清了拖欠欠款和占 GDP 1.5% 的应计利息。由于道德风险的存在，这种方式显然是一种一次性的解决措施，需要通过改革的不断完善来保证这一措施的持续有效。参与的邦能否获取资金取决于他们改革的成效的和在减少商业损失方面的提升。尽管政府债务在 2003—2004 年度，也就是债券发行期间增加了 22.8%，但是许多邦已经预付了欠款，只有1 442.3 亿卢比（32.3 亿美元[39]）在2011 年3 月底仍未偿还。

除了以上与机构改革和走向市场化相关联的债务重组计划之外，印度储备银行的工作也很重要。首先，作为银行监管机构，印度储备银行在法律上要求银行持有政府债务。这增强了市场对政府债券的接受度。其次，印度储备银行加强了政府透支额度的管理。政府过去正是靠这一透支额度来为短期结构性赤字融资。透支额度和使用条件都是由特定的公式计算和限定的。此外，各邦使用透支额度之后要向市场披露。例如，不同邦的市场信息都会被记录下来，包括状况良好邦和长期处于财政赤字邦的对比（表3.5 显示，Punjab、Uttarkhand 和 West Bengal 在2010—2011 年度依赖这一透支来弥补暂时资金缺口）。这些信息会影响市场的敏感度，并且降低信用评级。

表3.5　各邦透支额度和现金借贷能力（以天数衡量），印度

	特定 WMA		普通 WMA		透支额度	
	2009—2010	2010—2011	2009—2010	2010—2011	2009—2010	2010—2011
1	2	3	4	5	6	7
Andhra Pradesh	1	3	—	—	—	—
Haryana	7	10	5	10	—	8
Kerala	18	—	2	—	—	—
Madhya Pradesh	11	—	11	—	—	—
Maharashtra	—	—	—	—	—	—
Karnataka	—	—	—	—	—	—
Nagaland	69	—	45	—	13	—
Punjab	130	133	128	132	29	13
Rajasthan	—	—	—	—	—	—
Uttar Pradesh	8	4	8	4	—	—
West Bengal	95	195	15	113	8	62
Himachal Pradesh	—	—	—	—	—	—
Manipur	—	—	—	—	—	—
Mizoram	29	25	15	15	—	—
Goa	—	—	1	—	—	—
Uttarakhand	69	35	26	12	9	10
Meghalaya	—	1	—	—	—	—
Jharkhand	—	—	—	—	—	—

资料来源：印度储备银行，《2010—2011 年度年报》。

注：WMA = 财政短期借款。普通 WMA 是基于一定公式的，特定 WMA 是在普通 WMA 之外获得的，但是需要抵押。— = 没有权利透支和管理庞大现金。

财政责任立法、债务互换、证券化以及走向市场化运作是为了支持邦级财政改革，来扭转从20世纪90年代末到21世纪初的国家财政状况结构性下滑趋势。我们很难对这些改革的直接影响进行准确评估。在这种背景下，Liu 和 Webb（2001）的研究表明，因为影响政府财政赤字和债务的借贷关系的渠道有很多，所以很难准确分离和估计财政责任法单独的影响。然而，财政责任法一定程度上是为了改善政府财政状况和避免负债过多而设立的，所以我们有必要确认财政责任法是否与财政状况的改善有关。[40]

Liu 和 Webb（2011）在一些国家地方政府（包括印度在内）通过财政责任法前后，分别选取了公共债务增长的数据作为研究对象。由于不同地方政府通过财政责任法的时间不同，我们有必要将财政状况改善或者恶化的衡量标准化。数据显示，在印度，26个邦中有24个邦的GSDP债务增长率在财政责任法通过以后有所降低。这24个邦中有21个已经扭转了在财政责任法前的GSDP债务额增长的趋势。

印度债务积累的动态（Rangarajan 和 Srivastava，2008）研究指出，当累计基本财政赤字和累计加权利率超额增长达到平衡时，就会产生债务的积累。对中央政府债务与GDP比例之间变化的分解研究中发现，累计基本财政赤字很大程度上被利率的超额增长所抵消。然而，这种缓和并非偶然发生，1997—2003年，相对于GDP而言的债务激增就是两种因素共同作用的结果，而这两种因素正是基本财政赤字的积累和超过正常增长率的有效利率。

Milan 在2011年的研究显示，尽管存在连续几年的基本财政赤字，相比政府需要偿还的债务利息率，经济的强劲增长仍然帮助印度避免了债务的大量增加。各邦的总体表现也证实了这点。图3.7也说明了各邦在财政整顿阶段依然维持高GDP增长率和低政府债务利息率。这也只是财政整顿的部分结果，财政整顿本身使得政府增加储蓄减少债务。但是这种总体走势却掩盖了各邦不同的财政表现，因为这些表现在此期间相互交织难以区分，最终导致一些邦在全球金融危机的形势下出现更多的问题。

全球金融危机的影响与前景展望

尽管全球金融危机对国家财政的直接影响有所减轻，但是有些负面效应仍在持续。中央转移支付的减少使得邦政府面临更多的资金方面的挑战，同时被各邦低成本复苏计划进一步加剧。这些负面效应将给第十三届金融委员会提出的路线图的完成带来更多困难。接下来，可持续发展的财政政策要求各邦通过各种方式的改革来保持偿还能力，包括提高税收、收取商品税和服务税以及修改关税等。

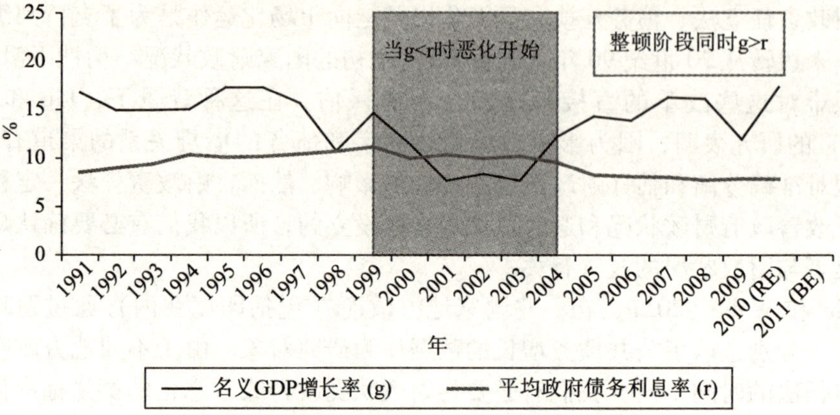

资料来源：本文作者通过印度储备银行的基础数据进行计算得到。

注释：BE = 估算，GDP = 国民生产总值，RE = 已修订估算。

图 3.7 GDP 增长率与政府债务利息率走势差异

我们在对金融危机给中央造成影响的估测中发现，最直接的影响是相对“柔和”的（米兰，2011[41]；RBI，2011a）。尽管经济发展中伴随着衰退，但是经济复苏还是很迅速很显著的（Reddy，2011）。更关键的是，经济增长的速度在2009—2010 年间保持在 7% 以上，2010—2011 年超过了 8%，这种经济高速增长的态势加上反周期财政和货币政策的实行，减小了金融危机带来的冲击（《世界银行经济更新》，2011 年 9 月）。相对较低的外债负担，高的外汇储备以及选择性资本控制有助于减少外部冲击带来的影响。然而，由于政府总赤字和公债水平依然处在高位，忧虑还是存在的。[42]我们通常认为，过高的赤字和债务规模会缩小政府的财政调整空间，降低政府的借债能力，削弱其应对金融危机和极端事件的能力。

在经济增长方面，我们预期到未来两年的经济增长会放缓（世界银行2011）[43]因为不确定性造成投资减少，为遏制通货膨胀政府采取了紧缩的宏观经济政策，以及 2010—2011 年度农业反弹带来的基数效应。经济合作与发展组织的核心国家经济增长缓慢，这意味着国内驱动力量需要不断加强以促进经济发展。此外，2011—2012 年度我们要齐心协力来避免中央财政状况的恶化，特别是在商品和燃料价格持续走高的情况下。然而，我们需要采取一定措施来保持财政政策的可持续性，这些措施即便不能降低收入增加所带来的费用，也起码要做到控制这些费用的数额。

我们将视角放到各邦，金融危机造成了工资上涨以及 2009—2010 年度财政状况的恶化。在税收方面，2008—2009 年度和 2009—2010 年度地方税收收入下降，反映了中央税转移给地方的份额下降，这是经济下滑所造成的。伴随着经济危机同时发生的还有农业的减产，这也在一定程度上解释了一些邦税收收入减少的原因。财政支出增加的主要原因是对拖欠工资及支付款项的调整，这正好与危机同年发生。在17个非特殊邦中，目前有11个存在收支赤字，而除了Jharkhand和Kerala外，其他邦的整体财政赤字仍在不断扩大。

然而，金融危机对政府债务管理的影响是微不足道的，这在一定程度上反映了政府借贷制度的优势，这些制度包括禁止国际贷款、有限的资金救助以及财政责任法的制定。2008—2009年度和2009—2010年度期间，各邦采取反周期措施以减轻危机对国民经济活动的影响。这些措施包括放松财政赤字水平至GDP的3.5%（财政责任法规定3%）。除此之外，中央允许各邦扩大市场借款份额来应对外部因素对财政状况造成的前所未有的冲击。各邦随即增加市场借款，2007—2008年度增加23%，2008—2009年度增加34.6%，2009—2010年度增加28.6%。有趣的是，上述规定的一个积极影响就是改进了各邦的利息模式，这也使得2009—2010年度高成本市场贷款的份额（利率超过10%）进一步下降。

然而，需要强调的是，宏观经济的稳定和反周期政策的实行是中央政府的首要责任，而不是地方政府。因此，第十三届金融委员会建议，在类似冲击事件发生的情况下，与其提高各邦的借款限额，不如由中央承担额外资金变动的全部责任，然后通过加大授权的力度将其分派给各邦。这种（基于一定公式的）授权在财政能力和财政需求方面都可以满足各邦的不同需求。[44]

那段时间许多邦财政状况的恶化都是临时的，出现这种情况的原因是金融危机和拖欠工资的调整使得中央税收分配出现问题（Reddy，2011）。尽管2009—2010年度财政赤字状况恶化，达到了GDP的3.3%，然而正如印度储备银行提出的国家财政总预算研究中指出的那样，2010—2011年度情况有所好转。印度储备银行同时也指出邦级财政规定可能是帮助市场平稳发展的根源。这也用事实证明了在经历了全球金融危机初期带来的各种压力之后，大多数邦通过2010—2011年度的低赤字率政策重新进行财政整顿。

总之，尽管全球金融危机对国家财政的直接影响略微有所减轻，它的长期影响仍在持续。鉴于中央赤字并没有表现出减少的迹象，所以随着中央转移支付影响的减少，地方政府开始面临许多挑战。2010—2011年度中央政府对地方政府的转移支付下降了GDP的0.4个百分点（RBI，2011a）。政府财政的可持续性需要通过迅速实施商品及服务税以提高各邦独立的税收收入来实现。商品和服务税的征收可以改善财政的纵向失衡，这样各邦就可以对增长最快，占GDP超过65%的服务业征税，从而带动印度GDP增长0.9%—1.7%（第十三届金融委员会）。

各邦也需要检查他们的定价政策，特别是在电力和灌溉领域，在公司没有停业的情况下，要确保减少成本和收入之间的差距。据统计，即使情况较好的邦，电价也需要以每年7%的增长速度来弥补成本与收入之间的差距，而对于那些情况较差的邦则需要近19%的增速（第十三届金融委员会）。如果不纠正上述问题，第十三届金融委员会线路图的实现将变得十分困难。

另一个关键问题是，尽管各邦在总账上设立财政专户，然而金融危机的影响需要针对或有债务单独进行评估，这不仅包括担保、安慰函和国有企业债务，也包括由于国家事业单位和退休金存在的漏洞所带来的隐性或有债务增长。特别是，如果资金周转紧张的状况影响了国有企业和事业单位的健康发展，财政风险可能波及各邦。尽管这些危机更多的来自于或有负债带来的财政风险，我们仍然需要铭记经验及教训。

结　论

尽管国家面临着财政压力，但是由于各种因素的影响，系统性的破产和违约并没有发生。在20世纪90年代末期和新世纪初期，印度经济的显著增长在缓和债务利息负担以及遏止债务大量增加上发挥了重要作用。在财政整顿和制度改革上的努力使得国家向着财政修复的方向前进。另外，对借款的限制和宪法安排使得财政整顿以适当的方式进行。

此外，降低债务利息负担对于国家的可持续发展起着重要作用。债务减免和对改革的激励很大程度上帮助政府避免道德风险问题。然而，尽管我们更注重直接债务，但是也不能忽视或有债务对国家财政的威胁，除非它能被充分监管和控制。更重要的是，整体性研究掩盖了邦与邦之间的不同和各自的弱点，而这些弱点需要有针对性的改革和整顿来解决，而不是寻求一个一概而论的方法。

在贷款政策和借款模式上的改变提高了地方政府财政的灵活性，但随着市场规律的重要性越来越强，政府的责任也变得更大。要想从市场更方便地获取资金需要更活跃的债务管理和策略上的进步，需要使用稳健性分析来确定债务投资组合的成本风险。为了应对未来的挑战，我们需要在地方政府层面加强债务管理能力的制度化，以及采取更灵活的风险管理方法。

虽然全球金融危机对印度各邦的影响几乎无关紧要，但是政策制定者必须认识到，虽然体系性的破产和违约没有发生，高债务还是降低了政府对政策响应的机动性和灵活性。然而，必须强调的是，反周期政策是联邦政府的责任，而不是地方政府的。如果我们需要放松财政赤字目标来应付经济的周期性低谷，那么这件事需要由中央政府完成，因为中央政府可以提高借款数量并且通过授权将其转移给地方政府。这意味着地方财政赤字目标是不变的。如果日用品和油价居高不下的话，财政挑战依然存在，并且很有可能更严重。人们担心在未来两年经济增长可能会减慢7到8个百分点（世界银行2011）。这就产生了一个进退维谷的局面：在缩减开支来确保财政可持续性的同时也要增加反周期性开支来促进经济增长。

注 释

本文所述的发现、解释和结论，均属作者个人观点，不代表世界银行、世界银行执行董事会及其所代表的政府，或者外部作者可能隶属的任何机构的观点。

1. “邦”在本章中代表地方政府，包括印度28个地方政府的总体数据和表现。

2. 在印度财政会计体系中，收入余额是指当期余额，也就是，总收入减去当期费用。

3. 金融委员会是一个每隔至多五年时间授权一次的宪法机构，它主要是为了审查中央和地方政府的财政状况，将税收和其他收入从中央政府转移到地方政府（垂直转移），或者在各地方政府之间转移（为了达到横向公平）。金融委员会是基于一定公式来计算转移数量的，人口、收入差距、地区、税收以及财政规定都代表一定的权重。这些权重随时间而变化。自从印度独立以来，已经召开了13次金融委员会。

4. 参照Ianchovichina、Liu和Nagarajan 2007；Pinto和Zahir 2004；Rangarajan和Srivastava 2008；Reddy 2000以及世界银行2004年。

5. 本章并不包括当地政府这样三线政府的债务份额，在印度这部分的政府债务很少。当地政府因为只有有限的财政自主权，所以很大程度上都依赖于高一级政府的财政转移和财政借款。

6. 这些在第73次和第74次宪法修订时被加入。第七次宪法日程中强调了中央和地方政府的立法、行政、司法及财政领域。

7. 中央和地方政府的财政关系必须要细心处理，这是为了防止出现过去政府都无法克服的一类难题，这个难题就是确保不同层级政府间资金和功能有更紧密的对应关系（第六届金融委员会）。

8. 一段时间内，金融委员会都在采取各种措施来解决政府在中央税收的分配组合以及各邦间资源配置标准上存在的问题。尽管金融委员会的这种做法是为了促进各邦间的财政稳定，但是一项实证分析显示，虽然财政转移支付确实帮助各邦减少了总财政赤字，可是财政的横向不公平问题仍有待解决（Kannan 2004）。

9. 印度储备银行：“政府财政：对预算的研究，”2007，第58页。

10. 偿债能力是指政府在不违约条件下的还债能力。这意味着地方政府的总债务额不能超过它在未来一段时间内的还款能力（它是通过未来盈余的现值来衡量）。流动性是满足短期现金需求的能力（一年内）；也就是，在每个时期，地方政府都要有足够的资金（现金流）来保证支出以及还本付息。如果一项债务在未来无法偿付，那么它就不是可持续的（参照Ley 2010）。另外，政府偿债能力和流动性也要靠政府信誉以及投资者的信心来维持。

11. 外部贷款一般是基于某个项目的，除了一些结构调整贷款，这些贷款通常是来自多边发展银行的优惠条款。

12. 自从 2006 年开始，得到中央、地方政府和印度储备银行授权的常务技术委员会一直在推算政府年度借款的需求量。这些推算要综合考虑各项因素，包括宏观经济与财政状况、债务的持续性、财政责任法的规定以及财政担保风险等。

13. 印度曾经是计划发展体系，各邦可以得到赠款和其他援助。

14. 人们一直在印度巨大的财政赤字是否排挤了私营部门上存在争议。但是银行不能持有超过其总存款量 25% 的流动负债，例如政府债券。然而银行一般会持有更高的比例，这也带来了商业信贷承购的需求问题。

15. 中央政府暂时允许地方政府在 2008—2009 年度将财政赤字上升到 GSDP 的 3.5%，在 2009—2010 年度上升到 4% 来应对全球金融危机（卡努托和刘，2010）。

16. 全国社保基金理事会（NSSF）成立于 1999 年 4 月，当时小额存款是用来投资于中央地方政府债券的。而现在，80% 的邦内小额存款都用来投资本邦地方政府债券。这会增加地方债务，但是它不受中央控制。而且，投资的现金流是自主性的，它取决于小额储蓄率和存款率。参看“委员会对全国小额存款基金全面审查报告”（2011 年 6 月）。NSSF 的借款一定程度上不够灵活，因为它基于借款是否能够获得，而不是政府是否需要借款，并且其利息费用更高，同时表现出一定的不对称性。

17. 第 12 届金融委员会指出：“……就未来的借款政策而言，中央政府不能只充当中间人，任凭各邦直接切入市场。”中央政府的转贷在那以后就停止了（第十二届金融委员会的提议在 2005 年 5 月被采纳）。

18. 这些研究被 Bose、Jain 和 Lakshmanan（2011）引用。

19. 利息支出对税收收入的比率可以解释利息负担和可承受债务水平。如果偿还债务不会产生巨大的财政负担，我们就认为该项债务是可以接受的。Mohan 和 Karan（2004）分析了政府可容忍的利息负担占收入的比重。在 2004 年，Dholakia、Mohan 和 Karan 认为五分之一是可接受比率。金融委员会的观点也是如此。

20. 在印度，政府部门工资定期修订，通常每十年修正一次。

21. “地方政府担保的财政风险评估报告”（印度储备银行，2002 年 7 月）指出 1992—2001 年担保额以平均每年 16% 的比例增长（第五段）。为了避免财政风险升级，如果国家公共部门（PSUs）的项目有确定的收入，并且这部分收入不是通过地方政府预算的积累而形成，那么印度储备银行（RBI）要求银行（主要投资者）只能投资于国家公共部门（PSUs）。另外，所有 PSU 发行的投资产品都要有至少两个国内信用评级机构进行评估后银行才可以进行投资。当然，这些投资也是存在信用风险和准备金的要求。

22. 第十三届金融委员会，第 103 页。

23. 花旗投资研究与分析机构 2011 年的报告显示，2010—2011 年度国家电力委员会总损失达到 6 350 亿卢比，其中五个邦（Bihar、Madhya Pradesh、Rajasthan、Tamil Nadu 和 Uttar Pradesh）就占到了总损失的 71%。

24. “地方政府担保的财政风险评估报告”（印度储备银行，2002 年 6 月）统计了 2001 年各部门的违约率。电力部门达到15.09%、工业部门39.19%，总违约率为3.7%。

25. 这些仅仅包括各邦公开报告的。间接性或者模棱两可的负债虽然也是财政风险的来源，但是并不包含在内。全面的统计是很困难的，因为数据覆盖面和定义存在一定差异，而这并非本章要讨论的。

26. 这项分析主要针对一般非特殊类邦，因为这些邦的GSDP占了所有邦的95%，人口占印度总人口超过92%。

27. 在分析中作为该项指标的平均值并且参照这段时期的中位数数值。

28. 所有在2007—2008年度基础财政赤字少于GSDP的3%的特殊邦在2011—2012年度的财政赤字将是3%，并且以后也保持在这个水平。Manipur、Nagaland、Sikkim和Uttarakhand应该在2013—2014年度将其财政赤字降到GSDP的3%。

29. 第十二届金融委员会指出“高利息是导致未偿还地方政府债务增加的主要原因。因此，需要通过降低利息来保持债务的可持续性。”（p226）Dholakia，Mohan和Karan（2004）发现有效利率的降低对于利息负担（利息比收入［IP/RR］）的合理化和地方债务的可持续性有很大作用。但这同时需要负债量和利息成本的降低。

30. 债务减免占GDP份额从第6届金融委员会的2.95%降到第11届金融委员会的0.17%，这暗示了中央对债务减免的承诺随时间而减弱。（McCarten 2001）

31. 第十一届金融委员会将放宽部分中央补助，并且与地方政府财政整顿相结合，以此作为地方政府财政改革的一部分。尽管补助额很小，只有1 060.7亿卢比（24.3美元），但它仍然能帮助各邦进行有效的改革。（用到的汇率是2000年第一季度末43.62卢比=1美元）。

32. 这里使用2005年第二季度到2010年第一季度平均汇率的均值（来源于IFS）在计算，汇率为44.64卢比=1美元。

33. 印度政府财政责任法的总结是基于Liu和Webb（2011）以及印度储备银行的政府财政报告。

34. 大约30亿美元，假设汇率为46.7卢比=1美元。

35. 这些因素包括债务可持续性、财政责任法模型、退休金负债、地方政府担保贷款和债券、地方政府担保的财政风险、地方政府的自愿性信息披露、地方政府担保、未偿还负债的汇集方法以及方式方法的定期修改和限制条件。

36. 2004年3月底的汇率是43.445卢比=1美元（来源于IFS）。

37. 汇率为43.445卢比=1美元。

38. 国家电力委员会2001年五月到期，“印度财政改革：发展与展望”世界银行（2005）。应计利息1 000卢比被撤销了（参照A. Rastogi的章节，印度2004年基础设施报告24）。

39. 2011年3月底汇率为44.65卢比=1美元（来源于IFS）。

40. Corbacho和Schwartz（2007）讨论了因果决定关系。他们的研究把财政责任法前后国家财政赤字相比较，发现前者财政赤字更小。目前还没有关于国家间地方政府赤字的数据比较。

41. “印度财政政策的发展：回顾”Milan et al. 2011（即将发行）。

42. 1990—2000年间，一般政府的高额财政赤字平均达到GDP的8%，并且在2009—2010

年度有望达到10%，此时的债务额达到2000年GDP的80%（世界银行，2011年9月）。

43.《世界银行印度经济更新》2011年9月。

44. 第十三届金融委员会（FC），136。

参考文献

Acharya, S. 2001. "India's Macroeconomic Management in the Nineties." Indian Council of Research in International Economic Relations, New Delhi.

Ahluwalia, M. 2000. "Economic Performance of States in Post - Reforms Period." *Economic and Political Weekly* May 6: 1637 - 48.

Bose, D., R. Jain, and L. Lakshmanan. 2011. "Determinants of Primary Yield Spreads of States in India: An Econometric Analysis." RBI Working Paper Series, 10. Reserve Bank of India, Mumbai.

Canuto, O., and L. Liu. 2012. "Subnational Debt Finance and the Global Financial Crisis." *Economic Premise* No. 13, World Bank, Washington, DC, May.

Corbacho, Ana, and Gerd Schwartz. 2007. "Fiscal Responsibility Laws, in Promoting Fiscal Discipline." International Monetary Fund, Washington, DC.

Dholakia, R. K, T. T. Ram Mohan, N. Karan. 2004. Fiscal Sustainability of Debt of States, Report submitted to the Twelfth Finance Commission, Indian Institute of Management, Ahmedabad, India, May.

Government of India. 1952. "Report of the First Finance Commission." New Delhi.

———. 1988. "Report of the Ninth Finance Commission." New Delhi.

———. 1993. "Report of the Tenth Finance Commission." New Delhi.

———. 1999. "Report of the Eleventh Finance Commission." New Delhi.

———. 2004. "Report of the Twelfth Finance Commission." New Delhi.

———. 2009. "Report of the Thirteenth Finance Commission." New Delhi.

———. 2011. "India Public Finance Statistics 2010—2011." New Delhi.

Howes, S., and S. Jha. 2004. "State Finances in India: Towards Fiscal Responsibility." In *Fiscal Policies and Sustainable Growth in India*, ed. Edgardo M. Favaro and Ashok K. Lahiri. New Delhi: Oxford University Press.

Howes, Stephan, Ashok Lahiri, and Nicholas Stern, eds. 2003. *State - level Reforms in India: Towards More Effective Government.* Delhi: Macmillan.

Ianchovichina, Elena, Lili Liu, and Mohan Nagarajan. 2007. "Subnational Fiscal Sustainability Analysis: What Can We Learn from Tamil Nadu?" Economic and Political Weekly 42 (52): 111 - 19.

Kannan, R. K., S. M. Pillai, R. Kaushaliya, and Jai Chander. 2004. "Finance Commission Awards and Fiscal Stability in States." *Economic and Political Weekly* 39 (5) (January 31 -

February 6): 477 – 91.

Kishore, A., and A. Prasad. 2007. "Indian Subnational Finances: Recent Performance." IMF Working Paper 07/205, International Monetary Fund, Washington, DC.

Kopits, G. 2001. "Fiscal Policy Rules for India?" *Economic and Political Weekly* 36 (9) (March 3 – 9): 749 – 56.

Kurien, N. J. 1999. "State Government Finances: A Survey of Recent Trends." *Economic and Political Weekly* 34 (10) (May 8 – 14): 1115 – 25.

Lemmen, J. 1999. "Managing Government Default Risk in Federal States." Special Paper 11, Financial Markets Group, Nijmegen, the Netherlands.

Ley, E. 2010. "Fiscal (and External) Sustainability." Mimeo. World Bank, Washington, DC, http: //econpapers. repec. org/paper/pramprapa/13693. htmhttp: //mpra. ub. uni-muenchen. de/23956/.

Liu, L., and M. Waibel. 2008. "Subnational Insolvency: Cross – country Experiences and Lessons." Policy Research Working Paper No. 4496, World Bank, Washington, DC.

Liu, L., and S. Webb. 2011. "Laws for Fiscal Responsibility for Subnational Discipline." Policy Research Paper 5587, World Bank, Washington, DC, March.

Milan, B. 2011. "Fiscal Policy for Growth and Development in India: A Review." World Bank (work in progress), World Bank PREM Network Fiscal Policy for Growth and Development, World Bank, Washington, DC.

McCarten, W. J. 2001. "The Challenge of Fiscal Discipline in the Indian States." in Rodden, J., Eskeland, G., and Litvack, J. (eds.) *Decentralization and Hard Budget Constraints*, MIT Press.

Mohan, R. 2000. "Fiscal Correction for Economic Growth: Data Analysis and Suggestions." *Economic and Political Weekly* 35 (24) (June 10 – 16): 2027 – 36.

Pinto, B., and F. Zahir. 2004. "India: Why Fiscal Adjustment Now." Policy Research Paper 3230, World Bank, Washington, DC, March.

Poterba, J., and K. Rueben. 1999. "State Fiscal Institutions and the U. S. Municipal Bond Market." Working Paper No. 6237, National Bureau of Economic Research, Cambridge, MA.

Prasad A., R. Goyal, and A. Prakash. 2004. "States Debt and Debt Relief." *Economic and Political Weekly* 39 (26) (June 26 – July 2): 2726 – 36.

Rangarajan, C., and D. K. Srivastava. 2008. "Reforming India's Fiscal Transfer System: Resolving Vertical & Horizontal Imbalances." *Economic and Political Weekly* Volume 43 (23): 47 – 60.

———. 2011. "Federalism and Fiscal Transfers in India." New Delhi: Oxford University Press.

Rao H., A. Prasad, and A. Gupta. 2001. "A Study of State Public Accounts in India." Reserve Bank of India, Mumbai.

Rao, M. G. 2002. "State Finances in India: Issues and Challenges." *Economic and Political*

Weekly 37 (32) (August 3 - 9): 3261 - 71.

Rastogi, A. 2004. "The Infrastructure Sector in India." *India Infrastructure Report* 2004. Oxford University Press, New Delhi.

RBI (Reserve Bank of India). 2002. "The Report of the Group to Assess the Fiscal Risks of State Government Guarantees." Reserve Bank of India, July.

———. 2003. "Report on Currency and Finance, 2001 - 02." Mumbai.

———. 2004. "Annual Report, 2003 - 04." Mumbai.

———. 2007. "Handbook of Statistics on State Finances," and "Study of State Budget," several issues. Reserve Bank of India, Mumbai.

———. 2011. "Annual Report 2010 - 11." Mumbai.

———. 2011. "Report of the Committee on the Comprehensive Review of the National Small Savings Fund." Reserve Bank of India, Mumbai, June.

———. 2011. "RBI Deregulation of Savings Bank Deposit Interest Rate: A Discussion Paper." Reserve Bank of India, Mumbai.

Reddy, Y. V. 2000. "Fiscal Reforms at the State Level, Review and Prospects." Address presented at the India States Reform Forum, organized by the World Bank, New Delhi, November 24.

Reddy. Y. V. 2011. "Subnational Finance: Indian Experience." Address delivered at the Sub - Sovereign Finance Forum, *Debt*, *Insolvency and Market*: *Lessons Learned and Emerging Issues*, World Bank, Washington, DC, June 20.

Schuknecht, Ludger, Jürgen von Hagen, and Guido Wolswijk. 2009. "Government Risk Premiums in the Bond Market EMU and Canada." *European Journal of Political Economy* 84 (1): 371 - 84.

World Bank. 2003. "India, Rural Access to Electricity." Mimeo, New Delhi.

———. 2003. "India Sustaining Reform, Reducing Poverty." World Bank, New Delhi.

———. 2004. *State Fiscal Reform in India*: *Progress and Prospects*. New Delhi: Macmillan.

———. 2011. "World Bank India Economic Update." World Bank, Washington, DC, September.

4

墨西哥地方政府债务管理：两场危机的故事

Ernesto Revilla

引　言

在过去的20年里，墨西哥主要经历了两次宏观经济危机。1994—1995年的龙舌兰酒危机（金融风暴）以及2008—2009年的全球金融危机对地方政府债务市场的运行产生了重要影响。在龙舌兰酒危机中，地方政府不仅要应对高额的债务利率，而且还需面对同时减少的联邦拨款。经济危机使得地方政府的债务不可持续，为此联邦政府提出了一个雄心勃勃的债务重组计划。2009年的全球经济危机并没有影响到墨西哥的利率，但是经济活动放缓和石油价格的下降减少了相当一部分联邦政府对地方政府的拨款，极大地影响了地方政府的偿债能力。在这样的背景下，一种用来减轻经济危机影响从而确保地方财政可持续性的创新机制被提及。这些事件不仅为发展中国家地方政府中致力于建立债务管理体系的当政者提供了有益的借鉴，而且有助于理解危机中地方政府债券市场的运行规律以及从危机中复苏所采取的应对政策。

本章的主要贡献体现在对墨西哥国内关于财政联邦主义框架的研究。虽然Giugale和Webb（2000）以及Revilla（2012）对墨西哥政府间关系已经有了一个整体的概述，但是本章是作为新一轮研究墨西哥政府间财政关系方面的一部分。

此外，它也是之前已有的墨西哥地方政府债务研究的补充。之前的这些研究中包括 Giugale、Korobow 以及 Webb（2000）描述的“墨西哥从 2000 年起新的地方性规章制度”；Hernández、Díaz – Cayeros 和 Gamboa（2002a）研究了 1995 年紧急援助的决定因素及后果以及 Giugale、Hernández 和 Oliveira（2000）给出了地方政府债务市场在本世纪初的总体概览。

本章的内容着重于地方政府性债务重组的研究，譬如 Liu 和 Waibel（2009）；Prasad 和 Goyal（2004）；以及 Ter – Minassian 和 Craig（1997）的著作。尤其是本章从发展中国家的角度来研究在全球经济危机后地方性债务市场，如 Canuto 和 Liu（2010a，2010b）。这章与本书中的其他章节一起为政策制定者，特别是发展中国家的政策制定者，在如何应对经济危机后地方债务市场的棘手问题提供解决思路。

墨西哥联邦制财政体系

所有的政府间财政关系体系都是不同的，并且受制于当地文化、政策以及经济制度的设置。较大的纵向不平衡，地方对联邦政府财政拨款的高依赖性以及低水平的地方政府债务形成了墨西哥联邦制财政体系，所有这些都将影响到本章所讨论的两次危机中政策实施的目标及限制条件。

墨西哥是一个联邦制国家，划分为 31 个独立的州和 1 个联邦区。每个州由自治市组成，这些自治市是基本的政治主体，对于政治和财政发展拥有一些独立主权。作为州的下级政治实体，自治市的发展水平极度不平衡。[1]基于三层政府结构的联邦制财政体系包含一系列法律、规章、税收和收入分配机构、联邦财政拨款和地方债务的组织机构。

墨西哥联邦制财政体系的显著特征是州政府和自治县政府对于联邦财政的强依赖性（详见 Giugale 和 Webb［2000］、Revilla［2012］以及其中的参考资料）。平均来说，从联邦政府得到的财政支持可以占到整个地方财政收入的 85%。这种对联邦财政收入来源的高依赖性在大部分时候都比较稳定。关于地方债务现在和将来的政治与经济改革都将由墨西哥联邦制这个特点来决定。

表 4.1 列出了墨西哥地方年收入的构成。可以看到，州和市政府大约 85% 的收入来自于联邦财政拨款，大约 11% 来自本身固有资源收入，借贷账户仅占年财政流量 5%。联邦转移支付可以分为三个主要渠道：（1）指定用途的拨款；（2）非指定用途的拨款；（3）为了特定目的和基础设施建设的新的拨款，虽然规模较小，但正在逐渐增长。[2]

非指定用途的财政拨款，即 participaciones，既是州预算最大的一项，也是联邦预算最大的一项。它们由一组规模和构成各不相同的基金组成。最大的一部分，即一般股份基金（Fondo General de Participaciones）占到86%。它是按照联邦与地方分享的联邦公共池收入的20%来计算的[3]，同时分配是由一个专门的公式来衡量的。在这个公式里面，人均转移支付水平是根据当地的经济发展程度来决定的（其所在州的国内生产总值的增长率来衡量），这样也可以刺激通过自有资源所带来的收入增长。[4]基金的剩余部分规模较小，其包括一个在地方层面上刺激税收管理发展的市政府基金，对有石油开采的州的补偿性基金以及对最穷的10个州的再分配基金。详细描述见表4A.1。

表4.1　墨西哥地方政府财力[a]（2006—2010年）　单位：十亿比索

	2006年	2007年	2008年	2009年	2010年	百分比构成[b]	占GDP百分比[b]
资源总量	895	911	1 080	1 100	1 169	100%	8.9%
财政拨款	785	781	943	936	973	83%	7.4%
非指定用途的财政拨款（*participaciones*）	329	333	423	421	437	37%	3.3%
指定用途的财政拨款（*aportaciones*）[c]	388	379	420	439	461	39%	3.5%
其他[d]	68	70	99	76	74	6%	0.6%
约定项	44	56	73	76	74	6%	0.6%
盈余	24	13	26	–	–	0%	0%
自有资源收入	93	103	120	116	133	11%	1%
融资[e]	17	26	17	49	63	5%	0.5%
备忘项							
联邦预算	2 264	2 486	2 861	2 817	2 960	100%	23%
联邦非石油收入	1 015	1 205	1 358	1 508	1 492	50%	11%

资料来源：墨西哥财政部；墨西哥国家及州公共账户。

注释：

a. 州与市政府；

b. 以2010年数值为基数；

c. 包括联邦区的教育支出，该区教育仍由国家支出；

d. 包括特殊的分权协议和过度的收入盈余；

e. 相应的财政部登记债务和当地法律批准的所有债务不包括短期贷款（为例的现金管理）或者是不确定债务（及养老金）。

指定用途的财政拨款，又称 *aportaciones*，由 8 个基金组成，在联邦预算中列入“雷默 33 项”[5]。其中包括用于教育、健康、社会发展和公共安全的特殊基金。用于基础教育的基金是最大的，占 59%。基金和健康服务基金（Fondo de Aportacionespara los Servicios de Salud）覆盖了在 20 世纪 90 年代随着教育和健康分权化，支付给移居到各州的教师和医生的工资。大家广泛认同这些基金所花的大部分钱并没有到达最有效的用途，各州之间的分配极度无效，并且这些资源的使用存在某种程度的腐败（见 IMCO，2010）。关于指定用途的转移支付的详细描述见表 4A. 2。

关于墨西哥地方政府通过自有资源所获取的收入，最突出的事实是州和市政府对征收地方税的消极态度。地方自身收入水平低于国际标准和自身潜力。市政府的主要税收为财产税。墨西哥市政府的税收达到 GDP 的 0. 2%。这个数字是拉丁美洲最低（玻利维亚 3%、巴西 0. 7%）也是世界最低（经济合作发展组织平均占 GDP 2%）（ECLAC，2009；OECD，2010）。实际上，只有联邦区和一些大的市政府能有效地征收财产税，而墨西哥的绝大部分地方政府根本就没有去征收财产税。这对于墨西哥联邦制财政体系[6]仍是巨大的挑战之一。

对于各州，最重要的税收是工资税[7]以及车辆和汽油等联邦税收，这些税收所得州是可以留存的。各州也有一些其他的地方税，例如房屋租赁税（对那些旅游业发达的州很重要）、二手机动车使用税及地方博彩业税收。然而这些税收并不代表收入的重要来源，详见表 4A. 3。

墨西哥的地方债在规模上较小并与国际标准相比较低；墨西哥地方债务存量占每年非指定用途支付的 79%，或 GDP 的 2. 9%。2011 年墨西哥的地方债务存量见图 4. 1。尽管作为非指定用途转移支付份额的地方债从 2008 年的 50. 7% 上升到 2011 年的 79. 2%，债务占 GDP 的份额从 2008 年的 1. 7% 上升到 2011 年的 2. 9%，墨西哥地方债务与巴西、中国、印度[8]相比较低。

图 4. 1 里的债务包括了所有地方政府所借直接负债，这些都是经联邦财政部登记并且当地法律批准的借债。并不包括短期借款（借贷和全额还款在一个财年且大部分用于现金管理）以及或有债务，例如养老金或供应商信用，这两者皆可能导致风险。如果短期借款并未官方登记为债务，那就存在其用于经常性支出的潜在可能。另外，短期债务不属于高风险级别，因此也不会设立预防性储备。尽管州养老金账户仅占全国总养老金账户的 2. 3%，但在下一个十年中，其仍然存在不可维持的风险。

各州养老金计划在结构和财政维持上有很大不同。州养老金计划的大部分按津贴计划来操作，即一般意义上州政府无资金作为保证的负债。虽然目前还没有任何一项关于衡量这部分债务的研究，然而根据国家财政大会（Convención

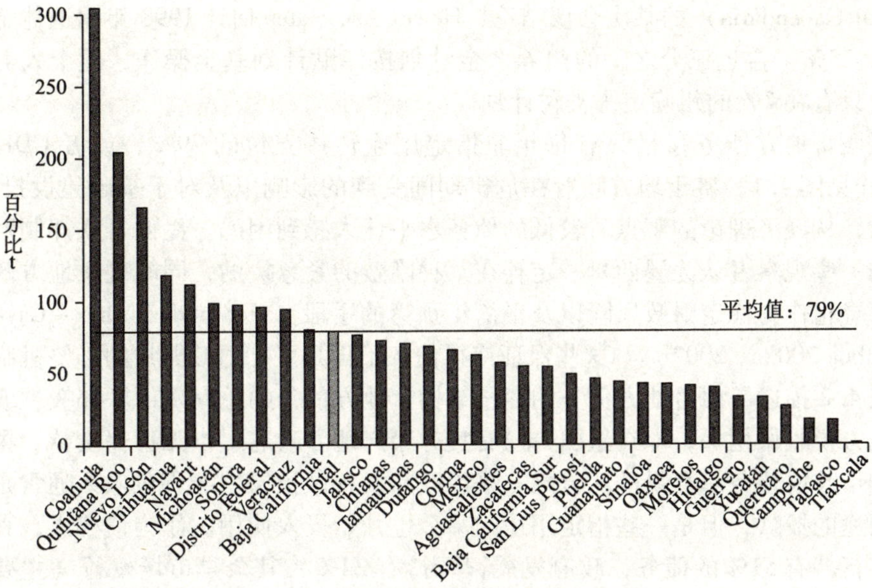

a. 占非指定用途转移支付的比例

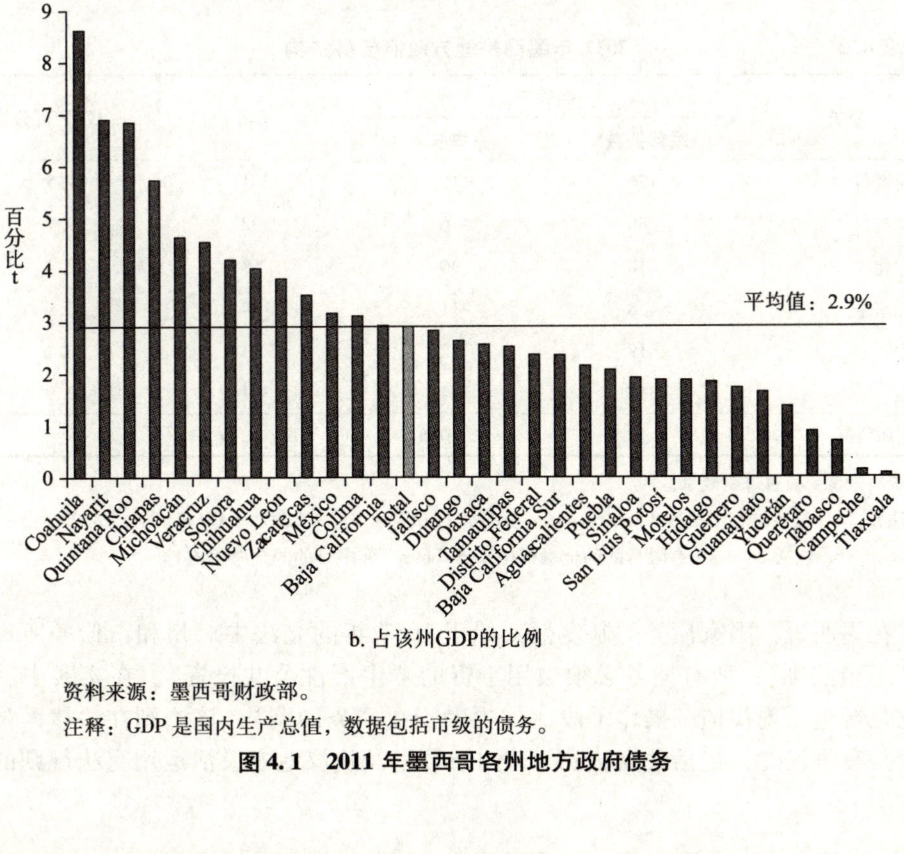

b. 占该州GDP的比例

资料来源：墨西哥财政部。

注释：GDP 是国内生产总值，数据包括市级的债务。

图 4.1　2011 年墨西哥各州地方政府债务

Nacional Hacendaria）的某次会议结论，Hewitt Associates 估计 1998 年州退休金约占 GDP 25%。接近三分之一的州养老金计划按津贴计划基金操作，但个人养老金账户只有在 7% 的州确定了支付计划。

墨西哥地方债务存量只有每年非指定用途转移支付的 79%，或者 GDP 的 2.9%，见图 4.1。鉴于地方政府在危机期间受到的影响以及对于基础建设投资[9]的需求，从经济理论的观点看较低的债务水平让人感到困惑。墨西哥联邦制财政体系的一些观察者认为墨西哥一定存在某种隐蔽的紧急援助，同时刺激地方政府向联邦寻租作为稳定财政风险以及平衡年预算的手段（Hernández、Díaz - Cayeros 和 Gamboa 2002a，2002b）。这些保证使得债务不再是平衡财政账户的必要机制。

表 4.2 描述墨西哥地方债务的存量结构。地方债务的总存量由联邦拨款或未来的地方税收做担保，即在墨西哥没有贷方会向地方政府提供无担保贷款。墨西哥州和市政府债务总存量的四分之三是以联邦拨款做担保。[10]担保的收入通常是非指定用途的拨款，但是一些指定用途的基金也开始投入使用。作为债权人，私人商业银行持有 51% 的债务，政府发展银行持有 24%，其余是市场发行（主要是债券和证券化票据）。从 2005 年以来，这种构成基本维持不变。

表 4.2　　2011 年墨西哥地方政府债务结构

贷方	担保方		总量	占 GDP 百分比
	联邦拨款[a]	自由收入		
商业银行	186	15	201	1.5
发展银行	86	6	92	0.7
证券化	18	40	58	0.4
信托基金	8	11	19	0.1
其他[b]	19	2	21	0.2
总额	317	74	391	2.9
占 GDP 百分比	2.4	0.6	2.9	

资料来源：墨西哥财政部。

注释：a. 包括非专项拨款（participaciones）做抵押和专项基金 FAIS 和 FAFEF，见表 4A.2；

b. 包括 Sofoles（有限目的的金融机构），Sofomes（许多目的的金融机构）。

在墨西哥，国家债务的制度框架始于 1917 年的宪法中对州和市债务所规定的“黄金法则”：所有债务必须被用于资助“生产性公共投资”。在实践中（无论它是否包括现代债务操作手段比如再融资或债务回购），该法则在法律人员中一直是有争议的，包括最高法院、州财政部以及建议地方灵活运用宪法规则的银行投资家。[11]宪法还禁止州和市政府以外币或从国外进行借债。[12]

在遵从宪法的层面上，墨西哥的地方债务框架于2000年开始进行改革。旧有框架是基于mandato（授权、命令）的概念。这意味着联邦政府作为在服务地方借款上的受托人，已经由participaciones提供了抵押。[13]在实践中，市场认为*mandato*是联邦政府对地方债务的担保。因此正像Giugale、Korobow、Webb（2000）三人所认为的那样，这种联邦紧急援助的观念导致了两个问题：（1）银行意识到无需承担风险，因而鼓励放贷；（2）因为联邦减少拨款实际上是不可信的，地方政府对救援的预期会很强。[14]为了消除这些问题，从1997年到2000年进行了一系列的改革（这些改革的详细叙述可参考Guigale，Hernández和Oliveira［2000］）。

从2000年起，关于地方债务新的规章制度的改革基于两个主要观念：明确放弃联邦紧急救助以及建立一个新系统，旨在使贷款机构对特定地方风险有正确的评估。达到这些目标可以通过三个途径：（a）取消*mandatos*；（b）建立银行对地方政府贷款的资本风险评估与地方信用评级之间的联系；（c）基于当前财政透明度的要求，地方贷款需向财政部登记。[15]

在建立了新规章制度的十年之后，墨西哥地方债务体系可以说是一种介于法律基础和市场基础之间的混合系统。事实上，它可以被描述为一个基于以下三个明显特征的准市场基础的体系。[16]

第一个特征是无联邦紧急援助的信用威胁，这是在消除*mandato*的基础上出现的（地方政府给联邦政府提出的不以转移支付方式来处理其债务的要求）。另外，建立拦截（实际上，就是源于地方政府和他们的债权人所建立的信托基金。）

第二个特征是增加地方债券市场的透明度。所有担保债务必须在财政部注册（基于当地国会的通过和最新的各州对透明度的要求）。如果没有注册，贷款将被监管机构自动增加风险比重，给予150%的惩罚性利率，这不仅直接提高了贷款的成本，而且还使银行信贷委员会不愿意再放贷。各州发现，这种贷款注册的强烈动机不是法律对注册的要求，而是为了从贷方获得更好的信贷环境。因此，墨西哥的地方公共债务注册本所登记的未清算的债务是相当精确的。[17]这个过程增加了墨西哥地方政府债务市场的透明度。这样，社会公众和反对派通过这种机制对地方政府施加了一定程度的财政约束。

第三个特征是对监管体制的定义：很多市场约束是银行谨慎监管所导致的，而不是地方直接财政政策的结果。[18]特别是，地方贷款的资本风险权重是取决于对贷款的评级。所以，信贷的定价应该是关于该州或地区信誉度的一个函数。几乎这些地方现在都得到了信用评级，因为没有信用评级就会导致相当于150%权重的资本处罚。[19]

如上所述，这些法规和机制的结合保证了墨西哥地方政府债务市场的有序性和职能型。尽管地方债务存量水平低，但是在债务水平上，墨西哥任何州之间仍然存在一个广泛的差异性，一些州还是会继续面对财政调整的挑战。[20]尽管如此，地方债务的水平不会构成一种显著的系统性、宏观经济性的问题。

事实上，相关的政策问题很可能是相反的：在对发展和基础设施需求增加的条件下，墨西哥地方债务是次优的吗？具体答案超出了本章的范围。然而，墨西哥较低的地方债务水平（作为 GDP 的百分比）是财政联邦制框架的第二个显著性事实，同时也决定了在 1994—1995 年"龙舌兰酒"危机还有最近 2008—2009 年的"大衰退"这些极端的宏观经济冲击下政策应对的框架。对于维护地方政府债务市场的不同政策反应会在以下两个部分详述。

1994—1995 年龙舌兰酒危机和地方债务的重建

1994 年对墨西哥来说是灾难性的一年。发生了包括暗杀总统候选人和恰帕斯州南部的武装暴动，并且外国投资持续恶化。在固定汇率制下，这一系列事件导致了大规模外汇储备流失。在 1994 年 11 月 19 日，随着固定汇率制度被放弃，墨西哥经历了有史以来最大的宏观经济危机。在 1995 年，实际国内生产总值与上一年相比下降 6.2%，通货膨胀率达到了 52%。在 1994 年 12 月，墨西哥比索贬值 49.7%，1995 年货币又额外贬值 49%。名义汇率在 1994 年 12 月初为 3.4 比索兑 1 美元，至 1995 年 12 月底达到了 7.7 比索兑 1 美元。央行国际储备从 1994 年初的 300 亿美元降到了 1994 年 12 月的 60 亿美元。对利率的影响同样是惊人的：在 1995 年国债利率达到了 80% 以上。

这场危机带来了沉痛的代价，包括贫困增加，银行重组的高额成本，以及企业和家庭困难的经济环境。在这种情况下，各州和各市面临着严重的财政危机就不会感到奇怪了，考虑到他们的债务大部分是以浮动利率来订立合同的，其偿债义务在一夜之间就无法支撑了。图 4.2 显示了为期一个月的国库券利率的变化和这场危机对国内生产总值、消费、就业和汇率的影响。

地方面临两个使他们无法偿债的直接冲击。首先，由于大部分债务合同是按浮动利率订立，利率的极度增长使其无法还债。其次，由于收入的主要来源是联邦拨款（随着共享的联邦税而波动），这场危机对联邦税收的影响表现为 1995 年非指定用途的联邦拨款实际上与 1994 年相比下降了 22%。较少的收入来源和更高的利息，导致了更大的违约风险。在这种情况下，联邦政府插手策划了一个重大的重组计划，计划主要基于以下四个主要支柱。以下的干预措施并非作为一件

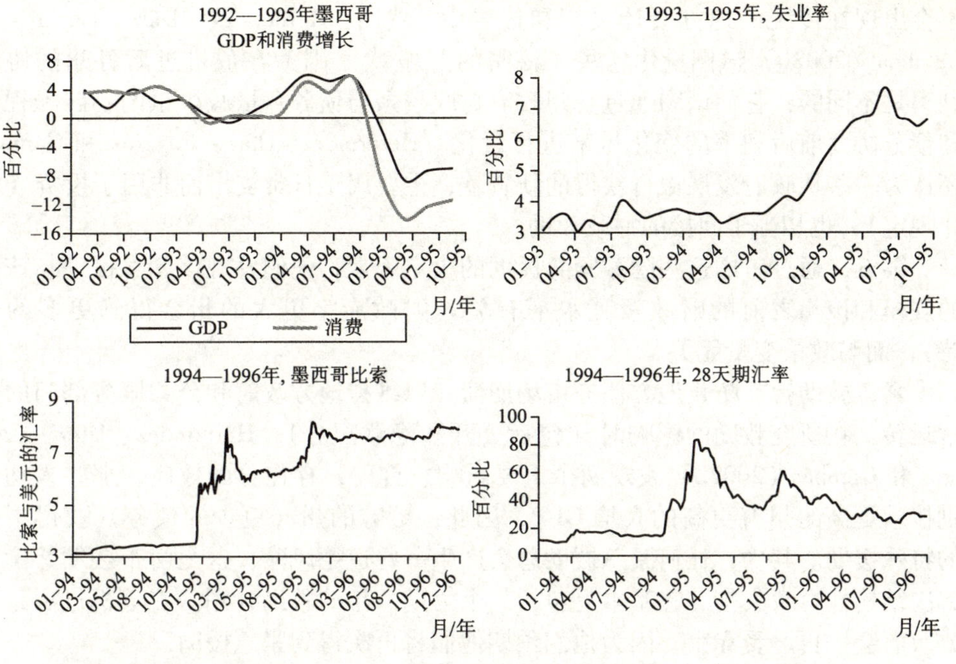

资料来源：墨西哥银行。

注释：GDP 指国内生产总值，Cete 是联邦政府发行债券的名称。

图 4.2 “龙舌兰酒”危机所带来的宏观经济影响

单独的事情发生，而是贯穿于整个危机恢复期。

第一，联邦计划包括一个直接的债务重组机制。联邦政府通过财政部以这种方式重组了大约 90% 的地方拖欠债务（以 2009 年价格为基期约为 80 亿美元）。重组使利率下降到了 10.5% 的名义固定利率，并且使平均到期年限分别从 6.6 年增加 15 年和 20 年（见 Fedelino 和 Ter – Minassian，2010）。该机制是由借款给地方政府的联邦政府发展银行 Banobras 设定。

第二，为了帮助各州解决由于与联邦共享税收收入的下降所导致的联邦拨款的减少，联邦政府于 1995 年和 1996 年每年给各州一笔 10 亿美元（以 2009 年价格为基期）左右的特别拨款，相当于每年拨款总量的 10%。

第三，联邦政府再一次通过 Banobras 策划了一项以非指定用途的联邦拨款为担保的对地方的特别贷款。这笔贷款相当于 5 亿美元（以 2009 年价格为基期）或者每年拨款总量的 10%。这些资金以一年的转移支付形式来发放，并作为联邦政府的财政支出。

第四，联邦政府对某些州采取了特殊的自由拨款，该拨款独立协商且通常不公布。顾名思义，这个“隐藏的紧急援助”很难被量化，因为缺乏数据并且它不会出现在传统的地方会计报表和报告中。然而，Hernández、Díaz - Cayeros 和 Gamboa（2002b）试图量化这些“秘密的”拨款，[21]因为在危机过后各州的协商利率是不同的，它们试图通过与州政府财政盈余与债务存量减少量的不匹配程度和债务协商前后利率的变化量来进行量化。Hernández、Díaz - Cayeros 和 Gamboa 还认为一些从政府发展银行获得的新贷款，主要用于日常支出而非用于投资（法律规定），也相当于间接的财政救助。

第五，通过考虑这些隐藏紧急援助的决定因素，他们发现该紧急援助与该州的规模和该州之前的财政紊乱水平有关（财政赤字更大的州会得到更多的支持），而与政策变量无关。

紧急救助旨在防止地方债务市场崩溃，以维持地方政府和公共服务部门的正常运转。在研究救助的影响时（包括公开和隐藏部分），Hernández、Díaz - Cayeros 和 Gamboa（2002b）发现两个重要影响。首先，存在分配效应，那些人均特别拨款更高的州有更高的人均 GDP，因此，更穷的州（更少的债务）获得更少的特殊援助。其次，任何紧急援助总会产生一些道德风险，这是由于援助并没有解决结构性财政失衡。它基本上包括一个为期一年的救助计划。在危机过后，地方政府会一再遭受赤字，因为他们预期他们将再次得到紧急援助。

这些特殊的紧急救助来自总统名下的全权委托账户，传统上该账户会编入预算里。但 1997 年在执政党丧失国会控制权后，这个法案停止了，导致了前面所述的规则和市场本位体系的混合决策。

2008—2009 年的“大衰退”和墨西哥地方债务

和大多数的国家一样，2008—2009 年的全球经济危机也引发了墨西哥深层次的宏观经济管理问题。这种影响是严重的：2009 年增长速度下降到负 6.1%，各级政府的公共财政状况也遭受相应的负面影响。然而，“龙舌兰酒”危机之后，一些事情发生了改变。十年良好的宏观经济管理，赢得了很多所需的财政和货币空间，加上不同的传送渠道和危机起源于外部，这也对地方债务市场产生了非常不同的影响。表 4.3 总结了两次危机的异同。

2008—2009 年地方债务危机与之前“龙舌兰酒”危机的根本区别在于这次没有利率剧烈波动的冲击。2008 年到 2010 年间 1 月期的国债利率在 4%—8% 之间波动，这与在“龙舌兰酒”危机期间所发生的情况不同，那时的利率从 1994 年初的 10% 增加到 1995 年第一季度的 80% 以上。这意味着各州和各市的偿债成本并没有立即增加。但是，这次危机是通过不同渠道来影响地方政府收入的，从而可能会影响到其对债务还本付息的能力。

表 4.3 两次危机：墨西哥地方政府债务市场的含义

	龙舌兰酒危机，1995 年	全球金融危机，2008—2009 年
起源	国内	国外
原因	存在金融体系缺陷，导致大量资本外逃 • 半固定汇率制度 • 信用极度扩张导致经常账户严重赤字 • 美国利率大幅上涨 • 1994 年积聚的政治紧张局势①	• 全球资产泡沫和低利率 • 美国次贷危机 • 过度杠杆化导致系列信用违约 • 金融市场监管不严
对墨西哥宏观经济的影响	• 通货贬值 117%② • 实际 GDP 下降了 6.2% • 通货膨胀率超过了 50% • 利率到达 80%③	• 通货贬值了 49%④ • 实际 GDP 下降了 6.1% • 通货膨胀率为 4% • 存款利率在 4% –8% 间波动
对墨西哥信用市场的影响	• 地方政府完全失去信用 • 银行业危机	• 失去国外信用，但是对国内信用市场的影响较弱，因为地方银行在整个危机过程中都很稳定
对地方债务信用市场的影响	• 严重的混乱 • 州政府无能力偿还债务 原因： （1）更高的利息 （2）财政收入下降，偿债能力减弱	• 尽最大努力控制住了影响 • 州政府只是因为偿债能力下降而陷入困境，但是雨天基金被用来缓解这次冲击

数据来源：作者总结。

注释：① Gil – Díaz 1998；② 从 1994 年 12 月到 1995 年 12 月；③ 在 2009 年贬值最大。然而，墨西哥比索在整个 2009 年恢复了部分币值；④以 1 月期国债进行评级。

首先，石油的价格的戏剧性下降意味着由各级政府共享的石油收入显著减少。[22]在 2009 年，联邦政府的实际石油收入下降了 32%。其次，经济活动的放缓暗示了联邦政府税收收入的显著减少，这部分收入也是共享的。联邦的非石油税收在 2009 年实际减少 10.5%。这些冲击对联邦收入的综合影响意味着联邦向地方的拨款也随之显著减少。在不使用雨天基金（RDFs）（请参见下面的讨论）的情况下，2009 年实际拨款减少了 15%。考虑到地方财政几乎全部依赖于联邦的资源，这意味着地方政府的偿债和融资操作的能力会大大减弱。在没有联邦政府干预的情况下，许多州将无法偿还债务。图 4.3 显示了危机期间地方信用评级的恶化和信贷条件的恶化。[23]

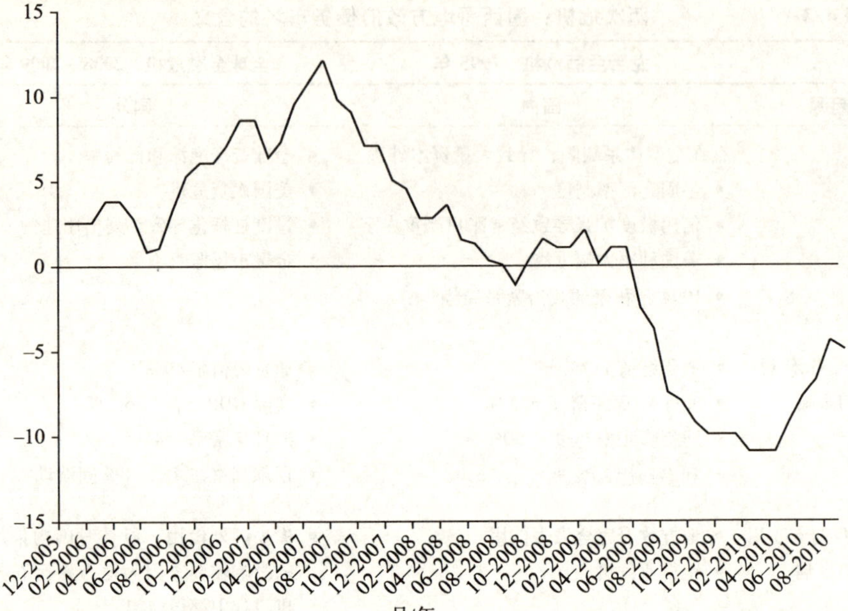

资料来源：惠誉评级公司和标准普尔评级公司。

注释：在图中，增加（+1 表示在评级上每一个正向的变化），减少（-1 表示在评级上每一个负向的变化），在经济展望上的变化（+/-0.25）。

图 4.3 在全球经济危机下墨西哥地方政府信用评级的恶化

在这种情况下，联邦政府可以通过特别的拨款或一种在上一节中所讨论的机制组合给各州提供直接的援助，或者也可以强制或尝试进行对地方债务的系统重组。然而，最终的解决方法来自一种不同的创新机制：协调联邦未来盈余的收入以归属于各州。

这种协调和联合机制被用来缓冲地方财政的危机。墨西哥宏观经济管理框架在 2005 年由于批准了《联邦财政责任法》后有了显著改进。此外，该法律还规定了联邦政府应当预算平衡，同时也为联邦政府和地方政府创建了 RDFs。当收益超过项目成本的任何年份里，RDFs 的资金来源于每年联邦政府收入盈余（石油和联邦税收）。虽然就国内生产总值而言，基金的规模很小（联邦 RDF 只占 GDP 的 0.7%，地方只占 GDP 的 0.2%），但是，到 2008 年，联邦基金已经累计达到 860 亿比索，地方基金—联邦机构的收入稳定基金（Fondo de Estabilización de los Ingresos de las Entidades Federativas，FEIEF）——累计达到 250 亿比索。[24]这些资金被计划用作缓冲联邦收入的暂时减少，正像 2009 年那样。

为了解全球金融危机对墨西哥带来的宏观经济冲击的大小，考虑这样一项差距，即反映在预算的宏观经济预测中的2008年秋对2009年的预期与2009年度结束时观测到的数据之间的差距。2009年的联邦预算中包括了实现1.8%的实际GDP增长率以及石油每桶70美元的年平均价格，但在2009年结束时，实际GDP增长率比预期低了6个百分点，而石油每桶平均价格为53美元。这意味着联邦政府平衡预算中存在4 800亿比索的缺口[25]以及联邦政府对地方的非专项转移支付比预算减少了700亿比索（15%）。在缺乏平滑机制的情况下，各州市必将产生混乱，正如世界上的其他地区一样[26]，服务将被迫大幅削减，税负将会增加，地方工人将会失业，并随之产生大量的政治成本，同时，债务拖欠将是不可避免的。

缓和联邦政府转移支付减少、防止地方债务市场问题产生的第一道防线是利用州级应急基金的储蓄（上面提到过的FEIEF）。结果很快发现，基金的全部可用余额（250亿比索）将不足以弥补那一年度转移支付的预期减少额（截至2009年6月预计地方总预算转移和预期转移之间存在一个达700亿比索的缺口）。在来自各州市的压力和本身的财政压力之下，联邦政府正在寻找更传统的手段来重建前节中提到过的地方政府义务，以消除这一预计缺口，这些方法或许是一项广泛的、特殊的转移，或许是为降低支出所进行的地方债务的重建，或许是给予地方公债更多所需空间，也或许是对州政府的直接贷款。但这些方法都各有其弊端。

一项特殊的转移支付将给联邦政府财政增加额外的压力，并且会将危机产生的成本完全转嫁给联邦政府。考虑到市场的分散性、贷方的多样性和各州不同的公开程度，地方债务的重组会很难实施。联邦政府对地方的直接贷款的劣势在于，当联邦政府财政状况较差时，它不得不以相对价值记录其资产，并且这项贷款必须是标准化的，从这种意义上讲，每个州将必须获得地方立法核准（这一过程由于联邦政府和地方政府政治的复杂化而变得困难、缓慢且耗时，并且有些州已经达到了它们当地确定的债务限额，因而无法成功[27]）。另外，融资收益必须符合宪法黄金准则，且必须用于公共建设。[28]

放弃了传统的重建方式，联邦政府联合各州设计出一项满足以下标准的创新机制：（1）将地方政府的资产负债表纳入对冲击的缓和过程中；[29]（2）直接替代地方政府的非专向转移；[30]（3）更迅速、更可信、更有效。这一过程如下：联邦政府利用其协调力来协调所有地方政府对补充资金的需求，使它们能够以低融资成本共同进入市场。这一机制即州级应急基金的杠杆效应，也就是FEIEF。

由于FEIEF属于各州，而且通过未来收入流形成（与地方政府有关的未来每年超额盈余的序列），因此FEIEF是一种能够产生未来资源现值的有效途径。从根本上来说，应对暂时性财政缺口的正确方法是进行债务融资，以避免增加税负或减少支出。[31]然而，由于信贷市场流动性的降低，每个州都无法独自进入市场，或者即使能够进入市场，也会花费很高的代价。2009年，联邦政府协调各州各市达成一项协议，即同意出售它们应急基金的未来收入流以换取现值，并以此作为非专项转移。

州和市政府通过墨西哥全国州立财政部部长协会[32]（Comisión Permanente de Funcionarios Fiscales，财政官员常设委员会），在联邦政府的建议和协助下策划运作这一机制，从初始设计到结束，整个构建过程共花费四个月。地方政府在信贷市场获得了400亿比索[33]（相当于年非专项转移的10%），并将在未来13年内收回（如果未来流向应急基金的收入流大于预期值，这一过程将会更快），其成本同联邦政府的融资成本接近，大约比墨西哥地方政府的平均融资成本低了200个基点。[34]大量的资金来源几乎完全弥补了非专项转移的缺口，使这一差距降低到-2.2%（相比于预算预期），在20世纪30年代大萧条以后最严重的经济危机中，这绝对是一项小得惊人的短缺。实际上，那一年墨西哥联邦政府的财政缺口相对更大，而地方政府在财政方面并没有遭受全球金融危机的影响，地方政府仍然能够及时获得贷款，并且地方政府信贷市场上并未出现混乱。

图4.4对各次危机期间非专项转移的下降做出比较。"龙舌兰酒"危机使非专项转移较支付前一年下降了22%（因此实施了前文阐述过的重组计划），而在无政府干预的情况下，全球金融危机会使2009年的非专项转移支付较2008年下降15%，但因为有了前文所述的这项创新机制，即利用地方政府应急基金的现值和未来收入流，非专项转移支付实际仅比2008年下降了5%。这一惊人的效果很快引起各个地方政府的兴趣。

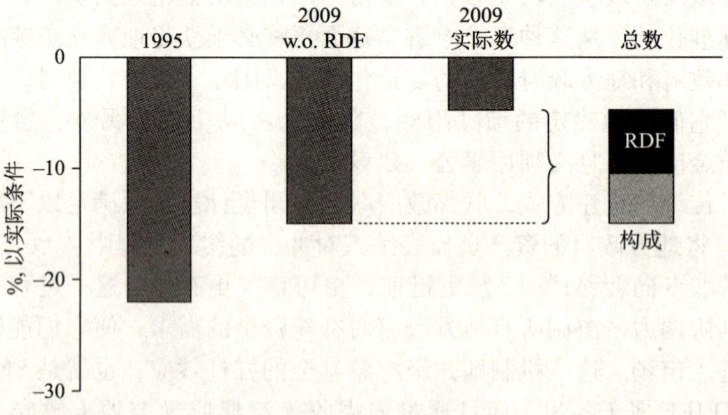

资料来源：墨西哥财政部。

注释：w.o. RDF表示无应急基金。

图4.4 墨西哥1994—1995年"龙舌兰酒"危机和2008—2009年全球金融危机期间转移支付较上一年的下降情况

图4.5显示出2009年对转移的观测值与预算预测值之间年终缺口预期的变化。曲线上每一点代表了2009年各月份的预期缺口大小，较低的曲线代表无应急基金情况下的缺口，而较高的曲线代表应急基金创新性使用后的预期缺口。我们可以就此得出许多结论。

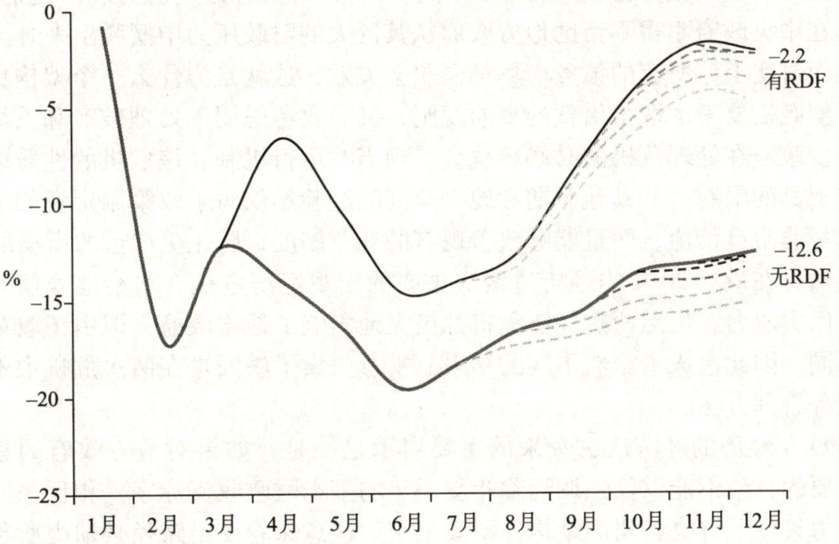

资料来源：墨西哥财政部。

注释：RDF代表应急基金。

图4.5　2009年全球金融危机期间墨西哥对联邦政府转移支付预期的变化

首先，我们可以看出在最初的半年里，危机的演变过程以及它是如何加剧的。在危机最严重的那一点（2009年6月），人们预期非专项转移支付会比预算中所预测的低20%，这将会对地方政府造成沉重打击。其次，在2009年下半年，经济有轻微复苏，这可以从改善的预期中看出，但在无应急基金转移的情况下，预期仍会比预算预测值低12.6%。最后，正如前文中提到的，应急基金的运作在年底几乎完全弥补了这一缺口，转移支付仅比预算预测值低了2.2%。

在应急基金运作之后，地方信贷市场继续正常运转，借款可以持续获得。随着经济复苏，信贷条件也从2010年第二季度开始逐渐改善（见图4.3）。地方债务市场能够稳定的运作，得益于信贷市场的创新运用、地方政府资产负债表在债务管理方面的应用，以及危机爆发之前国家宏观经济管理的改善和经济增长模式的转变。在2010年和2011年，墨西哥的经济分别增长了5.4%和3.9%。

启示与结论

在扩大地方政府公共建设财政资源和促进资金跨期转移以消除过渡期财政风险冲击方面，地方债务市场发挥了其基本功能，而同时，这也构成一定的风险，尤其是在中央政府不得不帮助地方政府从其巨大的财政压力中摆脱出来时。

然而事实上，所有的债务市场都偶尔会失效，这就是为什么一个架构良好的监管框架既需要考虑取得借款的事前规则，又需要考虑用来处理破产和重组的事后机制。政府在处理危机的时候，也会受到当时运行机制、该危机的性质以及可选择的工具的限制。从其他时期和地方学到的经验不仅对于政策制定者的工具组合的选择非常有价值，而且能够改善现有的规章制度，防止更严重的市场混乱。

墨西哥在最近20年内经历过两次主要的宏观经济危机，均给地方债务市场带来了巨大压力。虽然两次经济危机都极大地影响了地方政府，但由于政策反应明显不同，因此造成了截然不同的结果。本章探索了墨西哥在两次危机中不同的地方债务管理方法。

1995年经历的经济危机带来的主要启示之一是，如果对地方政府的紧急援助是必要的，就不能仅仅强调消除年复一年的基本财政收支赤字，相反，应该将主要精力集中于解决各州的结构性财政失衡。这意味着支出路径必须由所预测的未来收入流量来决定，为达到某些目的，联邦政府应限制非正常转移，比如减少不必要的费用（结构性调整战略）。

全球经济危机为地方借贷市场的有序运转带来全新的挑战，在这种情况下，由于利率持续很低，危机是通过影响地方政府的偿债能力来影响地方财政的，这是因为各州市在2009年时财政资源变得更少了。这种情况下，联邦政府并没有寻求传统的紧急援助方式或运用非正常转移，而是利用其协调者的功能来达到一个更有效的结果，即让地方政府直接获得它们应急基金未来收入流的现值，这种创新机制确保各州的资产负债表被用来缓冲财政冲击。另外，应急基金的利用（其现值和终值的利用）意味着墨西哥地方政府并没有因全球经济危机而遭受严重财政后果，对比一下该危机对全球各经济发达国家和发展中国家政府的财政影响，这一结果无疑是相当出色的。尽管如此，全球经济复苏的不确定性仍为宏观经济管理带来很多挑战，其中包括中央和地方各级的公共财政管理。

应急基金的需求水平是一项复杂的课题，很多方面的因素会影响这一水平，包括宏观经济和市场状况、财政政策目标以及宏观经济危机冲击的规模和持续时间。在墨西哥的案例中，应急基金杠杆功能的成功利用或许暗示长期应急基金最优水平可以更低——因为可以将该应急基金的未来收入流折现（庞大的应急基金可能会成为政客们挥霍的一个诱因）。然而，有些政府可能不愿这么做，尤其是在它正遭受财政冲击的时候，因为采用这一做法必须通过市场。在进入全球金融危机时，墨西哥财政状况稳健，因此即使是在经济衰退时期也依然能够通过市场来实现调控（同时考虑表4.3显示的2008—2009年全球金融危机期间的利率走势和信贷获得）。但是，危机会以不同形式出现，具有不同的传递渠道，所以这可能也暗示了一个更高的长期应急基金最优水平。但愿墨西哥的经验能够有助于提供对稳定基金更广泛的讨论。

另一个重要的启示是关于地方政府债务监管的规则导向机制相对于市场导向机制的效益问题。墨西哥已经形成一个混合的、准监管的市场系统，这一监管框架主要包括联邦政府无紧急援助的威胁、市场的透明度以及更重要的部分——通过银行监管实现的市场监管。这一机制似乎已见成效，处于较低水平的地方债务似乎并没有产生宏观的或系统性的威胁。事实上，考虑到墨西哥地方公共建设的需求，地方债务这一相对较低的水平十分出人意料（仅占国内生产总值的2.9%）。

一个国家的宏观经济框架对其地方债务市场的稳定和发展有重要的影响，这些影响因素有：（1）中央政府的财政状况和债务存量；（2）流通体制；（3）货币政策；（4）经济增长情况。未来，墨西哥面临的挑战包括将中央宏观经济管理的成功经验转移到地方，创造一个更加动态化、更加透明的地方债务市场，以更有效地促进地方公共建设融资，从而也更有利于经济的增长和国家的发展。

附：

表 4A. 1　“Ramo 28.” 墨西哥非专项转移支付（联邦投资）

资金	目的	资金数量	分配标准	资金去向	份额[a]（%）
FGP	与州、市级政府收入共享	应急基金[b]的 20%	州 GDP 增长；地方收入（绝对值和增长率）	各州、市[c]	86
FFM	与市级政府收入共享	应急基金[b]的 1%	市政收入（水资源税和不动产税）	各市	4
FOFIE	税法执行激励	应急基金[b]的 1. 25%	各市税法执行努力程度的测度	各州、市[c]	5
3. 17%[d]	产油市资金扶持	附加石油开采税的 3. 17%	市政收入（水资源税和不动产税）	各市	0. 3
0. 136%[e]	边境市资金扶持	应急基金[b]的 0. 136%	市政收入（水资源税和不动产税）	各市	0. 7
FEXHI	油气开采补助	一般石油开采税的 0. 6%	石油、天然气的生产量	各州、市[c]	1
IEPS	与州、市烟酒税收入共享	烟草税收入的 8%；啤酒、酒精课税收入的 20%	此类商品的地方消费量	各州、市[c]	2
FOCO	对 10 个最贫困州的补助	地方汽油税收入的 2/11	人均 GDP（去除石油的影响）的倒数	各州、市[c]	1

资料来源：墨西哥财政部。

注释：

FGP：普通参与基金；FFM：市政发展基金；FOFIE：税收执法基金；FEXHI：石油开采基金；GDP：国内生产总值；IEPS：烟酒税收入共享份额；FOCO：补偿基金。

a. 份额根据 2010 年数据计算所得。

b. 联邦共享收入：联邦与各州、市的收入共享资金，包括所得税、增值税、所有其他联邦税收和石油收入，不包括来自公有制企业收入、联邦政府融资或某些其他非税收收入来源。

c. 法律规定各州必须与各市分享其财政资源的 20%。

d. 附加石油开采税的 3. 17%。

e. 应急基金的 0. 136%。

表 4A.2 “Ramo 33.”墨西哥专项转移支付（联邦补助金）

资金	目的	资金数量	分配标准	资金去向	份额[a]（%）
FAEB	初等教育	理论上足以满足工资支付[c]	招生率和国家的教育开支	各州	59
FASSA	医疗卫生服务	理论上足以满足工资支付[c]	医疗卫生指标；医疗工作者的数量	各州	12
FAIS	社会基础设施建设 农村基础设施建设	应急基金[b]的 0.303% 应急基金[b]的 2.197%	贫困指数	各州 各市	9
FORTAMUNDF	市政建设	应急基金[b]的 2.35%	人口	各市	9
FASP	公共安全保障	根据预算制定进程而定	人口；违反犯罪行为比率	各市	2
FAETA	促进成人教育和扫盲	理论上足以满足工资支付[c]	受教育程度和工人数量	各州	1
FAM	社会援助和教育基础设施建设	应急基金[b]的 0.814%	社会脆弱性指数	各州	3
FAFEF	财政需求和养老金	应急基金[b]的 1.4%	人均 GDP 的倒数	各州	5

资料来源：墨西哥财政部。

注释：

FAEB：初等教育基金；FASSA：公共医疗服务基金；FAIS：社会和农村基础建设基金；FORTAMUNDF：市政工程建设基金；FASP：公共安全保障基金；FAETA：成人教育基金；FAM：社会救助基金；FAFEF：联邦建设基金；GDP：国内生产总值。

a. 根据 2010 年数据计算的份额。

b. 联邦共享收入：联邦与各州、市的收入共享资金，包括所得税、增值税、所有其他联邦税收和石油收入。

c. 20 世纪 90 年代后，教育和医疗部门权力下放，该基金即用于弥补各州教育和医疗部门的工资支付。这笔基金的规模通常由联邦预算制定期间的某些政治因素决定，几乎所有州都认为它们收到的这笔基金不足以完全弥补其该部分工资支付。

表 4A.3　墨西哥州级地方财政收入合计：来源于各州独立收入和联邦政府协调性税收[a]

单位：百万比索

	2005	2006	2007	2008	2009	2010
地方财政收入合计	106 762	124 420	138 213	160 687	165 433	184 338
各州独立收入	81 894	92 892	103 262	119 667	115 552	132 829
税收收入	34 818	39 160	44 396	47 864	49 417	57 706
工资税	20 178	23 276	27 567	30 227	31 523	36 466
其他税收	4 761	6 065	6 729	7 113	7 851	9 684
机动车辆使用税（超过 10 年）	721	1 295	1 299	1 360	1 344	1 361
房屋出租税	788	866	1 054	1 104	1 110	1 337
私人不动产税	992	1 170	1 275	1 299	1 267	1 235
其他[b]	2 259	2 734	3 101	3 350	4 130	5 752
不动产税和不动产交易税[c]	9 879	9 818	10 100	10 523	10 042	11 556
非税收收入[d]	47 075	53 732	58 865	71 803	66 135	75 123
联邦政府协调性税收[a]	24 868	31 528	34 952	41 020	49 881	51 509
车辆相关税收	20 873	23 989	25 827	26 175	24 515	23 773
联邦政府机动车使用税	15 262	18 814	20 245	21 100	20 448	19 093
新机动车辆税	5 611	5 175	5 582	5 075	4 067	4 680
燃料税	—	—	—	5 080	15 334	17 482
其他联邦政府协调性税收[e]	3 995	7 539	9 125	9 765	10 032	10 254

资料来源：墨西哥财政部；各州公共账户。

注释：“—”表示无数据。

a. 联邦政府协调性税收是指完全由州级政府管理和征收的联邦税收（税基和税率由联邦政府规定）。从这种意义上来说，联邦政府协调性税收类似于（且有时也会被直接视为）地方收入。

b. 包括彩票税、游戏税、特种行业税和州级课征的机动车辆使用税等。

c. 联邦特区的不动产税和不动产交易税由州级政府课征；其他各州的不动产税和不动产交易税由市级政府课征。

d. 酒类、驾驶类以及其他许可证收入、收到款项、国有企业收入以及罚款和收费等。

e. 联邦政府对低收入企业课征的所得税和增值税、沿海地区联邦税、新车辆税收的专项基金。

注 释

本文所述的发现、解释和结论，均属作者个人观点，不代表世界银行、世界银行执行董事会及其所代表的政府，或者外部作者可能隶属的任何机构的观点。

1. 墨西哥有2440个市，在大小和发展水平方面都有很大差异。最大的市人口有180万人（差不多相当于亚利桑那州凤凰城的规模），而最小的市只有102人。墨西哥最发达城市的人类发展指数接近葡萄牙的水平，而最落后的市却与塞拉利昂差不多。市政预算从420万比索到41亿比索不等，比例差不多为1:1 000。

2. “第三渠道”主要由一套专项基金组成，该基金主要是专项用于公共基础建设。这个渠道的发展情况可以在“Ramo 23”中看到：2007年，该渠道基金总计105亿比索，而2012年预算达306亿比索（真实值增长了134%）。属于该基金项目的例子有很多，其中包括“区域基金”（面向10个州）、“都市基金”——目前已经分发到46个大型城市，还有一些用于特殊目的的基金，比如为自然灾害、流动工人援助和市政建设等设立的专项基金。

3. 与各州、市共享的联邦收入包括所得税、增值税、所有其他联邦税收以及石油收入，但不包括来自国有企业收入、联邦政府融资或其他一些非税收收入。

4. 这一规则在2007年进行了改革，旧规则曾引起墨西哥财政机制的严重扭曲。关于该分配规则的详细描述及其改革，请见 Revilla（2012）。

5. “Ramo 33”是指第33行项目。

6. 从2007年起，联邦政府为激励地方政府以增加州级收入来源做了大量的工作，其中最重要的就是非专项转移的改革。这项改革从2008年开始，新方法极大地增加了对各州、市增加它们独立收入的激励，仅仅在4年之后（要注意到新方法提供的是一个渐进的过程，因为它包含很多使地方政府免受进一步损失的条款），地方政府就大大增加了当地税收工作的力度。

7. 地方工资税对在本州内运营的企业所支付的工资进行征收，税率由各州立法机构自行规定。2011年，每个州都以在1%—3%之间的浮动税率来征收工资税。

8. 请查看第1章关于巴西、第10章关于中国和第3章关于印度的相关内容。

9. 根据世界经济论坛2006年发布的全球竞争力报告，墨西哥的“基础设施建设竞争力”在所有国家中排第64位，低于全球平均水平和拉美平均水平。墨西哥在基础设施建设上的投资占国内生产总值的3.2%，与一些国家的投资水平相比偏低——比如智利（国内生产总值的5.8%）和中国（国内生产总值的7.3%）。

10. 主要来源于社会基础设施建设基金和国家建设基金。在以转移支付为抵押得到的2060亿比索中，仅有50亿比索（2.3%）是通过专项转移抵押得到的。

11. 请参照惠誉国际评级（2011）、墨西哥国会预算办公室（CEFP 2009）、委拉斯开兹（2005）及其中包含的参考。

12. 如果一个州要从国际金融机构借款，必须通过联邦政府发展银行来进行（这样由联邦政府和州政府共同承担的外汇风险就对境外实体不产生直接义务）。

13. 理论上，联邦政府可以从对各州的转移支付中直接扣除地方债务。

14. 特别是因为大多数转移支付都用于当前支出，因此转移支付的减少会使一个州无法正常运行以及提供基本服务。

15. 涉及的相关法律法规有《财政政策协调法》、《公共债务法》以及《财政政策协调法》第9条规定。

16. 就此阐释，作者要向埃米利奥·皮内达致谢。

17. 本章曾提到过的注册债务包括地方政府从私有商业银行、政府发展银行以及当地立法机关批准的借贷市场中取得的各项贷款，不包括各种或有（隐形）负债，例如养老金和用于现金管理的无担保短期贷款。注册债务可网上获取：http：//www. hacienda. gob. mx/Estados/Paginas/Deuda. aspx。

18. 墨西哥的地方财政制度有一些自身特殊的不足之处，即地方政府的会计处理方式有广泛的差异，有些情况下甚至漏洞百出。2008 年起，墨西哥与宪政改革共同开始发起一项会计统一化项目，这一项目将会使各级政府的会计程序现代化。截至 2012 年，各州在会计统一化进程上取得了缓慢进展。

19. 作为 1999 年世界银行分权调整贷款的主要部分，这些银行规章在 1999—2000 年期间就已落实到位。这些规章必须通过财政部门监管方式来实施，超出了联邦政府的权力范围，原因是根据宪法规定，联邦政府不能直接向各州施行这类法规。

20. 据披露，2011 年，科阿韦拉州北部的一个州伪造文件，以掩盖其真实的债务规模。事实上，在这之前的两年，该州债务规模已达 350 亿比索（相当于该州收到的年非专项转移支付的 295%、GDP 的 9%），但报告的数字仅为 70 亿比索。尽管这个案例彰显了加强地方财政报告透明度的必要性，但并没有改变对墨西哥地方债务市场的整体看法，即这是一个没有重大的系统性风险的低负债市场。

21. 在某些情况下，特殊支持采取的是直接转移支付、与联邦发展银行重新协商债务（包括利率和本金的减少或债务的完全豁免）、通过预算机制支持（例如在联邦政府和地方政府共同出资的项目中，减少地方支出的份额）等形式。

22. 由于全球金融危机对金融市场的冲击，墨西哥油价大幅度下降，从 2008 年 7 月的最高每桶 130 美元下降到同年 12 月的最低每桶 28 美元。数据来源：Bloomberg。

23. 在任何地方债务市场中，都存在这样一个问题，那就是信用评级是否真正反映了该州的信用风险（这进而反映了它的财政风险）。由于关于墨西哥地方政府信用评级内容的详细分析超出了本章讨论范围，我们暂且认为可获得的信用评级是对地方政府某时间点上信用质量的良好估计。

24. 按 2008 年 12 月 31 日汇率（1 美元 = 13. 82 比索）计算，基金总额达 84 亿美元。

25. 联邦政府的这一缺口最终通过联邦应急基金的使用、附加债务、支出削减以及非经常收入得以弥补。

26. “美国 2011 年各州收入和支出义务之间的总缺口将会达到 550 亿美元，这意味着将有超过 30 个州预计会比本年预算短缺 10% 以上。很多州已经利用了它们应急基金的很大部分——同一份报告显示，预计会有 14 个州的留存不足年支出 1%。为了弥补这一预算缺口，美国各州都应大幅度削减支出，但考虑到某些领域不断上升的压力，这会是一项十分艰巨的工作，尤其是在医疗补助计划方面”（“The Other Financial Crisis”，《时代周刊》，175（25），

2010 年 6 月 28 日）。

27. 例如，墨西哥各州和联邦特区的债务已经达到最高界限，因此不存在多余的融资空间。

28. 考虑到货币的可替代性，这对于那些有重大投资项目的州来说不会成为问题。然而，有些州可能没有利用融资收益的空间。

29. 从对各州施加或制订可信的严格预算约束的意义上来说。

30. 这一标准给重组过程带来了经济效益，原因是非专项转移支付是最自由的地方政府融资方式，地方政府可以根据当地立法程序，在经济危机期间利用这笔资金为它们各自的预算重点方面融资。

31. 当然，假设这一暂时性财政缺口并未大幅减少收入的现值。

32. 这是墨西哥财政联邦制下的主要代表机构，它由代表 32 个州的 8 个州财政部部长组成。作为各州代表机构，该机构具有决定权，并负责就本国所有有关财政联邦制的事宜与联邦政府进行协调。

33. 考虑到 FEIEF 可作为非专项转移支付的完美替代（根据《联邦财政责任法》），这笔基金也有相同的性质：它可以并且已经被合法作为非专项转移支付来运用（并非用于基础设施建设）。

34. 截至 2011 年中期，这笔贷款仅在两年之内就已全部偿还（比预计提前了 11 年），这是因为油价的大幅回升增加了地方政府的偿还能力。

参考文献

Ahmad, Ehtisham, José Antonio Gonzalez Anaya, Giorgio Brosio, Mercedes Garcia - Escribano, Ben Lockwood, and Ernesto Revilla. 2007. "Why Focus on Spending Needs Factors? The Political Economy of Fiscal Transfer Reforms in Mexico." International Monetary Fund Working Paper, WP/07/252, International Monetary Fund, Washington, DC.

Canuto, O., and L. Liu. 2010a. "Subnational Debt Finance and the Global Crisis." PREM *Economic Premise* #13, World Bank, Washington, DC, May.

———. 2010b. "Subnational Debt Finance: Make it Sustainable." In *The Day After Tomorrow: A Handbook on the Future of Economic Policy in the Developing World*, eds. Otaviano Canuto and Marcelo Giugale. Washington, DC: World Bank.

CEFP (Centro de Estudios de las Finanzas Públicas). 2009. "La Deuda Subnacional en México." Centro de Estudios de las Finanzas Públicas, Mexico City.

ECLAC (Economic Commission for Latin America and the Caribbean). 2009. "Estadísticas e Indicadores Económicos CEPALSTAT." Economic Commission for Latin America and the Caribbean, Santiago.

Fedelino, Annalisa, and Teresa Ter - Minassian. 2010. "Making Fiscal Decentralization Work: Cross - Country Experiences." International Monetary Fund Occasional Paper No. 271. International Monetary Fund, Washington, DC.

Fitch Ratings. 2011. "Marco institucional de los gobiernos subnacionales en México." Special Report, New York, September 14.

Gil - Díaz, Francisco. 1998. "The Origin of Mexico's 1994 Financial Crisis." *The CATO Journal* 17 (3): 303 - 13.

Giugale, Marcelo, Adam Korobow, and Steven Webb. 2000. "A New Model for Market - Based Regulation of Subnational Borrowing, The Mexican Approach." World Bank Policy Research Working Paper No. 2370, World Bank, Washington, DC.

Giugale, Marcelo, and Steven Webb. 2000. "Achievements and Challenges of Fiscal Decentralization: Lessons from Mexico." World Bank, Washington, DC.

Giugale, Marcelo, Fausto Hernάndez, and Joao de Carmo Oliveira. 2000. "Subnational Borrowing and Debt Management." In *Fiscal Decentralization in Mexico: Achievements and Challenges*, eds. Steven Webb and Marcelo Giugale. Washington, DC: World Bank.

Hernάndez, Fausto, Alberto Díaz - Cayeros, and Rafael Gamboa. 2002a. "Determinants and Consequences of Bailing Out States in Mexico." *Eastern Economic Journal* 28 (3): 365 - 80.

Hernάndez Trillo, Fausto, Alberto Díaz - Cayeros, and Rafael Gamboa. 2002b. "Fiscal Decentralization in Mexico: The Bailout Problem." Research Network Working Paper #R - 447, Inter - American Development Bank, Washington, DC.

IMCO (Mexican Institute for Competitiveness). 2010. "The Black Box of Public Spending." State Competitiveness Index 2010, Mexico City.

Liu, Lili, Abha Prasad, Francis Rowe, and Signe Zeikate. 2009. "Subnational Debt Management in Low Income Countries in Transition to Market Access." In *Debt Relief and Beyond*, eds. Carlos Braga and Doerte Doemeland. Washington, DC: World Bank.

Liu, Lili, and Michael Waibel. 2008. "Subnational Borrowing, Insolvency and Regulation." In *Macro Federalism and Local Finance*, ed. Anwar Shah. Washington, DC: World Bank.

———. 2009. "Subnational Insolvency and Governance: Cross - Country Experiences and Lessons." In *Does Decentralization Enhance Service Delivery and Poverty Reduction?*, ed., Ehtisham Ahmad and Giorgio Brosio. Cheltenham, UK: Edward Elgar.

OECD (Organisation for Economic Co - operation and Development). 2010. "Revenue Statistics 2010." OECD Publishing, Paris.

Prasad, Abha, Rajan Goyal, and Anupam Prakash. 2004. "States' Debt and Debt Relief." *Economic and Political Weekly* 39 (26) (June 26): 2726 - 36.

Revilla, Ernesto. 2012. "Mexico's Fiscal Federalism." Draft.

Ter - Minassian, Teresa, and Jon Craig. 1997. "Control of Subnational Government Borrowing." In *Fiscal Federalism in Theory and Practice: A Collection of Essays*, ed., Teresa Ter - Minassian. Washington, DC: International Monetary Fund.

Velάzquez, César. 2005. "State Public Debt Laws and Fiscal Performance: The Case of Mexico." Universidad Iberoamericana, Mexico City.

World Economic Forum. 2006. "The Global Competitiveness Report, 2006 - 2007." World Economic Forum, Geneva, Switzerland.

第二部分

地方政府破产制度

5

哥伦比亚地方政府破产制度

Azul del Villar　刘琍琍　Edgardo Mosqueira
Juan Pedro Schmid　Steven B. Webb

引　言

20 世纪 90 年代末期和 21 世纪初期，在经济衰退加剧的情况下，哥伦比亚地方政府的财政和债务压力引发了公共财政的大幅改革。对改革进程尤为重要的是解决一些地方政府的偿债问题。哥伦比亚在此方面的法律多在 1998 年到 2003 年之间颁布，这些法律涉及对地方政府举债的管理、鼓励承担财政责任以及必要时对重新安排地方债务提供中央政府的援助。其中的一部法律——Law 550（1999）——明确涉及地方政府的破产程序问题。

尽管传统上是一个中央集权国家，哥伦比亚经过从 20 世纪 70 年代开始，90 年代加速的一个转变过程，已经成为拉丁美洲分权程度最高的单一制国家。到 90 年代中期，分权制结构下的一些弊端逐渐显露出来。除了近年来管理地方政府负债的财政责任机构的缺失，政府间的财政关系也陷入困境，这是由于缺少一个机制来保证转移支付有效分配和充分利用，以及鼓励地方政府增加收入及提供配套资金。

1997—2003 年，哥伦比亚政府通过了一系列抑制过度消费和借贷法令。1999 年，政府通过了第一部破产法（《第 550 号法令》），该法令主要针对私有企业、国有企业和混合所有制企业，同时在该法令的第五章中，为高负债的地方政府规定了破产程序。2000年，《第617号法令》对《第550号法令》又做出了修订，以应对地方政府和分权体制下的政府服务机构（无特定监管方）的新情况。2001年，《第1248号法规》明确了债务重组和中央政府担保的相关事项。

本章介绍了哥伦比亚的地方政府破产制度——在该国通过改革来强化地方政府财政约束的大背景下，探讨地方政府破产制度的法律规定和实际操作的经验。

哥伦比亚大部分的破产程序是在21世纪头几年规定的，主要目的是处理20世纪90年代积累下来的地方债务，这些债务在世纪之交的经济危机中愈演愈烈。1998—2003年通过的几项关于财政改革的法案同样推进了破产程序的发展和实行，这些法案旨在强化地方政府财政的责任性和纪律性。2003年后经济的迅猛发展同样推动了各级政府的财政改革进程。

哥伦比亚的地方政府破产程序有别于匈牙利或美国那样的国家。哥伦比亚的程序是法律框架下的行政管理，[1] 这种管理是在企业监管协会与其他如财政与公共信贷部的中央单位共同领导下的。在匈牙利和美国则不然，在这两个国家，法院在地方政府的破产程序中占据了最重要的地位[2]。哥伦比亚的企业监管协会成立于法院地位薄弱的历史时期，负责监管企业和政府的破产进程[3]。

在哥伦比亚，越来越多的地方政府开始通过《第550号法令》的程序来处理债务危机。地方政府负债过多并不是导致这种变化的原因，主要的原因是他们的索赔人（如工薪族、供应商等等）通常会绕过企业监管协会而直接去找法官求助。法院签发的禁令有权拦截地方政府的资金转移过程和银行账户的运行，从而强制地方政府先还债，还要额外收取罚款和利息。《第550号法令》施行后，地方政府就可以在过去已经有的和将来可能面对的法院禁令前获得一丝喘息的机会，从而有序地进行债务重组工作。该法令的精髓在于，在一个完善的优先级框架指导下评估和协调地方政府的多个债权人。

地方政府的债务重组和调整在法律规定和实际操作之间几乎没有什么不一致的地方，仿佛一切都是在依法行事。但事实上，在很多情况下，每一部法令或每一系列的法令都为地方政府提供了多种处理债务问题的方式。因此，要想深刻地理解这些政府的实际操作情况，我们需要了解他们通常选择了哪种处理方式以及做出这种选择的原因是什么。

为了深入了解《第550号法令》的起源和施行情况，我们要回顾一下制定政府间财政政策的过程和相关法规的内容。本章内容如下：第二节介绍哥伦比亚分权制度及其发展过程。第三节主要介绍借贷制度的发展过程。地方政府在事前应该遵守财政规则和借贷限制，也需要有明确的事后的破产流程，借贷制度满足了这些要求，同时也提高了地方政府中期财政架构的透明度。第四节主要介绍《第550号法令》规定的破产流程。第五节回顾该法令的实施情况和效果。第六节是小结。

地方政府组织架构极其发展过程[4]

哥伦比亚是个单一制共和国，由32个省和大约1100个城市组成。其中有10个城市拥有省级地位，负责管理其所在省的支出项目。每个省设有一名省长和一个省议会，四年一届，通过民众选举产生。市政府以市长为首，同时设有市议会，也是四年一届（见图5.1）。

财政分权历史和挑战

直到20世纪70年代末，哥伦比亚还一直是一个高度集权的国家。各大部委几乎控制了地方政府的所有支出项目。1968年的宪法改革迫使中央政府通过所谓的“situado fiscal”[5]向地方政府分配资金后，集权的局面才得以打破。此外，这次改革还使得地方政府得以通过独立于中央政府之外的国有企业和分权制下的服务单位提供本辖区内的公共服务，城市也获得了计划、协调地方发展的自主权，在相关部门的监督下可以自行提供公共服务（Bird 1984）。

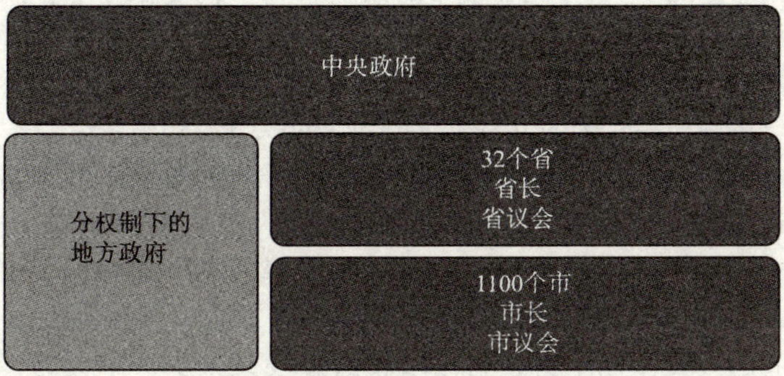

资料来源：作者，基于哥伦比亚宪法。

图5.1 哥伦比亚行政区划

80年代的分权进程与政治因素密切相关。1986年的宪法改革规定市长由民众选举产生，从1988年开始施行，而1987年通过的《第77—80号条令》使城市得以有权投资基础设施和社会服务领域[6]。1983年通过的《第14号法令》提高了城市和省的计税基数，同时规定了地方政府制定税收政策的范围，以避免极具破坏性的税收竞争及其对国家竞争力的损害。1986年通过的《第12号法令》规定，中央政府要在1992年之前将增值税收入的转移比例提高到50%。《1991年宪法修正案》规定省长由总统任命，使各省成为国家分权体系的分支单位，从而在一定程度上削弱了各省自治色彩。因此，80年代的分权制度改革主要实施在城市层面。然而，改革的效果却不尽如人意，因为大量的城市都缺乏自我服务的经营能力，还有一些地区实在是动荡不安，叛乱成灾（Dillinger 和 Webb，1998；Rojas，2003；Sanchez 和 Gutierrez，1995）。

90 年代后，《1991 年宪法修正案》以及 1993 年通过的《第 60 条法令》大大地推动了分权的进程，这些法案不仅规定省级内阁由选举产生，也规定中央政府在 2002 年之前必须把向地方政府的转移支付比例提高到经常性收入的 46.5%。除了转移支付外，地方政府的收入还包括自然资源使用费，这项费用绝大部分可以停留在生产地和中转地。此外，中央政府可以在一定条件下为地方市政和道路基础工程注资（Ahmad 和 Baer，1997；Dillinger 和 Webb，1998）。中央政府计划在 2012 年重新修订资源使用费的相关规定。

起始于 1991 年宪法修订的转移支付体系主要把资金投放于教育、医疗、供水和卫生领域，以改善地区发展不平衡的状况。另外，人口不足 3 万人的城市可以使用不超过 28% 的转移支付资金支付经营费用。然而中央划拨的资金急速增多，就会有地方政府将其作为贷款抵押，从而借钱、花钱不知节制，也失去了自行创收的动力。地方政府负债累累，甚至出现了通过设立新的城市来获得更多拨款的情况。[7]1994 年到 1999 年间，城市的数量从 745 个猛增到 998 个。另一方面，转移支付体系的建立使得中央政府平衡财政的难度增大，因为有 46% 的增收都要划拨到地方去。中央制定的反周期财政政策也不再那么有效了，因为地方政府的开支都是与其收入相匹配的（Dillinger 和 Webb，1998）。

随着地方自治的政治保障不断增强，以及地方政府自己提供服务的责任的增加，地方得到的转移支付收入占国家财政收入的比例也在增加，从 1973 年的 13% 提高到了 1999 年的 49%，从那以后有所下降，2010 年降到了 40% 以下，原因之一是地方政府自身也有所增收（见图 5.2）。

地方政府的开支不断上升，自己增收的手段又太少，中央的转移支付又多是专项资金，小一点的地方政府在应对中央拨款照顾不到的运营花销时捉襟见肘，但他们仍然没有动力有效地管理开支。除了近年来缺乏管理地方政府财政责任的机制，政府间的财政关系也陷入困境，这是由于缺少一个机制来保证转移支付得到有效分配和充分利用，以及鼓励地方政府增加收入及提供配套资金（Rojas，2003）。

以上情况使得地方政府的财政局面松散不堪。种种原因导致了 20 世纪 90 年代的地方财政危机，世纪之交的经济衰退又使得危机蔓延到了国家层面。

从 20 世纪 90 年代末开始，中央政府就采取了一系列手段来监控地方财政，如增加地方政府自主征税，增加实际转移支付的可预见性，以及为地方政府的财政职责立法。该系列的法规包括对地方政府破产程序的规定，对地方政府开支尤

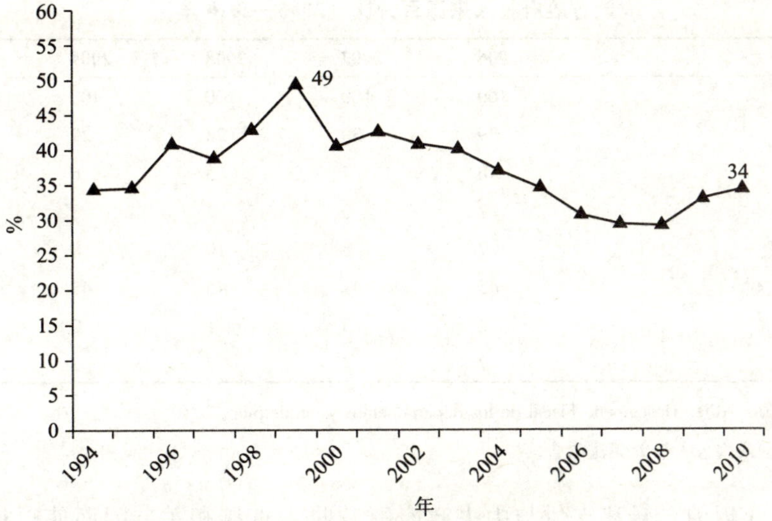

资料来源：中央政府财政收支 1994—2010 年，MFPC，http：// www. minhacienda. gov. co.

注：哥伦比亚的财政年即日历年。

图 5.2　转移支付占中央经常性财政收入比例（1994—2010 年）

其是工资支付的上限的严格制定，以及地方政府调整财务规划以避免破产的程序规定。这一系列规定的实施，在 21 世纪前十年中期以来的经济增长背景下，成功地缓解了地方政府债台高筑的窘境，至今多数地方政府仍保持着较为健康的财政状况。

地方政府的职责和资源配置

从 2005 年到 2010 年，哥伦比亚地方政府的开支平均占国家总开支的三分之一[8]，而政府总开支占同期国内生产总值的 27.5%。但是，地方政府开支的份额其实夸大了其财政自治的状况，因为他们几乎一半的开支是要投放在教育和医疗领域的专项划拨资金。因此，地方政府有权自主支配的资金其实有限。[9]

地方政府其实严重依赖中央，转移支付大约占到了他们收入的 58%。当前，哥伦比亚的转移支付分为三种，即一般转移支付、资源使用费和专项转移支付。这三项资金分别占地方政府总收入的 47%、9% 和 2%，其中一般转移支付的资金大多必须投入到教育和医疗服务领域（见表 5.1）。中央转移给各地方的份额大有不同，一些大城市几乎自给自足，某些小城市和实力薄弱的省份则几乎完全依靠中央的拨款。拥有大量碳氢化合物和其他矿物出口业务的地方政府则主要依赖资源使用费。

表 5.1 地方政府收入来源百分比（2006—2010 年）

	2006	2007	2008	2009	2010
总收入	100	100	100	100	100
税收	29	30	28	29	29
非税收入	8	7	5	6	6
专项转移支付	2	2	2	3	2
资源使用费	7	8	10	8	9
一般转移支付	45	47	46	46	47
共同筹资	2	3	1	2	2
其他	7	4	7	7	5

资料来源：NPD，Desempeño Fiscal de los departamentos y municipios，2010。

注：数据或因舍入误差无法吻合。

2001 年以前，转移支付与中央政府财政收入直接相关，因而使得地方政府的收支和经济周期呈同向走势。2001 年和 2007 年分别通过的《第 716 条法令》和《第 1176 条法令》使这种相关性大大降低，并明确了各级别地方政府在分配体制中的不同地位。2001 年的改革把多数的资金[10]分配归入了一般转移支付，这些资金的实际增长也不受中央财政收入多少的影响了。这样一来，划拨给地方政府的资金就不再像 90 年代末[11]那么变化莫测了，已经成为可以预计的数额。如今，一般转移支付是最大比重的转移支付，已经占到了国内生产总值的 4.2%、中央财政收入的 34% 和地方政府收入的 47%。[12]

按照 1991 年通过的法案的规定，资源使用费主要划给了矿产资源（主要是石油和煤）丰富和有出口港的地区。2002 年通过的《第 756 条法案》明确规定了使用费的多少取决于当地自然资源的种类和产值。产值中多达 32% 被存入国家资源使用金基金，这个基金旨在为资源开采融资，环境保护和全国性的区域发展项目。产值中其他的份额则会分配给负责生产的省、市，还可能会成为国家养老金基金、教育、卫生（如降低儿童死亡率项目和贫困人口健康项目等）、供水和污水处理等的专项拨款。[13]20 世纪中期，油价开始飞涨，2008 年以来油价更是连创历史新高，这使得产油的地方收入一直高于历史平均值。有些地方就开始借钱，那么一旦油价持续走低，就会带来严重的债务问题。

除了中央转移支付和资源使用费，地方政府也有税收收入。表 5.2 和表 5.3 分别是省、市的税收情况。平均来说，税收一般会占到各省收入的 26%，市收入的 31%。尽管这些收入和庞大的开支相比不算什么，但百分率在拉美单一制国家中还算很高的。

表 5.2　　哥伦比亚省级政府收入一览（十亿哥伦比亚比索）

收入	2010 年	占比（%）
省级税收		
机动车	374	7
登记	392	8
烈性酒	936	19
啤酒	1 435	28
烟草	565	11
燃料	280	6
其他	1 054	21
税收	5 036	26
转移支付	9 749	50
资源使用费	2 845	14
非税收收入	1 108	6
共同筹资	339	2
其他	616	3
总收入	19 693	

资料来源：NPD，Desempeño Fiscal de los departamentos y municipios，2010。

注：数据或因舍入误差无法吻合。

表 5.3　　哥伦比亚市级政府收入一览（十亿哥伦比亚比索）

收入	2010 年	占比（%）
市级税收		
统一物业税	3 339	31
营业税	4 522	42
燃料	1 100	10
其他	1 930	18
税收	10 891	31
转移支付	17 682	50
资源使用费	1 850	5
非税收税收	1 945	5
共同筹资	622	2
其他	2 418	7
总收入	35 408	6

资料来源：NPD，Desempeño Fiscal de los departamentos y municipios，2010。

注：数据或因舍入误差无法吻合。

省级税收的税基有限，其收入的大部分都来自对烟酒的征税，有些较富裕的省份机动车保有税也占了相当比重。与省级相比，市级税收的税基要宽泛得多，平均下来，房产税和营业税分别占到市政府税收的30%和40%。其他的税收则来自一些零碎的项目。大城市的创收要高于平均水平，小城市要少得多，贫困偏远的城市则几乎没什么创收的条件。因此，可以说地方政府创收能力是参差不齐的，偿债能力也是各有不同。正如之前谈到的，实力雄厚的地方政府在90年代大量举债并陷入危机，但是到了21世纪初，大部分的问题都有所缓解。正常借贷问题变少，大多是过去债务的欠账和其他管理体制方面出现了纰漏。

地方债务

地方借贷状况

1991年修订的宪法给予了地方政府自行借贷和发行债券的权利（宪法第287条）。而1986年的法规还在对地方政府的借贷加以限制。只要保证还本付息占经常性收入的比率低于30%，地方政府就可以借债，包括用于经常性开支。市一级政府还可以在财政与公共信贷部的特许下承担更多的债务。借贷行为必须经过省议会或市议会的通过才能进行。宪法第364条规定，地方政府举债不可超过其支付能力，但具体的实施条例1997年才得以正式通过，1999年才开始正式施行，而那时国家已经深陷财政危机的水深火热之中了。

90年代地方政府借贷如火如荼地进行着。1993年通过的《第60条法令》增加了中央对地方的转移支付，这使得银行把地方政府视为优先的贷款对象，地方政府获得的银行贷款大幅增加。银行对地方政府的预算规则不甚了解，风险管理又不包括对这些单位实际偿还能力的评估，银行关注的是地方政府是否可以将中央转移支付和资源使用费作为贷款担保，却不去了解它们是否已经被抵押给另外一方。同时，这些贷款大多被用来支付经常性开支或资金流拖延已久的投资项目。问题在于，地方政府获得的拨款和该政府自身的实力并不总是相匹配的。政府经常性开支涨得比自己的收入快得多，因而账面总会出现赤字。从1990年到1999年，城市开支占税收的百分比从140%涨到了170%，省里的比例也从169%涨到了314%，不得不依靠转移支付和贷款来弥补赤字。

自治权的滥用，银行借贷监管的薄弱，对中央转移支付的过度依赖，允许借贷来弥补经常性项目赤字，这一切都导致了地方政府财务的一团混乱。世纪之交的经济衰退更是雪上加霜。90年代中期，地方政府的债务约占哥伦比亚国内生产总值的6%，2000年已经涨到7.6%（见图5.3）。分权制下的地方事业单位，即由地方政府拥有的公用事业公司，对这累累债务的形成要负很大责任。

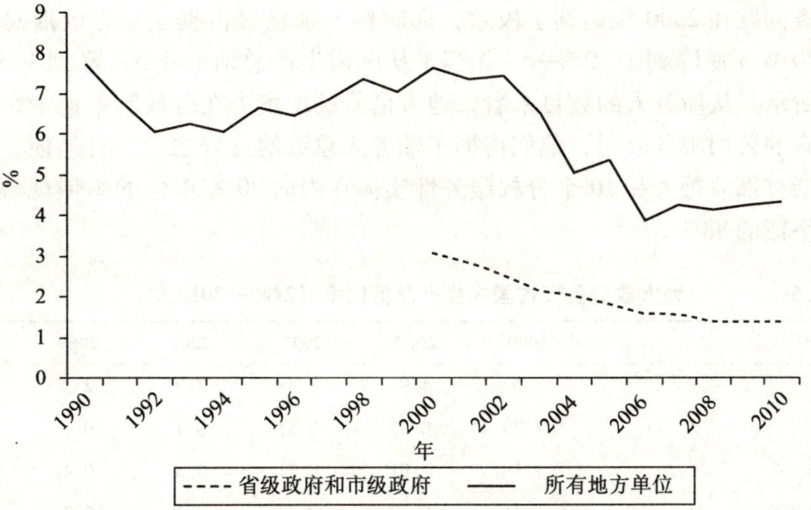

资料来源：财政事务部。

注：实线表示地方政府总负债，包括分权制下地方服务性单位；虚线是省政府和市政府的总负债。

图 5.3 地方直接负债占国内生产总值百分比变化图（1990—2010 年）

尽管与其他国家相比，哥伦比亚的负债程度并不算高，但还是存在着两个突出的问题：第一，积压的欠款（表 5.3 中并未反映）有增无减。第二，地方政府的偿债能力因自身创收能力和所获转移支付的减少而有所削弱。国家计划部根据计算了所有依照第 550 号法令进行债务重组的城市的财政能力指标。表 5.4 将这些按照该法令进行债务重组的城市的指标与国家平均水平进行了对比，将城市按照重组协议的执行情况进行了划分，时间截止到 2011 年年末。26 个成功完成重组的城市中有 19 个（约占 73%）高于国家平均水平。还在债务重组过程中的城市里，只有小半数（41%）的指标高于国家平均水平。不出所料，无法完成重组的绝大多数城市，指标水平都低于国家平均水平。

表 5.4 按照第 550 号法令进行债务重组的城市指标与全国平均水平对比

城市分类	财政能力指标在全国平均水平之上	财政能力指标在全国平均水平之下
已偿还重组后的债务	19	7
重组过程中	19	27
还在谈判中	2	4
无法完成重组	2	7

资料来源：国家计划部计算，数据截止到 2011 年。

债务问题在2000年达到了极致，那时候外债已经占据了地方政府总负债的38%，2010年底降到了30%——相当于从国内生产总值的3.5%降到1.3%，如表5.5所示。从债务人的数目来看，地方借贷高度集中在分权制单位上，即地方政府拥有的公用服务公司，他们占据了债务人总数的三分之二，有外债，也有内债。包括首都波哥大和10个分权服务性实体在内的20家单位的举债规模，就占了地方举债的88%。

表5.5　地方政府负债占国内生产总值比率（2000—2010年）

	2000	2003	2007	2008	2009	2010
内债	5.6	4.9	3.5	2.9	2.8	3.2
省级	1.28	0.95	0.51	0.4	0.4	0.4
省会城市	1.13	1.01	0.71	0.5	0.4	0.4
一般地级市	0.41	0.27	0.22	0.2	0.2	0.3
分权制地方单位	2.76	2.68	2.09	1.8	1.8	2.1
外债	3.5	2.8	1.8	1.5	1.6	1.3
省级	0.01	0.05	0.03	0.03	0.03	0.03
省会城市	0.42	0.47	0.37	0.3	0.3	0.3
一般地级市	0	0	0	0	0	0
分权制地方单位	3.1	2.3	1.4	1.2	1.3	1.1
总计	9.1	7.7	5.3	4.4	4.4	4.5

资料来源：DAF，MFPC：Informe sobre la Viabilidad Fiscal de los Departamentos，Vigencia 2010。

从省级政府内债构成上看，商业银行是最大的债权人——商业银行贷款占据了总数的74%。其他构成则包括8%的中央转贷，5.6%的债券发行，2%来自于地方政府拥有的金融机构（FINDETER INFIS[14]），统计截止到2010年末。

哥伦比亚的资本市场规模很小。2010年6月以前，只有6个地方机构发行了债券，其中3个是地方政府，3个是分权地方单位（也就是那些公用服务公司）[15]。大部分的债券都得到了偿付，波哥大政府则直到2010年6月还有未偿付的债券。

90年代末，省级政府和大城市都有过度借贷的现象。小城市虽然没有太多银行贷款，但也有大量拖欠工资、养老金、社会保障资金和供应商欠款的情况。90年代末利率上扬，经济又放缓，地方政府的财政状况岌岌可危（Dillinger和Webb，1998；Rojas，2003）。

从20世纪初期开始，地方政府财政平衡在整体上有所改善：从1999年占

GDP1%的总赤字到2008年1%的盈余。[16]因此，自20世纪初起，地方债务存在的问题主要不在于其总体债务规模，而是在于其债务主要集中于少数地方，经常是存在游击队和毒品的地方。所以，对财政困难的地方政府从政治和社会原因角度采取措施，相比于处理一个宏观经济问题更重要。从21世纪前十年开始，出现问题的地方以及毒品问题开始减少。正如下个部分将要解释的，更加有力的监管、经济的好转以及政府间财政系统更大的改革，都对地方政府财政和债务情况的改善作出了贡献。

从20世纪初期，考虑到新的关于直接借债的财政准则，让地方政府纷纷陷入财政危机以及过度负债境地的通常主要不是正规的支出以及从银行和资本市场融资。相反，很大部分过度借债是由于拖欠应付员工款项、国家税收、供应商和缴纳养老基金、地方政府败诉支出，以及由于以上原因累积的罚金和利息。有时候这些应付款项是地方财政无力或不愿支付造成的。其他情况下，存在债权人和地方官员相勾结——也许还有律师或者法官的参与——为了接下来起诉后获得的包括罚金和利息的更大的好处而同意延迟支付。法官为了保证地方政府执行判决，可以冻结地方政府银行账户的交易，截留来自中央政府的转移支付。这种共谋对一些地方政府的财务状况造成了负面影响，中央政府已经采取了多方面的法律以及行政措施来保障地方财政合法依规。这样的事件多发于贫穷和暴力多发的地区，并且受到贩毒者、游击队以及准军事组织的影响。

地方政府借贷的法律框架

哥伦比亚地方政府借贷的法律框架是和政治、财政上的分权以及以上提到的财政危机同时出现的。建立借贷框架的目的，大多在1997—2003年提出，是为了避免出现地方政府财政和债务危机的情形。然而，如果对借贷的事前约束不充分，就要用到下一节将要提到的事后破产程序。

多国经验表明赤字和债务是由于政府以及其债权人（包括允许延迟付款的供应商）的共同决定所造成的。他们做出决定时不仅要遵照债务发行的规则，还要考虑如果出现偿债困难，债务人和债权人各自承担的后果——哪一方会损失或者哪一方会被强制做出痛苦的调整。当借贷发生时的决定变成既成事实，它们将影响后续的各种决定。这指向对政府借贷控制的两个重要维度：（1）控制的类型和时间（相对于最初借款决定），即事前控制或事后后果；（2）事前控制或事后后果是否对借款人或出借人产生作用，如表5.6（Liu 和 Webb，2011）所示。

表5.7总结了目前支配哥伦比亚借贷以及破产的法律框架，它们与表5.6中的四个象限一致。

表 5.6　控制赤字和债务的渠道：债权人—债务人关系以及控制和制裁的时机

相对于做出借贷决定的时间	债务人	债权人
事前控制	所有政府 • 债务和赤字上限 • 外债限制	所有政府 • 禁止中央银行直接融资 • 中央银行以及其他金融监管机构的管制
	地方政府 • 地方政府借款管制，基于财政能力标准（来自中央政府或地方政府自身，中央银行或其他机构）	地方政府 • 地方政府总借款上限 • 对高风险地方政府借款要求更高的资本保证
事后结果	所有政府 • 限制向中央政府融资 • 无紧急救助（来自中央政府或者国际社会）并且没有充分条件不得债务重组	所有政府 • 对银行强有力的监督
	地方政府 • 中央政府不接受地方政府债务 • 从对地方政府转移支付中扣留债务本息 • 破产系统	地方政府 • 要求银行对地方政府坏账进行资本冲销 • 无中央政府紧急救助 • 运行良好的金融市场可增加借款的风险溢价

表 5.7　事前以及事后财政立法

	借款人	贷款人
事前控制	基于财政能力的借贷管制 • 法律 358/1997，795/2003：“交通灯系统”将借贷与偿还能力相联系 • 法律 617/2000：对经常性支出的限制以及对偿债能力新的分级。 • 法律 819/2003：预算管理和透明度规则	• 禁止超过法律 358/1997，617/2000，795/2003，以及 819/2003 规定的上限向地方政府发放贷款
事后结果 （增加事前谨慎的动机）	中央政府不对地方政府进行紧急救助 • 法律 549/1999：为地方政府创立退休基金 • 禁止对不遵循法律 358 和 795 的地方政府提供财务支持 • 用转移支付来保障债务重组后的还本付息 • 法律 550/1999：对破产地方政府实施重组 • 法令 28/2007	对地方政府债务损失的冲销 法律 55/1999，法律 617/2000

资料来源：根据 Liu and Webb 2011 年的研究改编。

加强地方政府债务事前控制的第一项主要措施是法律358/1997，这项法律禁止为经常性支出融资以及将地方政府发行新债务与其总体偿债能力结合起来。这个所谓的红绿灯法是基于流动性指标（利息支付/经常性储蓄[17]）以及偿债能力指标（债务/经常性收入）的地方政府评级系统。对每一项新的贷款都必须计算这两项指标，这决定了这个政府是否有能力进行进一步的借贷。任何在红灯范畴的地方政府没有经过财政与公共信贷部的个案许可都不得进行借贷。[18]在黄灯范畴的地方政府如果其未偿还债务增加的百分比低于当年的消费者物价通货膨胀指数，可以签订新的债务合同。除此之外，市以及省需要获得省级官员或者财政与公共信贷部的许可才可以举借新债（见表5.8）。[19]

公共信贷部对地方借贷的许可可以是附加条件的，地方政府必须采取一定的调整程序，该程序需要涵盖减少成本和增加自己的收入，以重建经济和金融稳定，并保证偿还能力的措施（第9条款）。这种调整一直要进行到利息支付占经常性储蓄的比率降低到40%以下。进行此类调整程序的地方政府每季度都要向财政事务部门（DAF）提交报告，财政事务部门通过与总审计长的合作对程序实施进行评估。不实施调整程序以及违反法律规定的限制而举借新债的行为可能导致地方政府受到制裁。此外，银行监管机构可以对违反法律358/1997给地方政府发放贷款的金融机构进行处罚（第10条款）。

尽管法律358/1997的存在，一些有着红灯评级的政府仍然能够在没有财政与公共信贷部许可的情况下获得新的融资：他们向债权人提供有缺陷的财务信息，而后者只做出浅显的分析。此外，财政与公共信贷部还对其本应该否决的案例做出授权。结果就是，省级政府债务指标从黄灯区退化至红灯区，而不是从黄灯区改善而进入绿灯区。而在1998—2000年间，地方政府债务仍然以平均每年15%的速度增长。类似的，对于核心行政部门的经常性支出不设固定上限这种情形，调整程序也不是总能够加强地方政府的财政纪律。结果就是，核心行政部门的经常性支出持续快速增长，而地方政府依旧依赖转移支付（Echavarria、Renteria和Steiner，2002）。

法律617/2000针对扭转财政危机，通过对经常性支出的控制而引进一个更加系统的事前控制措施框架。为了达到这个目的，法律617将根据各省市人口规模和可以自由支配（不指定用途）的收入分类，并对于可自由支配的经常性支出占没有指定用途的经常性收入的比率设定限制。这些基于地方政府规模的限制被写进法律。同时，中央（包括中央银行）不得对不满足要求的地方政府进行转移支付，增加了对于州长、市长、立法者选举以及其家属的要求来增加透明度。

表 5.8 债务预警信号

指标	自主债务绿灯	中等程度负债黄灯	严重负债红灯
债务利息/经常性储蓄[a]（流行性指标）	< 40%	40% < 60%	> 60%
债务余额/经常性收入（偿债能力指标）	< 80%	< 80%	> 80%
影响	地方政府可自主签订新的贷款合约	（1）地方政府可自主签立贷款合约 （2）要求省级或财政部的债务授权，授权建立在和金融机构签订的一个绩效计划之上	金融信贷合同需要授权，因此需要和金融机构签订一个绩效协议

资料来源：财政与公共信贷部

a. 经常性储蓄被定义为：经常性收入 - 经常性支出（不含利息支付）。

为了重获财政生存能力，超过法律 617/2000 所限定的债务上限的地方政府需要执行一项目标明确的财政调整程序。国家计划部以及财政和公共信贷部分别负责监督市和省的调整计划执行情况。国家计划部可以命令一个没有达到最初程序设定的目标的市执行一个新的调整程序。尽管这种情况从未发生，如果一个市仍然不能够在两年内建立财政生存能力，那么其有可能被合并到其他市。

此外，法律 617 允许地方政府在特殊情况下请求中央政府为其贷款进行 100% 的担保，这些贷款是为了执行新的财政调整计划而在 2001 年 6 月 30 日之前签订的（例如，政府裁员的成本）。为了从担保中获益，地方政府需要满足以下条件：（1）需要财政调整程序但没有自有资源去实施；（2）承诺依照法律规定的形式实施调整程序；（3）存在要进行债务重组才能重建偿债能力的债务。同时，地方政府的债权人要承诺为财政调整程序提供新的融资并且对债务进行特定方式的重组以保证地方政府偿债能力。

2003 年，法律 795 和法律 819 进一步加强了地方政府的借贷框架。法律 795 的 120 条款取消了交通灯系统中的黄灯区。之前被分类为黄灯的地方政府都落入红灯等级，这加强了对地方政府借贷的限制。2003 年的财政透明和责任法，法律 819/2003，加强了交通灯系统，在指标中加进了法律 359/1997 中规定的需要在十年内保持预算平衡的要求。这项法律也提高了对财政透明度的要求并改善了不同级别政府间的财政合作：要求中央政府和地方政府每年都提供一个一致的未来 10 年的宏观经济规划。各级政府的支出和税收都要和这个规划保持一致，任何不一致的地方都要获得财政与公共信贷部的授权。中央和地方预算都要完全符合中期规划。法律 819 也提供了基于市场的动机：其要求所有人口超过十万的地方政府获得评级机构的贷款风险评级。

这些法律也对贷款供应加强了管制，禁止中央政府对某些地方实体进行财务支持，这些地方实体包括：不遵循法律 617 和法律 358 中包含的财政责任规范的地方政府，或者对国家政府或者由国家政府担保的贷款本息拖欠的地方政府。更进一步，不符合法律 358、617、819 以及法律 795 中的条件和限制的金融和地区发展机构的贷款无效，并且要立即偿还借款，不附加利息或任何其他收费。这对于债权人和债务人来说，都是一种惩罚。财政和公共信贷部通过财政事务部门（DAF）监视分权实体对以上提到的各项借贷以及财政限制的遵循情况。

上述法律加强了对地方政府和提供贷款方的限制以及财政管理的事前规则，法律 550/1999 明确了地方政府的破产程序。法律 550 的内容及其实施以及法律 550 作为债务重组的一部分和法律 617 的关系将在下一部分“破产程序：实施和效果”中讨论。

中央政府不仅担心地方政府轻率和不可持续的财政行为，而且担心其不能提供基本服务，特别是那些由专项转移支付提供资金的地方政府。为解决某些地方政府提供的基本服务较差的问题，哥伦比亚议会在 2007 年通过了 04 号法案，该法案由行政部门在 2008 年通过第 28 号法令来执行。这两条法令都授权行政部门监视和控制使用专项转移支付的地方政府。由于陷入债务困境的地方政府经常，虽然不总是，在提供服务上存在相似的问题，对于不配合财政改革进程，包括在破产程序中不合作的地方政府，第 28 号法令制定了极重的处罚，甚至剥夺地方的部分控制权。

因此，第 28 号法令对影响地方政府财政管理的机构框架增加了一个新的元素和多种激励。当地方政府没有在转移支付的使用上符合法律的要求，中央政府有权干涉，这加强了中央政府财政监督的权力并避免了法律程序中扣留转移支付的情形。在财政破产框架下，财政管理较差的地方政府不仅面临必须进行调整程序的风险，而且其财务管理还有可能被中央政府直接接管。

破产法律框架

超过法律 358/1997、617/2000 以及法律 819/2003 中所规定的的支出和债务限制的地方政府必须经历以上所述的调整计划。另外，法律 617/2000 也包括调整计划中所描绘的通过债务重组，寻求担保以及联合贷款帮助地方实体实施财政调整措施的可能性。破产是指债务逾期至少 90 天，包括法院判定的支付义务。

一个破产的地方实体也可以寻求法律550/1999——哥伦比亚地方破产法律的保护，条件是其必须承诺通过债务重组来减少支出并且重定向收入以支付债权人。

法律550/1999是面向私人公司和地方实体的财务重组法律。地方实体包括省、市、区以及没有被任何部门监督的分权制下的服务部门。[20]起初法律550/1999有效期定为五年，但后来被延长，直至最终在2006年通过法律1116（第125和第126条款）将其变为对地方实体永久有效。[21]

在法律550的权限内，一旦在法律550/1999下的破产程序启动，地方实体就受其保护并免于任何未偿贷款或新的债务支付或者任何法院命令的制约。债务重组协议旨在评估、调停以及协调对地方债务人的相互竞争的各方债权主张。破产程序透明度高，在其过程中各个阶段都要发布公告，包括重组协议的披露。

制度安排、过程和触发机制。法律550/1999所规定的的干涉是一个行政过程，企业监管协会在其中担任裁判的角色。企业监管协会是哥伦比亚独有的一个制度安排，为弥补该国法院系统存在的公认的弱点，它负责掌管所有破产案例。在地方政府重组过程中，相关团体包括有关债务人、债权人及其他索赔人、发起人（监督并促进重组程序）和财政与公共信贷部。债权人可明显区分为四类：（1）工人及养老金领取者；（2）公共实体和社会保障机构；（3）处于银监会监督下的金融机构及其他实体；（4）其他索赔者（供应商、承包方等）。对于分权制下的服务提供商，债权人也可能是来自实体内部的，例如股东或者提供服务者。法律550/1999详细地描绘了达成重组协议的过程，如图5.4所示。

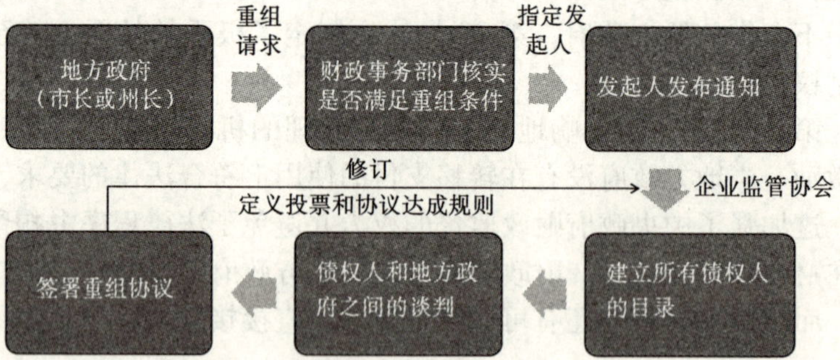

资料来源：作者根据向财政事务部门（DAF）的咨询总结得到。

图5.4 法律550/1999下的重组程序

法律550/1999规定，一个地方实体可以在以下情形请求债务重组：如果两项以上债务超期90天没有兑付，或者至少收到法院两次支付命令。拖欠债务累计价值需至少占一年内到期的债务总额的5%。债务重组程序在财政事务部门（DAF）收到由相关地方实体法人代表提交的由当地议会授权的请求后启动。

接下来，财政事务部门核实上述条件是否满足，如果是，就同意开始重组协议谈判的请求。财政事务部门指派一名公务员或者立约人作为发起人，负责监督并促进达成债务重组协议。发起人检查财务报告以及相关预测的准确度，保证所有相关团体获得信息，并协助协商。发起人也要计算债权人的投票权，其同时也是监督协议执行委员会的一员（法律550，第8条款）。尽管发起人不对之后的协议或者任何修正投票，她或他仍然扮演着重要的角色，包括非正式地向债务人提供咨询，并代表着财政事务部门的观点，而重组协议的成功常常是需要财政事务部门的支持的。

一旦谈判开始，暂停的公共服务必须重新开始，所有现存或者新的支付令，法律索赔以及查封资产都搁置并且不能另外发起新的以上请求。如果对于继续提供服务不是非常必要，接受重组的地方实体不能做出任何支付行为或者签订新的贷款合约，除非之前有财政事务部门的书面授权。[22]管理费用（主要是工资和物业费）必须在协商和重组协议有效期内优先于其他债务偿还请求支付。地方实体的债权人中债权有专门抵押品担保的，需要决定是没收抵押品，还是将债务包括在重组协议中。其余债权人的主张（包括有法律禁止令的）都需要延迟到协议签订时。

发起人的一个重要职责就是确定各个债权人的投票权。计算投票权时所包含的元素因债权人不同而发生变化。例如，如果索赔来自劳动力、养老基金或者税务机构，那么在计算其投票权时包括了利息和罚金的价值。而养老基金索赔人的公认索赔本金可获得额外25%的投票权。相比之下，财政部门和其他索赔者的投票权仅仅取决于逾期未付的本金，不包括未依法资本化的利息和罚金。

法律规定，发起人须在4个月之内创建索赔清单并据此索赔清单确定出每个投票人的投票权。之后，如果索赔人接受了这份清单，那么他将获得额外四个月的时间来与当事人达成并签署协议。通常，这个过程能在这两个截止日期前完成。但是，当债权人由于不满意清单中被分到的债额大小而抗议时，该过程常常会被延迟。接着企业监督协会通过磋商解决这些争端，而这个过程通常持续6—12个月。最后，磋商将以投票作为终结，当赞成票超过总票数的51%时，该协议生效。[23]每个索赔人在谈判和制定重组协议时的投票权重取决于其索赔额的大小(第22条)。尽管投赞成票的索赔主体必须至少包括三个群体类别，其中每个类别内至少有一个索赔人，但那些有最大应付款的索赔者（由企业监督协会在550破产法过程中裁决）在决定协议条款时拥有最大比重的投票权。协议确立了一个18个月的周期，从协议签字生效开始，审查所有无需司法判决认证的或有债务。

重组协议的格式和内容也有详细规定：重组协议必须采用书面形式，必须经过所有投票债权人签字并交予财政事务部门保管（第31条）。关于重组期间的财务和管理计划、公司的执行方案和养老金、劳动力、社会保障和财政债务支付的形式和条件，协议必须给出详细的规则。协议必须详述养老基金所受到的影响，并对其偿付条件和偿付形式做出规定。另外，该协议必须制定有关协议监管委员会（协议监管委员会由发起人和全体债权人构成，它只有发言权而没有投票权）的规章制度。至于协议牵扯的其他问题，包括没有履行协议义务的处理办法，以及根据需要在协议生效期中的其他特设的劳动协议。

银监会在谈判中似乎并没有扮演重要的角色。但是，它在督促执行与贷款风险等级分类、相应的资产风险加权以及提取准备金相关的规定时起着基础性的作用，并因此在重组协议的磋商中帮助形成对金融机构的激励机制。企业监督协会是银监会的兄弟部门，它的作用更加重要。作为处理破产的专门机构，企业监督协会在解决不同债务人关于所获的偿还份额的争端和监督协议执行方面起到了关键作用。

偿债优先顺序：协议还制定了清偿欠款的顺序，这个顺序必须与条款58保持一致。具体顺序如下：

1. 地方政府向个人账户缴纳的养老金；
2. 工资；
3. 工资转移支付；
4. 一般性支出；
5. 其他转移支付；
6. 利息支付；
7. 贷款的分期偿还款；
8. 弥补上年赤字；
9. 投资性支出合同。

如果债务得到确认，那么劳动力债权人和财政债权人（包括养老基金）必须得到全额偿还，但是协议中的偿付时间可以商榷。[24]例如，为了比其他债权人更早收回全部欠款，银行可能愿意放弃部分欠款来换取这种优先权。重组协议对所有参与方（包括少数投反对票的债权人）都具有约束力。协议的法律效力如下（条款34）：

- 根据协议，所有资产的处置权归属监督委员会。
- 解除全部和税务部门无关的既存预防性措施。
- 暂停全部针对地方政府的法律程序。
- 在协议期间暂停所有赊账和担保的资格。
- 如果债权人所持信托担保来自不动产或者抵押贷款，并且在过程开始时未行使索赔不动产的权利，那么他们必须接受替代品。
- 在没有财政与公共信贷部的明确授权的情况下，地方政府不得进行借贷。这既是法令358做出的明文规定，又是法令617以及法令319强化的内容［进入550法破产程序的所有地方政府（至少在最初阶段）都可被归入法令358下的红灯类别］。

在某些特殊情况下（如宏观环境巨变或者发现了原始协议中遗漏的新债务）重组协议可以被修改，当然这需要绝大多数债权人同意。

法令550下协议的终止 如果协议到期或者协议双方履行了协议中规定的所有义务，那么重组协议可以在无须债权人投票的情况下终止（条款53）。如果地方政府的财政状况由于某种原因迅速好转（如出口带动的经济腾飞），地方政府往往不愿提前偿还债务，而是按照协议所规定的最低限度付款，以此来延长受法令550保护的时间。此外，如果相关机构没有遵循协议规定或者监督委员会发现了一些可能导致协议失败的因素，协议也会被终止。还有，在大多数债权人同意的情况下，初期谈判结束后的债务拒付行为或者地方政府的严重过失也可以致使协议中止。实际上，550协议的终止意味着债权人可以借助司法决议禁止中央政府对地方政府的转移支付，这不仅影响地方政府提供服务，通常还会改变地方政府对每个债权人的还款份额。

分散服务提供者的破产程序《第550号法令》的实施对象只包含不受任何行业监管的分散服务提供部门[25]，未包括私人和公共医疗提供者、社会公共医疗保险系统的基金管理组织以及其他公共服务的提供者。如果这些实体破产，相关监管部门将接管他们的财产以保证社会服务继续提供。如果该方法行不通，监管部门会下令清算这些实体的资产。具体的监管细节取决于具体的监管部门以及相应的法律法规（见表5.9），但是监管程序大同小异。

表 5.9 哥伦比亚的监管责任分布

监督部门	监管的对象	法律法规
金融监管部门	• 银行、保险公司，等等	• 法令 4327/2005 中的条例 72 和条例 73
国民医疗监管部门	• 社会公共医疗保险 • 提供垄断性服务的医疗单位	• 法令 715/2001 中的条例 42 和条例 42.8 • 法令 715/2001 中的条例 68 中的条例 5 • 法令 1122/2007 中的条例 37 中的条例 5 • 法令 1018/2007 中的条例 8 中的条例 13
公共服务监管部门	• 供水、排污、电力、油气、基础公用电话线路等公共服务的提供者[26]	• 法令 142/1994 中的条例 121 与金融机构的清算程序相同 • 法令 812
经济监督部门	• 金融公司 • 储蓄与信贷合作社 • 提供储蓄与信贷服务的合作社	• 法令 756/2000，法令 2206/1998，法令 1401/1999

资料来源：根据作者的实地考察。

破产程序：执行和效果

破产程序的执行

自 1999 年法令 550 颁布至 2010 年，94 个地方性实体（13 个省、7 个省会城市和 74 个市（不包括省会））的重组债务额共计 52.46 亿比索，约占其国民生产总值的 1.23%（见表 5.10）。[27]其中，12% 的偿债要求在清理和调解过程中消除；50% 的偿债要求经谈判减少或者偿付；[28]只留下 38% 的债务余额有待处理。除了债务重组，地方政府还可利用石油储蓄基金和稳定基金来预付国内债务。[29]根据财政事务部门的估算，地方政府已经利用这些基金预付了将近 9 000 亿比索的债务。

表 5.10 依据 550 法令进行债务重组的债务额，1999—2010 年 单位：十亿哥伦比亚比索

地方政府	索债金额	占总索债金额的比例	通过初步筛选去除的债务	通过谈判减少的债务	尚未清偿的债务	负债占总地方债务的比例
省	2 414	46	88	1 139	1 187	59
省会城市	1 635	31	257	823	555	28
市	1 197	23	259	674	264	13
合计	5 246	100	604	2 636	2 006	100

资料来源：DAF，MFPC：Informe sobre la Viabilidad Fiscal de los Departamentos，Vigencia 2010。

表 5.11 依据 550 法令进行债务重组的地方政府数量，1999—2010 年

550 法令下的债务重组	省	市	合计
重组进行中[a]	7	46	53
重组已完成[b]	5	26	31
试图达成协议但未成功[c]	0	4	4
因协议未被执行而失败[d]	1	5	6
合计	13	81	94

资料来源：财政事务部门和财政与公共信贷部，2010 年 12 月。

a. 包括下列省份：Cordoba，Narino，Putumayo，Sucre，Bolivar，Magdalena，and San Andres；包括下列城市：Achi，Codazzi，Ambalema，Aracataca，Armero，Ayapel，Barranquilla，Canalete，Casabianca，Cerete，Cienaga，Dagua，El Molina，Fundacion，Galeras，Guaranda，Herveo，Honda，Isnos，La Jagua，Libano，Lorica，Magangue，Majagual，Monteria，Novita，Nuqui，Patia，Planeta Rica，Pradera，Puerto Libertador，Sabanalarga，Salamina，San Benito Abad，San Juan de Uraba，San Pelayo，Santa Ana，Santa Marta，Since，Soledad，Tumaco，Tamesis，Turbo，Valencia，and Zaragoza.

b. 包括下列省份：Amazonas，Cauca，Guainia，Tolima，and Vichada；包括下列城市：Astrea，Becerril，Buenaventura，Cartago，Belen de los Andaquies，Caucacia，Condoto，Cordoba，Distraccion，El Reten，Fonseca，Inirida，La Paz，Lerida，Leticia，Maicao，Mariquita，Palmira，Pamplona，Popayan，Providencia，Riohacha，Rovira，Sandona，Tolu，Toluviejo，and Villanueva.

c. 包括下列城市：Puerto Rico，Corozal，Guapi，and Mocoa.

d. 包括下列省份：Choco；包括下列城市：Bahia Solano，Istmina，Malambo，Plato，and Tado.

在相同的执行期里，94 个地方政府受到《第 550 法令》的保护。其中，53 个地方政府贯彻执行了债务重组协议；31 个地方政府成功完成重组；4 个地方政府尝试进行重组但是最终没有达成协议；6 个地方性实体由于腐败问题和能力不足在中途违约，导致协议失败（见表 5.11）。另外，3 个协议和 4 个修正案由于赞成票数不足而没有生效。这 94 个地方政府包含了 13 个省（占总人口的 24%）

和81个市（占总人口的15%）。[30]

图5.5展示了自2000年法令550开始实施以来每一年破产重组协议签署、修订以及完成的频率。大部分债务重组协议签署于21世纪初期。这些协议由5个大区和14个自治市修订，其中有3个协议被修订过两次。

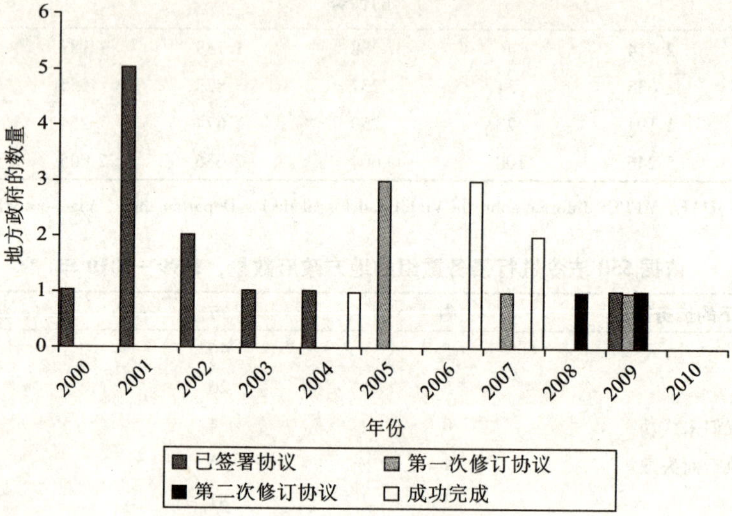

a. 债务重组的省

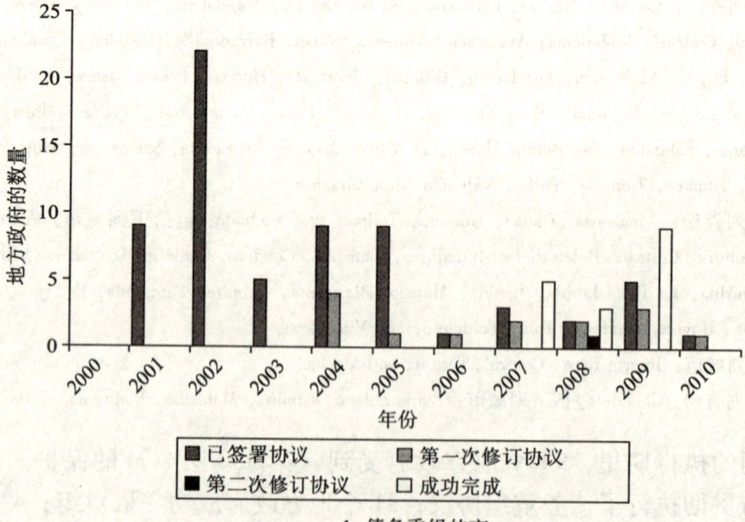

b. 债务重组的市

资料来源：DAF，MFPC："Informe sobre la Viabilidad Fiscal de los Departamentos，Vigencia 2010。"

图5.5　1999—2010年进行债务重组的省市数量

如上所述，对于不同的债权人，其性质、合法性以及法律处置存在巨大差异。由于两方面的原因，最终结果常常难以预测：一方面，一些债权人（通常不是以金融债权人的身份登记）经常提出过多的债务索赔要求；另一方面，债务索赔结果取决于这些索赔被认可的程度。事实上，不到最后一刻谁也不知道全部的索赔金额。某些索赔经常在初步筛选过程中减少，比如拖欠的工资和养老金。但是随着时间的推移，被确认的雇员的索赔将依法得到全额支付。金融部门的索赔通常有据可查，因而他们很可能完好无损地通过筛选过程。但之后这些债权人常常在重组过程中削减本金或利息。付款时间也是谈判的一部分，并且金融债权人为了明确他们的损失、尽快追回欠款，常常放弃一些本金的追偿或降低利率。

2000 年初，法令 550 开始实施。法令 617 在协助法令 550 顺利实施之余，向无力偿还的地方债务人提供了债务重组的另一条路。根据法令 550 的规定，地方政府在满足一定条件的情况下可获得中央政府的债务重组担保资格。如果地方政府满足如下条件，财政与公共信贷部将会对其40%的重组债务做出担保：（1）在 2000 年前 6 个月内，进入 550 破产程序；（2）建立一个财政事务部认可的财政项目；(3) 生成一个重组计划，并得到所有债权人的认可；（4）按时向税务机关交税。

在 6 个月的期限里，617 法令的另一方面也会生效：中央政府会对用于财政调整的新贷款做出 100% 的担保，财务调整可能包括为了满足 617 法令规定的债务人的支出限制而进行的削减雇员。此外，对于地方实体借自商业银行或者国际发展银行（即重组性债务）并且用于财政调整的款项，中央政府可为其做出 40% 的担保（见表 5. 10 和表 5. 11）。这种基于财政事务部决策的担保支持对法令 550 下的债务重组至关重要，因为法律 550 仅仅缓解了来自于债务索赔人直接的催逼，但是它没有给地方政府财政空间去进行投资和改革。而事实上，只有这些投资和改革才能恢复其财政的长期生存能力。

在法令 617 的协助下，地方政府重组了 18. 22 亿比索的债务。其中 60% 的债务重组获得了中央政府 40% 的担保，19% 的债务重组获得了 100% 的担保。

尽管法令 550 帮助无力偿还的地方债务人进行了债务重组，但它始终无法根治破产问题。其原因是，法令 550 不能迫使地方债务人进行财政调整。就这方面而言，法令 617 通过提供财政调整框架确保了法令 358 所规定的事前财政规则的有效性。同时，法令 617 通过提供中央政府援助来促进财政调整。它弥补了法令 550 的缺陷，将债务重组引向一个现实的、可持续的道路。表 5. 12 总结了财政事务部所监管的按照法令 617、法令 358 的规定进行财政调整的地方政府数量分布。[31]

表 5.12 按 617 法令和 358 法令进行债务重组的地方政府，1977—2010 年

617 法令和 358 法令	省	市	合计
债务重组进行中[a]	3	2	5
债务重组已完成[b]	1	28	29
债务重组失败[c]	0	1	1
合计	4	31	35

资料来源：财政事务部、财政与公共信贷部，2010 年 12 月。

a. 省：Atlantico，Guajira，and Valle del Cauca；市：Cali and Corozal.

b. 省：Santander；市：Bello，Cajamarca，Caramanta，Cartagena，Charalá，Chinchiná，El Copey，Espinal，Filandia，Girardota，Guacarí，Guamo，Ibagué，Icononzo，Jamundí，Maria la Baja，Pacho，Palestina，Piedecuesta，Rionegro，San Diego，San Gil，Villa María，and Villarica，按法案 617 进行；Manizales，Fresno，Roldanillo，and Santa Isabel，按法案 358 进行.

c. Quibdo，Choco 省的省会债务重组失败。

破产程序的效果

考虑到贷款人和借款人的相互联系，政府财政赤字和债务受多种因素影响，想要精确地区分和测量每一个旨在严肃财政纪律的法律的效果十分困难（Liu 和 Webb，2010）。[32]破产程序的评估必须在更大的财政改革背景之下进行，法令 550 也无法在一个真空的环境里实施。如之前所述，哥伦比亚破产程序伴随一系列的改革措施（包括 1997 年颁布的红绿灯法）出现，借助平行或者后续立法（例如，法令 617 在改善财政调整过程中发挥了重要作用）的力量运行。

其他因素也对破产程序产生影响。自 2003 年起哥伦比亚经济稳步增长，宏观经济运行健康发展。与 1997—2002 年的年平均增长率 1.6% 相比，2003—2007 年实际 GDP 增长率提高到 5.9%。2008 年全球金融危机对哥伦比亚的经济造成了冲击。即便如此，哥伦比亚在 2008—2010 年间的年均经济增长仍高达 4.5%，并且该国从更高的资源价格中获益。经济的增长提高了政府从煤和石油中所获得的收入。1997—2002 年间高达两位数的通货膨胀率，在 2003—2007 年间减少至年均 4.5%。通货膨胀的结果保持在目标范围 2 %—4% 之内，货币政策有效地维持了内部平衡。2009—2010 年间，石油相关收入的降低导致公共部门财政赤字总额从国内生产总值的 2.7% 上升到国内生产总值的 3.2%。尽管如此，中期来看，公共债务的可持续性并不是该国关注的主要问题。[33]2010 年，哥伦比亚公共部门的债务与国内生产总值之比为 36.4%。而预计结果显示，该比值将在 2016 年之前下降至 31.2%。2011 年，三大评级机构均将哥伦比亚升级为投资级。

尽管对财政立法与监管改革的效果做出精确分析十分困难，但就改革的目的

（试图改善政府财政状况和避免过度负债）而言，判定该法律能否改善财政结果仍具有重要意义（Liu 和 Webb，2011）。总的来说，自 1999 年达到峰值以来，地方债在 GDP 中所占的份额下降了。地方政府的收入不断增加，其信用评级也随之提高了。

地方债占 GDP 的比例从 2000 年接近 8% 的峰值开始下降，一直降至 2010 年的 4.5%，这是在过去 20 年里的最低水平之一。进一步看，债务占 GDP 比例减少的现象不仅出现在分散性服务部门中（如图 5.3 所示），而且出现在省和市里，如图 5.6 所示。

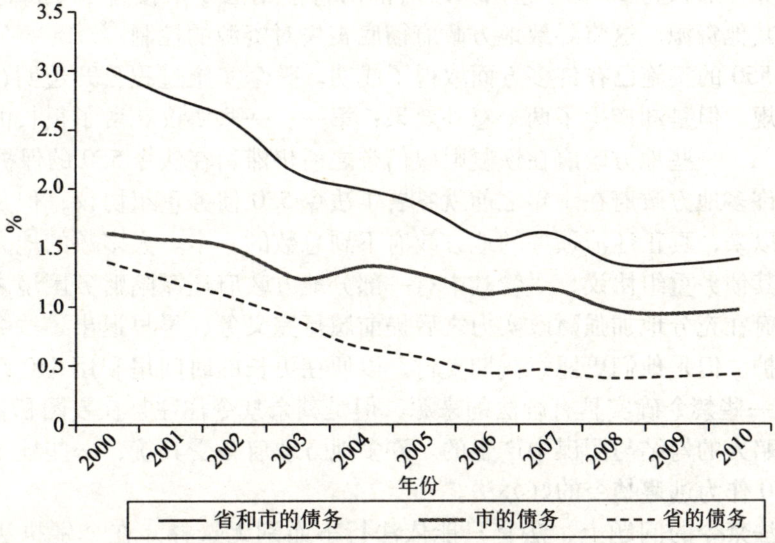

资料来源：NPD，Desempeño Fiscal de los departamentos y municipios，2010。

注：此图仅仅描述了地方政府的负债情况，不包括分散性服务部门。

图 5.6 省和市的债务占国内生产总值的比例，2000—2010 年

伴随着经济的增长、税收征管的改善以及转移支付的增加，在 2000—2010 年间地方政府总收入占国内生产总值的比值从 7.6% 增加到 10.4%[34]。其中，转移支付的增加为地方政府总收入的增加做了最大的贡献。2000—2010 年间，A 级债务份额的普遍增加提高了地方债的评级，其中省的 A 级债务的份额从 35% 提高到 90%，市的 A 级债务的份额从 49% 提高到 78%。[35]

当财政问题产生时，在任的地方官员并不关心其政治影响和财政后果。当破产危机迫在眉睫，不能连任的市长和省长会设法离职以求脱身。尽管如此，法令 550 的处理过程仍会使政府和执政党派蒙受破产的耻辱，并因此使他们在下届选举中失利。执政政府的表现或多或少受相关候选人竞选机会的影响。因此，选举对激励官员好好执政发挥了作用，尽管作用有限。[36]

在实施破产程序时还出现过几个失败的例子，其中大部分都发生在市一级政府中。这些地区财政问题起源于严重的治理问题，例如游击队、毒枭等等。他们的问题远远超过了过度借贷和财政失责，无论是法令 550 还是地方政府财政监管制度的其他部分都无法解决这些问题。[37]

对于拒不遵守 550 协议条款的地方官员，一个最重要的制裁措施就是扣留其财政资源，因为债务索赔人可以再次得到法院禁令。如果地方政府没有提供关键的社会服务，那么自 2008 年起国家政府部门将使用法令来接管一个部门的财政资源以及其他资源。这将导致地方政府彻底丧失对资源的控制。[38]

法令 550 的实施已在许多方面取得了成功。整个实施过程公开透明，紧紧遵循法律法规，但是却产生了两个意外效果：第一，一些协议花费了很长的时间才完成；第二，一些地方政府在恢复财政信誉之后仍滞留在法令 550 的保护下。

尽管许多地方政府在十年之前就签署了法令 550 债务重组协议，但是自重组协议签署以来，真正还清债务的地方政府不到总数的一半。大多数的地方政府正努力履行其债务重组协议，尽管其中有一部分地方政府还深陷财务困境之中。一些地方政府在充分地加强财政实力之后提前履行完义务，早早退出了法令 550 法令破产保护。但是他们更愿意按期支付，以便在更长的时间里利用 550 来对抗司法禁令。[39]一些禁令确实具有合法的来源，但是其余禁令往往是在妄图私吞公积金的债务索赔人的勾结与阴谋中产生的。许多地方政府备受其扰，一些地方政府已将法令 550 作为逃避禁令的好办法。[40]

在司法禁令的问题上，法官只能依法行事而别无选择。在个别执法的问题上，法官必须执行呈递的索赔，而非其他索赔。问题在于，属于公共机构的资产也适用于私人索赔的强制执法。遇到这种问题时，一个潜在的解决方案是避免强制执法，这样法官会通知行政机构，然后触发警报系统，最终迫使公共机构启动重组程序。

本章小结

在其他旨在事前控制的法律不能消除地方政府破产风险的情况下，第 550 号破产法提供的保护使得无力还债的地方政府能够有序地与债权人达成债务重组协议。处理具体个案债务索赔的法院不能解决众多债权人向地方债务者竞相索赔的问题。一些腐败的地方法庭使问题进一步恶化。但即使不存在腐败的问题，在没有破产法指导的情况下法院必须按照申请者来到法庭的顺序，而不是各种债务应有的优先顺序安排偿还次序。

在哥伦比亚，导致破产的因素随时间而发生变化。因此诉讼委托人和法律效果也相应发生变化。大部分在2000—2002年间执行法令550的省以及较大的市已经在20世纪90年代进入信贷市场并且过度借贷。法令550的成功执行使地方政府重新进入市场，2000年以后新法律也对地方政府的借贷加以规范。因此无论是放贷人还是地方政府都变得更加谨慎，而过度负债的事情也鲜有发生。2003年以后，在进入550程序的新案例中市级政府占大多数，而欠账与拖欠产生的利息和罚金是致使它们进入550程序的主要原因。

法令550主要解决破产问题，它在根治财政压力和财政负债方面能力有限。其他补充性法律主要包括法令358、法令617以及法令819。它们从以下几个方面发挥作用：（1）限制贷款；（2）提高财政透明度；（3）强化预算过程；（4）促进财政债务重组。虽然法令550不能直接解决治理问题，但它能创造一个财政空间让一些负债累累却无力偿还的新任政府拥有一个新的开始并进行改革。

成立一个行政管理机构来专门处理破产案件是哥伦比亚案例的独特之处。该国的破产机构——企业监督协会发挥了某些国家中破产法庭的作用。但是这个机构是由破产法律所确定，而非由法庭确定，因为法庭历来较弱，有时还与债权人合谋导致地方政府破产。财政部通过财政事务部门（DAF）与破产的地方政府以及企业监督协会密切配合共同解决破产案件。尽管哥伦比亚与其他国家的机构设置并不相同，但是他们的破产程序产生的效果相似。

宏观经济基本状况是决定破产程序成功与否的重要因素。自2003年起，哥伦比亚的宏观经济表现企稳向好。在这种大背景下，法令550以及其他财政法律开始实施。哥伦比亚的重要宏观经济指标，如国内生产总值和通胀率始终保持相对强劲。甚至在2008—2009年全球爆发金融危机之后，这些指标依然坚挺。哥伦比亚稳健的经济、较高的收入和温和的利率，共同促进了财政收支平衡的好转。同时，对政府间财政转移支付制度的改革有效地稳定了中央政府对地方政府的转移支付。

注　释

本文所述的发现、解释和结论，均属作者个人观点，不代表世界银行、世界银行执行董事会及其所代表的政府，或者外部作者可能隶属的任何机构的观点。

1. 在哥伦比亚的体制中，所有的破产程序都由行政部门管理，司法部门一般不会介入。

2. 关于这些国家的具体经验，读者可以参看 Liu and Waibel（2009）发表的跨国经验回顾文章、本书第7章关于匈牙利的部分（Jokay）和第8章关于美国的部分（De Angelis and

Tian)。在美国，并不是所有地方政府都可以根据破产法第 9 章在联邦法院提起破产诉讼，因为有些州政府并未授权其下属地方政府诉诸联邦法院。至于美国 50 个州是如何处理地方政府破产事项的，请读者参看本书第 14 章。

3. 按照 1999 年通过的《第 550 号法令》，企业监管协会拥有了对地方政府破产事项的管辖权。企业监管协会成立于 20 世纪 30 年代，其职责是多样化的，既是企业登记机构、企业监管机构，又是具备准司法性功能的破产监管机构。

4. 这一部分援引自财政与公共信贷部章程第一章（2009 年）。

5. 1968 年通过的《第 33 号法令》和 1971 年通过的《第 46 号法令》规定了中央和地方财政收入的分享比例公式，这些收入主要被用于教育和卫生领域。

6. 例如供水设施、医疗教育设施、农业技术辅助、城市交通建设和其他当地基础设施。

7. 哥伦比亚用 territorial governments 等同于“地方政府”的涵义。

8. 数据来自：哥伦比亚国家统计局（Departamento Administrativo Nacional de Estadística，http：//www. dane. gov. co/#twoj_ fragment1 –4MFPC：Balance Fiscal Gobierno Nacional Central 1994 – 2010）。地方政府开支比例中剔除了分权地方单位（主要是地方政府所有的基础设施公司）。

9. 数据来自：《世界银行 2009 年报告》。教育和医疗投入占省级支出的 41%，占市级支出的 45%。

10. 包括 Situado Fiscal 和 Participaciones Municipales。

11. 起初，这项拨款的实际增长有超过国家实际 GDP 和收入增速（可能是负增长）的危险，就像 1999 年到 2001 年阿根廷的情况那样，但所幸哥伦比亚最终实现了正增长（冈萨雷斯、罗森布拉特和韦伯，2005）。

12. 2007 年通过的《第 1176 条法令》对一般转移进行了最后一次略微的修订，规定统计数额时按中期算。

13. 具体细节见《世界银行 2009 年报告》表 1. 1C 和表 1. 2C。

14. 地方发展金融公司（Financiera de Desarrollo Territorial，SA，FINDETER），其主要职责是为省级政府、分权制地方单位、大城市群、市级政府或相关单位的借贷票据提供再贴现服务（http：//www. findeter. gov. co/aymsite/index_ en. php. ）。

地区经济促进和发展机构（Institutos de Fomento y Desarrollo Territorial，INFIS）则是财政监管协会管辖范围之外的金融机构。具体见 Duff and Phelps de Colombia SA，Finanzas Territoriales，Special Report，April 2009.

15. 这三个公司是 TGI International Ltd. ，Bogotà Electricity Company，and Medellin Public Enterprises。来源：bloomberg。

16. 财政与公共信贷部 2009，28。

17. 经常性储蓄是经常性收入和非利息支出的差。

18. 第 15 条款规定了法律生效前的一个过渡时期，这个时期中，两个指标都超过临界负债阈值的实体可以在第一年和第二年分别将其净债务最多增加到消费者物价指数的 60% 和 40%。

19. 省会城市必须得到财政与公共信贷部的许可。

20. 法律 550/1999，条款 58 及法律 617/2000 中条款 69 的修正。

21. 私有企业的破产程序现在由法律 Law 1116/2006（包括法律 1173/2007 和 1380/2010 中引入的修订）规定。

22. 法令 694/2000 的条款 17 和条款 3。禁止地方实体采取以下行动：（a）举新债或产生其他债务；（b）修改劳动合同或者招聘新员工；（c）修改预算或者开始可能带来潜在支出的项目；（d）买卖资产；（e）兑现担保；（f）补偿、支付或者清除任何债务，除非对于避免基础服务提供出现停顿是严格必要的或者影响到基本权利。

23. 投票权重由每个索赔人的索赔额在总债务中所占的份额决定，而这个份额是由发起人和企业监督协会决定的。养老金索赔人选择一个发言人来代表他们的团体进行投票。1999 年颁布的第 549 号法令为养老金债务的定义提供了更多的细节。

24. 关于养老基金的拖欠问题常常言过其实。这种拖欠常常是在无意间形成的，因为工人经常更换其养老基金委托公司，而旧的基金公司由于不知情而错以为自己没有按期向客户的账户支付养老金（根据 2010 年 10 月对某养老基金律师的采访）。

25. 1999 年颁布的第 550 号法令，第 58 条第 1 款 和 2000 年颁布的第 617 号法令修改案的第 69 条。

26. 与通讯相关的服务（例如电话分布与农村的本地移动服务）再也不受公共服务监督部门的管理，而是由 2009 年颁布的通讯与信息技术法第 1341 条加以约束。

27. 总债务的计算方法是将地方政府认可的欠债金额与债权人提出的额外偿债请求相加。

28. 地方实体做出的支付。

29. 这是根据 2000 年颁布的第 633 条法令，该法令对石油储蓄与稳定基金做出了详细的规定。

30. 除了省和城市，四个地方服务单位在相同的时间里也使用了《第 550 号法令》。这些单位是 Cesar 省的几个医院（Universidad del Atlántico and ESE Hospital Olaya Herrera de Gamarra，ESE Hospital Regional Jose Villafañe de Aguachica，and ESE Hospital Inmaculada Concepción de Chimichagua）。

31. 太平洋海岸南端的 Nariño 省的个例研究显示，Nariño 省在《第 550 号法令》和《第 617 号法令》的规定和保护下受益于财政与公共信贷部的支持。的确，这似乎是使用这两个程序的典型案例，从这层意义上讲他既需要《第 550 号法令》的破产保护也需要第 617 号法令所支持的结构调整。政府裁员对于 Nariño 省的财政调整特别重要。Nariño 省是在第 550 号法令之下实施债务重组的成功案例。其债务重组不仅在实施之初没有出错，并且在实施过程之中也未出现延迟和倒退，不需要二次债务重组。Nariño 省正按照原计划逐步退出第 550 号破产程序（根据 2010 年作者的实地考察）。

32. Corbacho 和 Schwartz（2007）讨论了因果方向认定的问题。他们在研究中比较了有财政责任法和没有财政责任法的两种国家的财政赤字，然后发现有财政责任法的国家往往有较小的财政赤字。但是，在这种跨国比较中所需要的地方财政赤字的数据却很难得到。

33. 由国际货币基金组织编制的债务可持续性分析表明，在基准的情况下，哥伦比亚的公共债务轨迹是呈下降趋势的。

34. 数据来自哥伦比亚中央银行以及国际货币基金组织。

35. 来源：DAF，MFPC，"Informe sobre la Viabilidad Fiscal de los Departamentos," Vigencia 2010.

36. 2008 年，巴兰基亚的新政府为推进债务重组，促进经济发展制订了宏大的计划。2008 年底，第 550 号法令下的协议通过了第三次修订。根据第 617 号法令的规定，它不仅能在中央政府担保下获得贷款和融资，还能获得一笔新贷款为进行行政改革提供资金支持。2010 年，巴兰基亚无需中央政府担保就能从金融市场融资。它是第一个在法令 550 的规范和保护之下获得新的市场融资的地方政府。第 550 号法令的保护与财政在支出与自主收入方面大规模的调整，显著地改善了巴兰基亚的信誉度（巴兰基亚的资料来自于 2010 年的实地考察）。

37. 猖獗的非法武装是 Chocó 大区 以及其他太平洋省份和亚马逊地区所面临的共同挑战。中央政府为促进 Chocó 的财政和债务管理付出了大量努力，但是该努力成果却被一些与国家治理相关的挑战（比如法律效力和政治文化的缺失）削弱了（Shepherd 2009）。

38. 自从中央政府部门开始管理社会服务支出，原本管理能力就弱的 Chocó 省和一些小的城市（此外这些地方还大量滋生腐败和暴力事件）失去了实权，陷入了更加尴尬的境地（Shepherd 2008）。

39. 根据 2010 年 10 月 以及 2011 年 7 月期间与作者的两次讨论。例如，2010 年，巴兰基亚得到了一个较高的信用评级，并且回到金融市场来筹集新的借款，尽管它仍受第 550 号法令的保护。

40. 根据 2011 年间的现场采访。《第 550 号法令》也许不会保护地方政府免于所有的禁令。在 St. Marta 的例子中，一些法庭命令禁止了多达 25% 的年均自主收入。同时，行政区根据《第 550 号法令》形成了一项协议。但是《第 550 号法令》并没有发挥约束力，并且被禁止的基金获得了绝对优先权。

参考文献

Ahmad, Etisham, and Katherine Baer. 1997. "Colombia." In *Fiscal Federalism: Theory and Practice*, ed. Teresa Ter-Minassian. Washington, DC: International Monetary Fund.

Bird, Richard M. 1984. "Intergovernmental Finance in Colombia: Final Report of the Mission on Intergovernmental Finance." Harvard Law School International Tax Program, Cambridge, MA.

Central Bank (Banco de la República). http://www.banrep.org/series-estadisticas/see_precios.htm.

Central Bank (Banco de la República). http://www.banrep.gov.co/series-estadisticas/see_finanzas_publi.htm.

Corbacho, Ana, and Gerd Schwartz. 2007. "Fiscal Responsibility Laws." In *Promoting Fiscal Discipline*, ed. Manmohan Kumar and Teresa Ter-Minassian. Washington, DC: International Monetary Fund.

De Angelis, Michael, and Xiaowei Tian. 2012. "United States: Chapter 9 Municipal Bankruptcy - Utilization, Avoidance, and Impact." In *Until Debt Do Us Part - Subnational Debt, Insolven-*

cy, and Markets, ed. Otaviano Canuto and Lili Liu. Washington, DC: World Bank.

Dillinger, William, and Steven B. Webb. 1999. "Decentralization and Fiscal Management in Colombia." World Bank Policy Research Working Paper 2122, World Bank, Washington, DC.

Duff and Phelps de Colombia SA / Fitchratings, Finanzas Territoriales, Special Report, April 2009, http://www.fitchratings.com.co/resources/getresource.aspxñID = 534.

Echavarria, J. J., C. Renteria, and R. Steiner. 2002. "Decentralization and Bailouts in Colombia." Fedesarrollo, Bogotá, Colombia.

FINDETER. http://www.findeter.gov.co/aymsite/index_ en.php.

Gonzalez, Christian, David Rosenblatt, and Steven Webb. 2004. "Stabilizing Intergovernmental Transfers in Latin America: A Complement to National/Subnational Fiscal Rulesñ" In *Rules - Based Fiscal Policy in Emerging Markets*, ed. G. Kopits. Washington, DC: Palgrave - Macmillan and International Monetary Fund.

Jókay, Charles. 2012. "Hungary: Subnational Insolvency Framework." In *Until Debt Do Us Part - Subnational Debt, Insolvency, and Markets*, ed. Otaviano Canuto and Lili Liu. Washington, DC: World Bank.

Liu, Lili, Xiaowei Tian, and John Joseph Wallis. 2012. "Caveat Creditor: State Systems of Local Government Borrowing in the United States." In *Until Debt Do Us Part - Subnational Debt, Insolvency, and Markets*, ed. Otaviano Canuto and Lili Liu. Washington, DC: World Bank.

Liu, Lili, and Steven B. Webb. 2011. "Laws for Fiscal Responsibility for Subnational Discipline: International Experience." World Bank Policy Research Working Paper, #5587, World Bank, Washington, DC.

Liu, Lili, and Michael Waibel. 2009. "Subnational Insolvency and Governance: Cross - Country Experiences and Lessons." In *Does Decentralization Enhance Service Delivery and Poverty Reductionñ* ed. Ehtisham Ahmad and Giorgio Brosio. Edward Elgar, Cheltenham, UK; Northampton, MA, USA.

MFPC (Ministerio de Hacienda y Crédito Público). 2010. "Informe sobre la Viabilidad Fiscal de los Departamentos, Vigencia 2009." Bogotá, Colombia.

MFPC (Ministerio de Hacienda y Crédito Público). 2011. "Informe sobre la Viabilidad Fiscal de los Departamentos, Vigencia 2010." Bogotá, Colombia.

MFPC (Ministerio de Hacienda y Crédito Público). 2011. "Marco Fiscal de Mediano Plazo." Bogotá, Colombia.

MFPC Statistics: http://www.minhacienda.gov.co/MinHacienda/haciendapublica/politicafiscal/informacionfiscal/datoshistoricos.

NPD (National Planning Department). 2010. "Desempeño Fiscal de los departamentos y municipios, 2010." Bogotá, Colombia.

Rojas, Fernando. 2003. "At the Crossroads of Decentralization: Recentralization, Federalization." In *Colombia: The Economic Foundation of Peace*, ed. Marcelo Giugale, Olivier Lafourcade, and

Connie Luff. Washington DC: World Bank.

Sánchez T., Fabio, and Catalina Gutiérrez. 1995. "Colombia." In *Fiscal Decentralization in Latin America*, ed. Ricardo López Murphy. Baltimore: The Johns Hopkins University Press for the Inter - American Development Bank.

Shepherd, Geoffrey. 2008. "Colombia and the Department of Cholo." Political Economy Note, World Bank, Washington, DC.

World Bank. 2009. *Colombia: Decentralization: Options and Incentives for Efficiency*. Washington, DC: World Bank.

6

法国地方政府破产制度

刘琍琍　Norbert Gaillard　Michael Waibel

引　言

法国是个有着悠久历史的中央集权制国家，1982—1983 年和 2003—2004 年间分别颁布的两部地方分权法令，成功将中央权力下移至市镇、省和大区三级地方政府。这三级地方政府拥有行政自治权，各自拥有自己的职责和执行能力，2003 年后更是享有财政自治权。由于法国小城市众多，几个城市合作提供公共服务是常见现象，比如供水系统、生活垃圾处理系统和污水处理系统都可以由几个城市联合运营。另外，这些地方政府还拥有 50%—85% 的公私合营企业。

1982 年以前，地方政府的贷款事宜均由国家统一安排，通常享受较优惠的利率。随着 1982 年分权法案的颁布，地方政府想要贷款就不再需要上报地区长官（国家派驻在各地区的代表）以获取许可了。20 世纪 80 年代，多家银行先后为地方政府打开借贷大门，直接动摇了国有银行几家独大的地位。自 2008—2009 年金融危机以后，法国地方债券市场的利率一路攀升。

20 世纪 90 年代初，一些城市纷纷陷入资不抵债的困境，中央政府遂对地方政府借贷施以严格整顿，一系列针对债务监管、流动性管理和或有债务的审慎法规纷纷出台，地方财政的透明度得以加强。地方政府在遵守这些借贷法规的同时，还要严格遵守会计法规和财政收支法规；在享有充分财政自治权的同时，还要受到中央在省级政府的代表、地区审计机构和公共会计师三方的监管。

根据法律规定，地方政府无权宣布破产，更被禁止抵押国有资产。如果地方政府无力偿债，中央政府会强行介入，整顿地方财政系统，并参与对债权人的谈判。中央政府不会为地方政府借贷作担保，但在特殊情况下可以提供资金援助。然而，这种援助的规模极小，国家也不会来“兜底”地方债务。

公私合营企业必须遵守一般的公司破产法规。而其他由政府出资运营的单位，如实行财务自治的公共服务企业，则也要遵循相关行政法规。在这些法规中，破产清算是被严格禁止的。

本章回顾了法国中央政府如何把财政分权和财政监管相结合，以及中央政府监管、介入地方政府债务危机的一系列相关政策。本书的主要内容是回顾与分享各国处理地方政府债务和相关监管制度改革的经验，本章作为其中重要一环，相关数据更新至2010年。[1]

本章其他内容如下：第二节介绍法国地方政府的组织机构和财政系统，第三节介绍中央政府监管地方财政的三种渠道，第四节介绍地方政府借贷机制和借贷市场的发展历程，第五节讨论由不同形式的市镇间合作和公私合营所带来的一系列潜在财务风险，第六节介绍法国政府应对地方政府财务危机的相关机制，第七节得出结论。

法国地方政府组织机构和财政系统

行政组织机构

法国分权制度的发展还要追溯到一千年前，法国作为独立主权国家刚刚建立的时候。1789 年法国大革命后，市镇纷纷建立。第二年，省级行政单位建立，1871 年 8 月 10 日第三共和国政府颁布了史上第一部自治权法令，划定省级政府作为一级地方政府。这部法令还规定了市镇级分权制衡的运行原则，并赋予市议会监督市镇级长官的权力。1972 年大区级行政单位建立，1982 年成为一级地方政府。[2]

1982 年以前，省级和市镇级政府的职权依然相当有限。中央在省级政府的代表作为中央指派的地方长官，拥有行政权和审批下属所有级别地方政府立法的权力，同时对地方政府的决策拥有审批权和一票否决权。20 世纪 80 年代初期法国的两次自治权改革浪潮给传统政府运行体制带来了重大变革。最终的行政机构设置见图 6.1。

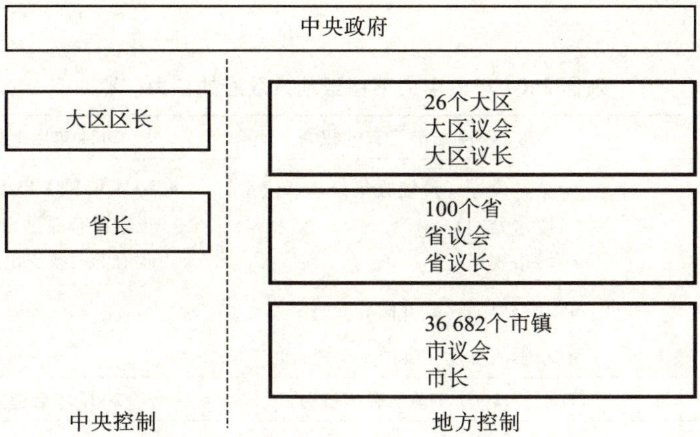

资料来源：Dexia 2008

图 6.1 法国地方政府机构设置

根据法国宪法第十二章中有关规定[3]，地方政府在自己领地内拥有自主管理权，组织体制区别于中央组织体制。法国现有 26 个大区，100 个省和 36 682 个市，其地方政府数目占据了整个欧洲地方政府总数的 40%。这些地方政府均各自为政，互不介入，[4] 但其中 4 个海外大区（同时也是海外省）地位特殊。[5]

两次地方自治权改革浪潮

20 世纪 80 年代初，国家颁布了一部改革政府机构设置的法令。[6] 其中包括：

- 用事后控制取代事前控制，执行者有中央在省级政府的代表、国家审计法院和新近成立的负责审计地方政府预算的大区审计院。
- 将省级执行权移交至省议会议长（即议长在该省范围内行使执行权）。

1983 年 2 月 7 日和同年 7 月 22 日颁布的法令[7] 具体限定了中央政府和地方政府各自的权限并规定了一整套财政转移支付体系。如今这两部法令被统一称作《法国地方分权第一法案》。

第二次地方自治权改革浪潮始于 2003 年。宪法修正案第 2003 - 276 条开始提及“共和国分权组织”[8] 的概念，并首次将大区级地方政府纳入其中。[9] 市镇、省和大区三级地方政府被称作“地方当局”，享有地方行政权，并规定 2003 年起开始享有财政自治权[10]。宪法同时认可了地方政府联合运行机制和地区政府合并机制。[11] 这次修宪有力地加强了地方民主建设，[12] 推进了地方政府的财政自治以及法国对[13]海外领地的控制。[14]

2004 年 8 月 13 日通过的宪法第 2004 - 809 号修正案关于地方自治权限和职责部分中规定，自 2005 年 1 月 1 日起，进一步将中央政府的部分权力移交给地方（见表 6.1）。

表 6.1　　　　法国 2004 年由中央下移至地方政府的权力一览

市镇	2004 年前已有的权力	2004 年后追加的权力
地方经济发展	• 公共设施（垃圾收集处理、供水与废水处理） • 城市规划	• 2004 年 8 月 13 日通过的宪法修正案没有显著改变市一级地方政府的财政支出责任
医疗与社会保障	• 社会保障（幼儿园）	
文化与教育	• 小学的修建与维护	
省	**2004 年前已有的权力**	**2004 年后追加的权力**
地方经济发展	• 二级公路修建 • 城际公共交通	• 国道及其职工管理（2006 年起）
医疗与社会保障	• 社会救助（老年、儿童与残障人士） • 管理国家最低生活保障金（1988 年起） • 预防性保健 • 医疗保健	• 青年人资助 • 住房资金补助
文化与教育	• 公立初中修建	• 初中非教职人员管理
大区	**2004 年前已有的权力**	**2004 年后追加的权力**
教育	• 高中修建及运营维持 • 职业培训资助 • 为大学提供部分资金	• 制定教学标准 • 资助学校 • 高中非教职人员管理（2006 年起）
地方经济发展与交通	• 运营区域性的铁路 • 基础设施建设 • 财政补贴分配（商业税收减免）	• 援助区内私有企业 • 制定区内经济布局和规划
文化	• 区内博物馆的建设与资助	• 文化遗产登记
医疗	• n. a.	• 医疗保障服务（疾病预防、疫苗接种等） • 资助卫生设施的可能性

资料来源：惠誉 2008 年报告。

注：n. a. = not applicable（不适用）

两次地方自治权改革浪潮不仅改变了地方政府的机构设置和责任权限，同时变革了中央政府的监控机制。各省和各大区被赋予了更多的权力，包括更多的征税权和行政自治权，由此获得了更多的自治权力和资源（惠誉国际 2008 年报告）。

政府间合作体和地方政府所有企业的重要性

同其他国家相比，法国拥有数量众多的小型市镇，平均人口 1 600 余人。20 000个以上的小型市镇人口不过 500 人，大约 32 000 个小型市镇人口不到 2 000人。[15]市镇之间的合作开始于 19 世纪末，为的就是整合小型市镇过于分散的服务职能。自那以后，市镇际合作制度纷纷建立，使得小型市镇的运行更有效率。

市镇间的合作方式主要有两种：第一种是无自主税收来源的合作制，包括单一目的结构和多目的结构；第二种是可以自主征税的大型合作结构（比如可以自行制定当地的营业税）。

1999 年出现了三种可自主征税的市镇合作制度，第一种是由小镇组成的市镇共同体；第二种是城郊共同体，它是一个人口规模在 50 000—500 000 人的中型城市区域，区域内包括至少一个人口 15 000 人以上的较大城市；第三种城市共同体指人口规模在 500 000 人以上的城市区域。[16]

2008 年，法国 91% 的市镇（占总人口 87%）至少加入了 2 583 个自主征税共同体中的一个。这些共同体由税收支撑运营，同时接受中央政府的拨款。[17]共同体的审议机构由从各成员市镇中选出的议员组成，有一个执行人和一个委员会。共同体把越来越多的提供公共服务的职能委派给他们所拥有的或所控制的公共机构来完成。

第一种公共机构是公私合营企业，通常是遵守企业破产法[18]和其他商业法规的商业公司。共同体赋予该类企业的职责大多是提供公共基础设施服务，比如公共交通。地方政府必须持有此类企业总资产的 50%—85%。如果这类企业陷入财务危机，其持有的“公共资产”就会被转移到一个新创立的企业中，由新企业代替陷入危机的企业来提供公共服务，这通常是私有制企业的惯例。地方政府作为这些公私合营企业的股东，承担该企业的损失，并且因为显性或隐性的担保而背负债务。即便地方政府是最大的股东，对该类企业的监管还是很弱的。

第二种公共机构是事业单位，通常是一些遵守行政法规的财务独立单位，主要存在于卫生、教育和文化领域中。虽然这些单位相对独立，但还是受地方政府的管制。由于受公共部门法规的管制，它们不能破产清算。[19]最大规模的事业单位由中央政府管理。

第三种公共机构是非营利机构，它们通常会得到地方政府的资助。选举产生的政府官员一般在这些机构中占据重要职位。地方政府对这些机构的介入会给自身带来财政风险，由于这些机构被认为起着维系社会和谐的作用，地方政府往往要为这些机构的财务赤字买单。

地方财政系统

2009年，法国地方政府支出达2 140亿欧元，占法国政府总支出的21%。[20]其中，市镇级政府支出占地方政府总支出的49%，省级政府支出占36%，大区级政府支出占15%。[21]与此同时，在地方政府总收入中，税收占49%。中央政府转移支付占市镇和省财政收入的21%，占大区财政收入的31%。而地方政府的贷款仅占地方政府总收入不到10%的份额，如图6.2、图6.3和图6.4所示。

地方政府收入按来源主要分为三种：中央政府转移支付（2008年约为720亿欧元，惠誉国际2008a）、本地税收和共享税收即非本地税收。

四种本地税收如下：

- 居住税，依据房屋的租赁价值计算
- 建筑地产税
- 非建筑地产税
- 职业税，由企业和/或雇主（包括法人和自然人）依据固定资产的租赁价值和员工工资总额缴纳（Rapport Balladur, 2009）。[22]

共享税包括：汽油税、保险合同税、房地产交易税和汽车登记税。中央政府转移支付则主要由公共服务拨款构成，通常是非专项拨款。

2008—2009年的国际金融危机给法国的地方财政带来了冲击。尽管中央政府刺激经济的一揽子措施已经缓解了这些冲击（惠誉国际2009年报告），[23]但是

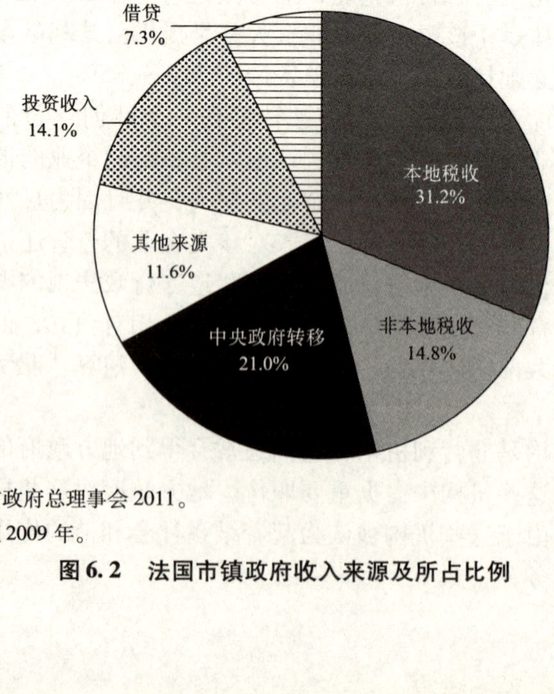

资料来源：地方政府总理事会2011。

注：数据更新至2009年。

图6.2 法国市镇政府收入来源及所占比例

全球经济恢复前景不明朗，地方财政的可持续性也颇令人担忧。2010 年 4 月，Jamet 的分析报告预测 11 个省将面临财政危机的风险。[24]这 11 个省的财政支出都经历了疾速的增长[25]，收入却大幅度的下降。

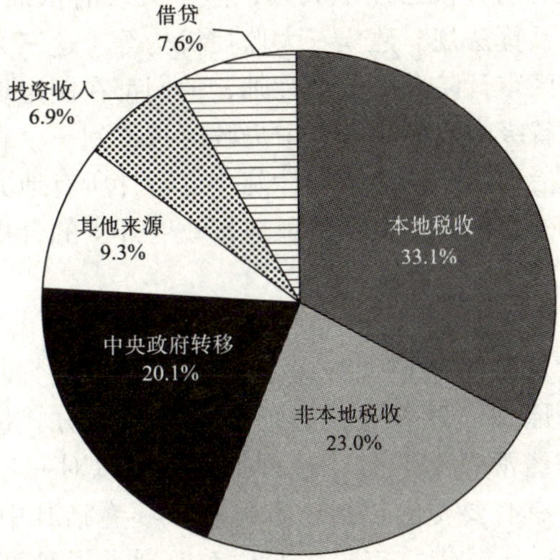

资料来源：地方政府总理事会 2011。

注：数据更新至 2009 年。

图 6.3　法国省级政府收入来源及所占比例

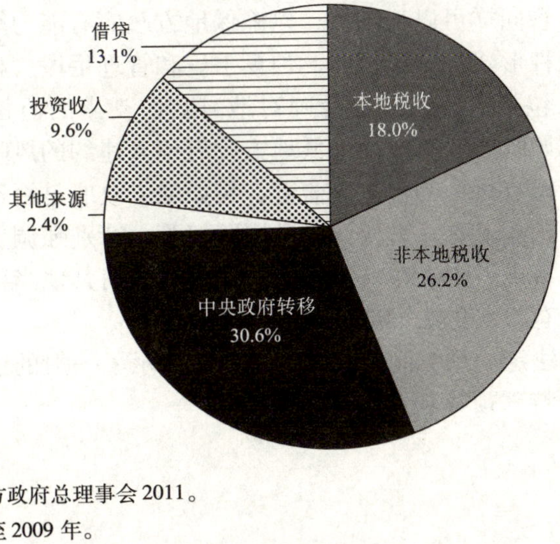

资料来源：地方政府总理事会 2011。

注：数据更新至 2009 年。

图 6.4　法国大区政府收入来源及所占比例

中央政府的监管和控制

虽然如今法国政府的分权已经很成熟，但中央政府依旧对地方具有控制力，如制定地方政府平衡预算法规、建立三大监控机构等。这三大监控机构指中央在省级政府的代表、大区审计院和公共会计师，他们都在制定地方政策中起着不可或缺的作用。中央在省级政府的代表是中央政府指派到一个省的代表，并有权监控该省内所有市镇的治理活动；大区审计院负责审计所有地方政府的账目；作为中央政府的公务员，公共会计师负责保证地方政府开支的合规性。

平衡预算法规及其执行过程

国家通过平衡预算法规监控地方政府，也就是说地方政府必须收支平衡。预算过程要体现这一原则。地方议会必须通过投票的方式决定是否通过预算，包括投资预算平衡和经常开支平衡。[26]这种平衡必须以对一年内收支的合理预期为基础，且必须将所有必要支出包括还本付息事项囊括其中。[27]强制性支出必须要来源于收入，而不得通过借款支付。专栏 6.1 展示了预算过程中一些具体的规则。

中央在省级政府的代表和大区审计院

中央政府的监管同样可以很细致，以确保地方政府有能力履行其偿债义务。[28]这类监管通常有三种形式：法律手段、预算手段和管理手段。核心在于通过一个精细的调控系统（包括通过公共会计师对地方政府支出的监督）来防范地方财政危机。这些事前监管可以有效地降低地方政府债务违约的风险。

法律手段涉及地方行为的合法性监管，例如地方政府是否遵守、尊重程序性法规，是否在某项法规上有重大误读或滥用职权等。特别强调要对议会投票或征税事项进行合法性审查。中央在省级政府的代表或任何其他当事人都可以要求行政法官介入，后者有权宣告法案部分或全部无效。

预算手段涉及法定的预算制定过程。表 6.2 展示了一般的预算制定过程中的截止日期（相对于特殊预算制定而言）。

专栏6.1 法国地方政府财政规则：基本原则

以下是法国地方政府财政规则的基本原则：

年度性原则：递交投票流程的预算法案的时间跨度必须是一个日历年——从1月1日到12月31日。

先前性原则：预算法案必须在当年3月31日前完成投票流程（如果刚选举出新一届地方议会，则截止时间推至4月15日）。关于投资的预算修正案必须在12月31日之前做出，关于经常性开支的预算修正案则必须在下一个财年的1月21日之前做出（《地方政府普通法典》第L. 1612－11条）。

整体性原则：一份递交投票流程的预算法案必须包括全部预算内容。

通用性原则：预算法案中必须列出所有收支款项。不得指定某项收入的用途。

专业性原则：所有收支款项必须按照会计原则罗列。

平衡预算原则：递交投票流程的大区、省和市镇预算法案必须收支相抵。其中经常性项目和投资性项目必须各自平衡（《地方政府普通法典》第L. 1612－4条）。年度收入必须足以支持年度债务的偿还，同时收入和支出的数额必须具有可信性（即收入不可高估，支出不可低估）。如果地方政府不愿意通过增加收入来平衡收支，中央在省级政府的代表可以强制征收新的税种（这一措施被称作自动登记，见朗格多克大区审计院1989年1月18日颁布的决定）

表6.2 法国预算制定过程中的截止日期

日期	流程
1月1日	财年开始
4月15日	通过预算草案的截止日期
6月1日	国库经常账户中财政资金转移至地方议会的截止日期
6月30日	地方政府经常账户中行政资金获得地方议会通过的截止日期
12月30日	财年结束

资料来源：罗伯特2009年报告。

中央在省级政府的代表控制着地方预算的事后合法性（参见《地方政府普通法典》条款L. 1612至L. 1612－20）。法国宪法的47－2条声明：

全国审计法院协助议会控制政府的行动。它既在金融法以及社保融资法律的控制和执行上协助议会和政府，也帮助评估公共政策。它通过发布公告来帮助通知选民。公共行政账户必须做到规范、诚信，同时对于其管理成果以及财产和财务状况给出准确的描述。

地方政府预算决策必须上报中央在省级政府的代表。中央在省级政府的代表或者任何其他被这项决策影响的人（例如，任何一个住在该地方政府辖区的纳税人或任何债权人），都可以在决策被采用的两个月内向行政法庭提出对其合法性的质疑。一个例子是预算法禁止借新债来弥补经常性支出的赤字。行政法官有权撤销某一项决议。

中央在省级政府的代表和大区审计院负责预算控制。大区审计院是在 1982 年 3 月 2 日依法创立的。每个大区有自己的审计院，并且所有成员都有终身任期。这些审计院不仅对地方政府有管辖权，而且还管辖一些公共机构（医院、公立中学等）、公私合营机构以及由地方政府赞助的协会组织。预算决议在被采纳后需要被送至中央在省级政府的代表处。大区审计院有权对预算草案做出调整（财政调整）。一旦这些审计院提出的调整建议没有被融入到预算中去，中央在省级政府的代表就可能会进行干涉以确保地方政府履行他们的支出义务，并且符合平衡预算的规则。地方长官也可以选择不采纳大区审计院的建议，但是必须对其做出解释。

预算控制仅涉及严格意义上的预算工具，包括预算草案，任何补充性预算，修正现存预算的决议，任何附加预算以及行政账户。控制限于以下形式：（a）初步预算的提交日期和投票日期；（b）预算的平衡；（c）账户的批准；（d）强制性支出的范围和支付行为。如果出现违规情况，中央在省级政府的代表须将事件提交大区审计院[29]，大区审计院将视情况对预算进行修订。

预算草案必须在通过后 15 天内送达中央在省级政府的代表。否则，中央在省级政府的代表可要求大区审计院进行干预。在 2007 年和 2008 年，审计院提出了 114 项关于预算的决议，其中 49 项是针对错过预算最后期限的情况的（国家审计院，2009c）。

关于预算平衡，中央在省级政府的代表可以在接到预算后最多一个月内将事务提交大区审计院。审计院从接手事务之后有一个月的时间来对相关地方政府的预算平衡提出建议措施。审计院在 2007 年和 2008 年分别做出了 112 项和 146 项关于不平衡预算的决议（国家审计院，2009c）。

如果预算赤字超过了收入的 5%—10%（取决于地方政府的规模[30]），中央在省级政府的代表可要求大区审计院干预。中央在省级政府的代表可在 1 个月内要求大区审计院审查那些不准确或者非法的预算决议。可能被审查的情况包括（但不限于）出现经常性项目赤字的预算或者那些没有包括强制性支出（如债务偿还）的预算。

大区审计院将在两个月内提出建议来要求地方政府平衡其预算，这可能包括要求地方政府减少支出并且增加税收。中央在省级政府的代表必须将修正后的下一年预算送至审计院。如果某市政当局没有采取充分的减少赤字的措施，大区审计院将在一个月内向中央在省级政府的代表提出其他措施。中央在省级政府的代表可能会采取财政控制手段来强制推行一个预算。或者中央在省级政府的代表也可以拒绝采纳审计院的建议，但是需要解释原因。在 2006 年，有 119 个审计院进行此类干预的例子。[31]

强制性支出必须被包括在预算中而且必须实际支出。中央在省级政府的代表或者任何其他因强制性支出未被纳入预算而遭受不利影响的人，都可以向审计院提出诉讼请求。这是审计院介入的最常见的原因。例如，债务还本付息，包括本金和利息，构成一项强制性支出。因此债务还本付息必须被作为一个支出项加入年度预算中。如果到期债务没有偿付，债权人可以要求行政法庭将债务还本付息包括在地方政府的预算中并且确保支付（《地方政府普通法典》条款 L. 1612 - 15 至 L. 1612 - 17）。中央在省级政府的代表有权拒绝大区审计院的建议，但必须解释做出此项决定的原因。如果中央在省级政府的代表接受了审计院的决定，除非地方政府可以证明债务并没有到期，否则法院将会做出有利于债权人的决定。支付令将被发布，公共会计师将动用政府账户资金偿还债务。

当然，地方政府账户上需要有足够的资金来执行这个支付令，这对于预算控制来说是必要的。如果后期发现地方政府已经陷入财务危机，那么一些要求其还款的措施就变成一纸空文。此时，大区审计院的角色非常重要。在 Pont - Saint - Esprit 的案例中，国家审计院提出了几项建议措施来确保债务的偿还，例如强制要求地区行政长官的任何决定提交市镇议会讨论，以及在偿债措施未被履行时追究当事人责任（国家审计院，2009a）。[32]

税收定期进入地方政府账户。如果地方政府可用资金不足以偿还债务，代表中央政府的部门将发布一个逾期未付通知，并且要求相关单位为偿还债务创造出必须的资源。如果地方政府议会或者公共部门没有创造出必要的资源，则由代表中央政府的部门或者监管人员接手，在必要的时候下支付令（自行委托）（图 6. 5）。

中央政府对地方政府预算的监督需要地方政府有内部控制。实际上，随着地方政府在过去 25 年里支出的不断增长，各地方政府已经加强了内部管理控制系统，这样不仅是为了确保其预算账户符合法律规定，也是为了保证在相对低的成本下实现目标。最近，越来越多的市镇通过市际的合作安排，在其财政控制系统上进行合作，例如对相关专家的培训。Balladur 2009 年的报告、Mauroy 2000 年的报告以及 Richard 2006 年的报告都鼓励这种合作。

中央政府的管理控制，指审计院的事后决议。它们大多数采取报告的形式。尽管地方政府的政客们对其持批评态度，但审计院的作用仍在逐年增强。实际上，即使审计院仅就财政资金是否被用在计划的用途上而提出质疑，地方议员也经常将这一点看作是对其管理水平和把握政策重点能力的质疑，这也是为什么这些程序在选举的过程中被暂停的原因。2001 年 12 月 21 日的法令禁止在价值层面

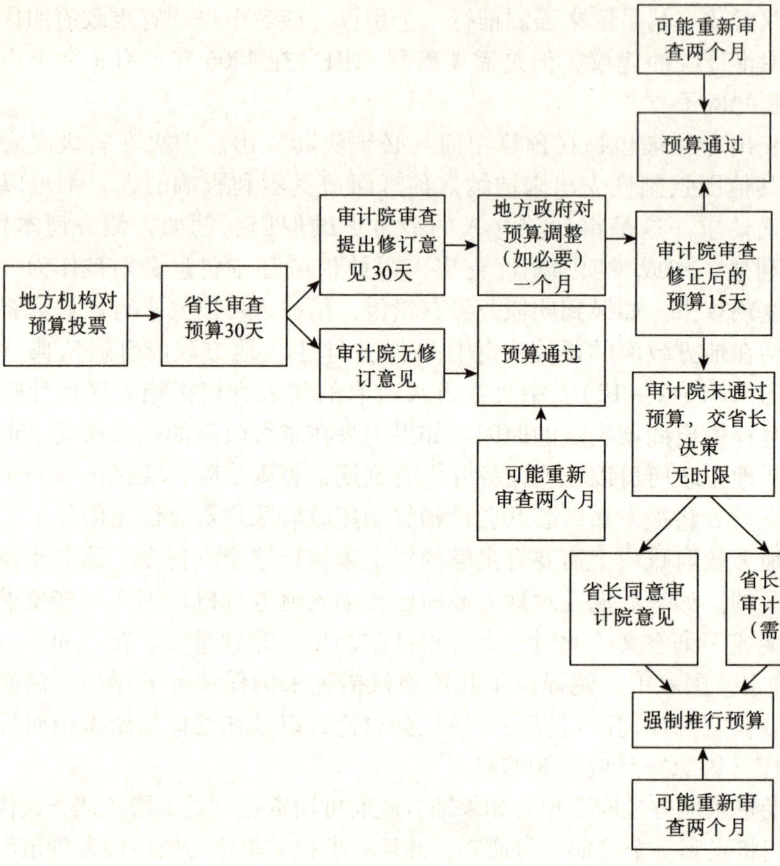

资料来源：Robert 2009。

图 6.5　法国的预算控制程序

进行审判（见《金融法院准则》的条款 L. 211 －8）。

审计院有特殊的权利来保证其履行职责（例如有权调阅所有必要文件）。在审计的末期，审计院会向其管辖的地方政府发送一份临时报告，地方政府可对其进行答复或者要求举行听证会。审计院对审计报告进行进一步分析并发布最终报告。地方政府可以进行二次回应，其回复将随最终报告一起发布并且向公众公开。

公共会计

法国将财政资金的支配权和资金的管理进行了区分。有权决定资金使用的官员（部长、市长以及地方议会议长）与管理资金并履行支付职能的的公共会计是分开的。[33]所有的公共会计师是中央政府的公务员。他们由财政部长任命并履行管理资金和会计的职能。[34]他们记录地方政府的财政收入并代表地方政府支付资金。公共会计确保地方政府的资金使用服从预算规则，但他们并不决定资金使用的方向。当公共会计拒绝一项支出的支付时，官员可依照征用令强制使用地方政府资金进行支付。然而官员将以其个人财产对违反预算规则的支付负责。

对于地方政府的收入，公共会计的控制相对有限。税收由财政部门管理，公共会计仅记录并核实各项收入。

对于地方政府支出，公共会计对其失职负个人责任，并且公共会计对所有财政资金的操作负有潜在的责任。他们核实预算分配、支出项目、债务及其偿还，税收、资金的可用性以及财政资金使用的条款。如果出现不符合规则的情形，公共会计有义务暂停该项资金的使用。

公共会计对地方政府财务进行不断的控制活动，自身也受制于两类控制：行政控制和司法控制。在行政控制方面，公共会计师受财政部——最高级别的公共会计的监督。[35]财政部的内部审计有两个执行部门：内部审计单位（负责审计、评估和控制）以及总体财务审查部门（由高级公务员充当高级审计员组成向财政部提供建议服务的小组）。这是要确保公共会计遵照法律规章并能够实施反欺诈措施。总体财务检查的成员拥有特殊权利（例如获得所有必要文件，尤其是所有公共会计师的记录以及在出现欺诈行为时暂时停止会计师的工作）。

在司法控制方面，尽管大区审计院不负责对公共会计的管理控制，但作为对地方政府合规性审计的后续，它们仍可以提出与公共会计意见相左的判定。如果一个公共会计师没有履行其责任，其将负法律责任并且在必要的时候还要以其个人财产负责。如果会计活动被判为合规，那么会计师就相应被免除责任。

法国有其独有的管理地方政府现金的体系。所有中央和地方政府的资金每日集中到一个国家财政账户之中。公共会计接收所有的收入并批准所有符合预算规则的支出。通常的准则是，地方政府必须将所有现金存放在国库。当需要支付资金时，地方政府要求国库支付给债权人，即所谓支付令。中央政府转移支付以及地方政府税收（地方税收由地方政府制定但由国家的税收部门代为收取）也转移至由国库掌管的地方政府的无息现金账户上。作为回报，国库不就管理其现金而向地方政府收费，并且地方政府可以在现金不足的时候预支未来税收。

为促进公共会计的控制活动，2006 年以来法国出台了一个系统的新程序（见图 6.5）。这些控制手段在几个不同水平上运营。新的工具，如计算机 Helios 系统，确保了周期性支出控制和非经常性支出的控制相分离。同样，支出多层次控制系统建立了一系列控制手段。这个系统帮助公共会计重新定义其事务的轻重缓急。

地方政府债务

地方借贷框架

在1982年出台分权法之前，中央在省级政府的代表执行事前控制。如果一项债务注定会伤及地方政府的利益，即如果这项债务最终导致过度借债，无论借债人是一个市、一个部门或者一个地区，中央在省级政府的代表都会阻止这项借贷发生。而且只有两家国家金融机构可以被地方政府借债。[36]

1982年，地方政府开始对其借贷负责并且可以在没有事前控制的情况下自行决定是否借债以及债务的数额。1986年，中央政府开始停止对地方政府发放享受特权利率的贷款。同年，地方政府必须向政府银行借款的要求被废止。目前，地方政府主要依赖于银行贷款，并且不同于美国的地方政府债券市场，法国地方政府债券市场很小：美国有20 000个地方政府和政府拥有的公司获得信用评级，而法国仅有大约40个。[37]

在20世纪90年代早期，法国的一些市政府经历着严重的财务危机。在20世纪90年代的后半段，中央政府制定了严格的地方政府借债的规则，引入更大的信息披露以及增加透明度的要求，并且实施了一个早期预警系统。

规范债务、流动性以及或有债务的审慎原则主要包括以下几点：

- 新的长期借款只能用于资本投资。
- 债务偿还属于强制性支出并且必须进行全额预算。
- 年度还本付息，包括支付在担保贷款上的金额，必须小于经常性收入的50%。[38]
- 地方政府对某一个借款人的担保不得超过其经常性收入的5%。[39]
- 政府担保价值不得超过借款本金的50%。

地方政府必须将现金存放在中央政府，后者则根据在前面章节中讨论过的控制框架来执行全部支付活动。除了这个借款框架，地方政府也必须遵循一定的会计和预算规则。这些规则包括要求经常账户和资本账户平衡，以及由地方政府用自己的收入进行年度还本付息的平衡预算原则。

地方政府借款可以采取贷款，发行债券或者包括结构性产品在内的其他工具。为了支付债务的本金，经常性收入必须产生正的余额。[40]《地方政府普通法典》条款L. 2122－22规定：

除了市议会赋予的权力外，市长在其任期内还可以被全部或者部分地授予以下权利：

在议会规定的额度内借款，目的包括为在预算中可预见的投资筹款，为用于管理其借款的财务运营筹资，包括为防范利息风险及汇率风险进行的对冲交易。

根据《地方政府普通法典》条款 L. 200 - 3、L. 335 以及 L. 4333 - 1 的规定，市镇、省和大区都可以借款。根据《地方政府普通法典》条款 L. 2331 - 8，借款产生的收入被计入地方政府预算中投资部分的非财政性收入。借款被定义为所有期限超过一年并且用于资本投资的债务的总和。期限短于一年的短期债务将被区别对待。[41]短期借款主要解决地方政府的流动性问题并且可用于所有种类的支出。

地方政府借款不必在几个出借人中进行投标[42]，但地方政府其他超过某一额度的银行业务或者投资服务必须通过招投标完成。[43]

然而即使地方政府开始为其借款负责，他们管理债务的自由度仍然受到大区审计院的控制，大区审计院可以宣布某些地方政府的行为无效。这种控制并不与授予地方政府自治权相抵触，它是符合法律规定的。因此，地方政府借款必须符合几项规则，例如禁止为经常性的政府运行开支融资、禁止投机行为以及要求将借款活动作为预算文件的一部分进行公布。借款合同如果作为一种风险管理工具则必须符合国家审计委员会在 1987 年 7 月 10 日做出的规定。地方政府必须将借款活动作为预算文件的一部分向当地议员以及市民公布，其内容包括地方政府所有借款的债权人（Robert，2009）。

法国地方政府债务的发展

1982 年分权法通过后，地方政府债务/支出比率有上升的趋势。地方政府债务占 GDP 比率从 1982 年的 8.5% 上升到 2007 年的 11.1%。这些新增的借款被地方政府用于因权力下放地方而承担的新责任，包括新的社会责任、经济责任以及基础设施项目。

在 2009 年，市镇级借款达到 67.5 亿欧元，省级借款达到 51 亿欧元，大区级借款达到 36 亿欧元。截至 2002 年，三级地方政府都实现了债务净偿还（即偿还债务数额高于借款数额）。从那时起，趋势开始逆转。2003—2009 年间，大区、省以及市政府的借款开始有了极大增长，分别增加了 153%、64% 以及 10%，如图 6.6 所示。

这个增长趋势部分可归因于《地方权力与责任法》（第 2004 - 89 号法令），这一法律加深了分权的进程。2005—2007 年间，更多新的支出责任被下放至地方政府，尤其是省和大区级政府。比如，大区要负责为社会保障、医疗保健、教育、经济增长、职业训练以及私立高中提供资金。省则要负责对帮助青年人计划、社会住房基金、残疾人补助、初中非教学岗位职工的管理，旧国道的管理以及私立初中的财政拨款（惠誉国际，2008a）。

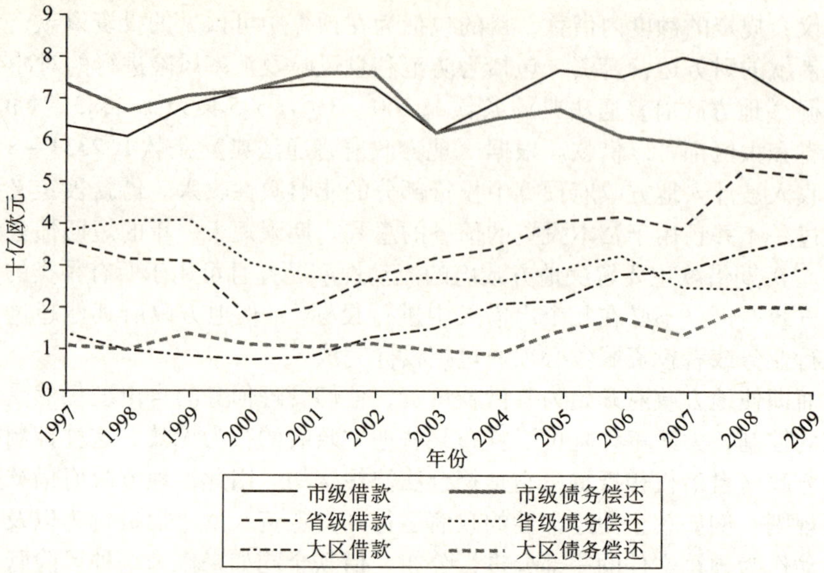

资料来源：DGCL 2011。

图 6.6 法国地方政府借款和偿还

贷款人

1987 年以前，法国地方信贷银行[44]垄断了市政府的贷款。从那时起，法国地方政府信贷市场在实质上就成了一个由四大银行——德克夏银行（目前这个市场里最大的银行）、松鼠储蓄银行、法国农业信贷银行、兴业银行组成的寡头垄断市场，因为这四大银行共计控制了 80% 的市场份额。尤其是德克夏银行，它在激进的结构化产品的销售中扮演着领导者的角色。自从全球金融危机之后，其更是饱受指责。在经济危机中，德克夏银行进入一段动荡时期，后来因为中央政府的支持才得以存活。自此这家银行撤消了其多家海外分支机构。鉴于德克夏银行无论从总量还是产品风险角度对地方政府激进的贷款受到的广泛指责，中央政府对其的支持引发了不小的争议。

从 2000 年起，几乎没有外国银行向地方政府贷款。在 2000 年早期，瑞士银行曾做过一次进入这个市场的不成功尝试。相较而言，苏格兰皇家银行则成功地向几个地方政府，例如 Aubagne 市政府，发放了贷款。[45]大多数地方政府通过银行贷款融资，但是也有例外，例如巴黎在 2008 年共筹集 3.3 亿欧元，其中 2.51 亿欧元是通过发行债券获得的，只有 0.8 亿欧元来自银行贷款（巴黎市政府报告，2009）。从 2000 年早期开始，地方政府就可以从以下几个渠道借款：银行贷款

（固定利率贷款、浮动利率贷款、结构化贷款以及以欧元或外国货币计价的循环贷款），或者发行债券（短期商业票据、中长期证券和衍生债券）。

地方政府的信誉

想要发行债券的地方政府需要参与评级。截至 2011 年 12 月 26 日，穆迪公司、惠誉国际以及标准·普尔已经分别对 3 个、9 个以及 13 个地方政府进行过评级。与主权国家和企业借款人不同，大多数地方政府是通过一个单一的机构来评级的。除了被标准·普尔[46,47]评为 BB + 的海外领地法属波利尼西亚，所有经过评级的地方政府都被列入投资级类别。88% 的地方政府被评为 AAA/Aaa 或 AA/Aa，这表明地方政府总体的信誉良好，如图 6.7 所示。

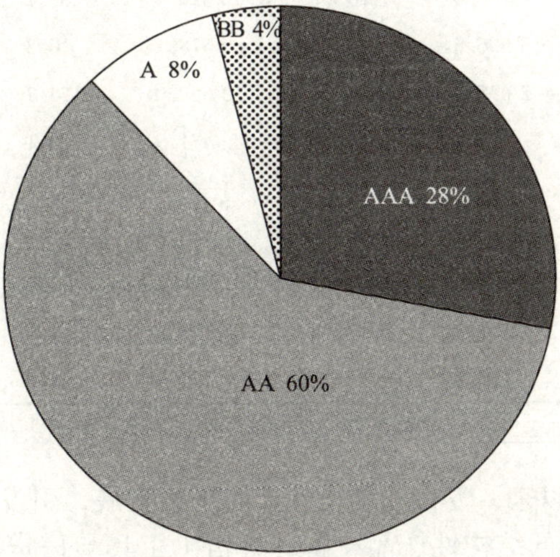

资料来源：作者从惠誉国际、穆迪公司以及标准·普尔的数据计算得出。评级为惠誉国际，穆迪公司以及标准·普尔自 2011 年 12 月 26 日开始的评级结果。共有 25 个地方政府参与评级。

图 6.7　法国地方政府评级分布

地方政府潜在财政风险管理

地方政府潜在的财政风险有两种：

第一种财政风险来自地方政府拥有的公司的潜在债务。[48]另外，地方政府有时会为其他企业担保债务。评级机构通常将这种地方政府拥有的公私合营企业发生的债务记为地方政府的间接债务。2011 年惠誉国际对法国 9 个地方政府的评级中，净间接债务加上担保占总债务的比率在 0.1%—74.7% 之间波动，均值为

31.1%（表6.3）。对地方政府拥有的公司的管制正变得更加严格，包括强制要求公布担保事项、所有权以及附属机构。地方政府对某一个借款人的担保不得超过其经常性收入的5%，并且担保物价值不得超过本金的50%。表6.3提供了一些法国地方政府间接债务范围的概况。

表6.3　　经惠誉国际评级的法国地方政府债务数据

惠誉数据	净直接债务（百万欧元）	净担保+间接债务（百万欧元）	净总债务（百万欧元）	（净担保+间接债务）/净总债务（%）	年份	评级（2011年12月26日）
埃松（省）	780.3	220.9	1 001.2	22.1	2009	AA
法属瓜德罗普岛（省）	110.6	215.8	326.4	66.1	2010	AA-
法兰西岛（大区）	3 506.8	11.3	3 518.1	0.3	2010	AAA
巴黎（城市）	2 695.0	7 957.0	10 652.0	74.7	2010	AAA
皮卡底（大区）	471.5	0.4	471.9	0.1	2009	AA-
普罗旺斯—阿尔卑斯—里维埃拉（大区）	1 664.1	150.0	1 814.1	8.3	2010	AA
罗纳—阿尔卑斯（大区）	1 357.2	48.2	1 405.4	3.4	2009	AAA
塞纳—马恩（省）	892.2	585.3	1 477.5	39.6	2010	AA
斯特拉斯堡（城市）	151.9	285.1	437.0	65.2	2010	AA+

资料来源：www.fitchratings.com网站的多份报告。

20世纪90年代以来，复杂的结构性产品迅猛发展，引发了第二个财政风险。含有高风险金融工具的结构性产品，将各种衍生工具与信贷结构糅合在了一起。2007年底，在1 375亿欧元的地方债务中，结构性产品就占到300亿至350亿欧元（惠誉国际，2008a）。

20世纪90年代，地方政府试图针对原来的固定利率债务进行重新谈判，这是向结构性产品迈出的第一步。由于利率在20世纪80年代很高，进入90年代后又迅速下降，债务的重新谈判帮助地方政府减少了债务负担。银行甚至向一些小地方政府出售这种产品。1991年国家审计院发布了一份关于债务管理问题的报告。报告中强调，结构性产品对于地方债的解决越来越重要。

当时出现过四种结构性产品：（1）使用浮动借款利率的结构性产品（它能实现风险最小化）；（2）有指数壁垒的结构性产品（利率将在指数突破阈值之前保持不变）；（3）滚雪球式结构性产品（我们将在下文中对其进行讨论）；（4）与汇率或者国家间通货膨胀差挂钩的结构性产品。

对于有指数壁垒的产品，其利率在该指数突破阈值之前保持不变。在21世纪前十年里，该指数从未达到阈值。当全球金融危机席卷法国时，利率发生剧变，几度接近阈值。一旦阈值被突破，则利率将大幅上升。

一般来说，长期利率高于短期利率。而滚雪球式产品的利率取决于长期利率与短期利率之差。这既是该产品的魅力所在，同时又反映出其风险与贷款期限息息相关。但是，当金融市场状况恶化，收益曲线将会反转，同时短期利率也将变得更高。对于这种产品来说，只要短期利率与长期利率之差大于某个必要的值，那它的收益就是固定的。反之，如果短期利率与长期利率之差太小，固定利率就会变成浮动利率。一般来说，这种产品的贷款期限都很长，很难预测这种产品对财政预算的全部影响。而对于那些缺乏金融领域专家的地方政府来说，做出预测更是难上加难。

该原理同样适用于其他产品。开始时（和某个指数挂钩的）固定利率对借款者来说十分诱人。一旦指数超过阈值，利率就会大幅增加。鉴于结构性产品的借款期限非常长（大部分有几十年的期限），无法在较长的时段内相对准确地预测利率的变化是主要的问题。

固定利率转浮动利率的过程会严重影响地方政府的财务账目。针对这种情况，有两种可行的解决方法：结清借款人账户或者重新谈判贷款利率。

此外，几个由大区审计院开展的调查表明：遇到财政困难的地方政府基本上都接触过那些结构性产品。[49]而近期地方政府财务状况的演变过程更是证明了这一点。自2003年以来，随着地方政府越来越频繁地使用结构性产品，它们的借款期限延长了。这些结构性产品结合了固定利率与浮动利率，而它们的广泛使用将带来巨大风险。

结构性产品对信息透明度和债务状况构成了新的挑战，而公共部门会计准则在反映这些新挑战时显得力不从心。通常结构性产品的风险和成本没有得到充分地评估和深入地理解。临时议会委员会曾于2011年2月发布一份报告。该报告称，有130亿欧元的结构性地方债是“有毒的”，这可能致使法国地方政府的财务状况变得更加脆弱。[50]政府正努力优化其方针政策，力图更加合理地调控结构性产品的使用。[51]

解决地方财政危机

法国法律对私法和公法作了明确的区分。私法是一种讲求协作和自愿合作的法律，且在私法中，行为主体拥有横向的法律关系。公法的特点是行为主体拥有垂直的法律关系。中央政府行使主权，然后命令法律主体照章办事。公法基本上是不对等的。行政法（公法）中存在解决地方财政危机的机制。该机制强调了中央政府在预防和监督环节的重要作用。与此同时，公私合营企业（其公共所有权约占50%—85%）的财政危机受到私法（包括企业破产法）的约束。

在财政分权之前，法国地方政府违约极为罕见。[52]由于财政分权后的地方财政体系的历史不足30年，与之相关的案例研究相当稀少。在20世纪90年代早期，一个研究估计有2 000个市镇正面临过度负债（而市镇总量超过36 000个），其中40个市镇正遭受严重的财政困境（穆迪公司2002）。其他级别的地方政府（省和大区）也经历了地方财政危机，尽管这种案例并不多见。[53]国内外的放贷人曾错误地认为，政府项目涉及公共实体，因而不可能存在巨大风险。这种错觉致使它们一窝蜂地将钱借给各个市政府。

20世纪90年代初，地方借贷体系和会计体系在几起地方财政危机之后得到加强（结构性产品的风险在21世纪初期大量涌现，事实上在此之前结构性产品并未出现）。地方政府推出了一个早期预警系统，同时加强了对地方公务员的培训。它们的总目标是通过使政府工作更加透明公开来降低财政风险。政府严格管控了投机性金融工具的使用，但是这些要求在2000年以后放松了。

自2008年起，全球金融危机使法国各地区均陷入财政紧张的局面。当时这些地方政府并未考虑使用结构性产品，即使这些产品看起来非常诱人。但是2008年下半年信贷市场的资金枯竭，越来越多的地方政府陷入困境（Cossardeaux，2008）。这场危机导致了地方借贷市场大大缩水，地方税收收入与中央的转移支付同时减少。估计显示，大约有1 595个地方政府使用了“有毒的”结构性产品[54]，而多达25%的地方债使用了结构性产品。法国中央政府致力于帮助地方政府正视其贷款需求，并迫使银行接受地方政府的债务重组。

房地产市场发展滞缓引起地方政府税收收入下降（例如房产交易税），导致地方政府在2008年底遭受严重的信贷紧缩。结构性产品带来的风险对于这些财政困难来说无异于雪上加霜。地方政府的财政危机可能会持续好几年。为了履行扩大了的政府责任，一些地方政府不得不做一些损害信用的行为，譬如停止投资或者增加借款。与早期预警系统相结合的事前规则（如平衡预算规则和限定债务偿还占财政收入的比率）或许能降低地方政府在未来发生系统性财政危机的风险。

为了帮助地方政府应对全球性金融危机的不利影响，中央政府缩短了向地方政府退还增值税的延迟时间。这使地方政府能够使2009年的资金支出保持在2004—2007年资金支出的平均水平之上。2009年的增值税退款总额估计超过了40亿欧元，这相当于地方政府该年度资本支出的8%。2009年法国地方政府总的净借款额增长了51亿欧元，而债务总额占国内生产总值的比率较2008年增长了4%。法国地方政府（尤其是省级和市镇级）的财政困难日益恶化，这促使中央政府创建了一个新的银行来向地方政府提供资金支持，并于2012年给予地方政府一次额外的转移支付（约为30亿至50亿欧元）。[55]

事前规则和来自中央政府的监督大大降低了地方政府的违约风险和放贷人面临的不确定性。但是无论事前规则多么行之有效，财政风险和违约风险都不会消失。由于缺少一个包含债务清偿优先次序的正式破产机制，当一个地方政府面临破产时，通过谈判解决债务的方式以及相应的财政调整都将增加放贷人所面临的不确定性。正如前面提到的，法律上并没有适用于地方政府的破产法。尽管法国针对地方政府违反财政法规的情况制定了明确的法律程序，但是对于地方政府违约的情况，其处置程序并没有在立法中明确界定（比如《地方政府普通法典》），而是通过行政手段完成。

这些运行机制大多是非正式的，它们不受法律约束且比民法更少依赖于先例。尽管支付命令机制在理论上极大地保障了放贷人的安全，但是它需要足够的收入来支付所有的义务性支出。在民法体系下，放贷人能够得到的法律补偿（例如扣押地方政府财产）非常少。由于中断公共服务会损害公共利益，扣押对提供公共服务十分重要的政府财产是违法的。其他的国家（包括美国）也受到相同的制约。

即使中央在省级政府的代表和大区审计院有权在财政困难时执行恢复计划来增加额外的收入，也不能防止一些市镇政府的违约。中央政府不会一直为地方债务做担保。但是按照《地方政府普通法典》中L. 2335-2和L. 1524-4这两条的规定，当地方政府陷入财政危机时，中央政府可依程序向其发放特殊国家救助。其中L. 2335-2称："根据第1524-4条规定，在地方政府因特殊情况导致财政困难时，财政部长有权向其发放特殊救助金。"

事实上，这种特殊救助的数额很小。2006年只有12个市受益于这种救助，其救助金总额为1 593 682欧元（罗伯特，2009）。而申领的市须满足以下三个条件才能顺利得到补助：第一，只有预算不平衡的城市才能获得特殊救助金（据《地方政府普通法典》中L. 1612-4的规定）；第二，市的预算不平衡导致其被大区审计院调查（实际上只有经过大区审计院的预算审计，这种救助金才能发放）；第三，大区审计院采取的恢复措施没有效果（它们没能够降低经常性赤字）。

法国的内务部和财政部整理出了一份遭受财政危机的地方政府名单。但对于当事人拒绝配合债务重组计划的情况，它们缺少一种强制性手段。而且它们也无法在地方政府陷入债务危机之前就开始有效地监管。如果发生极端的财务困境，目前的体系将会捉襟见肘。换言之，目前没有一个现成的法律程序来处理放贷人不愿配合债务重组的情况。在危机中存在一个三方谈判制度，这三方分别是：中央政府、地方政府和放贷人（仅有少数银行向地方政府提供贷款）。即使谈判结果取决于三方力量的平衡，但是该谈判制度所产生的结果仍是可预测的。尽管如此，法国还是缺少一个基于规章制度处理地方财政危机的框架，因而每次应对危机的政策往往各不相同。

早期预警系统自 1993 年开始实施，实施对象仅包括居民人数超过 10 000 的城市。地方事务总局（DGCL）和公共会计总局（DGCP）分别研发了用于分析地方政府账户的系统来预测财政危机。如表 6.4 所示，这两个系统都基于对某些指标的分析。

在公共会计总局的系统中，如果一个地方政府有三个指标超过阈值，则该城市的财政状况被认为是危险的。如果四个指标超过阈值，则该城市的财政状况被认为是极为严重的。后面我们会对其进行详细解释。

后来公共会计总局和地方事务总局发现它们的预警系统作用有限，原因有二：第一，该系统只是集中在中央使用；第二，选择跟踪的指标过多。因此，它们在 2001 年对系统进行了改革：在所有的市镇全面使用，把监控权下放到省一级以及精简监测的指标，只保留了原来的公共会计总局预警系统中的四个指标。新系统中的每一个指标都有一个临界值，每个城市都会得到一个从 0—100 的分值。当分值跌破 30，该城市的财政状况就是危险的。当分值跌破 20，该城市的财政状况就是极端恶化的。陷入财政困难城市的名单将被送交中央在省级政府的代表。中央在省级政府的代表收到名单后要么进行积极干预，要么将此信息继续传达给大区审计院，要么同时采取这两种行动。每个城市的得分由市长决定是否公开，公共会计总局和地方事务总局将汇总那些陷入财政危机的城市清单。在极端的情况下，省级财政部门可以进行一次额外的审计。

表 6.4　法国中央政府用来预测财政危机的比率

	地方事务总局	公共会计总局
比率	4 个衡量负债和融资的指标 2 个衡量预算结构和刚性的指标 1 个衡量财政压力的指标	1 个衡量现金流量的指标 1 个衡量结构性支出刚性的指标 1 个衡量财政抗压力能力的指标 1 个衡量过度负债的指标
方法	定性评估	阈值定量分析

资料来源：Robert，2009。

一般来讲，评估地方政府信用时需要格外谨慎。由于大部分地方收入来自于企业而非家庭，所以涉及地方人口因素的指标未必准确。有三个指标最为可靠，它们分别是自主可支配收入占经常性收入之比、债务总额占经常性收入之比以及债务偿还额占经常性收入之比。此外，值得注意的是对地方政府的征税能力及其增加税收潜力的评估。[56]

还有一个问题就是地方政府究竟是用结构性产品来投机[57]呢，还是用它来积极地进行债务管理呢？实际上，区分投机和债务优化是非常困难的。选举过后的风险借贷能给予新上任的官员一定程度的预算自由。同时，它也在地方政府投资过程中产生了一个选举周期，并带来大量财政风险。有种观点认为银行应与地方政府共同承担责任。对于这种观点，银行持反对态度。它们认为，既然在此之前地方政府受益于结构性产品带来的低利率，那么地方政府就应该在市场情况变动之后承担相应责任。它们还称是国际金融危机导致了当下特殊的形势。

最近，越来越多的法国地方政府使用了结构性产品。不断增长的结构性产品连同金融危机一起加剧了发生财政危机的风险，给财政危机的解决带来更多的挑战。政府已经开始着手应对结构性产品带来的挑战，国家审计院在其报告《地方政府及地方机构债务风险报告》（国家审计院，2009b）中针对如何改善地方债的管理问题强调了以下三点内容。

第一，议会的作用需要加强。目前《地方政府普通法典》授予各大区、省和市相当大的自由来采取必要措施。另外，对于结构性产品，《地方政府普通法典》没有出台任何具体要求。审计院建议，应重新构建和更详细地定义议会被授予的权力。

第二，会计系统和政府透明度需要完善。目前，地方政府必须执行的那些会计规范缺少针对结构性产品的框架。此外，拥有结构性产品所产生的风险不在核算范围之内，这与通用会计大纲所要求的谨慎原则相悖（第120－3条）。[58]

第三，由于财政分权废除了中央政府对地方政府活动的直接控制，尤其是对借款的控制，地方政府有必要提高其政策的开放性。但是由于地方政府的目标反映了执政党的意图，所以市民与议会之间的沟通必须得到改善。就这一点而言，地方政府可以通过政府报告来告知市民它们的选择。

2008年，内务部官员、各银行与各地方政府的代表共同召开了一个会议。他们决定个案处理这些难题。内务部官员坚持对所有地方政府的财务状况进行分析和比较，以获得更加完善的信息。信息透明化是会议的另一个重点：银行不仅要接受压力测试，并且要保证政客能时刻了解最新的财政状况。[59]会后，中央政府、银行和地方政府的各方代表于2011年11月达成共识。他们提出两个主张：第一，解决地方财政危机是有关地方政府与银行的共同责任；第二，主张制定一个良好行为准则来规范银行与地方政府之间的关系。

2009 年 5 月，法国财政部发布了一个行为准则。在这个准则下，银行不得向地方政府出售那些会使地方政府遭受本金损失的结构性产品，不得出售任何与波动性较大的变量（如汇率）挂钩的高风险产品。除此以外，银行还必须指出其产品的风险等级。这些措施保留了地方政府的大部分自治权。[60]这种非约束性代表了政策在处理地方财务危机时的特殊方式，同时也体现出中央政府并不愿意制定一个更加结构化的框架。

银行和地方政府在以下几点内容上达成共识：第一，在没有中央政府控制的情况下，地方政府应积极地进行债务管理；第二，银行间的竞争状态应继续保持；第三，平衡金融创新和强化公关管理约束的关系。该协议于 2009 年 9 月 1 日生效。其中的要点（我们称之为承诺）如下：

承诺一：银行保证不会出售有可能损失本金的风险产品以及与风险指数相关联的产品。风险指数包括了非地方政府持有的货币的汇率、原料价格和股权投资。此外，与地方政府投资无关的指数化产品以及与非经合组织、非发达国家的指数挂钩的产品也在禁售名单中。

承诺二：银行承诺不会出售受利率冲击特别大的累计性产品。

承诺三：银行同意在发布产品时，提供一个透明的风险指数。银行将用两个尺度（每个尺度分五个等级）对每个产品进行打分。其中一个尺度衡量的是产品所关联的指数的风险，而另一个尺度比较的是产品结构的优劣。这个举措将使结构性产品的比较变得更加透明。

承诺四：银行认识到地方政府的官员缺乏专业金融知识，所以银行有义务使高管时刻了解相关知识，要求所有文件都应该用法语表述，每个产品的缺点和风险都应予以说明，每个指数的历史表现也应给与认真分析，压力测试应显示出产品在指数大幅调整时的反应。

承诺五：地方政府承诺提高借款决策和债务决策的透明度。地方政府的官员应将当前的财政状况反映给市议会。市议会可以授权地方政府购买某一风险级别的产品。

承诺六：地方政府承诺会把他们认购的结构性产品，与产品相关联的指数以及产品的结构公诸于世。这种透明度的提高旨在改善预算会议的决策。地方政府官员在购买新产品前，必须得到市议会的授权。

前任法国总统尼古拉斯·萨科齐在 2008 年底创立了地方改革委员会，该委员会的任务是提供实用、有效的建议并且制定一系列措施来简化地方政府结构，阐明其职权的范围以及使财政资源达到更优的配置。[61]2009 年 5 月 5 日，该委员会向总统提出了 20 个建议。关于简化政府结构，该委员会建议将大都市的数量从22个减少到15个。虽然他们没有废除省级地方政府的计划，但是报告认为有必要对现有省的职权重新定义。对于市镇级单位，市长特权不会发生改变。但是该委员会打算强化市镇之间的合作结构。一个新的土地分配方案和一个新的投票制度将于2009年至2014年间实行。

总　结

在1982—1983年间与2003—2004年间，法国的两次分权浪潮将权力移交给市镇、省、大区三级地方政府。新体制使地方政府在遵守中央政府规定的事前规则的情况下，享受更大的自主权决定支出，增加自身税收和向金融市场借贷的权利。但是地方政府要受到中央在省级政府的代表和大区审计院的事后控制以及公关会计师的持续监管。

在分权之后，法国出台了事前财政规则与地方政府财政风险管理制度，来控制借贷引起的地方财政风险。这套管理体系将法律法规与三套制度结合起来，同时又保留了地方政府相当大的财政自治权。一方面，法律与审慎规则对债务、流动资产以及或有债务加以规制。另一方面，国家通过中央在省级政府的代表、大区审计院和公共会计师对地方政府的财政账目进行了强有力的监控。

法国的体制将分散的财政决策责任与来自中央政府的监控结合起来。这种特殊的体制为那些正在经历分权的国家提供了宝贵的经验。尽管近几十年内债务重组事件仍在发生，但是国家监督大大减少了地方政府的违约。上述政策的出台和有效的实施，部分地解释了评级机构给出高信用评级的缘由。但是缺少明确的关于财政资金使用优先顺序的法律框架将导致许多不确定性。一些预算外项目（如公私合营）将构成潜在的财政风险，这是各个国家都将面临的挑战。

注　释

本文所述的发现、解释和结论，均属作者个人观点，不代表世界银行、世界银行执行董事会及其所代表的政府或者外部作者可能隶属的任何机构的观点。

1. 2012年1月，标准·普尔调低了法国的主权信用评级（标准#普尔2012年报告），这将影响法国地方政府的融资，这种变动不在本文讨论范围之内。

2. 本章内，“地方政府”和“次级地方政府”可互相替换。

3. 法国宪法第十二章：地方政府。

4. 法国宪法第72条，1958年10月4日修订。

5. 根据法国宪法第74条，四个法属海外领地为：法属波利尼西亚、新喀里多尼亚、瓦利斯群岛和富图纳群岛、法属圭亚那。四个海外省为：瓜德鲁普、马提尼克、留尼旺岛和科西嘉岛。

6. 1982年3月2日法案，亦被称为“德费尔法案”，因为当时加斯东·德费尔是内政部长。

7. 本章内提到的法案均以通过年份标示。

8. 宪法第1条。

9. 宪法第72条。

10. 宪法第72条第2款。2004年7月29日出台了宪法相关名词解释文件。

11. 宪法第72条。

12. 宪法第72条和第72条第1款。

13. 宪法第72条第2款。

14. 宪法第72条第3款。

15. 数据来自《2010年法国地方概览》。

16. 1999年7月12日通过的《城市共同体法案》（也称作《舍维内芒法案》）。

17. 德克夏银行2008年报告。

18. 1983年7月7日法案。

19. 因为这类单位的资产不能被扣押，事业单位不必遵守1985年1月25日颁布的破产法。

20. 地方事务总局2011年报告。

21. 地方事务总局2011年报告。

22. 2010年职业税被废除，改为区域经济税。

23. 中央政府加快了地方政府增值税的返还，使得地方政府在2009年得以将资本性开支保持在2004—2007年间的平均值以上。预计2009年增值税退款超过40亿欧元，相当于地方政府2009年资本性开支的8%。2009年法国地方政府的净借款总数增长了51亿欧元，尚未偿还的债务总额占GDP的比率较2008年增长了4%。但是债务余额仅相当于年地方政府经常性收入总和的4.2倍。

24. 这11个省分别是：Ardennes，Cher，Corrèze，Creuse，Haute - Loire，Haute - Saône，Indre，and Meuse（这些是经济落后的农业省份）and Pas - de - Calais，Seine Saint - Denis，and Val d'Oise（这些是落后的工业省份）。

25. 例如，Seine - Saint Denis省的“积极团结收入”受益人数目在2008—2009年期间就增长了41%。

26. 例如，Seine - Saint Denis省的预算不平衡，2010年4月，该省就投票通过了一个不平衡的预算，以抵制职业税的废止和中央政府转移支付的削减。

27. 强制性开支包括公务员的工资支付、地方政府对地方服务的财政支持、市政建设和还本付息。

28. 1982年3月2日通过的《第82－213法案》；1982年7月22日通过的《第82－623法案》；1983年12月29日通过的《第83－1186法案》；1985年1月25日通过的《第85－97法

案》；1986 年 8 月 19 日通过的《第 86 - 972 法案》；1988 年 1 月 5 日通过的《第 88 - 13 条法案》；1990 年 1 月 15 日通过的《第 90 - 55 条法案》；1992 年 2 月 6 日通过的《第 92 - 125 法案》；1993 年 1 月 29 日通过的《第 93 - 122 法案》和 1994 年 6 月 22 日通过的《第 94 - 504 法案》。具体见《1995 年贝图西报告》。

29. 对于行政财务事项，国家审计院以及大区审计院组成一个单独的司法分支。

30. *Code Généal des Collectivités Territoriales*（《地方政府普通法典》）条款 L. 1612 - 14 规定，如果一个少于 20000 人的市的预计赤字超过经常性支出的 10%，或者超过其他市的 5%，据中央在省级政府的代表请求，大区审计院提出整改措施，在一个月内重建预算平衡。

31. Fabrice Robert，《地方财政》，2009 年，第 158 页。

32. Pont - Saint - Esprit 是一个拥有 9 523 个居民的市。Languedoc - Roussillon 的大区审计院在 2006 年为应对 Pont - Saint - Esprit 的财政危机开始实施几项行动，如对其 1999—2005 年的财务管理进行审计。

33. 1996 年的公共会计规范细化了这种分离的原则。

34. 在教育领域（法国一项重要的公共职能），公共会计由教育部部长指派。除此之外，三个级别的地方政府（市、省、大区）都有各自的公共会计：它们分别是市级公共会计、省级公共会计以及大区公共会计。

35. 国家会计服务也审计某些地方财政的管理，这些地方是人口少于 3 500 人，营业收入少于 75 万欧元的市。

36. 这两个公共财务机构是 la Caisse des Dépôts et Consignations 和 la Caisse d'aide à l'équipement des collectivités locales。

37. 这个数字包括地方政府和公私合营企业。

38. *Code Général des Collectivités Territoriales*（《地方政府普通法典》）条款 D. 1511 - 32。

39. *Code Général des Collectivités Territoriales*（《地方政府普通法典》）条款 D. 1511 - 34。

40. *Code Général des Collectivités Territoriales*（《地方政府普通法典》）条款 L. 1614 - 4。

41. 2001 年 5 月 15 日法律 *Nouvelles régulations économiques*（《经济新规则》），批准地方政府发行最低名义价值 15 万欧元，最高期限 1 年的短期可转让债务工具。这些工具不属于长期债务。

42. 依据 1992 年 6 月 18 日第 92/50 号法令，2005 年 5 月 27 日第 2005 - 601 号法令修正第 2004 - 15 号法令。

43. 1999 年 9 月 6 日以及 2000 年 5 月 15 日的通告。

44. 继任公司为德克夏银行。

45. 基于对 Valérie Montmaur、标准·普尔以及 Aubagne 市 Gilbert Rayan 的采访。

46. 大多数法国地方政府不进入资本市场，因此没有评级。

47. 因为大多数法国地方政府不进入资本市场，主要依靠银行贷款，被评级的地方政府可以代表最具有信誉的借款人。

48. 一个关于这种财政风险的例子是 Levallois - Perret 市。在 19 世纪晚期，这个城市面临着严重的金融危机。相比于收入，这座城市运营的成本增长飞快，这主要是因为增加的投资和个人支出。尽管还有增税空间，这个城市2006年的筹资能力保持在2002年的水平未变。这个城市越来越依靠借款。或有负债的最大来源是城市发展运营。事实上，这个城市拥有三家公共有限公司的80%以及另40家商业公司的15%—80%。地方政府及其所有公司无力进行一些SEMARLEP活动，例如房地产销售。年度报告包含信息不充分，使得市议会无法理解这些政府持有的公司所面临的风险，这种风险可能是由于公司自身从事的活动带来的，亦或是由间接的担保所带来的。来源：国家审计院报告。

49. 国家审计院，2009b。

50. 该数值占结构性地方债务总额的58.4%（参见 Crouzel 2011）。

51. 国家审计院，2009b。

52. 首席财务官 Wallace O. Sellers 于1975年10月22日向美国众议院银行货币与住房委员会附属的经济稳定小组作的陈述。（“在英国和法国，一个大型城市破产是一件不可思议的事情。法国在拿破仑时期形成了高度的中央集权制，自此之后国家对地方政府的财政实施了实质性的控制。”）。

53. Saint – Étienne 市是一个很好的例子。2008年人们发现该城市严重地依赖于金融衍生物。20世纪90年代，面临飙升的债务，该市想通过结构性产品来积极管理债务，平滑债务偿付（“Saint Étienne：dégonflement programmé de la dette”, Les Echos, July 7, 1994）。中央政府不想对其进行干预，因为政府的干预会开启道德风险的先河（“Pas de dérogation pour Saint – Étienne”, Les Echos, April 15, 2009a）。很多人呼吁政府推出更加系统化的法律体系，然后制造一个专门接收坏账的银行来清除所有“有毒”产品（“Saint – Étienne veut une régulation plus stricte qu' une charte”, Les Echos, May 29, 2009b）。

54. Cécile Crouzel，“艰难的对有毒债务的评估”，《费加罗报》，2011年12月15日。

55. Garabedian, A.,“Le puzzle des collectivités locales se met en place”, L'Agefi, February 9, 2012。

56. 该观点是研究地方财政领域的独立顾问 Michel Klopfer 所积极提倡的。

57. Circulaire No. 92 – 260, Contrats de couverture du risque de taux d'intérêt offerts aux collectivités locales et aux établissements publics locaux, 1992年9月15日。参见惠誉国际，法国地方政府结构性债务：积极管理还是投机?，6月15日，2008b。

58. 通用会计大纲第120条第3款。

59. Les Echos, *Emprunts des collectivités locales：le gouvernement cherche à rassurer*, November 3, 2008.

60. Joël Cossardeaux, *Emprunts toxiques：élus locaux et banques font le ménage pour l'avenir*, May 29, 2009.

61. 第2008—1078号总统令，2008年10月22日。

参考文献

Bertucci, Jean – Yves. 1995. “Le Contrôle des Budgets des Collectivites Locales Par les Chambres

Régionales des Comptes. " *In Le financement du développement local.* Paris: Presses Universitaires de France.

Bouvier, M. 2008. Les *Finances Locales.* Paris: L. G. D. J.

Challiol, Brigitte. 2002. "Briançon à nouveau contrainte d'adopter un plan d'économies," *Les Echos*, April 3.

Chambre Régionale des Comptes du Nord - Pas - de - Calais. 2009. Rapport *d'Observations Définitives-Commune d'Hénin-Beaumont.* Lille, Chambre Régionale des Comptes, March 23.

Circulaire No. 92-260. 1992. " Contrats de couverture du risque de taux d'intérêt offerts aux collectivités locales et aux établissements publics locaux. " Paris, La Documentation française, September 15.

Cossardeaux, Joël. 2008. " Les élus locaux redoutent désormais les effets d'un argent cher," *Les Echos*, October 20.

———. 2009. "Emprunts toxiques: élus locaux et banques font le ménage pour l'avenir," *Les Echos*, May 29.

Cour des Comptes. 2009. *Les limites des procédures de contrçle budgétaire des collectivités territoriales: le cas de la commune de Pont - Saint - Esprit (Gard)*. Paris: Cour des Comptes.

———. 2009a. *Rapport d'activité des juridictions financières* 2008. Paris, La Documentation française.

———. 2009b. *Rapport Public Annuel.* Paris, La Documentation française.

Crouzel, Cécile. 2011. "La difficile évaluation des prêts toxiques," *Le Figaro*, December 15.

Dexia. 2008. EU *Sub - national Governments*, 2007 *Key Figures.* 2008 Edition. Brussels: Dexia.

DGCL (Direction Générale des Collectivités Locales). 2010. Paris, La Documentation française.

———. 2011. "*Les collectivités locales en chiffres* 2011. " Paris, La Documentation française.

Fitch Ratings. www. fitchratings. com.

———. 2008a. "*Institutional Framework for French Subnationals*", February 28.

———. 2008b. "*French Local Government's Structured Debt: Active Management or Speculation?*", July 15.

———. 2009. "*European Local and Regional Government Outlook* 2010", December 16.

———. 2009b. *City of Aubagne*, July 2.

Garabedian, A. 2012. "Le puzzle des collectivités locales se met en place," L ' Agefi, February 9.

Klopfer, M. 1996. "Apprécier le risque financier d'une collectivité locale. " *Banque*, No. 572.

La Charente Libre. 2008. " La Chambre régionale des comptes inquiète de l'avenir financier d'Angoulême, " December 16.

Le Monde. 2009. "La descente aux enfers de Grigny," August 26.

Les Echos. 2000. "Les juges financiers tiquent sur la politique obligataire d'Aubagne," June 28.

———. 1994. "*Saint Etienne: dégonflement programmé de la dette*," July 7.

———. 2008. "Emprunts des collectivités locales: le gouvernement cherche à rassurer," November 3.

———. 2009a. "Saint – Étienne: responsable mais pas coupable?", February 11.

———. 2009b. "Pas de dérogation pour Saint – étienne," April 15.

———. 2009c. "Saint – Étienne veut une régulation plus stricte qu'une charte," May 29.

Mairie de Paris. 2009. "Annual Report for the Financial Year 2008." Mairie de Paris, France.

Moody's Investors Service. www. moodys. com.

———. 2002. *Subsovereign Defaults in France*, December.

National Court of Accounts. 2009a. "Les limites des procédures de contrôle budgétaire des collectivités territoriales: le cas de la commune de Pont – Saint – Esprit." *In Annual Public Report.* Paris: National Court of Accounts.

———. 2009b. "Les risques pris par les collectivités territoriales et les établissements publics locaux en matière d'emprunt." *In Annual Public Report. Paris, National Court of Accounts.*

Paris, Antoine. 2009. "La dette structurée des collectivités locales: gestion active ou spéculation." Mémoire de fin d'études, Jouy – en – Josas, École des Hautes Études Commerciales.

Rapport Attali. 2008. "Rapport de la Commission pour la libération de la croissance française." Paris, La Documentation française.

Rapport Balladur. 2009. "Comité pour la réforme des collectivités locales." Paris, La Documentation française, March.

Rapport Jamet. 2010. "Rapport à Monsieur le Premier Ministre sur les finances départementales." Paris, La Documentation française, April.

Rapport Lambert. 2007. "Les relations entre l'Etat et les collectivités locales." Paris, La Documentation française, November.

Rapport Mauroy. 2000. "Refonder l'action publique locale." Paris, La Documentation française, January.

Rapport Pébereau. 2005. "Rompre avec la facilité de la dette publique." Paris, La Documentation française.

Rapport Richard. 2006. "*Solidarité et performance, Les enjeux de la maîtrise des dépenses publiques locales.*" Paris, La Documentation française, December.

Regional Chamber of Accounts of Languedoc – Roussillon. 1989. *Commune de Bolquère.* Montpellier, Regional Chamber of Accounts of Languedoc – Roussillon, January 18.

Regional Chamber of Accounts of Provence – Alpes – Côtes – d'Azur. http://www. ccomptes. fr/fr/CC/documents/RPA/StationsSportsHiverPaca. pdf.

Robert, F. 2009. *Les Finances Locales*, Paris, La Documentation française.

Société de Gestion du Port de Campoloro et Société fermière de Campoloro c. France. 2006. Case No. 57516/00, European Court of Human Rights, Judgment, September 26.

Standard & Poor's. www. standardandpoors. com.

Standard & Poor's. 2012. "*Eurozone Sovereign Rating and Country T&C Assessment Histories.*" January 13.

7

匈牙利：地方政府破产制度

Charles Jókay

引　言

匈牙利的经验是独一无二的。在该国，地方政府如果要破产，独立的接管人或受托人就会主导一场由法院监管的“破产重组”程序。[1] 匈牙利经济政治体制转型开始后，几年的时间里，国家就颁布了《地方债务调整法》（1996 年第 25 条法案），一系列检验其改革效果的文章也开始出现（如 Jókay、Gábor 和 György，2000）。尽管爱沙尼亚、拉脱维亚和罗马尼亚的法院监管模式并不完全相同，我们可以在三国 21 世纪初期的相关立法中看到许多匈牙利经验的痕迹。

回顾匈牙利的改革经验有助于增进我们对地方政府破产制度的理解，尤其能够使我们认识到独立司法部门的潜在作用、适度承担分配风险的重要性、确保地方政府在承担重要服务职能方面的能力以及如何达到债权人和债务人之间的需求平衡。匈牙利的改革强调了区分地方政府自身和其他公有或私有公共服务性企业之间的差别。进一步的区分则包括地方政府是否能为这些公有或私有公共服务企业提供明确的担保以及这些企业能否在一个合法规定的公共职能框架内运行。这些内容会影响政府债权人的潜在收入来源。

匈牙利近期的改革举措涉及两个主角——地方政府和公共服务性企业，它们相互作用，还经常相互矛盾。在匈牙利，只有地方政府属于《城市破产法》的覆盖范围之内，其他所有的经济实体无论所有权和类型（有限责任制、合资制、盈利性或非盈利性）都属于《企业破产法》的覆盖范围。[2]政府提供的担保以及政府以无论何种形式承担的服务职能使得以上关系复杂起来。《地方债务调整法》规定，承担某项特定公共服务如供水或公交设施的公司（无论是公有的还是私有的）一旦破产，当地政府就要自动承担该公司的服务职能。[3]

本章回顾了匈牙利自1996年起的地方政府债务改革历程。除此之外，本章还将介绍几个特殊的问题，例如地方政府所有的企业，它们在商业模式下运行，却有强制性职能，那么这类企业一旦破产应受到怎样的处理；以及在破产案件所牵连出的担保和隐蔽的或有负债。[4] 本章还会介绍《地方债务调整法》采用的历史背景极其实施过程，地方政府的财政职责，以及未来该国需要解决的问题。匈牙利改革的回顾可以使其他相对财政分权的国家学到更多经验。

本章讨论的范围并不包括国家独资或控股的国有企业，因而像国家铁路集团（MAV）和国家电网（MVM）这样的公司并不会出现在文中。地方政府所有的企业并不受当地特有的立法机构监管，但是属于企业监管机制的监管范围，它们的税务、会计和破产都会受到监管。这些企业会被债权人当作普通的企业债务人看待，并且在多数情况下，当地政府的担保是必要的。这些企业不在《地方债务调整法》的覆盖范围内，但会通过（债权人对政府的）担保要求对地方政府的财政状况造成直接冲击，也可能会迫使政府代替它们承担额外的服务职能。一个两相抵消的趋势是，相对于在政府账本上显示为“股权投资”的名义价值，这些企业可能会被转变成控股公司，这样积累起的利润和资产就都会体现在企业的资产负债表中。[5]

《企业破产法》和《地方债务调整法》各自的规定十分明确。地方政府资不抵债时，《地方债务调整法》适用于其所有的实际结果：债务应该怎么解决，解决一部分还是全部解决；地方政府要维持提供服务的职能。《企业破产法》（第49条法令）适用于担负公共服务职能的企业负债累累时，。同时，该法律还规定了一种允许企业在一定时间内继续商业活动的情况，即处于破产清算程序中的企业在获得债权人同意的情况下可以继续从事无任何亏损风险的商业活动。

一国的宏观经济政策会通过借贷成本、资金调拨和经济增长等方面影响地方政府的财政状况（Canuto and Liu，2010）。本章还会提及2008—2009年度的全球金融危机对匈牙利地方政府财政的影响，尽管这对于我们介绍地方破产制度的主旨来说有些偏离。地方破产制度有其特定的话题，例如体制如何设计以及合理安排偿债优先顺序的计划等等。因此本章并不会涉及宏观经济危机对该国影响的更细致的分析。

本章其余内容安排如下：第二节介绍《地方债务调整法》制定的宏观经济和制度背景。第三节介绍匈牙利地方政府机构设置及其财政职能。第四节具体介绍地方政府以事前监管为重心的借贷制度。第五节评估地方破产程序以及法律应对不同类型借贷工具和债务人的方式。第六节回顾破产制度实施历程。第七节总结经验，概括匈牙利现有的在深化体制改革背景下的关于加强破产机制建设的相关讨论问题。第八节是结论。

地方债务调整法制定的宏观经济和制度背景

源自“改革共产主义”。匈牙利的政治经济体制转型以1990年4月起实行的自由选举为最终成果，这一系列改革都源自20世纪80年代的“改革共产主义”思想。1989—1990年度的那场巨变撼动了整个中欧地区，而在那之前，匈牙利就已经通过了几项最初的变革法令。1987年银行业开始分级，中央银行的职责与商业银行和零售银行划分开来，但所有的银行还是归国家所有。花旗和联合信贷是自匈牙利40年代国有化改革之后在80年代首批进入该国的外资银行，紧接着还有奥地利的瑞弗森银行。一种以政党干部领导的自行私有化形式[6]也在1988—1989年度开始出现。对于工业和民用事业的直接投资和有限的货币自由化也在1990年前开始启动。1990年初的自由选举开始以后，所有主要的行业法和制度法都得到了迅速的通过，包括地方政府、股票市场、财产转让、银行业、私有化、养老金、企业、选举、媒体、会计和国家预算编制等方面。[7]尽管之后都略有调整，但仍旧保持效用（见专栏7.1）。

专栏7.1　匈牙利1990—2011年间地方监管法规一览

1990：地方政府法，在已有的地方议会制度上设立地方行政单位

1991：资产转移法案，将地方的国有资产分配给地方政府，将其他国有资产划归地方，将“议会”所有资产划归新成立的地方政府

1995：地方政府法修正案，根据各地方政府收入在国家总收入中所占比重设立借贷上限

1996：地方政府债务调整法

1996：将偿债限制添加进地方政府法

2011：新地方政府法（2012年1月生效）

真正的自治。1990年《地方政府法》和各种宪法级别规定保证了匈牙利地方政府平等且非附属的政府地位。1995年以前，各地方政府在从事商业活动、地方收税、制定发展计划和借贷原则方面享有充分的自治权。从首都布达佩斯到人口稀少的地方小镇，该国3 194个地方政府都有同等的地位、资格、权力和职

责。中央政府负责对全国范围的行政治理，监督地方政府的执行情况，但不能评论地方政府决策是否正确及为他们安排的预算是多是少。国家审计署独立于政府，直接向国会报告，在必要的情况下对地方政府的合规性和财务状况进行审计；然而审计署只能向地方领导者提供建议，或者可以向检察院提起正式指控。国家审计署自身并没有调查权。

在这样的背景条件下，匈牙利的地方政府想借债并不需要寻求国家机关的许可，并有权自行选择贷款银行。在匈牙利，鉴于商业银行、地方政府部门的抵触以及对地方政府法自由传统的违背，让地方政府把财政资金归集于一个账户的做法在政治上是不可行的。尽管如此，地方政府还是有一个账户专门用来存放中央的转移支付和共享税赋，属于中央的个人所得税和增值税也存在这一账户中。这类账户专门用来结算，所有的地方政府会把额外的款项存进商业银行和合作社。

宏观经济背景。苏联市场迅速解体，经互会的贸易往来也随之破裂，1994年以前，匈牙利国内的工业遭受了重创，失业率居高不下，能源价格剧烈震荡，各领域的调整难度极大。1994 年，国内的通货膨胀率达到了 15%—20%。市级政府在投资、资金管理和借贷活动方面完全不受限制，于是开始弱化自身的责任，涉足酒店和工业区这样的盈利行业。市政府参与到投资大潮中，从国有银行借来高利率的资金。大部分的投资都受到中央政府在安全饮水、公共卫生和废水处理等重大环境治理方面的转移支付的驱动。

软预算约束的威胁。1993 年和 1994 年，国有银行的角色发生了奇怪的转变，他们之中的代表开始游说政府，希望为自己的客户谋得国家援助。内政部首次在地方自治法的原则上进退两难：援助一次，就会有更多次，经济自由同样意味着要承受借贷双方错误决策所带来的严重后果。遗憾的是，那时并没有一个现成的体制来应对市政府拖欠贷款的问题，尽管压力来自于少数处于困境中的政府和国有银行，国家领导人还是进退两难。解决不负责任的借贷问题方法有二：设定上报审批要求和严格借贷上限以限制地方政府借贷行为；或者在不提供国家援助的条件下，不进行额外的事前事后监管。[8] 后者并不能限制住放贷行为，但可以为债务调整和重组制定出一套类似商业领域的合法制度。1994 年债务调整程序的设计目标如下：

- 避免审批程序，保持地方政府自治权
- 确保必须履行的政府义务不会受到失败项目或不负责任的贷款行为的波及
- 保证债权人的诉求得到公平裁定[9]
- 保护提供公共服务职能的地方资产（如学校、市政厅和公园等）
- 支持地方为长效财政可行性而进行的结构调整，鼓励借贷双方自发达成

协议

由于地方政府在管理其资产和预算时不受限制（只需考虑共享赋税、转移支付和当地纳税能力），中央政府就要面对可能出现的或有负债，这些负债通常会以“道德职责”或为地方政府必须履行的政府义务买单的形式出现。更有甚者，中央政府可能会代替无力的地方政府去完成这些义务。1995 年末以前，一些地方政府通过游说获得了中央政府针对因管理失误和负债过多而造成的破产所派发的一次性援助。[10]这个先例造成了道德风险，地方政府不再想做任何增收的投资努力了。债权人也开始游说中央为其他的地方政府发放一次性救助资金。

走向体制化的债务调整。1995 年以前，匈牙利疲软的宏观经济状况和一系列的调整措施使得货币贬值，消费锐减，其他限制也放宽了许多。地方政府的负债问题越发严重。市政府开始借钱填补短期赤字和支付非指令性的基础设施工程，而 1994—1995 年度国库券短期利率达到 25%—30%，这就增加了再融资的难度。上述提到的国家救济和拨款有一定限制，并不能完全扛起中央急救濒临破产而无力提供公共服务的地方政府的责任。由于匈牙利缺乏严格控制地方的借贷和商业行为的法律保障，于是国家决定出台一项地方债务调整法律，以应对审慎预防和其他的先行措施一概无用的局面。

地方政府机构设置及其财政职责

地方政府机构设置

匈牙利是一个一元化（中央集权）的国家，三级行政单位分别为中央政府、州政府和市政府，均由选举产生，且只有市一级政府才遵守欧洲地方政府宪章[11]。无论合法地位是怎样，每一个小镇、小城市、大城市乃至布达佩斯区和布达佩斯本身都被称市。在本章中提到的市，指的就是该国 3 196 个城市单位，它们有自己的市长、议会、预算、资产，承担着指令性职责，有权合法地通过任何当地法规。[12]市彼此没有上下属关系，只有国会才有权解散地方议会或强制合并部分管辖权。

在匈牙利，只有 10% 的市人口超过了 5 000，5% 的市超过了 10 000。同其他国家相比，匈牙利地方政府的规模算小的了。不过尽管规模略小，它们还是承担了一些重大的职责。所有地方政府（包括州政府）的收入占到了国内生产总值的 12%—13%，这在欧洲处于平均水平。[13]

匈牙利的制度发展是按照欧洲地方政府宪章的要求来完成的。现在的制度是基于宪法（1989）和 1990 年《地方政府法》设立的。这些法律规定了地方政府独立的经济来源，其中包括自营收入、资产和中央拨款。地方政府在决策方面有充分的自治权，中央政府干预能力十分有限。《财政稳定法案》（2011 年第 194 条法令）自 2012 年 1 月 1 日起生效，明确规定地方政府的借贷活动必须向中央政府报批。

2011 年末以前，地方政府的指令性任务多达上百件，主要来自地方政府法和其他一系列监管教育、医疗、社会保障等的规定。[14]这些具体的职能，诸如小学和初中教育，以及其他公共行政职能，将会在 2013 年划入中央。现在来预计这一规划对地方政府的财政影响还为时尚早。

这些指令性的职责是不分地方政府的规模大小和经济基础的，它们导致的地方政府财政压力并不属于本章讨论的范围。在大多数情况下，这些职责的执行方式和评判标准是不明确的。因此，地方政府可以在特定法律允许的范围内自行将任务外包，或雇佣私有企业，或成立自己的公司，或寻求与非营利机构或兄弟城市的合作。法律规定市政府在地方决策层面有足够的自由。

*地方政府的服务职能是由多种法律实体按预算或按一定商务条例来履行的。*这些服务有的由政府内各部门负责，有的由政府预算中的公共团体负责，有的由地方政府所拥有并有特定服务项目的企业负责，还有公私合营的企业、承包商、公私合伙制企业、特许公司（如供水、废水处理和垃圾处理）、政府自有或非政府所有的非营利性团体等。这些单位与政府的关系都受相关法律约束，如设立时的法规、特许采购法、合同法，并且根据其所负责的服务类型的不同而不同。

地方政府收入来源

*资本投资收入。*自从 2004 年加入欧盟以来，因为国内的用于投资的拨款基本上都已经停止了。匈牙利的地方政府就几乎只靠那些来自欧盟的拨款了。这些拨款都需要共同融资，地方政府需要筹得项目成本的 20%—50%。融资来源可以是资产售卖、累积存款、发行债券和银行贷款。中央财政会为地方政府增补一些诸如地方税费上的收入。“欧盟创收补贴”是中央政府拨款的一项，可以为那些还未满足欧盟投资援助中成本分担标准的地方政府提供援助。

地方政府的收入主要有四种：[15]

- 自有收入。例如当地税款、使用费和其他非税收入，如政府内单位收入（餐费）、租金收入、利息和分红等等，这类收入占到地方政府总收入的三分之一。
- 自有资本收入。例如不动产和其他有形资产的售卖所得、企业控股收入、分红收入等等，约占总收入的 10%。
- 政府间拨款。这类一般为特定或自由使用款项，但必须投放到指令性任务中去，约占总收入的 15%。

- 个人所得税中分配给地方的部分和机动车税款的全部（首都和有州级地位的市同样可以参与关税分配所得），占总收入的四分之一。这两项收入自 2013 年起将会完全成为中央政府的收入。

这种税收分配和拨款设计的模式在过去 20 年体现了剧烈的不稳定性。因为要时刻考虑中央政府的年度预算是否会做出对于自己不利的调整，所以地方政府很难实行有策略的财政管理。

地方的营业税（总营业额的 2%）占地方政府税收总量的 84%，其次是占 11.2% 的建筑税。[16]营业税很重要，因为它是地方政府偿还债务的重要资金来源。其他所有的税收，包括酒店税和土地、建筑领域的小型税收，并不是很主要的收入来源。布达佩斯征收的营业税就超过了所有地方政府营业税总额的一半，规模较小的地方政府则只征收一些小型的社区税和财产税，因为它们自身的经济实力并不强。再大一点的城市，当地税收占总收入的比例也不到 20%。小镇实际上没有什么当地税收，财政中的自有收入根本不到 5%，其中包括了所有的费用、商业所得和一点点的税收。

法律上的财政自由与实际上的中央监管。匈牙利的地方政府在法律上有相当的自治权。在由计划经济到市场经济的转变中，该国设立了一个高度放权和疏于监管的地方政府制度。但实际上地方政府的自由度方面有些矛盾。首先，地方政府所持资金中 60%—70% 都是由中央政府的年度预算决定的。第二，地方政府获得的用于指令性职能的拨款在运行成本中所占的比重在逐渐减少。地方政府用自有收入完成指令性职能的比重在逐渐上升。因此，中央政府对地方职能运行施加影响的最有效方式就是通过对税收共享和转移支付的管理。

贷款抵押的限制

匈牙利的地方政府资产形式多样，如建筑、土地、股份、设备和金融投资等等。根据地方政府法，当地政府需要对这些资产进行分类：（a）核心资产，即那些对政府行使服务职能至关重要的资产，这部分资产不可以出售，也不能用作贷款抵押；（b）重要但可转让的资产；（c）不重要可转让的资产。大部分情况下，能不能转让或重不重要并不是由资产的类型决定的，而是这些资产在地方政府完成指令性任务中所发挥的功能决定的。其实，除了纪念馆、档案馆、博物馆和公园等，地方议会是可以对功能有所变更的资产进行重新分类的。对一项资产是否属于核心资产的界定对于该项资产是否能成为贷款抵押至关重要，也决定了这项资产在当地政府破产清算时究竟能不能售卖。除了“核心资产”，还有一些特定来源的收入不能用来偿债，包括一般性质的国家拨款、个人所得税和其他共享税所得。营业税收入（占当地税收84%）是偿债的首要资产。

2008—2009 年全球金融危机的影响

2009 年匈牙利的 GDP 下滑了 6.8%，2010 年和 2011 年经济缓慢复苏。通货膨胀率从 2007 年的 7.9% 降到了 2011 年的 3.9%。财政赤字占 GDP 的比率在这期间也有所上升。[17]国家、企业和民众都大举借贷，匈牙利的总外债占 GDP 的比率从 2007 年的 105% 上涨到了 2011 年的 140%。[18]随之而来的是货币贬值[19]和外债更高的风险溢价，这些都对地方政府产生了间接的影响。这一期间地方政府的内债并不严重；国内基准利率仍然高达欧元或瑞士法郎利率的几倍。[20]

匈牙利地方政府的债务余额[21]（以债券的形式）从 2007 年的 2120 亿福林（12.3 亿美元）一路上升，2011 年超过 5550 亿福林（23 亿美元）。净交易基础上的债券发行在 2007—2010 年间一直在增长。然而，从 2007 年到 2011 年，净债券发行超过了 3250 亿福林（13.5 亿美元），仅瑞士法郎的升值就使债券发行值上涨了 2000 亿福林（8.3 亿美元）。在贷款方面，这期间仅仅增加了 2000 亿福林（8.3 亿美元），2008 年和 2011 年由于提前还贷，贷款数额还有所降低。在某些情况下，存量债务的重新估值过大还会抵消净交易中的变动（例如，从 2008 年到 2011 年，货币的重新估值的影响超过了还款，债务余额反而增加了）。[22]

匈牙利的地方政府面临欧洲债务和银行危机的三个风险：第一，货币风险，福林急速贬值，该国所有收入都是以福林为单位，因此这一风险根本无从防范。地方债券的 80% 以瑞士法郎为单位，过半的银行贷款则以欧元为单位。第二，财政转移支付减少，因而影响地方政府执行指令性任务和支付行为。从 2007 年到 2011 年，转移支付在名义价值上下降了 23%。[23]第三，偿还债务的唯一来源——地方政府自有收入增长缓慢。

地方借贷制度：事前监管

地方借贷市场

事前借贷规则。匈牙利对地方借贷的监管要遵照一系列监管地方经济和预算的规定。这些规定出台于 1990—2002 年，但大部分被写进基本法中，且 1996 年债务调整法出台时才一起生效。1995 年之前，地方借贷基本是无法可依的。1995 年通过法规明确了可用于偿还债务的资金来源。只有自有收入（包括地方税收、收费、商业收入、已获利息、租金收入等等）才能用于还债，前提是所有的指令性款项都已经付清。另外，只有其盈余的70%才能用于偿贷（基于上一个财年）。[24]这一规定具体实施起来困难重重，因为并未将担保物、或有负债、购买力平价支付和债务宽限期考虑在内，同时这一规定的假设——所有的政府营运成本完全可知，并且政府盈余总是稳定的，并不一定成立。现金会计制度常有延误，极容易隐藏延期付款项目和或有负债，因而根本起不到任何预警作用。

地方政府法（2011）2012年1月正式生效，该法律中使用了一种全新的债务上限的计算方法，将地方政府用于还债的资金限制在自有收入（不包括所有的拨款、共享税和资本收入）的一半以下。在债务余额方面并没有限制，更重要的是，每一项借贷或发行债券的行为都必须得到中央政府的批准，这是在1990年至2011年间不曾有过的规定。

地方借贷的总体特点。匈牙利银行（OTP，以前是国有垄断性银行，1995年私有化）以及储蓄合作社（由储户所有）提供了地方政府70%的账户管理服务。其余的商业银行都是外资银行，以分行或代表处的形式运营，它们主要擅长贷款和债券投资业务，这是因为匈牙利银行在借贷业务上并不占绝对优势，其长期贷款的市场份额为50%—55%。地方债券并没有公开发行。几乎所有的债券都掌握在代理银行，即负责地方政府账户管理和贷款的银行的手中，只有小部分的债券通过某些渠道卖给了国外的投资者。大部分的债券（80%左右）都是以瑞士法郎和欧元计价的，不过却都掌握在匈牙利本国银行的手中。匈牙利立法允许一切公共团体借贷任何货币的资金，因此虽然贷款主要是以欧元和瑞士法郎计价，但其实都是向本国银行借来的。[25]

地方政府账户管理。匈牙利银行1995年私有化，1997年上市，掌管所有地方政府账户，负责为地方政府提供几乎所有包括借贷在内的金融服务。地方政府只要在匈牙利银行保有一个基本的交易账户，就可随意和其他银行建立合作关系。[26]直到1995年，匈牙利银行和各地方政府都保持着这种最基本的合作关系，使得匈牙利银行对政府账户管理业务得心应手，对各政府的财政状况了如指掌，还可以得到贷款、透支甚至债券发行的优先权。储蓄合作社则利用其遍布各地的网络从匈牙利银行那里分得一些小市镇的业务。[27]

基础银行业务和其他金融服务的分离十分重要，银行间的同业竞争也可以部分解释为什么2006年到2008年间地方政府借贷高峰期银行发放贷款的条件是如此优惠，简直到了不理性的地步。金融危机期间，外资银行限制了贷款的发放，匈牙利的借贷高峰戛然而止。2004年匈牙利加入欧盟，全面采用欧盟的贷款运行准则。欧盟的贷款运行准则中不包括证券的发行和出售以及其他金融工具的使用，这一规定直接被写进了匈牙利的相关法则中。由于不需要遵循严格的规定，债券发行相比银行贷款就具有了不可比拟的优势，并且可以在很短的时间内就完

成一系列充满竞争的报价和谈判的过程。

地方债的组成

债务存量的变化。在1990—2000年期间，匈牙利地方政府的长期负债保持在一个并不算高的水平，截至1998年不超过1 000亿福林（大约6亿美元）[28]。这与商业信贷和长期的服务合同产生的间接负债形成鲜明对比。在2000—2009年间，银行贷款增长了6倍。2004年还没有债券发行，但到2009年，债券发行已经达到5 000亿福林（25亿美元）。更重要的是，短期债务占了总债务的四分之一，表明大量的欠款和供货方提供的信贷积累其中，这些短期贷款被用于弥补隐藏着的政府经常性赤字。唯一对短期债务的限制是在每年的年底余额必须为零，但这一规定并没有阻止地方政府短期债务的不断累积。正如表7.1所示，到2011年3月，匈牙利市一级的总长期债务达到45亿欧元，但其中债券的份额下降到48%。表7.1也反应出匈牙利福林对瑞士法郎和欧元的汇率变化。由于债券的80%是以瑞士法郎的计价形式发行，只有一半的贷款是欧元计价的，所以贷款和债券发行的相对份额也取决于欧元和瑞士法郎的交叉汇率。

但是表7.1中所示的总计数据并不反映一个市的负债程度。这是因为担保不会显示在报告给国家银行的财务数据中，且如果这些担保实际上没有支付，也不出现在资产负债表中。尽管欧洲转型国家中最普遍使用的债务存量限度达到年度预算的50%—100%，但由于种种原因，债务存量可能会超过年度总收入。由于没有关于财产税、财产估价，以及其他有关评估价值和税后价值的方法的详尽信息，这个预算相关的债务存量限度只是大概估测的。

表7.1既不包括市政府的担保也不包括或有债务。而且，市政府拥有的企业也以商业实体的身份进行借贷，除了认购资本或基金——通常只占这些企业资产负债表的一小部分的数字，其债务和资产不出现在市政府资产负债表中。州审计办公室通过多项研究估计，直辖市所做出的担保的价值估计相当于总债务的7%，到2009年底大约为700亿福林，这些担保并没有在任何地方显示为显性债务。[29]因此，如果加上没有出现在提交给州财政局的财务和预算报告中的企业债务担保时，总的市级债务要更大。

由于预计2004年匈牙利即将加入欧元区，从2000年起，借贷开始增加。这些借款被用于环境保护以及基础设施工程的建设。而自2006年起的债券发行增加则是由许多因素造成，这些因素有结构型基金的可获得性、瑞士法郎和欧元的廉价贷款、强势的福林以及人们发现所有债券发行将不能进行公开招标。[30]

货币风险暴露。图7.1显示了2010年前三个季度里债务存量将近增加了19%。在这大约900亿福林（5 000万美元）的债务增加中，超过86%是由于重

表 7.1　　以欧元计价的匈牙利市级政府债务

国家银行金融账户				
欧元计价的市级债务				
	长期债券（千元）	长期贷款（千元）	总长期债务（千元）	债券占长期债务的份额（%）
2003	22 800	730 000	752 800	3.03
2006	100 000	2 15 0000	2 250 000	4.44
2007	83 399	1 707 000	1 790 399	4.66
2008	1 735 000	1 660 000	3 395 000	51.10
2009	1 775 000	1 660 000	3 435 000	51.67
2010	2 071 890	2 177 900	4 249 790	48.75
2011 1 季度	2 188 000	2 310 000	4 498 000	48.64

资料来源：作者基于匈牙利国家银行“金融账户”计算得到。

http：//english. mnb. hu/Statisztika/data - and - information/mnben_ statisztikai_ idosorok/mnben_ elv_ net_ lending/mnben_ 0601_ osszefoglalo_ informaciok，季度发行；官方汇率每天发布。

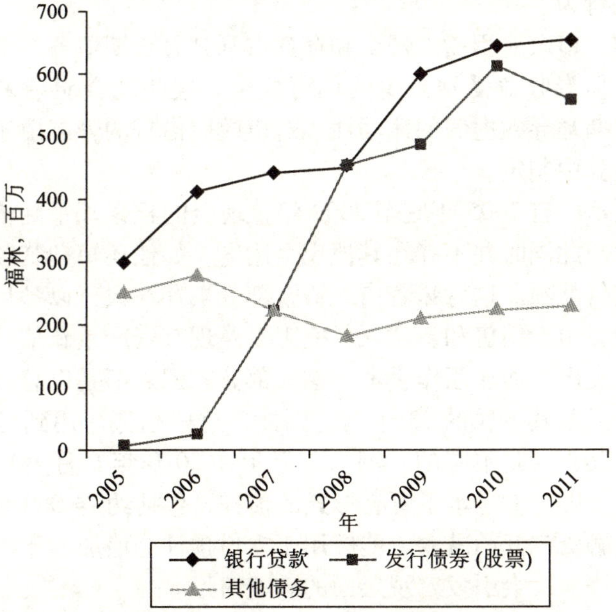

资料来源：按季度公布的国家银行金融数据；

http：//english. mnb. hu/Statisztika/data - and - information/mnben_ statisztikai_ idosorok/mnben_ elv_ net_ lending/mnben_ 0601_ osszefoglalo_ informaciok。

图 7.1　匈牙利 2005—2011 年债券、银行贷款及其他债务

新估值造成的。在这期间，瑞士法郎上涨了19%，欧元相对福林增值23%。由于已发行债务的80%是以瑞士法郎和欧元计价，匈牙利的市级债务存量在9个月内增加了19%。2010年底到2011年初期，鉴于2007—2008年繁荣期间发行的债务3—5年的宽限期已到，开始产生本金支付，债务的重新估值使得市政部门在债务还本付息上的货币风险更加突出。这项年度资本偿还估计总数在500亿福林（2.5亿美元）。再者，以瑞士法郎汇率计价的资本偿还在微观层面上的影响可能是毁灭性的，因为瑞士法郎2010年的汇率相比2007年升值了将近50%。[31]

对于2006—2008年间债务发行的繁荣，一个普遍的解释是，当时以瑞士法郎计价的债券的利率大约是福林计价的债券的利率的三分之一。2005—2008年间，大多数情况下，福林对欧元和瑞士法郎是升值的；因此，市政府通过福林的高存款利率和瑞士法郎的低贷款利率来进行套利。另一个因素取决于能够避免竞争性债务发行投标的可能性，这导致了对基准点的激烈谈判。银行不能够提供更低的瑞士法郎利率，所以他们开始在债券条款上磋商，例如，将债务期限延长到20—25年，并且对本金部分的还款加上3年、4年或5年的宽限期。关于政府将要对市政府借款进行管制的市场传言导致政府把借款积累起来并将其以暂时优惠利率投资的投机行为。[32]

在同一时期，市政府积攒的现金和存款占到其总长期债务的40%—60%。相较于银行贷款，债券收益受到更少的例行检查。这些现金能带来外币形式的利息，而债券宽限期却导致虚假的流动性。对市政府借贷的管制由于政治风险太高而不能在年度预算中制定。

如图7.2所示，自2005年底至2009年，现金的积累几乎翻倍。但这一现象并不合理，因为与此同时并不存在其他现金用途，如偿还短期贷款，偿还供应商贷款，或其他应付款项。这意味着借入资金部分被存在银行以备后期使用。考虑到固定资产变动，由于销售和新建项目完工以及现有资产重新估价，一部分借款必然用在经常性支出，而非用作投资。这一部分的图表都是以总计数目呈现，并包括首都布达佩斯及其下属的23个区，因此，这些趋势应用到各个类型和规模的城市的时候，其程度是不同的。图7.2显示在2010年6月大约有6亿福林的流动性金融资产。图7.1显示了所有形式的债务，包括约14 000亿福林的短期债务。当流动性金融资产开始减少，能够用于支付预计会增加的年度还本付息的资产更加缺乏，也许最终会引发宏观层面的破产情形。

然而这些系统风险，至今还未引发破产程序。现金可用于减少当期赤字、偿还债务、投资固定资产，或者以上几项活动的组合。因此，银行现金存款是一笔随时能满足不时之需的资产。只有当账户被关闭时，经常性赤字或盈余才会被确认。在预算年度，前一年度留存的库存现金可以用于经常性或资本性支出。由于

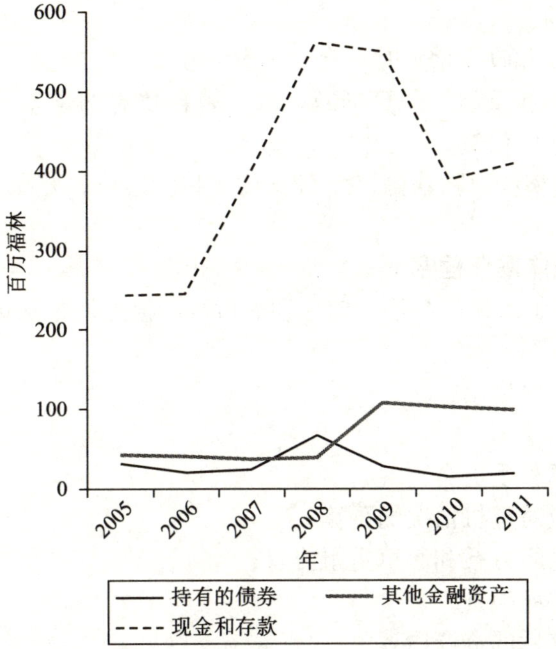

资料来源：国家银行按季度发布的金融数据。http：//english. mnb. hu/Statisztika/data - and - information/mnben_ statisztikai_ idosorok/mnben_ elv_ net_ lending/mnben_ 0601_ osszefoglalo_ informaciok。

图 7.2　现金和流动性金融资产，2004—2011 年

经常性赤字，盈余或者将当前预算年度不使用的借入现金存入，现金存量可能会发生变化。因此，库存现金可以在有危机的年度起缓冲作用，并削减当期赤字，因此可能会同时有积极和消极作用。

地方政府破产框架

为什么需要城市破产法令？在 1994—1995 年关于创建债务调整法律的一场辩论中，金融和内政部门的政策制定者以及专家总结道：如果一个州不打算在行政上或立法上控制市政府借贷，那么需要建立一个法律框架以达到以下政策目标：

- 预防市政府对任何债权人、债券持有者或供应商的违约
- 向受到影响的债权人提供明确的行政和法律程序
- 提供债务重组的程序
- 明确表示国家政府不会为地方借贷提供担保或提供紧急救助[33]

- 维持必要的公共服务
- 当地方税收和收入增加时，允许扩大借款
- 用债务调整和重组、预算削减，以及来自政府的紧急融资来避免地方政府不负责任的借贷。

直辖市债务调整法律在获得议会82%的支持后通过，并在1996年4月生效。

地方政府破产：具体操作程序

市政府债务调整法律的程序。匈牙利的市政府债务调整法律制定了一个包括7个主要阶段的程序：

1. 债务调整程序启动；
2. 法院审查申请书；
3. 成立债务调整委员会；
4. 采用专门应对危机情况的预算；
5. 制定债务重组方案和起草重组协议；
6. 债务协议协商谈判；
7. 未达成协议后的资产清算。

1. *启动阶段*。如果一个市政府没有在到期日之后的60天内对债权人、供应商或其他相关当事人支付已确认的债务，无论债务证明文件是一张发票或是一个法院的支付令，市长都有义务通知市议会并在8天内向地方法院提出[34]破产申请。如果法院认为该市政府的确处在危机之中而不能履行偿债义务，那么市长和市议会就要承担一定的义务，债权人也需要采取相应的一系列行动。如果市政府违约，即超过还款期限60天还未履行义务，那么债权人也可以向法院提出破产申请。[35]如果法院确定市政府用现存资产和现金流可以轻易偿还债务，也可能会拒绝该市的债务调整请求。如果债务调整程序是由于市长个人工作拖延而未启动，那么市长作为个人将受到严重的经济制裁，如图7.3所示。[36]

2. *法院审查破产申请*。如果法院认定破产条件成立，即任何一项债务超期60天及以上，就会判决债务调整程序开始或终结。法院启动债务调整程序的公告会在一个法院的官方文件上公示，公告会刊登在适当的报纸上并发表电子版。

3. *成立债务调整委员会*。公告同时，法院指定一名托管人（在国际语境中称作“接受者”），市政府从公示日起有8天时间来成立一个危机委员会。成员包括市长、公证人、金融委员会主席（若没有，由一个议员代替）和一个议员。托管人担任委员会主席。法院从内政部一个破产托管人和清算人的名单中指定一个托管人。[37]这些都是拥有公共部门培训和预算部门资格的公司破产专家。他们中的一些人独立工作，但大多数隶属清算公司（见专栏7.2）。

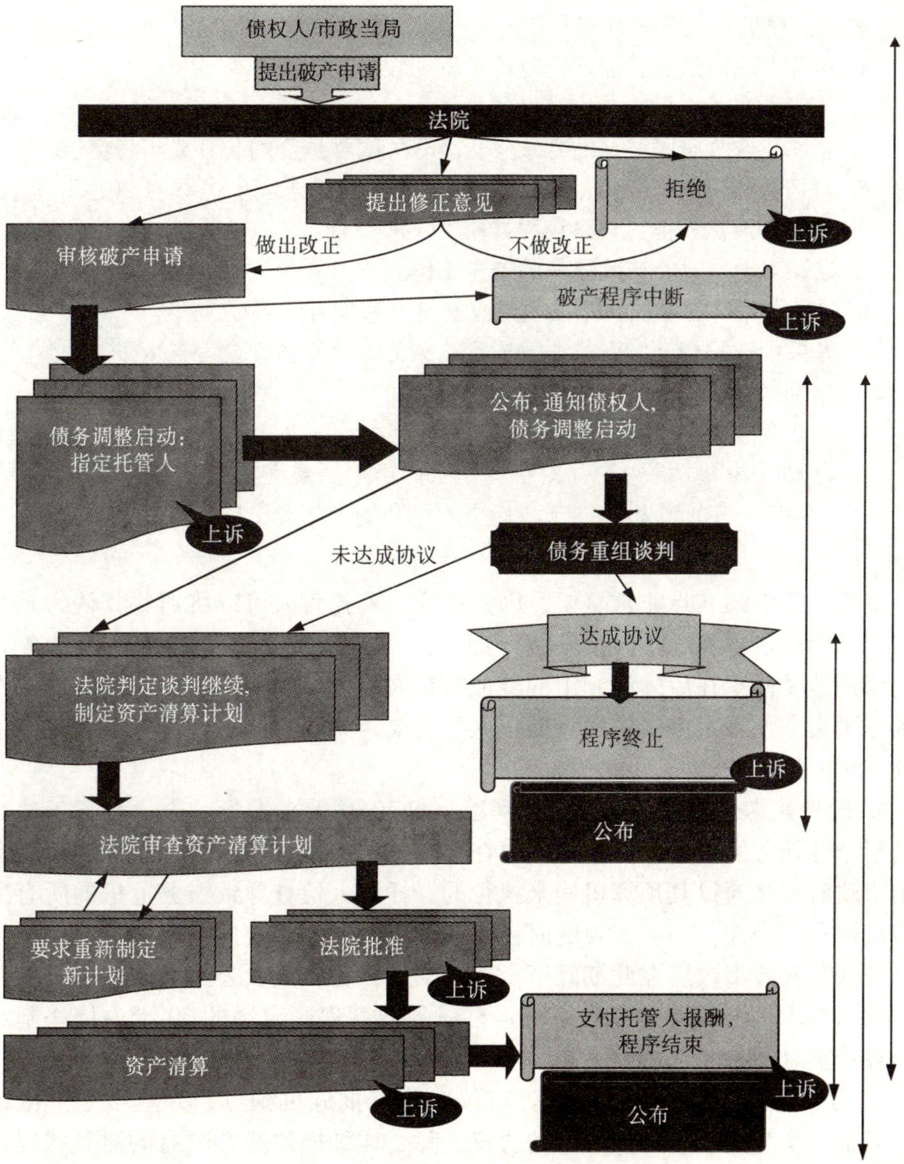

图 7.3　匈牙利债务调整程序

专栏7.2 托管人的权利：匈牙利市政府债务调整法14款之2

在此法律下，托管人的权利如下：

a. 对地方政府财务管理进行复审，发现破产原因。

b. 检查所有关于地方政府资产的文件。

c. 参加地方政府以及与地方政府资产有关的委员会的公开或闭门会议。

d. 对债务清偿做出提议，该提议将被代表机构或者债务调整（也称危机）委员会最优先提上议事议程并研讨。

e. 启动对地方政府应收账户的追讨工作。

f. 向提出要求的债权人汇报地方政府资产和债务清算程序。

g. 如果代表机构未能履行法律规定的义务，通知县长或者布达佩斯公共行政办公室。

h. 在法令颁布的90天内，托管人可以代表地方政府向法院提出要求，对地方政府或预算机构签订的合同和法律声明，或者其在债务调整程序启动日期前一年所执行的对市政府极为不利的预算提出质疑。

专栏7.2中第h点非常重要，因为这意味着托管人可以将那些其认为是对市政府“非常不利”的合同和交易判为无效。换句话说，如果债权人和债务人的闭门谈判涉及侵犯在后续谈判中的其他债权人的权利的资产转移，额外的抵押以及证券买卖，托管人可要求法院撤销这些协议，只要它们是在正式提出破产申请之前一年内达成的。

4. *采用紧急预算*。市政府从接到法令起有30天来准备一个只服务于法律允许的指令性任务的紧急预算。这些也在部门法律中规定的指令性服务，不是必须要由市政府直接通过其预算机构来执行的。托管人检查导致财务危机的所有决定的合法性和正当性，并在需要的时候，就刑事和民事诉讼向法院提出建议。托管人必须联名签署市政府在此期间所做出的支付行为，企业公报会通知所有债权人提出索赔要求。公证人（行政主管）在债务清算程序启动的30天内依法制定危机预算草案（见专栏7.3）。

5. *财务重组计划和协议草案*。市议会将审批危机预算，并草拟一个重组计划并起草一个与债权人达成妥协的协议。除了详细描述地方政府的财务状况，重组计划包括可能会在债务清算中涉及的关于资产使用的建议，以及加快债务清算工作的各种措施的提议，还有以上各措施预计能够给地方政府带来的收入。

6. *债务协议谈判*。托管人将重组程序和代表机构批准的妥协建议发给所有债权人，并邀请他们参加协商谈判。[38] 如果所有至少占已申报并无异议的债权人

专栏 7.3 匈牙利对进行债务调整程序的直辖市的限制

从债务清算启动日期开始以后，当地政府不得：

a. 做出会产生额外经济责任的决策。

b. 设立企业。

c. 获得企业所有权。

d. 偿还或承担法令颁布之前的债务或其他义务。

在债务清算日起的30日内，市长应向托管人提供：

a. 关于如何为履行指令性政府义务（或者可以被认为是地方政府的义务）融资并完成这些的任何报告。

b. 截至债务清算启动日期前一天的地方政府资产清册和年度报告，其中包括以下种类：登记资产、法律规定为执行和行使职责和权利所需要的资产、能够用于偿还债权人的资产。

c. 紧急预算草案。

d. 关于在法庭和在政府部门进行中的破产程序的进展详细情况通报。

e. 债务清算程序启动日期前一年内结束的涉及地方政府资产的合同。

f. 地方政府参与经营的商业组织的详细信息。

g. 地方政府机构的财务状况、债务以及应收账款的详细信息。

h. 其他托管人认为对于其履行责任是必要的文件。

索赔的三分之二的债权人中，在法令颁布日期拥有现存索赔要求的债权人超过一半都同意，那么一项妥协即可达成。如果在妥协提议中，债权人意见分为几个小组，那么至少每个小组中的大多数债权人都必须同意在破产中的妥协。

7. *资产清算*。如果债务调整协商未能达成一致，或者市议会未能在60日内形成一个危机预算，法院将根据法庭的资产分区规则继续资产清算程序。关于这项命令，不允许任何上诉。[39]

8. *最坏的情形*。将资产公开拍卖的时间考虑在内，如果债权人和债务人在法院债务调整法令颁布之后的210日内都未能达成协议，或者拒付超过270日，法院可以要求国家议会解散市议会并重新选举成员。这时候，也可能会发生刑事和民事诉讼。整个过程，包括上诉以及可能需要的市政府资产公开拍卖，必须在法令颁布的270—300日内完成，这取决于每个角色——市政府、法院以及托管人是否能够充分利用其分配到的处理时间。

债务的类型及其债务调整处理方式

三种重要的市政府债务：贷款（有担保的和无担保的）、债券和应付款项（如税负、工资这类优先偿还欠款以及其他非优先偿还欠款）。债务调整程序中重要的是特定种类的债务是否属于优先偿还债务。尽管隐性（基于服务义务的）担保并不包括在债务中，但是一旦需要履行担保义务，法律就会将其涵盖在内。

一般而言，地方政府的贷款都是用房产抵押作担保的。质物甚至可以是动产，或者有价证券或者商业股份，但后两者并不常见。担保可以是现金流的方式，也可以是以其他形式的抵押物的方式。发行债券是一种比银行借款更加简单容易的融资方式。有担保债权的偿还优先规则并不适用于债券的清偿。由此产生的债权请求权的实施，以及其所基于的法律关系分析，对于债务调整程序来说也可能是一项重要的问题。[40]对于欠款，所有的债权请求权将会按照提出索赔的人的属性以及该项请求权是否具有优先权来排定排序。工资和政府税收这类欠款要优先于其他供应商。银行以及债券的请求权同供应商请求权具有相同的优先级；差别可能仅仅基于这些请求权是否有担保。

债务调整中债权优先级。资产在债权人中的分配方式应当如下：

1. 定期的工资和薪金，包括遣散费。
2. 具有留置权、抵押品或保证金的债务，并且担保是在债务清算程序启动之前的至少 6 个月之前约定的。
3. 需要偿还中央政府的利息、支付、为履行之前达成的债务重组协议而提供的中央资金支持（这包括市政府出于某种原因必须返还的中央政府拨款、补贴和转移支付。这还包括中央政府为债务重组提供的贷款。所以这些都是地方政府欠中央政府的钱）。
4. 社会保障欠款、税收以及可能以税收形式征收的公共债务。
5. 其他请求权（贷款、债券以及对供应商的欠款）。
6. 利息、违约罚金及请求权中列在“d”项目下的费用。

低优先权的债权人的索赔应该在高优先权债权人的索赔被完全解决之后再解决。可用于偿还债务的资金必须在债权人中按其偿债请求金额占比进行分割。

政府所有的公共事业单位和公司

如何提供服务？市政府可以通过很多法律实体来实施指令性和非指令性的公共服务，例如：（1）自有的预算部门或者另一个地方政府的预算部门，包括城市联合会；（2）盈利或非盈利性的市属企业；（3）私有企业，包括非盈利性企业及机构，基于一项服务合同（通常是以特许权或公司合营的方式）。地方政府还能参与有限责任公司。因此，适合管理市政府资产或者提供公共设施及其他公共服务的市政公司基本上有两种类型：有限责任公司（LLC）和股份有限公司（Ltd）。

*适用哪项破产法令？*1996年的市政府债务调整法案只适用于地方政府，其定义是：（1）市（村庄和城市）；（2）布达佩斯（首都）及下属的区；（3）地方县级政府（县级行政事业单位）。市属预算机构或者行政事业单位以及城市联合会都不自主借款。以上情况下，市政府作为法律实体进行借贷具有完全追索权。无论实际出现问题的公司是部分或全部由地方政府所有还是任何其他私人股东所有，所有商业实体（有限或者无限公司、任何形式的商业协会）的破产案件都在1991年的关于破产和强制性清算的法律XLIV的管辖范围内。

*继续提供服务的义务。*和公司重组相反，市政府债务调整需要在调整过程中继续发挥其职能。即使是政府或一个提供基础设施服务的公司在破产程序中，基础设施服务（水、固体垃圾、废水以及其他的一些服务）还是要由市政府来提供。公司破产法没有对清算人规定任何种类的关于破产公司继续进行商业活动的义务。无论是其自有预算单位，企业或者一个私有企业是否实际上签订相关合同，市政府具有提供或者安排提供服务的义务。*因此出现了一个挑战：无论其所有权归属，一个公用事业单位的破产，都归于公司法的管辖范围。但是曾被外包给独立实体的服务提供义务现在又转而落在地方政府肩上。*[41]提供或者准备一项服务的义务，不得从属于任何其他市政府义务。换句话说，诸如供水公司、医院，还有区域供热公司这类服务提供公司的潜在破产，并不由政府预算来承担债权人的追偿权，但是，政府预算必须承担替破产公司履行服务义务的责任。[42]

其他事项

通过欧盟凝聚力和结构基金创建的资产，以及从市政府或中央政府的补助金联合资助的资产，具有最低使用期限的合同义务。换句话说，即便是那些由欧盟资金资助的不重要的资产，也需要遵循这些“使用”规则，否则资金的接受方就必须按120%的比例进行偿还。如果一个市政府破产，这些资产也不能改变用途，更不用说作为债务清算的一部分了。如果一个市政府有意或者无意改变了欧盟资助的有用途限制的资产的用途，则被迫向欧盟退款的中央政府可以按照接受欧盟拨款金额的120%扣押地方政府资产。成员国中央政府会向欧盟退款，而进一步措施则取决于其自身选择，选择执行或者不执行这种对地方政府资产的扣押可能导致预算软约束以及政治上的讨价还价。

地方破产框架：实施经验，1996—2010 年

事件数据库[43]

从1996年到2010年间，匈牙利有38个市政府债务调整案例（见表7.2）。[44]在这个表中，债务金额代表破产托管人确认的债务，是自愿债务协议或强制清算的一部分。在已知的38个案例中，有30个是已经被解决的。在已经解决的30个案例中，18件达成自愿协议，12件法院不得不强制进行资产或者债务的清算。这些案例中的债务调整程序的分布反映了匈牙利城市的规模和经济能力，因为其中只有5个案例是涉及人口超过3 000人的市，只有2个案例是涉及人口超过5 000人的市，它们分别发生在人口超过11 000人的Szigetvár和最近发生在人口超过30 000人的Esztergom。

需要注意的是在表7.2中的类别是重叠的，并且两个案例中，导致债务调整申请的原因尚不明确。从另一个角度看，有10个破产案例是由于成本过高的和未充分利用的公用事业项目：大多发生在天然气和废水处理部门。[45]

市政府破产原因

市政府破产常常是多年的财务困境造成的。在申请破产的前几年，市政府、相关银行，以及供应商为了避免一个正式的债务调整程序或者潜在的不可预测的后果，会试图制定出非正式的安排。在21世纪前十年早期，人们知道，在分层的清算过程中，银行可能会损失全部的利息以及平均未偿还本金的95%的债权。因此，债权人在接近60天的截止日期时都不情愿提交债务调整请求的申请。除此之外，据报道，债权人（所有种类，包括供应商）相互勾结来避免90天后所必须的市政府破产申请。国家审计办公室已经识别出几百个“潜在”破产案例，根据总量数目以及其他指标，这些市政府本应履行提交破产申请的法律义务但却没有，这是因为出借方和供应商倾向于避免提交破产申请，因为它们不想惊动所有相关的债权人都来提出对地方政府的偿债请求，这对他们没有好处。大量的地方政府要求中央给予赤字补贴表明是系统性的预算收入不足导致了“潜在”的破产，这反映了结构性的财政恶化。[46]考虑到现行的会计和预算的惯例，很难根据《市政府债务调整法案》第5款的规定对地方政府进行处罚。

表 7.2 匈牙利市级债务调整立案记录（1996—2010 年）

		人口	债务金额（百万福林）	立案日期	退出破产程序日期	原因	结果
1	Atkár	1 685	98	10/25/2001	8/1/2002	公共事业项目债务	达成债务重组协议
2	Bakonszeg（I.）	1 278	152	8/22/1996	7/23/1998	草率的盈利性项目，非法行为	清算
3	Bakonszeg（II.）	1 278	60	8/3/2000	9/26/2001	债权人在第一阶段未得到满意结果，又发起新的索赔	清算
4	Bátorliget	783	79	8/22/1996	3/26/1997	公共事业项目债务	达成债务重组协议
5	Biri	1 398	60	2/24/2009	12/10/2009	学校和公共餐饮设施管理不善	达成债务重组协议
6	Boba	822	40	1/16/2008	5/22/2008	对不完善的污水处理项目的环境罚款	达成债务重组协议
7	Csány	2 298	46	8/15/1996	4/3/1997	公共事业项目债务	达成债务重组协议
8	Csepreg	3 333	89	4/15/1999	4/27/2000	非法的增值税退款	清算
9	Domaháza	1 082	22	11/20/1997	6/1998	非法行为	达成债务重组协议
10	Dunafalva	1 185	69	3/13/2003	12/29/2005	非法公共工程合同，拖欠对供应商的付款	清算
11	Esztergom	30 928	22 600	11/25/2010	进行中	政府分裂、政治冲突、发票未付	进行中
12	Egerszólát	1 107	24	8/25/1996	4/3/1997	公共事业项目债务	达成债务重组协议
13	Felsömocsolád	559	10	8/11/2005	8/3/2007	经营管理成本误算	清算
14	Forró	2 547	163	4/7/2005	12/15/2005	（无可用资料）	达成债务重组协议
15	Gilvánfa	341	26	9/21/2000	2003	对公共事业的债务拖欠	清算
16	Kács	654	32	12/12/1996	7/24/1997	公共事业项目债务	达成债务重组协议
17	Jásztelek	1 775	10	12/2008	—	解雇教师获胜的劳工权利诉讼；法院命令的补偿金导致其破产	不明
18	Kajászó	986	85	4/3/2008	12/22/2008	在健康、文化、坟墓、运动设施的建立与更新项目上的过度投资	达成债务重组协议
19	Magyardombegyház	259		9/9/2010	进行中	对市长的超额支付；只有 10 个孩子的幼儿园	进行中
20	Nágocs（I.）	856	123	9/5/1996	7/23/1998	非法的以及轻率的商业活动	达成债务重组协议
21	Nágocs（II.）	856	46	9/21/2000	5/9/2002	重新提交未满足的偿债要求	清算
22	Nemesgulács	1 100	118	6/21/2007	1/28/2008	对承包商的最终支付存在争议	达成债务重组协议

续表

		人口	债务金额（百万福林）	立案日期	退出破产程序日期	原因	结果
23	Nemesvid	830	750	6/15/2010	进行中	排水项目的瑞士法郎债务，瑞士法郎汇率上升	进行中
24	Neszmély	1 444	140	7/23/2008	11/11/2009	对非法肥料堆的环境罚款；对市政非盈利企业借贷的非法担保	清算
25	Nick	563	91	11/22/2007	进行中	非法的增值税退款	进行中
26	Ópályi	2 983	64	11/7/2008	7/17/2009	与小学建立与翻修项目相关的过度经常性开支	达成债务重组协议
27	Páty	4 998	400	8/15/1996	3/4/1999	市政工程项目债务	清算
28	Pilisjászfalu	993	300	1/7/2008	11/18/2008	更大社区的遗留债务；无力承担任何基本功能	达成债务重组协议
29	Ráckeresztúr	3 300	1 000	3/2010	—	增值税诈骗，供应商的贷款，刑事调查，审计署调查，进行中的反诉讼	上诉中
30	Sáta	1 391	55	2/25/1999	8/1/2002	市政工程项目债务	清算
31	Sáta II.	1 391	90	4/14/2010	进行中	失去对学校的拨款而支付不起学校费用/不愿与相邻村庄合并	进行中
32	Somogyfajsz	553	86	7/29/1999	9/13/2001	犯罪活动	清算
33	Somogyudvarhely	1 208	31	3/5/1998	11/19/1998	市政工程项目债务	达成债务重组协议
34	Somoskőújfalu	2 234		10/6/2010	进行中	公共事业建设	进行中
35	Sorokpolány	825	11	4/1/1999	12/30/1999	非法的增值税退款	达成债务重组协议
36	Sóstófalva	3 509	6	1/21/1999	12/30/1999	拖欠社区中心改造项目贷款	达成债务重组协议
37	Szigetvár	11 353	3 500	2/26/2010	10/29/2010	原因复杂，过度投资，缺乏经常性资金，计划不周，公私合营项目	达成债务重组协议
38	Tiszaderzs	1 357	71	1/7/2008	进行中	拖欠地方路政建设项目以及体育馆建设项目贷款；市长接受刑事案件调查	达成债务重组协议

资料来源：作者。

注：此外还有五个案例，他们的申请日期和进程终止日期如下：Kisnamény（1/8/2009，1/4/2010），Nagydobos（12/9/2010，9/6/2011），Selyeb（10/12/2009，10/14/2010），Ősi（12/28/2010，under process），and Tiszavalk（3/25/2009，2/5/2010）。

关于市政债务调整法案的遵守和执行一直以来都是一个薄弱环节。由于如今的会计体系以现金为基础，因此很难发现地方政府破产，也很难违背它们的意愿强行实施制裁。国家审计署的报告指出（Vigvári，2009），拖欠的工资不断积累，隐性或显性的短期借贷，以及或有负债都显示出大量的潜在违约风险。这些违约从未被揭露过，也不会像市政债务调整法案一样引起轩然大波。地方政府忽视强制性破产立案的规定并不会遭致严重的惩罚。[47]

表 7.3 为正式立案的城市总结了破产的原因。这些案件颇具代表性地概括了导致财政问题的不同原因。有三起较老的案子是在 1996 年的市政债务调整法案实行以来的五年间发生的，这些案子反映了财政问题的不同起因：不适当或者未经授权的借款，增值税纠纷，极其草率的公用事业建设项目以及市政当局对私营企业的担保。大约 61% 的案件都涉及建设项目财政风险，包括投资过度、计划不周的借贷、误算的经常性收支以及或有负债。一些外部压力，如环保罚款以及和中央政府的征税分歧占到了总案件的 17%。涉及管理的案件，如劳动问题、合同问题占 14%。

表 7.3　匈牙利地方政府破产的主要原因

债务调整申请文件中的破产起因	申请数量（总量为 38）
外部冲击：	
税务局收回增值税退款	4
环境罚款	2
刑事案件：	
违法犯罪活动，欺诈合同	3
与项目有关：	
过度投资，草率的借贷，误算经常性收支	16
一般的流动性问题以及管理问题：	
程序原因，合同纠纷，劳工问题，政治冲突等等	5
拖欠（学校等单位的）运营经费，结构性原因	6

资料来源：根据表 7.2 编制。

注：另有两个案件起因不明。

近期发生的四个案件不仅印证了从以往案件中得到的一般结论，还显示出导致债务调整的新元素。[48] Boba 案中的环保罚款数额巨大，相当于村庄年预算的 25%。而环保视察团对 Boba 地区的其他村庄并未执行这样的罚款。Ráckeresztúr 案的出现使人们注意一类新的情况：供货商试图利用市政债务调整法案捍卫自己的权利，但经过两年的上诉，最终败诉了。供货商试图主张自己的权利，却不得不等到村庄因为其他事由宣布破产，Ráckeresztúr 案是这种情况中的首个案例。

Tiszaderzs 也是一个典型例子，从中我们了解到一旦村庄中的主要业务往来银行拒绝提供后期贷款，政府可以从其他金融机构获得新的借款。还有一个由国有发展银行资助的体育设施项目，该项目属于公私合营计划的范畴，而该村庄在此体育设施项目中透支财政。政府曾期望用新生入学带来的现金流偿付债务，而这最终未能实现。因为，在政府的鼓励下该村学生已与其他村庄的学生合并。众所周知，中央政府出于不同目的会设计各种各样的财政激励。而 Tiszaderzs 的经历表明，对地方政府债务清偿预算的预测会受到中央政府财政刺激的影响。

最终，Szigetvár 成为目前为止匈牙利执行破产的最大的城市。在此案中，该市提供给医院的担保、与其水力公司的公私合营合同以及超出其偿还能力的直接借贷相互关联，使整个案情错综复杂。同时，各种不利于该村庄的政治事件使得问题雪上加霜。

吸取的教训以及强化法律框架

破产法的法律程序是非常明晰的。每一个步骤都规定得十分详尽，因此当事人知晓即将发生什么并且了解自己的职责。所以这些案件中没有任何关于破产程序的纠纷。破产受托人和法院有一定的权利并且受到尊重。县法院及其法官的执法水平未曾受到质疑。[49]

没有道德风险。法律明确规定国家不能为市政府的债务做担保（除非是应多方面债权人的要求，经由议会通过相关法案，并且向中央银行支付一定的费用），该法也规定当某地方政府违约时，国家不能为其承担责任。某些商业担保是允许的，这类商业担保需由金融机构和担保公司提供，而这两类机构也必须遵守国家和商业银行共同制定的商业规则。[50]

在每个破产程序中，地方议会与受理法院和破产受托人进行合作。没有议会受到新一轮的选举或解散的威胁。困难的来源之一是许多市议会希望破产受托人可以出言献策以便推动金融和组织改革，并且能代表自己做出艰难的抉择。但这些受托者只能就此可行的改组计划提供一些具体细节并监督协议的谈判。如果双方无法或不愿意达成一致，受托方有权将重组计划和清算方案提交法庭。约有百分之四十的案件能够通过这种方式达成解决方案。

每个案件都涉及重要的公共服务。只有相关当事人的积极参与，加上市政机构的有效管理，才能诞生最终的债务重组计划。在这些案件中，受托人仅仅是简单审查了一下债务重组委员会的建议。在迄今已知的案件中，重要的公共服务都

被保留了下来，这也是市政债务调整法案的目的之一。

债务调整程序给予了参与其中的市级政府一个改头换面、重新开始的机会。理论上，这可以使他们为了发展的目的继续借债。但是还有很多曾经实行过债务调整的城市经济情况不容乐观。他们很可能继续保持在较差的信用评级上，原因不仅仅是之前的债务调整。此外，诸如税务纠纷的许多外部原因也可能对直辖市的财政施以重压，这将触发破产程序。

在绝大部分案件中，破产是由于会计或内部监管不足导致的。在这些案件中，没有联署和会签，没有内部控制，很多收据丢失，会议的决议也受到了信息不完整或是错误信息的影响。而且地方议会也没有解决与借款相关的问题。[51]所以后果就是未支付的账单堆积如山（如果这些账单还记录在案的话）。

非正式的优先安排阻止了正式的立案。正规的债务调整数量较少。尽管市政府不会申请破产，但债权人和债务人却经常在法律的影子下进行谈判。从银行监管角度来看，如果破产案件愈加频繁，可能会演变成一个很棘手的问题。因为很多不良资产（如市政府的贷款和其他违约的债券）都必须遵照巴塞尔协议进行处理。[52]如果处于违约状态的政府不将信息批露给银行股东、监管者或者公众，那么透明度将大打折扣。从卖方和供应商的角度来看，尽管政府经常拖延偿付，但最终还是会给他们买单的。通常，供应商会将滞纳金加到产品价格中以补偿政府拖欠和拒付的风险。

贷款方、供应商和其他卖方缺乏启动破产程序维权的动机。[53]因为如果他们没有直接参与提供指令性服务，他们将会失去所追偿债务的很大一部分。只有当市政的基本功能遭受冲击时，市政债务调整法案才会启动。这些冲击包括：资金遭到滞留，法院命令的征收，或者对市政府执行判决（如环保罚款或劳动诉讼）。那些提供指令性服务的卖方和供应商在调整程序实行期间会得到偿付，并且优先从紧急预算中获得资金。贷款方通常会对一些非指令性服务进行资助，并且它们提出的债务追偿金额往往要比一组供应商提出的债务索赔额更大。[54]如果所有债务（包括还在宽限期中的债务）经过债务调整程序之后成为到期债务，则债权人更愿意私下达成协议，从而对其他债权人造成危害。

一旦债务调整谈判启动，拥有债权较多的债权人就会损失惨重，因为最后获得的还款往往只是债务追偿额的一部分。罚息和滞纳金是要足额缴纳的，而供应商增加罚款的能力却又十分有限。他们似乎要力挽狂澜，尽量拖延开启清算程序，但最终所有债权人都因此遭受重创。像银行这种“大债权人”，他们知道仅是他们自己提出的赔偿额就已经超过了可以支付给其他所有债权人的资金总额。因而他们强烈要求利息、罚息以及本金的全额偿付。但现在这些“大债权人”仍然坚持自己的诉求，尽管这可能会带来风险，即法院命令的清算，而这对于他们的危害是最为严重的。[55]

在大多数案件中，实施债务调整的市政府多年拖欠偿付债权人和卖方。但正是破产前的巨额的经常性赤字导致政府最终申请破产。因此破产前的几个月中，未偿付的经常性支出账单越来越多。在此情况下，这些政府甚至不能及时支付自己经常性的费用支出。供应商最终失去了耐心，法院命令的支付留置权也如期而至，使得市政府不得不申请破产保护。虽然债权人可以在有效发票逾期超过60天后行使权利，但他们可能要等上4—5年才采取行动，然后忍受旷日持久的诉讼和上诉。然而他们并不愿意利用市政债务调整法案授予的权利，因为他们担心其各项索赔在债务调整方案中遭到削减。尤其当他们属于“非必要”服务行业时，损失将更加严重。没有一个企业想让别人觉得他们在故意为难政府，因为在如今充满竞争的商业环境中这可能会影响他们在公众心中的形象和名声。

没有信用当局，预算数据的公共来源或者早期预警系统。市政府的潜在的供应商或贷款人无法进入支付记录的公共数据库。管理交易账户的银行在了解客户财务管理技巧和付款纪律方面具有显著优势。因此管理账户的银行更愿意延长那些透支的贷款并对长期贷款进行重新协商，因为它们能够直接没收市政账户中的资金。其他的银行以及所有的卖方和供应商缺少这种安全机制，因此他们只能依靠“关系”银行。

法律框架的新变化

除了在2001年的法律中增加了针对上诉可能性的条款之外，《市政债务调整法》自1996年生效之后从未进行过修正。最近，法官有关破产程序的判决以电子版的形式公之于众，因此重新审视或者撤销某个破产申请的时间被大大缩短了。

2008年至2010年立法中的两个变化会影响市财政账户。第一个变化是预算项目地位法案（Law CV, 2008）。该法案规定，如果遵守公司法规定的市属企业有超过三分之二的收入来自市政预算（不论何种形式，可以是补贴或合同的形式），必须解散并将其业务转移给一个现存的或新的预算机构。如果一个市属企业提供指令性的公共服务，且该业务是由市政府出资扶持的，2008年的法律规定将对这些企业对市政预算的或有债务进行披露。那些在预算之外的财政上自给自足的企业将不会被强迫提供指令性服务。城市水务企业收取的水费将直接拨给预算机构，该水务企业不能将这部分资金用于其他非指令性和营利性的活动。但指令性业务和普通业务的混杂将不利于市属企业[56]向外界表明收入的三分之二是来自于预算的，因为这部分收入将会被其他企业收入稀释。

第二个变化是2010年颁布的新财政规则，该规则试图削弱中央政府决策

（这些决策与分配给地方政府的资金有关）对地方政府财政的负面影响。这一变化可能是对那五个破产案件做出的直接反应。在这些案件中，市政府的财政状况随中央政府一系列举措的实施开始恶化。这些举措包括：中央政府没收了增值税退税、多余的拨款和其他收入，或是中央政府执行了罚款（如 Boba 案）。根据 2010 年财政规则的变化，当财政部对市政资金执行扣押或拦截时，可以允许直辖市政府分期付款以避免对完成指令性任务造成负面影响。[57]

强化破产框架

利益相关方（例如中央政府的代表、贷款方以及向市政府提供服务的供货商）一致认为对市政府的监控、审计、监督、信息披露以及适用于市政府的会计标准和预算程序需要加强。这部分内容总结了在匈牙利召开的，主题为"加强市政破产制度的潜在改革"的讨论会上得出的一组共同意见。

市政府中有数百个潜在的破产案例，但由于避开公众视线的非正式解决方法对贷方、市政府以及供货方都有利，这些潜在的破产案件并未成为正式的破产案件。在所有记录在案的债务调整的案件中，债务人和一些债权人通过非正式的谈判来推迟偿债期限或者获得新形式的担保。在正式破产的第一阶段，上述的预谈判实质上将被延续，有关方面将对紧急预算和债务重组协议进行谈判，同时受托人为测试市政府财政状况进行准备。

双边谈判是所有破产机制中不可或缺的重要组成部分，同时，它也是处理企业破产案件的重要工具。破产法所规定的偿债优先顺序为自愿重组谈判提供了法律支持，即便此时还未进入正式破产程序（Liu 和 Waibel, 2008），它也赋予债务人和债权人的谈判能力。但是，透明度的缺乏可能会使某些债权人受益，同时又使其他债权人受损。破产前的债务重组协商需要所有利益相关者在信息公开、完全、透明的环境下进行。信息透明有助于公众获知市政府的财务数据以及预算数据。在美国，废除优先安排、重启优先支付以及政府信息的公开化、透明化大大减少了不透明的预谈判问题（De Angelis and Tian forthcoming）。

破产程序需要明确公私合营合同的处理方式：他们是债务吗？他们提供指令性服务吗？如果他们提供混合服务，应该怎么办呢？公私合营支付被当作服务合同。在债务调整方案中，一种服务必须归类于指令性服务或者非指令性服务两者之一。如果公私合营提供的服务的一部分被归于非指令性服务，那么"非指令性"部分的相关费用可以从支付款中扣除。而这将进一步把公私合营下的服务提供者推入破产的深渊。[58]如果一家企业既提供指令性服务又提供非指令性服务，那么切断对非指令性服务的支付将会影响该企业的财务健康。国际经验表明，公私合营合同非常复杂并且它们的处理方式（如对债务或者长期服务合同）需要在预算、会计、债务限额以及债务调整法中加以明确（Irwin，2007）。长期的公私合营合同不仅影响风险（包括长期经营风险）分担，还影响了支付给公私合营合约商的资金，冲击了他们可用于其他支出项目（包括清偿债务）的现金。

另一项改革与借款的事前监管相关，它在2012年之前一直有效。限制使用长期借款来弥补经常性赤字（比如要求短期贷款在预算年底的30天前全部还清）将有助于防止财政透支以及将短期借贷延期到下一个预算年的行为。对再融资风险（例如汇率风险）的完善管理将帮助市政府优化他们的债务投资组合。担保的风险须在借贷规则中予以说明。此外，跨国经验也为事前监管提供了有价值的参考。

对于政府间财政体系以及其他方面进行的改革补充了债务重组框架。仅靠破产法自身的力量无法根治财政失衡问题。很多城市用于完成基本指令性功能的资金尚不足，其资金缺口平均在30%—40%之间。加强市政府自身收入有助于提高他们的信誉水平。对预算系统和财务报告系统的改革也十分必要，因为目前的报告格式难以使用，并且经常遗漏重要信息。完善财政信息的记录、发布与监控将有效预防拖欠行为的发生并减少运营赤字的积累。通过加强财务报告力度来建立早期预警系统具有重要意义。按照一项于2011年生效的改革的要求，必须对考虑借款或者发行债券的市政府进行独立的审计，并将审计结果向公众以及各相关方面披露。

一项重要的预算改革已经启动，即经常性预算和资本性预算分离。自2010年的预算开始，国家预算法案要求政府部门将经常收支和资本收支分开记录，并分别计算余额。要求政府部门对资本赤字与经常赤字的产生和融资方式给出明确的解释：用现金积累，长期借款，还是经常性盈余的方式来弥补赤字？这是预算报告的重大进步。如果得到妥善执行，它将通过更加完善的信息来降低风险。但想要隐瞒经常性赤字也十分简单，只需显示出计划出售的资产价值超过了计划赤字，使计划预算保持平衡。

更大的改进将包括分开计算经常余额和资本余额，并通过一个偿还能力系数来限制当前的债务偿付与未来的债务偿付。这将是涉及预算和会计制度的重大的结构性改变。该方法比原有的单纯依据偿债率的办法更能改善债务清偿的长期可预测性，因为在原有的办法下，即使出现经常性赤字的政府仍然在继续偿还债务。改革的最后一步将是添加时间元素，即要求政府估计将来的债务存量和流量，在多年的基础上考虑未来的收入与债务支出。

总　结

1990年关于地方政府的法案授予匈牙利地方政府财务管理自主权。市政府在融资上具有无限自由，它们纷纷开始为商业活动借款，殊不知这些行为增加了他们的破产风险。1995年恶化的宏观经济形势暴露出地方性财政危机的严重性。此外，市政府开始用长期借款来为短期经常性赤字融资。一些地方政府成功游说中央政府得到一次性补助。这开创了中央政府救助的先例。同时，人们也开始担心这种救助将对地方政府和债权人产生不良的激励。

匈牙利的市政债务调整法颁布于1996年，其作用是在市政拖欠贷款或者拖欠对供应商的支付时，减少债权人与债务人所面临的不确定性。该法案的实施经验超出了法律制定者的初始预期。关于法律、法庭、受托人以及实施过程的投诉很少。每个诉讼的法律过程既透明又明确。向中央政府求助的道德风险被最小化，基本服务始终得到保持，并且在每个破产程序中地方议会都与法庭和受托人积极合作。债务调整程序可以使参与其中的市政府改头换面，重新开始。

不遵照法律是市政债务调整法实施过程中面临的最大挑战，但该问题不能直接归因于立法本身。回顾我们评述过的多宗案例，其债务和对供应商的付款逾期已经超过90天，这是法律要求他们提交破产申请的时限。没有如期提交破产申请的原因有很多，包括监督和制裁不足以及有损信息匮乏债权人或较小债权人利益的非正式的谈判和债务重组。

利益相关方一致认为市政府的破产程序需要加强。破产前的债务重组协商需在所有债权人和债务人之间公平透明地进行。早期预警财政监控系统将有助于防止经常性赤字、拖欠以及或有债务的积累。公私合营合同的处理将会影响指令性功能与非指令性功能的运行。市政预算、会计、财务报告、披露以及监督系统的改革将对破产法进行补充。市政债务调整法案着实发挥了重要作用，但它不能有效地解决存在于匈牙利地方政府体系中的结构性问题。

注　释

本文所述的发现、解释和结论，均属作者个人观点，不代表世界银行、世界银行执行董事会及其所代表的政府，或者外部作者可能隶属的任何机构的观点。

1. 这样的模式在设计时参考了美国的经验，如《破产法》第9章中介绍到的地方政府破产制度和各种形式的财政监控和认证机构等，匈牙利的法律制定过程中，在美国国际开发总署和私人基金的支持下，美国顾问提供了大量的参考信息。

2. 具体规定见1991年《破产清算法》(第49条法令)修订版，2012年3月实行。

3. 地方政府所有的企业如供水或公交公司的破产要走商业破产法的程序。在匈牙利，这样的公共服务都是由地方政府自行负责。如果承担这项服务的公司运行不下去了(强制关门)，其职责和连带的资产、负债都要落到下一个法定继任者——一般是地方政府身上。那些并未直接连带在公共职能上的资产和负债则要走破产清算的商业程序。任何形式的指令性任务外包(如公司合伙、特许经营等等)都无法解除地方政府承担法定指令性任务的职能。

4. 这些情况是在上一个主要研究文章——Jókay et al.(2004)和Jókay, Szepesi, and Szmetana(2004)发表后出现的。

5. 匈牙利国家银行按季度报告政府的财政账户状况。地方政府的金融资产，如现金和存款，都以面值呈现在报告中，地方政府在企业的所有权股份也以面值来反映，且这些股份不会随着总资产负债表或所有者权益的变动而改变价值。

6. 共产党执政时期的干部可以以低价购得国有资产后出售给外国投资者。

7. 见Kopányi等(2004)第15—75页。

8. 1994—1995年期间，匈牙利开始制定地方政府债务调整法，一组包括银行家在内的人开始游说各方反对这项法律，因为银行家们相信，为已经在拖欠款项的地方政府提供风险贷款其实是在服务大众，理应得到中央政府的支持。

9. 债务调整法的出台降低了20世纪90年代早期银行家们的忧虑：如果偿贷有拖欠怎么办？解决方式很明确：贷款方必须承担轻率贷款的风险。尽管如此，轻率贷款还是不可避免，1996—2010年都进行了债务调整，许多银行家还是私下表示，对调整过程的担忧还是限制了他们进行高风险的放贷营销。

10. 政府决议第1092/1995号(IX. 28)为因为自己的过失而陷入财政危机的地方政府部分注资。受到注资的地方有：Bakonszeg, Bátorliget, Nágocs, Páty, and Szerencs，除了Szerencs，其他四个地方最终都走了债务重组的程序。

11. 见网页http://conventions.coe.int/Treaty/en/Treaties/html/122.htm。

12. 州是中级地方行政单位，没有上述权利。区则是为了欧盟规划作统计时才设立的单位，也没有上述权利，且匈牙利宪法并不认可。2011年底，匈牙利共有3 196个地方行政单位：首都布达佩斯，首都下属13个行政区、19个州、23个州级别的城市、204个城市、120个镇和2 706个小城镇。

13. 2013年起，教育和许多其他的人文服务职能划入中央，因而地方花销占GDP的比重有了显著下降。

14. 地方债务调整法对地方政府的职能进行了增减，几经变更。

15. 以下项目中的比例数据均来自财政部年度预算报告。

16. 这是2008年的数据。来源："年度预算报告"，2008年，财政部。

17. 此处和接下来两段的数据均来自匈牙利国家银行、国家经济部(后更名为财政部)的年度预算报告、国家债务管理局、欧盟统计局、国际货币基金组织前景报告和匈牙利第四规定报告。

18. 匈牙利的公债占GDP的比例从2007年的67%上升到2010年的81.4%，很大程度上是因为福林相对于欧元和瑞士法郎的急速贬值。

19. 从2007年到2011年，福林对瑞士法郎贬值了66%，对欧元贬值了23%，对美元贬值了40%。

20. 匈牙利2007年的基准利率为7.5%，2008年10月到达顶峰11.5%，2010年又降至5.75%，2012年6月为7%。十年期的国债利率在7.08%至9.75%间摇摆不定，2011年达到8.48%。

21. 以基准年底汇率计算。

22. 基于匈牙利国家银行财政账户数据：www. mnb. hu。

23. 2013年，这些拨款会被砍掉40%，以显示大部分地方政府职能已划归中央。

24. 这与之前规定总收入的15%用于偿贷的要求有很大的不同。

25. 匈牙利的私募标准以2004年欧盟金融工具市场法规为基础制定。这就意味着债券发行不需要寻求监管机构的准许，且只有合格的投资者才能购得债券（有100人合格投资者的上限）。每张债券的面值不得低于50 000欧元。发行证书上必须要有监管机构的签字。2004年加入欧盟前，匈牙利的条例规定私募发行上限为50个“专业”投资者。除了公开发行，私募没有任何特定的信息披露标准。

26. 基础账户也可以变更，但每年只能变一次，必须10月31日前上报。因而，每年的9月和10月都是银行游说的黄金期，尽力从竞争对手手中把客户的基础账户业务抢过来。

27. 作者的预期是基于财政部报告和媒体报道做出的。

28. 根据匈牙利国家银行债务余额的数据。

29. 见，例如Vigvári 2009。

30. 这些原因在专业论述中较普遍，但是根据国家银行评论（2008年9月）中总结得到，引自http：//www. mnb. hu/Root/Dokumentumtar/MNB/Kiadvanyok/mnbhu mnbszemle/mnbhu szemle cikkek/homolya daniel szigel gabor. pdf。

31. Nemesvid，一个小村庄，面临着严重的货币风险。

32. 见国家银行评论，在注释30中引用的2008年9月的内容。

33. 只有当出借人有要求的时候再提供担保，例如国际财务机构，但国家银行会收取担保费用，并且在这样的多边框架下，市政府借款的主权担保较少见。在转贷的情形中，转贷机构，一个国内银行，自担风险进行贷款，并不得对主权政府进行求助，即使该基金最初享受有利于基金原始来源的主权担保。

34. 在匈牙利，县法院是大多数民事和刑事案件的第一诉讼法院，除了例如布达佩斯城市法院这类较大城市里的法院。法官委任基于其经验和资格。公司破产和清算先于20世纪80年代末期的系统变化开始。到城市债务调整法通过时，县法官已经积累了破产和公共管理经验。至今还没有出现关于任何一个法院应托管人要求而遵循程序或者裁决清算（必要时）的文件或者报道。除了通常的能力和基础设施问题，这些法院表现尚好。自从开始使用电子出版决议，债务调整申请的最初步骤减少到48—60小时，正如Szigetvar的案例中所示。

35. 该程序更加详细的描述见城市债务调整法的完整英文翻译（见Jókay，2012）。

36. 该法律第5条规定法院可以对市长或者一个代表个人而违反该法任何一部分的人征收

100 000福林（大约500美元）的罚款。如果在90天后不进行债务调整申请或者不与危机预算委员会合作，法院或者托管人可能面临多重惩罚。

37. 托管人是通过一个每五年举行的公开选拔产生的（最近一次是在2009年）。内政部要求托管人申请需要先取得公司清算资格，或者代表一个由至少三年清算经验的公司。另外，托管人需要有至少两年的市政府财务或者预算经验，并且有至少价值15万美元的责任保险。出于这个原因，只有23家凭借其公司经验而非个人取得资格。这些规则出现在政府法令95/1996中。最近的关于有资格接受任命的公司名单是2009年7月16日在内政部公报上刊登的。

38. 接受人需要在会议开始之前至少8天将邀请函连同其附件发送至债权人。根据债权人的数目，他们可能会被邀请去不同的分组参加破产过程中的谈判。

39. 该法律在2001年被修订并增加了更多的上诉的可能性。结果是，若干案件花费的时间比以前法律中预期的更长了。由于没有了达成协议的动机，并且能够用于偿债的资产不足，这些案例中存在强迫性清算。打破僵局只能通过法官提出的协议。

40. 市政府金融采购顾问Gábor Szepesi博士曾预测大约80%的债券发行没有任何抵押品担保，由于在利率（基准以上10—20点）和宽限期（20年期债券有4—5年宽限期）方面的相互竞争太激烈，以至于参与者需要同意无担保投资以争取在竞争性谈判中保持吸引力。

41. 存在反例。一个由化工厂运营的区域供热厂破产了，这个工厂同时也向一片居民区提供热水和热能。这个供热公司最后被清算，由于供热并不是指令性的政府功能，很多家庭被迫停止了供暖。Fuzfo市政府曾尝试接管供热厂的资产，但清算人没有交出资产的义务并且也没有这样做（基于作者实地访谈）。

42. 如果市政府拥有一个企业大多数所有权，即占超过所有权50%的份额，并且该企业正在发挥公共服务提供的功能，那么根据预算法令（法律CV，2008），其执行特殊强制清算规则。这意味着，如果一个市政府拥有大多数股权，并且正在执行市政府功能的企业资不抵债，并且受制于公司破产法，那么发起的公共实体而非破产企业全权负责继续提供服务（水、固体垃圾、废水、公共卫生等）。提供服务的成本将从市政府预算中支付，并且与指令性服务相关的资产、债务以及合同义务都直接从破产实体转移到所有者，即市政府。

43. 这个数据库是用纸质和电子版的法庭记录以及新闻报道组合而成，由于政府和私人信贷机构都不能提供中央直辖市的破产清单。只有布达佩斯拥有若干机构评级，所以这个数据库是建立在Laszlo Osvath和Charles Jókay用2004年以前的数据进行的研究的基础上，并使用了2004年后的新数据。

44. 由于缺乏法院判决的准确日期和内容，可能存在信息不完全的问题。这项研究详细调查了Szigetvár的情况，包括对所有当事人的实地调查，并且采用了案头的研究和访谈相结合的方式研究了5个新的案例。数据库其他部分，或者前28—30个案例，是基于以前的研究（Jókay and Szepesi，2003；Jókay等，2004；Jókay、Szepesi and Szmetana，2004；Jókay and Veres - Bocskay，2009），但对于市政府破产或者城市债务调整法律自身的文献很少。报纸和法庭文件的电子版大约可追溯到2000年；更早的材料只有纸质版。几乎所有可用于描述案件以及形成一般化结论的材料都只是匈牙利语的。一般的观测和经验适用迄今已知的案例。对Boba、Ráckeresztúr、Szigetvár和Tiszaderzs这些地方的案例分析都得到了很多相同的结论；然而，每个新案例都介绍了与其他案例不太相同的元素。

45. 然而这项研究中没有详细描述的几个新的案例是值得做一个简述的。作为一个1 400人的村庄，Sáta在以强制性清算结束前一个债务调整程序8年后，又重复进入了这一程序。更新的案例是由于一个存在严重分歧的议会拒绝将该村初中和邻村合并引起的。学校预算中持续无法支付的账单使得市长不得不申请债务调整，以此显示其在现存财政系统下无力承担学校费用。Neszmély，一个在多瑙河边的酒庄村庄，由于无法支付大额环境罚款而求助于债务调整，甚至尝试说服一个当地企业以提供贷款来代替上交营业税。村庄管理层转向未经授权的借款，但最初的问题中还混杂着持续的环境处罚。Biri，一个有1 200人的村庄，累积了和其学校相关的1 700万福林的未付账单，而其总预算为1.9亿福林。最终未偿还经常性债务中未付账单总数达到5 000万福林。Felsó'mocsolád，一个600人的村庄决定建一个体育设施但是未能完工。由于是过度投资，所以没有获得中央政府帮助地方弥补赤字的拨款。其年度预算是2.7亿福林，体育设施就花费了1.7亿福林。尽管其声称未得到赤字拨款是破产的原因，实际上，该体育设施规模过大，而且预算不能支付未完工设施的维护和花费支出（这些案例基于实地访谈和新闻报道）。

46. Vigvari（2009）介绍了潜在破产的概念。

47. 2011年，修正的市级债务调整法放松了市长在指标达到阈值的情况下申请破产的责任。如果当地议会已经批准了这一申请，市长需要做的可能仅仅是向法庭递交破产申请。

48. 关于所选案例的详细分析参见Jókay（2012）的附录2。

49. 在1994—1995年度匈牙利设计市级债务调整法的时候，有人担心擅长处理公司破产的专家是否有能力处理市政府的破产问题。实施经验打消了人们的担忧。审判长基于经验或者资格将案子分派给受托人。受托人必须是在企业部门具有重组、清算经验的合格的公司。另外，这些公司必须展示自己在处理公共部门财务问题、会计问题以及城市管理方面的能力。2009年，23个公司通过了财政部的认证。没有证据显示县法院和法官在评审和监督这些案件的过程中遇到困难。负责分配这38个案子的县法官处理了20年的企业破产案、普通法院系统中的民事、刑事以及管理案件，具有丰富的经验。匈牙利没有专门的破产法庭或者公共行政法院。

50. Garantiqa Plc（see http：//garantiqa. hu/en/local - governments）汇报了其140种担保市政债券与政府贷款的完美支付历史。这是由于他们对客户的积极管理、持续的监督，以及在担保支持的“预破产”阶段中缓冲债权人对债务人压力的产品。到了债务无法偿还的时候，问题已经被担保公司解决了。

51. 一个例子是，市长在签署合同以及对供货商做出没有记录的口头承诺时，逾越了法律授予他的权限。

52. 匈牙利的银行与所有在欧盟的银行一样，受修订的巴塞尔协议国际资本框架的约束，该框架对谨慎原则、准备金和资本要求做出了规定（参见http：//www. bis. org/publ/bcbsca. htm）。

53. 除了两个例外，在其余的案例中，债权人和供应商并没有对市政府启动债务调整程序。

54. 一些因素的综合影响也能解释低的债务回收率，这些因素包括出借人对现金流以及合适抵押的高估、监管和税收事件引起的金融冲击、借款人对财政的管理不善。匈牙利迅速贬值的货币也导致了对国外债务偿还困难（参见第三节中对全球金融危机的讨论）。在破产的情况下，作为抵押的资产被用来弥补所有债权人的索赔。账面价值、市场价值以及在抵押品拍卖中的清算价值往往是一部分。经验表明银行没有通过获取账面价值的土地而得到意外之财；他们的总的债务索赔往往没有获得全额支付。

55. 基于作者过去的研究（Jókay、Szepesi and Szmetana，2000、2004）。

56. 例如 Szigetvar 自来水公司。

57. 财政部有权将一年期的分期付款选择权延长至三年。但是法律保留了《市政债务调整法》中60天与90天触发事件的法律效力。

58. 例如在 Szigetvar 的例子中，提供指令性服务的水务公司也是公司合营下的承包人。扣留公私合营项目下的付款可能会危及水务公司生存所需的配套补贴。

参考文献

Canuto, Otaviano, and Lili Liu. 2010. "Subnational Debt Finance: Make it Sustainable." In *The Day After Tomorrow: A Handbook on the Future of Economic Policy in the Developing World*, ed. Otaviano Canuto and Marcelo Giugale. Washington, DC: World Bank.

Dafflon, B., ed. 2002. *Local Public Finance in Europe Balancing the Budget and Controlling Debt.* Cheltenham, UK, and Northampton, MA: Edward Elgar.

De Angelis, Michael, and Xiaowei Tian. 2012. "United States: Chapter 9 Municipal Bankruptcy – Utilization, Avoidance, and Impact." In *Until Debt Do Us Part – Subnational Debt, Insolvency, and Markets*, ed. Otaviano Canuto and Lili Liu. Washington, DC: World Bank.

Homolya, Dániel, and Gábor Szigel. 2008. "Önkormányzati hitelezés – kockázatok és banki viselkedés." *National Bank of Hungary Monthly Review* 3 (2): 20 – 29.

Irwin, T. 2007. *Government Guarantees.* Washington, DC: World Bank.

Jókay, Károly (Charles). 2012. "Hungary: Subnational Insolvency." Economic Policy and Debt Department, World Bank, Washington, DC.

Jókay, Károly (Charles), and Gábor Szepesi. 2003. "Municipal Debt Management and Bankruptcy Intervention in Hungary 1995 – 2002: Policy Suggestions for Russian Federation Draft Legislation." Manuscript prepared for Institute for Urban Economics, IGE Consulting Ltd., Moscow, www.ige.hu.

Jókay, Károly (Charles), and Katalin Veres – Bocskay. 2009. "Only in Hungary: Experiences with Municipal Debt Adjustment and Suggested Regulatory Changes." *Public Finance Quarterly* 54 (1): 111 – 29.

Jókay, Károly (Charles), Gábor Szepesi, and György Szmetana. 2000. "Municipal Debt Management and Bankruptcy Intervention in Hungary: Case Studies and Lessons Learned (1996 –

2000)." IGE Consulting Ltd. - World Bank Subnational Development Program, Budapest, www. ige. hu.

____. 2004. "Municipal Bankruptcy Framework and Debt Management Experiences 1996 - 2000." In *Intergovernmental Finance in Hungary: A Decade of Experience 1990 - 2000*, ed. Kopányi Mihály, Deborah Wetzel, and Samir El Daher. Washington, DC, and Budapest: World Bank Local Government and Public Service Reform Initiative, and Open Society Institute.

Jókay, Károly (Charles), László Osváth, Gyula Sóvágó, and György Szmetana. 2004. "Az Önkormányzati adósságrendezések oknyomozása 1996 - 2004." Unpublished IGE Consulting Ltd. - State Audit Office, Budapest.

Kopányi, Mihály, Samir El Daher, Deborah Wetzel, Michel Noel, and Anita Papp. 2004. "Modernizing the Subnational Government System." In *Intergovernmental Finance in Hungary: A Decade of Experience 1990 - 2000*, ed. Kopányi Mihály, Deborah Wetzel, and Samir El Daher. Washington, DC, and Budapest: World Bank Local Government and Public Service Reform Initiative, and Open Society Institute, pp. 15 - 75.

Liu, Lili, and Michael Waibel. 2008. "Subnational Insolvency: Cross - Country Experiences and Lessons." World Bank Policy Research Working Paper, WPS #4496, World Bank, Washington, DC.

Vigvári, András. 2009. "Financial Risk in the Municipal Sector." A report (in Hungarian) published by the State Audit Office, January, http://www. asz. hu/tanulmanyok/2009/penzugyi - kockazatok - az - onkormanyzati - rendszerben/t272. pdf 9.

____. 2010. "Is the Conflict Container Full? Problems of Fiscal Sustainability at the Local Government Level in Hungary." *ACTA Oeconomica* 60 (1): 49 - 77.

8

美国市政破产法第9章——使用、规避与效果

Michael De Angelis　田小维

引　言

随着在全球范围内分权化成为趋势以及地方政府[1] 财政自主权的增加，地方债务重组和债务清偿已经成为一项重要议题。由于2008—2009年金融危机和美国市政面临的财政状况恶化[2]，以及市政为养老金融资的做法[3]，市政破产变成市级财政的热议问题。人们渐渐意识到该问题的重要性和市政当局的破产风险[4]。

美国很久前就有美国市政破产法第9章[5] 针对市政[6] 问题，尽管很少使用。虽然如此，还是不能用过去的经验准确预测未来地情况。[7] 观察家们推测，市政养老金和医疗保障计划会导致负债，并使市政当局开始使用第9章。新闻报道指出很多地方的市政负债达到了危机级别。[8] 过去两年有相当多的媒体和市场关注或担心着城市缓引美国破产法第9章申请破产保护的可能性。[9] 对第9章的关注的增加和近期一些有名的案例第9章使用或考虑使用再次引发了公众对第9章具体条款的兴趣。[10]本文将评估市政破产法第9章的当前状况、市政面临严重的财政压力时对其的使用情况和相关影响。

在第9章颁布前的1937年，当市政无力偿还债务时，债权人唯一的补救措施是申请法院执行令[11]，迫使市政当局增税或查封账户。一般规则是，作公共用

途的“公共财产”不能作为债务抵押。现实情况是，实践中很少财产能划入清偿“专用”类别。这一规则也可适用于公用的公共资金账户中的资金，[12]所以补救措施基本无效，反而造成债权人竞相单独申请强制法院执行令的局面。如果债权人拒绝和解并坚持要求全额偿还，其他债权人就可能面临无法协商的局面（称为“钉子户问题”）。大萧条期间这些补救措施均被证明是无效的。

第9章的主要政策目标是为陷入困境的城市提供破产保护，使市政能够研究或协商出调整其债务的方法，确保市政可以继续提供公共服务。[13]市政当局不像私人公司创办的目的就是赢利，相反它的天职是为居民提供公共服务，提供公共服务是它的责任即使面临经济困难。

2011年约600个地区提交了市政破产申请。[14]多数申请是由小地区或者特殊功能性地区政府提出来的，如给排水功能区或小乡村政府。[15]1980—2011年只有252个市政破产申请[16]，其中2010年只有11个，这与援引破产法第7章的51 259个企业申请形成了鲜明对比[17]。一般性的市政当局很少提交第9章破产申请，债务违约也很少见。[18]穆迪投资者服务公司的一项调查显示，只有3个一般性政府发生过30年长期债券违约。[19,20]

由于市政破产少见，缺少司法判例解释第9章的具体条款，很多涉及第9章应用的问题还有待解决。虽然案例经验仍然不多，但近年来的个别经典案例还是有助于评估第9章的潜在影响[21]，也可以帮助评估市政通过债权人协商规避法律产生的潜在影响，也可以评估协商中使用第9章作为谈判杠杆产生的影响。[22]

本文安排如下：第二节是对第9章的概述，重点介绍了第9章的主要内容，它是在美国独特的联邦结构中塑造出来的。第三节回顾了第9章的实施情况，重点介绍了几个案例。第四节分析了第9章的效果，并评估了第9章的优点和局限性。第五节总结并指出了未来的研究领域。

第9章概述

第9章大部分结构的成形受两个联邦宪政性约束影响，它们分别是美国宪法中的合同相关条款[23]（简称，合同条款）和美国宪法第十修正案。

合同条款禁止各州通过对现有合约有干扰的法律条款。因此各州无法通过那些可以调整市政债务责任的法律，因为这损害了债务合同中债权人的利益。但联邦政府不受此宪法条款限制。[24]

美国宪法第十修正案保留了各州管理内部事务的一定权利。第9章必须均衡两种权利：一种是破产法庭重组市政债务的权利，另一种是各州主权与市政实体管理自身事务的权力。因此，在第9章里破产法庭的作用比私营实体的破产更局限。[25]虽然第9章包含的条款与私营实体的破产条例很相似，但第9章有明显的不同，例如：

- 债权人不能强迫政府非自愿申报，不能强迫政府提交债务调整计划，不能强迫政府委任新委托人，也不能剥夺市政府自身的财产和收入决策权。[26]
- 第9章不能强迫市政府清算公共资产来偿还债务。
- 破产法庭不能征税。[27]
- 破产法庭一般不会像第11章对企业重组那么积极地管理市政破产案例。[28]
- 市政当局必须经过州政府特批才能提交第9章破产。[29]

另外，各州法律规定的市政活动和融资行为不受干预。第9章不干预各州管理市政厅，各州通过将权利保持在州级来控制市政厅，第9章也限制了破产法庭的管辖权和强制力。[30]

法律实施资格

市政厅可以只使用破产条例第9章[31]，且只有市政厅可以使用第9章申请救助。[32]而且提交第9章申请要求市政厅必须满足以下条件[33]：

- 由特定州授权的债务人。
- 无力清偿债务[34]。
- 希望实施债务调整计划。
- 提交申请前付出努力解决财务问题。债务人必须满足：对调整计划达成了一致，或虽然真诚地谈判但失败了，或谈判未达成一致。[35]

市政申请破产保护的门槛比私人企业实体提交第11章申请书的门槛高。此外市政债务人的运营受限较小，而法庭的角色和权力受限更大。破产法庭不能代替债务人进行治理，不能干涉市政当局行政或管辖权，也不能干涉其财产和收入。法庭不能命令市政当局减少支出，提高税收或出售财产。

由于法庭对市政当局管辖权的这些限制，许多人认为第9章可以被市政当局轻易利用，因为他们得到破产保护可以对抗债权人，而债权人则不得不接受市政债务人提出的债务调整计划，而同时法院又不能充分介入市政事务，所以造成了滥用第9章程序的道德风险。为了消除道德风险，第9章规定拒绝所有不真诚的申请书。真诚要求的意思是市政债务人必须努力尝试快速、有效、并在可行的基础上进行债务重组，也必须防止市政债权人试图无理地阻挠、危害其债权人利益。[36]真诚的磋商必须注意的是，要对同一类的所有债权人同等对待，如果优先对待特定债权人，那破产有可能被作废。对优先安排的废除和对优先支付的追缴，结合程序透明、对公众公开和“阳光行政”，大大缓解了申请提交前磋商的不透明问题。

其他很多规定的目的也是为了解决道德风险或消除保护滥用：如偿债能力测试旨在保护债权人，并避免在温和补救措施有效的时候滥用破产保护。债务调整过程中的潜在道德风险因为缺少对市政的有效处罚方法而太容易被利用了，但是这一风险似乎被严格资格要求的举措有效地消除了，各市镇对第 9 章很少使用的现实似乎也印证了这一点。

市政当局的定义。市政当局的定义是“一种政治分支机构、公共机构或州的媒介”。[37]该定义是广义的，既包扩市、县、乡、学区和公共改善区，也包括有收入的运营实体。[38]这些实体提供的服务不是由一般性税收买单而是采用谁使用谁付费的方式运营，如桥梁主管部门、公路管理部门和给排水管理部门。

虽然这是广义定义，包含了一般市政当局和特别服务区，但它也有边界。在橙县破产的案例中，法庭认为橙县投资池（OCIP）属于橙县实体，不属于州实体，所以投资池不能作为第 9 章认可的市政当局主体来提交申请。[39]最近有个关于拉斯维加斯单轨铁路公司[40]的案例，该公司提交第 11 章时受到 Ambac 保险公司的阻挠，Ambac 公司为拉斯维加斯单轨铁路公司发行的债券提供了担保[41]，Ambac 辩称拉斯维加单轨铁路公司是内华达州的“公共机构”，因此只能提交第 9 章。[42]虽然拉斯维加斯单轨铁路公司是州的公共机构，债券利率免征联邦收入税，但内华达区破产法庭拒绝了 Ambac 的提案。[43]法官认为虽然拉斯维加斯单轨铁路公司为了享受债务免税，称自己是“内华达州的公共机构”，而且是由内华达州政府掌控的公司，但第 9 章对“公共机构”定义不清，且拉斯维加斯单轨铁路公司没有足够的市政当局特征，因此不是第 9 章中定义的市政当局。[44]

这个案例表明资格认定不是一个简单问题，而且在各州情况各有不同。[45]比如在纽约场外投注公司（OTB）提交第 9 章的案例中，法庭认为场外投注公司属于市政当局，因为它是“行使政府性质职能的、由州建立的、一般目的的”公益机构。[46]

资格认定很重要。对市政当局来说，让其特定目的实体使用第 9 章比使用第 7 章或第 11 章更好。这是由于第 9 章出于保留必要的公共服务的需要对债权人权益的限制更大。

各州授权。市政当局必须由该州专门授权才能提交第 9 章破产。[47]这一要求来自美国宪法第十修正案的原则：联邦政府不干涉各州的内部管理。第 9 章必须尊重各州对其下属政府分支机构的主权。虽然第 9 章规定了市政破产程序，但最终还是各州决定着其下属政府分支机构是否有权进行这一程序。[48]

各州市政当局提交第 9 章会牵涉到各州的重大利益。例如州政府可能会思考，在其他条件不变的情况下，申请会不会妨碍该州其他市政当局进入信贷市场，因为这会降低该州信用评级，提高该州所有市政当局的借贷成本。[49]但州的利益和市政当局利益有可能不同，而且州也可能是市政当局的债权人。对面临财务困境的市政当局来说，要求州授权可能不符合市政当局利益。

州在几个方面对市政当局进行授权。一些州对市政当局进行广泛授权，但很多州（包括加利福尼亚州，直到最近才扩大了授权[50]）限制实体提交第 9 章，比如要求了什么实体和在哪些情况下才可以提交、或须要由州政府特批。[51]有 23 个州禁止市政当局提交第 9 章[52]（见表 8.1）。

表 8.1　　各州市政能不能申请第 9 章破产

能		不能	
阿拉巴马州	密苏里州	阿拉斯加州	新墨西哥州
亚利桑那州	蒙大拿州	特拉华州	北达科他州
阿肯色州	内布拉斯加州	乔治亚州	俄勒冈州
加利福尼亚州	新泽西州[a]	夏威夷州	南达科他州
科罗拉多州	纽约州	印第安纳州	田纳西州
康涅狄格州[a]	北卡罗来纳州[a]	堪萨斯州	犹他州
佛罗里达州	俄亥俄州[a]	缅因州	佛蒙特州
爱达荷州	俄克拉荷马州	马里兰州	弗吉尼亚州
伊利诺伊州[a]	宾夕法尼亚州[a]	马萨诸塞州	西弗吉尼亚州
爱荷华州	罗德岛州[a]	密西西比州	威斯康星州
肯塔基州	南卡罗来纳州	内华达州	怀俄明州
路易斯安那州[a]	德克萨斯州	新罕布什尔州	
密歇根州[a]	华盛顿州		
明尼苏达州			

数据来源：Laughlin 2005；Spiotto 2008。[53]

a. 条件性地允许市政破产的州。

市政破产。市政当局（提请破产申请的）必须是丧失清偿能力的。[54]只有申请第 9 章破产的市政当局符合法律的相关规定才能认定其是无力清偿的。然而由于市政资产不能被没收或清算，判断市政是否破产不取决于它的资产负债表而是取决于其现金流量表。即市政当局不能清偿其当期债务并且即便该债务展期后依旧没有能力偿还。[55]

决定一个市政的偿还能力需要进行现金流量表的综合分析，分析因子包括：历年现金流量，保有储量，降低支出或者减少借款的能力和延期支付债务的选择权等。市政仍然需要继续运营，至少要能提供基础服务。

市政的税收能力也会影响其偿还能力。虽然市政不需要为了清偿其债务而将税收征收权应用到极致，但是如果该市政一点都不考虑用加税的办法来缓解财政危机则会导致其不能达到“诚实守信”的要求（在资格部分讨论）。美国康涅狄格州西南部布里奇波特市有慢性财政问题——拥有每年 1 600 万美元的财政赤字和州内最高的有效税率，但是法院判决该市还不能进入破产程序，理由是该市目前尚未耗尽其融资能力，因而下一财政年度该市是否会资金短缺是个未知数。[56]

破产法第 9 章的开端：自动冻结和收益公债的优先

市政当局申请破产程序一个最重要和最直接的优势是免受债权人可能发起的法律诉讼的制裁。[57]自动冻结期间，债权人不能进行进一步的诉讼和对补偿的索取，除非该债权人免受自动冻结制度的约束。[58]这个保护政策给市政当局争取了处理财政危机和在无需处理债权人诉讼情况下进行谈判的时间。

不同种类的债券在市政破产案例里面待遇不同。破产法案第 9 章规定一般责任债券为普通债。在自动冻结的阶段，破产市政当局不需要支付一般责任债券。但对一般责任债券的偿债义务归属于谈判中的事项并有可能在调整计划中进行重组。

与之相反的是，特殊收益债券[59]仍将得到担保并提供服务只要特殊收入弥补完对应项目或者系统[60,61]运营的支出后还有剩余。这部分收入在不违背[62]自动冻结规定的同时可以用来偿付到期的特殊收益债券。

即使一般责任债券构成了一个市政当局的十足信用并被认作是政府能给债权人提供的最好信用工具，在执行破产法案第 9 章的过程中，有单独、有限并处于免受损失保护中的特殊收入进行保障的债券也许有更好的信用状况。

债务调整计划

破产法案第 9 章为市政债务人提供了重新融资和减少债务的方法，并且还让其免于繁重的合同义务，例如团体协约。在负债市政提交破产法案时[63]，它必须公布一份披露声明以及债务调整计划。披露声明和债务调整计划会由债权人进行公投。债务调整计划由市政债务人提出并提交到法院且必须保证计划公平合理，站在债权人利益最大化立场上。[64]

待履行契约。债务调整计划可能包含，如果法庭可以批准的话，采用或者驳回待履行合同。[65]负债政府可以履行有利的租赁协议和待履行合同，拒绝履行负担过重的协议和合同。[66]对于许多政府来说，与劳资协议和养老金有关的负债是财务困境的一大来源。（请见随后关于加利福尼亚州瓦里豪镇的讨论）劳资协议和养老金负债适用于破产法案第9章关于履行和拒绝履行的规定。[67,68]

债务调整。除了自动冻结，另一个破产法案第9章的显著优点在于破产法庭有权在个别债权人反对的情况下通过债务调整计划，前提是只要大部分拥有相似索偿权的债权人同意了这个计划并且这个计划没有对这些拥有相似索偿权的债权人区别对待。[69]为了确保方案能够实施，债务调整计划必须在人数上达到债权人总数的1/2以及在金额上每种会因计划实施而索偿权受损的债权持有类型达到其总额的2/3。[70]这个规定是制定破产法案第九章的最重要的动因之一。[71,72]

债券调整法案会削弱持有担保或者无担保债券的债权人的权益。通过让大部分同一类的债权人投票的方式可以绑架持异议的债权人。尽管被某一类的债权人投了反对票，只要至少一个索偿权受损的团体同意这个计划，法庭就可能通过此计划，强制其他没有投赞成票的债权人去遵守此计划。

破产法庭的权利仅限于决定是否接受这个计划。但是，法庭必须从始至终确保计划的公平合理和可行性以及最大限度地保证债权人的合法权益。[73]计划的可行性的基础是对市政当局是否拥有执行计划所需相应能力的预期。[74]最大限度保证债权人的合法权益则是一个更为模糊的概念。这个要求的实现需要通过保证该计划对于债权人来说优于其他可选计划来达到。在破产法案第九章的一个案例里面，其他选择计划也许是解散政府，留下一个无序的状态让债权人自己去执行偿债要求。造成概念模糊的其中一个问题是最大限度保证债权人合法权益的要求需要市政当局通过在多大程度上提高税收来偿债。最高法院规定判断调整计划的公平性必须通过一个对区域用税收偿还债券能力的特殊调查。[75]要找到一个点使得筹集税收的效率最高不是件容易的事。在有些时候，增税会伴随着税收征收率的下降，进而导致税收收入总体不增反减。[76]除此之外，债务调整计划必须和当地的州法相一致，而每个州的法律又有不同。举例来说，在最近一个提请破产法案第9章的案例中，罗德岛州的森特勒尔福尔斯市最新的法律中关于债券持有者享有先偿权的规定引发了其他例如养老基金和工会等债权人的异议。[77]

破产法庭：有限权利

破产法案第9章旨在承认州主权和通过限制联邦破产法庭干涉如下三部分的

权利来实现法院对负债政府运作的有限控制权：[78]

• 市政任意一项政治权利

• 市政所有的财产和收入

• 除非政府同意或者债务调整计划如此规定，否则不得影响政府对产生收入的财产的使用权和收益权。

这些条款明确提出市政当局的日常行为活动不受法庭制约，这就意味着，负债政府仍有可能不需法院准许去借款[79]。除此之外，法院不能够委托受托人代履职责（除非是特定的目的[80]），不能因此把该市政当局归为应进行破产清偿手续的政府。[81,82]

如果破产法第 9 章进展不能够提供一个能被法院通过的债务调整方案，那么这个案子将不能在联邦破产法庭成立，从而，市政当局和他的债权人的关系都将回到从前。市政当局和债权人只能从州法下寻求州法允许的补救措施。没有通过任何调整计划的立案的流产使得市政当局陷入困境，因为其不仅仍没有能力偿还债务而且还逝去了自动冻结的保护。破产法庭拒绝通过负债政府的调整方案虽然会把政府和他的债权人搅入大漩涡和不可预测性的诉讼之中，却也是其在破产法第 9 章里面唯一的一项重力权力。

破产法第 9 章的应用

破产法第 9 章统计数据的应用

在 1937 年至 2011 年期间，记录在案的共计有 600 多起政府破产案。[83]对于政府破产实践者来说，这个数字并不大，因此这个破产法被描述为“极少利用”。举例来说，2010 年，相比于 56282 次公司破产案，政府破产案只有 6 起。[84]

正如图 8. 1 所展示的，从 1980 年至 2011 年，共计有 252 份关于破产法第 9 章的申请，也就是平均每年 8 份。通过每年的案例数比较，1990 年达到了顶峰——共收到 18 份，而 1980 年是最少的，仅有 1 份。

破产法第 9 章的一项重要特征是，从 1980 年至 2007 年，大部分请愿书不是由一般意义上的市政当局，而是由市政公共设施部门，特定功能区域和其他的市政类型提请。

只有 17. 5% 的请愿书来自于一般意义上的市政单位—城市、乡村、县，然而其他 61. 8% 的部分来自于市政公共设施部门，特定功能区域。[85]

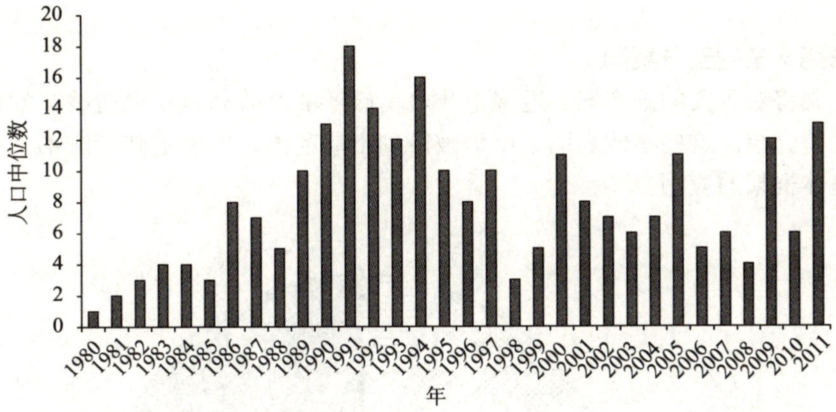

资料来源：1980 ~ 2010 年数据来自美国破产协会 http：//www. abcworld. org；2011 年数据基于案例，详见 http：//www. pacer. gov。

图 8.1 每年申请破产法第 9 章案件，1980—2011 年

其他的申请者主要是学校、公立医院和交通运输部门。[86]以 2011 年为例，13 份请愿书中只有 4 份来自于一般意义上的市政，包括爱达荷州的博伊西县，罗德岛州的森特勒尔福尔斯市，宾夕法尼亚州的哈里斯堡市，阿拉巴马州的杰佛逊县。[87]

从 1980 年至 2007 年，超过 60% 的申请集中在如下四州：加利福尼亚州、科罗拉多州、内布拉斯加州和德克萨斯州。内布拉斯加州在此期间提请了 39 起申请，为数量最多的州。排名第二的是德克萨斯州，有 33 起，然后是加利福尼亚州和科罗拉多州，分别有 22 起。[88]

通过仔细的审查发现大部分提请破产法案审查的一般意义上的市政单位其实是小市政。基于记录在公共访问法院电子档案（PACER）的案例，那些提交申请的市政其具有的人口中位数为 1 305，超过 75% 的市政人口不足 1 万人。[89]这个事实加上时常观察到的州政府支持本州内大的地方政府的现象联合支持了州政府倾向于支援本州内大的地方政府以免于其破产的假说。

有 5 个普通市政先后提交了 2 次破产申请，而重复申请的行为在其他类型的市政当中很少发生。[90]这 5 个市政里面的其中 3 个的再申请出现在 2009 年，这个现象突出了经济衰退对地方政府融资的影响，同时也表明了重复申请破产的可能性是存在的（见图 8.2）。[91]

从 1937 年至 2012 年 4 月份，636 份申请中的 162 份，即大约 26% 的申请，因为没能通过调整方案而没有获批。自从 1980 年来，大约 31% 的申请因为调整方案没能通过而流产（Spiotto，2012）。

破产法第 9 章的部分案例

下文将对重要的破产案、近来市政申请破产的经验和有意申请破产的市政做一个简单介绍。这些案例表明了申请破产的不同起因，体现了破产法第 9 章作为一个整体框架的应用。

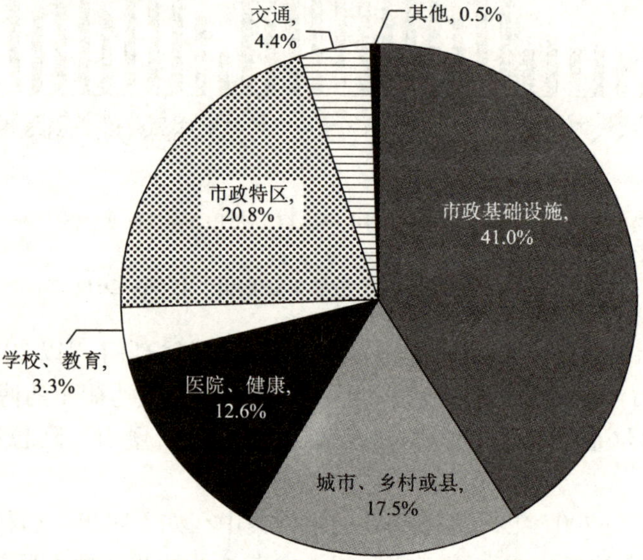

资料来源：Spiotto 2008。

图 8.2　申请破产的市政部门类型，1980—2007 年

直至 2010 年，加利福尼亚州的橙县破产案依然是美国历史上最大的市政破产案。但是现在这个纪录被 2011 年提交破产申请的阿拉巴马州杰佛逊县打破。这两个市政都因为使用了衍生债务工具而陷入了财政危机。加利福尼亚州瓦列霍市则是一个在经济衰退的时候因劳资协定和养老金支付责任导致财政不堪重负的例子。宾夕法尼亚州的州政府所在地——哈里斯堡市由于为一个借债建焚化炉的地方机构提供了担保而正在经历一场财政危机。宾夕法尼亚的财政危机源自一次性的债务决断，它的破产申请经历体现得有效率又有效果。

橙县（Orange County），加利福尼亚。加利福尼亚的橙县曾是美国增长最快、最富有的郡县之一，正如前面提到的，它在 1994 年破产，是当时美国历史上申请根据第 9 章破产的最大的自治政府。[92]

当时破产时，橙县是美国第五大人口县，拥有居民 250 万人，财政预算超过 37 亿美元，提供工作岗位约 18 000 个。[93]

由于加州宪法[94]限制地方政府提高当地税收收入，加之居民对高质量公共服务的需求不断增长，地方政府官员忍不住想要寻找创造性方法应对这些挑战。[95]县财政长官掌管着橙县联合投资组织（OCIP 投资池），该组织负责橙县基金的投资，以及超过 200 个其他公共机构的投资，这些机构包括 31 个市、地区交通机构、地方学区、地方水务机构、卫生区以及其他许多小的地方机构。1994 年，OCIP 有 76 亿美元的资产投资于衍生品和高收益长期债券。另外，OCIP 基于每 1 美元存款借款 2 美元，创造了总额为 206 亿美元的债务。到 1994 年 11 月，由于市场条件变化导致 OCIP 投资贬值，OCIP 共损失 16.4 亿美元。

意识到这一情况后华尔街公司着手采取法律措施以获得抵押品，也就是 OCIP 的剩余资产。橙县于 1994 年 12 月提交了破产法第 9 章申请文件以期获得第 9 章自动冻结保护。文件的提交不会阻止债权人针对 OCIP 的银行机构抵押品提起法律诉讼，但是会冻结 OCIP 基金、防止取款，从而给橙县和参与投资的地方机构造成了严重困扰。

橙县和 OCIP 都申请了第 9 章破产。OCIP 的申请被破产法庭拒绝，原因是根据第 9 章 OCIP 不是一个市政当局（参见资质适用性讨论）。橙县起初提交了一份“调整计划”（计划 A）请求将营业税提高 1.5%。根据加州法律，这样的增税提议需要获得选举人表决通过。选举人一致否决了这一提议。橙县随后提出了计划 B，这一计划实质上基于向 OCIP 投资的地方公共机构的容忍度，以及这些机构是否同意通过橙县起诉与 OCIP 相关的银行和其他专业人士从而获得其投资损失的赔偿。[96]

计划 B 还为该县未偿还债务提供了再融资。在 1996 年 6 月他们通过一个市政债券发行者发行价值 8.8 亿美元的 30 年期债券，尽管当时橙县仍处于破产中。这次再融资使得橙县在 1996 年 6 月底退出了破产。

计划 B 的影响在橙县退出破产后才完全显现。[97]这笔巨额债务使得橙县无法进行其他目的的任何融资，财政收入有固定数额被用来偿还债务，这使得橙县的预算非常紧张。橙县预算受到约束，加之投资于 OCIP 的地方公共机构有 8.5 亿美元的资金短缺，最终导致橙县和地方公共机构投资人的严重预算削减。许多地方公共机构[98]既是 OCIP 投资人，也是公共服务的提供者，比如学区、公用设施、医疗保健和其他公共服务。预算削减多集中在公共安全保护、一般政府服务以及社区和社会服务。这使得预算削减的影响不成比例地被穷人承担[99]，因为他们更依赖于县政府项目。服务于穷人的社会服务机构进行了大量预算削减，基础设施和交通项目的预算也被大幅削减，此外，很多服务的使用费被提高了。[100]

橙县的破产是由风险投资导致的，而不是由税收收入缺乏或者财政支出增加造成。该县在 18 个月后，也就是 1996 年 6 月退出破产程序，在当时其发售了

8.8 亿美元的债券为其债务进行再融资。从该县现任财长的观点来看，破产是有益的；橙县无力偿还债务，破产使得其将债务降低到可以负担的水平，开启了健康、稳健财政的新道路。仅仅在破产申请提交两年后，该县就获准进入借贷市场，7 年后该县获得 AA 级债券评级。不利的一面是有可能对其声誉造成不良影响。[101]

橙县的破产既秩序井然又快速。18 个月内，调整计划就被执行，债权人的偿还请求全部被满足（除了那些已经失去兴趣和容忍的公共机构，这些机构将获得一定数额的赔偿，具体赔偿额将依据针对卷入 OCIP 事件的银行机构及其他专业人士的诉讼结果而定）。如果没有诉讼的自动冻结以及在停留期间暂停支付提供的财政援助，这一切将不会发生。[102]第 9 章在实践中表现出了充分的灵活性，从而能够较好地满足该县运营的需求并保护债权人利益。[103]

瓦列霍市，加利福尼亚州。瓦列霍市拥有人口 120 000，是加利福尼亚州曾申请第 9 章破产的所有城市中人口最多的一个，也是加利福尼亚自 2001 年以来唯一申请第 9 章破产的一般目的自治市。瓦列霍市的财政长期受制于其劳资支出，该市的危机不是由于债务问题造成的，而是由其财政预算问题引起的，具体而言是由于长期的结构性不平衡造成的，这种不平衡源于不断下降的经济总量、财产税和营业税收入下滑、州政府援助缩减以及脱离该市预算实际情况的劳资协议。[104]这一趋势又因最近的经济放缓而加剧。瓦列霍市的大部分财政问题因财政收入减少引起；该市税收从 2007 财年到 2008 财年的 8 300 万美元急剧下滑到 2010 财年到 2011 财年的 6 500 万美元，这主要是经济衰退和房市泡沫引起的。房产价值惊人地缩水了 67%。[105]

劳资协议规定的退休金债务和财政义务是瓦列霍市最大的债务。申请第 9 章破产前，瓦列霍市已与几个工会进行了磋商，但未达成一致意见。瓦列霍市在 2008 年 5 月申请了第 9 章破产。[106]

瓦列霍市提交了一份在当时被视作可行的调整计划，寻求调整其劳资协议。工会提出抗议，认为破产法庭无权批准这一取消他们集体谈判协议的计划。法庭裁定这类尚未执行的劳资协议可以在第 9 章程序中废除。[107]得益于法庭裁决，瓦列霍市实现了与其四个工会中的三个就协议内容进行协商。[108]

在破产程序执行过程中，瓦列霍市继续按时全额支付其非一般基金债务（包括水务收益债券、税收分配债券、评估和改进地区债券）。这类债务的主体是水务收入债务，约为 6 200 万美元，主要通过该市水务公司的净收入偿付。然而，一般基金债务的支付则少于合同规定数额。

在执行第 9 章相关程序的过程中，该市财政状况继续恶化。[109]原调整计划的可行性随时间推移减弱，市政官员不得不与其工会再度协商，寻求让其做更多让步。[110]

在第 9 章程序执行 3 年零 5 个月后，破产法官批准了瓦列霍市修改后的五年调整计划，并允许其在 2011 年 11 月退出破产。

瓦列霍市关闭了消防站，缩减了老年活动中心、图书馆和公共工程经费，废除了消防部门的最低雇佣标准，并且寻求新的财政收入来源。其他变化，如城市工作者医疗保险的个人承担部分增加，新雇佣人员的退休福利减少，现工作人员的退休金个人承担部分也增加了。现退休人员的退休福利没有变化。[111]这项计划并不影响由特定财政收入来源担保的债务，如水务收益债券，没有担保的债权人的债务被重组，这些债权人在两年内仅能够收到 5%—20% 的债务支付。[112]

不同于橙县（Orange County）破产的快速，瓦列霍市的破产过程缓慢。不同于橙县破产是被一次性事件触发的，瓦列霍市的财政危机源于被经济下滑进一步加剧的结构性财政不平衡。第 9 章程序看似在解决此类财政危机时没有继续保持高效。整套程序耗时超过三年，产生大约 950 万美元的法律费用。[113]不考虑其有限的效率，破产使得瓦列霍市能够控制其工资和退休金债务，这些占据了其一般基金支出的四分之三。[114]然而，瓦列霍市仍然面临诸多财政挑战。

杰斐逊县（Jefferson County），阿拉巴马州。杰斐逊县是阿拉巴马州包括伯明翰市[115]在内的人口最多的县。它在 2011 年 11 月申请了第 9 章破产，成为至今美国历史上破产的最大自治县。破产是为了解决该县下水道系统（特殊目的机构）负债过多的问题。该下水道系统自 1994 年建立以来就一直受收入支出不平衡问题的困扰。该市试图凭借结构性金融产品减少债务。然而，2008—2009 年的全球金融危机使得这类债务工具市场摇摇欲坠。

该县在 1994 年开展了一项下水道系统的恢复和重建项目。该项目原计划投资 10 亿美元，但最终演变为一个需要 32 亿美元投资的项目。[116]杰斐逊县发行了 32 亿美元的债券为该项目融资。

杰斐逊县的排水收费上升了 4 倍，这体现在了该县的破产申请中。为了降低债务服务成本的同时限制收费增长，通过利率互换协议，该县将其长期固定高利率与短期可变利率进行了互换。2008—2009 年的金融危机使这类债务工具市场发生动荡，导致债务服务成本大幅升高，这是金融市场流动性不足的结果。[117] 2008 年，杰斐逊县的排水道债务支付发生违约，导致债务被要求加速偿还。[118]

该县也因营业许可税的免除而遭受损失，营业许可税收入占其可支配收入的 44%。州最高法院在 2011 年裁定该税不符合宪法。另外，该县也因此有数以千计的人失去了工作岗位。[119]

不同于宾夕法尼亚州政府很快协助解决陷入财政问题的哈里斯堡市，阿拉巴马州政府拒绝为杰斐逊县提供任何帮助。[120]

杰斐逊县考虑进行第 9 章破产申请已有多年[121]。作为破产申请的替代选择，在与债权人的协商的过程中该县在 2009 年与债权人达成容忍协议[122,123]。政府官员和绝大多数议会委员支持进行债务协商而非申请第 9 章破产，他们极力避免背上"破产"的恶名。从而，进行第 9 章破产申请的可能性和县与债权人都希望避免第 9 章的意愿构成了协商的动态部分[124]，协商内容主要包括：[125]

- 下水道债务很大一部分的免除；
- 剩余债务按固定利率重组；
- 限制排水收费最高费率与通货膨胀同步增长[126]。

然而，2011 年 11 月，协商终止，法庭裁决了第 9 章破产。这一破产程序暴露了与第 9 章相关的几个法律问题，包括但不限于特殊收入、质押和法定留置权的应用问题，这对市政债券市场将有着非常重要的现实意义。

哈里斯堡（Harrisburg），宾夕法尼亚州。一个特殊目的机构发行的为一焚化炉工厂融资的债券由宾夕法尼亚州的首府哈里斯堡市担保。该工厂的建造和运营未能达到预期，工厂能够带来的收入也不如预测的那样乐观。结果是，该特殊目的机构发生债务违约，哈里斯堡市的担保生效。2010 年，哈里斯堡市需要支付6 800万美元的利息，比该市全年财政预算还要多 300 万美元。[127]

哈里斯堡寻求其主要债权人[128]暂缓行使（权力）以争取更多时间协商解决方案。[129]市长申请了第 9 章破产；政府官员预期州政府不会帮助该市，市政官员认为第 9 章破产是该市的最好选择。[130]第 9 章破产选择也是与债权人协商的重要部分。

尽管做了很多协商努力，2011 年 10 月 11 日哈里斯堡议会还是授权了第 9 章破产申请，虽然州政府官员、市议会和市长之间仍存在不同意见。2011 年 11 月，破产申请被法庭拒绝，理由是没有得到哈里斯堡的合理授权。[131]申请被拒促使州政府采取措施接管该市财政。州政府要求州法官指派专人接管该市的财政危机干预程序。[132]

威斯特法（Westfall），宾夕法尼亚州。威斯特法位于宾夕法尼亚州，拥有人口 2400 人，年财政预算为 150 万美元。因民事权利被侵犯，一房地产开发商起诉该镇，经法庭裁决，该镇需要向开发商赔偿 2 000 万美元。威斯特法试图与房地产开发商协商，尽管该开发商愿意减少部分赔偿金额，但对于该镇来说仍远远超过其支付能力。[133]2009 年 4 月，该镇意识到开发商计划申请强制执行命令以强迫威斯特法进行赔偿的支付。2009 年 4 月 10 日，威斯特法申请破产。[134]

威斯特法提交了调整计划，破产法庭批准将赔偿金额减少到 600 万美元，在 20 年内完成支付并且不计利息。为了支付法庭裁决给房地产开发商的 600 万美元赔偿，该镇官员将当地居民的财产税率提高了48%，该税率会在未来20年的还款期内逐渐降低。威斯特法的代理人相信开发商不会对这项计划提出异议，因为如果破产法庭中存有异议，法官可能会强行批准一项更不利的计划。法官不能强行批准一项计划，除非至少有一类债权人同意执行此计划。在威斯特法案中，尽管只有一个房地产开放商债权人，但实际上还有另外三方为威斯特法的债权人，只是金额较小。尽管开发商起初不同意，最终这三方均同意执行该计划。威斯特法申请破产前已经知道至少有一类债权人很可能同意执行该计划。[135]

由一次性事件触发的财政危机能够在第9章程序下得到非常有效的处理。

普理查德（Prichard），阿拉巴马州。普理查德市位于莫比尔（Mobile）外，拥有人口25 000人，一半人口年龄超过50岁。这是一个典型的垂死城市（dying city）的案例。由于军事基地的关闭、商业向莫比尔城郊的转移以及房产价值的缩水，只有最贫困的市民居住在莫比尔地区的普理查德，这造成了严重的社会问题，尤其是房屋设施和法律执行方面的问题。[136]

1999年10月，由于无力支付390万美元的拖欠账单，普理查德申请破产。另外，普理查德承认已多年未为其雇员支付退休基金，并且扣留了雇员所得税税收，未提交给州和联邦政府。

申请破产的随后几年内，普理查德在提高社会、财政和科技增长以及经济发展方面取得了一定进步。2001年财政预算预估相比2000年预算，财政收入会上升4%，2001年该市退出破产。

尽管普理查德成功改善了其预算，因而不再面临财政赤字，然而它仍无法履行其退休金债务。2009年10月27日，在退出前一次第9章破产的八年后，普理查德第二次申请第9章破产。在此次申请中，普理查德提出了在前一财年1 070万美元预算存在600 000美元赤字。另外，根据前一次第9章裁决中，该市还拖欠了退休基金1 650万美元的债务。由于6个月未进行退休金支付，退休金受益者起诉了普理查德。因此，普理查德申请第9章以“冻结”此类程序。[137]

2010年8月31日，破产法庭拒绝了普理查德的第9章破产保护申请，基于阿拉巴马州审批自治市申请第9章破产条件的技术解释。法院裁定只有拥有债券债务的自治市有资格申请。普理查德并没有未偿付的债券。普理查德已经就该判决提起上诉。[138]

第9章的影响

尽管第9章所述破产保护依旧很少被自治市应用[139]，被财政问题困扰的自治市对该破产保护的兴趣和债权人及评级机构对自治市申请第 9 章的担心都有明显的增加。[140]很多原因导致了成功申请的数量不多，包括：

- 申请第 9 章的资格门槛要求很多，包括了州政府对于自治市申请破产的禁止和限制。[141]
- 自治市可以避免一些会导致私人债权人寻求破产保护的风险，如自治市的资产并不易于查封。
- 自治市会在意破产的名声对于他们借款能力、借款成本和公众对于政府的看法的影响。
- 自治市政府会警惕破产申请所造成的政治影响，即选民会将破产与政府的政策和行为联系起来。[142]
- 在很多州都存在州政府介入程序，这个程序通常会是很有效的，因为州政府可以强制执行一些艰难的财政调整——增税和减少公共服务，而这些调整在第 9 章中都是不能被法院强制执行的。[143]
- 破产程序的经济成本很高。

除此之外，很明显地，第 9 章的可实行性对于政府债务人取得债权人宽容和沟通的程度有影响[144]。即使不常被使用，第 9 章也会对人们避免使用该条款申请破产产生潜在的影响。甚至在被使用时，第 9 章也会被认为是解决自治市财务困境最后的办法，在所有其他方法，包括可能得到的州政府的纠正，都被尝试了以后，第 9 章才会被考虑。

关于第 9 章的研究，必须意识到以下几个基本的，独特的原则，不同于破产法规的其他条款，这些原则会使得政府债务人处于有利的位置：

- 自治市政府公共资产不易于变现或自治市政府不受严格的司法控制。
- 调整计划是由自治市政府提案的。
- 自治市政府不需要司法的准许就可以行使政府职能。

破产法第 9 章的优势和劣势：

陷入财政困境的自治市可以有很多选择来减少失败或破产，最终将他们的财政机构安排好。这些方法包括：（a）削减政府支出；（b）增加税收；（c）延期支付拖欠的款项；（d）运用储备资金；（e）和债权方重新商讨降低或者延期支付负债；（f）向政府或商业机构借款。[145]

然而，第 9 章中的破产申请可能以下列方式有益于市政债务人：

- 除了需偿还特殊收益债券的债务该法规可以立即允许自治市停止偿还其他债务来缓解困境，即第 9 章法规防止了市政基金的枯竭。
- 该法规立刻缓解了债券人采取法律行动带来的压力。

- 该法规提供了一系列能缓解长期债务的方法，包括债务和其他义务的减免，在大多数债券人赞同的情况下，这可以强迫持异议的少数债权人也同意。
- 该法规可以防止债权人通过诉讼取得权利迫使政府提高税金来支撑债务，这样可以保护自治市政府和居民免于遭受难以达到的程度的税收。
- 对支持市政运营的借款申请来说，对资本市场来说，正在运用第九章的市政当局申请借贷比财政困难但没有进入第九章的市政当局有高的优先权，所以事后申请借款更容易。
- 该法规提供了重新协商合同协议和养老金计划的条款。
- 该法规给政府债务人提供了一个单独的论坛，在这个论坛里，市政债务人可以在专业破产法官的审视下阐述和发表对不同问题的意见。

一项第 9 章的破产申请也会伴随着潜在的重大支出，包括与雇佣法律、财政方面专业人才来管理案件相关的费用，与遵守法庭要求相关的费用，还有与债权人谈判相关的费用。此外，任何参与第 9 章破产程序的自治市都要面临法律程序固有的不可预测性。

这种不可预测性在第 9 章的破产申请中可能是个重要的因素，因为关于这条法律的案例太少了，所以关于条款的解释过少造成了这种不确定性。

最常被引用的用来避免使用第 9 章的原因之一是破产这件事被断言是耻辱的，这样信贷市场上正常来说对于自治市的需求也会被限制，或者会因为曾经破产的影响而需要更高的借款成本[146]。当一个自治市面临着主要基础设施建设的需求时，能否进入信贷市场就是一个非常严重的问题了。这不仅影响了信用程度，而且影响了城市中的生活质量和城市未来几年的经济活力。[147]

然而，陷入财务困境的自治市最终会有能力回到信贷市场中。比如，纽约在财政危机 6 年之后重返信贷市场，而克里夫兰在 1978 年危机 5 年之后重返。[148]橙县在申请第 9 章破产保护 18 个月后退出了破产保护，几乎同时，橙县重返了信贷市场。[149]

这些经验使一个问题出现了，即这种破产的影响是不是被害怕债务重组或者害怕对债务重组失去控制权的潜在债权人所夸大了。难道破产程序会比财政困境更能增加未来的借款成本吗？即实施第 9 章破产保护的危害会大过债务违约的危害吗？如果杰弗逊县决定重返信贷市场的时候，它会因为实施了第 9 章破产申请还是会因为它的财务困境和与债权人商讨债务重组而被认为是比以前更加没有吸引力的？申请第 9 章破产保护并不是造成财政问题的原因，而是没办法解决财政问题所造成的结果。橙县的经验表明，对于一个自治市来说，想要进入信贷市场，将它的财政机构安排好要比实现财政状况良好的过程和程序要重要。[150]

第9章能拯救陷入财务困境的自治市么?

如果说财务解困机制的目标是提供一个形成解决方案的机制，以让财政陷入困境的市政政府未来可持续，那么第9章的实际效果取决于财务困境的形成原因。这些案例似乎在暗示：很多第9章破产保护申请的自治市都是因为经历了一次性事件，例如，橙县对策略性投资的使用，Westfall镇跟开发商的诉讼中承担的负债。通过提供债务重组机制和避免司法程序的保护，第9章破产保护程序在这些案例中似乎是有效的。这些自治市都已经退出了第9章程序。橙县从那时起进入了信贷市场，并且现在信用等级已经达到AA。[151]

与此相反，瓦列霍市的财政困境是系统性的预算困境，并且债务人坚持不让步，瓦列霍市在第9章程序中停留了超过3年，因为它的财务状况持续恶化，并且因为第9章，它还承受了巨额的管理和法律费用。[152]

除此之外，有证据表明，不止一次申请第9章破产的自治市这样做是因为系统性的预算问题。例如，密苏里州的马克思克里克城，在1998年申请了第9章的破产，在2000年第二次申请了第9章，并且不出所料在2004年再次破产了。[153]阿拉巴马州的普理查德市，在1999年申请第9章的破产，在2007年从第9章退出，并且在2009年再次申请第9章（请看普理查德市的部分）。没有解决城市的核心问题，如果债务人没有实施持久的财政调整，第9章的程序似乎对扭转结构性财务恶化上影响不大。

很多潜在的可以解决系统性财政困境的措施都与政治上和政府层面上对自治市的管理有关，而第9章程序中法庭是不允许对这些进行干涉的。第9章的破产程序并没有能力进行强制改革，实施组织重组，增加税收，削减支出，或者其他介入的方式来干涉州政府的权力。州政府介入程序和市场的积极参与可能会比第9章在实施以上措施上更有权威性。[154]

与一次性问题有关的财政困境似乎更容易由第9章程序通过债务重组来解决。与持续的结构性赤字相关的财政困境就比较难解决，因为第9章在解决相关的结构问题上影响有限。尽管第9章可以促进财政调整，它还是缺少强制改变预算决策的权力，因为这属于行政和立法的范围。

结　论

第9章法规的法律结构是专门针对美国的法律系统设计的，并且很大程度上遵守美国宪法第十修正案的要求。然而，解决财政困境的法律框架的设立和目标在各国是一致的，那就是自治市政府的公益性质、地方政府行使职能的自主性、维持必要的公共服务和提供这些公共服务的资产、公开透明的程序、债权人的利益和能够良好运作的地方政府资本市场。自治市政府的有意的策略性违约是一个潜在的风险。一个有效的破产程序的设计应该可以阻止这种策略性行为，同时也要允许进行道德风险问题较小的债务的重组。在任何公共部门破产程序中，如何保持必要的服务和资产，并且对于民主选举的地方政府进行有限的干涉都是要处理的问题。这代表了一个复杂的利益平衡。从经济学的角度来看，如果实践上债权人在破产程序中没有得到公平的对待，那么他们很可能会大幅降低对于市政部门的借款。

除此之外，美国第9章法规系统是基于一个受人尊敬的、独立的、能够胜任的司法系统的，这个司法系统有权力否决自治市的调整计划。鉴于各国的司法发达程度不同，用司法体系来解决地方政府破产在很多国家可能并不合适。这些国家可能需要依靠更多的行政程序或是行政和司法程序的组合。[155]

对于自治市来说，破产被认为是最后的补救方法。然而，在其他所有方法都已经尝试过并被证明是无效的之后，这个方法对于达到目的是很有用的。对于自治市政府财政问题，政府破产并不是一个完美的解决方法，在其他长期措施实施的时候，这个方法可以为政府提供喘一口气的机会，并且还能为债务重组框架提供重要元素。自治市政府必须继续运营下去，这时还债义务暂时或部分地缓解是很有作用的，尤其是当政府财政困境是由于一个一次性事件造成的时候。

当自治市政府面临长期的，持续性的地方问题，包括税基的减小、制造业工作的流失和基础设施的老化时，第9章似乎并不是一个有效的解决方法，以上这些问题都要求大量资金支持和重要的结构性改革，而这些都超出了第9章的范围。

虽然有这些局限性，在地方债务管理的监管体系中，破产程序和债务重组是必要的组成工具，这些工具应该为陷入财务困境的自治市所重视。这些工具有助于暂停债权人司法程序、债务重组、减少“钉子户”抵抗问题和能够得到新的融资的优势，但这些工具的局限性和可能的影响都应该被仔细评估。在注重地方政府举债事前管理的财政管理框架建设上，像第9章一样的破产程序是非常重要的一部分。就像Liu和Waibel（2009）所写，没有事后的破产机制来有效管理债务重组和促进财政调整，事前的债务管理规定也不能充分发挥作用。

注 释

本文所述的发现、解释和结论。均属作者个人观点，不代表世界银行、世界银行董事会及其所代表的政府，或者外部作者可能隶属的任何机构的观点。

1. 地方政府指联邦政府或中央政府以下的各级政府和公共机构。本文重点介绍美国的市政破产。广义的市政债券包括各州、地方政府发行的债券和州、地方政府的特殊目的工具。由于第9章的规定，本文中的地方政府仅限于属于各州政治分支的地方政府。因此本文只关于市政当局，也就是地方政府。

2. 穆迪的美国财政，《穆迪对美国当地政府的财政状况保持悲观态度》，2009年。

3. 市政当局目前面临的一个很大的问题是公共养老基金短缺——约为1-4万亿美元。仅在加利福尼亚州缺口就高达500亿美元。Howard Bornstein，Stan Markuze，Cameron Percy，Lisha Wang，和 Moritz Zander，“走向破产：加州公务员养老保险系统的改革”SIEPR政策简述，2010年4月。

4. 欧洲理事会建议第96章（3）“应（例如，在市政破产法中）明确地方政府财政困境的后果”。

5. 市政破产由美国市政破产法第9章规定（11 U. S. C. Sec. 901 et seq.）。

6. 见后文对市政实体申请第9章资格的讨论。

7. Robin Jeweler，市政府重组：美国市政破产法案的第9章，国会研究处，2007年3月8日。

8. 参照 Gary Kaplan and Joel Moss，“深受困扰的城市走投无路：医保、养老保险导致财政危机”国家法律期刊S1版面，2006年3月6日；Mary Williams Walsh，“政府的财务状况一旦稳定下来，公共养老金将遭到削减”纽约时报A1版面，2006年11月6日：“拿养老金来支付医保费用将得不偿失”纽约时报A1版面，2006年12月19日。各州和地方政府的公共养老基金负债从1万亿美元到3万亿美元不等。“两万亿大坑”Joonatan Laing，Barrons，2010年3月5日。

9. 市政府破产——一个寻找趋势的故事？作者：CHris Hoene，2010年3月13日；国家城市俱乐部的官方博客；“特别报道：考虑市政府破产的困境”2010年1月27日，作者：Fitch Ratings；“市政府的威胁：城市正在权衡第9章”华尔街日报，2010年2月18日。

10. 最近提交第9章的市政有罗德岛州 Central Falls 宾夕法尼亚州 Harrisburg 和阿拉巴马州 Jefferson County。他们提高了第9章的知名度，第9章可以当做市政面临财政困境时的方案。地方法律学者建议将第9章的原则用于主权破产。Raffer，“把美国市政破产国际化；用公平、平等和有效的方法解决债务危机”芝加哥国际法律杂志（2005）。

11. 执行令指法庭责令政府官员采取某种特定行动。对于执行令的描述，请参阅 McConnell，Michael W. and Randall C. Picker，“当城市面临破产：简述市政部门破产”芝加哥大学法律评论第二版60卷，（1993年春）pp. 425-495。

12. McConnell，supra，note 11 p. 431，433，444.

13. 住房报告第 95 卷到 595 卷，第 95 届国会第一次会议 263 号（1977 年），美国国会与行政新闻 1978 年 pp. 5787，6221。

14. 作者用美国法庭和破产协会的数据估计出来的。2007 美国普查数据 http：//www. abiworld. org/；和法庭公开电子数据，http：//www. pacer. gov. 1980—2010 年数据来源是美国破产协会 http：//www. abiworld. org；2011 年数据来源是 http：//www. pacer. gov. 2012 年 4 月前的数据见 Spiotto（2012）。2007 年美国普查显示包括州禁止提交第 9 章的地方政府在内，共有 89476 个地方政府。

15. 见图 8. 2。特殊地区是独立的政府单元，它不同于一般地方政府，是有特定用途的县、市政府，特定用途包括如机场、墓地、养护、电力、消防、燃气设备、高速公路、医院、灌溉、图书馆、公交、停车场、公园、污水处理、固体废物、体育馆、港口和供水等。

16. 1980—2010 年的数据来源是美国破产协会，2011 年数据来源于 http：//www. pacer. gov. 中的案例。

17. 美国法庭网站 http：//www. uscourts. gov。

18. “市政府的威助：城市正在权衡是否使用第 9 章”华尔街日报，2010 年 2 月 18 日。见 McConnell，Michael W 和 RandallC. Picker 写的“当城市面临破产：简述市政部门破产”芝加哥大学法律评论第二版 60 卷，（1993 年春）pp. 425 - 95。一般市政当局是管理分支机构，管理一般市政职能，不管理特殊用途地区，特殊地区有明确而有限的用途。

19. “市政府破产，一份来自政府研究员和路易斯安那州公共事务研究理事会的联合报告”，2006 年 4 月。

20. 再保险加强公司 1988 年研究了 19 世纪前十年的市政违约历史，发现市政违约通常发生在商业衰退期，且在大量举债的地区发生更频繁。继 1873 年大萧条后，市政债券违约率超过 24%，违约数最多的是南部地区，南部也是当时发展最快的地区。造成违约的因素有：地区土地价值波动、商品市场的繁荣和萧条、成本超支和财政管理不善、对未来不切实际的预测和私人目的借款。该报告还称，第二次世界大战以来导致违约的另一原因是实际收入少于预期收入。

21. 例如，加利福尼亚州的橙县发生了当时美国历史上最大规模的市政破产。

22. “阿拉巴州的头脑风暴”，华尔街日报，2010 年 7 月 2 日。

23. 美国宪法条款 1、8、10。

24. 各州在处理面临困境的市政当局时有很多工具可以影响市政财政事务，但各州如果没有实质利益，可能不会为债权人争取债务偿还（对各州处理市政财政困境的进一步了解请参照本书第 14 章（Liu，Tian 和 Wallis））。最高法院制定了包含三个部分的测试法来判断某项法律是否违反了能源储备公司与堪萨斯电力照明公司的合同条款，459 U. S. 400（1983）。第一，该州法规必须大幅削弱了合同关系。第二，该州“调控背后必须有重大的合法目的，如解决广泛的社会或经济问题”，459 U. S. at 411 - 13. 第三，法律必须是合理和适当地围绕其目的。最高法庭只能为市政债券合约提供一次维持机会。在 Faitoute 公司与 Asbury 公园的合同里，316 U. S. 502（1942），法庭保留了新泽西州对破产市政的控制权，将证券转换为延期到期的新债券，利率也更低。但是这一做法需要美国国会修改破产法，这是为了防止债务结构会变成对（持不同意见）债权人的约束。参考 11 U. S. C. § 903。如果允许各州根据自身情况对破产法第9章具体化，就会妨碍宪法中破产法的统一性。参考 H. Rept. 686, 94th Cong., 2d Sess. 19, reprinted in 1976 U. S. CODE CONG. & ADM. NEWS 539, 557.

25. 市政破产法第904条规定，破产法庭在未征得市政当局同意的情况下，不能干预（1）市政当局的任何政治或政府权力，（2）市政当局任何财产或收入，或（3）市政当局的任何创收财产

26. 详细讨论见 David L. Dubrow，“市政破产法案的第9章：市政部门在财政危机中的可选方案?”城市律师，548（1992年夏天），p. 552。

27. “征税不是司法行为……它是主权行为，只能由立法机关决定。”Merriweather，102 U. S. at 515.

28. 第9章中，破产法庭的功能只限于批准申请（如果债务人通过资格审核）、确保债务调整的计划和实施。

29. 11美国法典第109（c）。

30. 这是第十次修订的成果，无力偿债的市政当局申报第9章破产，只能在当局自愿的情况下才能实施，而且不像私人实体，市政债权人可能不会强迫市政申请第9章。2011年，罗德岛州的 Central Falls 提交了第9章。近期的罗德岛州法律规定，在满足法庭限制的情况下，必须先偿付债券持有者。这引起了其他债权人的争议，如养老基金和工会。见华尔街日报“养老金被挤出，但投资者获得补偿”2011年12月20日，p. C1。

31. 不像传统的个人、企业或合伙人的债务人那样有许多破产法章节可供选择（第7、第11和第13章）。

32. 同上。

33. 同上。

34. 11美国法典第101（32）（C）。

35. 11美国法典第109（c）。

36. Frederick Tung，“奥兰治县之后：加州市政破产法案要改革了”53HSTINGS L. J. 885, 907（2002）。

37. 11美国法典第101（40）。

38. 11美国法典 Sec 101（4），州不能申请第9章。

39. 在奥兰治县案中，奥兰投资公司，183 B. R. 605（Bankr. Ct. C. D. Cal. 1995）。2010年5月10日 Ambac 对判决提出上诉。

40. 根据内华达州的非营利组织法创建的公司。

41. 该债券造成 Ambac 公司约1.16亿美元的负债，来自路透社的消息，2010年1月14日。Ambac 公司认为，自己作为债权人在第9章中的诉讼力比在第11章中强。

42. 第9章定义的市政当局不能申报第11章。

43. 内华达破产法院特区的决定，2010年4月27日。

44. 同上。

45. 而且媒介作用取决于各州的法律，在各州情况不同。

46. 出自纽约市场外下注博彩公司，2010 年 3 月 22 日，纽约南区破产法庭。

47. 11 美国法典第 109（c）。

48. 见注释 36。

49. 该观点认为，如果允许其一市政当局提交破产申请，那该州其他市政陷入财政危机时就无法摆脱困境了，这反过来又提高州内的市政借贷成本。Michelle J. White，在布鲁金斯经济活动报告上刊登的“处于困境的政府：它们需要破产吗?”，I：2002. 此外，该州评级可能受到负面影响，就像康涅狄格州 Bridgeport 的案例。

50. 加利福尼亚政府法案 S. 53760（1995）。

51. 例如，康涅狄格州州长必须同意申请第 9 章。而在路易斯安那州提交第 9 章必须经过州长、州最高检察长和国家债券委员会事先同意。宾夕法尼亚州对提交第 9 章的授权很宽松，但申请第 9 章后，会自动任命出州计划协调员，并使该市政当局自动适用联邦破产法对应的州程序。P. S. 11701. 261 – 1170. 263（1995）.

52. 资料来源：见注释 53。有 22 个州在这个问题上保持沉默，沉默不算“特殊授权”。乔治亚州是特例，明确禁止申请第 9 章。以上 23 个州第 9 章的申请都需要特殊立法授权。

53. 尽管这一表格是基于 Laughlin（2005）和 SPiltto（2008）提供的数据，但我们把新的发展也融入了进来，例如，在罗德岛刚启用的法律中：2010 年 6 月 11 日，关于城镇财政稳定的法案（这一法案给予了州政府授命的政府有权使用“第 9 章”）。值得注意的是，有关州政府的授权事宜正在不断变化，它并不是一成不变的。2010 年 8 月的信息正经历快速的改变。关于州政府授权的最新进展，请见 Spiotto（2012）。

54. 正如在 11 美国法典第 101（32）（C）中定义的一样。

55. 同上。

56. 在布里奇波特市刊登里如下报道 129 B. R. 332, 335（Bankr. D. Conn. 1991）：这个城市能够获得 2 700 万美金的债券资金是另外一个不符合“清偿能力测试”的理由。具体参照：Rachael E. Schwarz，“出路：应该取消‘第 9 章’?” 66 美国破产发杂志 103；Dorothy A. Brown 写的“财政困境和政治：以布里奇波特市申请破产保护案作为一个恢复当地主权的学案例” 11 美国破产法杂志 626（1994 – 95）。

57. 11 美国法典 . 901 节。

58. 冻结程序阻止了债权人用训令起诉市政官员。它同样阻止了债权人起诉债务人的居民以获得抵押利息或者对居民欠市政的税收和资产的索偿权。额外的自动冻结条款可以在债权人要形式债权的情况下，阻止其对申请破产的市政的官员和居民的起诉，此条款在第 9 章中是可应用的。11 U. S. C. § 922（a）.

59. 许多市政当局拥有或者经营单独的企业但这些企业的法律主体是一致的。这样的体系分布使得每个企业是独立的纳税主体并交纳税费来获得政府的服务。这些企业通常从市政系统收入中通过应付债券融资，并且在大多数情况下，这是唯一的资金来源。一些收入被认为是“特殊收入”。特殊收入在美国法典 902 节的 C 款项中定义为：（1）从项目或者体系里面取得的主要用于交通、公共设施和其他服务的；（2）施加在特殊活动和交易事项上的特殊消费税；（3）租税增额融资产生的增额税收收入；（4）来自于债务人特定的收入和款项；（5）为了为项目或者市政企业融资而征收的税款（除了为了一般目的而融资的财产税、消费税和所得税）。

60. 美国法典第11编第922节D款限制了自动冻结的适用性。

61. 11美国法典 § 928。

62. 债券持有人被认为是有权接受那些收入并防止那些收入被用到其他地方，例如普通性债务债券。关于公共卫生和改善福利 District No. 7，98 Bankr 970，974（D Neb 1989）。

63. 或者在晚些时候被法院同意。

64. 11美国法典第941。

65. 还未签署的合同。

66. 11美国法典第365。

67. 美国法典的11编的1113和1114节对于拒绝劳资谈判合同和重组养老金义务的权利的限制不受破产法案第9章的限制。

68. In re City of Vallejo，403 B. R. 72（51 Bankr. Ct. Dec 2009）。

69. 11美国法典第1126。

70. 常被称作“强迫接受”11美国法典901（a）。

71. 请见 McConnell，supra，note 11。

72. 美国最高法院支持破产法案第九号的债务调整部分 in U. S. v. Bekins，304 U. S. 27（1938）。

73. 11美国法典941（b）。

74. 请见如下关于瓦列霍镇计划可行性因在2年破产时间中不断恶化的财政状况而改变的讨论。

75. 在一个最早开始实行的区域的案例中，第九巡回上诉法院要求该区域提供证据表明征税能力不足导致难以偿还债务。See Fano v. Newport Heights Irrigation District，114 F2nd 563（9th Cir. 1940）。

76. 除此以外，提高税率会降低经济活力。

77. Supra，note 31。

78. 市政破产法第903条、904条。

79. 11美国法典 § 903说明“破产法案第9章没有限制或者削弱州通过立法或者其他手段控制该州或者下属地方政府的政府权力”

80. 在11美国法典 § 926（a）中说明。

81. 而且符合破产法案第9章规定的负债政府可以在未经法院允许下雇佣专业人士，法院只需要审查通过的债务计划中的费用是否支出合理。

82. 11美国法典 § 904的限制规定是有必要的，因为它确保了破产法案第9章符合宪法规定并避免了法院可能会通过控制其政治或政府事务或负债政府的财产来控制该政府的民选官员。

83. 作者的估计来自：“Bankruptcy Basics”（2006）美国法院行政办公室和美国破产协会 http：//www. pacer. gov. 美国国会在1937修改“第9章破产法案”，这一修改过后的法案在

1938 得到最高法院的肯定。

84. 美国法院，http：//www. uscourts. gov. 统计数据覆盖至 2012 年 4 月，见 Spiotto（2012）。

85. 请见 Spiotto，James E.（2008）“Chapter 9：“The Last Resort for Financially Distressed Municipalities，” in *Handbook of Municipal Bonds*，ed. by Sylvan G. Feldstein and Frank J. Fabozzi. 自 1980 年起，265 起第 9 章破产申请中有 49 件为传统地方政府、城镇、城市、乡村与郡（Spiotto 2012）。

86. 同上。

87. 案例记录在该网址：http：//www. pacer. gov。

88. 请见 Spiotto 2008。

89. 本文作者收集了记录在 http：//www. pacer. gov 里从 1981 年开始的 217 个案例。其中 42 个是由普通市政提请的。一些请愿因为没有被 PACER 收录，另一些因为资料不全因而没在本文体现。人口数据取自于 2000 年的全美人口调查。计算人口时，我们把提交了两次申请的市政按一次来算。

90. 同上，请见 http：//www. pacer. gov. 42 个提交破产申请的市政包含 37 个只提交了一次和 5 个提交了两次的市政。这五个市政包括：（1）City of Macks Creek，密苏里州，在 1998 年和 2000 申请破产；（2）City of Prichard，阿拉巴州，在 1999 年和 2009 年申请破产；（3）City of Westminster，德克萨斯州，在 2001 年和 2004 年申请破产；（4）Town of Moffett，俄克拉荷马州，在 2006 年和 2009 年申请破产；and（5）Village of Washington Park，伊利诺伊州，在 2004 年和 2009 年申请破产。

91. *Supra*，note 89. See cases recorded at http：//www. pacer. gov。

92. 1994 年 12 月 6 日提交了第 9 章破产申请书。

93. 本部分剩余部分主要参考 Baldassare（1998）。

94. 加利福尼亚宪法限制了地方和城市对多数税收和费用收入的控制权。议案 13（Proposition 13）依据每年土地评估价值设定了财产税的税率和上限。营业税税率也受限于州Bradley－Burns 法案，唯一例外是针对特殊或者一般项目，地方选民可以投票决定是否提高税率。费用、估价和任何新的或增加的税收都受限于议案 218。费用权可用于支付实际服务成本，估价和税收需要获得财产所有者的允许或（和）选民投票通过。

95. 见 Baldassare 1998。

96. 见 Baldassare 1998，第 4 页。该县起诉了超过 12 个公司、顾问和会计师。美林公司（Merrill Lynch）与加利福尼亚州橙县达成协议，针对美林公司向橙县销售不合理、风险投资的指控，支付 4 亿美元的赔偿。该县损失了 16.9 亿美元，能够挽回损失总计 6 亿美元，包括美林公司的 4 亿美元赔偿。

97. 该计划用于未偿付债务的再融资，地方公共机构投资者的容忍以及特定收入的转移用于确保再融资的进行。对该县预算的影响并非调整计划引致的；相反，在橙县退出破产后影响显现，因其退出破产时仍有巨额债务负担，但预算收入来源却更少了。

98. 31 个城市、地区交通机构、地方学区、地方水务机构、卫生区和许多地方小型机构。

见 Baladassare（1998），第 9 页。

99. 见 Baladassare（1998），第 131 页。

100. 如前。社会项目的缩减包括：（a）预防虐待儿童项目减少 50%，（b）终止了与无家可归者相关的一个项目，（c）关闭了一个产前诊所的 15 儿童诊所。基础设施缩减包括用于海滩、洪水治理、港口、公园和再发展项目的基金缩减。

101. http：//www. PennLive. com，2010 年 5 月 16 日，加利福尼亚橙县财长 Chris Street 的采访

102. 如前。橙县为该计划筹集资金，主要通过是工人下岗、售卖资产、削减支出、发行信债券。该县也试图提高地方营业税，但是选民否决了该提案。见“橙县采取了退出破产的方法”，纽约时报，1995 年 12 月 22 日，第 D2 页。

103. “在橙县的财政危机中，破产论坛看似为问题的解决提供了合适并且高效的法律机制。该县作为对自身政治事务，也即政府运营和公共服务的提供有控制权的自治市。第 9 章的约束力、经由联邦政府确认重组计划和债权人处理市政债务人问题时面临的内部限制可能促使就可实现的债务构成达成一致意见”。参考 Jweler，注解 7。

104. 2008 年之后的几年中，瓦列霍市在使用其一般基金收入平衡其一般基金合同义务方面遇到了困难。2005—2006、2006—2007、及 2007—2008 财年，一般基金每年支出超过收入为 300 万美元到 400 万美元之间，导致一般基金储备下降。在破产申请过程中，预期该市一般基金储备将在 2008 年 6 月 30 日耗尽，2008—2009 财年一般基金支出将超过一般基金储备 1 600万美元，意味着该市无法偿付其债务，并且从技术角度上来说面临破产。该市无法与其主要债权人（雇佣劳动联合会）就一般基金偿付达成协议。见官方网站 http：//www. ci. vallejo. ca. us/GovSite/default. asp？serviceID1 = 712&Frame = L1。

105. “对于瓦列霍市，破产可不是严格意义上的新开始”，The Bay Citizen，2011 年 1 月 23 日。

106. “艰难的预算算术绑定瓦列霍市”，华尔街日报，2010 年 7 月 15 日。http：//www. ci. vallejo. ca. us/GovSite/default. asp？serviceID1 = 712&Frame = L1。

107. In re City of Vallejo，403 B. R. 72（51 Bankr. Ct. Dec 2009）。

108. 到 2010 年 6 月 30 日，协议为该市节省了超过 600 万美元的一般基金。在试图帮助该市与国际电子工人联合会之间达成协议的尝试失败后，美国破产法庭支持该市拒绝其劳动合同。http：//www. ci. vallejo. ca. us/GovSite/default. asp？serviceID1 = 712&Frame = L1。重新谈判的公众合同的缩减主要来自于职工总数的减少：公安部门宣誓员工从 2003 年的 155 人减少的 90 人，消防部门从 122 人和 8 个消防站削减到 70 人和 5 个消防站。参见“对于瓦列霍市，破产可不是严格意义上的新开始”，The Bay Citizen，2011 年 1 月 23 日。

109.《华尔街日报》，2010 年 7 月 15 日。“当瓦列霍市步履维艰地挺过其破产的第三个年头，市政官员给了警察一个选择：放弃 2009 年 1 月承诺的加薪”（同意在 2008 年 5 月提交破产保护申请后进入破产 8 个月）。

110. 如前。“2009 年 1 月看起来可行的在 18 个月后不一定仍然可行”。

111. 退休人员和现被雇佣人员的退休金计划，包括允许警察在 50 岁退休并仍然领取其

90%薪水，最终未受影响。该市决定不去测试在破产期间变更退休金是否会被允许，因此仍要支付1.95亿美元的未融资退休金债务。“对于瓦列霍市，破产可不是严格意义上的新开始”，The Bay Citizen，2011年1月23日。

112. http：//www.huffingtonpost.com/2011/11/02/vallejo - bankruptcy - ends - after - three - years_ n_ 1072；usactionnews.com/2011/01/Vallejo - bankruptcy - plan - offers - unsecured - creditors - 5 - 20jpm。

113. blog.al.com/birmingham - news - stories/2011/11/jefferson_ county_ among_ several.html。

114. 2008年5月25日，www.cbs13.com新闻报道，“瓦列霍市破产后的道路仍存不确定性”。

115. 665 000个居民。

116. http：//www.al.com，2010年9月27日周一出版。在Cahaba河流协和和部分个人成功向联邦法庭起诉该县，并证实该县非法排放未经处理的废水污染了河流，该县1996年签署了同意法令，同意修缮下水道排污系统。

117. www.CNNMoney.com 2010年5月8日。

118. Shelley Sigo，“杰斐逊县首次违约；发生加速本金的4 600万违约”，《债券购买者》，2009年7月9日第一期。

119. “最大的自治市破产获批”，《华尔街日报》，2011年11月10日。

120. www.articles.businessinsider.com/2011 - 10 - 23/wall - street/30312613_ 1_ jefferson - county - sewer。

121. “杰斐逊县可能全境获批第9章破产，不仅仅是下水道系统”。www.al.com，published Monday，September 27，2010。

122. 据此，债权人不会在协商期间提请法律赔偿。

123. 摩根大通的银行家们也在金融顾问之列，他们在2002年说服县官员用浮动利率票据，包括期限由定期竞标决定的拍卖利率证券，取代传统的固定利率债券。

124. “美国最大的自治市破产在阿拉巴马州浮现”，Joe Mysak，http：//www.Bloomberg.com，April 11，2010.

125. “阿拉巴马县的头脑风暴”，《华尔街日报》，2010年7月2日。

126. 根据代理人Jeffrey Cohen，“该费率在美国已经处于第二或者第三高水平，进一步提高费率会赶走新的投资者和商业机会。商业能够也会离开，显然最大的负担最重将由拥有自己住房者承担”。www.al.com，2010年9月27日周一出版

127. http：//www.CNNMoney.com，May 28，2010.

128. 保证担保人，违约债券的担保人。

129. “哈里斯堡寻求‘茶中最好’的路径”，《华尔街日报》，2010年4月28日。

130. http：//www.CNNMoney.com，May 28，2010；http：//www.PennLive.com，2010年5月16日。

131. “哈里斯堡破产申请被拒”，《华尔街日报》，2011年11月25日。

132. “法官拒绝了哈里斯堡的破产请求”，《华尔街日报》，2011 年 11 月 25 日。

133. www. PennLive. com, May 19, 2010.

134. 同上。

135. 威斯特法代理人评论，J. Gregg Miller，www. PennLive. com，2010 年 5 月 19 日。

136. 财政危机和市政破产：阿拉巴马周普理查德案例，Douglas J. Watson 等，2005 年 7 月 1 日。

137. 交易杂志，2010 年 3 月 19 日。

138. 这个规定对破产法第 9 章本身没有任何影响，但是将会限制阿拉巴马州市政部门提出破产申请。

139. 诸如纽约、克利夫兰、底特律等大城市几乎没有用过破产法第 9 章。因为，大城市都说服州政府进行财政干预并提供资金支援。例如，纽约州和俄亥俄州都在很大程度上帮助了其市政部门走出财政危机，而密歇根州也毫不犹豫地救济底特律以度过难关。

140. 见注释 11。

141. 见上述各州授权规定。

142. 以布里奇波特为例，提出破产提案的市长在竞选连任时失败，而他是被反对提出破产申请的对手打败的。见注释 57。

143. 见本书第 14 章，由 Liu，Tian 和 Wallis 著。

144. 以洛杉矶为例：和瓦列霍市一样，当洛杉矶饱受着财政收入微薄且养老金和其他退休补贴的增长之苦时，其前市长 Richard Riordan 说，“破产的威胁确实是迫使政府做出改变的主要动力”，他还说，这些因素使得美国第二大城市从现在起到 2014 年都在宣布破产的路。他把破产威胁看作让公会做出让步的一个重要手段。另外，他还认为破产威胁也能为 401（K）计划的实施铺平道路，以取代不断上升的成本的旧的养老金计划。

摘自 http：//articles. latimes. com/2010/may/08/opinion/la - oe - morrison - 20100508，2010 年 5 月 8 日。

145. 看 supra，注释 19，“Municipal Bankruptcy in Perspective，”来自政府研究局和路易斯安那州的公共事务研究委员会联合报告，2006 年 4 月。

146. Raphael，Richard J.，Friedland，Eric，Laskey，Amy R.，and Doppelt，Amy S.“The Perils of Considering Municipal Bankruptcy.”Fitch Ratings，Public Finance，January 27，2010，表明甚至是对于申请破产的可能性大讨论都会对信用因素造成不利影响。

147. Mark Baldassare，加州公共政策研究所主席以及《When Government Fails：The Orange County Bankruptcy》一书作者。

148. www. Ohiohistorycentral. org。

149. *Supra*，注释 95。

150. 例如，在橘县申请第 9 章破产的 7 年中，橘县的债券利率从垃圾级提高到“Aaa”级——穆迪评级的最高等级。

151. 惠誉评级。

152. *Supra*，注释 111。

153. Wes Johnson, “Should Mack’s Creek Exist?”, Springfield News Leader, October 16, 2004 at 1A.；数据来源于 the federal judiciary’s case management files（http：//www. pacer. gov）。

154. 对于州政府介入部分的回顾，请看本书第 14 章，Liu，Tian 和 Wallis 所写内容。

155. 见 Liu 和 Waibel, 2010。

参考文献

Administrative Office of the United States Courts and the American Bankruptcy Institute. 2006. “Bankruptcy Basics.” Washington, DC.

Baldassare, Mark. 1998. When Governments Fail: The Orange County Bankruptcy. Berkeley, CA: University of California Press and the Public Policy Institute of California.

Bay Citizen. 2011. “For Vallejo, Bankruptcy Isn’t Exactly a Fresh Start,” January 23.

BGR/PARCL（Bureau of Governmental Research［New Orleans, LA］and the Public Affairs Research Council of Louisiana［Baton Rouge, LA］）. 2006. “Municipal Bankruptcy in Perspective, A Joint Report from the Bureau of Governmental Research and the Public Affairs Research Council of Louisiana,” April.

Bornstein, Howard, Stan Markuze, Cameron Percy, Lisha Wang, and Moritz Zander. 2010. “Going for Broke: Reforming California’s Public Employee Pension Systems.” Stanford Institute for Economic Policy Research Policy Brief, Stanford, CA, April.

Breckinridge Capital Advisors. 2009. “White Paper: Bankruptcy Basics for Municipal Bondholders.” Special Report, Boston, MA, October.

Brown, Dorothy A. 1994 – 95. “Fiscal Distress and Politics: The Bankruptcy Filing of Bridgeport as a Case Study in Reclaiming Local Sovereignty.” 11 Bankruptcy Developments Law Journal 626.

Ciccarone, Richard A. 2008. “Jefferson County and Municipal Finance, In the Wake of the Bubble,” Washington, DC, September 9.

Dubrow, David L. 1992. “Chapter 9 of the Bankruptcy Code: A Viable Option for Municipalities in Fiscal Crisis?” 24 The Urban Lawyer 3, 548（Summer）.

Fitch Ratings. 2010. “The Perils of Considering Municipal Bankruptcy.” Special Report, January 27.

House Report No. 95 – 595, 95th Congress, 1st Session 263（1977）, U. S. Code Cong. and Admin. News 1978, pp. 5787, 6221.

Johnson, Wes. 2003. “Should Mack’s Creek Exist?”, Springfield News Leader, October 16, p. 1A.

Kannell, William W., Richard H. Moche, and Mintz Levin. 2009. “A Guide to Municipal Bankruptcy.” National Federation of Municipal Analysts, Advanced Conference on Bankruptcy and Workouts, Cambridge, MA, October 15 – 16.

Kaplan, Gary, and Joel Moss. 2006. "Distressed Cities See No Clear Path: Health, Pension Obligations Threaten Fiscal Crisis." National Law Journal (March 6): S1.

Kimhi, Omer. 2008. "Reviving Cities: Legal Remedies to Municipal Financial Crises." 88 Boston University Law Review, 633.

Knox, John, and Marc Levinson. 2009. "Municipal Bankruptcy: Avoiding and Using Chapter 9 in Times of Fiscal Stress." Orrick, Herrington and Sutcliffe, LLP, San Francisco.

Kotok, David. 2008. "The Largest Municipal Bankruptcy Ever? Jefferson County and Municipal Finance in the Wake of the Bubble." Cumberland Advisors, Washington, DC, September 9.

Jeweler, Robin. 2007. "Municipal Reorganization: Chapter 9 of the U. S. Bankruptcy Code." Congressional Research Service, Washington, DC, March 8.

Laing, Jonathan. 2010. "The $2 Trillion Hole," Barrons, March 15.

Laughlin, Alexander. 2005. "Municipal Insolvencies: A Primer on the Treatment of Municipalities under Chapter 9 of the US Bankruptcy Code." Wiley Rein and Fielding LLP, Washington, DC.

Liu, Lili, and Michael Waibel. 2009. "Subnational Insolvency and Governance: Cross - Country Experiences and Lessons." In Does Decentralization Enhance Service Delivery and Poverty Reduction?, ed. Ehtisham Ahmad and Giorgio Brosio, 333 - 76. Cheltenham, UK: Edward Elgar Publishing Limited.

——. 2010. "Managing Subnational Default Risk." In Sovereign Debt and the Financial Crisis: Will This Time be Different?, ed. Carlos Braga and Gallina Vincelette, 273 - 93. Washington, DC: World Bank.

Liu, Lili, Xiaowei Tian, and John Joseph Wallis. 2013. "Caveat Creditor: State Systems of Local Government Borrowing in the United States." In Until Debt Do Us Part - Subnational Debt, Insolvency, and Markets, ed. Otaviano Canuto and Lili Liu. Washington, DC: World Bank.

Maco, Paul S., Jane L. Vris, and William L. Wallender. 2011. "Public Finance Challenges and Opportunities for Resolution." Civic Research Institute, Kingston, NJ.

McConnell, Michael W., and Randal C. Picker. 1993. "When Cities Go Broke: A Conceptual Introduction to Municipal Bankruptcy." University of Chicago Law Review 60 (2) (Spring): 425 - 95.

Miller, Matt. 2010. "Taboo: Chapter 9," Deal Magazine, March 19; http://www.thedeal.com/newsweekly/features/coverstories/taboo: - chapter - 9.php.

Moody's U. S. Public Finance. 2009. "Moody's Assigns Negative Outlook to U. S. Local Government Sector," April.

Mysak, Joe. 2010. "Largest U. S. Municipal Bankruptcy Looms in Alabama," http://www.Bloomberg.com, April 11.

New York Times. 1995. "Orange County Adopts Plans To Get Out of Bankruptcy," December 22, p. D2.

——. 2006. "Paying Health Care from Pensions Proves Costly," New York Times, December 19, p. A1.

Raffer, Kunibert. 2005. "Internationalizing U. S. Municipal Insolvency: A Fair, Equitable and Efficient Way to Overcome Debt Overhang." 6 Chicago Journal of International Law 361.

Raphael, Richard J., Eric Friedland, Amy R. Laskey, and Amy S. Doppelt. 2010. "The Perils of Considering Municipal Bankruptcy." Fitch Ratings, Public Finance, January 27.

Reuters. 2010. "Sovereign Defaults Top 2010 risk Hit List for WEF," January 14.

Schwarz, Rachael E. 1992. "This Way To Egress: Should Chapter 9 Filing Have Been Dismissed?" 66 American Bankruptcy Law Journal 103.

Schwarcz, Steven L. 2002. "Global Decentralization and the Subnational Debt Problem." 51 Duke Law Journal: 1179, 1190.

Spiotto, James E. 2008. "Chapter 9: The Last Resort for Financially Distressed Municipalities." In Handbook of Municipal Bonds, ed. Sylvan G. Feldstein and Frank J. Fabozzi. Hoboken, NJ: Wiley.

——. 2012. "Primer on Municipal Debt Adjustment – Chapter 9: The Last Resort for Financially Distressed Municipalities." Chapman and Cutler LLP, Chicago.

Spitz, Jonathan. 1992. "Federalism, States and the Power to Regulate Municipal Bankruptcies: Who May Be a Debtor under Section 109 (c)." 9 Bankruptcy Development Journal 621.

Standard and Poor's. 2009. "What Credit Concerns Does Talk of Municipal Bankruptcy Raise?" Standard and Poor's Global Credit Portal, December 15.

Tung, Frederick. 2002. "After Orange County: Reforming California Municipal Bankruptcy Law." 53 HASTINGS L. J. 885, 907.

Wall Street Journal. 2010a. "Muni Threat: Cities Weigh Chapter 9." February 18.

——. 2010b. "Alabama County Brainstorms," July 2.

——. 2010c. "Tough Budget Arithmetic Puts Vallejo in Bind," July 15.

——. 2010d. "Harrisburg Seeks 'Least Worst' Path," April 28.

——. 2011a. "Pensions Chopped but Investors Paid," December 20, p. C1.

——. 2011b. "Largest Municipal Bankruptcy Filed," November 10.

——. 2011c. "Harrisburg Bankruptcy Filing Voided," November 25.

——. 2011d. "Judge Rejects Harrisburg Bankruptcy Move," November 25.

Watson, Douglas J., Donna Milam Handley, and Wendy L. Hassett. 2005. "Financial Distress and Municipal Bankruptcy: The Case of Pritchard." 17 Journal of Public Budgeting, Accounting & Financial Management 129.

White, Michelle J. 2002. "Sovereigns in Distress: Do They Need Bankruptcy?" Brookings Papers on Economic Activity Issue I: 287 – 319.

相关法律

In re City of Bridgeport, 129 B. R. 332, 335 (Bankr. D. Conn. 1991).

In Re City of Vallejo 403 B. R. 72 (51 Bankr. Ct. Dec. 2009)

网　　站

http: //www. thedeal. com/newsweekly/features/cover - stories/taboo: chapter - 9. php.

http: //www. ci. vallejo. ca. us/GovSite/default. asp? serviceID1 = 712&Frame = L.

http: //www. uscourts. gov/FederalCourts/Bankruptcy/BankruptcyBasics/Chapter9. aspx.

http: //govinfo. library. unt. edu/nbrc/report/22chapte. html#2415.

http: //www. orrick. com/fileupload/1736. pdf.

9

当地方债发行者违约：以华盛顿公共能源供应系统为例

James Leigland　刘琍琍[1]

引　言

华盛顿公共能源供应系统（WPPSS）的违约是美国市政债券在现代历史上最大的一次违约。WPPSS是华盛顿州的一个市政公司。因为预期这个地区的能源需求每十年会增加一倍，WPPSS在20世纪70年代迅速扩张，正如它在过去几年里那样。到了20世纪70年代末，它已经成为美国最大的市政收益债券发行者。多年来随着各种问题不断加深，1983年夏天，WPPSS对22.5亿美元的未偿债券违约。债券持有者不能拿回22.5亿美元的债务本金，也失去了在债券还本期限内应得的50亿美元利息。WPPSS建设的五个核电站项目使其负债超过80亿美元，最终只有一个核电站能够运作，但是产生的收益也只是偿还债券持有者所需数额的一小部分。

20世纪50年代以后，美国市政债券违约的情况已经很少发生（经穆迪评级的市政债券的平均信用损失率已经非常低了）。1970年至2000年间，AAA级一年期、五年期和十年期公司债券的累计违约率分别为0.0000%、0.1237%和0.6750%，与之相比，所有经穆迪评级的市政债券的发行者的累计违约率分别为

0.0043%、0.0233%和0.0420%（穆迪，2002）。

多年来WPPSS的失败有据可查、记录完善，开始时有一系列受WPPSS自身委托的咨询研究，而后包括成百上千的华尔街公司的信用报告、学术界人士和新闻记者的分析以及美国证券交易委员会广泛的调查研究。所有这些信息使得WPPSS事件成为一个有用的案例，可用来研究当地方政府机构对市政债券债务违约时美国发生了什么。这个案例为新兴市场中努力促进地方资本市场发展的政府提供了非常宝贵的经验教训。

本章节结构如下。第二节描述WPPSS如何走向违约，第三节讨论导致违约的主要因素，第四节询问为何中央政府和州政府都没有帮助WPPSS脱离困境，第五节讨论违约后的规制改革，第六节吸取适合发展中国家的教训。

WPPSS：从建立到违约

公共机关概念

WPPSS被创建为华盛顿州的一个公共机关或市政公司，位于美国西北角。公共机关是美国广泛使用的政府形式。这些政府实体，建设并经营桥梁、隧道、公园大道、大坝、港口、机场、公共建筑、铁路以及工业和娱乐园。[2]它们提供包括自来水、煤气、电力和运输在内的重要服务。到20世纪70年代末，美国至少有6 000个地方或地区的公共机关以及1 000个州和州际的公共机关（Walsh和Mammen，1983）。

诸如WPPSS的公共机关通过立法行为被授权，行使超出州政府或市政府常规行政结构的权利。[3]它们是独立法人实体，根据法律，由法令或宪章确定其目的和权力。它们一般没有课税权，但是可以凭借其合法身份借贷并拥有资产。它们还能够起诉或被起诉、以它们自己的名义参与合同制定并且负债，而这些债务不同于授权给它们的政府实体的债务。设立公共机关的目的在于令其拥有必要的独立性和灵活性，使其像企业单位一样运作。

这种分离的法律性质提供了两种WPPSS所享有的灵活性。第一，这些官方机构在管理上经常享有较大的灵活性，避免了许多适用于行政直属机构的程序和条例，包括公务员和人事条例、采购程序和内部操作流程。第二，公共机关能够独立借款。在许多州，宪法或立法机关对州政府能够发行的一般债务（这类债务主要依靠州政府的税收能力支撑）的数量设立了严格的限制。许多州和地方政府在借款之前也需要大众公投，并且禁止行政直属机构出售收益债券。若一个公共机关发起一个项目，则由该项目的收益作为担保的收益债券通常不受地方政府这些债务限制。[4]

然而，公共机关通常在管制架构内运作，这些架构由联邦政府、州政府或其他“母”政府、债券持有者以及财务会计和报告协会制定的各种规定结合起来。经常有以下规定（Liu，2010）：联邦政府条例要求只有出于公共（非私人）目的才能在市政债券市场借款，并且该借款必须用于支付与公共机关设定的目的相关的资本项目。母政府常要求由专项资金偿还借款，例如由自来水系统收入或特别税的收入存储的资金。这有助于避免收入分散到一般预算中，或者避免资金以这样的方式混合而失去了它们本身的特性。债券持有者一般要求运营收入保持在能够反映特定的负债服务比率的水平上，并且可能要求这些服务的价格/费率水平保持这样的比率（在与债券持有者签订的协议中，这种费率要求作为价格契约被参考）。债券持有者可能也要求服从历史上和预测的负债服务覆盖比率，以此作为额外债务的一个发行条件。会计准则要求政府实体遵守普遍接受的会计原则并定期公开独立审计的财务报表。需要出具法律意见以核实每一个市政债券的发行完全服从适用的政府条例。

WPPSS 是根据华盛顿州法律作为“联合行为机构”创立的一个公共机关，享有上述所有管理和财务上的灵活性但是也受到少许来自州政府的监督。基于 1953 年颁布的州法律，出于支付、建立、拥有以及运营发电和输送设施的目的，任何两个及以上的公共事业区或自治区可以成立市政公司。华盛顿是第二个通过这种立法的州（加利福尼亚州于 1949 年成为第一个），直到 1972 年才有更多的州效法。

因为 WPPSS 是一个市政公司，所以它只需满足最低限度的报告和审计要求，其董事会需要任命一个独立的财务审计师，该审计师的报告将提交州审计师存档。某些项目立项也需要许可证、执照以及州立机构的允许才能通过。但事实上，州立法机关没有对 WPPSS 进行制度化和经常性的监管。

如果 WPPSS 不是一个联合行为机构，立法者本应有更大的控制力度——这种建议是错误的。正如其他大部分州的公共机关，华盛顿州的市政公司控制自身的管理和运营。但是作为一个联合行为机构，似乎因为 WPPSS 为高度独立的华盛顿州公共事业区所拥有，[5] 州立法者认为 WPPSS 及其存在的问题应由 WPPSS 及其成员负责。最终，州立法机关于 20 世纪 70 年代开始注意 WPPSS 的问题，但是到了 1981 年州政府官员才出具调查结论，那时已经来不及阻止 WPPSS 违约。

违约的背景

WPPSS 成立于 1957 年，为其原拥有者/成员——19 个公共事业区和 4 个城市提供服务。WPPSS 董事会代表其所有成员决定该组织所有关键的商业决议。

为了建立核能源工厂，WPPSS 在一些太平洋西北方的州招募了几十名项目“参与者”，包括市政公共事业单位、其他公共事业区、灌溉地区和农村电力合作社。参与者同意购买 WPPSS 核能工厂的发电量。这些核能工厂意味着 WPPSS 项目在规模和复杂程度上都有大幅增加。

从 1957 年到 1971 年是 WPPSS 的第一个 14 年，其间 WPPSS 只建立并运营两个小的能源项目，只有 890 兆瓦的产能。1971 年，因为预计该地区能源需求会如过去几年那样保持每十年翻一番的速度，WPPSS 开始建造五个核能工厂中的第一个。巴那威利电力管理局（BPA）是一个仍然活跃于该地区的联邦机构，它出售并输送该地区水力发电工程产生的电能，并为前三个核能工厂提供支持。这种支持以“净账款”的方式进行，即 BPA 从 WPPSS 的三个工厂购买全部能源，然后将它卖给它的顾客，包括该地区 130 多个公共事业单位和工业用户，不仅仅是 WPPSS 成员或项目参与者。如果 BPA 的个别客户不能或不愿支付，成本将由 BPA 的剩余客户共同承担。这种做法意味着联邦机构是能源的主要购买者，所以为支付前三个工厂而出售的债券被评级机构和债券投资者认为是低风险投资，他们认为 BPA 是还本付息的联邦保证。许多投资者不知道的是 BPA 无权获得联邦财政基金，也不能由于自己本身借贷来兑现这样的承诺。

到 1972 年，BPA 在计划编制中已经明确 20 世纪 80 年代初需要更多的电力产能。BPA 鼓励 WPPSS 建设另外两个核能工厂以此满足地区电力需求，而最终正是因为未能支付为建造这两座工厂而发行的债券利息而引发了 1983 年的违约事件。等到需要为建造这两个新工厂借款时，BPA 不再能够利用净账单方式支持 WPPSS 借款，因为联邦条例改变了。为了吸引投资者，为支付新工厂而发行的信债券需要有担保，所以 WPPSS 与 88 个项目参与者以及大部分市政的和地区的公共事业单位签署了“照付不议”合同，该合同迫使这些参与者不论项目 4 和项目 5 是否完成或是否能够发电，都需支付其在项目成本中相应的份额，包括关于债券的负债服务。

当时，投资群体十分相信照付不议合同，因为该合约经常被用于电力收益债券融资。大部分专家认为如果没有照付不议合同支持或一些其他近似方法为建设延迟带来的巨大风险作担保，债券就不能够为了核能项目出售。照付不议合同使其成员承担了项目风险和建设风险。事实上，在 WPPSS 违约的时候，全国范围内有超过 12 家联合行为机构同 WPPSS 一样用照付不议合同为主要的能源项目建设提供资金——在一些案例中，州最高法院已经支持该合同的使用（Tamietti 1984)。因为参与公用事业不受联邦或州公用事业委员会的管制，所以他们有无限的权力对现有的客户设置价格。理论上，这意味着即使核工厂没有完工或没有新的顾客能够加入他们的体系，他们也能够按照照付不议合同的规定，对现存客户提高价格以还清 WPPSS 债务。照付不议合同几乎和 BPA 的净账单方式一样有用，使评级机构、担保人和投资者相信 WPPSS 债券是充分安全的投资。因此，WPPSS 轻而易举地从证券市场借到钱。1983 年以前，标准普尔和穆迪将 WPPSS 项目 1、2、3 债券评为 AAA 级债券，1981 年以前，标准普尔将项目 4 和项目 5 的债券评为 A +。

但是到了 20 世纪 70 年代末，WPPSS 面临着许多严重的问题。20 世纪 70 年代的能源危机大幅度减缓了电力需求的增长，也向能源规划计划者证明了简单的直线型需求增长推测不能充分把握潜在的能源不足。[6] 同时，WPPSS 核能项目遇到建设延迟和成本超限的问题。工厂本来估计花费 41 亿美元，但是到了 1981 年，预估成本上升到 238 亿美元。1982 年，WPPSS 终止了项目 4 和项目 5，承认这两个工厂不会完工并且不会产生收益来偿还受到影响的价值 22.5 亿美元的债券。依据照付不议合同，违约意味着 88 个参与其中的公共事业单位有义务通过任何其他可行的渠道还款，即使这会大幅度增加消费者面临的电费，事实上最终是消费者被迫偿还借款。但是从 20 世纪 70 年代末到 80 年代初，这些地区（以及国家）遭受了严重的经济衰退。在一些受失业影响的西北小镇，消费者人均费用超过 1.2 万美元。

WPPSS 的 28 个参与者（市政当局和公共事业区）占项目 4 和项目 5 三分之二的份额，当它们拒绝支付各自相应的份额时，项目 4 和项目 5 的债券持有者的托管人提出诉讼。1983 年，华盛顿州最高法院做出裁决，认为公共事业单位缺乏参与照付不议合同的法定权力（承诺支付它们原本可能收不到的东西，即核能工厂从未存在的产出），因此合同无效且不能强制履行。判决的法律根源包括现状、管制自治市的宪法条例和案例。[7] 这次判决之前，华盛顿州最高法院从未对有关照付不议合同合法性的问题进行裁决。该裁定表明了州法律的自主性以及假设一州法律规定能够被用来预测其他州的法庭案例结果的危险性，也表明负债义务以及它们的潜在担保方式是基于能够合法参与和执行的支付义务。

受影响的 8 万名债券持有者展开了一系列反对 WPPSS 和这场灾难中的其他主要成员的法律诉讼，控诉它们在债券销售过程中的欺骗和误导。[8] 主要的法律诉讼持续了 13 年。1988 年结算了 7.53 亿美元。1995 年完成了最后一笔结算。5 个工厂中只有 1 个工厂完工了，该工厂是由 BPA 支持的 3 个工厂中的 1 个。因为该工厂产生的收益帮助 BPA 继续为建设前三个工厂而发行的债券还本付息，所以 BPA 担保的那些债券没有违约情况。

到了 1989 年 8 月，WPPSS 回到市政债券市场，发行了 4.5 亿美元的债券，从而为一些未偿债务再供资金，而这些债务是用来支付由 BPA 支撑的两个关闭的工厂的欠款。尽管项目不再建设而且显然不能完工，但因为 BPA 的支持，这些债券获得了穆迪和标准普尔给出的投资级评级。1995 年，其他 4 个工厂的剩余建造被拆除了。1998 年，WPPSS 更名为西北能源，开始专注于风能和太阳能项目。2002 年，违约事件过去 19 年后，西北能源又一次为建造新的产能设施发行债券并为一个 48 兆瓦的风能项目筹集了 7 000 万美元。

导致违约的因素

WPPSS 管理的失败是违约的最主要因素。1981 年，最终当华盛顿州议院开始调查 WPPSS 问题时，得出的结论是“WPPSS 管理不当是其项目成本超限以及计划推延的最重要原因”（华盛顿州议院能源和公用事业委员会，1981）。一名受雇于立法机关的行政审计师发现从 1976 年到 1980 年，WPPSS 委任并接受了 11 个包含了 400 多个详细建议的重要管理咨询报告。但是大部分建议都没有实施。该审计师注意到从 1971 年到 1979 年的关键时期里，“本应管控逐渐膨大的项目”的职员根本是“不在状态”（华盛顿公共能源供应系统，1980）。

有关管理的具体问题可以在 20 世纪 70 年代间的咨询研究中找到（Leigland, 1988）。20 世纪 70 年代末，WPPSS 的许多方面仍然被管理着，它的规模和职责就好像还保持在 1971 年的水平上。管理部门和组织的变化不能适应组织规模、复杂性和职责的大幅增长。由于每个个体项目有成千上万的建筑人员，WPPSS 的员工规模从 1971 年的 81 名增加到 1976 年的 550 多名。管理费用从 1972 年的 10 万多美元增长到 1976 年的 330 多万美元。随着项目 4 和项目 5 开始全面施工，管理成本和人员数量显然也持续快速增长。到 1981 年，员工增加到 2 000 多名，另有 14 000 名建筑人员在 400 个单独的合约下工作。

因为管理方式不成熟，WPPSS 逐步地完全失去了控制。20 世纪 70 年代末，WPPSS 的首席管理人员仍然执行适用于小公司的管理方式，其特点是自主权和解释权集中在高层。WPPSS 的董事往往是成功的小商人，他们的公共能源管理经历仅限于批准地方公用事业预算和促进地方能源利用。他们中一些是公用事业管理者，但都没有与大型建筑、核电或复杂融资有关的经验。WPPSS 所有的管理弊端在 20 世纪 70 年代间的管理咨询报告中有记录，但是直到 1980 年第一次从该组织之外聘用一个新总经理后，WPPSS 才充分认识到这些弊端。

投资团体成员——华尔街担保人、交易员、机构投资者、评级公司和债券律师也在 WPPSS 事件中发挥了作用。地方纳税人和许多债券持有者认为一味追求短期利益导致投资团体看不到 WPPSS 债券真实的投资价值。

信用分析是针对债券发行方及时清偿债务的能力和意愿做出的评估，几乎所有投资团体的成员都认为这是他们所做工作的重要基础。然而，WPPSS 的崩溃使华尔街大吃一惊。一些主要的华尔街公司例行编制了信用分析，错误地分析了对 WPPSS 有重大影响的法律和经济因素（见 Leigland 和 Lamb，1986）。债权律师没有考虑到在 WPPSS 项目失败的政治敏感的条件下，当选的州法官可能如何看待那些合同，而信用报告的作者认为债券律师假定照付不议合同具有法律效应的观点是理所当然的。分析师也没能正确估计由于法院质疑那些合同而导致的债务偿付推延（包括短期或技术违约）的可能性。

很典型的是，甚至在法案已经通过并使得这样的购买变得不可能之后，分析师还推测新的联邦法规将允许 BPA 购买项目 4 和项目 5 的产出（就像前三个项目那样）。直线增长预测浮于表面，其他观点相斥的需求增长研究几乎从未被提及。尽管大众可以获得许多管理咨询研究，但是这些研究所指出的管理不当的地方从未被提及，更不用说被检查了。

直到 1983 年 1 月，标准普尔和穆迪对项目 1、2、3 仍给予 AAA 评级，这也是这两个公司的最高评级（它们是具有准间接联邦保证的 BPA 担保证券）。借助该评级，将近 60 亿美元的债券卖出。1981 年 6 月，标准普尔对项目 4 和项目 5 的评级从 A+下调为 A（这些由照付不议合同担保的债券后来违约了）。不久之后，穆迪也下调了这些债券的评级。虽然 WPPSS 债券 4 和债券 5 从未再卖出，但是借助穆迪 A-1 和标准普尔 A+的评级卖出了 22.5 亿美元。评级下调得太晚了以至于购买债券的民众未能因此获益。到了 1983 年 6 月，穆迪停止对所有 WPPSS 项目的债券评级，标准普尔停止对项目 1、2、3 评级，但对项目 4 和项目 5 的评级为 CC，表明这两只债券具有高度投机性。

提供给 WPPSS 的财务建议更多是与 WPPSS 债券销售有关而非与加强信誉可靠程度有关。1980 年，困扰 WPPSS 财务顾问的主要问题是，作为 WPPSS 债券的最大购买者，机构投资者的证券组合都是那些债券。[9] 通常由 WPPSS 发行的证券组成的组合里预留的空间被填满了。至 1980 年，作为最大的收益债券发行者，大约每六七周 WPPSS 就会销售重要的新的长期债券。其他类似的证券也在竞争相同的空间。因此，1985 年之前，WPPSS 面临额外增加 53.4 亿美元的问题。WPPSS 提议调整供给以占据投资者证券组合的一些新空间[10]。

WPPSS 的承销商建议采取另一种 WPPSS 高管们决定实行的策略来有效出售 WPPSS 新债券（Marion 和 Quinn，1980）。不同于出售短期债券，WPPSS 被建议从竞价承销转换为协议包销。竞争 WPPSS 业务的承销商数量一直在下降。这种情况下，投标者要求更高的报酬。通过转变为非竞争的协议包销，WPPSS 能够与单个承销商/经办人建立关系，通过最大化每一笔单个债券销售的现期回报，这种关系以及未来业务不会受损。1981 年，WPPSS 确信了这种方法的可靠性并正式推出 7.5 亿美元的协议包销项目。

不幸的是，出售证券协议的做法并没有提升 WPPSS 潜在的信用可靠程度。债券的风险显然在增加，而且大部分精明的投资人已经看到。聪明的机构投资者开始回避 WPPSS，所以为吸引消费者，债券销售时不得不划分为比往常更小的批量。WPPSS 选中的新协议包销商利用了大量的售前调查，并在成功吸引单个投资者的公共关系方面做了努力。因为承销商在准备 WPPSS 发行，其自己的研究部门（公司里一个单独的部门）援用成本超限、管理不当以及工厂停工的可能性，发布了一份有关即将到期的 WPPSS 债券的最深入的评论（Sitzer 和 Karvelis，1981）。

没有紧急救助

违约之后，WPPSS 债券持有者希望从紧急救助中得到好处。一系列救助计划已经被提出，包括：（1）WPPSS 参与者提出利用联邦补助贷款来支付由 WPPSS 发行的新债券，并用债券继续为 WPPSS 还本付息；[11]（2）大多数 WPPSS 参与者制定区域化方案，打算将项目 4 和项目 5 的债务通过 BPA 账单分摊到整个地区的消费者；[12]（3）建议创立一个联邦授权的区域财务机构，由其出售债券，以此清偿 WPPSS 债务并支付最终的建造。[13]

但是国会没有认真考虑过任何一个由 WPPSS 提出且对其有利的救助意见。经历了 19 世纪中叶几个州的违约之后，联邦立场明确地拒绝承担州债务（Wallis，2005），因此联邦不愿涉入州和地方的紧急救助中，而这种惯例可以追溯到一个多世纪以前。违约的理由是联邦政府想表明财政失责会受到违约或破产的处罚，由纳税人支付的救助资金并不会奖赏财政失责。联邦拒绝向同 WPPSS 一样的实体给予救助，这与美国联邦体系中州主权的概念有关——如果州要极小心地保护其自主裁决的权力免受联邦干涉，包括出售免税债券的权力，他们应该做好处理自身问题的准备且不期望临时的联邦救助。

对于联邦的立场也有一些更实际的原因。到了 20 世纪 80 年代早期，WPPSS 管理上的失败被良好地记录下来，并被广泛认为是 WPPSS 问题的主要原因。项目失败（如果不是长期违约本身）似乎不是由 WPPSS 的管理失控之外的原因造成的，因此，专项外部救助在理论上不太容易站住脚。甚至在地方和区域政治家中也几乎没有人支持救助，可能大部分是因为使外部救助合理化意味着承认 WPPSS 不再对其自身问题负有唯一责任。

从 1972 年到 1983 年，美国取消了 100 多个核能生产工厂，其数量是煤工厂数量的两倍。换算成 1982 年的美元，投入那些工厂的投资将近 100 亿美元。随着一些核能公共事业单位遭遇了同 WPPSS 相似的问题，国会担心如果承认对

WPPSS 负责那么它会对其他类似问题负起责任。

除债券持有者外，WPPSS 违约缺乏受害方。WPPSS 违约没有导致大量的失业或严重的城市公用事业混乱——5 个工厂还没有停止运作。该地区的经济利益似乎也没有因违约严重受创。因为州没向 WPPSS 伸出援手，所以华尔街各大高管有意威胁要通过提高新债券的利率来惩罚华盛顿州，但是聪明的观察者知道当州证券接下来上市后，财经界的竞争压力会使一切照常，事实也正是如此。8 万名受到影响的 WPPSS 债券持有者必定是遭受损失的一方。1985 年进行的一份包含 1 万名 WPPSS 债券持有者的样本调查表明：三分之二的受访者超过 60 岁，超过一半的受访者已经退休或正在为他们的社保收入寻找适度的补充（Lehmann, 1986）。债券持有者心怀不满，其选票分散到全国，而受 WPPSS 影响的地方税纳税人则重点关注两个州（华盛顿州和俄勒冈州）。

违约之后市政债券市场的监管改革

市政债券市场的参与者包括发行人、承销商、基金经理、债权律师及咨询服务者。2011 年底，所有未偿市政债券为 30 500 亿美元。[14]美国有世界上最大的市政债券市场。

20 世纪 60 年代初，收益债券的使用开始迅速增长，占 1975 年所有免税债券的 50%，到 1983 年份额变为 83%（《债券购买人》1985）。这些证券通常由公共企业和公共机关发行，这些证券背后是与债券的发行决议和上市相一致的直接收入流。收益债券的支付经常高度依赖待建项目的预期收益——道路和桥梁的通行费，房屋开发的抵押贷款支付，或者，在 WPPSS 的例子中，假若工厂已经完工、测试完毕并运营，通过卖电获得的收益也可以支付收益债券。随着从一般义务债券转变为注重收益债券，实际信用程度有赖于发行方和每一单个项目在经济和财务上的灵活性，而不是政府的信息、信誉以及税基。

每一个债券的发行决议和招股书指定一个托管人（通常是一个银行），从债券的角度而言，托管人是债券持有者的代表，他们收集并分配利息支付、为债券持有者的合法权益寻求保护。债券律师和财务顾问常常设计特别的方案来加强收益债券的安全性，从而吸引更多的投资者从承销商那里购买债券。承销公司组成的联合企业经常从公共企业以协商价格或通过竞争投标的方式买断债券发行。这种联合企业的成员随后试着将债券以更高的价格卖给公众，而差价就构成了承销公司的利润。像其他公共机构一样，WPPSS 和参与其项目的公共事业单位高度依赖数量相对有限的全国性的债券律师事务所和投资顾问和承销公司去了解它们自己的信用状况，从而设计最合适的证券方式来支持证券发行。最终的债券购买者也依赖这些事务所和公司的观点和表现。

直到20世纪70年代中期，联邦政府基本上没有调节市政债券市场。尽管市政证券受到1933年证券法和1934年证券交易法中反欺诈条款的约束，但是这两个法案使市政债券和几乎所有的市政债券市场的关联方免受大部分涉及公司承销、购买、销售和交易的条款影响。国会也不愿意通过对州或地方政府借贷者施加联邦法规违反州政府主权性。那时，市政市场相对较小，被认为能够摆脱困扰公司债券市场的问题。于是，发行方自己以及来自投资团体的服务提供方在自我管理的基础上经营市政市场。

1975年，纽约市几近违约，这促使国会更改市政债券条法。[15]但是很大程度上由于州的主权问题，国会没有选择取消1933年证券法对市政债券的豁免，相反，国会选择让步，即建立了一个被称为市政债券管理董事会（MRSB）的自动调节的行业实体，该实体由投资团体和普通大众构成。MSRB旨在为证券承销和市政债券交易建立公平原则。作为体系的一部分，经纪人和经销商必须在美国证券交易委员会（SEC）注册，但政府发行方在发行前或发行后不需遵照任何的文件要求。该体系基于良好的自愿披露基础。

1983年WPPSS违约后，SEC注意到纽约市危机和WPPSS违约有许多相似之处：提供的文件并没有披露与借贷相关的重要事实，比如准确的成本估计或需求预测；承销商未尝试核实披露情况而是利用不确定的或不准确的信息销售债券；单位投资信托基于评级购买债券，而众所周知，这些评级高得不切实际；债券律师顾问没有充分披露潜在的法律问题。SEC注意到纽约市和WPPSS两个案例中，承销商和评级机构都没有承兑审核招股书的义务（Ruder，1988）。

1988年，随着五年的调查研究，SEC没有决定提出新的法规或批准任何关于WPPSS案子的强制措施，“大量的私人损害诉讼”已在援引中（美国证券交易委员会，1988）。SEC确实采取了新的规定，要求出售10万美元及以上债券时，承销商需要从公众发行方获得招股说明书，评估文件（市政债券中以官方声明为大家所知）的可信度和完整度，给潜在购买者发放这些文件，将指定为市政债券信息库的私人实体登记备案。换而言之，SEC又一次制止了对政府发行方活动的直接管制，反而尝试通过建立承销商的责任，间接地使该法规生效。除了间接性，披露文件的内容和形式也没有明确，因此无从管制（甚至在市政招股书中也如此，除了证券法的反欺诈条款确实禁止具有实质性误导的文件。）

1994年，SEC转而关注二级市场的披露问题，随着20世纪70年代和80年代间WPPSS证券涌入市场，这成为另一个问题。当WPPSS的问题为华尔街内部人士所周知时，精明的投资者在二级市场上为其所持股份寻找销路，然而，许多投资者几乎不知道WPPSS或是任何其他向他们出售债券的政府实体当前的财务状况。1994 年，SEC 间接地向政府发行者实施另一个规定，即发行人提供的年报必须反映财务信息更新并且及时披露重要事件，若发行人不同意此规定，则禁止承销商接手其发行的证券。这些报告将被送去市政信息库以供公众使用。

SEC 采用间接方式表明管制地方债市场的需求和强行管制的成本之间的平衡具有挑战性。SEC 间接的证券管理行为引来批评。[16]然而，联邦政府严厉管制市政市场的成本太高了。联邦和州之间的关系也成问题。

依靠自愿披露，不会影响市政债券市场的增长。1975 年，WPPSS 开始计划项目 4 和项目 5 时新债券出售了 260 亿美元，1989 年，等到 SEC 关于 WPPSS 的报告发表时新债发行市场已经增长了六倍。如今，新债发行市场超过了 4 000 亿美元，有 5 万发行人和 4 万笔日交易。以未偿债务衡量，公司债市场规模是市政债的两倍，但只有 8 000 发行人（市政债券立法董事会，2012）。市政市场的违约保持在低位。

经验教训

WPPSS 违约事件给想要创建地方债券市场或出于基础建设投资目的而促进这种债券发行的新兴市场国家的政府提供了经验教训。美国市政市场常常被当做这方面的模板，因为它在基础建设领域中的吸引力尤为强烈，特别是从为政府项目配置巨大资金的能力的角度而言。四分之三的债务直接或间接地通过共同基金或其他投资工具被卖给个人投资者。市政债券市场不仅仅是另一个通过媒介作用将储蓄用于支付亟须的大规模基础建设的机制，也是获取国内私人储蓄并给予个人固定投资收益的有效方式。最后，2010 年，不足四分之一的美国市政市场涉入仅由税收能力支持的一般义务债，这个事实意味着地方政府确实能通过商业的方式为投资筹钱：用债券收益来构建基础设施并用设施收入来偿还借款

就现代美国地方债市场的规模和频率而言，WPPSS 违约是罕见的事件，它为观察市场、法院、管理者、债务人、债权人和纳税人之间的交互作用提供了窗口。甚至在像美国这样的发达且运行良好的市场中，为基础建设发行债务也有特有风险，需要法律和监管体制来处理。WPPSS 说明缺乏透明度和公开度的风险、项目分析和可行性预测的风险以及管理欠佳和建设拖延的风险。不论发达国家还是发展中国家，基础建设项目都存在这种风险。因为债务是一种法定的支付义务，所以它必须被依法授权并实施。法律和监管环境的作用是尝试最小化此类风险并不时应对被认定的风险，正如美国地方债务市场发展过程中发生的那样。

美国市政市场是经过 200 年实验的独特产物，所有经验也都大多围绕着这个事实。正如本书第 14 章所显示，随着逐步的和渐进式的改革，美国市政债券市

场经过了长期的逐渐发展。200年间，在一些短期时间里，如19世纪中期，市场遭受违约和其他丑闻困扰。市场经过很长时间发展才成长为现在这样的成熟机制。市场成熟的最好说明是美国市政市场几乎没有证据能表明WPPSS违约引发损害。WPPSS违约暂时提高了市政债券利率，但幅度很小。WPPSS违约后市场不仅很快回归正常，而且从1975年到1985年，即WPPSS事件发生期间，市场中市政债券年总发行量增长了十倍，是历史上现代市场增长最引人瞩目的十年。

到了20世纪80年代，市政市场的规模和持久性使其能够幸免于22.5亿美元的债务违约[17]并充分利用这样的违约获得启示，即因市政借贷者的失查和管理不当所带来的财务和法律上的后果是真实的，该启示也传达给了市场参与者。在美国，这些借贷者及其债券持有者在大多数情况下是不可能获得救援和救助的。即使SEC对WPPSS事件的相关方采取最低限度的强制措施，自我调节的原则也不意味着这些关联方可以避免对其行为负责。违约之后的几年里，私人损害诉讼的数量空前，导致许多人事业失败、其企业解散。几乎没有个人市场参与者从WPPSS灾难中获益，但市场不仅度过危机，结果还变得更强大。

大多数发展中国家无法以近乎相同的方式享有违约的好处。新地方债发行所具有的违约风险以及长期损害对初期债券市场活动带来的风险既高又危险。这些经济体中，许多仅仅是缺乏任何与债券发行相关的经验。私人公司常常通过发行权益而非借贷来筹集资本，因为宏观经济不稳定、破产法不完善、税法繁重、政府政策推行股权。国债市场可能正在初期发展阶段。长期公司债券和国债的缺失意味着基准收益率曲线不能用于长期市政债券的定价。投资中介人经常对市政发行方不够熟悉，不能从信用不佳的借贷者中分辨出信誉良好的借贷者。在这样疲软的市场环境中，投资者对长期市政债券的信心低。许多经济体的地方市场处于因早期违约而关闭的危险中。

正如已经指出的，由市政公司发行的收益债券占美国地方未偿债券总数的三分之二以上。在州宪法或法律框架施加的借贷限制以外，市政公司在基础设施投资中担负了主要责任。当发展中国家进行基础建设投资以满足增长需求时，WPPSS对管理基础建设项目提供了经验，即需要小心谨慎的控制和管理结构。需要重点强调的是，尽管市政公司具有借贷和管理的灵活性，但是它们受到规范性规则和市场约束的管制。市政公司不应该被当做是规避借贷规则的方式。虽然WPPSS违约的案子中没有联邦和州的紧急救助，但发展中国家有可能强烈渴望这种救助，尤其是当项目需要大量贷款并影响很多人时。

发展中国家的政策制定者需要了解很多吸引发行人和投资者进入市政债券市场的基本方法。如果在他们国家市政债券市场能够得到有力发展，很多政策制定者会以美国市场的重要特征作为目标并通过某种形式达到该目标，他们很有创意地尝试寻找替代方法以达到相同结果。例如，仔细预审发行商有助于取代美国许多市场参与者拥有的在发行之前识别显著信誉问题的能力（印度尼西亚、波兰、南非的案例见 Leigland，1997）。

WPPSS 事件的一个经验是形成地方债市场必须要细心，不应该假定美国市场的特点能够简单地移植到发展中国家。WPPSS 案例发生在一个具有发达且复杂的法律体系的国家，而发展中国家需要注意这一点，因为其法律条例和法律规则不够发达也不够明确。法律风险是债券市场的一个重要因素。尽管美国市政市场的规制架构不能直接复制到其他国家，但是其中一些最主要的特点能够广泛被应用——在债权人中建立清晰的利益为强化法律条例和私人市场发展激励提供支持，提升所有发行人信誉风险的透明度和公开度，以及建立不救助政策以减少道德风险并对债务人和债权人施加市场约束。

注　　释

本文所述的发现、解释和结论，均属作者个人观点，不代表世界银行、世界银行执行董事会及其所代表的政府，或者外部作者可能隶属的任何机构的观点。

1. 本章主要来自 James Leigland 和 Robert B. Lamb 于 1986 年所著《WPPSS：Who is to Blame for the WPPSS Disaster》。

2. 公共机关也称为公司、当局、机构、委员会等。

3. 地方政府也能设立公共机关。

4. 有关收益债券的历史及其与州立债务限制之间的关系请看本卷 Liu、Tian 和 Wallis 所著第 14 章。

5. 20 世纪 50 年代中期，当联邦政府对公共水力发电发展的直接赞助开始逐渐减少时，各公共事业区非常成功地继承了水力发电扩张的好处，使其成为地区公共能源发展的核心。在华盛顿州，公共事业区不仅将法律的自主性和有特殊课税能力地区的公共机关的收入—债务—发行能力结合起来，而且拥有民主选举的董事会。但是因为许多公共事业区很小，所以它们认为立法能够使构成的联合企业在区域能源资源发展中发挥重要作用。州法律授权创立联合行为机构的目的在于帮助公共事业区在地区开发水力发电潜力。针对公共事业区的地方民主控制也被用来控制联合行为机构。

6. 由华盛顿州立法机关委托的一份研究预测，到 1981 年底，人均增长率为 1.5%，远低于曾证明大型水力发电项目合理的 7.5%。

7. 有关法律决定的详细叙述和法院决定的法律来源，包括上诉美国最高法院（美国最高法院拒绝复审华盛顿州最高法院裁决时不发表意见），请看 Leigland 和 Lamb（1986，167－77）。有关这些因素在美国历史上更广泛的讨论请见本卷 Liu，Tian 和 Wallis 所著第 14 章。

8. 1983 年 8 月，对于 WPPSS 项目 4 和项目 5 的债券，作为债券持有人的代表，托管人（银行）第一个发起了一长串与 WPPSS 相关的诉讼，包括起诉 WPPSS、参与的公共事业单位和 BPA。诉讼内容是销售诈骗和后来未能支付债券利息。

9. 1980 年布莱思伊士曼潘恩韦伯公共权力金融集团。

10. 方法之一是鼓励投资者把 WPPSS 债券看作更多是来自由 BPA 支持的前三个工厂的水力发电收益支持的，而不是来自核能工厂的收益支持的（BPA 与因核能工厂售出的债券无法律关系）。另一个方法是发行短期而非长期的债券工具，以此承担再融资的风险。请看 1980 年布莱思伊士曼潘恩韦伯公共权力金融集团。

11. 1982 年，应 WPPSS 参与者的要求，美国运通公司设计了这个联邦直接救助方案。

12. 1983 年3 月，就在华盛顿州最高法院决定照付不议合同无效之前，华盛顿公共事业区协会的成员（大部分是 WPPSS 的参与者）提出了许多支持选项。提出的一个可行方案是区域化计划，与原本的 BPA 净账单方式类似，该计划通过 BPA 账款将项目 4 和项目 5 的负债分摊到其所在区域内的消费者身上，包括非 WPPSS 参与者和其他服务提供方。

13. 一个由华盛顿州州长任命的特殊委员会推荐这个计划。

14. 联邦储备金检查小组，Flow of Funds Accounts of the United States，2005—2011，2012 年7 月7 日（a），63 页，表 L. 104。在美国，市政债券市场这一术语包括州、城市、特殊目的载体以及政府当局发行的债券。

15. 那时，纽约市及其公司实体有未偿债务 140 亿美元，其中 60 亿美元为短期债务，要求持续再融资。该市还有超过 20 亿美元的运营赤字。承销商开始反对该市销售更多债务，尤其是当纽约州公共机关之城市发展公司（UDC）对其短期债务违约时。尽管从纽约市分离出来，大多数 UDC 项目涉及纽约市的房屋。当州立法机关支付供应商和承包人但不支付债券持有者时，投资者开始质疑如果纽约市违约，或者更糟——纽约市宣布破产，那么债券持有者们要怎么办。州政府最终涉入并成立市政救助公司，使其作为该州一个独立的公司实体有权控制纽约市的预算并支付各项活动。纽约市只是勉强避免了违约。

16. 见 Seligman，1989。

17. 1980 年底，所有州和地方政府的未偿证券为 3 370 亿美元，所以 WPPSS 债券的市场份额不足 1%（联邦储备金检查小组，Flow of Funds Accounts of the United States，1975—1984，2012 年7 月7 日（b），63 页，表 L. 104）。

参考文献

Blyth Eastman Pain Webber Public Power Finance Group. 1980. "Presentation to Washington Public Power Supply System：A Balanced Financing Program." New York：Blyth Eastman Pain Webber Inc.，April.

Bond Buyer. 1985. *The Bond Buyer's Municipal Statbook 1984*. New York：The Bond Buyer.

Federal Reserve Board. 2012a. *Flow of Funds，Accounts of the United States，2005 - 2011*. Washington，DC，June 7.

Federal Reserve Board. 2012b. *Flow of Funds Accounts of the United States，1975 - 1984*. Washington，DC，June 7.

Lehmann, C. Richard. 1986. Interview conducted with the Treasurer of the National WPPSS 4 and 5 Bondholders Committee, February 13.

Leigland, James. 1985. "Reforming the State's Public Authorities." *New York Affairs* 9 (2) (December): 50 – 57.

———. 1988. "Causes and Consequences of Management Failure in Public Enterprise: The Case of the Washington Public Power Supply System." *Public Enterprise: The Management Challenge*, ed. Colm O. Nuallain and Roger Wettenhall. Brussels: International Institute of Administrative Sciences.

———. 1992. "External Controls over Public Enterprise." In *Public Authorities and Public Policy: The Business of Government*, ed. Jerry Mitchell. Westport, CT: Greenwood Press.

———. 1994 "Public Authorities and the Determinants of Their Use by State and Local Governments." *Journal of Public Administration Research and Theory* 4 (4) (October): 521 – 44.

———. 1997. "Accelerating Municipal Bond Market Development in Emerging Economies: An Assessment of Strategies and Progress." *Public Budgeting & Finance* (Summer).

Leigland, James, and Robert B. Lamb. 1986. *WPPSS: Who is to Blame for the WPPSS Disaster.* Boston: Ballinger Publishing/Harper & Row.

Liu, Lili. 2010. "Strengthening Subnational Debt Financing and Managing Risks." *Review of Economic Research*, Ministry of Finance, China; August 16, 46 F – 9. Beijing.

Liu, Lili, Xiaowei Tian, and John Joseph Wallis. 2012. "Caveat Creditor: State Systems of Local Government Borrowing in the United States." In Until Debt Do Us Part – Subnational Debt, Insolvency, and Markets, ed. Otaviano Canuto and Lili Liu. Washington, DC: World Bank.

Marion, Joseph, and Francis J. Quinn. 1980. "Competitive and Negotiated Offerings: The Relative Merits of the Negotiated Method." A report prepared for WPPSS by Merrill Lynch White Weld Capital Markets Group, Merrill Lynch Pierce Fenner & Smith Inc., November 24.

Moody's. 2002. "Moody's U. S. Municipal Bond Rating Scale." November.

Municipal Securities Rulemaking Board. 2012. MSRB 2011 Fact Book. http://www.msrb.org/msrb1/pdfs/MSRB2011FactBook.pdf.

Ruder, David S. 1988. "Underwriter Responsibilities in Municipal Bond Offerings after WPPSS." Remarks of the SEC Chairman before the 37th Annual dinner of the Investment Association of New York, Waldorf Astoria, New York, September 22.

Seligman, Joel. 1989. "The Washington Public Power Supply System Debacle." *Journal of Corporate Law* 14 (4) (Summer): 889 – 905.

Sitzer, Howard, and Leon J. Karvelis. 1981. "Washington Public Power Supply System: At the Crossroads." Merrill Lynch Pierce Fenner & Smith Inc., Fixed Income Research Department, New York, July 24.

Tamietti, R. L. 1984. "Chemical Bank v. WPPSS: A Case of Judicial Meltdown." *Natural*

Resources Lawyer 17 (3) (January): 373 - 96.

U. S. Securities and Exchange Commission. 1988. "Staff Report on the Investigation in the Matter of Transactions in Washington Public Power Supply System Securities." Washington, DC, September.

Wallis, John Joseph. 2005. "Constitutions, Corporations, and Corruption: American States and Constitutional Change, 1842 to 1852." *Journal of Economic History* 65 (1) (March): 211 - 56.

Walsh, Annmarie H., and David Mammen. 1983. *State Public Corporations: A Guide for Decision Making*. New York: Institute of Public Administration.

Washington Public Power Supply System. 1980. "Report on Implementation Status of Consultant Recommendations—Parts I, II, and III." WPPSS, Richland, WA, August 8.

Washington State Senate Energy and Utilities Committee. 1981. "Causes of Cost Overruns and Schedule Delays on the Five WPPSS Nuclear Power Plants." Vol. 1: Report to the Washington State Senate and the 47th Legislature. Washington State Senate Energy and Utilities Committee, Olympia, WA, January 12.

第三部分

发展地方债务市场

10

中国地方政府的融资转型：从中央政府直接转贷融资向地方资本市场债务融资

刘琍琍　乔宝云

引　言

自20世纪90年代以来，中国每年投入国内生产总值的10%进行基础设施建设，而这个比例远远高出其他发展中经济体。财政分权体制下，地方政府[1]，尤其是城市地区，承担了主要的基础设施建设项目。这些地方政府进行基础设施建设的资金主要来源于债务融资，而中国庞大的国民储蓄——将近GDP的一半，则能够持续为之提供资金。

随着社会制度、资金市场环境和市场准入机制的发展，与地方政府债务融资相关的法律法规和制度框架经历了巨大的改革。同时，债务融资工具也在不断发展创新。用“干中学”来描绘这一过程再恰当不过了，而改革仍在继续。

在2009年以前，地方政府投资基础设施建设，或者是从中央政府转贷融资，或者是用他们自己的预算外工具——城市发展投资公司（简称：城投公司，UDIC），直接从金融市场借钱。在20世纪90年代中期，中国兴起了城投公司，同时，还实施了重要的财政分权改革，其中，一个大的改革是1994年的“分税制”改革，这一改革确立了中央和地方的关系。除了债务融资外，城投公司也大量使用土地财政融资来建设城市基础设施。

中央政府的转贷支持、城投公司从金融市场的直接贷款以及土地财政融资，为地方基础设施的建设提供了资金。地方的基础设施建设，包括交通系统、水利系统、能源系统以及卫生系统，都得到了迅速的发展。然而在21世纪前十年中期，对于政策制定者来说，以上这些融资工具的局限性日益突出。

首先，中央政府向地方政府的转贷把债权人（中央政府）的借贷权和债务人（地方政府）的还款义务分开来。中央政府发行债券，然后转贷给地方政府。这一借债关系中，地方政府和债权人之间没有任何市场互动，市场把所有的责任都归于中央政府，而且假定这笔债务由中央政府明确担保。其次，城投公司的预算外贷款和债券的信息并不公开，也不透明，所以很难监控，地方政府形成的这种或有负债可能会牵涉到中央预算。截止到2010年，中国总的地方债务余额估计有10.7万亿元，大致是GDP的27%[2]。很重要的一点是，由于预算外融资工具城投公司的借贷，地方政府的贷款信息在地方政府和中央政府之间并不对称[3]。最后，长期来看，由于土地租赁的一次性特性[4]，通过土地租赁来为基础设施建设融资这一途径并不能持续。

自2009年以来，针对以上的困难和挑战，中国实施了巨大的改革。改革包括以下三个基本内容：（1）通过准许地方债券的发行，以及后来试点市政债券的发行，给借款和债务清偿之间建立了一个更直接的联系。（2）对城投公司的预算外借贷进行全面的审计，而且通过把城投公司给地方政府带来的或有负债纳入地方预算规范管理，提高财政信息的透明度。（3）建立规范的地方债务管理框架。除此之外，对财政管理以及土地财政融资的管理方面也有一些改革。

2008年至2009年世界范围内的金融危机给地方政府资本市场的转型提供了一个大的背景、一个机会。为了减少金融危机带来的冲击，中国政府制定了积极的财政政策——主要包括促进公共投资的4万亿元经济刺激计划，以及促进私人投资和消费的减税政策，例如提高出口退税，降低企业和居民的税负等。在4万亿元的经济刺激计划下，大部分的公共投资项目都由地方政府来承担。同时，财政刺激政策的实施也给地方政府带来了挑战——支出责任与收入来源之间存在着巨大的融资缺口。

通过借款来减少融资缺口有两种途径：一个是从中央政府转贷，一个是地方政府发行地方债券，从资本市场融资。其中转贷的根本问题在于，举借债务和资金使用主体脱节，责权不清。因此，中国迈出了决定性的一步——从中央政府的转贷融资向地方政府举债融资的转型。改革的目标有二：（1）确保融资途径的效率，尤其是在面临着全球经济危机的时候。（2）建立地方债务监管机构，审慎管理地方债务。

2009年，国务院授权了2 000亿元（折合300亿美元）地方债券的发行[5]。然而，政策制定者意识到，对于地方政府而言，一些发行地方债券不可或缺的前提条件并不具备。这是因为，信用评级系统的发展需要一定的时间。况且，地方政府也需要学习如何进行市场融资，例如如何竞价投标。另外法律体系的改革将需要谨慎地回顾一下1994年的《预算法》。该预算法规定地方政府不得发行地方政府债券（除法律和国务院另有规定外）。因此，地方债券的发行需要与监管机构的建立、法律体系的修改和完善以及市场机制的发展同时进行。因而，改革是一个逐渐的、干中学的过程。中央政府代为发债，地方政府通过竞标参与其中，这样可以充分利用其主权债券市场的经验以及低成本的优势。在2010年和2011年，中央政府再次授权并代为发行了2 000亿元（折合300亿美元）地方政府债券。2011年，改革更进一步：国务院批准了四个省市自行发债试点（四省市限额合计230亿元）[6]。

试点发行这一改革的成效是显著的。不仅给地方政府的资本融资提供了新的方式，增进了地方政府与债权人之间的市场互动，也促进了政府间的财政关系，尤其是在财政支出方面。同时，试点为进一步改革的进行积累了经验，也为地方债务管理框架的建立奠定了良好的基础。

对于许多国家来说，从中央政府转贷融资向地方政府举债融资的转型是一个挑战。因为市场的发展需要一些特定的前提条件和配套的改革，例如为地方政府建立信用评级系统以及地方债务监管体系。另外，地方政府也需要时间来积累市场融资经验。

这一章致力于研究中国政府通过一系列配套改革完善市场融资结构的经验。这一章剩下几节按下面的布局展开：第二节讨论2009年以前中国的地方借款体系；第三节展示从2009年开始的地方政府从中央政府转贷向市场融资的转型；第四节回顾这一过程，并阐述转型的影响；第五节是结束语。

2009年改革以前中国地方举债体系

在过去的20年里，中国每年将GDP的10%投入基础设施建设，这一比率比许多发展中国家都高很多。城市基础设施建设的大规模投资，加快了城市化的步伐。这些基础设施包括能源、公路、铁路、桥梁、隧道、水利以及卫生系统等各个方面。中国的财政分权体系于20世纪80年代早期开始，伴随着1994年分税制改革而逐步成型。财政分权体系中明确了地方政府在基础设施建设中资金投入和实际运作的主要责任。

然而，在中国经济加速发展的背景下，地方政府仅靠税收和上级政府的财政转移支付，根本满足不了城市基础设施建设中巨大的资金需求。因此，贷款融资成为一个很重要融资渠道。在2009年以前，各种各样的融资途径都被充分利用，比如从中央政府转贷融资或者应用预算外收入等手段。

中央政府转贷融资

根据1994年开始实施的《中华人民共和国预算法》第二十八条，地方预算应在总体上保持平衡，即支出不能超过收入，严令禁止预算赤字。所以，除法律和国务院另有规定外，地方政府不能举债融资，无论是向银行借款还是发行债券。

在这一法律约束下，地方政府还是有着其他各种形式的融资渠道。自20世纪80年代早期，中央政府就能从外部借款（例如向国际融资机构借款以及双边贷款），然后转贷给地方政府[7]。1998年的《中华人民共和国铁路法》允许地方政府为建设收费公路、非收费公路以及其他交通设施而筹集资金[8]。

从1998年到2004年，中国财政部把中央政府发行债券然后转贷给地方政府这一融资方式作为减轻亚洲经济危机的反经济周期政策之一[9]。这一财政政策旨在扩大内需，刺激经济增长。地方政府的转贷融资主要用于由中央政府批准的大型基础设施建设项目[10]。在这一借贷关系中，财政部作为债权人，而地方财政部门作为债务人，他们之间没有任何市场互动。

城投公司借贷融资

快速的工业化和城市化引起了基础设施建设需求的增加，导致了地方政府支出和收入的不平衡，进而鼓励了地方政府探寻新的融资途径。城投公司——地方政府投资和融资平台——自20世纪90年代中期以来，逐渐成为地方政府投资基础设施建设的主要融资工具[11]。城投公司的迅速发展一定程度上减小了逐渐增大的来源于地方政府支出责任与收入来源不匹配造成的财政缺口（见图10.1）。

总之，城投公司没有违反预算法而且很好地满足了地方政府的融资需求。城投公司被各级地方政府控制，并成为投资和维持基础设施的建设融资。这些融资主要来源于土地权抵押收入、政府股权、用户收费，国债转贷、中央政府补贴以及政府担保。此外，城投公司也从金融市场（主要是银行系统）借款融资，或者发行债券融资。这其中，银行贷款是主要的债务工具，不过发行债券融资也在逐渐发展，尤其是自2000年末以来。

2004年，国务院授权了城投公司更多的融资途径，并进一步鼓励地方政府

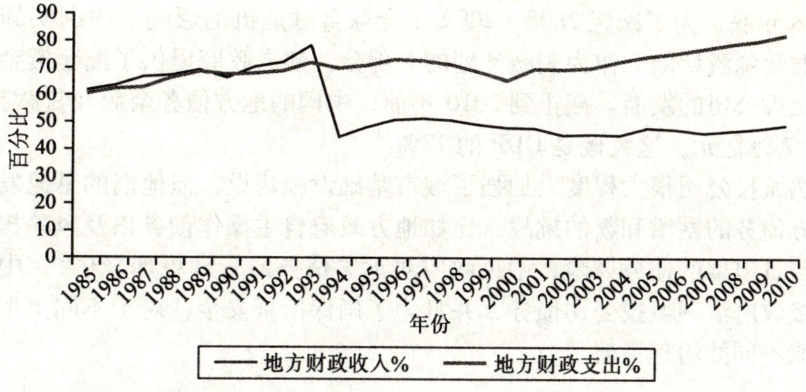

资料来源：中国统计年鉴 1993、2011 年。

图 10.1　1985—2010 年，中国地方政府的收入和支出：以其占全国政府（中央政府和地方政府）收入支出总额的比例衡量

通过城投公司融资[12]。为了从一个国际视野的角度来分析中国的地方债券，图 10.2 展示了从 2000 年到 2009 年中国地方债券的增长变化，并把这种增长与全世界发行地方债券的前五名国家（除美国外）相对比[13]。可以看出，中国通过城投公司发行的地方债券发展迅速——2002 年少于 100 亿美元但到 2009 年却已经超过 600 亿美元。这些债券不包括 2009 年由中央政府代地方政府发行的 2 000 亿元（300 亿美元）债券。

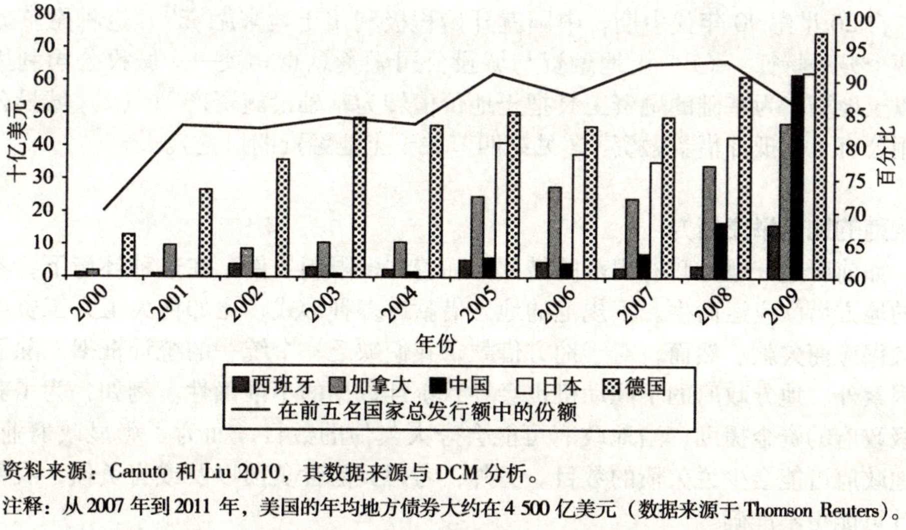

资料来源：Canuto 和 Liu 2010，其数据来源与 DCM 分析。

注释：从 2007 年到 2011 年，美国的年均地方债券大约在 4 500 亿美元（数据来源于 Thomson Reuters）。

图 10.2　2000—2009 年全世界发行地方债券的前五个国家（除美国外）

2008年底，为了减轻2008—2009年全球金融危机的影响，中国实施了4万亿元的财政刺激计划。作为刺激计划的一部分，地方政府提供了配套资金，这就加速了城投公司的发展。截止到2010年前，中国的地方债务余额（贷款和债券）高达10.7万亿元，这大概是GDP的27%[14]。

虽然城投公司很大程度上加强了城市基础设施建设，但他们的迅速发展也引起了地方债务的剧增和新的挑战，比如地方政府自主操作债务以及风险担保。为了控制与日俱增的债务风险，中央政府对地方债务的管理更加严格[15]。中央政府要求各级政府清理城投公司债务，并且为了确保信贷安全，对于不同类型的负债要求采取不同的治理策略。

土地资产融资

土地资产也是地方政府融资的重要工具。在许多国家，土地资产融资确实是地方政府资金的重要来源。在地方政府的资产负债表中，土地是资产项目中最有价值的资产。地方政府有许多途径把国家土地所有权转换成现金或者基础设施资产，包括土地资本融资——直接出售土地使用权以及通过土地抵押借款（这在城市建设投融资中已有很长的使用历史）。在交通线、机场或者是别的大型基础设施建设这些公私合作项目中，土地也常作为主要的公共投资。除了实实在在的土地外，政府也可能会推进土地集约发展，通过控制容积率的方式来融资。这些所谓的“高容积率的权利”实际上表征了私有土地中公有控股股权的大小。通过出售这种土地发展权，公共部门就获得了土地的经济价值[16]。

自20世纪90年代中期，中国就开始积极利用土地来融资[17]。这种融资方式有两个显著特征：（1）土地融资与城投公司融资息息相关——城投公司利用各种以土地资产为基础的融资工具把土地价值转为基础设施资产[18]；（2）城投公司利用公有土地抵押借款融资[19]（见第四节关于土地融资的讨论）。

不规范的地方举债行为

如前所述，地方政府规范的借款面临着许多限制条件。在这种环境下，不规范的地方借款应运而生。不规范的地方借款有多种形式，比如拖欠工人工资或者拖欠供应商欠款。然而，对于地方借款，我们缺乏一个统一的统计框架。除了技术因素外，地方政府的不同动机也会导致统计数据的不准确性。例如，为了获得上级政府的资金援助，当地政府可能会夸大欠债的数目，而为了彰显政府业绩，当地政府可能会少说欠债的数目。另外，考虑到隐性负债以及或有负债，我们的统计可能更不准确。

这种不规范借款的一个典型例子是农村义务教育债务。从20世纪80年代中期，中国开始在农村地区普及九年义务教育。在之后的10年中，为了建学校、提高学校硬件设施水平，以达到学校设施最低标准，财政收入来源本就有限的地方政府（乡镇和村子）不得不通过借款大量融资。2000年，九年义务教育基本普及，中国在基础教育上取得了历史性进步。然而，与此同时，由此造成的巨额欠款却成为地方政府的一个重担。2007年底，农村义务教育债务累计约为1100亿元（这是不包括政府间转移支付的地方财政收入的3.9%）[20]，其中，800亿元用于资本支出，300亿元用于营运支出。后来，中央政府通过创新性改革，对农村义务教育债务进行了重组（见本书第2章）[21]。

开拓新融资体系

2009年以前的融资渠道给快速城市化和城市基础设施面貌转型提供了巨大的资金。从表10.1中可以看出中国城市基础设施建设的迅速发展。中国不仅有着世界第二大公路网、最稠密的铁路网、最大的高速铁路网，还有着三架世界最长的海桥以及世界四大集装箱港口中的三个[22]。

表10.1　中国城市基础设施建设发展：选择指标从1990—2009年

指标	1990	1995	2000	2009
城市地区人口密度（人/平方千米）	279.0	322.0	442.0	2147.0
城市居民用水消费量（亿立方米）	100.1	158.1	200.0	233.4
城市居民天然气消费量（亿立方米）	11.6	16.4	24.8	91.3
利用天然气城市人口比例（%）	19.1	34.3	45.4	91.4
集中供热区域面积（亿平方米）	2.1	6.5	11.1	38.0
城市排水管道长度（1万公里）	5.8	11.0	14.2	34.4
每年年底城市运行公共车辆（公交车、无轨电车等）数量（万辆）	6.2	13.7	22.6	37.1
人均公园绿化面积（平方米）	1.8	2.5	3.7	10.7
垃圾处理量（万吨）	6 767.0	10 671.0	11 818.9	15 733.7

资料来源：国家统计局2010。

2009年以前的融资模型的局限性以及市场准入条件的限制在2005年左右尤为凸显。

首先，中央政府举债然后直接转贷给地方政府这一借贷关系中，把借款权（中央政府）和还款义务（地方政府）分离开。简单来讲，由中央政府发行再转贷给地方政府的债券，很难说清楚到底是属于中央债券还是地方债券。在实际操作中，无论是中央预算还是地方预算都没有纳入转贷资金。另外，地方政府和债权人之间没有任何市场互动。

在证券市场尤其是主权债务市场还处于刚开始发展的阶段，中央政府有针对性地应用转贷工具能够缓解紧急的资金需求，而不用等待最终资金市场的发展。主权债务市场的发展和成熟，为地方债券市场的发展奠定了一个坚实的基础。在21世纪初的10年，中国的主权债务市场迅速发展。

其次，城投公司的预算外借款不透明，且很难监控。这种类型的债务不仅给地方政府带来了或有负债，也牵涉到中央预算。更为重要的一点在于，由于预算外借款的存在，地方债务在中央政府和地方政府之间信息是不对称的。

直到2009年，中国政府准备解决或有负债问题。1994年“分税制”改革后的财政分权体系划清了中央政府与地方政府的财权和事权。经过其后15年的发展，中央政府和地方政府的财政收入与支出责任更加明晰。特别是，明确了地方政府对地方经济发展的责任，这使得中央政府与地方政府之间的硬预算约束成为可能。这就意味着地方政府能更加独立地处理危机和风险。

同时，一系列财政预算管理改革（如2001年进行的部门预算改革、国库单一账户体系改革；[23]2005年进行的预算支出，尤其是项目支出管理改革）提高了预算管理的透明度，为地方政府债券在资本市场融资提供便利。另外，在2003年进行了关于国有资产管理体制的一系列改革，改革确立了政府对国有企业的财产所有权，也规定公营企业所有权与经营权分开，这使得企业管理可遵循市场原则。[24]国有资产管理规范进一步阐明国有企业的权利和义务。这些政策有助于阻止了公营机构对政府部门转嫁债务风险。[25]

最后，在长期来看，因为土地的不可再生性，通过土地租赁对基础建设进行融资并不是一项可持续的长久之计。[26]城投公司通过地价证券化进行融资的做法放大了借贷风险，原因在于经济萧条时期的地价下跌，贷款的偿付变得更加困难。整个地方政府部门过分依赖于土地以及地价为借款提供担保，这使得系统风险增大。[27]

地方政府参与到金融市场将会带来诸多好处，用债务融资的方式为基础建设提供资金更为有效且合理（刘，2008年）。对于中央政府而言，好处在于：（1）提高地方政府财政透明度；（2）有助于中央政府评估地方政府财政管理能力并有效监管其支出预算；（3）为政府间转移支付决策提供信息；（4）提供了一个独立的机制明确划定借入资金的权利和义务并减少预算软约束。

对于地方政府而言，参与资本市场的益处有：（1）为地方政府在基础建设方面的投资带来更多的资金来源；（2）为债务人和债权人之间创造了一种“利润共享、收益共担”的机制；（3）使地方政府遵循市场规则和披露制度，并进一步完善政府问责制度。[28]

资本市场同样可从地方政府的债券融资中获得益处。与公司债券或股票相比，地方政府债券的投资风险较低，投资者可获得稳定且可观的投资收益。地方政府债券融资同时也为证券市场带来新的金融产品，并能够更好地适应如人寿保险公司、共同基金、养老基金的资产负债结构。另外，地方政府债券的发行不仅仅能够扩大证券容量，并能有效丰富证券市场多样性。[29]

2009 年以来扩大市场准入

自 2009 年以来，中国进一步推进地方政府资本市场发展，主要表现在三个方面：（1）2009—2011 年，允许发行省级债券总量 6 000 亿元人民币（约合 900 亿美元）；（2）2011 年，四个综合经济实力强的省（市）首先进行自行发债试点；（3）建立管理地方政府债的制度框架。

省级债券的发行

2008—2009 年的全球金融危机为转向市场准入提供了宽松的背景和良好的机遇。国务院在 2009 年正式批准省级债券的发行，[30]此举作为大规模一揽子刺激计划的一部分。地方政府筹措 2.82 万亿元投资，占 4 万亿元经济刺激计划的 71%，而中央政府的投资为 1.18 万亿元。[31]

在 1998—2004 年间，财政部发行国库券并将其转贷给地方政府对基础建设进行融资，作为反周期财政政策的一部分以减缓亚洲金融危机对经济造成的影响。与此不同的是，2009 年省级债券的发行成为地方政府财政资金的直接来源。

早在 2008—2009 年金融危机以前，中国政府已经开始为扩大地方政府市场准入做准备。正如之前提到的，一系列关于预算管理的改革和国有资产管理体制的改革已经做好了前期准备工作，政府同样对地方政府债发行的国际经验与城投公司债券审查方面做了研究[32]。然而，批准省级政府直接发行债券尚需要一些前提条件，比如地方政府信用评级制度还需要时间进一步完善。省级政府并没有与承销商、交易商、拍卖行等一起参与证券市场运作的经验，因此，建立一个地方政府债统一管理制度尚需时日。

省级债券的发行采取渐进式的推进模式。2009 年，国务院并没有让省级政府直接发行债券，而是让财政部代理省级政府发行 2 000 亿元债券。这些债券按照记账式国债发行方式，面向记账式国债承销团甲类成员招标发行，由财政部通过现行国债发行渠道代理发行。

一方面，在债券的发行和偿还之间建立紧密的联系，并使得地方政府在市场准入上积累经验。另一方面，债券的发行可充分利用财政部多年来发行国债积累的丰富经验、成熟的技术以及与投资者之间形成的良好关系。近年来中国债券市场发展迅速，2011年，国库券发债规模达到6.8万亿元，在亚洲排名第二，全球第六。[33]这次的代理发行有效地降低了地方政府融资成本，提高了发行效率，同时，投资者定期收回本金与利息也得到有效保障。

总的来说，2009年地方政府债券是可交易记账式国债。省级政府[34]作为债务人和发行人，财政部作为发行机构代理发行，债务服务与发行费用从省级政府在财政部的托管账户扣除。[35]2009年地方政府债券期限全部为3年，利率通过公共竞价决定。国务院明确规定，地方政府债券资金不得安排用于经常性支出，[36]而主要安排用于中央投资地方配套的公益性建设项目及其他难以吸引社会投资的公益性建设项目，[37]也不得用于可获得私人投资的商业项目。[38]

在不同的地方政府债的管理模式中，中国采取的是对地方政府债券直接管理控制的模式。中央政府将2 000亿元发行配额分配给各地方政府，根据中央投资公益性项目地方配套规模、地方项目建设资金需求以及偿债能力等因素，按公式法合理分配各地区债券规模。具体因素包括中央投资中公益性项目地方配套数、综合财力、债务率、财力增长率、财政困难程度等，其中重点因素为地方配套需求。

与东部沿海地区相比，中西部地区有更大的基础建设需求。这次中央公益性投资项目向中西部重点倾斜。考虑到中西部地区政府财力普遍较为薄弱，筹集配套资金能力有限，为更好地实现此次刺激计划的目标，中西部地区将分配较大的债券规模。东部地区、中部地区、西部地区所分配到的债券发行配额分别为603亿元、647亿元和750亿元，相应占债券发行总量的30%、32%和38%。

在中央政府所制定的制度框架和所批准配额规模内，地方政府有责任履行项目确定、预算调整、人大审批等程序。财政部将根据地方政府上报的债券发行计划，按照成熟一期发行一期的原则，尽快组织债券发行，为地方政府及时筹集资金，促进积极财政政策的有效实施。

财政部制订了一系列管理制度方案，将地方政府债券纳入地方政府财政预算管理。[39]为加强管理，财政部下发了《2009年地方政府债券预算管理办法》制度文件，要求地方政府债券应当纳入预算统一管理，预算调整方案报同级人民代表大会常务委员会审查批准。另外，用地方政府债券发行收入安排支出的部门和单位，要将支出纳入部门预算和单位预算。

财政部同样建立和完善债务项目申报、审批、绩效考评和监督等制度，提高资金管理的科学化、精细化水平，在这套制度下，地方政府债券资金使用要自觉接受纪检监察部门、审计部门的监督检查；凡违反规定弄虚作假，资金未用于规定使用范围，截留、挤占、挪用地方政府债券资金等，按《财政违法行为处罚处分条例》（国务院，2004年第427号文件）追究责任。

为确保地方政府债券到期按时偿还，各地区人民政府在安排需要承担还款责任的项目时，会综合考虑各市县、部门和单位的偿债能力，控制债务违约风险。及时向财政部上缴地方政府债券本息、发行费等资金，未按时上缴的，应当按有关规定向财政部缴付罚息。各地区人民政府作为地方政府债券债务人，要统筹安排本地区综合财力，切实承担地方政府债券的还本付息责任，[40]对未按时上缴的地方政府债券本息、发行费和罚息等资金，由财政部在办理年度中央与地方财政结算时如数扣缴。

2010 年后发展情况

2009 年地方政府债券的发行加强了地方政府筹集配套资金以及扩大基础建设投资的能力。然而，这也给地方政府在自主安排债券收入和债券期限方面带来了挑战。尽管制度清晰地规定地方政府需将债券资金安排用于同样有中央政府投资的项目，然而一些地方政府仍然将资金投放于地方项目中。同时，三年债券期限对于承销商不具备足够吸引力，这将到期偿债的压力置于地方政府。

为解决这些问题，2010 年财政部采取了多项改进措施：

- 为满足市场需求以及地方政府中期资金需求发行 5 年期债券。2010 年发行地方政府债券 2 000 亿元，5 年期地方政府债券发行总额为 616 亿元。
- 财政部批准各地方政府自主安排资金使用，不局限于中央投资地方配套的公益性投资项目，还可以投资于中央政府规定享有优先权的地方政府投资项目。
- 债券配额有所调整，同时保证同 2009 年一致的 2 000 亿元发行总额。[41]
- 为缩减发行成本，各省（区、市）2010 年地方政府债券采取合并发行，并扩大每期发行额度以增强流动性。投资者基础范围扩大至所有记账式国债承销商，且承销商与地方政府之间的合作有所加强。在 2011 年，财政部发行了同样数额的地方政府债券。表 10.2 总结了 2009—2011 年地方政府债券发行情况（表 10.2 中包括 2011 年由四地区直接发行的 2 000 亿元市政债券）。

2011 年，国务院批准北京市、上海市、深圳市、浙江省四地发行市政债券。[42]这些市政债券与城投公司债券不同，前者由市政府发行人信用担保，后者由土地资产和投资项目收入担保。[43]这些市政债券同样与 2009—2011 年所发行的省级债券不同，2011 年的市政债券由四地自行发债，财政部并不代理发行。这使得地方政府向完全自行负责债券还本付息迈近了一步。

四地所直接发售的市政债券包括了中央政府所规定的配额。事实上，期限设定、投标方式、市政债券投资者基础都与之前的省级债券没有区别。这些市政债券收益率比国债收益率低5—10个基点，如表10.3所示；这反映了正处于发展阶段的债务市场不能有效的反映价格信息。

表10.2　　2009—2011年中国地方政府债券发行情况

地区	2009年		2010年		2011年	
	数额	占比（%）	数额	占比（%）	数额	占比（%）
四川省	18.0	9.0	18	9.0	13.5	6.75
广东省	10.9	5.45	9.1	4.55	9.1	4.55
河南省	8.8	4.4	9.3	4.65	9.3	4.65
江苏省	8.4	4.2	8.9	4.45	8.9	4.45
云南省	8.4	4.2	7.5	3.75	7.9	3.95
浙江省	8.2	4.1	8.0	4.0	8.0	4.0
湖南省	8.2	4.1	8.9	4.45	8.9	4.45
湖北省	8.1	4.05	8.6	4.3	8.6	4.3
安徽省	7.7	3.85	8.9	4.45	9.0	4.5
上海市	7.6	3.8	7.1	3.55	7.1	3.55
山东省	7.0	3.5	6.9	3.45	7.3	3.65
辽宁省	6.6	3.3	6.0	3.0	6.0	3.0
甘肃省	6.5	3.25	5.5	2.75	5.9	2.95
广西壮族自治区	6.5	3.25	5.5	2.75	6.0	3.0
贵州省	6.4	3.2	5.4	2.7	5.4	2.7
陕西省	6.3	3.15	6.3	3.15	6.8	3.4
江西省	6.2	3.1	6.5	3.25	7.0	3.5
河北省	6.0	3.0	6.9	3.45	7.3	3.65
黑龙江省	6.0	3.0	6.9	3.45	6.9	3.45
重庆市	5.8	2.9	4.9	2.45	5	2.5
内蒙古自治区	5.7	2.85	5.9	2.95	5.9	2.95
北京市	5.6	2.8	5.4	2.7	5.4	2.7
吉林省	5.5	2.75	6.3	3.15	6.3	3.15
新疆维吾尔自治区	5.5	2.75	6.0	3.0	6.0	3.0
山西省	5.3	2.65	5.1	2.55	5.1	2.55
福建省	3.4	1.7	6.1	3.05	5.5	2.75
宁夏回族自治区	3.0	1.5	1.8	0.9	2.6	1.3
海南省	2.9	1.45	2.5	1.25	2.9	1.45
青海省	2.9	1.45	3.3	1.65	3.9	1.95
天津市	2.6	1.3	2.5	1.25	2.5	1.25
总计	200	100	200	100	200	100

资料来源：财政部。

注释：2011年所发行2 000亿元债券中，上海市、广东省、浙江省和深圳市分别直接发行71亿元人民币、69亿元人民币、67亿元人民币和22亿元人民币。

表 10.3　　2011 年四地直接发行市政债券情况

地区	发行日期	3 年期		5 年期	
		发行量	收益（%）	发行量	收益（%）
上海市	2011 年 11 月 15 日	3.6	3.10	3.5	3.30
广东省	2011 年 11 月 18 日	3.45	3.08	3.45	3.29
浙江省	2011 年 11 月 21 日	3.3	3.01	3.4	3.24
深圳市	2011 年 11 月 28 日	1.1	3.03	1.1	3.25

资料来源：数据来源于 2011 年《中国日报——地方频道》和 2011 年《上海证券报》。

体制改革

财政体制改革在 2009 年发行省级债券前便已经开始，包括加强财政预算管理及其透明度，对国有企业实行所有权经营权分离。新的债券工具为基础建设投资所需要的中期资金预算创造了新的制度框架。过去的预算管理并没有将现金支出与资本预算筹集资金分开，长期的资本投资需要新的债券工具的目标是为基础设施建设投资的中期资本预算打下一个框架。过去的预算实践没能把为资本预算的融资从当前的支出中分离出来，从而长期的资本投资需要通过考虑到代际公平的债务来融资。在新的财政预算程序下，地方政府可以利用新的债券工具筹得资本支出资金。除此之外，体制改革还涉及到城市开发投资公司，地方政府债券风险监管。各省市均开始改革试点。

国务院在 2010 年重点推进城市开发投资公司管理改革。[44]指令批准了城投公司债券的审计并将城投公司债券分为三类：（1）以公益性为目的，由预算收入作为担保；（2）债券以公益性为目的，由项目收入作为担保；（3）以商业目的，发债。

在其他国家关于地方政府债券的制度框架中，借贷只能用于公共投资项目。以上债务分类细化了城市开发投资公司的管理，将自负盈亏与依靠预算支持两种类型的城投公司相区分开。而且，银行将基于信用风险分析为城投公司提供贷款，债务担保也将受到控制。

政府部门同样在地方政府债风险控制方面与建立债务限额以引导地方政府实体投资与借贷计划方面，对国际经验进行过研究。国际经验表明在建立债务限额方面存在一定的权衡，如果将门槛设得太高，便会限制地方基础建设投资，以至于影响增长率；如果降低门槛，会鼓励地方政府超额借贷，影响宏观经济以及财政稳定（Liu 和 Pradelli 2012）。

一些省市率先开始改革，包括贵阳、昆明、上海、西安四座城市已经开始对各自城投公司债券进行审计，并完善制度机制，更好的建立债券融资与资本投资计划、城市管理计划与中期财政框架之间的联系。

扩大市场准入的经验与启示

过渡到市场准入的短期目标是通过债务工具建立正式的融资渠道，这些债务工具将会被用来对政府资本支出进行资金筹集，尤其是用于地方政府对中央政府所扶持的国内一体化大规模项目以及中央政府用自有资金所投资项目的配套资金。而长远目标是建立透明以及可持续的渠道为地方政府资本投资筹集资金并支持经济增长。

地方政府债券的过渡工具

省级债券的发行建立了一种新的工具为地方政府资本支出筹集资金。通过对中央一揽子刺激计划中公共投资配套资金进行举债筹集，有助于缓和经济周期波动。同时，债券的发行也促进地区经济发展，尤其对于欠发达地区。例如，新疆维吾尔自治区将债券收入分配到地震受灾地区的学校以及医院的建设上，四川省将收入用于保证2008年地震灾后重建的持续稳定性。更重要的是，中国在建立预算制度框架以引导资本预算管理上迈出了第一步，因为地方政府债券已被纳入预算管理，尤其是对资本预算的筹集方面。这是地方政府首次直接与债权人发生联系并自行偿还债务。

尽管取得一些进展，2009—2011年省级债券的发行在本质上还是一种过渡。由于债券由财政部代理发行，地方政府债券利用了中央政府的较高的信用等级。这在很大程度上降低了借债成本，对于实施大规模财政刺激具有重要影响。在2009年发行的三年期债券平均利率为1.91%，五年期为2.96%，[45]明显低于商业银行利率水平。同时，利率在地区之间并没有明显差异。地方政府债券并不能反映不同地区经济发展的各方面水平与地方债务人的潜在信用状况。

由于地方政府债券的债务人是省级政府而发行人仍为中央政府，此种债券工具只是厘清债券发行与债务偿还义务之间关系的第一步。因此，尽管地方政府在财政部设有托管账户，年度中央与地方结算制度很大程度上降低了风险，然而中央政府必须承担债务违约责任。[46]四地政府在没有国家主权担保的情况下独立发行市政债券无疑是在债券发行人与偿还义务之间建立紧密联系上更近了一步。

2009—2011年的改革被认为是达到为地方政府资本投资建立正式融资渠道的内在目标的第一步。从根本上说，在中国，导致地方政府债规模快速增长的因素可以被划分为需求方面与供给方面。

中国对次级政府债券的强烈需求

自从1990年开始，各种因素导致了中国对次级政府债券的强烈需求。这些因素包括快速的城镇化、城镇土地价值的快速上涨、经济的迅速增长以及次级政府财政账户巨大的资金差距。这些因素中的绝大多数将在接下来的几年中继续产生影响，它们说明了中国政府在次级政府债券融资管理方面改革的重要性。

城镇化 中国从1990年开始正经历着迅速的城镇化和工业化发展。城镇居民占总人口的比重从1990年的26%上升到2009年的48.3%；城镇居民人数翻了一番多，从3.02亿人，增加到6.45亿人，如图10.3所示。这在很大程度上挑战了地方政府提供公共服务（能源、水利、清洁设施、公园、桥政、公路、地铁和电信网络）的能力。单靠财政资金的转移和征税得来的资金并不足以支撑适合城镇化趋势的基础设施投资。在一个供给—需求分析框架中，城镇化使次级政府的借款需求曲线向右移动，这导致对次级政府债券的大规模需求。

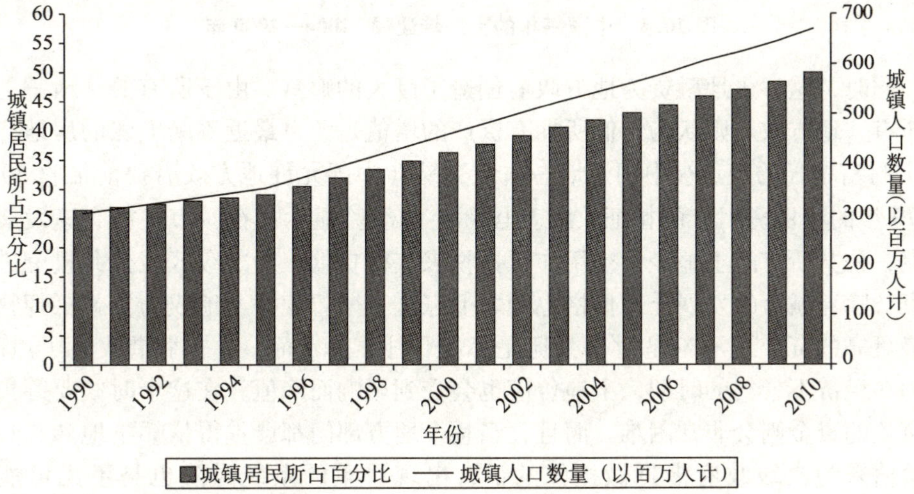

资料来源：中国统计年鉴2010。

图10.3 中国迅速的城镇化进程，1990—2010年

土地资产的影响 在中国，政府通过出让土地使用权进行融资的现象非常普遍。事实上，土地资产得来的收入已经是中国地方政府最重要的预算外融资来源之一。中国的法律明确指出，政府拥有对土地的绝对所有权，并且有权使用土地进行融资。正如图10.4中显示的一样，中国的年土地转移费用经历着快速上涨，[47]在2007年和2009年两年中尤为突出。中国的地方政府已经成功利用土地资产为基础设施建设融资。正如上面提到的一样，土地资产得来的收入也是其他很多国家地方政府的重要资金来源（Petersen 和 Kaganova，2010）。在中国，通过土地租赁和利用抵押土地和财产从国有银行借款的方式所获得的投资资金大约占到地方政府基础设施项目融资资金的80%—90%（刘，2008）。

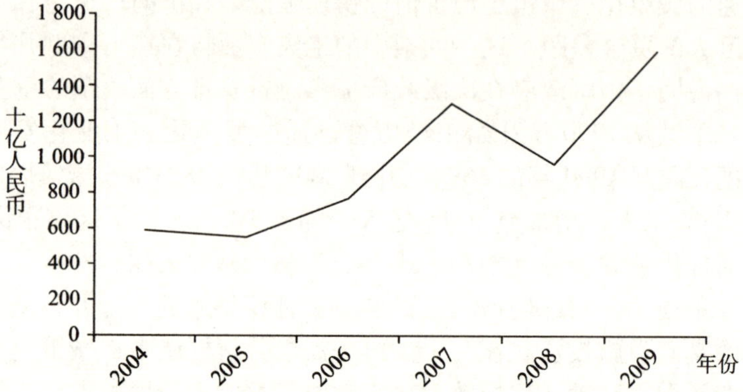

资料来源：中国国土资源部。

图 10.4 中国每年的土地转让额，2004—2009 年

同时，这一土地融资为地方政府创造了巨大的财富。由于所有的土地都是公共所有，地方政府则认为它们所拥有资产的增值是源自最近不断上涨的房地产价格。[48]财富增长的观点被中国土地一次性交易（中国允许地方政府提前征收50年或70年的租赁费用）的特征放大。[49]国际上的经验显示：在城市经济高速发展的时期，公共所有的土地经常被用作抵押物来获得贷款，为次级区域公共投资进行融资。随着城市的发展土地价格也随之上涨这一期望使得土地成为贷款抵押物里面最可靠的资产（不论是对公共还是私人债主）。然而，这一举措放大了风险，因为在经济不景气的时期，土地价值也会受到影响而降值，在这个时候要筹集偿还贷款的资金则会非常困难。而且，当整个地方部门都严重得依靠土地和其具有的价值来为次级政府借贷做担保的话，出现严重的系统风险也是不无可能的（Peterson 和 Kaganova，2010）。

增长预期 增长预期来自当地政府关于当地经济的发展和财政收入展望的乐观判断。正如在图 10.5 中显示的一样，中国已经经历了数十年经济的快速增长。因此，中国次级政府的收入也持续增长了相对长的一段时间，而且在将来还会得到更多的收入。这样一来，地方政府的官员们则倾向于过度借款投资，因为他们相信这种行为导致的赤字是暂时的，而且在不久的将来肯定可以补上（见 Wang、Xu 和 Li，2009）。

次级政府融资缺口 当今中国的一个主要财政问题便是地方政府支出和收入之间的差距正越拉越大[50]（如图 10.1 中显示的一样），这就导致政府需要使用债

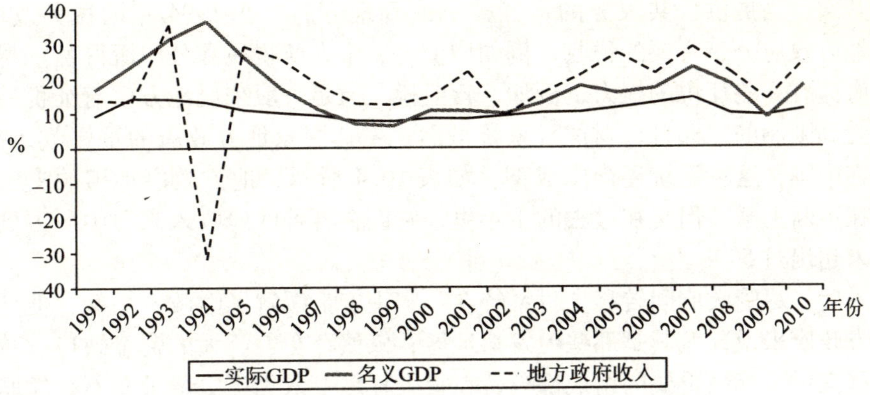

资料来源：中国统计年鉴 2011。

图 10.5　GDP 增长率和地方政府收入，1991—2010 年

券等工具缩减融资缺口。一些涉及政府财政关系的因素导致了支出和收入的失衡（Martinez-Vazquez 和 Qiao，2010）。

首先，地方政府拥有沉重的支出负担，如表 10.4 所示，尤其是那些主要责任为提供基础公共服务（例如基本教育，医保和社会福利）的县级政府。值得注意的是，把社会安保服务下放给市级政府也促使运营赤字和隐性负债的产生。另外，鉴于广泛的共同职责，上级政府给予下级政府的要么是没有资金支持的委托任务、要么是资金不足的委托任务。

表 10.4　　2003 年中国不同级别政府的支出份额

支出	中央（%）	省（%）	辖、市区（%）	县级市及县级市以下（%）
总额	30	18	22	30
资本投资	44	23	22	11
农业	12	46	11	30
教育	8	15	18	60
科研	63	23	9	5
医保	3	22	32	43
社保	11	39	32	18
政府行政	19	11	22	48
公共安全和检察机构，法庭	5	25	34	35
国防	99	1	0	0
外交	87	13	0	0
对外援助	100	0	0	0
其他	29	16	25	31

资料来源：Martinez - Vazquez 和乔，2010。

其次，当提供公共服务的责任被下放到地方后，在1994年的税务改革中，允许地方政府分享主要的税收，例如增值税、个人所得税和公司所得税。[51]尽管地方政府拥有一些征税的权力，例如，营业税，但是一般来说地方政府征税的权力还是受到限制的。而且，财产税系统虽然是发达国家地方政府的重要收入来源，但是在中国，这一系统还尚未成型。如表10.4所示，地方政府承担的支出份额虽然在不断上涨，但是在过去的十年里，它们在各种政府收入来源中所占到份额却从未超出过50%。

最后，尽管政府间转移支付系统在一定程度上缓解了财政不平衡，但是对有些地方政府来说，尤其是那些欠发达地区，依然存在着巨大的资金缺口。减税作为转移支付系统最重要的组成部分，在很大程度上依靠历史记录而不是靠职责和收入之间的真实财政差距。

另外，一些责任分配不明确、预算管理的不完备和一些行政区存在的财政喂养[52]也导致了财政缺口的上涨（Qiao 和 Shah，2006；Zhu，1999）。当前关于绩效评估的评判标准比较注重GDP的增长，因此次级政府的官员有动力增加公共投资并吸引私人投资。Cai 和 Treisman（2004）的文章列出了一些关于投资竞争的具体实例，这些例子或许会使次级政府减少征税、并促使它们进行更多得债券融资。中央政府已经开始采取措施改善预算的有效性和透明性。

债务工具的供给方

金融市场的结构对中国次级政府的债务增长和风险控制有重要影响。随着经济的快速增长，中国在金融市场方面的发展已经取得了巨大的进步，但依然存在不少挑战，其中两个挑战是金融市场中的管理结构和市场过剩的流动性，这些挑战与次级借贷市场进一步的发展和改革尤为相关。

在金融部门管理结构的问题上，市场规则须在监管地方政府债务融资方面发挥更大的作用。市场规则要求债务人对自己的财务进行透明化、债权人有风险管理系统以及在出现违约情况下不进行救援的预期。在中国，机构管理财政透明性的能力正在逐渐提高，而独立评级系统尚处在发展的初期。财政部正在研发一个内部评级系统来对次级政府债券负债的规模进行审计和监管。中国的国家发展与改革委员会已经联合标准普尔对城投公司进行评级。

在对债权人的风险控制上，很多过去的贷款决定是在未进行适当的风险评估情况下做出的，这主要是由于当时的银行系统缺乏充分的风险监管。地方财政账户完整数据的缺失导致在评估借款方信用的风险控制上力不从心。而且，很多银行在面对竞争的情况下，往往会忽视借款方可能无力偿还的信号，并忍受地方政府破产的金融风险，因为软预算限制的问题会进一步确定他们对救赎的预期

（Wu、Wu 和 Liu，2008）。2010 年 6 月 10 日来自国务院的指令旨在强化对信用风险的分析。中国发展银行作为一个主要的地方放贷人，已经增加了对风险控制的重视程度[53]。

一些当地政府官员对贷款决定的干预也导致了地方债务的上涨。在中国，当地政府官员依然能通过多种渠道对银行放贷决定做出影响。中国的大部分金融机构都是国有的，而且它们的正常运营需要当地地方政府的支持（Qiao，2012）。特别的，地方政府官员能够影响国有金融机构在本地分支机构的执行官的提拔。（Wang、Xu 和 Li，2009）。

中国在金融市场的改革方面已经取得了巨大的进展，这也导致各国有银行之间更多的竞争、主权债务市场的发展、内部银行系统的发展以及非银行类金融机构的发展。然而，利率依旧在政府的控制之中，这使得人们无法对风险和收益正确定价。导致的结果就是，资本的真实成本不能得到反映，而且债务服务的供给曲线也变得相对平坦。

国际上的经验表明一个有效的中央政府债券市场对于地方政府债券市场的有效运营有着重要的作用。中国有潜力提升其政府债券市场的有效性，这决定了多样化的和复杂的固定收入市场的增长。未来的改革区域包括加强政府各部门在制定和实施规制中的协调，改善银行间债券市场和购回债券市场，同时也要发展广泛的投资者基础[54]。

由于高储蓄率和过剩的市场流动性的原因，个人和企业投资者对投资机会的需求似乎正在不断得上升。众所周知，高储蓄率是中国经济增长的一个主要推动力（Xie，2011）。不断增长的个人收人以及高储蓄率导致存款数量不断上涨（Yu，2006）。因此，个人和机构投资者对投资工具有很强烈的需求。金融机构不断上涨的存款也使它们拥有很强的投资需求。

中国的《预算法》明确规定，在没有国务院批准的情况下，地方政府不许赤字经营，因此，地方政府建立了城投公司，并利用它从国有银行借款。由于目前关于城投公司借款并不存在明确的管理和经营规定，地方政府和银行可能都会受到潜在救市期望的影响（Jia，2012）。

所有这些因素的影响在债务服务的供求图形中得到更清晰的体现，如图 10.6 所示。在图中，线 D 和 S 分别代表初始债务需求和供给曲线。线 D 显示了地方政府在受到不断推进的城镇化过程的影响下，其对债务融资资本支出的需求；而线 S 则显示了有效的资本市场根据正确定价的风险和收益向市场提供资金。线 S 和线 D 共同形成了均衡点 E_0。其他来自需求方的因素通过使需求曲线向右移动，扭曲了 E_0 的真实值，这在新的需求曲线 D’ 中得以体现。

来自供给方的因素对初始的供给曲线 S 有两方面的影响。这些影响首先使供给曲线向右移动，因为他们增加了在任何给定资本成本下的债券数量。而且，这些因素进一步影响了市场对风险和回报的正确定价，这样一来供给曲线变得更加平坦。这两个影响形成了新的供给曲线 S’。新的需求和供给曲线一起决定了新的均衡点 E_1。这一新的均衡点与人们所希望得到的均衡点相距甚远，并且位于 E_0的右侧，这便暗示了债务服务成本的大幅上升。地方政府过度借款的金额由 E_0和 E_1两点横坐标的差距表示。

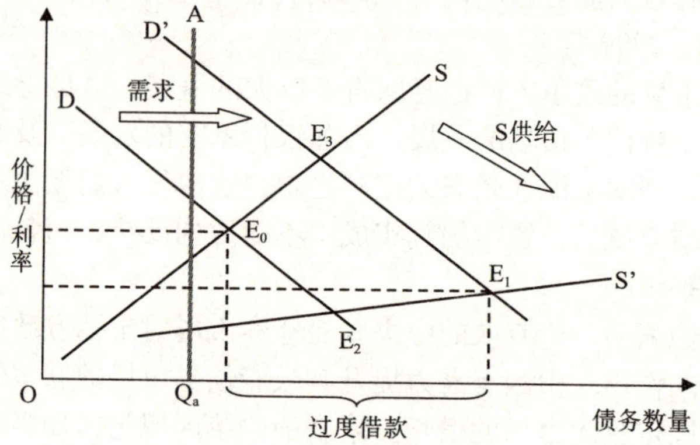

资料来源：乔，2012。

图 10.6 中国债务均衡的形成

《预算法》规定，债务数量的约束上限为 0 或者在市场里接近于 0，这就迫使整个市场成为隐形市场。在图 10.6 中，这一上限政策由线 A 表示，该政策设定 Q_a为约束数量，所有高于 Q_a的数量都会被隐藏起来。

总结

中国的地方政府债务不太可能造成系统性的宏观经济风险。据估计，在 2010 底中国未偿还的地方政府债务估计有 10.7 万元亿人民币，大约占到 GDP 的 27%。中国的国债在 2010 年底占到了 GDP 总额的 17%。[55]联合（国债和地方债）的公共债券占 GDP 总额的比例不到 50%，比其他很多国家都低。中国的中央政府在过去十年都是用低财政赤字的方式经营政府部门，赤字总额在 2010 和 2011 年分别占到对应年份 GDP 总额的 2.5% 和 2%。[56]而且，机构改革（见第三节）的目的在于建立一个完善的监管框架，以加强对地方政府债券的管理。

迅速的城镇化和工业化进程以及地方政府巨大的财政缺口都需要地方政府进行借款，而且地方政府借款在很大程度上改善了基础设施并加快了经济的增长。一个更为有效的地方政府债券市场有助于形成可持续的融资结构。

在需求方面，地方政府显示了它们在财政支出上有比较高的行政自主权，并且它们有能力影响金融机构做出的决定。在供给方面，银行系统是在一个流动性过剩的环境下进行经营，并且容易妥协于来自需求方的压力。这些都促使中国的地方政府出现过度花费和过度借款的行为，从而导致了未受监管的风险的存在。因此，为了有效地控制非正式借款，中国既要改善整体的财政系统，也要改善当地的激励系统。

同时，次级政府债券的市场也需要提高其透明度。由于《预算法》明确规定地方政府无权直接进行借款。而通过非预算工具进行借款这一行为，将导致一个缺乏透明度的隐形市场的形成，这一隐形市场对财政约束和市场规定的正常运行形成了障碍。在不完备的预算管理和金融管控下，情况则很容易恶化，这就导致对救市的潜在预期。在这个市场中，地方政府在缺乏有效监管机制的情况下进行债务融资，而投资者则在未谨慎考虑风险的情况下做出放贷的决定。因此，在透明和有规定的监管框架下，允许地方政府直接借款以及由城投公司直接同市场进行联系将帮助中国的次级债券融资业务在长期更具有持续力。

总　结

中国成功地建立了一套新的地方政府债券工具，这些工具通过从直接向中央政府借款到向市场借款的转变来为地方政府资本支出进行融资。这一改革非常及时地满足了地方政府一些投资项目的资金需求，其中，在应对 2008—2009 年的全球金融危机中，中央政府也参与了共同投资。一个典型的例子是，在认识到地方政府直接接触市场的先决条件无法满足时，中国采取了一个实用并且创新的处理方法，即通过中央发行地方政府债券。这一举措在很大程度上降低了地方政府的融资成本，使它们获得接触市场的新技能，并且把地方政府（作为债务人）和它们的债务义务联系起来。试点不通过中央政府发行的市政债券，是帮助地方政府直接接触市场的另一个步骤，这对将来的改革也提供了宝贵的经验和教训。

城镇化和工业化将继续进行，这需要地方政府继续投资大规模的城镇基础设施以维持经济的持续增长。地方政府债券在经济的转型期将继续扮演重要的角色。尽管银行贷款目前是最重要的债务工具，但中国在所有发展中国家中已经拥有最大地方政府债券市场，而且这一市场正在不断地扩张。

中国在机构改革和使财政框架更具透明性方面已经取得了重要的进展。在财政管理方面的改革（包括单独财政账户和支出改革）以及使公共企业的管理权和所有权分离这方面的改革已经为试点省级债券打下了基础。在新的预算步骤里，用来为资本费用融资的新债券工具将有助于形成基础设施投资的中期资本预算框架。城投公司债务的审计以及正在进行的对城投公司债券进行更合理的分类工作，将有助于形成具有不同风险和安全级别的的债券工具。

接下来的改革需要应对两个主要的挑战。第一个挑战是由中央政府直接对地方政府贷款向地方政府对市场借款转变。发行省级债券是做好这一转变的第一步。因为中央政府是发行机构，它面临的一个挑战是缓解地方政府和投资者对长期的潜在救市预期。第二个挑战是建立城投公司从金融市场直接借款和管理来自城投公司的潜在财政风险。地方政府或许能通过发行城投公司债券规避监管。改革的内容可以包括：把城投公司的负债和地方财政预算结合在一起，在预算中增加为财政上还不能完全独立的城投公司提供债务服务，以及通过财务报表披露或有债务（作为地方政府预算的附表）。

除了为地方政府创立监管框架——例如有关管理债务的类型及目的和发行债券的程序的事前规定，以及对破产地方政府和城投公司的追索权——在更多其他领域的改革将持续的支持市场准入。这些改革包括：强化政府间财政系统和公共财政管理能力，提高财政透明度，深化金融市场改革，提高政府债务市场的效率（或者更广一点，固定收益证券市场）以及提高地方政府管理它们自己发行项目的能力。地方政府想要成功进行债务融资，需要拥有一个过硬的、以地方财政计划、预算、债务管理和信用评级系统为基础的制度基础。

中国有潜力加速推进地方政府债务市场的发展，同时管理好对宏观经济框架和金融系统存在的风险。中国的强项包括：（1）一个稳定的宏观经济框架，例如可观的经济增长记录（经济增长是债务可持续性的一个决定性因素）；（2）巨大的国内储蓄，这为金融市场提供了资本供应；（3）迅速的城镇化进程，这一进程能由金融市场的长期融资进一步推进；（4）中国拥有一个分权的财政结构；（5）基础设施公司是基于基础设施的网络结构和采用以成本回收为目标的方式进行组织的，这两者都对发展一个更成熟的收益债券市场至关重要；（6）改革轨迹的记录。

注　释

本文所述的发现、解释和结论，均属作者个人观点，不代表世界银行、世界银行执行董事会及其所代表的政府，或者外部作者可能隶属的任何机构的观点

1. 地方政府是指在中央政府以下的各级政府。这里也包括特殊目的机构以及地方政府所设立的投资公司。

2. 数据来源于《2010 年审计报告》第 35 期，中国审计署。

3. 地方政府更清楚他们的借款情况，但不情愿公开这些信息。

4. 国家会一次性收取居民用房 70 年土地使用权出让金，商业用房 50 年土地使用权出

让金。

5.《国务院：2009年次级债券发行公告》，2009年第2期。这些债券等同于一般义务债券；也就是说，这些债券通过省级政府的财政收入来担保，包括税收和财政转移支付。

6. 财政部：《2011年地方政府自行发债试点办法》，2011年第141期。

7. 中央政府从外国或者国际金融组织借款。根据规定，财政部代表中央政府借款并将款项作为一项政府支出转移给中央机构和地方政府。

8.《铁路法》（1998）第21条规定，根据法律和国务院相关规定，各级政府都可以为建设高速公路筹资，包括收取费用、从国内或者国外金融组织或者国外政府借款。

9. 1998年是中国第一次实行积极财政政策。为了扩大内需，促进经济的稳定增长，国务院规定财政部可以把一部分外国国债转贷给省级及以下政府，以扶持地方政府进行基础设施建设工程。

10. 批准的大型基础设施建设项目包括基础设施建设、环境保护、完善城市和农村的电力系统、农业、林业、水利工程以及交通系统。

11. 城投公司起源于1992年。当年，为了促进上海浦东新区的发展，在中央政府的许可下，上海城投控股股份有限公司为浦东新区发行了5亿元的债券。

12.《投资体系改革的决定》国务院，2004年第20号文件。

13. 从2007年到2011年，美国一直是发行地方债券最多的国家，平均每年发行量大约在4 500亿美元（数据来源于：Thomson Reuters），在2011年底，债务余额为3.743万亿美元（《资金流量表——流量和负债》联邦储备委员会，2011年第四季度）。

14.《2010年审计报告》，中国审计署，第35号文件。

15.《加强城市发展投资公司（城投公司）管理的公告》（第19号文件）国务院2010年7月13日。

16. 关于土地资产融资的更多资料，请看Peterson和Kaganova（2010）。

17. 根据中国指数研究院，土地租赁合同收入在2009年创下记录，其中排在前面城市是：杭州（合同收入1054亿元）、上海（合同收入1043亿元）和北京（合同收入928亿元）。以北京为例，2009年的土地租赁合同收入相当于其财政收入的45%（来源：新华社，2010年2月5日。在Peterson和Kaganova 2010中也有相关阐述）。

18. 例如，建设新商业区、住宅区或者是高科技园区（请看Peterson and Kaganova 2010）。

19. 这一途径在城市快速发展建设时期常被使用。（例如，在法国，详见Peterson and Kaganova 2010）。无论是对于公共借款者还是私人贷款者，土地都是一个很有吸引力的债款抵押资产，因为人们普遍认为土地会随着城市经济发展而升值。

20. 当时的汇率为：1美元兑6.30元人民币。自2005年以来，人民币以大概每年3%—5%的比例持续升值。

21. 请见由刘琍琍和乔宝云写的本书第2章“中国针对于由建设农村学校引起的巨额负债的债务重组”。

22. 城投公司建造并维持了中国绝大部分的交通设施，铁路网除外。铁路网由铁道部负责（数据来源于世界银行和中华人民共和国国务院发展研究中心，2012；Amos、Bullock和Sondhi 2010）。

23. 根据国家的规定相关，各级政府的财政部门都应该及时准确地管理预算收入的征集、分配、扣缴、流失以及财政支出的拨款。

24. 这将政府职能与商业职能分开，公共管理风险减少，对公共企业的管理能较好的反映商业风险。

25. 国务院："企业国有资产监督管理暂行条例"，2003 年，第 378 号。

26. 土地转让费是由土地使用者因获得城市土地使用权而一次性支付的费用，通常住宅产权为 70 年，商用产权 50 年。

27. 见 Peterson 和 Kaganova，2010。

28. 在美国，地方政府债券融资由联邦税收减免政策进行补贴。

29. 更多内容，见 刘 2010 年。

30. 见注释 5。

31. 国家发展与改革委员会。http：//www. sdpc. gov. cn/xwzx/xwtt/t20090521 _ 280383. htm.

32. 准备包括 2008 年在杭州由财政部主办的国际研讨会以及一系列关于地方政府债管理相关政策研究报告。

33. "中国国债二级市场国际研讨会" 2012 年 2 月，北京。

34. 包括省、自治区、四个直辖市、五个计划单列市政府。

35. 地方政府债券冠以发债地方政府名称，具体为 "2009 年 × × 省（自治区、直辖市、计划单列市）政府债券（ × ×期）"。

36. 财政部：《2009 年地方政府债券预算管理办法》，2009 年。

37. 例如低收入家庭住房项目，农村民生工程以及农村基础建设、医疗保险、教育、文化以及其他社会福利项目，生态建设，地震恢复与重建以及其他民生项目。

38. 《2009 年地方政府债券预算管理办法》，财政部，2009 年。

39. 制度文件包括《关于做好发行 2009 年地方政府债券有关工作的通知》、《财政部代理发行 2009 年地方政府债券发行兑付办法》、《2009 年地方政府债券预算管理办法》、《财政部代理发行地方政府债券财政总预算会计核算办法》。

40. 罚款利率 = 逾期支付款 × （票面利率 ×2 ÷ 天数） × 逾期天数

清算赔偿 = 逾期支付款 × （票面利率 ×2 ÷ 天数） × 逾期天数

41. 基于调整的资本投资计划，东部地区与西部地区发行额分别减少 12 亿元人民币与 40 亿元人民币，中部地区发行总额增长 52 亿元人民币。

42. "地方债发行申明" 2011，财政部。

43. 因此，四地所发行的市政债券与普通责任债券相似。城投公司债券由项目收入与土地资产收入担保。事实上，借款人将债券视为由持有城投公司债券的政府提供担保。

44. 《国务院关于加强地方政府融资平台公司管理有关问题的通知》，19 号文，2010 年 6 月 10 日。

45. 资料来源：财政部。

46. 《财政部代理发行 2009 年地方政府债券发行兑付办法》。

47. 地方政府向租赁土地方收取的租赁费。

48. 房地产的价格上涨有多方面的原因。一方面，史无前例的城镇化规模创造了对房地产不断上升的需求，这导致房地产价值的上涨，这就使地方政府有强烈的意愿进入土地市场牟利。另一方面，地方政府从土地资产融资中获取收益也促使了建房成本上升，这就使得房价变得更高并进一步强化了财富效应。

49. 在中国，地方政府一般向土地使用者收取土地商用50年和居住用70年的转让费。

50. 有关地方财政资助和其义务更为详细的信息，请参见 Martinez - Vazquez 和 Qiao 2010。

51. 省级政府收取25%的增值税收入和40%的个人和企业所得税收入。省级政府在它们自己的次省级政府小组里决定税收分担方式。分担税收的行政管理权在中央政府。

52. 一些欠发达地区的财政支出主要集中在行政成本，尤其是在雇佣工作人员的费用上。

53. 基于2010年与中国发展银行当地分行官员进行的一次面谈。当地分行设有一个风险分析部门，这一部门和它的租赁活动相分离，而且在做租赁决策的时候也对其中的一个风险因素进行了考虑，即当地城投公司债务的总额度和当地政府的总收入。

54. 见世界银行和世界货币基金组织2011年。

55. 地方政府债券的数据来自2010年“审计年报”第35期，中国国家审计署。有关主权债务的数据来自中国统计年鉴（国家统计局2011年）。

56. 2010年的数据来自中国统计年鉴（国家统计局2011年）。2011年的数据是作者基于MOF的数据进行计算得出的。

参考文献

Amos, Paul, Dick Bullock, and Jitendra Sondhi. 2010. *High-Speed Rail: The Fast Track to Economic Development?* Washington, DC: World Bank.

Cai, Hongbin, and Daniel Treisman. 2004. “State Corroding Federalism.” *Journal of Public Economics* 88 (March): 819 - 43.

Canuto, Otaviano, and Lili Liu. 2010. “Subnational Debt Finance: Make It Sustainable.”

In *The Day After Tomorrow: A Handbook on the Future of Economic Policy in the Developing World*, 219 - 38, ed. Otaviano Canuto and Marcelo Giugale. Washington, DC: World Bank.

DF Daily. 2011. “New Lower Yield for the Directly Issued Municipal Bonds.” November 22. http://finance.sina.com.cn/stock/t/20111122/011510856886.shtml.

Federal Reserve Board of the United States. 2011. “Flow of Funds Accounts, Flows and Outstandings.” Fourth Quarter.

“International Conference on the Development of Sound Secondary Market for Government Securities in China.” 2012. San Ya, February 23 - 24.

Jia, Kang. 2012. “Transparency, Hidden Rules, and Hidden Subnational Debts.” *DF Daily*, March 4, http://finance.ifeng.com/money/roll/20120304/5698869.shtml.

Li, Ping, Hongcai Xu, and Cheng Li. 2009. *Subnational Debt Management: International Experi-*

ence and Comparison. Beijing: China Finance and Economics Publisher, March.

Liu, Lili. 2008. "Creating a Regulatory Framework for Managing Subnational Borrowing." In *Public Finance in China: Reform and Growth for a Harmonious Society*, ed. Jiwei Lou and Shuilin Wang, 171 - 90. Washington, DC: World Bank.

———. 2010. "Strengthening Subnational Debt Financing and Managing Risks." *Review of Economic Research*, Ministry of Finance, Beijing, August 16, 46 F-9.

Liu, Lili, and Baoyun Qiao. 2013. "Restructuring of Legacy Debt for Financing Rural Schools in China." *In Until Debt Do Us Part: Subnational Debt, Insolvency, and Markets*, ed. Otaviano Canuto and Lili Liu, 81 - 108. Washington, DC: World Bank.

Liu, Lili, and Juan Pradelli. 2012. "Financing Infrastructure and Monitoring Fiscal Risks at the Subnational Level." Policy Research Paper 6069, World Bank, Washington, DC.

Liu, Lili, and Michael Waibel. 2008. "Subnational Borrowing, Insolvency and Regulations." In *Macro Federalism and Local Finance*, ed. Anwar Shah, Washington, DC: World Bank.

Martinez-Vazquez, Jorge, and Baoyun Qiao. 2010. "Assessing the Assignment of Expenditure Responsibilities." In *China's Local Public Finance in Transition*, ed. Joyce Yanyun Man and Yu-Hung Hong, 21 -40. Cambridge, MA: Lincoln Institute of Land Policy.

National Bureau of Statistics. 1993. *China Statistical Yearbook* 1993. Beijing: China Statistics Press.

———. 2010. *China Statistical Yearbook* 2010. Beijing: China Statistics Press.

———. 2011. *China Statistical Yearbook* 2011. Beijing: China Statistics Press.

Peterson, George E., and Olga Kaganova. 2010. "Integrating Land Financing into Subnational Fiscal Management." Policy Research Working Paper 5409, World Bank, Washington, DC.

Qiao, Baoyun. 2012. "China's Approach to Stimulating and Financing Rapid Regional Infrastructure Development and Economic Growth: A Perspective of Debt Financing for Capital Expenditure." In *Fiscal Decentralization in Indonesia a Decade after the Big Bang*, 289 - 317, Ministry of Finance, Republic of Indonesia, Directorate General of Fiscal Balance. Jakarta: University of Indonesia Press.

Qiao, Baoyun, and Anwar Shah. 2006. "Local Government Organization and Finance in China." In *Local Governance in Developing Countries*, ed. Anwar Shah, 137 - 68. Washington, DC: World Bank.

Shanghai Security. 2011. "Shenzhen Municipal Bond Continued the Low Yield." November 29, http://finance.jrj.com.cn/2011/11/26010011653277.shtml.

Ter-Minassian, Teresa, and Jon Craig. 1997. "Control of Subnational Government Borrowing." In *Fiscal Federalism in Theory and Practice*, ed. Teresa Ter-Minassian 156 - 74. Washington, DC: International Monetary Fund.

Wang, Xianbin, Xianxiang Xu, and Xun Li. 2009. "Provincial Governors' Turnover and Economic Growth: Evidence from China." *China Economic Quarterly* 8 (4): 1301 - 28.

World Bank and Development Research Center of the State Council, the People's Republic of China.

2012. *China 2030: Building a Modern, Harmonious, and Creative High-Income Society*. Conference Edition. Washington, DC: World Bank.

World Bank and International Monetary Fund. 2011. "Financial Sector Assessment Program." Washington, DC, November.

Wu, Wenfeng, Chongfeng Wu, and Xiaowei Liu. 2008. "Political Connection and Market Valuation: Evidence from China's Individual-controlled Listed Firms." *Economic Research Journal* (7): 130 - 41.

Xie, Yong. 2011. "Research on Factors Impacting Chinese Household Saving." Ph. D. thesis, Nanjing University.

Yu, Wentao. 2006. "The Analysis and Countermeasures in Rapid Growth of Chinese Household Savings." *Journal of System Reform* (10): 14 - 19.

Zhang, Zhihua, Ya Zhou, Lifeng Yin, Yi Liu, Xiaoming Yan, and Zhihao Chen. 2008. "International Experiences on Scale Control and Risk Warning of Subnational Debt." *Review of Economic Research* (22): 8 - 10.

Zhu, Boming. 1999. "The Research on 'Feeding Finance.'" *Public Finance Research* (3): 43 - 45.

中国政府文件

"Announcement on the Experiment of 2011 Municipal Bonds Issuance." 2011. Ministry of Finance (Treasury), No. 141.

"Announcement of Insurance of Subnational Bonds." 2009. Ministry of Finance. http://www.gov.cn/gzdt/2009-03/17/content_ 1261497.htm.

"Announcement on Issuance of 2009 Subnational Bonds, State Council." 2009. No. 2.

"Auditing Report 2010," No. 35, National Audit Office of the People's Republic of China.

"Budget Management Regulations of 2009 Subnational Bonds." 2009. Ministry of Finance, No. 21.

"Financial Budget Accounting Regulations of the Subnational Bonds Issued by the Ministry of Finance on Behalf of Subnational Governments." 2009. Ministry of Finance, No. 19.

"Interim Regulations on Supervision and Management of State-owned Assets of Enterprises." 2003. State Council, No. 378.

"Management Regulations of Project Arrangements for 2009 Subnational Bond Funds." 2009. Ministry of Finance, No. 121.

"Regulations on the Issuance and Payment of 2009 Subnational Bonds Issued by the Ministry of Finance on Behalf of Subnational Governments." http://www.cnki.net.cn/Article/CJFDTotal-YSKJ200905018.htm.

"State Council Directive on Strengthening the Management of Local Government Financing Platform Companies." 2010. No. 19, June 13.

"The Decision on the Reform of Investment System." 2004. State Council, No. 20.

11

菲律宾：地方政府债务市场发展近况

刘琍琍　Gilberto Llanto　John Petersen

引　言

本章回顾了菲律宾地方政府进入债务市场的历程、在此过程中所经历的阻碍及菲律宾地方财政的最新发展情况。1991 年菲律宾《地方政府法典》打开了权力下放之路并且定义了各地方政府单位组成统一整体系统的结构。在本章中，术语“地方政府单位（LGU）”在菲律宾可以与“地方政府”替换，是指包括在中央政府[1]以下的各层级政府。我们的调查结果得益于一些近期的报告，这些报告与本章[2]我们即将讨论的各种问题有关。

在菲律宾，地方政府单位（LGU）的借款与许多其他国家地方政府的借款相比较低。我们即将在本章讨论，中央政府通过两方面对当地政府单位实施监管：一是由四个政府金融机构（GFIs[3]）专门完成的各当地政府单位的债务交易报告；二是各当地政府单位定期向菲律宾财政部（DOF）进行汇报。同时，没有证据表明当地政府单位的借债在过去曾用作掩盖经营赤字或为异乎寻常的大规模投机项目提供资金。

地方政府部门似乎是在一种“硬”预算约束的状态下生存，并且整个领域通常会预算盈余。而引发当地政府部门借债欲望的一部分原因是其肩负的为不同层次的当地政府提供服务的责任。大多数主要的基础设施建设项目由国家层级的政府控制和出资设立。除少数主要城市和马尼拉周围的首都圈地区，其他散布在全国各地的小型政府尤其是农村地区政府需要高度依赖中央政府的转移支付，地方政府规模小且分散是原因之一，而更重要的原因是制度和管理上的问题给主要建设项目的规划和管理造成了障碍。

2008—2009 年金融危机并没有在很大程度上影响菲律宾地方政府，严重依赖于中央政府转移支付的地方政府部门遭受到的影响很小（他们更多的是受到两次热带风暴的影响）。尽管在未来中央政府对地方政府部门的转移支付会受到轻微的影响（分配制度有三年的滞后），当地政府部门仍然每年都会有财政盈余。

总的来说，菲律宾地方政府很少借债，并对小型项目的融资和满足偶然现金流等进行的拨款实施限制。大体而言，地方政府部门有相对较小规模和很一般的（尽管各自都很重要）资本融资需求。尽管 LGU 有基础建设方面的支出，但债务水平却维持在较低水平，这是因为当地政府部门只拥有有限的职能，且地方政府限制对其拨款，并实施完善的财政监管。然而，有一些领域发生了变化，例如，在对项目融资的使用上和对一些特殊项目贷款的安全性的限制上发生的变化。

初始的规划框架的目的在于使当地政府部门进入私人融资市场，尽管政策规划颁布约 15 年且期间有无数报告，但该初始计划的执行似乎显得缓慢。在此之前，地方政府单元担保公司（LGUGC）带动了当地政府部门债券市场的发展。而近期，担保又刺激了私人金融机构（PFI）对当地政府部门、水务公司、电力公司等的直接贷款。但近些年，这些创新性的举措并没有成为主流，最大的挑战在于政府金融机构（GFIs）和其他政府机构限制对当地政府部门开放次级地方贷款市场。

如何建立一个财政制度框架帮助当地政府部门获得“实际而有意义的地方自治权利，能够使各当地政府部门作为一个独立的社群而获得充分的发展，并使各地方政府部门进行更有效的合作而共同完成国家目标”，这个基本的问题仍未解决。[4]财政部在 1996 年制定了地方政府部门财政制度框架，后被政府认可。[5]在地方信贷市场上，政府所制定的清晰连贯的政策将长期有利于制度的贯彻执行。

政府政策延期执行的另一个关键的因素在于地方政府部门自身的本质特性。尽管在项目计划上曾有所创新，使得贷款能够促进发展，然而地方政府并不愿意举债，这很大程度上可能是由于自身的保守主义特性。极少数地方政府会利用贷款和债券为各种地方项目进行融资，除此之外，绝大部分地方政府似乎对举债融资兴趣不大。[6]

从一方面来讲，这种审慎的态度避免了由于过度挥霍而导致的财政危机，另一方面，限制了地方发展主观能动性。根据国内的研讨结论，接下来将要采取的措施包括支持发展当地政府部门与私人部门的借贷关系。然而，由于 GFIs 在当地政府部门资金筹措中占有重要地位，这可能限制私人部门为其提供资金的机会。

这一章剩余部分的结构如下所示。第二节叙述菲律宾地方政府的组织结构以及财政状况，包括地方政府收入与支出的增长方式，并介绍当地政府部门近期历史举债情况与债务水平以及当地政府部门举债制度框架。第三节分析了一系列的原因，包括法定举债限额以及多种财政监管机制，这些机制导致了地方政府对债务工具的需求较低。第四节回顾了地方信贷市场的发展，PFI（私人金融机构）贷款状况以及债务工具的构成。第五节回顾了近期地方信贷市场方面创新以及展望。第六节介绍一些结论。

地方政府财政与借贷框架

菲律宾是一个总统共和制国家。地方政府作为国家的一部分由国家政府直接管理控制，并受宪法保护。地方政府部门包括三个层级：省以及主要城市、直辖市、巴朗加（居民点组织）。菲律宾约有 9 000 万人口，有超过 1 700 个地方政府（不包括 42 025 个巴朗加），其中包括 80 个省、138 个市和 1 496 个直辖市。[7]

1991 年地方政府法典的颁布对政府权力的下放具有革命性的影响。在内部收入分配（国内收入计划）框架下，规定地方政府具有提供服务的义务，并授权其获得占国家政府收入与增值税收入的 40%，根据一定的原则分发。法典同样使地方政府权利扩大至设定地方税率与征税。地方政府收入的主要来源是财产税、营业税以及交通税。

法典中所展望的权力下放的实施和实现是缓慢的。法典通过两年后，通过支出衡量的地方政府规模仍然很小。地方政府部门总支出从 1985—1991 年平均占 GNP 总量 1. 6% 增加至本世纪初占 GNP 总量的 3% 。[8]

地方政府收入与支出

地方政府将财政预算的最大部分用于一般公共服务，这些公共服务是地方政府日常运营所必须提供的一般基本行政服务，第二大的花费是经济服务支出。地方公共支出管理需要使得资源分配更加有效。政府在人力资源（教育、健康、营养）方面的投资似乎相对较低。[9]

中央政府和政府所有与控制的企业继续执行主要的基础建设项目，但要更加强调公私合营企业在基础设施建设中的作用。总的来说，地方政府部门支出平均只占 GNP 总量的 3% 左右。表 11. 1 呈现了当地政府部门支出的分布。

在收入方面，2009 年，地方政府自身收入占总收入 32%，并且地方政府高度依赖中央政府财政转移。图 11.1 说明了构成所有地方政府收入来源的占比情况。在 21 世纪，在收入组成方面没有明显的变化，尤其是国内收入分配计划中，财政转移支付几乎占当地政府部门收入的三分之二。

表 11.1　　总支出分配，所有地方政府单元 2001—2009 年

	2001	2002	2003	2004	2005	2006	2007	2008	2009
支出	100.00	100.00	100.00	100.00	100.00	100.00	100.00	100.00	100.00
一般公共服务	40.51	41.34	40.41	40.02	39.63	40.36	41.74	44.14	53.91
教育和体育/人力开发	7.09	6.53	6.85	6.61	6.95	6.86	6.53	5.94	6.11
健康、营养和人口控制	11.50	11.72	10.85	10.97	10.18	9.80	9.78	9.76	11.35
劳动力与就业	0.16	0.15	0.12	0.06	0.07	0.07	0.07	0.06	0.07
住房与社区开发	4.38	4.42	2.40	2.05	2.18	2.05	2.01	2.13	3.28
社会安全/社会福利和服务	3.02	2.83	2.57	2.39	2.39	2.35	2.45	2.41	5.16
经济服务	18.55	16.74	15.76	15.76	15.75	15.04	15.22	15.09	18.55
债务还本付息	2.41	2.39	2.87	2.73	3.27	3.21	3.23	3.29	1.59
其他目的	12.37	13.88	18.18	19.42	19.59	20.26	18.97	17.17	0.00

资料来源：地方政府财政局。

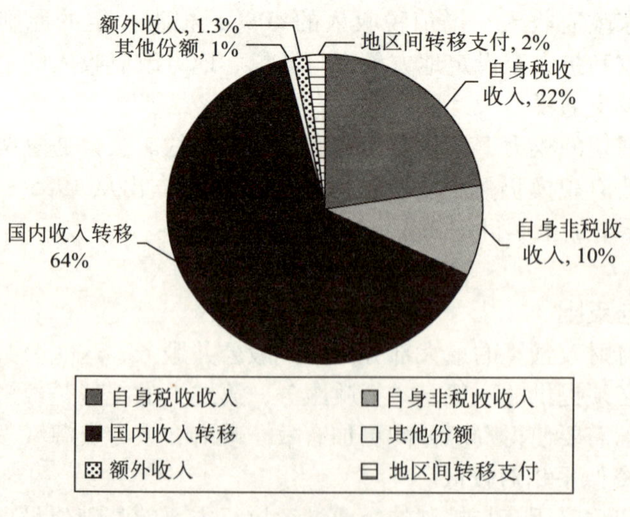

资料来源：地方政府财政局。

注释：额外收入 = 国家政府对地方政府所提供帮助。

图 11.1　2009 年所有地方政府单元总收入分布情况

图 11.2 表明了 2009 年各省、市、直辖市收入来源情况。正如图 11.1 所示，总收入数字掩盖了不同类别的当地管辖区之间的差距。2009 年，一般城市约 40% 的收入来自他们自己的收入来源，相比之下，各直辖市（或自治市）占 8%，各省占 10%。一般城市拥有更大的税收基数，因此享有不断扩大自身收入来源的机会。然而，大多数地方政府（省、自治市）的税基比较小，因此不能从自有的收入来源中获取足够的资金，他们仍旧依赖财政转移支付为地方发展项目筹集资金，特别是国内收入计划。[10]

基于固定公式来分享收入的国内收入计划，使地方政府在很大程度上用来自中央政府的新的收入取代来源于自身的收入，尤其是地方财产税。在 1990 年到 1996 年间，地方自身收入从占地方总收入 50% 减少至仅占地方总收入 30%，这个比例与今天相似。2009 年，国内收入计划的转移支付填补了较大的纵向财政缺口，占当地政府部门总收入的 65%。对于国内收入计划的依赖导致了更少的地方财政自主权，为中央政府对地方政府更大的控制创造了机会，这与地方政府所设想的用自身收入解决地方发展需求、地方产出满足地方需求偏好的前景相违背。[11]在其他国家，越是依赖于自身收入来促进发展，地方政府便拥有越大的财政自主权。授予地方政府更多的收入增长权力将会在支出责任与用收入为支出提供资金之间建立更紧密的联系（Bird，2010）。

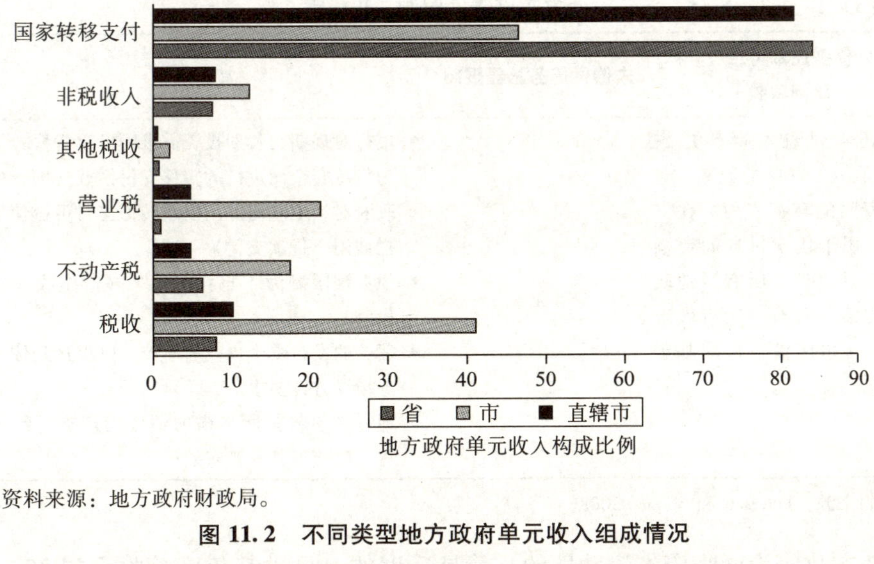

资料来源：地方政府财政局。

图 11.2　不同类型地方政府单元收入组成情况

同时，1990 年至 1996 年间，在菲律宾，国内收入计划对地方政府的支出占政府总支出的份额从 6% 增长至 16%。[12]所以，尽管他们作为公共服务最终提供者的地位在不断提高，地方政府占直接支出的相对份额与中央政府相比仍然很小。

由《地方政府法典》可知，推行分权的政府间结构的其中一个目的是使得地方政府承担基础建设投资中更大的份额。多数人认为这可以通过允许地方政府不需要经过中央政府审批而直接进行借贷而实现。为实现这个目标，在国际金融机构的大力支持下，遵循1996年的政策，[13]财政部带头推动地方政府信贷扩张。

尽管《地方政府法典》授予地方政府举债的一般权利，却对举债活动进行规制加以限制。除了在《地方政府法典》里面有这种限制，在对银行和财政部门进行的规定里面，也出现了对借款的限制。关于对地方政府举债的规定的主要内容概要将在表11.2中具体阐述。

政府举债的原因众多。一般来说，在资本投资经济周期中，如果借债与地区的偿还能力（和支付意愿）相匹配，那么为长期资本的增长而进行的长期借债是合理的。为当期收入出现的持续的收支差额（除不可知的紧急状况）而举债，这种行为并不被赞成。[14]这种行为规范的一致应用是预算硬约束里的一个重要组成部分。

《地方政府法典》中规定允许地方政府出于两个目的而使用信贷融资：资产流动性与资本项目。满足流动性需求包括对地方政府当前支出的信贷融资优先于对预期政府间支付与税收收入的支付。

表11.2　　地方政府借债限制：菲律宾

债务还本付息比例限制	未偿付债务总额限制	其他限制
债务还本付息不得超过占"常规收入"20%的数额，包括政府间的转移支付。在支付中，用于还本付息的数额不得超过20%。所有当地政府部门债务具有一般有效责任。一些水区借债只能基于收入。	无	• 银行对现期与长期投资需求所发放贷款。 为贷款安全而进行的转移支付拦截（即，中央政府对当地政府部门财政转移支付可被使用或拦截用于贷款支付） • 债券被限制为"自我支持"（产生收入）的投资 • 债券的发行受中央政府所控，以求达到债务业务指导方针要求 • 地方必须将其所承诺的债务偿还支付纳入预算，以使得其预算有效

资料来源：Petersen 和 Soriano 2008。

地方政府为增强资本流动性的举债是适度的，只占其年度总收入的2%或者3%。然而，法律并不允许地方政府出现运营预算赤字，且要求其必须从年度预算中拨出足够的款项以偿还债务。[15]

《地方政府法典》（第324章）对地方政府举债进行了限制，规定为偿债（本金和利息）所拨款项不得超过其任何指定年份“常规收入”的20%。财政部下属地方政府财政局定义“常规收入”为当地收入来源的三年平均收入的总和，[16]同时也规定了债务还本付息与举债能力的计算方法。[17]

给定地方政府对中央政府转移支付的严重依赖，那么多大比例的收入能够为债务偿付提供担保变得十分重要。一个关于多大比例的国内收入计划的支付能够作为债务的担保的更加严谨的释义是：其之所以能为债务偿付提供担保是因为国内收入计划“截留”（或者称为存款抵消）可作为地方贷款抵押。“常规收入”与国内收入计划支付之间的区别只在大城市中有所区分，而对于直辖市与省份来说，由于国内收入计划支付比收入流要大得多，所以这种区别并无影响。

如之前所提到的，《地方政府法典》中的条例要求地方政府必须将有合同期限的债务偿付纳入财政预算管理中，否则，该政府预算案将被视为无效，政府不能合法的进行任何支出。此外，地方政府财政局将通过计算债务本息对地方政府贷款实施监管。

《地方政府法典》在第296章关于地方政府债券发行的规定中说明地方政府债的发行由中央银行与证券交易委员会进行管理。然而，在1991年授权下放后，这些监管规定并未被积极实行。在早期，证券交易委员会认为地方政府债券发行不需要通过登记程序，但是在2000年末，财政部成功的从证券交易委员会取得了代理权，来建立登记程序[18]。

另外，新中央银行法案规定，作为借债的条件，要求货币委员会研究借债对于货币总量，价格水平，以及支付平衡的影响。对于主权担保来说，其有更加严格的审查条件，需得到财长批准。事实表明，并没有地方政府进行借贷，或者进行外币贷款时拥有这种担保。[19]

在菲律宾，目前并没有一套正式处理地方政府破产的体系。通过地方政府财政局对贷款进行筛选、GFI存款补偿作用以及拦截财政资金流向地方政府这些措施，对潜在违约进行预防。拦截只能由城市发展基金办公室直接行使，如果地方政府被证明是合格的借款人，那么这项措施就不会被援引。城市发展基金办公室与地方政府财政局之间的合作十分紧密，追踪地方政府借贷能力与偿债能力，并充分利用了地方政府贷款申请的筛选信息。政府政策规定并不允许政府或私人银行直接使用国内收入计划资金截留，然而，中央政府对地方政府单元的所有拨款都通过菲律宾土地银行来进行，而该银行使用了国内收入计划分配以及存款抵消来担保贷款。此外，除特殊情况，中央政府要求地方政府与GFI将资金存放在土地银行与菲律宾发展银行。

2008—2009年金融危机对菲律宾财政部门的负面影响不大，对地方政府造成的影响更小。总起来说，尽管少数商业银行在其投资组合中运用少量的衍生性金融产品，但国内银行、投资者以及地方政府并没有购买如衍生性金融产品这样的复杂金融工具。相反，菲律宾所有三个层级的地方政府普遍留存了预算盈余，以消除国际局势对其收入的影响。如表 11.3 所示，所有这三个层级的地方政府都维持了预算盈余。总的来说，由于800 万海外菲律宾人所带来的海外汇款日益增多，菲律宾经济处于贸易顺差。

菲律宾国内生产总值（GDP）在 2008—2009 年经济萧条期间持续增长。名义 GDP 在 2007 年增长 7%，2008 年增长 4.1%，2009 年增长 11%，在随后的 2010 年和 2011 年 GDP 分别增长 7.5% 和 4%。[20]

表 11.3　　地方政府财政：不同类型单位的重要比例，2010 年

地方政府单位类型	盈余占收入百分比（%）	债务还本付息占收入百分比（%）	转移支付占收入百分比（%）	借款占收入百分比（%）	总收入（百万比索）
市	13.4	1.3	41.3	5.2	126 763
直辖市	11.7	0.8	78.4	2.1	99 270
省	16.0	1.6	76.2	3.7	71 596
总体	13.5	1.2	62.0	3.8	297 629

资料来源：地方政府财政局。

注释：借款 = 贷款与借款总收入；债务服务 = 利息支出与其他费用；盈余 = 总收入 －（总现期营业支出 ＋ 总非营业支出）；转移支付 = 国内收入计划 ＋其他占国家税收份额；总收入 = 总现期营业收入 + 总非营业收入。

表 11.3（基于 2008 年数据）表明，除一些城市以外，更小的自治市和省高度依赖政府间转移支付（多数包括国内收入计划转移支付）。法律规定在拨款年之前的第三年，地方政府部门从国内税收中获取的份额需占国内收入的 40%。然而，国内收入计划转移支付的数额随中央政府收入的变化而变化。

在 2009 年，金融危机一年后，国家内部收入（用 GDP 占比衡量）从 2008 年时占 GDP 的 16.2% 降低至占 GDP 的 14.6%。在 2010 年，政府收入进一步降低，只占 GDP 的 14.1%。这意味着，现期的国内收入计划分配是基于金融危机年度中央政府的国家内部收入而进行计算，2009 年 GDP 增长 1.1%，国内收入水平较低，因此预期国内收入计划支付会有一些减少，但是，存在相当大的时间滞后。

同时，正如我们将要讨论到的，当地政府部门的财政盈余对国内收入计划波动能够起到缓冲作用。另外，正如表 11.3 所示，当地政府部门借债的水平占收入比例很小，每年债务服务需求较低，占总收入不到 3%。值得注意的是，实际盈余比表 11. 3 中所示的数字要少，因为在 2011 年实施改革前，政府公告系统并没有包括“继续占用”中发生的费用，“继续占用”是指地方政府部门需要负担的占用资本超过一个财政年度的费用。[21]

表 11. 4 列出了一个四年的地方政府按类型分的年度预算结余。这些预算结余在不同的部门里相对稳定。[22]正如提到的一样，地方政府的个人退休金账户是基于滞后三年的国家政府收入，这就延缓了政府收入对内部收入分配的影响。

中央对地方债务的监管通常是基于这种债券市场的性质，由于菲律宾地方政府部门债券对私人市场开放很有限，大部分的地方政府债券被政府金融机构持有，因此其借款由该机构监管。更正式地说，地方政府财政局通过其对债务服务的上限实施检查，事实上这代表了其有权批准这项借款。

地方政府部门的债务是通过财政部下属的地方政府财政局进行监管。在2002 年签订的协议要求政府金融机构、中央银行和地方政府担保公司把关于当地政府部门的债务上交给地方政府财政局。当地政府部门也要通过它们每季交给地方政府财政局的收入支出表提供有关债务和债务服务的数据。中央银行也要对 GFI 对地方政府的放贷和购买地方债券进行监管。[23]

表 11. 4　　地方政府的预算结余，2005—2008 年（百万比索）

类型	2005	2006	2007	2008
省	6. 2	5. 5	4. 7	8. 8
市	13. 5	19. 2	14. 9	21. 2
直辖市	7. 3	8. 2	7. 2	10. 7
总体	27. 0	32. 9	26. 8	40. 7

资料来源：地方政府财政局收支报告。

注释：在根据持续性拨款调整支出后，地方政府年度结余为报告结余的 1/2—1/3（见注释 23）。

地方政府对债务工具的需求

菲律宾的地方债务水平较其他国家相比来说偏低，做比较最佳的方式是通过考察其债务占国内生产总值的百分比，因为这把各国关于规模效应的经济因素都考虑进去了。据报道，菲律宾的地方债务占其国内生产总值的比例还不足 1%，而且即使把地方水利的间接债务加进去，这一比例还是不会有多大改变。[24]相比之下，在 2000 年的中期，发展中国家的地方债务占其国内生产总值的平均比例在

5%。[25]低比例意味着菲律宾的地方政府要么没有进行过度的资本支出，要么没有因为需求而过度融资。大多数支出似乎是出于发展的目的，而且规模相对较小。[26]当把菲律宾同“经济合作与发展组织”国家对比时，差距甚至更明显。对于发达国家来说，其2006年的地方债务占其国内生产总值的平均比例在6.7%。[27]

地方政府部门不愿意为公共基础设施投资而借款，导致菲律宾地方政府对债务工具的需求较低。[28]这些消极因素主要是由于一些限制因素，这些限制因素削弱了当地政府提供基础服务和推动经济增长的能力。[29]地方政府过于分散的结构导致提供基础设施缺乏规模经济。当地政府系统由一大堆各级地方政府的小行政管辖区组成，如果能形成各个司法管辖区之间在提供基础设施方面的合作，这种分散性就可以克服。[30]然而，当地的居民并没有向当地政府施压，没有要求政府为更好的基础设施和服务行业投资。服务提供系统几乎在所有部门都有分布。国家政府机构依旧在提供当地服务和融资方面扮演着主要角色，这其中包括使用自由基金。

最近的国内收入计划方案并没有很好得解决各地方政府部门财政能力不同的问题。事实上，来自中央政府的大笔国内收入计划转移资金对当地的税务工作有不利影响；收到大额国内收入计划转移资金的当地政府部门倾向于少征税。[31]当地的官员有强烈的动机直接向中央政府游说而获得资源，最近的一个研究显示，基于模型的理想政府管理指数和选举结果之间并没有强烈的联系。[32]

相对较穷的地方政府部门由于财政资金能力有限，缺乏借贷杠杆。房地产税提供了丰富的税收基础，但是要更大限度地利用这些资源还是有不少挑战的：土地所有权的问题，缺乏地籍调查，不愿接受当地评估者更新评估等级，以及当地中产阶级拒绝增加财产税。较小的当地规模经济导致当地税收收入的下降。结果是财政实力较弱的乡村地方政府部门更依赖国内收入计划和中央政府的财政转移来为当地的发展活动融资，也依靠执法者的“国库拨款”来进行基础设施建设例如农场到市场的公路、巴郎圭大厅以及其他的工程。

正在进行的关于改善土地和产权价值评估的国家政府计划正探索着向当地政府部门提供工具以进行土地价值的评估。[33]根据地方政府财政局的信息，很多地方政府部门已经开始意识到更新土地价值和更准确地评估措施里潜藏的巨大收入。这一计划已经导致《菲律宾评估标准》出台，这些标准是以国际上最佳的评估标准、信息技术系统的发展和支持形成以市场为基础的土地价值计划为模板。

收入较高的地方政府部门正面临着升级基础设施和服务的压力，这些压力来自于它们向城市中心这一角色的转变。位于菲律宾的公司和咨询中心等全球业务的增长和发展，正使大的地方政府部门发生转变，使得这些地方政府部门需要更好的基础设施，包括更可靠的和价格有竞争力的电力供应以及公共服务的供给。这些拥有高收入的地方政府部门主要从政府金融机构借款，并且，由于他们人口众多以及幅员辽阔的原因，它们在国内收入计划的份额也相应会更多。[34]

中央政府已经采用了公私合伙方案作为它在国家和地方级别提供基础设施的主要策略。如果让地方政府部门来管理好那些公私合伙方案项目，并且放松以上提到的那些对当地服务的约束，那么公私合伙方案是能够为地方政府的债务融资提供更多的潜在需求的。

而且在需求方面，受到政府政策的鼓励，中央和地方政府用公私合伙方案来发展基础设施建设，在这种政府采购方式下，需要培养地方政府与私人投资者和借贷人打交道的能力，[35]地方政府部门对借款的需求，尤其是基础设施建设方面的资金需求则可能会上升。公私合伙方案中的基础设施建设和地方政府部门更多的借款需求，将需要与中央政府之间更有效的协调，尤其需要与监管机构和基础设施机构的协调。[36]而且还有一个问题就是，公私合伙方案作为小规模和不产生利润项目的替代方案是不是依然有效。

次级政府信贷市场和债务工具的组成

菲律宾地方政府的债务要么是由更高层级的政府持有，要么是国有银行对其的贷款。尽管地方债券市场的发展在20世纪90年代末期加快了步伐，但是地方政府债券仍然没能成为债务市场的一个主要组成部分。

公共财政机构向当地政府部门放贷

1991年出台的地方政府法案很可能打开当地政府从银行、其他相似形式的信贷业务以及债务和其他权证等融资的渠道。尽管有很大潜力，但是政府金融机构的放贷依旧是地方政府债务资金的专有来源。地方政府很自然的首先向政府金融机构提出借款要求，因为政府金融机构拥有当地政府部门的现金账户。国内信用融资的主要来源是两个政府金融机构：菲律宾的土地银行和发展银行，两个专业放贷机构：地方水利部门[37]，和由MDFO经营的市政发展基金。[38]地方水利部门为地方的水利供应工程提供贷款，并且还向那些扶持发展的信贷提供长期的贷款。

在地方政府法案实施后的头几年里，菲律宾国家银行（后来私有化了）和土地银行是地方政府最大的两个贷款提供者。在1995年，菲律宾国家银行贷了60亿比索给地方政府，土地银行贷了50亿比索给地方政府。菲律宾的发展银行正考虑打开对地方机构放贷的大门。市政发展基金贷给水利部门20亿比索，而地方水利监管部门贷给水利部门80亿比索。[39]

在1980年的大范围违约之后，政府金融机构再次向地方政府敞开了它们的放贷大门，而这次，政府金融机构注重于那些收入更高的地方政府（收入的高低是由它们当地政府债务组合的平均规模决定）。那些债券的利率和主要的商业债券的利率几乎是一样的，这说明它们给当地政府分配了一个低风险溢价水平。平均期限比那些商业贷款的期限更长，大约在2—4年。

1995年后，菲律宾的土地银行和发展银行放贷的数量迅速增长，部分原因是由于菲律宾国家银行在银行私有化之后就退出当地政府的信贷市场了。[40]而且，土地银行和发展银行开始把国外借款转贷给地方政府部门，这又增进了它们与当地政府部门的存款关系。

政府金融机构积极使用存款关系和政府报告来创造信用和投资工具。它们为资产项目的放贷决定是基于国内收入计划和当地政府部门的收入流而不是基于这个项目的收入流，它们把短期贷款和未来的预算联系起来，使得地方政府在获得收入之前获取资金。[41]它们也使地方政府部门能够通过利率和金融报告来套利，例如，基于当地政府部门的存款并向它们发放贷款，并且在仍然能报告高储蓄的同时，允许地方政府获得投资收益的利差。这些措施帮助政府金融机构有效地处理了放贷给地方政府部门的风险，同时使地方政府部门可以为其资本项目向商业银行借款并融资。

贷款给当地水利部门的地方水利监管部门则遭受着结构性问题的困扰，这些结构性问题使其无法扩大其在当地水利供应项目融资中的占有率。由城市发展基金办公室发放贷款的增速同样缓慢，它在1999年达到了27亿比索，而在2010年的第三季度，其外部贷款也就37亿比索。在其他的可能来源中，政府养老基金满足于投资高收入政府债券，同时大量投向商业地产和股权投资。这些因素阻碍了它们投向地方政府信用市场。

表11.5总结了目前菲律宾地方政府债券市场的结构。总的来说，在一个相对较小国内债券市场中，几乎全权由政府金融机构向菲律宾的地方政府部门提供信用。菲律宾的信用系统主要由银行主导，一般而言，随着金融系统的逐渐成熟，它们倾向于用另外的方式替代银行提供信用，这通常包括以存款为基础的机构和各种形式的长期投资的保险业。正如将要提到的，菲律宾官方已经出台了关于促进拥有高收入和可以自我支撑项目的地方政府部门向私人部门寻求贷款的政策。然而，尽管之前为达到那个目标付出了诸多努力，但现状是：在向地方政府部门放贷的渠道上，国家金融机构依旧处于统治地位，见表11.6。

表 11.5　　菲律宾当地政府债务市场的结构

机构	借款成本	债务工具
贷款主要是由国有银行发放的。而且，有些在资本市场发放的债券，使用了债券保险，这些债券保险依靠转移救助条款。一些特殊借贷基金。	大部分是遵循市场利率。政府银行可以利用政府间转移的截留/抵消来获得还款。当地政府一般须通过政府银行来获得存款。	银行贷款和 7 - 10 年到期的债券。一些得到补助的转贷项目使用特殊目的的投资基金是 15 年过期的。

资料来源：Petersen 和 Soriano 2008。

表 11.6　　未偿还债务和当地政府部门的贷款（2010 年 9 月 10 日）

	数额（十亿比索）	占总额的比例（%）
来自政府金融机构的贷款	58.29	85.69
菲律宾的土地银行	43.25	63.59
菲律宾的发展银行	3.26	4.79
城市发展基金办公室	11.77	17.31
来自私有金融部门的贷款	8.94	13.15
菲律宾国家银行[a]	3.67	5.39
菲律宾退伍军人银行[b]	5.28	7.76
未偿还债款	0.79	1.16
当地政府部门担保公司	0.25	0.37
菲律宾退伍军人银行[c]	0.54	0.79
总额	68.02	100

资料来源：当地政府财政局。

注释：a. 之前，一个当地政府部门在它私有化之后仍能一直保持抓住当地政府部门存款的能力；b. 一家私有银行的董事会是由总统决定的，他们有能力守住当地政府部门存款。未列出来的是地方水利监管部门价值 200 亿比索的未偿还贷款（贷给水利地区的）；c. 这一金额或许包括由菲律宾退伍军人银行担保的银行贷款和债券。

2010 年 9 月 10 日，在所有 680.2 亿比索地方政府部门的未偿还债券中，有 86% 是来自政府金融机构，而只有 90 亿比索（或 13%）是来自两个私有银行，一个是按照法律规定的菲律宾退伍军人银行，另一个是得到货币委员会特殊授权的菲律宾国家银行。似乎只有 1% 的当地政府部门债券是来自其他私有金融部门，这些私有金融部门（主要是银行）已经买了由地方政府部门发放的债券，并且得到来自地方政府担保公司或菲律宾退伍军人银行的保证。

菲律宾债务服务限度和很多国家类似，可能比其他一些国家更严格。很多国家对债务服务设置了一个以债务服务与每年收入或支出为比例的最高上限。[42]一些国家对每年借债与政府的总收入的比例设定一个限制（对于短期借债来讲是合理的，但涉及长期债券时则就不那么合理了）。总的来说，对责任借款（借款由地方政府的信誉和一般性收入，比如销售税和财产税来保证）设置限制还是不无道理的。但是它无法解决当地政府部门不拿一般性收入作为偿还债务的保证，而是依靠其他收入或非一般性收入这种情况，借贷是由项目产生的特殊收入或自我支撑的收入来保证的，而这些项目是来自这些债券来融资的（这一问题将在后面得到解决）。[43]

然而，法律规定的债务限额对地方政府部门的借贷并未真正的产生阻碍。考虑到当地政府部门借款人对贷款资金的需求并不是很强烈，因此达到债券限度的情况很少。一般来说，就当地政府部门整体而言，总债务服务支付额等于正常收入（取决于这个概念是如何定义）的2%—3%。而且地方政府部门每年的借款额大约保持在其总收入的2%—3%（最近，40—60亿比索的借款，而收入差不多有2 000亿到2 300亿比索）。根据地方政府财政局的数据显示，当地政府部门的借款额度接近（或者非常接近）债务限额的情况很少出现。总的来说，当地政府部门优秀的偿还记录证明，任何系统性财政紧张或不谨慎尚不存在。

然而，债务容量的限制使得当地政府部门失去了一个潜在的借款机会，即尽管债券限制使那些基于一般性收入（包括国内收入计划）的借款看上去更合理，但是它并没有考虑到当地政府部门或许更想通过抵押某些特殊保证的收入或资产，而不是一般性收入来借款的这种情况。这种情况用债务市场（这里没有一般性收入的保证）的术语来说就是“收入债券”或“有限责任”。目前，对那些地方政府部门来说，那种类型的借款似乎不存在明显的管理制度。然而，那套方法是菲律宾的供水区域正在使用的方法，这些供水区域的水费贷款是由水费以及当出现违约情况下允许地方水利监管部门接管供水的“介入条款”共同保证的。[44]

地方政府财政局已经在它的当地政府部门账户的表格中识别了“信用基金”。在政府范围内利用“信用基金”进行商业运作是其积极正面的发展。另一个便是自己可以管理的特区或管辖区的建立，特区或管辖区和放贷人签订一个信用合约运作，它们的运作与当地政府部门每天的预算和政治问题相分离。在这些情况下，需要现在经营的记录或严格的可行性研究。评级机构的作用通常也很重要，因为评级提供了信用质量和债务的可市场性的标准评价。有时，在项目变得能自给自足之前（在这时其义务便不再是基于债务限制的），需要一般的收入来担保债务服务。[45]然而，正如卡努托和刘（2010）提到的一样，在缺乏合适的管理结构和金融透明性的情况下，特区等各种类型的安排能为特区的所有者（地方政府）带来财政风险和意外的责任。

把特殊基金规则作为当地政府部门资本需求的融资方法，需要遵守合法可实施的合约，而且在这个合约里，地方政府部门（或者由其建立的特殊基金或区域）

必须把这个项目当做商业企业来经营，并且要同意和债权人合作。为了防止债券发行人或借款人的违约风险，必须签署一些保护投资者的条款。最近在水利区域（它包括私有金融部门，而且它并不依靠国内收入计划的保证）的流转放贷项目需要受到仔细的评估，因为这种发展中的融资工具或许在菲律宾会有更广的用途。

私人信贷和资本市场

地方政府部门已经能进入私人信贷市场了，但是最近它们仅仅是通过发行债券进行间接的接触，而这些债券大部分是被私人银行购买的并且得到地方政府担保公司的保证（或者菲律宾退伍军人银行）。除了其他一些个例，私有金融机构直接贷款给当地政府部门的案例几乎从未出现过。目前大多数的地方政府部门债券都是 7 年有效期，这符合银行基金处于短期到中期的特点。然而，地方政府部门发行债券从 2006 年中期就不太频繁了。私有金融部门向当地政府部门直接贷款的项目已经启动了，主要是使用贷款保险和清算工具。[46]这些交易是同新的由 IFI 赞助的水利流转基金项目一起完成的。这些新项目旨在使私有金融部门直接向当地政府部门贷款。地方政府担保公司正在打包三种这样的贷款。

私有金融部门很清楚地方政府部门的放贷和储蓄行为代表了政府金融机构能获利的区域；如果它们能克服这些障碍，它们将会对进入地方政府的债券市场充满兴趣。人们已经意识到，利用国内收入计划付款（或者国内收入计划的一些其他应用）可能会使当地政府部门的偿还率保持高水平。[47]正如提到的一样，私有金融部门获得国内收入计划付款本来一直就是一件很困难的事（这需要政府金融机构的参与，因为它们是充当地方政府部门存款的角色）。[48]对于当地政府部门偿债能力和意愿也是大家关心的一个问题，尤其是考虑到菲律宾三年一次的选举。然而，地方政府部门在现已实施的信用体制在国内收入计划的截留/抵消下，其偿还政府金融机构的信用记录近乎完美。

菲律宾在早期曾努力打造一个地方债券市场，这受到了广泛的国际关注，而且它创新性的使用债务保险也证实了大家的关注是值得的。在 1990 年末期和 2000 年早期，曾出现过一阵地方债券的发行浪潮。在 1997 年，菲律宾把地方政府担保公司当做地方政府部门贷款和债券的私人保险人[49]这一行为使得上述这件事情的发生成为可能。在 1999 年 5 月和 2010 年 12 月，地方政府担保公司担保了由 16 家当地政府部门发行的 19 份债券，总计 32. 5 亿比索。[50]得到融资的项目包括和旅游相关的基础设施项目，例如 Tagaytay 城市文化中心和 Caticlan – Boracay Jetty 港。公共市场、商业中心、公共中转站、屠宰房、房屋项目、医院、文化中心，体育馆和一整套结实的垃圾管理系统也同样得到了融资。超过 27 亿比索的由地方政府担保公司担保的债券在 2010 年 12 月已经全部赎回，据估计差不多有5.9亿比索的债券还没有偿还。[51]

然而，发行债券是地方政府担保公司做出的第一步，而且它的活动范围不止于此。在2006年，它开始为银行贷款提供保险（或担保），这种保险并不包括发行可市场化的债券，而是为了适用于个人银行贷款和混合银行贷款。[52]在过去的五年里，这类活动的数量增加了，尤其是在水利区域和其他国有公司的购买者。表11.7展示了地方政府担保公司在2010年底的所有活动。正如显示的一样，在2010年底，地方政府担保公司的每年新保险业务额大概保持在9亿比索一年，而且总的未偿还担保额达到了20亿比索，这其中大约有5.89亿比索是代表当地政府部门的未偿还债券。

表11.7　2010年地方政府和其他实体债务余额（在地方政府担保公司的担保下），按照债务类型分类

地方债务类型	百万比索
地方政府债券	589
水区贷款	748
市政企业贷款	151
地方政府银行贷款	518
合计	2 006

资料来源：LGUGC，2010年11月31日。

注释：LGUGC：地方政府担保公司。

菲律宾退伍军人银行从2003年开始就担保了5.05亿比索的当地政府部门债券。[53]这种债券7年到期，另有两年的宽限期。然而，截止到2009年底，大部分债券都已全额还清，菲律宾退伍军人银行只有将近1亿比索的债券余额。

地方政府担保公司和菲律宾退伍军人银行保证了地方政府债券的发行，地方政府在这两者的担保下发行的债券合计达到了35亿比索，其中只有5亿比索（大概是15%）还未偿还。这期间，一直都没有发生赤字，先前发行的债券都已还清，而剩下的那部分早在到期日前就还清了。清还债务的大部分资金源自从政府金融机构的贷款再融资。[54]

当地方政府担保公司在20世纪90年代末兴起时，掀起了一股发行债券的热潮，人们认为债券市场即将“一夜成名”。[55]然而，截止到21世纪前十年中期，债券的销售速度极大降低。这主要因为，一方面，私人债主们担心政府金融机构是在保护地方政府自己的企业——他们会排斥其他企业向地方政府提供贷款资金；另一方面，政府金融机构有着强有力的信息优势，他们持有地方政府的存款单，从而知道地方政府的融资行为，可以识别潜在的债券交易。[56]

另外，政府金融机构（GFIs）并不情愿实施国内收入分配，或者从私人金融机构获得财政收入。这是因为，在地方政府看来，发行债券不仅会涉及额外的成本，而且还会有行政审批的延误。[57]但从政府金融机构借款却可以避免这些成本和延误，这是由于向政府金融机构的借款可以由国内收入分配的转移支付的抵消作为担保（政府法规规定地方政府单位必须把钱存入政府金融机构）。[58]由于这一政府法规，政府金融机构占据优势地位，而私人融资活动则处于不利地位。[59]还有一点很重要，货币政策委员会制定了一个更广泛的政策来约束私人金融机构，即禁止私营部门作为地方政府的储蓄服务机构，除非货币政策委员会公布弃权说明书，允许个别的地方政府和私营企业建立这种银行关系。这是阻碍私人金融机构向地方政府提供贷款最根本的原因。

信用评级，项目融资以及债务工具

目前，菲律宾依旧没有一个及时的、能够被大家广泛使用的地方政府单位的财务信息披露系统，也没有一个“独立的”、公开的评级机构。地方政府担保公司会发布它所投保的或者打算投保的债券的评级。这些信息的缺陷倒也不是当下政府金融机构出借人的主要问题，他们把地方政府的国内收入分配的转移支付作为债务的基本保障。[60]然而，如果要开拓地方资本市场，那么可用的操作数据、完备的财务可行性报告，以及信用评级将显得很重要。

在银行资本充足率方面的规定中，地方政府贷款与商业贷款享受同等待遇。然而，在地方政府担保公司的担保下的市政债券却有着更优厚的待遇。[61]只要银行投资满足了某种资本的要求，银行资金就一直把地方债券作为一种资产投资，[62]因为这种地方债券能满足这种要求。据报道，长期投资者对地方政府债券和债务有着相当大的需求。[63]过去，一些私人银行确实受到了地方债券在多元化方面局限性的影响。

另外，还有些机构投资者，例如生命保险、养老金系统（公共的和私人的）以及私人信托等，他们对长期固定收益债券都有需求。这些投资者往往趋向于投资国民政府证券。然而，总体来看，菲律宾的金融投资机构不够发达。由国民政府主导的债券市场（超过95%的债券），增长主要在商业票据领域取得了发展。然而，菲律宾交易与贸易公司的固定收益外汇理财产品的发展改变了这一情形。这一发展将提高菲律宾资本市场的流动性，同时也会增加债券的需求。这一新型理财产品已经发展成为一个政府债券的“收益率曲线”，被其他固定收益债券用作参照标准。然而，只有当地方政府债券的发行量足够大时，才能在交易所上市。

菲律宾似乎在吸引私人金融机构到地方政府方面取得了新的进展。为调动私人资金对水利发展区域的投资，菲律宾建立了菲律宾水利基金，并已经批准了一些私人企业的参与。[64]在地方政府担保公司提供信用担保的前提下，菲律宾发展银行和私人企业可以联合融资。如果私人出借人不打算展期（当下期限是10年），城市发展基金办公室（在地方政府这一情形下）以及菲律宾发展银行（在水利区域这一情形下）能够为私人金融机构贷款再融资提供一个备用贷款。2011年的2月，五家私人商业银行给九个水区提供了10.69亿比索的债务。另外，7.47亿比索的联合债务发放给了两个水区。

私人金融机构似乎对那种营利性的实用型投资更感兴趣。[65]例如，如果信用安全问题得以解决，水区贷款似乎会更容易。这可能还因为，看起来水区被更专业地管理着。[66]选举周期可能会影响到地方政府官员的行为，他们也许会钟情于知名度高和见效快的工程。[67]

总之，私人金融机构对那些独立于地方政府日常监管之外，并且由专业团队管理的机构或者区域债券很有兴趣。在这一情形下，债券的发行由项目的相关规定和它本身的贷款合同（“收益债券”）所控制，而且它并不依赖于政府的一般收入（以及国内收入分配的转移支付）[68]。

既然地方政府账户设立的改革已经有了新进展，那么支撑项目融资的新法律结构也值得更深入的研究。人们认识到，地方政府有一种信托账户，这一账户并不是定期的年度预算拨款的一部分，而是在信托期间，将作为一个限制性账户发挥作用。地方政府可以限定其资金或者拨款的用途——此处指，企业的收入必须用于支持企业运作以及清偿债务。如果有这样“专项资金”的规定，那信托账户方案就是可行的。[69]

对于长期的基础设施建设融资来说，增加贷款期限至关重要。除了IFI基金以外，还有菲律宾债券市场以及银行贷款市场，一般都是提供长期债券，而中期债券相对缺乏。相比之下，私人金融机构发行的债券，通常有着高低不同的利率。短期债券的匮乏是许多发展中国家地方政府常常面临的困难（当然，在发达国家也是一样，尤其是当存在严重通货膨胀威胁时）。短期债券和可变利率的债券能够在市场利率发生巨大变动时，防止债权人的资产贬值。

在这种情形下，修正债务条款最典型的方法就是发行期权，使之既能保护债权人又能保护债务人。对于债权人来说，在市场利率上升时，他们希望自己可以防止他们的债务贬值。而对于债务人来说，在市场利率下降时，他们希望自己能够防止他们的借款增值，如果他们持有看涨期权，那么他们就能以较低的利率再次贷款融资。

直到最近一段时间，菲律宾地方政府的金融市场才开始运用这些期权。[70]

信贷市场的近期发展和未来前景

建立一个有竞争力的、多元的地方信贷市场是菲律宾政府的一个长久目标。[71]

菲律宾还处于一个长期的实验阶段。在地方政府的融资中，除了可选择性的情形外，私人部门的金融市场只是一个小小的配角。不过，对于他们来说，目前正涌现出新的机会。

一直以来，正如很多其他国家一样，银行贷款满足了菲律宾地方政府的信贷需求。许多国家都在向有私人债主们参与下的、更具有竞争力的市场结构进发（Canuto 和 Liu 2010）。但还有些国家，包括菲律宾在内，仍旧主要依赖政府金融机构给地方政府信贷融资。在大多数情况下，这一途径最初在疲软的国内信贷和金融市场下是必要的。另外，无论是在政治结构还是经济结构中，地方政府都处于从属地位，还得要依靠中央政府的引导和支持。

1991 年的地方政府法，致力于改变地方政府和中央政府的关系。这一法案赋予了地方政府更多的自主权和责任，给地方政府提供了大量的转移支付（国内收入分配的转移支付）。目前这一收入占到了地方政府财政收入的 65%。同时，这一法案也赋予地方政府更大的借贷权。与此同时，在 1996 年与信贷相关的地方政府法实施后，地方政府的融资框架也得到了发展。伴随着这一法案的颁布，我们能预见到，公共和私人金融机构都将向地方财政部门注入资金。在高收入地区和自筹经费的项目中，地方财政部门将作为主导力量，并逐渐引领私人金融机构的参与。[72]

法案的主要目标在于加大地方政府从私人资本市场融资的可持续性和黏性。[73]对于财政能力较强（或者有大量自筹经费项目）的地方政府，其政府金融部门应该扮演着传送带的角色，帮助地方政府逐渐向私人资本市场进发。然而，这些目标很大程度上并没有实现。这主要是因为政府金融部门有向地方政府提供贷款的激励，这源于他们在信贷关系中的优势地位：一方面他们能监管地方政府的存款，另一方面他们处理地方政府债务事务的能力很强。地方债务向私人金融机构的转型需要一个漫长的过程。

想要开拓地方信贷市场，使之更具有竞争力，那么首先得解决信贷的需求和供给问题。对于需求方而言，完善地方政府的财政体系和问责制度，从而给民众提供更好的服务，这一点非常重要。正如第三部分所言，地方政府在债务工具方面的需求少是由诸多原因造成的。这些原因包括：民众（对于更完善的基础设施服务的需求）压力的缺失、在基础设施建设中地方政府间通过合作运用规模经济的困难，债务和财政能力的贫乏，开发项目技术能力的不足，以及国家立法者运用“政治分肥”项目的可能。这些因素极大程度上导致地方政府贷款的风险超过了其在进行基础设施建设投资和融资中所获得的潜在收益。

具有较高收入的地方政府逐渐城市化，由此面临着完善基础设施建设和服务的压力，他们很可能需要更多的债务工具。因此，放松贷款约束能够帮助这些地方政府成为更可行的借款人。为中央以及地方各级政府提供基础建设资金，中央政府实施了公私合伙方案。这一计划挖掘了地方政府对债务融资的潜在需求，尤其是在几个主要的市中心，他们强大的财政能力使得公私合伙模型对包括私人金融企业在内的私人投资者更有吸引力。制定严格的行业融资政策有助于减少中央政府资金的特殊分配问题，同时也会减少地方政府向有权自行分配资金的中央政府进行游说的动机。

菲律宾的地方政府和债权人都很依赖于国内收入分配，这就导致了市政债券就像国家债务一样，在各地方均匀分配。在市政债券市场发展的早期，基于财政转移支付发行的债券和中央政府的担保有助于开拓市场。但是市场的继续发展则需要金融工具的广泛使用，并更多的基于地方政府自身的财政收入状况以及各政府信用度的划分。一方面，金融工具，在地方政府自身的财政收入与他们进入金融市场的能力之间建立了更紧密的联系，另一方面，反过来，地方政府进入金融市场也有助于完善地方问责制度。

收益债券，把工程融资和收入税相结合，作为一种强大的地方基础设施建设融资的金融工具，已经被包括美国在内的许多国家广泛使用。[74]这一债务工具将项目的收入流作为债务的担保。菲律宾水区债务工具的最新发展也显示出同样的方向——根据“介入条款”，水区以水利工程的未来收益作为“水利收入债券”的担保。按照法规，水区独立于地方政府账户，正如一个政府里的自营公司一样，可以独立运作。水区的设计可能更适用于经济发展体或者基础设施建设区域这一更广的概念，一定程度上他们并不受地方政府的日常监管。

另一个常被运用的债务工具——税收增额融资制度（TIF）——也有助把地方政府自身的财政收入和基础设施建设融资联系起来。包括美国在内的许多国家都用这一工具为基础设施建设或者其他改善社区项目融资。税收增额融资制度以能预计到的未来的收入为运用条件，也就是用未来的税收收入给当下发展融资。诸如能源和水利等基础设施建设项目的竣工，通常会引起周边房地产的升值，从而产生了一笔额外的税收收入。[75]税收增额融资制度把特定区域内的税收增额收入用来偿还为工程融资而发行的债券。通过向未来财产税的增加额“借款”，这一制度给公共及私人项目提供了资金。

地方政府信贷市场向私人部门开放可以降低融资的成本。把私人金融机构引入地方政府部门，菲律宾在这一方面取得了新的进展。在公共和私人金融机构的参与下，菲律宾水利基金为水区和地方政府单位提供了联合贷款。尽管私人（公司）债券市场在许多发展中国家比较薄弱，同样在菲律宾也还是薄弱，但，如果能妥善地发展，私人债券市场中的长期债券似乎是基础设施建设进行融资的理想工具。另外，生命保险公司、养老金系统（公共的以及私人的），还有一些个人信托公司等机构投资者都是长期固定收入债券的潜在需求方。

结论：菲律宾地方债务市场面临的局限和机会

菲律宾代表着一类新兴经济体，他们正探索着开拓地方债务市场。近些年，菲律宾在与地方债务相关的法律制度上有所突破，并且在信贷市场金融技术的发展方面也取得了一些进步，这些都促进了地方债务市场的发展。其中，地方政府法案授予了地方政府广泛的借款权，而地方政府担保公司的诞生也鼓励了地方债务，这两者都是开拓地方信贷市场的先锋。

然而，目前在菲律宾，只有小部分经验丰富的、城市地区的地方政府利用了他们在信贷市场的主动权，大部分地方政府仍然是被动地前进，他们只是前瞻性地使用新的权利来提高自身的财政境况。地方财政和问责体系的局限性一定程度上阻碍了地方政府进行完善基础设施服务项目。正如前文所述，地方政府较少地介入信贷市场，虽然可以避免一些严重的财政问题，但也阻碍了他们自主发展地方经济的积极性。

建立一个有竞争力的地方信贷市场是菲律宾的一个长久的政治目标。尽管菲律宾在努力地发展更多元的地方信贷市场，但向私人融资活动的转型过程缓慢，政府金融机构仍然是地方政府融资的主要出借方。要发展一个有强劲竞争力的地方信贷市场，必须解决需求和供给问题。对于需求方而言，完善地方政府财政体系和问责制度，从而为市民提供更好的服务，这一点至关重要。对于供给方而言，放宽私人参与信贷市场的限制，将提高信贷市场的竞争力，降低融资成本。另外，试点运用新型融资工具也会有所帮助。通过这种方式，在地方政府自身收入与他们进入信贷市场的能力之间建立一个更紧密的联系，而这个反过来，也会完善地方政府的问责体系。最近，菲律宾鼓励地方政府和私人债务市场之间进行更多的合作，这一尝试将为一个更富有竞争力的、更多元的地方债务市场的发展开拓道路。

注　释

本文所述的发现、解释和结论，均属作者个人观点，不代表世界银行、世界银行执行董事会及其所代表的政府，或者外部作者可能属的任何机构的观点。

1. “subnational government ”与“local government”这两种术语在本章中可交替使用。1991 年地方政府法典里说明了国家对于权利下放的法律制度，在本书中其他章节同样可以交替使用。

2. 本文撰写过程中所咨询机构包括：ARD 有限公司（2000）、ARD 政府财政集团（2001）、Janet Tay 咨询公司（2007）、Llanto（2007）、Pellegrini 和 Soriano（2002，2006）和世界银行与亚洲开发银行（2005）。

3. 政府财政机构主要包括菲律宾发展银行、菲律宾土地银行以及两个专业转贷机构：地方水务管理部门与市政发展基金会。第四节将会具体说明地方财政机构。

4. 1991 年《地方政府法典》第 1 册，第 7160 号共和国法则第一章第二节“政策声明”。

5. 世界银行与亚洲开发银行，2005。

6. Llanto，2011。

7. 2012 年 3 月 31 日，数据来自菲律宾国家统计协调委与菲律宾国家经济发展署。

8. Manasan（2005）和作者计算。

9. Llanto，2011。

10. Llanto，2011。

11. Llanto，2011。

12. Petersen，2004，463。

13. Llanto et al. 1998。

14. 长期资本投资借款被称为“黄金法则”。刘和 Waibel（2008）统计了采用黄金法则作为地方财政制度改革的一部分，并用其管理地方政府债融资的发展中国家的数量。

15. 1991 年《地方政府法典》第 303 节。

16. 被排除在收入之外的项目似乎很少，除了特殊安排项目，或者一些国家补贴以外。国内收入计划和国家财产支付占国家支付的 98%。并不包括地方自有来源（除特殊安排项目）。事实上，囊括了 99% 的自有来源收入和国有来源收入。

17. 用最大总量减去现有年度债务总额（称为折旧）从而计算净剩余债务上限。用净剩余债务上限乘以年金因子，因子与债务本金支付期限与利率一致。换句话说，对举债能力的评估看中的是贷款与所发行债券的细节，当借款结束时，是否有多余的举债能力。

18. Petersen，2004，464。

19. 作为一项政策，财政部不会为从国外贷款者处借款提供主权担保，包括从多边机构。

20. 见菲律宾国家经济发展署，2011 http：//www. neda. gov. ph/econreports_ dbs/NIA/GNP_ GDP。

21. 例如，一个地方政府部门如果不能完全在某一年内结束一项资本投资项目，可以第二年继续剩下的拨款并完成支出。然而，在 2011 年之前的官方报告系统并没有包括“连续拨款”支出，由此导致未上报支出以及过度上报盈余。世界银行近期的当地政府部门数据分析报告估计称，经过校准“连续拨款”支出后的年度当地政府部门盈余加总范围包括从之前上报的一半至三分之一。

22. 不幸的是，地方政府财政局并不能提供资产负债表的信息。同时也指出借款被列为“收入”，这在技术上是错误的。然而，因为较低的借贷水平，地方政府收入的数字上进行加总的调整对收入数据影响并不大。

23. 在这方面，菲律宾央行要求地方政府财政局对资金来源于当地政府部门债券的项目进行监管。然而，目前来说，地方政府财政局除了对基本的债务负担进行评估，还不会采取技术能力评估。

24. 直接的债务数字略微偏低，因为它并不包括水利区域或当地水利部门的未偿还债务，这被视为次级政府的间接债务。水利债务在2007年底达到了177亿比索。然而，尽管这一数字增大了一倍，但是其占GDP的百分比依旧是刚刚超过1%。而在2009年底，地方政府财政局报道的当地政府部门债券有700亿比索。当地水利管理部门还贷了210亿比索给水利区域。

25. Petersen和Soriano，2008。这个样本来自2006年的20个新兴、处于转型的国家和它们次级债券数据。

26. 一个有趣的对比来自中国，中国由地方政府所有的城市发展与投资公司从金融市场融资主要做的是基础设施投资。中国地方债券规模数额估计占其GDP总量的16%左右。

27. 拥有联邦系统的美国则给其他国家提供了一个很好的对比。地方政府债务加起来大约占GDP总额的20%（来自美联储系统《资金流》）。在美国，大部分公共服务是分配给地方（州和市）政府做的，而且其大部分基础设施（机场、教育设施、高速公路、港湾、下水道设施、排污设施和水利）都是由地方政府所有并运行。私有企业主要是在电力和通讯行业的基础设施提供方面占主导地位。总的来说，州和当地政府拥有的设施占了60%，而私人所有的占了大约40%（见Petersen和Vu，2011，4）。

28. 除非另有说明，这一节的资料来源主要是来自世界银行在2011年1月到2月之间执行的任务。

29. 约束限制的分析来自世界银行（2010），它提供了这些限制更为详细的分析。

30. 这些例子可以在美国的特殊车辆安排、法国区域政府合作安排（涵盖一系列的服务例如：水利供给，家庭垃圾和排污）中找到。法国有很多小城市（见本书第六章，来自刘、Gaillard和Waibel）。

31. 见Manasan，2007。

32. 见Virola et al.（2007），他的研究利用了2004年和2007年的选举数据。

33. 在世界银行澳洲援助的土地监管和管理项目阶段二中，DOF拥有一个资产估价办公室，这体现了世界银行付出了极大的努力通过合理的土地评价和评估政策和手段帮助感兴趣的当地政府部门。DOF资产评价办公室将会在一项有政府支持的法案中被国家评估权威替代，不过前提是它必须通过国会投票获得合法性。

34. 这些高收入的当地政府部门收到更多部分的国内收入计划，但是国内收入计划占他们总收入的份额比那些低收入的当地政府部门小，正如在第二节中提到的一样，这主要是由于高收入当地政府部门有更强的创收能力导致。

35. 据报道，当地政府部门正犹豫是否和私人部门共同接手大型基础设施项目，这主要是由于它们之前缺乏同私人部门合作这类项目的经验。

36. 中央政府部门和机构包括：公共工作和高速公路部门、交通和运输部门，以及类似收费管理董事会和能源管理委员会这类的管理机构。

37. 当地政府部门首先必须识别水利区域。建立地方水利监管部门的目的是向水利区域放贷。

38. 市政发展基金本身并不是 GFI，但是它和菲律宾的土地银行和发展银行一起组成了向当地政府部门发放贷款的三个最大的政府放贷机构。从技术层面来说，MDFO 是财政部门的一个分局，它并不是 GFI 机构的一个"自由体"。所有的政府金融机构和 MDFO 都受到财政部的监管。

39. Llanto et al. 1998，4。这个时候一美元兑换 50 比索（1995）。

40. 这一天，菲律宾国家银行的地位依旧不确定。尽管银行是私人所有，但是出于和当地政府部门交易的目的，财政部门依旧把它列为 GFI 之列（见 2010 年的财政部门年报）。

41. 据估计，贷给当地政府部门 80% 的款项是用于资本项目，而其他的 20% 则是用于充实现金流的目的（考虑到收集税款或补救支付的借款）。

42. 有关债务服务限制的财政规定，见刘和 Waibel（2008）。

43. 国际统计在定义上存在一定的分歧。一般来说，美国关于地方部门的数字把限制和非受限的负债作为当地债务。其他的"经合组织"国家通常并不把当地政府拥有的能自给自足的企业纳入，而且限制并不涉及债务。惯例也各有不同，这可能会导致当地债务数量的不同。

44. 近几年和菲律宾银行家们的讨论表明，在没有向国内收入计划获取保证的情况下，银行在贷给当地政府部门的项目时就会很谨慎。例如，一个自给自足的项目可以在不用靠当地政府部门借款能力的情况下"自己付清"。这可以通过使用"信用基金"来完成，而这种信用基金本可以用来分配来自企业运营的收入。（这可以被称作美国的"特殊基金条款"，而且是"收入债券"结构的基础。）通常情况下，债务界限并不适用于这种商业类型的债券，尽管这是由政府部门执行的，而在美国和欧盟确实是这种情况。发行的测试是一个纯市场测试：当投资者购买的有价证券得到了担保，他们会放心购买这些债券吗？（他们无法向一般性收入进行求助）不足为奇的是，很多这种债券是以混合债券的形式存在。在出现贷款违约的情况下，我们认为地方水利监管部门拥有"介入条款"，它将可以运营相应设施而不是管理违约的水利区域。

45. 这些债券被称为"双债券"，因为当它们能自给自足时是收入债券，而当它们不能自给自足时，则是一般性债券。一般的惯例是，当它们能自给自足时，并不把它们和债券限制放在一起计算。

46. 一家大型的私有商业银行总共拥有的当地政府部门贷款许可在 3.22 亿比索左右，而这一数字在 2007 年的时候是 6 100 万比索（主要原因是当时它与当地政府部门并不存在存款的互利关系）。这家银行仅仅给个别当地政府部门放贷，这些当地政府部门必须是处在由地方政府担保公司提供的贷款保证中的第一或第二位，而且要求进一步得到由当地政府部门借款方签署的国内收入计划准则。目前，地方政府担保公司已经为这家商业银行给当地政府部门贷款提供了 30 亿比索的保证。在国内收入计划（或者其他国家政府付款）被存入账户前，只有 MDFO 有权力使用国内收入计划权力。当涉及政府金融机构和私有银行时，贷款证券便成为当地政府部门的储蓄账户。这些存款由国内收入计划、自己的收入和其他当地政府部门收据组成。更准确地讲，银行可以挪用那些存款，但不是国内收入计划基金本身。这是一项清偿的权力，在贷款支付短缺的情况下，银行可以利用这些资金补足缺口。

47. 当地政府部门贷款的偿还率很高，大约在 98% 左右。这种偿还率很受 MDFO 的欣赏，因为 MDFO 拥有全部的 intercept（这种 intercept 和政府金融机构拥有的抵消特权相对立）。

48. 据报道，GFI 贷款的工作人员在保留他们的当地政府部门客户方面存在着一定的压力。

49. 在一开始，51% 的地方政府担保公司是由菲律宾的银行协会所拥有，而49% 是由其发展银行拥有。在2002 年，亚洲发展银行购得了25% 的股权。

50. Caloocan 在2000 年12 月5 日发行了三种总价值在6. 2 亿比索的债券。从公共市场出售的价值1. 85 亿比索的债券在2003 年5 月14 日全部偿还。

51. 地方政府担保公司在2010 年12 月的记录。

52. 出于政策的原因，地方政府担保公司将对债券的债务服务付款进行100% 的担保，而它对受保银行债券的债务服务的担保度只是在85% 。

53. 从2003 年到2006 年，一些城市发行了由菲律宾退伍军人银行担保的债券，这些城市包括有 Batangas，Masbate 和 Tacloban。这些债券为牧渔港口、冷藏储备设施、公共市场和交通枢纽提供了资金来源。

54. 这里存在一些时间因素。在21 世纪前十年中期，菲律宾的市场利率大幅下跌，从而政府允许财政部门从先前的市政债券交易中再融资。然而，私人资本市场的参与者却认为，财政部门基于那些富有吸引力条款的再融资意在阻止私人资金进入市场。

55. 一个私人保险公司，和一个扮演受托银行角色的姐妹公司，联合发行了2 亿比索地方政府债券，这是 Cagayan 省为了在 Tuguegarao 市建造商业中心而发行的。

56. 财政部门有很多分支机构（尤其是土地银行）。土地银行的存款中大约有65% 来自于政府单位，包括地方政府单位。土地银行在支付机制中有着重要作用：它是所有国民政府转移支付的代理人，由它把转移支付资金支付给地方政府。因此，大量的支付（包括国内收入分配）都得经过它的账户。

57. 债券和贷款必须经过地方 *sanggunian*（市政议会）同意。另外，债券的发行必须经过菲律宾中央银行的审查。

58. 其他机构的出借人注意到，使用国内收入分配作为债务抵消工具（常被称为截留 intercept）打消了地方政府单位从其他机构借款的积极性，尽管从其他机构借款可以更好地满足项目建设的多样需求。历史上，发行债券的成本通常是债务规模的3%—5%（包括地方政府担保公司保险费的1%—2% 在内）。请见 Exhibit C of Appendix E. 1 of ARD（2001）。

59. 在 IFI 贷款中，国民政府在 IFI 同业拆放利率的基础上额外征收了4% 的利率。当同业拆放利率为4% 时，所有给地方财政部门的 IFI 贷款利率是8% 。基于这一利率，地方财政部门可能还会再增加3% 或者4% ，也就是说，最终地方政府贷款利率高达11%—12% 。这一利率可能和传统市场利率差不多（比如说，长期抵押）。但是，正如本篇文章所述，地方财政部门拥有地方政府的存款账户，能够用“截留”担保债务，是地方政府的主要出借方。因此，从债务的角度考虑，以截留为担保的地方政府贷款显然不属于流动债权，其本质上没有任何风险，而且更接近于国民政府自己的信贷质量。土地银行有它自己的专用的为地方政府借款者服务的内部评级系统，地方政府担保公司评级是公开评级（它是一个总体的导向而非具体到某一个贷款）。

60. 土地银行有它自己的专用的为地方政府借款者服务的内部评级系统，地方政府担保公司评级是公开评级（它是一个总体的导向而非具体到某一个贷款）。

61. 地方政府担保公司正打算向地方政府发行担保债券，而且水区债券（与其担保债券相反）也同样享受农业贷款的优待条件。

62. 美国的农业投资条件与商业投资条件非常相像，政府旨在鼓励银行投资于地方经济。

63. 根据2011年1月由许多私人金融机构参与的现场访谈。

64. 日本国际合作银行、美国国际发展银行、菲律宾发展银行、城市发展基金办公室、地方政府担保公司的共同合作以及所建立的菲律宾水利基金。

65. 一些地方政府发起的项目贷款可能不会有国内收入分配作为抵押（或者别的一般税收收入），而仅仅由工程收入作为担保。最近由水区发行的债券显然附有这种“限制性追索权”，因为水区的储备账户和收入账户将作为贷款的抵押。

66. 水区由一个任期六年的董事会监管。董事会成员的罢免只能由法律规定判定，而不能由市长或者省长对其工作的满意度决定。实际上，水区的管理独立于地方政府的日常监管。

67. 投资者信用评级（无论是何种信用记录）的缺失是类似于债券银行这种中介机构所面临的一个问题，这是因为没有评级的个人投资者的“姓名”将会被淹没在债券组合中。

68. 安全问题可以通过债务合同得到保障，如果存在违约行为，就授权给地方水利监管部门来处理（介入条款）。这个已经在水区贷款合同中得以应用。

69. 专项资金的规定意味着资金收入只能用于特定目的而不能它用。在收益型债券交易中，资金的使用是受限制的，它的用途由贷款合同（一份契约）规定。这种资金可以由一般基金补助，但也必须按照合同规定用于特定用途。通常，契约是封闭式的，也就是说所有的收入和盈余都得用来偿还债务。有一个替代办法就是把基金作为一个独立的法律实体（在某个限定的区域）运营。菲律宾的水区是独立的法人，为上述方法提供了一个典范。

70. 私人银行在水区循环基金中的投资将是一个看跌期权。显然，有个五年到七年的时间，私人银行就能行使看跌期权，要求菲律宾发展银行或者是城市发展基金办公室吸收或者购回贷款。当然，期权的发行和行使须在地方政府担保公司的保护下进行的。

71. 例如，见第6章，ARD政府融资集团（2001）。

72. 这包括BOT（建设—运营—移交）类型的融资，以及市政债券的运用。城市发展基金办公室，正如后来人们所谓的，以长期贷款为重点，配合补助款和技术扶持，支持财政收入较低的地方政府，以及一些更多以社会或者环境为导向的项目。

73. 见Pellegrini和Soriano（2002）附录1-A。

74. 关于美国收入债券的发展请见本书由Liu、Tian和Wallis写的第14章。作为地方政府的一种融资方式——专项基金的采用，需要首先建立一个监管框架，包括制定相关的融资规定、确保合同的执行、保证信息的披露以及信息的透明度等。

75. 虽然这些因素以及他们的乘数通常不会影响税收增量融资的结构，但会引起销售税的收入可能会增加，并且可能会提供更多的工作。

参考文献

ARD, Government Finance Group. 2001. "Capacity Building in Local Government Unit Finance." TA 3349 - PHI. Final Report to the Asian Development Bank, Manila, September.

ARD Inc. 2000. *Strengthening Local Government Finance.* ADB TA 3145 - PHI, Asian Development Bank, April.

Bird, Richard. 2010. "Subnational Taxation in Developing Countries: A Review of the Literature." Policy Research Working Paper No. 5450, World Bank, Washington, DC.

Bureau of Local Government Finance of the Philippines. (various years). "Annual Report on Local Government Revenues and Expenses." Manila.

Canuto, Otaviano, and Lili Liu. 2010. "Subnational Debt Finance: Make it Sustainable." In *The Day After Tomorrow: A Handbook on the Future of Economic Policy in the Developing World*, ed. Otaviano Canuto and Marcelo Giugale. Washington, DC: World Bank.

Department of Finance. 1996. "LGU Financing of Basic Services and Infrastructure Projects: A New Vision and Policy Framework." Manila.

———. 2000. "Joint Memorandum Circular: Establishing a Monitoring Framework and Disclosure System for Local Government Bond Flotations." Manila, Third draft, November.

———. 2009. "Annual Report DOF Bulwark of Strength and Stability." Manila.

———. 2010. "Department of Finance Annual Report." Manila.

Financial Executives Institute of the Philippines. 2000. "Municipal Bonds: A Manual." Manila.

Gavino, Carlos. 1998. "LGU Financing: Present Sources, Availability, and Terms." Coordinating Council of the Philippines Assistance Program and U. S. Agency for International Development, Manila.

Janet Tay Consultants. 2007. "Local Government Finance and Budget Reform." ADB TA 4556 - PHI, Asian Development Bank, November.

Liu, Lili. 2010. "Strengthening Subnational Debt Financing and Managing Risks." *Review of Economic Research* 46 (F-9) (August). Beijing.

Liu, Lili, and Michael Waibel. 2008. "Subnational Borrowing, Insolvency and Regulations." In *Macro Federalism and Local Finance*, ed. Anwar Shah. Washington, DC: World Bank.

Liu, Lili, Norbert Gaillard, and Michael Waibel. 2012. "France's Subnational Insolvency System." World Bank, Washington, DC.

Liu, Lili, Xiaowei Tian, and John Joseph Wallis. 2012. "Caveat Creditor: State Systems of Local Government Borrowing in the United States." World Bank, Washington, DC.

Llanto, Gilberto M. 2007. *On the Rationalizing of Credit Programs for the Water Sector.* DAI - Philippine Water Revolving Fund (PWRF) Support Program, Manila, April.

———. 2011. "Fiscal Decentralization in the Philippines: Status and Emerging Policy Issues." UN - HABITAT, Nairobi, Kenya, October.

Llanto, Gilberto M. , Rosario Manasan, Mario Lamberte, and Jaime Laya. 1998. *Local Government Units' Access to the Private Capital Markets.* Manila: Philippine Institute for Development Studies.

Manasan, Rosario G. 2005. "Local Public Finance in the Philippines: Lessons in Autonomy and Accountability." *Philippine Journal of Development*, Second Semester, XXXII (2): 31 – 102.

———. 2007. "Decentralization and the Financing of Regional Development." *The Dynamics of Regional Development: The Philippines in East Asia*, ed. Arsenio M. Balisacan and Hal Hill. Manila: Edward Elgar Publishing Ltd. , and Ateneo de Manila University Press.

National Economic and Development Authority (of the Philippines). 2011. http://www.neda.gov.ph/econreports_dbs/NIA/GNP_GDP/nia2010fy.pdf.

Pellegrini, Anthony, and Cecilia Soriano. 2002. "A Study to Revisit the LGU Financing Framework and Its Implementation." Department of Finance, the Philippines, August.

———. 2006. "Status Report/Issue Paper on LGU Financing in the Philippines." Asian Development Bank, Manila, draft, October.

Petersen, John E. 1998. "Building a Municipal Bond Market in the Philippines." ARD and U. S. Agency for International Development, GOLD (Governance and Local Democracy) Project, Manila.

———. 2004. "The Philippines." In *Subnational Capital Markets in Developing Countries*, ed. Mila Freire and John Petersen. Washington, DC and New York: World Bank and Oxford University Press.

Petersen, John E. , and Cecilia Soriano. 2008. *Sources of Local Government Unit Financing.* Asian Development Bank, Manila, September.

Petersen, John E. , and Ha T. T. Vu. 2011. "Infrastructure Investment in the United States: Grading the Decision – making Process." Paper presented at the World Bank – KDI School Conference on Fiscal Policy and Management, Seoul, Korea, November 14 – 16.

Petersen, John E. , and John Crihfield. 1998. "Linkages between Subnational Governments and the Credit Markets." World Bank, Washington, DC.

Tan, Roberto B. 2011. "Developing Subnational Debt Market: The Philippine Case." Presentation at the World Bank Seminar on Debt, Insolvency, and Markets: Lessons Learned and Emerging Issues, June 20.

U. S. Federal Reserve System, Board of Governors. "Flow of Funds for the United States." http://www.federalreserve.gov/releases/z1/ (various dates).

Virola, Romulo, S. de Costo, N. Nepomuceno, K. Agtarap, M. Querubin, and M. Villaruel. 2007. "Governance Statistics: Did Performance Matter in the 2007 Elections?" National Statistical Coordination Board, Manila.

World Bank. 2010. "Approach Paper on a World Bank Strategy for Supporting Decentralization Reforms." Washington, DC, August.

World Bank/Asian Development Bank. 2005. "Decentralization in the Philippines." Washington, DC, November 5.

12

俄罗斯联邦：公共财政和地方政府债券市场发展

Galina Kurlyandskaya

引　言

自1991年建成现代俄罗斯后，俄罗斯联邦地方债券市场的发展经历了三个不同的阶段：20世纪90年代，2000年到2008年以及2008年之后。在这三个阶段中地方政府如何进入以及为什么进入资本市场基本上是由俄罗斯的宏观经济情况以及1991年以来政府间财政体制的发展决定的。

在第一个阶段，即20世纪90年代中，政府间关系高度集中。联邦政府控制地方政府支出的标准和规范，为住房和公用设施的定价，管制政府职员的工资，同时任意分配各地区的共享税比例。政府间的财政转移支付由联邦财政部和地方政府商讨决定。在这段时期内，90年代初俄罗斯经历了动荡的宏观经济，这次危机在1992年到1997年间稳定下来。联邦政府高额的财政赤字和国内及国外大量用以弥补赤字的贷款，积累了联邦政府的债务。紧接着就是20世纪90年代中后期不断增长的联邦债务、金融危机和联邦债务违约。

地方债券市场在90年代开始发展，1997年在资本市场达到顶峰，1998年到

2000 年之间大部分地方政府却都纷纷违约。地方政府日益增长的需求、无资金支持的联邦项目以及中央权力下放都导致了地方政府对债务工具需求的增加。与此同时，对于债务的管理也十分缺失，地方政府经常与联邦政府通过非正式的协商来举债。地方政府在管理债务风险上没有经验和能力。债务特别是短期贷款被用来弥补经常性支出。随着俄罗斯 1990 年末经济的迅速恶化，地方政府再融资的风险迅速升级，联邦政府面对宏观经济的恶化已经自顾不暇，更不可能帮助地方政府摆脱困难。在 1998—2000 年间，89 个地区中有 57 个出现债务违约。

地方债券市场在 2000 年进入第二个发展阶段。俄罗斯地方债券市场在 2008 年之前的发展得益于国内宏观经济的复苏。蓬勃发展的经济形势对政府间关系起到了正面作用，也推动了对地区和市政府进行财务管理的新准则的产生。俄罗斯各地区的融资能力逐渐提高。行政法案得到了全面改革，税收法案获得显著改进，财政预算法案也得到实施。这些改革旨在为规范政府间关系创造一个新的程序化模式，来代替原来那个过时、不透明且管理不善的旧模式。2006 年立法设立统一的两级制地方自治政府。2005 年后联邦政府更加注意地区和市公共财政管理的质量，因为从长期来看这是地方政府获得市场融资的基础。

预算法案可以起到管理地方债务的作用。具体而言，预算法案规定了：（1）预算赤字筹资来源；（2）限制地方政府赤字、债务和债务服务的大小；（3）对借贷和对外担保的管制；（4）财政赤字融资的来源及结构、债务工具的类型。此外，预算法案，尤其是 2007 年修正案，整顿了联邦、地区和市的担保制度。预算法案还规定了地区和市政债务的结构、类型和期限。俄罗斯有利的国际贸易条件和国内成功的经济发展（特别是在 2004 年至 2008 年）很大程度上缓解了俄罗斯的一些地区和市政府间财政关系改革的一些负面影响。各级政府的收入和财务状况在很大程度上得到了改善。

2007 年底俄罗斯各地区债务维持在了很低的水平。但不同地方的债务总量差距较大，五个大地区的债务占了差不多地方债务的一半。俄罗斯地方债务的另一个特点是短期性。短期银行贷款是俄罗斯大多数地区的主要借贷方式。大多数地方政府在管理贷款上缺乏经验且借贷史很短。在 2000 年到 2008 年间，地区和市对取得评级机构的评级非常感兴趣。但是能进入资本市场的仅仅是评级最好的那些地方政府。

2008—2009 年的全球金融危机严重阻碍了 2009 年俄罗斯财政的发展，虽然各地区和市受影响的程度不同。依靠自己税收能力或出口依存度较高的地区受到的影响最严重，而对联邦政府转移支付依赖性较大的地区受的影响却比较小。银行贷款和联邦政府贷款变成了地方政府主要的借款来源。俄罗斯地方政府的主要问题不是债务的总量，而是债务的支付期限结构。债务期限的缩短会产生很大的再融资风险以及高额的债务服务成本，它们给预算带来了压力。

1998 年及 2008—2009 年两次危机的主要差别在于在后面这次危机中没有发生地方政府债务违约的情况，这主要得益于联邦政府的额外支持及地方政府这几年积累的流动性。2010 年，非市场工具是为地方财政预算赤字融资的主要方式。2011 年以来，地方财政状况得到了改善，同时，俄罗斯的经济也在慢慢复苏。信贷市场得到了恢复，借贷成本也有所下降。国内债券市场直到 2011 年扩展之后才开始活跃。由于贷款结构中短期贷款占了很大一部分比例，债务偿还期依然很短。

这一章主要分析俄罗斯近 20 年地方债的发展以及宏观经济发展和政府间财政制度的演变如何影响地方债券市场。本章的结构如下：第二节描述地方债券市场 1991 年到 2000 年间从创建到扩张以及从危机到复苏的发展历程。第三节总结了 2000 年到 2008 年间政府间财政系统的主要变革以及对地方债务的规范。第四节讨论 2008—2009 年全球金融危机对地方债务和地方政府借贷的影响。第五节总结并评论俄罗斯地方债券市场未来发展所面临的挑战。

俄罗斯地方债券市场：产生、扩张、危机和复苏，1991—2000 年

俄罗斯的现代化开始于 1991 年。新的国家继承了苏维埃共和国的联邦结构。政府当时的结构包括：（1）中央政府；（2）83 个地区政府；（3）第一级市的自治政府（包括 520 个大城市及 1 793 个农村地区）；（4）第二级市的自治政府（包括 1 732 个镇和 19 919 个乡村社区）。[1]20 世纪 90 年代，政府间关系处于高度集权的状态。中央政府控制地方政府支出的标准和规范，为住房和公用设施的定价，管制政府职员的工资同时任意分配共享税给各地区，且政府间的财政转移支付由联邦财政部和地方政府商讨决定。

20 世纪 90 年代初俄罗斯经历了不稳定的宏观经济形势，政府当时采取了一系列措施来稳定经济。这些措施包括：（1）创立了中央国库支付体系；（2）逐步取消以货币财政弥补中央支出；（3）减少政府部门拖欠的工资和其他方面的支出；（4）汇率调节自由化；（5）设置大量外汇储备；（6）遏制通胀。即便如此，20 世纪 90 年代后期中央政府年度赤字依然达到国内生产总值的 7%—10%。因此，政府进行了大量的内部和外部借款来弥补预算赤字，债务便积累了起来。除此之外，非金融工具——以物易物和冲抵——也经常被使用。

俄罗斯各地区和市也面临困难。地区预算赤字相当高，很多地区赤字甚至占到了收入和转移支付的 50%，而财政收入却很慢且不稳定。各地区和市积极采

取短期借款来弥补支出。在20世纪90年代中期，银行贷款和发行债券开始流行。与此同时，对地方债的监管经常朝令夕改，且容易受到政治的影响。不存在任何对贷款金额和贷款用途的限制。

在实际工作中，各地区和市以不利条件得到的借贷主要用于弥补经常性支出。地方政府没有制定付款或债务再融资计划，因此，在1993年到1996年间地方政府积累了大量的短期贷款。此外，俄罗斯地区政府严重依赖这种非常规的短期债务工具，并把这些贷款作为积累的预算逾期应付款。1998年，地方政府的应付款项占到了地方支出的15.3%，占GDP的4.7%。然而这些应付款却几乎被拖欠地方政府的税额抵消，从而产生了一种非现金支出的机制。[2]

20世纪90年代俄罗斯地区和市政府债券市场的发展

1992年到1993年间，债券发行进行了试点。第一只债券是1992年3月由哈巴罗夫斯克边疆区的地区政府发行的。1992年财政部只通过了地区和市发行的5只债券，1993年又通过了8只。这些债券仅限于在每个独立的地区市场中流通，这些地区的债券市场基础设施都不太齐全。当时对债券市场还没有明确的法律框架，投资者对该市场基本没有兴趣。

从1994年开始到20世纪90年代后期的金融危机，地区和市政府在债券市场上逐渐活跃起来，并以发债来代替银行贷款。1994年财政部通过了28只市政债，1995年又通过了73只。1995年和1996年两年中，甚至有地区用发债来弥补一半的财政赤字。地区和市政府的票据变得越来越流行（因为这种工具既不需要注册又很方便），这被当局用来解开不支付和预算支出融资的结。然而，1996年“承兑票据及汇票法案”出台之后，政府禁止发行有担保的票据。因此，地区和市政债券急剧增加并替代了这些票据。地区和市政债的发行在1997年达到了最高峰，当年共发行了313只债券，总价值高达295亿卢布（近5亿美元）。[3]恶性通货膨胀和缺乏管制是当时俄罗斯地方债券市场发展面临的主要挑战。[4]

1996年俄罗斯地方政府首次尝试到国际市场融资。莫斯科和圣彼得堡的地区政府发行了欧元债券。[5]外币借款明显更具吸引力（利率较低、贷款期限长且金额大）；在当时固定利率条件下，地方政府认为这些优势会延续下去（固定利率制度在之后的金融危机中被废止）。

从1992年到1996年，俄罗斯地方债券市场具有以下特征：[6]

- 发行人（俄罗斯地区和市）不能提供达到要求的招股说明书，特别是招股说明书中没有包括贷款目的。因此，投资者不能了解某个辖区的经济状况。发行债券得到的资金大部分用于弥补临时开支，或仅仅是为了增加收入。
- 大多数发行人选择当地的金融机构作为债券管理的代理人，而这些金融机构规模普遍较小且不太可靠。所以，面对地区和市的高风险，大投资者都拒绝在地区债券市场进行投资。

- 在发行债券时，没有明确合理的偿付机制。通常情况下，债券发放和管理的服务费没有在地区预算中被作为单独条款列出。
- 很大一部分债券被作为地方财政税收收入的替代工具，这种做法只会增加一个地区实际金融资源的流出。

到2007年，俄罗斯的宏观经济状况得到改善：GDP开始出现正增长，通货膨胀和利率都得以下降。1996年俄罗斯进行了总统选举，同时对国际金融市场进行了较为激进的自由化改革，这些措施使得政治风险下降，所以国际资本开始大量流入俄罗斯主权债券市场。总体来说，国内外的投资者对俄罗斯债券的态度改变了——这是从评级开始以来的第一次正面改变[7]。

俄罗斯地区政府在债券市场的活动在1997年达到了顶峰，莫斯科是当时最大且最活跃的贷款主体。从1996年到1997年一年内，发行的地方债券总量增长超过了八倍（从39只增加到313只）。截止到1998年1月1日，俄罗斯财政部发行了446只债券，总市值将近830万美元。1992年到1997年中发行的债券的70%是在1997年发行的[8]。1997年地方债市场的一个特点和之前一样，有很大一部分发行的债券没有明确的用途。大部分发行的债券（60%）是中短期的债券。1997年底，证券市场的环境恶化，利率开始上升并变得不稳定，而贷款的期限却小幅上升。因此，地方预算的压力上升，如图12.1所示，这使得规划贷款政策变得困难。

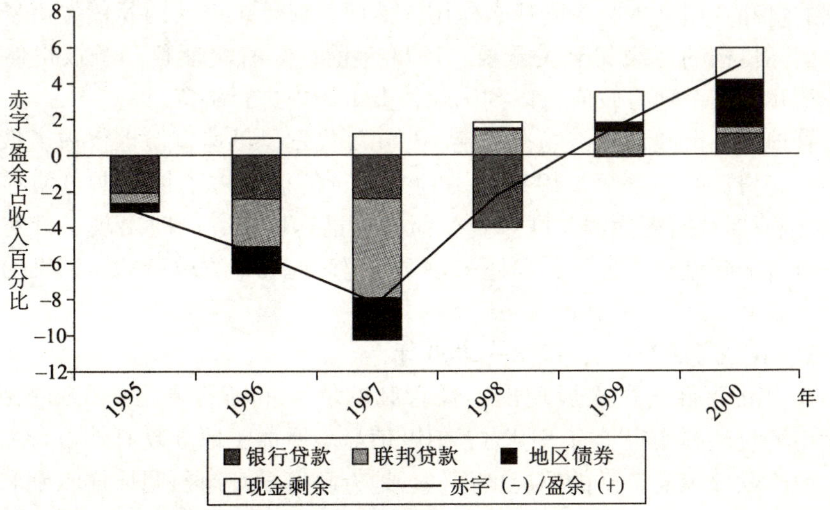

资料来源：作者根据俄罗斯联邦国库数据的预测。

图12.1　1995—2000年俄罗斯地方政府综合借款的构成

除此之外，1998 年 5 月之前，地方依然通过发行债券来融资。1998 年 1 月到 5 月，财政部共发行了 59 只债券。但平均每月债券市值从 1997 年的 35 万美元降到了 1998 年的 26 万美元[9]。

俄罗斯 1998 年的宏观经济危机由内部和外部因素同时引发。1997 年全球经济增速减缓的原因是世界原油需求的下降，这对俄罗斯的财政来说是个负面消息。内部因素——低效的货币和财政政策、固定汇率及政府的超额借贷——也对 1998 年 8 月的金融危机产生了影响。联邦政府对国内几乎所有的债务违约，被迫取消固定汇率。这场危机导致卢布大幅贬值，实际 GDP 下降 5.3%，年通货膨胀率跃升 84%，同时还导致了银行系统的崩溃[10]。

1998 年 7 月到 8 月，尽管由于外国资本突然外流及非本地投资者把资金从证券市场中转移到硬通货，使得俄罗斯金融市场能力大幅下降，依然有 28 个地方政府发行了债券。在这期间，俄罗斯地方政府出现了历史上的第一次债务违约。但这次违约的原因并不仅仅是财政情况的恶化，发行人不愿意承担其偿付义务也是原因之一。[11]

危机前绝大多数贷款都是短期的，且被用来弥补当时的预算赤字，只有一小部分用来进行投资。地区政府比市政府在债券市场上更活跃。1998 年以前，只有一小部分地方政府得到了国际评级机构的评级[12]，莫斯科和圣彼得堡的政府就是其中之一，且这两者还同时得到了多家机构的评级[13]。在这期间，发行人在国内债券市场得到评级，改善了自己的形象，并向投资者表明其开放性。不过评级对贷款的量和费用基本起不到什么作用。然而，对于想进入国际债券市场的地区来说，国际机构的评级却至关重要。1998 年前，只有莫斯科、圣彼得堡和下诺夫哥罗德州这三个地方政府得以到国际债券市场中进行融资。

尽管地区和市政债券市场在 20 世纪 90 年代发展迅速，但也仅占了俄罗斯整体证券市场份额的小部分。1997 年，地方发行的债券占了俄罗斯总债券市场的 6.6%。俄罗斯政府国库券与联邦贷款债券都迅速增长，同时出现了针对小型和个人投资者的新型政府证券，但还未建立联邦政府和地方政府的承销机构。

危机的教训和复苏的开始，1998—2000 年

1998 年的事件向世人展现出不受管制的债券市场的风险。在固定汇率下，在国际市场贷款确实很具有吸引力，但贬值显著增加了地方政府外币贷款的债务负担。由于联邦政府自己的情况也不好，地方政府没有像预期那样收到联邦政府的转移支付和共享税，即使那些只依靠本币贷款的地区也不可避免地出现债务违约。1998 年到 2001 年中，俄罗斯 57 个地区宣布对它们的债务违约。事实上只有

联邦城市莫斯科和圣彼得堡继续承担了他们的债务责任[14]。图 12. 2 总结了违约的债务类型。

违约的大部分债务都与所谓的农业债券（图 12. 2 中的一种地方债券）有关。在 20 世纪 90 年代中期，俄罗斯很多地区都得到了中央政府对农业的财政补助。但后来中央政府决定把补助的形式转为债券。很多地区却认为这种形式不公平，所以在 1998 年危机之后都拒绝偿还这些债务。当时俄罗斯的信用环境还相对较弱，比如新竞选上的官员或者市长能质疑上一届官员的借款。

俄罗斯地方政府的债务违约为我们提供了如下教训：（1）在宏观经济不稳定且缺少可靠的对冲工具的情况下，借进外国货币是一件非常危险的事情；（2）地方政府进入无管制的市场会比发展健全的收入系统和充足的债券更快；（3）很有必要为地方政府筹资和债券市场发展建立一个有秩序的系统（Alam，Titov 和 Peterson，2004）。

经济情况从 1999 年开始恢复。实际 GDP 在 1991 年到 1998 年中下跌了 50%，在 1991 年内上升了 6. 4%。通货膨胀在 1991 年前的危机中最高达到了 84%，在 2001 年回落至 20%。2001 年底，外汇储备从 1998 年的 120 亿美元上升到 370 亿美元[15]。俄罗斯经济复苏和在国际市场上竞争力提高的原因很多，其中包括卢布贬值、国内能源价格补贴还有国际原油和天然气价格的上升，这些原因也同时巩固了本来就很稳定的出口部门。

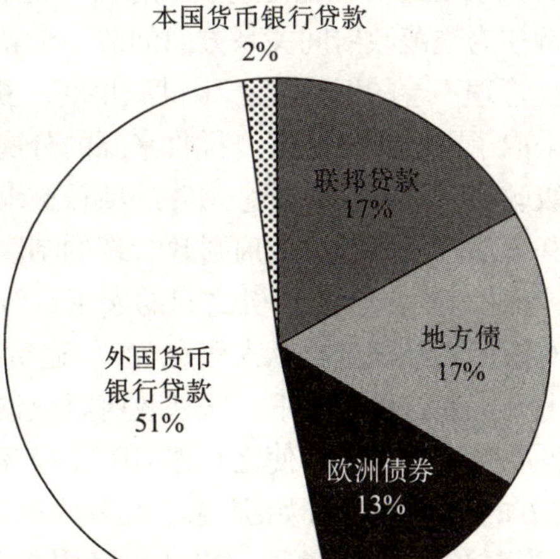

资料来源：2004 年标普全球信用网站。

图 12. 2　地方政府违约的债务类型

随着税收收入的增长和对支出的控制，财政情况也得以提升。2000 年，俄罗斯实现了历史上第一次财政盈余，盈余占了 GDP 的 1.2%。2001 年，盈余提升至 GDP 的 2.4%。由于卢布走强、通胀效应、部分债务的偿付以及在伦敦俱乐部的债务重建协议下发行的 106 亿美元的贷款，政府债务占 GDP 的比例从 1998 年的 145% 大幅下降到 2001 年的 43%[16]。

从 2000 年开始，俄罗斯地区终于开始重建他们的偿付能力。地区政府的资产也快速上升。俄罗斯中央银行公布的数据显示，2001 年 11 月 1 日地区政府的银行存款总值约为 18 亿美元，但对金融系统的债务却有 7.3 亿美元。地方的逾期债务也显著下降[17]。在 1998 年到 2000 年内，新增财务来源主要用来偿还已有的债务，而不是产生新债务。与此同时，2001 年地方财政盈余使得地方债券市场规模下降了超过 1.7 亿美元。相对于发行债券，政府贷款向银行贷款偏好的上升同样是地方债券市场规模下降的原因之一，如图 12.1 所示。尽管如此，在债券市场总体下降、利率逐渐回升到危机前的水平的情况下，依然有新的地方贷款者进入到市场中。

财政制度改革、债务管制及地方债券市场的发展，2000—2008 年

危机前已经有所改善的宏观经济状况促进了政府间的关系，也推动了对地方的财政管理。新的行政法案旨在为规范政府间关系方面创造一个新的程序化模式，来代替原来那个过时、不透明且管理不善的旧模式。21 世纪早期，新的行政法案主要是对税收制度进行改革，并且采取了财政预算法案。税收来源的分配有了统一标准；支出责任清楚地被分配到了各级政府，同时没有资金来源的项目被缩减；并逐渐加强了财政纪律。联邦政府设立了一套激励发展地方政府财政管理的制度。

总体来说，21 世纪初到 2008 年金融危机之间的宏观经济形势可以说非常好。有利的外部经济条件每年对俄罗斯经济的贡献大概有 7%。通货膨胀和失业都有所下降，金价及外汇储备却有所上升。在这种情况下，联邦政府财政情况显著提高，并且产生了盈余。因此，大幅降低联邦政府贷款，使之只占 GDP 的 8% 是很有可能的。

渐渐地，俄罗斯地方的财政能力开始提高。大多数地区的收入增速都高于支出，这让政府得以提高当时预算执行情况，并且最终用更多的资源直接投向资本项目，来保持和恢复陈旧的基础设施。21 世纪之后，俄罗斯地方政府的信用文化显著提高，贷款记录都得以清偿，所以 20 世纪遗留下来的有问题的债务都被消除了。有些地区仍然依靠联邦政府的转移支付，但由于财政关系改革，联邦财政支持的力度已经发生了显著的改变。

21世纪的财政制度改革

对联邦政府来说，经济状况的改善刺激了财政系统进行统一的改革，改革的目的旨在实现共同的目标：提高各级政府财政管理能力。一系列重要的法令开始生效，最重要的一条是俄罗斯联邦预算法案（2000年1月1日），这个法案建立了联邦和地方财政的基本规则。稍后将讨论预算法案在债务关系领域中的主要条款。

政府间财税关系改革是俄罗斯地方的重点内容。改革重点关注以下问题：（1）明确各级政府间的支出义务；（2）在没有必要的财政拨款时，取消级别较低的政府的没有资金来源的项目；（3）在长期的基础上合理分配各级政府间的税种和税负比例；（4）建立一个综合考虑各地区人均财政能力和跨区公共服务成本的程序化均衡性转移支付。

市政府变为财税关系中的独立参与者，就像2003年10月6日的131号联邦法所反映的"依据俄罗斯地方自治组织的一般原则"（"地方自治法"）一样，这变成了地方自治政府改革的一个基本特征。

这个法案建立了一个统一的两级地方自治政府。第一级政府包括城镇和农村，第二级包括由一些镇、村和市组成的市辖区。后者指的是主要城市，比如某个地区的首府还有一些人口较密集的发达城市。

这个法律的出台，对今后各级地方政府全面参与到经济和金融领域中具有革命性。这表示所有的市（包括人口较少的农村）都要建立市政府，同时雇佣政府工作人员、建立制度和执行预算和债务政策。法律给各级地方自治政府分配了支出责任（地方政府事务），同时也建立了一套规定收入来源的预算规则[18]。

改革前，即使是某个地区的首府这样的大城市，在经济上也依赖于地区级政府转移支付。市级政府的财政管理部门是地区级财政部门的子部门。大多数小城市承担着更高级别政府指派给他们的任务。2003年的"地方自治法"实际上禁止这种做法，更高级别的政府不能再命令小城市政府从事活动。

新的系统从2006年1月1日开始生效。然而，鉴于复杂的变化和市政官员的培训需要，各地市分别有为期三年的过渡期。虽然一些"勇敢"的市在2006年就开始了新的系统，但是大多市采用了过渡期，并在2009年1月完全转换。这时，改革才得以完全实现。

2000年下半年以来，联邦政府已更注重地区级和市级公共财政管理的质量。设立了一个为地区、市财政改革服务的基金，该基金由财政部管理并作为联邦预算的一部分。该基金在竞争的基础上由地区、市分配。两个单独的竞争每年举行一次，一个是在各地区之间，一个是在各地级市之间。参加竞争的各地区、各市需要准备自己管辖范围的财政改革计划并将自己的财政改革计划提交到财政部。改革的领域由财政部划定，包括：（1）改善公共服务的质量；（2）引进程序为导向的预算；（3）增加收入来源；（4）改革广大的地区（市）部门；（5）债务管理和估计债务规模的能力。

各地区（市）将会确定改革方案的具体机制和评估计划活动的实施风险。每年在地区级和市级中将产生不超过最具有说服力的8个成功计划。同时，他们仅在成功地完成计划的第一和第二阶段后得到资金。接收到的资金可以用于资助计划的实施，通常涵盖了很广泛的活动，这些活动包括了购买电脑软件、硬件，公共部门雇员的再教育课程，社会责任的实现以及偿还贷款。

对改革结果的评估

改革对于优化地方的公共财政管理无疑是非常重要的，以下这几个方面能很好地证明改革的有效性[19]：

- 收入来源和支出责任已经在各级政府中明确分配，并且在立法中也有明确说明。在俄罗斯，一个统一的双重地方自治制度已经在全国范围出台，并受到了法律的保护。
- 毫无资金着落的项目基本被取消，当较低级别的政府接受联邦立法分配的额外支出任务时，联邦政府必须有足够的资金来完成这项任务，并且资金的分配要及时。
- 为了使地区和市政府的财政能力基本均衡，我们引入了传递公式。鉴于地区间巨大的经济差距和由此带来的收入不平等，引入传递公式也就显得尤为重要。由于均衡公式是基于人均收入低于全国平均水平地区的增长比例来计算的，因此长期以来并没有多大变化。公式中还考虑到提供公共物品的成本差异。

一直以来俄罗斯的地方和市政公共财政管理的质量提高得到了很大的支持。联邦政府下拨资金为各地方和市政引进了最好的公共财政管理方案，其中还包括了债务管理程序方面的政策。这些资金以竞争为基础进行分配。然而，在改革的过程中仍有一些不利于改革发展的问题存在，具体表现在以下方面：

- 各级政府之间的资金支出责任每年都会修改一次。这些修改避免了地方和市政府去追求长期的可预测的财政政策。此外，这些修改方案是在地方和市政府的下一个年度的财政预算已经公布后，才在财政年度的末尾出台。也就是说，地方和市政府必须在一月初就修改好他们的预算方案。
- 地方政府的收入主要依靠转移支付，85%的地区以均等化补助的方式获得联邦政府的转移支付，并且每个地区都会有专项拨款。联邦政府对于地方政府的专项拨款大约有200多种形式。每个地区都可能有200种左右的专项拨款，由于这种补助基本上算是一种固定收入的来源，因此地方政府去拓展自己收入来源的积极性减弱了。与此同时，在每一个财政年度开始之前，财政拨款的多少是不可预测的。然而，联邦政府更倾向于减少对地区的财政支持。市政府只能从高一级别的地区政府获得转移支付。而地区政府的转移支付机制通常只是照搬联邦政府对地区的转移支付机制而制定的。

至于市政府，他们的收入来源确实是很有限的。因为对于地方政府来说只有两方面收入：个人财产税和土地税（因为纳税人的税收登记问题很难具体落实到每个人，因此地方政府的税收合规性是很差的。而且，联邦政府要求土地税收管理需要对注册的土地价值进行评估，这也是关于建立一个公平的土地市场价格的文件中所规定的。联邦政府和地方政府共享税中，由联邦法律法定分配给地方政府的那部分（个人所得税是比例最大的）很好地改善了区域经济发展的问题。大约有20%的地区一级地方政府会将其收入的一部分额外拿出来支持市政府税收情况。地区一级地区和市政府的财政改革计划的实施往往只流于形式，而并没有起到改善公共财政的管理质量的实际作用。对于一些地区和市政府来说，从联邦政府获得额外的资金支持已经成为编写和实施公共政策改革方案的唯一目的。他们聘请咨询公司来帮他们制定和实施详细的计划。如果一些地区的行政机构真的有动机去改善公共财政制度，他们会在不影响咨询顾问所提出的改革计划的细节的基础上，提交一份正式的改革方案。一些地区废除了那些能在获得联邦政府资金支持后才计划实施项目的规定。

尽管有以上这些不足，改革依然意味着俄罗斯的整个制度环境有了进一步的改善。随着预算法的出台，政府债务管理方面的相关法案也正在经历着重大的变化。

预算法案中关于债务管理的主要条款

预算法在有关条款中对地方债务的以下几点做了特别的规定：（1）限制了财政赤字、债务和债务的本息的规模；（2）外部借款和债务担保的条件；（3）赤字融资的渠道和债务工具的结构类型。

预算法案规定，去除政府间的转移支付，一个地区一级地区的财政赤字不能超过其年收入的15%。市级地区的财政赤字，除了政府间的转移支付和（或）与联邦政府和地区级政府的共享税收，不能超过其年收入的10%。2007年预算法的修改法案收紧了对高额补贴地区和市政府的限制。能获得高额补贴的地区是那些区域综合预算中政府间转移支付（不包括专项转移支付）超过其收入（不包括专项转移支付）的60%的地区一级政府。对于这些地区，地方政府赤字不能够超过不包括专项转移支付的收入的10%。对于高额补贴的市政府（除了专项转移支付以外政府间转移支付超过其收入70%以上的市政府），其允许的赤字限额在不包括政府间转移支付的年收入的5%以内。预算法案规定，地区和市政府的未偿付贷款不能超过除政府间的转移支付以外的年收入。2007年修正案规定，受到高额补助的地区和市政府的未偿付贷款不能超过除政府间转移支付以外的年收入的50%。

预算法还规定，地区和市政府的债务利息不能超过当年财政总支出的15%。表12.1总结了预算法及其修改法案中关于地方政府的财政和债务规定。

2000年以前，地区和市政府从国外市场借贷是没有明确受到法律禁止的，但是实际上只有通过总统特别法令才能执行。在2000年以前，被授予总统特权允许在国外借贷的城市包括莫斯科、圣彼得堡、下诺夫哥罗德、斯维尔德洛夫斯克州、列宁格勒、奥廖尔和萨马拉地区、克拉斯诺亚尔斯克边疆区和科米共和国。这些地区以多种货币发行债券以支持其预算赤字。

预算法案颁布于2000年，法案中对地方政府的海外融资进行了严格的限制。2000年以来，地方政府只能为偿付已存在的外币债务利息而以外币举债。现在，只有莫斯科一直保持它在欧洲债券市场的席位[20]。其他地区、市政府只能以卢布举债[21]。2011年的预算法修正案授予了地区政府以外币借债的能力，这项修正自2011年1月1日起实行。这样做的前提条件是地区的财政独立，也就是说从联邦政府的转移支付（不含资助联邦事物的部分）的份额应不超过自己收入的5%。

表12.1　　地方政府的财政收入和贷款规定

限制	地区	补助高的地区	市	补助高的市
赤字/收入（除去政府间转移）最高值	10%	10%	10%	5%
债务利息/支出　最高值	15%	15%	15%	15%
总债务/收入（除去政府间转移）最高值	100%	50%	100%	100%
最高借贷期限	30年	30年	10年	10年
关于外部（外币）借贷的禁令	允许再借外币债务		允许再借外币债务	

资料来源：俄罗斯联邦预算法案，章节92.1、99、100、104、107以及111。只有三年政府间转移占预算份额5%以下的俄罗斯联邦组成部分允许从2011年1月1日起借新贷款。

同时俄罗斯政府会为这些地区制作外币举债的流程。然而，直到本书写作时，这套流程还没有制作好。

预算法案，尤其是2007年的修正案，规定了联邦、地区以及市一级的担保系统，两种担保类型得以建立，一种是有追索权的担保，一种是没有追索权的担保。有追索权的保函是由地区、市政府发行的，附有对第三方支付责任保函，该担保方附有向债务人索取债务的权利。根据预算法案，已付担保记录为应收账款而不是支出项目。不附追索权的保证函是有地区市发行的向第三方支付的担保函，没有向债务人索取债务的权利，已付的无追索权的保函，作为支出项目记载。事实上，两种类型的担保函都在广泛使用中。

预算法案确定了偿付财政赤字的来源，以及财政赤字，利息以及服务的规模。地区、市政府偿还财政赤字的来源包括以下的差额：（1）从发行证券得到的收入和使用的差额；（2）从信贷机构得到和付出的贷款的差异；（3）从政府和国际金融机构得到和付出的贷款的差额。此外还包括了账户资金余额变化以及其他预算赤字融资来源。更确切地说其他来源包括从出卖股票和其他权益性资产的获利，外币汇兑损益以及执行政府保函的收入。

预算法案也规定了地区、市政府的债务类型和存续期间，地区、市的债务结构限于政府债券、政府间贷款、向金融机构贷款和担保。地区级债务的最高存续期是30年，地方债务的最高存续期是10年，同时联邦政府不负责偿还未被自己担保的地区以及市级债务。

2007年的预算法修正案包括了对于地区、市在各自的财务状况陈述中对于债务情况说明的要求，需要记录的信息包括债务类型、签订债务合同的日期、需要全部或部分偿还的日期以及逾期未偿还贷款。这些来自于地区、市债务记录中的数据有义务向财政部上报。财政部会监管各地区、市对于预算法案约束执行情况，如果地区、市政府违反了这些约束，它将不能借新的债务，直到再次达到预算法案要求的借款条件。

对于举债的限制向我们提出了这样一个问题，那就是如何评价地方政府的贷款信用。债务的规模并不是影响地方政府信贷信用的主要因素。更重要的是债务的结构、借债服务的成本，也就是说偿还的期限、借贷用的货币、借款利息以及分期偿付额。对于预算赤字的限制也造成了如何资助需要很多资金的大型基础设施建设的问题。在一个财务年度内严格的借款上限可能对于地区、市政府的投资政策有负面影响，这是由于地区、市政府可能会降低投资规模，而无法在基础设施建设中形成规模经济。

由于担保只受到债务上限的限制而不受现行赤字的限制，地区、市政府通过发行超过预算法案规定的赤字上限的担保给自己控制的企业，由这些企业来代表政府资助基础设施项目，政府通过这种担保（不附追索权）方式来资助他们自己的支出。偿还公司贷款的钱来自于地区市政府的预算拨款。这种方式避免了对于现行赤字的限制，只要债务总额在法定限制内即可。

预算法案并没有指定借用资金使用用途的限制，即使最佳的使用用途是将借来的资金使用在资本投资上，俄罗斯地方政府还是经常将借款用在工资和维持费用上[22]。不幸的是预算法案并没有阻止借款来偿还现有债务。因此，财务报告中在借款原因条目下最经常的解释是偿还财务赤字，而没有关于使用该资金更明确的用途和项目[23]。

2000—2008 年的地方债券市场：对于信贷评级越来越大的兴趣

国际贸易条件的优势和国内成功的经济发展（特别是在 2004 年到 2008 年）极大地抵消了俄罗斯某些地区和市政府间财政关系改革带来的负面影响。他们的财政地位和收入都得到了相当的加强。

从 2003 年到 2008 年，地方政府的总收入现值增加了两倍多（居民消费价格增加了一倍）。与此同时，地区政府预算中出现通过资本性支出来增加当下社会消费的份额的趋势[24]。这主要是 2005 年开始的社会保障制度改革导致的，在 2006—2008 年间，联邦政府鼓励地区和市政府增加公共部门实际工资，其增加幅度达到 50%。然而，2005—2006 年期间预算收入几乎每年 15% 的平均增长率在 2007 年停止。为了平衡预算，地方政府不得不削减当期支出增长。考虑到预算过程的惯性以及已经做出的增加公共部门雇员工资的决策，削减支出增长是个困难的任务。

政府间转移支付的减少加剧了地区当期预算支出日益沉重的负担（见表 12.2）。俄罗斯地区间经济发展很不均衡。事实上，俄罗斯的财政联邦制的一大特点是巨大的地区间财政收入差距。例如，2007 年，最富裕的地区比最贫穷的地区富 38 倍。联邦的均等化转移支付将这个差距缩小至 8 倍[25]。

表 12.2　地方收入的年增长率（包括财政转移支付），2004—2008 年　单位：百分比

	2004 年	2005 年	2006 年	2007 年	2008 年
实际增长率，地方（地区级 + 市级）收入，包括转移支付	11.9	14	16.2	-3.9	33.9
实际 GDP 增长率	7.2	6.4	8.2	8.5	5.2
实际增长率，联邦对地区级政府的均等化转移支付	-8.6	4.5	9.8	2	11
实际增长率，联邦对地区政府转移支付总额	-4.2	2.4	27.5	-8.5	58.9

资料来源：作者基于俄罗斯联邦统计局数据的估计，http://www.gks.ru 以及俄罗斯财政部，http://www.roskazna.ru。

注：GDP = 国内生产总值。

从2003年到2005年，俄罗斯地区政府的联邦拨款占地区级政府总收入的份额从19%下降到15%，然后保持这个水平直到2008年。2008年，联邦政府拨款占地方政府收入总额的比例上升到18%，2009年达到了25%。如表12.3总结，联邦政府逐步将政府间财政关系的重点由均等化转向通过专项转移支付刺激地区经济发展。执行联邦任务的专项转移支付的份额也上涨了。

然而，俄罗斯地区的债务负担在2007年年底仍然偏低（见图12.3）。根据财政部统计，俄罗斯地区在2007年年底的总债务（不包括市政债券）为180亿美元，相当于地区政府总收入（包括地方政府在2007年得到的转移支付）的11%[26]。地区债务在区域上分布不均，约一半的地区债务分布在五个地区、市，它们是莫斯科市、莫斯科州、萨马拉州、鞑靼斯坦共和国、萨哈共和国（雅库特）。

俄罗斯地区级债务的另一个特点是其短期性。俄罗斯大部分地区（不包括莫斯科市和莫斯科州，这是两个债券市场最大的借款人），短期银行贷款是主要的债务工具。更重要的是，大部分地区（不包括莫斯科市）的债券期限不超过三年。大部分的地方政府几乎没有债务管理经验并且只有很短的信用历史。

2000—2008年期间，地区和市政府对获得信用评级机构的评级表现出越来越浓厚的兴趣。惠誉国际评级（Fitch Ratings）对俄罗斯地区政府的评级的数量从2003年的4个增加至2008年的25个。然而，大多数俄罗斯地区和市政府的评级，属于所谓的“投机级”（从“BB”到“D”类，根据惠誉国际评级大小），这表示相当高的信贷风险。只有一些地区、市，包括莫斯科市和圣彼得堡市、鞑靼斯坦共和国、汉特—曼西、亚马尔—涅涅茨自治区（根据惠誉国际评级和标准普尔），有“投资级”评级（“BBB－”及以上）[27]。

表12.3　俄罗斯联邦政府向地区政府各类财政转移支付占总转移支付的比值，2003—2010年

单位：百分比

转移支付类型	2003年	2004年	2005年	2006年	2007年	2008年	2009年	2010年
一般拨款	58	54	61	61	40	35	39	37
其中：均等化拨款	45	43	39	47	31	29	25	28
与地区共建项目的专项转移支付	15	26	27	17	38	38	36	30
执行联邦任务的专项转移支付	27	19	10	20	22	16	19	27
其他转移支付	0	0	2	1	0	11	6	6
总计	100	100	100	100	100	100	100	100

资料来源：作者基于俄罗斯财政部网站上地区财政报告的估算。

进入资本市场仅限于最有信誉的地方政府。如图 12.4 所示，莫斯科州占债券发行量的三分之一，其次是莫斯科市占 30%。

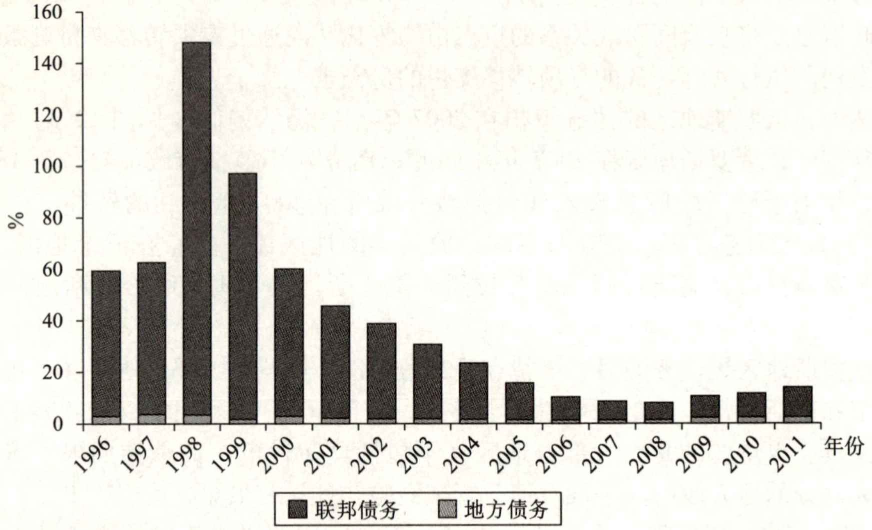

资料来源：作者基于俄罗斯联邦国库资料的估计。

注：GDP = 国内生产总值。

图 12.3 联邦和地方债务占 GDP 的比例（%）

缺乏可持续的法律条款和较差的债务管理能力是俄罗斯各地区和市提高信用评级的主要制约因素[28]。因此俄罗斯地区级政府的长期外币债券的评级明显低于欧洲国家类似的债券的评级。最近的排名中，俄罗斯和波兰这两个地理上临近国家之间的国际评级等级差了四级。此外，在俄罗斯，国家的主权评级（长期评级“BBB”外币借贷）[29]和俄罗斯地区级评级的中位数（长期评级“BB -”外币借贷）之间有极大的差距。在这种情况下，差距有 4 个等级，而在其他欧洲国家差距不超过一个或两个等级[30]。

尽管俄罗斯的金融危机从 2008 年第四季度开始，当地区的工业生产开始下降的时候，大部分地区仍表现相当令人满意的财政年度指标。由于 2008 年前六个月的良好经济状况，大多数地区年度经济状况呈现出正增长的积极态势。预算指标也令人满意。只有在一些有大量工业更容易受危机影响的地区，2008 年显现出经济的衰退[31]。下诺夫哥罗德州就发生了这种情况，这是明显受汽车行业（该行业从那以后已经开始恢复）所面临的财务困境的影响[32]。

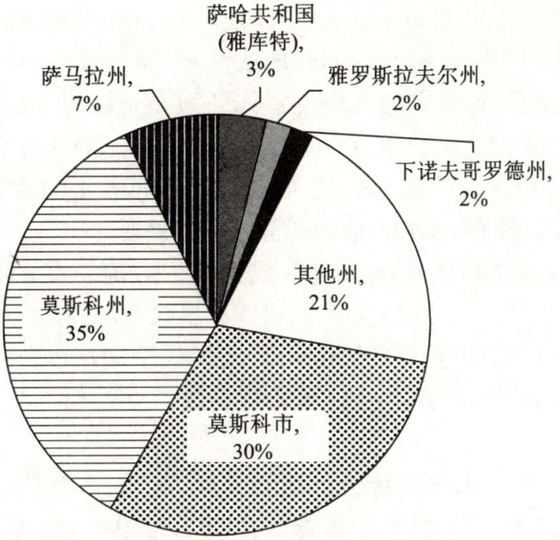

资料来源：作者基于俄罗斯财政部网站上地区级财政报告的估算。

网站：http：//www1. minfin. ru/ru/public_ debt.

图 12.4　2008 年年底各地区债券额占总债券额的比例（%）

全球金融危机及其影响：趋势和前景

2009 年的影响

2008 年第四季度开始的全球金融危机严重的影响了俄罗斯 2009 年的公共财政。由于收入急剧下降和支出无法削减，大多数地区的预算赤字有所增加。联邦政府的支持，纾缓了许多地区的资金缺口矛盾，但还不能够完全弥补收入下降带来的影响。因此，这些地区面临较大的预算赤字。财政赤字的增长从 2008 年的 18 亿美元（总收入的 0.8% 或者除去转移支付后净收入的 1.1%）增长到 2009 年的 84 亿美元（总收入的 5.7% 或减去转移支付后净收入的 8.2%），其中约 4.6 亿美元来自莫斯科市[33]。部分赤字的资金来自前几年积累的财政储备。然而，在 2009 年累计赤字由地方政府新增债务弥补的部分增加超过 50%。新债务的期限较短增加了再融资风险。利率飙升导致了借债成本的提高。在某些地区，银行贷款利率达到 20%—22%[34]。

危机的影响在各地区和市之间表现各有不同。依靠自己税收（主要是个人所得税和企业所得税）能力的经济好的地区受到金融危机影响最大。这些地区拥有发达的工业。对出口（主要是冶金和产油地区）依赖性较强的地区受到的打击也很大。对中央转移支付依赖性较强的地区受到的影响反而较小。总体来说，联邦政府在金融危机期间对地方的支持主要体现为补充性的一般转移支付，这种补助对于减轻地方政府在危机中所受的损失非常重要。2009 年，转移支付在 2008 年的基础上上升了 35%，达到 132 亿美元[35]。与 1998 年的金融危机最大的不同是，这一次联邦政府没有对地方政府的危机袖手旁观。

2009 年，银行贷款和联邦政府贷款成为地方政府主要的债务工具。上半年国内债券几乎停止发行。莫斯科是一个例外，早在 2009 年 1 月 14 日莫斯科通过发行利率为 10% 的债券借了 4.6 亿美元，成本低于同期的其他地区。2009 年莫斯科在地方债券市场十分活跃，这让城市保持了长期的债务状况和平滑的债务偿还结构。

在 2009 年下半年，那些传统经济更强的地方开始重返债券市场。尽管如此，债券发行的数量从 2008 年的 23 个下降至 2009 年的 10 个。证券的发行数量下降得更为显著，从 2008 年的 35 个下降到 2009 年的 16 个[36]。2009 年第一季度，大多数地区用一年期和每年高达 20%—22% 的利率来吸引短期借款。随后，当金融市场开始稳定，许多地区通过协商在债券剩余时间内将利率降低，以减缓债务成本的快速增长。2009 年，地方得到的银行贷款的总额比上一年增加了 17 亿美元[37]。

2009 年，联邦对地区的贷款变得尤为重要。和额外补贴一样，联邦贷款是联邦支持地方的另一种间接形式。与银行贷款相比，联邦贷款的优势是更低的利率及更长的还款期限。2009 年，联邦政府发行总计 40 亿美元的贷款给地方政府，比 2008 年增长了 8 倍[38]。

从 2009 年开始，联邦贷款被授予了三年。此前，预算法案强制要求他们在一年内偿还。联邦贷款的利率是俄罗斯中央银行再融资利率的四分之一[39]，而这个利率是在获取贷款有限制以及资本市场的利率极高的情况下地方为预算赤字融资的补贴利率。如上所述，在 2009 年第一季度，市场利率达到最高峰 20% - 22%，但在 2009 年末下降至 11%—13%[40]。

联邦贷款按目的可划分为两类。第一类贷款是用来支付当前预算赤字的一般贷款。它们通常有一个摊销额还款结构；第二年付清本金的 60%，第三年偿还剩余本金的 40%。这种结构消除了偿还债务的高峰，同时使债务结构变得更好。

第二类贷款是用来建设、重建及修复公共道路这样的具有特殊目的的贷款。对这些贷款来说，到期偿还本金。2009 年，俄罗斯地方直接债务总额增加到 238 亿美元，与前一年相比增加了近 60%。然而，和 2009 年俄罗斯地方总收入相比，直接债务总额只占 15%，这按国际标准是可控的。俄罗斯地方的主要问题并非债务负担的绝对规模，而是其支付结构。债务期限的缩小给再融资带来了巨大的风险，同时使得债务成本很高，这也是对预算施压的两个因素。

值得一提的是地方政府的或有债务，包括金融危机时期相关的地区和市企业的担保及金融债务。尽管在金融危机前夕，担保的流行度有所下降，地方政府仍然广泛使用这样的或有债务来支持地方经济。金融危机时期，地方采用各种各样的担保策略。有些地方选择不承担额外的风险，并且在经济困难时期拒绝给企业做担保，这样的话不会对政府造成额外的风险。与此同时，很多地方支持主要的地方纳税人，这些纳税人在利用贷款发展企业时陷入困境。在这种情况下，根据最严格的标准仔细挑选公司尽可能减轻对预算造成的负面影响是十分重要的。预算体系的严格制度也积极减缓了由担保产生的巨大潜在财政风险。

2008 年的金融危机和建设部门的急剧衰退，使得哈卡斯共和国、鞑靼斯坦共和国及托木斯克州几个地区的政府抵押机构没有能力偿还债务，因此，需要各自的地方政府提供额外资源。

2009 年经济萧条时，新西伯利亚州对保证金的使用是一个很好的例子。金融危机时建造业是最不景气的行业，此时，新西伯利亚地区拨款约 8 000 万美金的无追索权保证金给建设部门的企业。因此，作为新西伯利亚州服务经济中的主要成员，建设部门在 2009 年的住房建筑比 2008 年多，这对金融危机时候的俄国地区来说是相当惊人的。此外，尽管保证金无追索权，建筑公司在偿还债务的同时没有给地方预算造成压力。因此，在这个例子中，正如很多人预测的那样，保证金有助于大大支持经济的重要组成部分，并且遏制了州预算执行程序的严重恶化。[41]

不同于 1998 年的金融危机，2008 年金融危机的特征是缺乏地方债务违约。这是由于联邦政府的额外支持，以及前几年那些能预测经济和金融形势可能出现衰退并为之做好准备的地区积累的流动性。因此，大多数地方的信用评级仍停留在危机前的水平。评级机构会负面评估那些在 2009 年不能抑制当前支出增长（并且债务急速增大）的区域。它们的信用等级会下降，或者在很多案例中，预测评级变成“负面”。

2010：公共财政改善，债务结构依旧脆弱

2010 年，在长达 18 个月的金融危机之后，在全球经济复苏的大环境下俄罗斯经济逐渐复苏。除了俄罗斯主要出口回归到有利的国际经济环境中，总体经济活动开始复苏。经济增长从 2009 年的 -7.8% 恢复到 2010 年的 4.3%，同时出口增长从 2009 年的 -35% 增加到 2010 年的 32%。这导致了税收急剧增加，尤其是公司所得税。公司所得税对大多数俄罗斯地区来说是一项十分重要的税收来源。

和2008年相比，2009年地方政府的税收减少总计平均为40%。2010年俄罗斯一半地区工业生产水平超过了金融危机前。[42]

经济复苏有助于改善地方公共财政。相对于2009年，2010年地方政府（不包括莫斯科）的总收入增加了近10%（2010年的通货膨胀率是9%）。同时，2010年地方政府的收入结构发生改变，地方政府不再那么依赖联邦转移支付。因此，各种转移的比例占2010年地方政府总收入的32.5%，而2009年则占37%。[43]尽管主要来自于公司所得税的税收收入逐渐恢复，大部分俄罗斯地方政府的经济依赖仍然很低。

2010年，地方总支出的增加达到9%。虽然这与通货膨胀率相当接近，但是支出构成却改变了：社会支出增加，而资本支出减少。在总地方预算支出中的资本支出比例从2008年的18%下降到2009—2010年的13%。然而，考虑到对基础设施发展的高需求，在大多数地方更低的资本支出应该只是暂时现象。费用控制的适度增长和收入基数的增加使得地方预算的综合赤字占总收入的比例由2009年的5.7%下降到2010年的1.6%，同时占收入净转移的比例由2009年的8.2%下降到2009年的2.2%。[44]

2010年，债券市场复苏，同时借款成本降低。尽管地方债务持续增加，但是增长的比例在下降。2010年，地方债务总量保持适中，占总收入的20%。同时，地方债务分布依然不平均。按名义价值计算，十个地区的债务加起来占总债务的比例约为57%。相对的债务负担分布也不平衡；地方债务的中位数占总收入的16.5%，而最大的地方债务占总收入的比例则高达60%（阿斯特拉罕州）。由于联邦支持，俄罗斯的地区政府比其他欧洲国家的地方政府更受欢迎（见图12.5）。

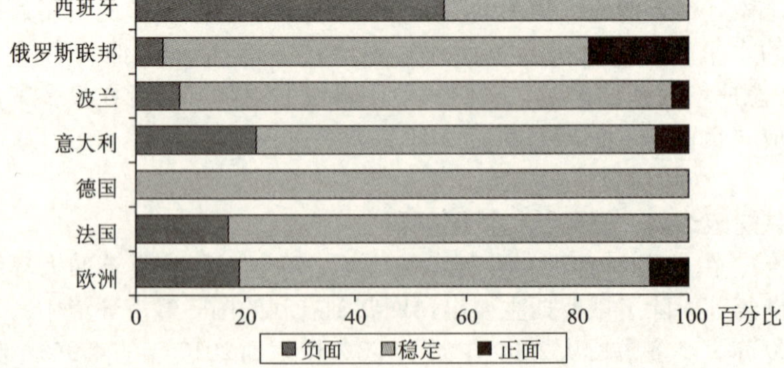

资料来源：惠誉评级公司。

图12.5 （2010年12月底）俄罗斯联邦地区和欧洲其他国家地方信用评级

尽管债务和地方收入一样低，但是大多数地方债务结构有很大的改善空间。2010年，联邦政府的贷款成为地方预算赤字财政的主要来源，占总直接债务的45%（不包括莫斯科）。然而，到2010年偿还联邦政府贷款的期限延长到五年，这也延长了地方贷款到期时间。银行贷款作为直接贷款，其份额占地方政府贷款总额的31%（不包括莫斯科）。2010年银行贷款利率大幅下降，每年下降到7%—8%，接近于俄罗斯中央银行的再融资利率。这大大降低了偿还债务的成本。另外，银行开始提供2—3年的长期贷款业务。但是，由于长期贷款比一年期贷款的利率略微高一点，所以并不是所有地方都准备采用长期贷款。

国内债券市场交易活动量保持适中。2009年有十个地区发行债券，相比之下，2010年仅有13个地区发行债券。同时，新债券的发行需要更长时间。2009年发行新债券需要一年到三年时间，而2010年则需要三年到五年。

没有任何的市场工具来给地方预算赤字融资，2010年尤为明显。另一方面，由于短期银行贷款在债务结构中所占份额较大，因此，偿还贷款的情况仍旧不乐观。地方贷款的整体结构与莫斯科的债务结构完全不同。在莫斯科，延长至2022年到期的债券占债务证券投资的90%。

2011年地方财政状况持续改善，地方借贷趋活跃

2011年地方政府的财政状况改善。2010年，俄罗斯地方综合预算赤字占收入的1.53%，到2011年则下降至0.45%[45]。在2012年总统大选前，若非各级政府承诺的开支增加，赤字紧缩将更为严重。在支出构成方面，地方的社会支出已经超过了资本支出。2011年，尽管在社会事业上的支出与2008年相比增加了71%，但是资本支出减少了20%[46]。事实上，扣除物价因素，2011年税收增加（主要是公司所得税）使得地方收入恢复到原来的水平，尽管如此，地方支出也在增加，甚至达到了收入水平[47]。

2011年，联邦贷款在俄罗斯地方政府的债务结构中所占比例持续增加，并达到40%以上。这些贷款的利率为4%，相当于市场利率最小值的一半[48]。

2011年，俄罗斯地方实际债务增加了13.8%，但是2011年末债务总量仍处于可控制状态[49]。然而，债务结构仍然有风险。短期的负债结构意味着再融资存在一定的风险，同时未来偿还贷款会有潜在的高成本[50]。

虽然地方平均债务水平占收入的18.3%（包括政府间转移），但有六个地区的债务水平高达50%—70%。13个俄罗斯地方必须支付收入的15%以上来偿还债务。在所有地方债务中，莫斯科高达20%。2011年，城市用盈余完成了预算，因此不需要借款[51]。其他富裕的俄罗斯地方政府也有类似情况，比如，生产石油的秋明地区和亚马尔—涅涅茨自治区，其中很多城市都拥有庞大的资金储备。

2011 年，地方和自治区的国内借款总额减少了 15%[52]。随着有价证券发行比例减少了三分之一，向商业银行借贷继续呈相对增长趋势。有价证券占联邦贷款额的 21.3%，占商业银行和国际信贷机构借款额的 70%，但只占国内综合地方预算借款总额的 9.1%，这反映出债券市场的萎缩[53]。

同时，地方政府在债券市场越来越活跃。发行商数量增多；21 个地区和 5 个市政府登记了债券招股说明书（相比之下，2010 年，17 个地区和 6 个市政府发行了债券）。2011 年，三个最大的发行商负责未偿付的地方和市政债券总额的 53.1%。总的来说，莫斯科占了近一半的国债余额，继续主导债券市场[54]。

根据俄罗斯联邦政府批准的《2012—2014 年的国家债务政策指南》[55]，政府间财政关系会有本质上的改变。给予地方政府的联邦贷款将大幅减少，而且只有“在紧急情况下”才会下批。因此，文件规定“部分俄罗斯地方政府的市场借贷需求将越来越大。”因此，地方政府只有银行贷款和公开出售债券这两个债务工具。此外，地方不得不偿还金融危机时的预算贷款，还款将在 2012 年达到最高峰。

深化地方债券市场的挑战

地方债券市场持续发展面临的挑战有以下几点：

我们需要制定可持续的法律条款。尽管在 20 世纪初政府间财政关系体系开始形成，但是仍处在发展阶段。这需要对政府间财政关系设计做一些改变，这个改变对于俄罗斯每个地区和市政府来说都有风险。近些年，联邦政府经常改变税收收入、支出责任及转移规则的分配。同时，在大多数情况下，俄罗斯的浮动税收收入（地方和市政府可能会通过建立税基或税率、管理收集税收来影响税收收入）所占比例低于地方预算总收入的 10%。

俄罗斯的预算分类是逐年变化的。此外，由于预算分类的形式（每个层级的政府的义务），需要通过复杂而费时的分析研究才能把收入和支出分为周期型和资本型。我们也不可能获取一系列政府在公共财政管理方面绩效的关键指标，不可能估计债务负担的真实水平。

地方政府很少协调投资和债务政策。根据最佳实践，所有的债务资源都应只用于投资目的。然而，在俄罗斯只有少数地方能运作这个方案（主要是莫斯科和圣彼得堡）。大多数地方政府甚至都没有尝试去比较他们的投资需求和借款额，这意味着债务可以用于投资和当前支出。在很多方面，不成熟的立法使得情况更为严重，而且没有考虑中期及长期预算和长期投资策略。

事实上，地方债务投资组合仍然是短期的。在大多数地方政府的债券投资组合中，一年期的银行贷款占主要地位，从而导致了更高的再融资风险。然而，在

2011 年，因为在俄罗斯银行体系中提供的流动性足够，所以这种情况并没有引起特别的关注。然而，当流动性紧缩时，那些有着高比例短期债务的地方政府的信誉可能面临再融资风险。债务期限和利率结构是决定一个地方或市政府债券投资组合质量中最重要的参数。

地方银行融资主要由一些国有银行控制。由于俄罗斯的银行体系还不成熟，地方政府的银行融资主要是由一些国有银行控制（主要是储蓄银行和俄罗斯外贸银行）。这些银行基于以前苏联国有银行的分支机构较多的优势，能让他们在定价方面与小规模业务银行成功竞争。然而，关于发行和偿还贷款，储蓄银行和俄罗斯外贸银行都遵守比客户严格的市场规则。

在评估一个地方政府的贷款总额时，我们对政府企业债务还缺乏全面的考虑。政府企业的金融债务（它们的银行贷款和证券发行）是一个地方政府的或有债务。在地方和市政府的债务定义里，预算法案不包括或有债务。这意味着从形式上来说地方政府并不对此类企业负责，除非政府明确担保这些债务。因此，大多数地方政府并不把子公司（部分或完全归政府所有）的债务记录下来作为可能产生风险的要素。政府企业经常拖延提交财务报表的时间，并且提交上来的财务报表内容通常不完整且不一致。同时，最近的时间表明，地方必须参与解决附属公司无力偿还债务造成的问题。

结　论

俄罗斯地方债券市场在 20 世纪 90 年代初开始发展。没有资金支持的政府项目和政治分权导致对债务工具需求的不断增加，包括外币债务。同时，完全没有债务法案，并且地方政府在管理债务风险上缺乏经验。债务发行是为了财政的周期性支出，尤其是短期债务。随着 20 世纪 90 年代末俄罗斯宏观经济环境的迅速恶化，地方政府面临的再融资风险迅速上升。从 1998 年到 2000 年，89 个地方政府中有 57 个无法偿还贷款。

随着 2000—2008 年宏观经济基本面的提升以及包括大力修订税收法案、采取预算法案以及 2006 年地方自治政府的立法在内的大量法律改革，都对促进政府间关系起到积极作用，也激励了地方和市政府制定新的财务管理原则。当前政府间财政转移支付系统是基于公式的，其延伸到地方政府的各个层级，并考虑关键的社会经济参数。然而，这个公式常常改变。因此，预测转移支付数量需 1—2 年。

俄罗斯立法将严格限制债务总额、年度预算赤字以及债务成本。此外，随着收入增加，地方和市政府的财务状况显著改善。俄罗斯地方债务负担仍然很轻。大多数俄罗斯的地方政府没有货币风险和衍生品风险。债务管理和预算过程也越来越透明。俄罗斯联邦财政部定期并及时公布和更新预算执行和债务方面的信息和数据。

2009年俄罗斯的公共财政也受到2008—2009年全球金融危机的影响，尽管地方政府受影响的程度各不相同。但是，由于联邦政府的支持以及前几年地方累积的流动性，所以没有出现地方债务违约的情况。到2011年，地方财政状况随着俄罗斯经济的逐步复苏而改善。债券市场复苏，同时借贷成本降低。当市场扩大时，直到2011年，国内债券市场的交易活动量都将保持适中。

地方债券市场的发展将不断面临挑战。大多数地方政府的短期债务以一年期银行贷款为主，这意味着更高的再融资风险。地方银行融资主要由少数国有银行控制。对于政府企业的或有债务还缺乏全面的考虑。债务管理将成为财政政策和预算规划及执行中不可或缺的一部分。协调债务和投资政策以及扩展预算规划范围都是很有必要的。地方实体应该建立一个详细的中期财政框架，而这个框架能够预测资金缺口。借款计划应该包括吸引新贷款的信息、利率以及新旧债务的还款计划（包括或有债务）。

注　释

本文所述的发现、解释和结论，均属作者个人观点，不代表世界银行、世界银行执行董事会及其所代表的政府，或者外部作者可能隶属的任何机构的观点。

1. 俄罗斯地方政府包括：（a）联邦行政主体（官方术语，但通常叫做“地区政府”）；（b）当地自治政府或市政府（官方术语，但通常叫做“地方政府”）。

2. 转型期经济研究所2003；Pinto等2000；俄罗斯联邦财政部网站，http：//www. roskazna. ru；俄罗斯统计局网站，http：//www. gks. ru。

3. 作者基于俄罗斯联邦财政部数据的估计，http：//www1. minfin. ru/ru/public_ debt/capital_ issue。

4. Pakhomov，2009。

5. 1997年4月，总统法令第304条（于1998年3月修订）：“关于莫斯科、圣彼得堡和下诺夫哥罗德州行政机关的外部保税贷款问题”。

6. Arakelyan、Kashcheev和Shchyurikov，2001。

7. Pakhomov，2009。

8. 作者基于俄罗斯联邦财政部数据的估计，http：//www1. minfin. ru/ru/public_ debt/capital_ issue。

9. 作者基于俄罗斯联邦财政部数据的估计，http：//www1. minfin. ru/ru/public_ debt/capital_ issue。

10. 俄罗斯统计局网站，http：//www. gks. ru。

11. Arakelyan、Kashcheev Shchyurikov，2001。

12. 其中加盟共和国萨哈（雅库特）、科米、鞑靼斯坦共和国以及诺夫哥罗德、翅果、伊尔库茨克州和其他几个地区。

13. 莫斯科和圣彼得堡也称为联邦城市，拥有联邦行政主体地位（换言之，地方政府）。其他城市也有市政府的身份。

14. 惠誉评级公司，问题汇编。

15. 俄罗斯中央银行，http：//www. cbr. ru ，俄罗斯统计局 http：//www. gks. ru。

16. 作者基于俄罗斯联邦财政部数据的估计，www1. minfin. ru/ru/public_ debt and Central Bank of Russia http：//www. cbr. ru。

17. 俄罗斯中央银行网站，http：//www. cbr. ru。

18. 地方自治政府（仅指市政府）下的法律。因此，在这章，“地方政府”等同于“市政府”。

19. De Silva 等，2009。

20. 莫斯科城的国家债务委员会，http：//www. moscowdebt. ru。

21. C 股债券财务信息，http：//www. cbonds. ru。

22. 信誉评级公司 2008a。

23. 基于作者向地方政府提供技术援助。

24. 信誉评级公司 2008a。

25. 相比之下，资助前菲律宾地方收入（人均最富到最穷）差距为 35.4%，资助后为 28.1%；在巴西，资助前为 9.3%，资助后为 4.9%（Braga 等，2002）。

26. 作者基于俄罗斯联邦财政部网站上的地方财政报告中的估计，http：//www1. minfin. ru/ru/public_ debt ，俄罗斯联邦财政部网站，http：//www. roskazna. ru.

27. 惠誉评级公司，问题汇编，http：//www. fitchratings. com。标准普尔，问题汇编，http：//www. standardandpoors. com。

28. 惠誉评级公司 2008b。根据惠誉的方法论，地方分配既是一个当地货币的长期评级也是外币长期评级，即使这些地方并不借入外币（俄罗斯地方的评级水平都是相同的）。这样做是用惠誉的统一国际规模来比较不同国家地方的评级水平。

29. 截至 2012 年 6 月 1 日，在惠誉评级公司的国际规模下俄罗斯联邦的长期评级是“BBB”并保持稳定。

30. 惠誉评级公司，2012。

31. http：//www. roskazna. ru。

32. http：//autopeople. ru/gaz。

33. 作者基于俄罗斯联邦财政部网站地方财政报告的估计，http：//www. roskazna. ru。

34. 惠誉评级公司，2011b。

35. 作者基于俄罗斯联邦财政部网站地方财政报告的计算，http：//www. roskazna. ru。

36. C 股债券财务信息，http：//www. cbonds. ru。

37. 惠誉评级公司，2011b。

38. 作者基于俄罗斯联邦财政部网站俄罗斯联邦财政数据的估计，http：//www. roskazna. ru。

39. 截至 2011 年 6 月 1 日，俄罗斯中央银行的再融资利率为 8. 25%。

40. 惠誉评级公司，2011b。

41. 惠誉评级公司，2011。

42. 作者基于俄罗斯联邦财政部网站数据估计，http：//www. roskazna. ru；俄罗斯统计局，www. gks. ru。

43. 作者基于俄罗斯联邦财政部网站地方财政报告的估计，http：//www. roskazna. ru。37% 是平均水平。在 15 个地方，转移比例在 50%—90%。

44. Golovanova，2010。

45. 作者基于俄罗斯联邦财政部网站地方财政报告的估计，http：//www. roskazna. ru。

46. 作者基于俄罗斯联邦财政部网站地方财政报告的估计，http：//www. roskazna. ru。

47. 作者基于俄罗斯联邦财政部网站地方财政报告的估计，http：//www. roskazna. ru。

48. 参考 2011—2012 年联邦预算法第 13 条规定中的第 2 点，2010 年 11 月 13 日。

49. 作者基于俄罗斯联邦财政部网站数据的估计，http：//www1. minfin. ru/ru/public_ debt/subdbt/。

50. 盖达尔经济所 2012 年研究的经济政策。

51. 作者基于俄罗斯联邦财政部网站数据的估计，http：//www1. minfin. ru/ru/public_ debt/subdbt/，俄罗斯联邦财政部网站，http：//www. roskazna. ru。

52. 作者基于俄罗斯联邦财政部网站地方财政报告的估计，http：//www. roskazna. ru。

53. 作者基于俄罗斯联邦财政部网站地方财政报告的估计，http：//www. roskazna. ru。

54. 作者基于俄罗斯联邦财政部网站数据的估计，http：//www1. minfin. ru/ru/public_ debt/capital_ issue/state_ securities/。

55. 俄罗斯联邦财政部网站，http：//www1. minfin. ru/common/img/uploaded/library/2011/08/Dolgovaya_ politika_ na_ sayt. pdf。

13

南非：基础设施私人融资的杠杆化

Kenneth Brown　Tebogo Motsoane　刘琍琍

引　言

随着1994年南非种族隔离时代的结束，南非共和国进入了意义重大的制度改革发展的新阶段。在1994年第一次民主选举之后，从根本上改变政府构成和运作方式的新宪法正式通过。1996年南非宪法从国家水平、地方水平及当地水平三个方面提出三个独立相关的政府范围。中央政府的主要任务是制定政策并实现重要的国民服务，例如警察和国防服务。省政府负责卫生、教育和社会服务的实施，而作为离市民最近的地方政府则负责基础设施服务和便利设施的实施。地方政府被创建为一个自治的政府组织，其市政委员会拥有行政权和立法权。[1]

在后种族隔离时代，南非市政府面临了延长提供给全体市民的基础服务和改善现有的提供给居民的服务的质量和效率的双重挑战。种族隔离制度中投资不足的大量累积，使得投资基础设施的需求是巨大的，这反映在老化的电力网络及给水和卫生系统中。快速城市化和加快经济发展的需求也需要发展新的基础设施。

从1994年到2000年，市政部门重组并合并成为283个新成立的市政府。合并过程中将贫困的和富裕的城市社区融合在一起创造成新的城市，这些城市集同一个行政机构下的商业中心、富裕郊区及小镇为一体[2]。自从1996年通过宪法，一系列重大立法和制度改革开始实施，目的是建立一个加强地方政府在提供重要基础设施和服务方面的能力的体系。

南非政府1998年颁布的《地方政府白皮书》强调了通过杠杆化的私人部门融资来满足市政府对基础设施的长期需求的重要性[3]。白皮书提出了一个三管齐下的方法来深化市政信贷市场：第一，白皮书提出国家立法来更好地定义市政府的借款能力及管理干预的规定。同时，提出一种综合框架来监控政府的财政状况，这种制度也是改善财政纪律的一种方式。第二，白皮书鼓励利用提高信用的措施来改善市政府的信用质量并促进地方政府借贷。第三，在市政府信用质量阻止市政府进入市场的情况下，通过中央政府担保的实体获得优惠贷款可以替代基于市场的贷款。

1998年白皮书颁布后，从1998年到2003年，出现了大量利益相关者的咨询，导致了具有里程碑意义的《市政财务管理法案》的通过。这条法案务求"安全、健全及可持续地管理地方政府和政府范围内的其他公共机构的金融事务以及建立政府地方范围内的财政规范及标准"[4]，其目的是改善市政府提供的服务。《市政财务管理法案》作为财务管理的一部分，提出了对地方当局借款的首要管理制度。该法案提出了一系列的事前综合法规来规定借款种类及在何种情况下发生此类借款。同样重要的是，该法案的第13章规定了一种解决财政困境的程序方法。

自2005年以来，市政信贷市场的交易量快速增加。在过去十年中所有地方政府都曾经为了给发展基础设施融资，向银行业或（和）资本市场借款。为准备2010年国际足球联盟世界杯比赛，长期借款迅速增加，这使得市政府的财政格局从高度依赖财政转移支付变为借款在资本支出融资中日益重要。然而挑战仍然不断，包括缺乏充分发展的次级市场、短中期贷款期限与长期基础设施资产的不兼容性[5]以及在市场上挤入更多私人融资的需求[6]。

未来10年，南非市政府对基础设施的需求依然很大，估计约5000亿兰特（约593亿美元）[7]。中央政府认为现有的资本融资来源（即市政府内部发行资金及政府间的转移）不足以满足预测的需求。扩大或深化地方信贷市场与提供长期融资来源一样重要。此外，中央政府扩大了融资策略来包括其他资本融资来源，如开发费用、土地租赁以及公私合作模式[8]。同时，中央政府认为健全的财务管理措施与市政府长期可持续性一样重要[9]。

本章回顾了南非在杠杆化基础设施的私人融资以及随之而来的立法和制度改革方面的策略。本章剩余部分组成如下。第二节考察了自1996年宪法以来的制度改革，尤其是颁布了具有里程碑意义的《市政财务管理法案》，这定义了市政府融资和进入金融市场方面的制度。第三节提出了市政府的借款制度——市政借贷的事前规定及解决市政府财政困境的事后体系。第四节讨论了《市政财务管理法案》颁布以来市政信贷市场的发展、进程及挑战。第五节将举债筹资、土地资产融资、融资监督的公私合作模式以及从需求方面加强借款者的良好信誉这四个互补部分联系在一起，提出对杠杆化私人融资的策略。第六节是结束语。[10]

历史背景和制度改革

新宪法

南非共和国 1996 年的宪法提出了一般管理系统的立法框架，也给政府的立法机构、行政机构及司法机构提出了核心的制度框架。宪法将省政府和地方政府从像雕像一样的机构提升到宪政当局[11]。地方政府被创建为一个独立的政府组织，其市政委员会拥有行政权和立法权[12]。此外，宪法通过阻止中央政府和省政府可能危害或者妨碍市政府履行宪法义务的行为，来加强地方政府的自治权。

宪法的第 139 章选择了一种管理办法来应对市政府的财政困境。当地政府不能履行义务时，省政府可以干预地方政府事务，通过这种方式来解决上述问题。随后的国家立法阐述了如何实施这些政府干预以及其对借款人对于债权人的权利和义务的影响[13]。此外，宪法限制中央政府的权力来保证地方债务，但要求任何这样的保证都必须依照国家立法。这样的立法只有考虑过金融和财政委员会的建议之后才能颁布，通过建立金融和财政委员会来确保公共财政政策和立法的公正性[14]。

政府 1998 年关于地方政府的白皮书指出南非市政府过多，而且很多财政状况不佳。1998 年市政结构法案按照新宪法为巩固和合理化市政府提出了一个立法框架。该法案定义了三种类型的市政府以及每一种类型的标准[15]。

A 类市政府包括六个最大的市政府，并在其范围内拥有行政权和立法机关。B 类市政府包括 231 个地方政府，它们和行政区域所在的 C 类市政府分享行政权和立法权。C 类市政府由行政区域内的地方政府组成[16]。地方政府的数量由 843 个下降至 284 个。在这个过程中，许多城市政府转变为大都市政府，并且它们的财政账户合并，形成了贫富地区之间的交叉补贴。随着 2011 年地方政府选举，市政府的数量下降到 278 个，其中包括 8 个大都市政府、44 个地区政府和 226 个当地政府[17]。

1997 年约翰内斯堡大都市政府的金融危机第一个检验了宪法 139 章条款（专栏 13.1）。这次危机的教训影响了之后《市政财务管理法案》的起草，该法案强调确保涵盖金融危机对政府公共服务提供的不利影响。

专栏 13.1　第 139 章干预约翰内斯堡大都市政府

约翰内斯堡大都市政府成立于 1995 年，在约翰内斯堡大都市委员会下拥有四个独立的市政委员会。每个地方委员会可以批准自己的预算，平衡预算仅适用于所有委员会的总预算。

委员会在没有充足资金的情况下推出了庞大的支出计划，并且假设其他委员会的盈余会抵消资金短缺。1997 年 7 月，约翰内斯堡大都市委员会爆发了金融危机，无力支付 Eskom（国家电力供应商）3 亿兰特。低收入、过大的资本预算以及约翰内斯堡大都市委员会本身不足 18 亿兰特的资金储备使得所有的地方委员会面临巨大的现金流压力。

1997 年末在财政部的支持下，发展规划部和地方政府的部长也开始依法干预（省政府第一次使用宪法第 139 章）。南非发展银行商量紧急贷款，专家委员对收支平衡带来了帮助。这场危机导致了在全国政府管理结构上更广泛的改革。

资料来源：约翰内斯堡城市 2002；南非水域对话 2009；世界银行 2003。

地方政府的白皮书

中央政府对市政府借款担保的结束意味着债务服务责任落在地方政府自己。随后资本市场需要明确借贷规则的框架，包括政府财政困境和紧急情况下的补救。由于这样的框架还有待开发，市政信贷市场（尤其是债券市场）1996 年后开始坍塌。直到 2004 年政府才开始发行债券（2003 年《市政财务管理法案》颁布之后）[18]。这自然限制了市政府通过发债为发展基础设施融资的能力。

中央政府 1998 年关于地方政府的白皮书旨在解决这些问题。白皮书和 2000 年市政借贷和金融紧急情况下的政策框架明确了关于市政借贷的政府政策必须基于市场体系和银行信贷风险定价来反映察觉到的风险[19]。

政府 1998 年关于地方政府的白皮书强调了利用资本市场来杠杆化私人投资的重要性。白皮书指出，“对于短期和长期的市政借贷，一个充满活力和创新的的初级市场和次级市场终会出现。为了达到这个目标，中央政府必须清晰定义基本的‘游戏规则。’地方政府需要通过适当的预算及健全的金融管理来建立其良好信誉，包括建立公司信贷控制措施和能够支付的基础设施投资项目。最后，要求增加承销商和市场辅助商（比如信用评级机构和债券保险公司）的数量、范围以及活动量。需要明确定义在市政府经历财政困境时对其进行干预的规定并透明、持续地执行。市政府、投资者、中央政府以及省政府清楚认识各自的风险特点是非常重要的。风险不应该过度转移到中央政府或者省政府。”

南非国家财政部（2001）指出，白皮书强调私人部门投资者与资本市场的重要性。私人部门债权人和投资者很重要，不仅因为他们给国家带来额外资金，而且与公共部门贷款人相比，他们往往在评估项目和信贷风险以及管理未偿贷款方面有更好的专业知识。拥有各种买方和卖方以及多种金融产品的活跃的资本市场，比直接贷款更有效率。其原因有两个：（1）市政债务工具竞争倾向于保持借款的低成本并为每个需求创建结构选择；（2）对想要卖出的投资者来说，活跃的市场意味着流动性，流动性降低了风险，增加了潜在投资者组合，从而提高效率[20]。

白皮书为管理地方政府制定更加详细的政策和规章提供了基础，包括地方政府和国库[21]关系的提议及地方政府财务结构的通用指南。更为重要的是，白皮书指出需要利用私人部门融资来满足市政府的基础设施需求[22]。

白皮书提出了一个三管齐下的方法来强化市政信贷市场：第一，白皮书提出国家立法来更好地定义市政府的借款能力及管理政府介入的规定。同时，提出一种综合框架来监控政府的财务状况，这种制度也是改善财政纪律的一种方式。第二，白皮书鼓励利用提高信用的措施来改善市政府的信用质量。第三，当市政府的信用质量不足以进入市场时，认为通过国家发行实体的优惠贷款与基于市场的贷款是相互替代的。

《市政财务管理法案》

从1998年发布白皮书到2003年，一系列的立法改革为建立市政金融管理的统一框架铺平道路。这包括引入《1999年公共财政管理法案》来规定公共部门的财务管理，目的是确保能够有效管理收入、支出、中央政府和省政府的资产和负债。该法案使得新成立的国家财政部负责建立统一的财政部规范和标准，并要求每个政府部门和宪法机构应该有一个会计师。该会计师是首席执行官，并将最终负责该机构的财务。因此，该法案使得公共财政承担了更大的责任。

2003年《市政财务管理法案》的颁布标志着利益相关者之间广泛协商过程的顶峰。它在法案通过之前需要两个宪法修正案[23]。自从2000年首次在会议上提出该法案，举行了41个委员听证会来讨论并商议该法案，这反映了当中央政府和省政府可以制定政策及监管职能时维护地方政府独立性方面的挑战[24]。《市政财务管理法案》的三个连续版本最终在2003年最终法案颁布之前列入议程。

需要广泛的协商过程是为了综合财政部、贷款方以及地方政府这些不同党派的利益。例如，当借款人和贷款人利益出现分歧，并且中央政府有多个目标（市政府的财政可持续性、实施基本公共服务以及发展市政资本市场）时处理市政府财务困境的挑战。解决政府财务困境的核心程序是债务和财政调整。

然而，在宪法（1995—2002年）最初的第139章中，很少有补救措施来影响一个遇到财务麻烦的地方政府的债务和财政调整。预算、支出以及税收都在市政委员会的权限之内。省政府只有在不能“执行义务”的情况下干预地方政府事务。该省政府只能向委员会发出一个指令或者承担债务责任。

法案提出了不同的建议来影响一个处于金融困境的市政府的债务和财政调整。2000 年 7 月，财政部（现为国家财政部）提出了市政借贷和财务紧急情况下的政策框架。它明确了市政府增加债务的权利和程序，并指出在中央政府担保结束时，为增加基于市场的融资，地方职能有必要替代由国家担保的市政借贷体系。为了确保来自资本市场的市政借贷是有效的，必须明确并预测法律环境及监管环境。借贷双方都必须拥有良好信息，并且必须适当分配不良决策带来的风险。同时，指出了解决当地政府财务紧急情况的系统方法的必要性[25]。它建议建立一个由司法部监管的行政机关来管理地方当局的金融复苏[26]。第一版的《市政财务管理法案》在 2000 年 7 月提交议会。随后修订的法案在 2001 年 8 月公布，并于 2002 年再次提交议会。定义市政借贷权力和程序的基本框架在原先的法案中就已经明确表达。例如，原先版本的第六章规定了市政借贷并包括了很多重大改变。该法案描述了担保短期债务的详细程序。只有当市政委员会决议通过债务协议并且会计师签署了引发债务或承担债务的协议时，市政府才可以借短期债务。因此，该法案条款 45 实施分权制衡体系来确保市政府的政治机关或行政机关不会滥用短期融资[27]。

此次讨论和修正案的焦点集中在几个问题，包括市政借贷特别关心的两大问题：

第一个问题涉及市政府的借款能力。具体来说，当一个市政府面临金融困境或无力偿还贷款时，它关系到其他政府（中央政府和省政府）的干预能力与南非宪法授权地方政府自治之间的平衡。原先的法案设想市政财务紧急事务当局是一个独立的财务恢复机构，不受行政和立法部门的影响。该法案的最终版本减小了市政财务紧急事务当局的权力，并将监督干预的责任转移给负责该省地方政府的行政会议员。尽管当地政府的行政委员会领导干预，但是以市政金融复苏服务为形式的国家实体帮助制定金融复苏计划。这次修订试图打破南非地方分权体系中地方自治与干预之间的平衡。

第二个问题涉及面临市政财政压力时对私人债权人的保护。尽管需要资本市场来为基础设施融资，但是，从 1997 年到 2001 年，市政府的长期私人贷款基本持平。在这段时期，私人部门的市政债务变化不大，通常保持在 110—120 亿兰特之间。同时，公共部门体系的债务（包括南非发展银行）从 56 亿兰特大幅增加到 81 亿兰特。人们认为越来越依赖公共部门债务与政府在不断增加私人部门投资上的政策目标相矛盾。虽然新的政策和立法本身并不能保证私人部门借贷增加，但是如果政府没有明确的政策和立法，私人部门借贷是不可能增加的[28]。

修正的法案给债券人提供了额外的保护。如果债权人和政府达成协议并秉诚行事，那么短期再融资债务的信贷协议会得到支持。在某些情况下（第三部分），该法案试图通过给贷方提供立法范围内的保证来促进公开透明的市政信贷市场，贷方可以依赖由会计师签署的市政府的书面陈述[29]。

两个宪法修正案（2001 年南非法案第 34 条以及 2003 南非法案第 3 条）为解决政府金融困境铺平了道路。这两个修正案使得当前地方委员会发行的债务在超出委员会期限之后仍然有效，并且扩大了政府在其他范围干预立法方向的权力，例如预算或征税。2003 年颁布的《市政财务管理法案》包括市政财务和借贷的新框架。第 13 章明确阐述了政府干预的详细条件及金融复苏计划，详细说明了在破产机制下上级政府和法院的作用，并概述了财务和债务调整过程。只有法院能够持续还贷并偿清债务[30]。

政府干预的潜力巨大，能让地方政治自治遭受巨大损失。干预的类型包括发行指令、强制干预财政事务时政府自治的完全消失以及在极端情况下解除市政委员会。这主要是省政府的职责，但是当省政府没有能力或不愿意采取行动时，中央政府可能会干预[31]。

南非的经验说明了地方借贷和破产立法的复杂性以及不同利益相关者达成政治共识的重要性。获得广泛支持可能需要很多年的共同努力。南非用了两年时间建立基本政策框架（1998—2000 年），取得内阁同意用了一年时间（2001 年），议会又用了两年时间讨论宪法修正案和《市政财务管理法案》（2001—2003 年）[32]。

市政借贷的监管框架

《市政财务管理法案》于 2003 年颁布，目的是确保完备并可持续管理当地政府及其机构的财务事务。该法案是一项综合立法，规定市政运营及资本预算的制定以及收入、支出和债务的管理。此外，该法案通过明确指定市长和会计师的职责来增强政治和管理责任。提出市政借贷的框架是该法案必不可少的一部分，从而避免财务危机、处理财务困境并确保市政府财务管理的可持续性。该法案提出了一系列综合的事前规定并建立了完备的框架来解决财务困境，通过这种方式调控市政借贷。

管理借贷的法律条款

《市政财务管理法案》旨在确保地方政府长期财政的可持续性及有效管理。资本预算改革通过确保一个项目的成本和收益在其生命周期内是完全公开的，目的是给市政借贷带来更大的确定性和透明度。具体来说，《市政财务管理法案》第 19 节要求公开资本项目的总成本以及此类资本支出对未来运营成本与市政关税和税收的影响，从而实施稳健的财务管理。同时，该法案指出市政府有责任确保在选择合适的混合金融资源时考虑并分析各种可能类型的资金。

《市政财务管理法案》第六章陈述了获取短期及长期贷款的程序。根据市政委员会同意及会计师签署的公司债券协议，市政府可以借债[33]。长期借贷仅限于金融资本支出，目的是确保后代不用为当代人造成的运营费用负责（从公共政策角度，长期借贷可以缓解当前这一代人为基础设施支付现金所承担过度成本的压力，而这些基础设施为之前很多代人服务过）。该法案选用了债务的广义定义，债务被定义为“由融资协议、纸币、公司债券、债券、透支引起的货币债务，或者是由发行市政债务引起的货币债务；或者是或有债务，例如为另一个政府担保货币债务引起的或有债务”[34]。该法案通过在定义中包括或有债务，提出了一个综合方法来管理并监控短期和长期债务。

债务再融资是严格管控的：（1）长期债务只有在现有的长期债务是依法获取的时才能再融资；（2）再融资不会延长债务期限超出资产寿命，这些资产原来就已经负债；（3）再融资之后预计未来支付的净现值（包括本金和利息）比再融资之前小；（4）用于预测净现值的贴现率必须按照规定的标准[35]。

第六章考虑提供证券作为抵押品，但是设置了很严格的条件。市政府可能借立法会的决议用证券为其本身或市政单位的债务做抵押，但是法案限制市政府用那些提供最低限度基本服务的基础设施做抵押的能力。发生债务拖欠时，债权人不以任何方式出售或变卖那些影响提供基础服务的资产，只有在这样的限制下，此类基础设施才能用来抵押[36]。

假设市政府获得了财政部批准，并且只有当担保在担保期间内会以现金储备返还，或者当被担保单位发生债务拖欠时综合政策能保证市政府的敞口风险，此时该法案允许市政发行担保。之前介绍的政府机关间的相互制衡包括法案第51章的规定，明确禁止中央政府或省政府担保市政债务，除了1999年的《公共金融管理法案》第8章某种程度上允许这样[37]。

管理解决金融困境的法律条款

《市政财务管理法案》第13章规定了市政府在金融困境及紧急情况下的解决方法。它为省级干预和国家干预提供了债务减免及重组的框架、类型及标准。更为重要的是，在执行信贷协议时，《市政财务管理法案》承认市政债权人的权利以及法院的职责。因此，该法案旨在为当地政府的监管框架树立更多信心，日积月累，这将提高当地政府进入资本市场或者以更低的利率获得商业贷款的能力。

财务困境及紧急情况的触发指标。《市政财务管理法案》第135章将避免、识别及解决市政府财政问题的主要责任交给市政府本身。为了便于及时识别所有此类问题，《市政财务管理法案》第71章规定政府的会计师制定每月预算报表不得晚于每月月末10天，并要求会计师向市政委员会报告任何预计或实际差额、超支及透支。该法案为国库提供了监督作用。

尽管《市政财务管理法案》没有给经济破产提出一个明确的法律定义，但是当省政府强制或相机地干预财政危机时，它确实引用了实例。“由于财政事务危机”或者“当市政府严重或持久违背提供基础服务的义务或者不能履行财政承诺时”（第 139 章），省政府会强制干预市政府的财政事务。也就是说，只有当市政府既不能支付其债权人，又不能提供基础服务时，省政府才必须干预。

然而，当市政府必须通知省政府以及相关部长时也存在其他实例。该法案将这样的干预归类为相机干预，在这样的情况下，省政府和地方官员决定是否进行干预。第 135 章、136 章、137 章和 138 章概述了这些实例。它们要求以下任何一种情况发生时市政府都要通知省政府[38]：（1）市政府未能支付到期债务；（2）市政府因财政困境拖欠债务；（3）连续两年当前支出超过当前收入，或者在特定年份赤字超过 5%；（4）市政府不能及时完成财政报表，或者审计长拒绝签署账户。

早期预警系统。《市政财务管理法案》概述了一个监管和报告的综合系统，充当早期预警系统来识别市政府的金融问题。每层报告识别、分析并解决金融问题。第 71 章规定了定期报告，要求市政府的会计师报告任何预算和实际支出、收入和借贷之间的差额。所有大的差额必须附有解释，并且报告上交给市长和相关省级财政部的时间不得晚于月末 10 天。省级财政部需要巩固报告并递交一份市政府状态的声明[39]。因此，省级财政部和国家财政部能够识别当前或潜在的金融问题并采取补救行动，用较少干预手段来帮助市政府。

尽管《市政财务管理法案》报告规定，但是第 135（5）章提出市政府负责向地方政府的行政会议员报告严重财政问题及该省的财政。同样，一旦地方政府的行政会议员开始意识到一些严重的金融问题，那么行政会议员必须评估情况并决定是否根据宪法第 139 章批准干预[40]。

财政调整。《市政金融复苏服务》是用来管理市政金融复苏的法律机制。《市政金融复苏服务》建立在《市政财务管理法案》第 157 章基础上，负责准备金融复苏计划并监控其在有关省内财政行政会议员的要求下实施[41]。同时，《市政金融复苏服务》有助于识别金融问题的诱因及潜在解决方法。复苏计划实施之前必须递交给市政府、地方政府和财政的行政会议员、该省的组织政府、隶属公会的工人以及市政府的供应商和债权人。在敲定金融复苏计划时必须考虑利益相关者的意见[42]。在当前立法框架下，《市政金融复苏服务》属于国库，其员工由公共服务雇佣[43]。

为确保市政府实施基础服务的能力以及履行其财政义务，金融复苏计划必须至少包括市政府必须实行其财务健康及服务实施义务的一组活动[44]。在强制干预的情况下，金融复苏计划的干预必须制定一个支出限额和收入目标，拟定预算参数以及确定明确提高收入的措施。该计划对市政委员会构成了一个具有约束力的立法和行政义务。这条规定被用来计算新当选的市政委员会实施其开支的优先顺序并对市政委员会造成更大财务压力的潜在风险。

债务减免和债务重组。第 13 章讨论的《市政财务管理法案》为市级财政问题提出了解决方案，特别是第三部分对债务减免和债务重组的建议。“如果一个市没有兑现其财务承诺，它可以向高等法院申请 90 天内暂停由市政府或市政府独资企业的债权人启动的所有法律程序（包括法律的执行）”［第 152（1）章］。这项法案提供了一种自愿的债务清算形式，既保护了市政府，又使债权人免受进一步损失。

同样，根据《市政财务管理法案》第 153 章的条款，法院有权利在特定条件下暂停或终止市政府的财务责任，同时解决理赔问题（根据第 155 章），这里说的特定条件包括以第 139 章规定的方式涉及省级行政机构的情况，以及经市级政府批准的全市财务复苏计划，且该计划很有可能因为没有这种秩序的保护而失败。更重要的一点是，根据财务复苏计划，为了维持提供基本服务，法院必须确保所有与提供基本服务无关的资产都进行了清算。

法院必须确定：（1）市级政府现在不能向债权人履行财务责任；（2）根据金融复苏计划，为了保护债权人的权益，对无法使行有效管理以及不能提供最基本的市政服务的资产都进行了清算（第 154 章）。

《市政财务管理法案》的第 151 章保证了市政府债权人的合法权益和申诉途径。当法院发出市政府对债务进行清偿的命令时，政府行政会成员必须指派中介机构起草分配预案。在分配预案中优先考虑有担保的债权人，其他优先考虑的条款列示在《破产法》（1936 年）中。

财政监管。国家财政部从 2009 年开始系统地监管地方政府的财政情况。2011 年的报告《地方政府财政和金融管理状况》表明，不合格的审计报告占总审计报告的比例在这一年内有所上升，这说明对地方政府金融管理加强。报告同时评估了七个地区的金融管理情况，包括现金管理及债务增长，并发现 283 个市中有 66 个市面临财务压力。但压力并不全来源于债务问题。《审计长报告》中指出，有些问题是由于金融管理薄弱、治理不善和市政府能力较低导致的。2011 年的报告还指出，19 个市和 3 个地区委员会（占全国人口的 6%）涉及《宪法》第 139 节的干预措施。下部分将要分析《市政财务管理法案》振兴市政府贷款市场的内容。《市政财务管理法案》第 139 节实施的经验和结果将有助于加强监管框架。

市政信贷市场的发展

立法和监管框架的变化必然会影响市政信贷市场的工作。《市政财务管理法案》调控市政府长短期借款，并决定借款用途，并让市政府在筹集长期债务的时候承担一些义务。这些因素影响了市政信贷市场的需求和地方政府借贷的环境。监管改革也提高了财政信息的可信度，给潜在贷款人更多地方政府财政情况的准确信息。这使他们在评估地方政府贷款质量的同时能准确的给自己的风险定价。对贷款人来说，《市政财务管理法案》的颁布和随之而来的金融管理改革增强了地方政府信息的可靠性，使商业贷款人能更准确的配置市政风险。拥有一个处理财政紧急情况的法律框架也是贷款人决定向地方政府贷款的一个重要的考虑因素[45]。

市政府借款

市政府借款总额（市级优质借款期末结余总额）以每年 15% 的平均增长率从 2005 年的 187 亿兰特增长到 2010 年的 381 亿兰特，如图 13.1 所示[46]。市政府向私人部门的借贷在 2009 年超过了对公共部门的借贷，当时全球经济危机影响了国内借贷市场。

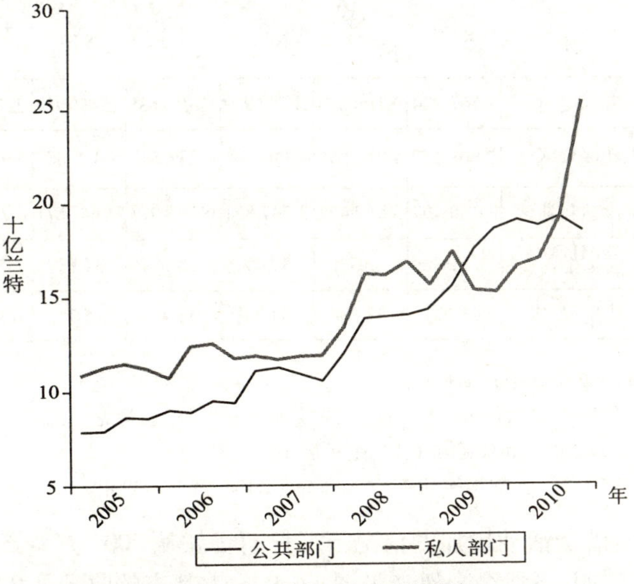

资料来源：南非国家财政部 2011c，国家财政部地方政府数据库。

图 13.1　市政借贷市场的趋势，南非，2005—2010 年

大都市借款

南非六个大都市的资本项目在 2004/2005—2009/2010 年度中翻了三倍，这几个城市的资本项目覆盖了总人口的 35%[47]。与世界杯相关的开支占了绝大部分的资本支出，特别是开普敦、特克、约翰内斯堡和纳尔逊·曼德拉湾这几个城市。

原来的这六大都市使用外部借贷来弥补大部分增加的资本开支。外部借款是 2005/2006 年度到 2007/2008 年度间最大来源，之后政府支付在 2008/2009 年度变成了最重要的来源，如图 13.2 所示。

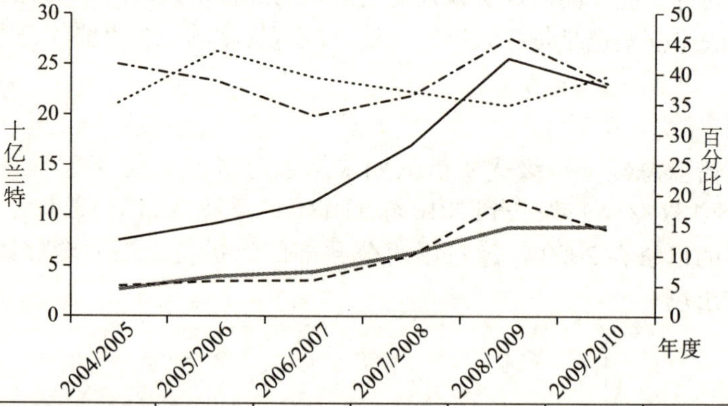

	2004/2005	2005/2006	2006/2007	2007/2008	2008/2009	2009/2010
—— 资本支出	7 567 704	9 188 683	11 268 969	17 018 685	25 490 729	22 721 404
—— 外部贷款	2 668 137	4 014 656	4 440 292	6 273 537	8 868 887	8 961 320
- - - 津贴和补贴	3 150 497	3 569 452	3 737 871	6 195 073	11 647 871	8 756 004
…… 外部贷款/资本支出	35.3%	43.7%	39.4%	36.9%	34.8%	39.4%
-·-· 津贴/资本支出	41.6%	38.8%	33.2%	36.4%	45.7%	38.5%

资料来源：www. mfma. treasury. gov. za。

注：数据包括了以下六个大都市：开普敦、艾古莱尼（东兰德）、特克（德班）、约翰内斯堡、纳尔逊·曼德拉湾（伊丽莎白港）和茨瓦内（比勒陀利亚）。

图 13.2　大都市资本开支，南非，2004/2005 - 2009/2010 年度

在资本开支借贷活动增加的情况下，长期贷款从 2005 开始迅速累积。然而，收入的相对变化却并不那么剧烈（见图 13.3）；大都市的收入从 2005/2006 年度到 2008/2009 年度迅速上升，因此，与收入相关的借款仍然保持在总收入的 35% 左右。由于收入减缓和贷款增多，长期贷款占收入的比例在 2009/2010 年度上升了 40%。

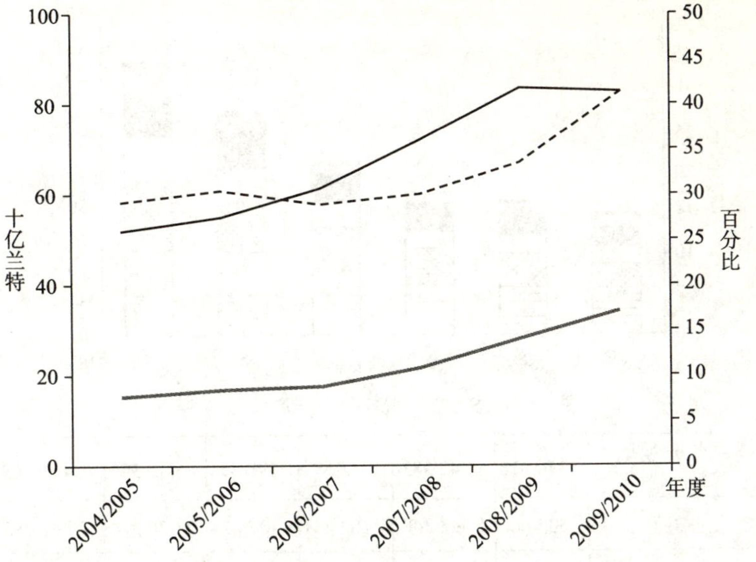

—— 收入	51 925 949	54 960 591	61 077 481	72 059 720	83 355 499	82 804 490
—— 借贷	15 178 497	16 703 274	17 657 582	21 639 150	27 870 734	34 120 510
--- 借贷/收入	29.2%	30.4%	28.9%	30.0%	33.4%	41.2%

资料来源：六个大都市的年度财政报告：开普敦、艾古莱尼（东兰德）、特克（德班）、约翰内斯堡、纳尔逊·曼德拉湾（伊丽莎白港）和茨瓦内（比勒陀利亚）。

图 13.3 大都市借款，南非，2004/2005—2009/2010 年度

约翰内斯堡是大都市中最积极的贷款者（见图 13.4）；在 2009/2010 年度末，积累了 106 亿兰特的长期贷款，当年所有大都市总借贷是 341 亿兰特，约翰内斯堡就占了其三分之一。紧随其后的是特克和茨瓦内，这两个城市在 2009/2010 年度的长期贷款分别是 87 亿兰特和 56 亿兰特。纳尔逊·曼德拉湾由于为 2010 年世界杯相关的基础设施大量举债，其贷款从 4 亿 4 240 万上升到了 14.6 亿兰特，占大都市总贷款的比例从 2008/2009 年度的 2% 上升到了 2009/2010 年度的 4%。之前的研究表明这次债务的急剧增加是造成后来城市财政困境的部分原因[48]。

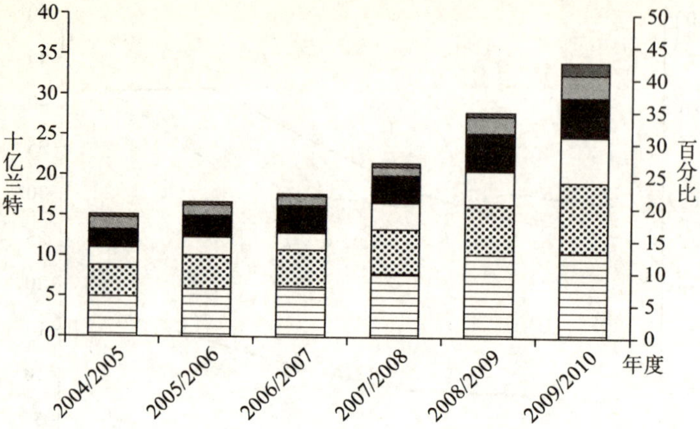

纳尔逊·曼德拉湾	374 518	342 383	222 597	498 834	442 395	1 461 015
艾古莱尼	1 533 666	1 348 348	1 182 431	1 127 824	2 076 914	2 881 085
茨瓦内	2 256 577	2 733 854	3 356 646	3 401 190	4 701 642	4 927 395
开普敦	2 180 030	2 164 352	2 068 949	3 290 175	4 133 283	5 566 231
特克	2 866 672	4 284 596	4 656 173	5 412 084	6 161 492	8 674 686
约翰内斯堡	2 967 034	5 829 741	6 170 786	7 909 043	10 355 008	10 610 098

资料来源：六个大都市的年度财政报告：开普敦、艾古莱尼（东兰德）、特克（德班）、约翰内斯堡、纳尔逊·曼德拉湾（伊丽莎白港）和茨瓦内（比勒陀利亚）。

图 13.4　大都市的债务，南非，2004/2005—2009/2010 年度

南非市政信贷市场仍然相对较不发达，市政府能获得的贷款筹资工具很有限。从国内商业银行分期贷款是大都市政府主要的借贷方式。债券（总共有 152 亿兰特）占了 2009/2010 年度贷款的 55%（见图 13.5），正逐渐变成借贷的主要工具。南非大都市中，约翰内斯堡在 2004 年第一个进入债券市场，2008 年及 2010 年，开普敦和艾古莱尼也分别加入了债券市场。

贷款服务费占收入的比例是对政府贷款可持续性的一个重要衡量标准。根据国际经验，审慎原则表明，贷款服务费往往不超过市政总收入的 15%[49]。南非最初的六个大都市每年贷款总服务费（包括利息和本金）从 2004/2005 年度的 28 亿兰特增长到了 2009/2010 年度的 61 亿兰特，贷款服务费占收入的比例从 2007/2008 年度的 4.5% 上升到了 2009/2010 年度的 7.4%（但仍然低于审慎性限制的 15% 上限）（见图 13.6）。

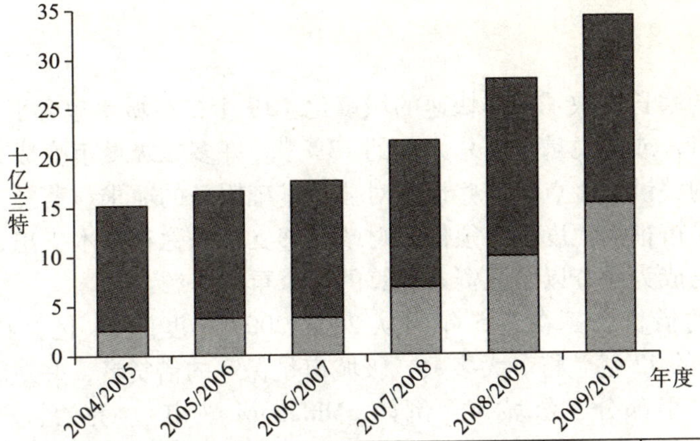

■银行贷款	12 668 497	12 973 273	13 927 583	14 782 285	17 969 917	18 950 891
■债券	2 510 000	3 730 000	3 730 000	6 856 865	9 900 817	15 169 619

资料来源：六个大都市的年度财政报告：开普敦、艾古莱尼（东兰德）、特克（德班）、约翰内斯堡、纳尔逊·曼德拉湾（伊丽莎白港）和茨瓦内（比勒陀利亚）。

图 13.5　大都市贷款的组成，南非，2004/2005—2009/2010 年度

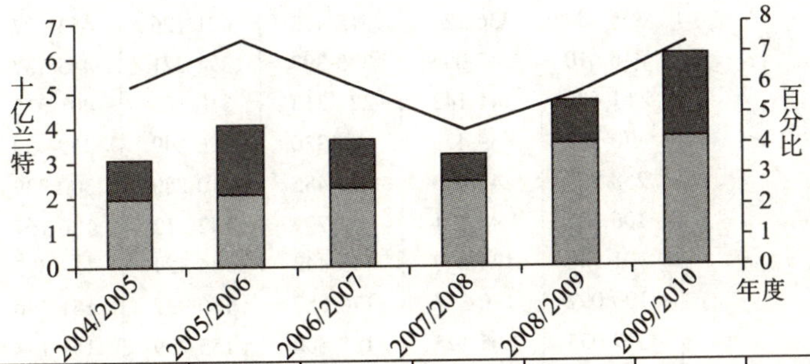

■偿还贷款本金	1 122 775	1 992 604	1 372 170	755 230	1 227 975	2 420 297
■贷款总费用	1 943 147	2 101 242	2 262 561	2 452 026	3 514 435	3 681 506
—— 贷款服务费/收入	5.9 %	7.4 %	6.0 %	4.5 %	5.7 %	7.4 %

资料来源：六个大都市的年度财政报告：开普敦、艾古莱尼（东兰德）、特克（德班）、约翰内斯堡、纳尔逊·曼德拉湾（伊丽莎白港）和茨瓦内（比勒陀利亚）。

图 13.6　贷款服务费用，南非，2004/2005—2009/2010 年度

二级城市借贷

二级城市的增长反映了南非快速的城镇化。19 个二级城市包含了 180 万个家庭和 625 万人口，或者说是全国总人口的 13%[50]。许多二级城市变成大都市。二级城市是城市的关键连接点，这些地方对公共基础服务的需求显著提升。虽然在传统上，二级城市很大程度上必须依靠财政转移支付来弥补资本支出，但从市政信贷市场借款已成为融资以增强资本预算的一个重要来源。

二级城市的借贷总额在近 5 年内从 2004/2005 年度的 24 亿兰特增长到了 2009/2010 年度的 42 亿兰特。大多数二级城市是保守的借贷者，并对转移支付依赖较大。然而，小部分二级城市，例如 uMhlathuze（市）、乔治、勒斯滕堡和 Msunduzi（市）在这段时间大举借债来扩充资本预算，虽然基数很小，但其借贷在 2004/2005 年度到 2009/2010 年度间分别上升了 1 749%、523%、395% 及 70%（见表 13. 1）。

表 13. 1　　二级城市长期贷款，南非，2004/05—2009/10 年度　　单位：十亿兰特

城市 \ 年度	2004/2005	2005/2006	2006/2007	2007/2008	2008/2009	2009/2010
uMhlathuze（市）	51 097	134 954	429 379	411 670	767 236	893 888
Msunduzi（市）	356 834	336 123	315 412	421 126	463 577	607 435
Madibeng（市）	316 610	347 094	373 393	394 221	445 137	486 051
乔治	61 626	141 142	227 313	310 108	403 515	384 016
勒斯滕堡	70 112	89 473	88 330	156 649	359 459	346 941
Emalahleni（市）	258 895	242 690	226 485	210 280	300 339	272 243
Drakenstein（市）	106 305	92 491	56 799	142 312	186 167	250 987
史蒂夫·奇韦特	101 930	124 809	113 443	134 424	152 393	167 503
Matlosana（市）	190 097	180 377	170 657	160 937	151 590	141 105
Mogale City（市）	327 035	205 125	185 800	155 299	153 134	119 931
戈万·姆贝基	114 310	111 423	108 536	105 649	102 762	99 875
Emfuleni（市）	125 167	120 811	116 455	112 099	105 254	99 492
纽卡斯尔	12 740	33 437	66 565	78 037	78 045	84 877
索尔普拉杰	59 806	56 635	53 464	49 950	64 964	66 435
波罗克瓦尼	92 492	92 492	92 492	92 492	92 492	50 000
姆博贝拉	100 706	93 604	85 260	77 653	65 758	58 151
斯泰伦博斯	8 356	33 580	33 597	38 204	29 768	38 183
Matjhabeng（市）	54 140	48 987	43 834	38 681	39 095	29 591
Tlokwe（市）	32 808	25 013	17 218	32 498	22 483	22 686
总计	2 441 895	2 511 089	2 805 261	3 073 118	3 983 998	4 220 219

资料来源：南非二级城市财政年报。

这 19 个二级城市中的 Msunduzi（市）和 uMhlathuze（市）由于长期债务和债务服务费占收入比增长太快而陷入了财政危机。Msunduzi（市）政府出现了宪法规定的第 139 条的干预。uMhlathuze（市）通过了一项自愿恢复计划。在这两个城市都实施了金融复苏计划[51]。

总的来说，贷款者认为《市政财务管理法案》是振兴市政信贷市场最关键的因素[52]。大都市的借款在 2004/2005 年度到 2008/2009 年度间增长了三倍，这显示出市场参与者向大都市和二级城市借贷的意愿，债券市场渐渐变成大都市借贷的主要来源，这也反映了债务资本市场对地方政府和其监管体系的信心有所上升。在市的层面来说，《市政财务管理法案》通过允许市政府拥有借贷能力并制定承担债务的规则，也带来了监管的确定性。更重要的是，这项法案规定了资本预算，从而保证了借来的资金被用于基础设施的建设。法案同时制定市级财政危机和紧急情况下的补救措施，以解决投资者的担心。

对于南方市政府借贷的分析离不开南非统一的公共债务。地方政府债务上限考虑了所有公共领域的财政空间。对于任何给定可用于偿还公共债务的资源，借款空间最终在国家和地方之间分配（Liu 和 Pradelli，2012）。中央政府债务主要以本国货币的形式反周期管理[53]。总债务占 GDP 的百分比尽管由于反周期财政政策在 2008/2009 年度至 2010/2011 年度间有增长，但在 1998/1999 年度到 2010/2011 年度间依然从 58% 下降到了 36%。外币债的收益率要低于本币债，且外币债多为长期[54]。市场预期的违约风险较低，但违约风险还是随全球风险厌恶情绪而变动。尽管汇率有风险，南非政府债还是吸引了非居民的兴趣。

扩大利用私人融资的策略[55]

在今后的十年里，南非市政府在基础建设方面的融资需求依然会保持在5000亿兰特（593 亿美元）左右（见图13.7），其中，4 210 亿兰特（499 亿美元）被用来建造和修复基础设施，790 亿兰特（94 亿美元）被用于解决以前年度未完成的任务[56]。根据中央政府，市政府自己的收入和国家财政转移支付不足以满足市政基础设施投资规模的需求。因此，政府制定了一个战略，想要通过多个借款来源来撬动民间融资以调动额外资源来资助基础设施投资，这些借款来源包括贷款、开发费、土地租赁费和公私合作模式。同时，健全的金融管理实践对于市政府债务的长期可持续性至关重要。

虽然市政府需要探讨如何利用主要的融资渠道，调动更多的资源为基础设施建设提供资金，但各市利用私人融资的能力显著不同。140 个城市，包括小城市和大城镇（所谓的 B2 和 B3 市）的投资总需求有大概 980 亿兰特（116 亿美元）[57]。这些市很难进入资本市场，因为他们借贷的规模导致借贷成本太高，或

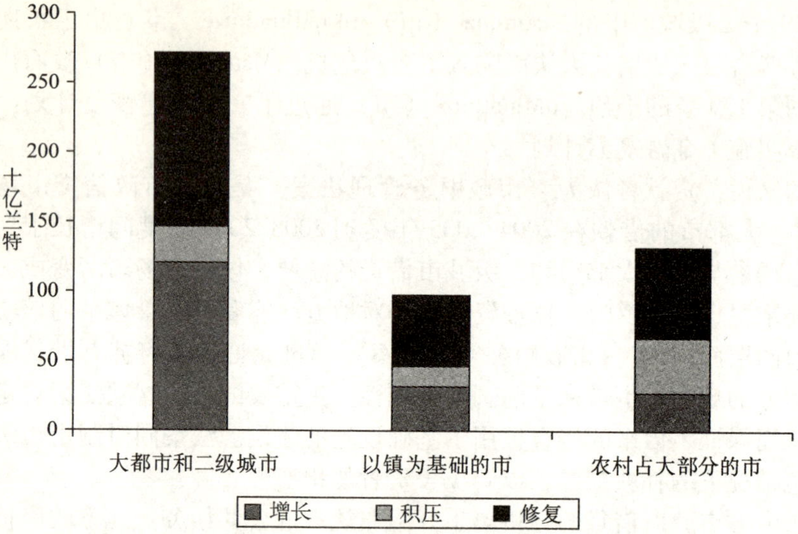

资料来源：世界银行 2009。

图 13.7 南非市政基础设施投资需求，2010/2019 年度

者是他们金融管理能力弱导致评级太低。

70 个农村城市（所谓的 B4 市）的投资需求在未来 10 年内大约有 1 310 亿兰特（155 亿美元）[58]，但这些市的借贷能力又非常弱。由于平均家庭收入在这些市非常低，政府从财产和服务上获得的收入也非常有限，所以这些市一直都严重依赖政府转移支付来弥补他们的资本开支。一般而言，以借贷来资助基础设施不是一种选择，除非开发性金融机构提供特别的条款。

深化市政信贷市场

正如前文所述，政府从私人部门的借贷在 2005 年到 2009 年超过了从公共部门的借贷。在 2009 年到 2010 年的衰退中，从公共部门的借贷自从 2005 年首次超过了私人部门。从 2008 年年底到 2010 年第三季度，债务总额基本持平，私人贷款者对风险更加厌恶。此外，市的主要贷款人基建财务有限责任公司，在 2009 年退出市场，原因是来自公共部门贷款的竞争导致利润下降。相比之下，公共部门的贷款在此期间加速上升，使得公共部门贷款总额超过私营企业贷款，而这段时间，公共部门的贷款几乎完全来自南非发展银行。

市政债券市场仍然很小且不发达，仅占约翰内斯堡证券交易所上市的政府债券总额的 2%。三个大都市（艾古莱尼、开普敦和约翰内斯堡）已发行了债券。市政债券通常是在还款期结束时以一次性（或“子弹”）的大量金额偿还。这在市政债务偿还结构中创造了一个突然增加的部分，需要仔细管理以最大限度地减少违约的风险。理想状态下，市政府的债务服务组合的增长应该和收入增长大致相同。对近几年的债务进行延期显示出当前的财政压力。如果债券存续期内没有预留充足的储备（偿债基金），全市可能会被迫为最后一次性偿还债务而进行额外融资。国际经验表明，发展一系列不同到期日的债务对于市场的发展和管理再融资风险及到期情况是至关重要。

虽然市政府向私人部门借贷近期开始复苏，但存在的问题是，尽管已出台刺激私人部门借贷的法案和政策，不管是以前还是现在，政府向私人部门借贷的水平仍然有限（参见第 3 部分）。最近的研究表明，市政信贷市场的发展受以下五个因素限制：

- 缺少发达的二级债券市场。二级市场能加强债务工具的流动，因为它能让债券持有者进行交易。市政债发行债券的规模有限，这是二级市场发展的一个重要阻碍。南非债券市场主要由投资持有至到期日的养老基金和保险公司组成。缺乏发达的二级市政债市场意味着短视的投资者不会购买和基础设施的经济活动相匹配的长期投资工具。
- 短期内到期的贷款。银行规定的期限较短，这意味着市无法获得匹配资产寿命的贷款。因此，市政府被迫用中期资金来建设长期资产。这意味着，汇率和关税中期必须高一些，资金必须用于弥补较高的债务服务费用，而不是贷款期间的服务费用。
- 信誉。借款应该用于能给市政府产生收入的基础设施建设，这些基础设施要么可以直接通过关税，要么可以间接通过较高的财产税来增加收入。现在的情况是很多市政府都用借款来进行社会基础设施建设，而这些基础设施却不扩大收入基础。这种情况负面影响了市政府的信誉，同时许多城市整体财务表现欠佳，降低了他们后续借贷的能力。
- 缺少国债管理能力。每个市的国债管理技术和能力差异较大。大多数市没有明确规划支持基础建设项目的贷款策略。提高市政府国债管理能力，将有助于优化他们的借贷活动，同时提高他们的债务状况。
- 南非发展银行的角色。尽管南非发展银行对市政府的贷款增加是个好的发展状态，但如果想进一步发展的话，它需要与私人部门合作，以便借钱给政府修建配套项目。此外，南非发展银行的贷款书应该展现一种与私人部门机构有所不同的、更符合在低端市场借款给政府的风险偏好。

通过地方借款监管框架（1999 年）和《市政财务管理法案》（2003 年），政府已经实施了一系列措施使地方政府举债更加便利，如本章第二、三部分所述。随着主权担保市政债券的结束，除了《公共财政管理法案》第 8 章所批准的，

《市政财务管理法案》的第13章提供给投资者法律资源。

《市政财务管理法案》的第48章表明，市政府可以为它的债务提供任何适当的保全承诺，并提出了在这方面的选择范围，包括质押具体的收入流，割让对未来收入的权利等等。这些条文由收入法案中年度部分的条文支持，该法案允许地级市质押未来的有条件财政拨款并在中期支出框架中反映。更重要的是，这些促进信贷的措施是精心设计和实施的，以减少道德风险，并且不妨碍基本服务的提供。

没有法律条文允许中央政府或省政府直接为地方政府贷款。国家发展金融机构（如南非发展银行），按照其使命，负责为市政府贷款，按照其促进发展的角色并可能提供利率补贴。政府正致力于促进市政债二级市场的发展，加强市政信贷市场的流动性，降低贷款的风险，从而降低市政府借贷成本。

促进市政进入私人融资市场

政府也正在探索方式使市政府得以没有限制或者很少受限的，进入金融市场，以解除私人资本融资。

二级城市资金池融资。资金池融资的基本思路是创造一种金融工具使具有同等信用质量的二级城市，允许他们集中融资需求，并集体进入金融市场。

二级城市拥有庞大的资金需求（2010年年底借款为41亿兰特［5亿美元］[59]），充足的自有收入，以及良好的体制能力。然而，他们缺乏金融专家去独立的发行债券，而其融资需求的规模（太小），使得它们分别进入债券市场融资并不经济。可以想象，这种债券池融资方式将会由于规模经济的增加降低承销过程中的交易成本。

这种债券池会符合成本效益原则，因为他们将受益于较长的到期日和债券的低成本。此外，债券池还可以改变结构以在一级市场达到更高的信用评级，这将进一步降低成本的债务。

南非发展银行履行其发展的角色。发展金融机构在一些发展中国家一直是为具有良好的潜力但其资产负债表相对较弱的地级市贷款的一种工具，并得以发展低端的资本市场。政府和南非发展银行达成一致意见，应进一步增加对地级市的支持以符合其发展的任务。这意味着将增加对现在不能进入债券市场的地方政府的贷款。它还意味着南非发展银行将越来越多地发挥市场促进者的角色，把私人融资引进来，而不是作为一个主要的贷款人，将私人融资挤出去。在这方面对银行的鼓励步骤包括：

- 倡导一个包括私营部门对自己已投资的项目联合融资的模式
- 为各市政府提供技术以支持各市建立自己参与信贷市场的能力，而不是

简单地促进南非发展银行自己的借贷活动

- 通过承销市政借款或为市政府提供有限的担保协助市政府进入私人资本市场
- 管理二级城市债券池的发展（通过南非发展银行的丰富的财富管理专长）
- 通过出售其目前持有的大都市和地市债券给愿意交易他们的二级市场债券投资者，鼓励市政债券二级市场的发展。

为了配合这些措施，政府将南非发展银行的可调用资本从152亿兰特增加到200亿兰特，从而增加其放贷能力到140亿兰特。政府也正在探索的方式，以减少南非发展银行借贷给市政府时的的风险敞口。

发展市政府财政管理的能力。一般来说，市政府金融管理能力较弱，即使是一些大城市。其结果是，市政府没有最优化自己的借款（数量）。这将导致要么不能充分发挥他们的借贷能力要么过度借贷，并陷入金融困境。这也反映在许多城市的债务状况的不均匀性上。国家财政部将探讨如何加强市政府的资金管理职能，这其中可能包括提供特定的培训，制定适当的指导方针，并为市政府提供关于如何最优化借贷的技术咨询。

开发费用、土地出让金和公私合营模式

开发费用。开发费用可以将前期成本转移给负责开发的开发商，然后开发商将它转移给他们的客户。支持发展新物业所需的市政基础设施通常是非常昂贵的。基本上有两种融资方式。

在第一种方法中，市政府以其资产负债表的实力借用所需的资金，然后以从所有纳税人和市政府客户（包括那受益于新的发展的人）中获得的收入偿还债务。在第二种方法中，开发商需支付相当于新的市政基础设施建设的前期成本（和利用现有的基础设施的容量的成本）的开发费用，并将这些成本传递到购买开发产品的人身上。从本质上讲，新土地拥有者资助了基础设施建设的成本，这种负担这可能是通过商业债务，如住宅物业开发中房屋贷款。

税收增量融资是一个结合了债务工具和受益者征税的工具[60]，它有助于链接地方政府自己的收入与基础设施建设的融资。公共财政“受益”的原则意味着，那些受益于公共产品或公共服务更多的人应该按他们从中得到的价值的比例而出资。税收增量融资在包括美国在内的许多国家用于基础设施建设和社区改善项目的融资。税收增量融资使用的未来收益税以资助目前的改进，这些改进是创造未来收益的条件。一项基础设施项目的完成，如电力和水力设施，往往导致周边房地产价值的增加，从而产生额外的税收收入。税收增量融资使用在一定区域内税收增量以资助为某项工程而发行的债券。通过对未来物业税的收入增加为担保，

而贷款用以创建支持这些项目的经费。

开发费用的目的是将具体的市政基础设施建设的前期成本转移给负责的开发商，这个开发商，又将开发成本转移给他们的客户——基础设施的真正使用者。这些用户从基础设施的提供中得到直接的好处，因为基础设施的价值体现在他们的财产价值里。

因此，开发费用是可持续发展的市政基础设施融资体系的重要组成部分，如果明智地使用，可以为加快市政基础设施建设的整体发展发挥重要的作用。这是因为，如果没有这些开发费用，新的项目所需的基础设施资金要在市政府的资本预算的范围内。这意味着，新的基础设施将需要相对优先于其他市政工程项目，这可能会导致该基础设施被推迟多年，尤其是在较差的资产负债表和较差信贷评级导致的市政府的借贷范围受限的情况下。

当市政府决定投资新的基础设施时，这将意味着拖延其他资本项目。这也意味着具体发展项目的相关费用不公平地由所有居民负担，因为市政府将从全部的税收中筹集所需的资金。

一般来说，使用用户支付的开发费用是有经济效率的。没有开发费用将造成经济扭曲，特别是一些城市普遍低估了发展的成本而导致提供市政基础设施偏少。这反过来制约了经济增长和创造就业机会。

开发费用不是市政府的日常收入来源，而是对弥补市政基础设施相关的成本的一次性的收入。他们不包括后续的服务成本以及未来基础设施的修复或更换的成本。这些成本应该通过物业税和使用费资助。开发费用也并非旨在涵盖内部基础设施的成本，比如一个新的发展项目边界内的基础结构或私人的排污系统供水系统。这些费用始终由土地拥有者完全承担。

开发费用是征收来用于支付建设大宗基础设施和连接性基础设施的成本，例如将供水服务连接进项目内部的水管以及利用现有公共基础设施容量的成本，或需要扩大水存储和处理设施、变电站、污水处理设施的成本。

开发费用的使用频率在最近几年已经下降。在大都市，2004/2005 年度开发费用为落成的建筑物价值的 2%。到 2009/2010 年度下降至 1.7%。实施情况在各市也参差不齐。费率下降和实施情况参差不齐可以归因于监管框架的薄弱，使他们实际执行起来比较复杂。

国家财政部已做了大量有关市政开发费用的工作，目前正在制定一个关于开发费用的规范和标准框架，以确保这些开发费用促进（不要扼杀）新的物业发展。某些城市已经开始修订其开发费用相关的政策，以符合国家财政部的研究结果。国家鼓励所有市都这么做。

基于土地的融资战略。土地资产是在大多数发展中国家是各级地方政府融资的一个重要成分。土地经常是地方政府资产负债表的资产方最有价值的资产。地方政府直接销售土地是土地融资最明显的例子。此外，还有其他工具将公共土地使用权变为现金或基础设施。土地可作为借款的抵押品，这一做法用于城市建设的融资有悠久的历史。如今，土地往往是公私合营模式中公共方最重要的贡献，如在兴建地铁、机场或其他大型基础设施项目中那样。除了物理的土地，公共发展机构也出售可以更密集的开发土地（如更高的楼层数或更高的容积率）的权利。这些“额外密度权利”实际上代表私有土地的公共控制的份额。发展权具有经济价值，可以由公共部门出售，例如孟买、圣保罗和美国[61]。

由于近期土地价格的快速增长，城市土地销售已经成为一个用于市政基础设施的有吸引力的调动资金的方式（有时用也以拨付营运赤字）。然而，这种使用市级国有土地的方法破坏了市政府的长期财务健康和财富。即使当一个市政府投资于基础设施建设，它也是用一个在升值的资产（土地）交换一个贬值的资产（基础设施）。作为一个良好的管理原则，各市应始终使用市级土地销售所得款项为市政府购买其他的土地，以保持和发展市政府的土地投资组合的价值，并促进其实现空间发展战略。

除了卖地，还有一系列的其他的为基础设施建设筹资的基于土地的筹资战略可以探索。首先，市人民政府可以使用市级土地作为抵押筹集贷款基金，用于为发展这块土地做的基础设施建设或其他相关的基础设施建设。这在市政府中是相当普遍的做法。

其次，市政府可以使用市政府土地的租赁权。根据其他发展中国家的经验，这种策略具有巨大的潜力，特别是在城市化快速增长的地区（如在大都市区）。市政府将市政府的土地发展权出售给规划符合城市空间发展框架的开发商。订约方可能同意出售所得款项的一部分应使用于为经批准的发展项目提供基础设施。开发商的权利将在租赁合同中阐明。通常情况下，该协议应要求出租人支付租金至少与开发的物业税率相称。根据不同的发展类型租赁协议将有一个专门的条款（20 年、40 年或 99 年）。通常情况下，开发商在某些情况下允许向第三方出售租赁权。使用期届满后，所有的财产权利恢复到市政府。租赁制度系统允许市政府与私人部门一起加速市内土地开发的同时保留土地所有权。

最后，市政府可以使用土地利用权交换。其基本思路是，某些市政办公部门或功能部门（如商店、车间或车库）位于更好的土地上，该土地可以而且应该被用于别的具有更高价值的目的。在这种情况下，市政府应该想办法把这些办事处搬迁到合适的替代地点（通常是在城市郊区），并因此释放高价值的土地以供发展。

在许多情况下，城内的土地所拥有者是其他领域的政府或国有企业。各市需要鼓励这些业主探索通过类似土地交换的方法使自己也能得到发展的方式。

土地使用权交易可能涉及土地互换、租赁互换或者通过使用出售或出租空地所产生的资金购买土地。最终的结果应该是一个更合适的促进发展的土地利用方式。这种方式最有名的例子就是在开普敦的维多利亚和阿尔弗雷德滨海，海港变成了一个购物商场和旅游圣地。

国际经验表明，土地财政的财务风险需要审慎管理[62]。土地销售往往没有借贷那么透明。许多销售在表外进行，这使得它更容易转移进入经营预算。销售土地的资本收入产生了更不稳定的走势，可以创建一个激励产生适当的拍卖程序并用所得资金支持经营预算，特别是在预算下降的经济低迷时期。此外，土地抵押和预期土地未来升值的银行贷款可与宏观经济风险相关。关键是制定事前审慎规则，与那些政府借贷一样，以减少与基础设施融资和土地收入相关的财政风险和或有负债。

公共部门与私人部门的合作。公私合营模式是促进基础设施建设迅速发展的一种重要服务交付机制。在这种机制下，各市地方政府可以利用私营部门的专业知识和经验。根据地方政府与私营部门之间的风险分担的不同，公私合营模式可以分为许多不同的类型。在很多情况下，与政府部门相比，私营部门能更好地通过发债和发行股票来取得项目的融资，各地市政府也可以在基础设施建设中有效的利用私营部门的专业知识和经验。此外，公私合营模式的发展，为地方政府在要求经济合理化的项目中减轻了预算压力，并允许为解决社会需求更有效地分配资金。

但是，公私合营是有财政风险的[63]。通常，地方政府为形成与私人投资者有合作关系的公有企业提供明显或者隐性的担保。这种隐性担保会带来一些挑战，这些挑战会影响债权人的风险评估。此外，还缺乏对债券标准化的会计记录、整理和披露的方法，在许多发展中国家，这些债务通常是由预算外的融资平台募集的。由于公私合营的一系列复杂协议，这些项目将会遇到一些挑战。地方政府所有企业可能与它们的所有者——地方政府，有不同的准财政关系。并且，公私合营中多样的法律合约关系又加重了这种复杂性。因此，这些合约没有统一的和标准的形式，它们在各个部门之间以及部门内部各不相同。

增强地方政府的信誉[64]

健全的财务管理对各市政府的长期可持续性发展是至关重要的。一般来说，国家鼓励市政府凭借其良好的资产负债表状况和信用等级进入私人融资市场[65]。

市政府的财务管理涉及一系列相互关联的部分：包括规划、收入预算、现金支出管理、采购、资产管理、报告和监督。每个部分都有助于确保其支出是有发展性的、有效的、高效率的，并且市政府是可以追究责任的。

由《市政财务管理法案》的出台而引致的改革，是地方政府在1998年的白皮书中关于更广泛的一揽子改革方案的基石。《市政财务管理法案》和《市政结构法案》(1998年)、《市政系统法案》(2000年)、《市政财产比率法案》(2004年)、《市政府财政权力和职能法》(2007年)一起，形成了市政府正常运营、规划、预算、管理和负责任的主要框架结构和关键要求。

自2008年以来，国家财政部已经开始重点关注和加强市政预算和报告的具体实施。关键的创新举措在于，在2009年引入了市政预算和申报的规定，以完善年度内的财务报告流程，并根据每年的部门收入法，执行严格的有条件的补贴政策。这些改革由于国家财政部的地方政府数据库管理的加强，以及财政部官网上发布的政府融资信息范围越来越广泛，而得到进一步的支持。国家财政部目前正在进行一系列创新性的改革，具体包括标准的市政府账目表，更加完善的税收和现金管理政策，以及对财政上的不规范行为做一些规定，以促进第15章中的《市政财务管理法案》里关于融资行为条款的严格执行。

结束语

南非制定了一个全面的地方政府财政管理的监管框架，这个监管框架包含了国家政治结构和市政系统的根本性变化。在联邦系统设计的监管框架下，南非的地区政府通过一个协商过程，达成地区自治的结果。立法过程中协调了机构和政策的改革，并且综合考虑了各方不同的利益，其中包括中央政府的利益，省政府的利益，地方政府的利益以及债权人的利益。

关键的挑战在于，要在1996年宪法授予地方政府的自治权和中央政府要确保地方财政可持续性之间做一个适当的权衡。

南非的经验表明，强有力的监管框架带来的好处是数不胜数的，尤其是提供了监管规则和监管程序的确定性和明确性，并且提升了资本市场的信心，为百姓急需的基础设施融资，从而改善了他们的生活质量。

法律的制定振兴了市政信贷市场。从2004/2005年度至2008/2009年度间，大城市和二级城市的地方政府借贷量分别翻了三番和两番，这表明市场的参与者更愿意把钱借给大城市。从历史上来看，向商业银行贷款一直是政府最主要的融资方式，但是现在债券市场开始日益流行起来，成为大城市市政府选择的主要融资方式之一。这反映了在良好的监管框架和地方政府财政的支持下，人们对资本市场的信心日益增强。

尽管市政信贷市场的交易越来越活跃，但市场仍然需要继续进一步的扩张以支持大量的基础设施投资需求。在未来十几年内，南非面临的基础设施融资的需求预计在500亿兰特左右。南非的所有城市都会有市政基础设施建设的需求，但其中大城市和二级城市的需求最大。市政信贷市场将面临不少挑战，包括：市政债券的二级市场几乎不存在；基础设施建设的长期资产周期和债券相对较短到期日不能完全匹配；许多城市的市政府管理债务组合和市场准入的能力较弱。南非发展银行业同样面临着私人债权人不断挤入的挑战。

政府设想了各种利用杠杆化的私人融资来支持基础设施建设的策略。目前，政府正在研究开发以债券池为工具来提高二级城市和正在发展中的城市的市政管理债务组合和市场准入的能力，从而达到加深和拓宽市政资本市场的目的。南非发展银行在政府的鼓励下正在努力完成它促进发展以及市场推动者的角色，因此，挤入的私人融资成为主要的放贷者并有效地挤出私人融资。

政府不仅有有竞争力的市政信贷市场，同时也正在探索通过开发费用，以出让土地为主的融资和公私合营模式等各种方法来提高私人融资的流动性，从而支持市政的基础设施建设。国家经验表明，只要以出让土地为基础的融资和公私合营这两种模式的财政风险谨慎处理，这些杠杆化的私人融资工具就将具有巨大的潜力。

注　　释

本文所述的发现、解释和结论，均属作者个人观点，不代表世界银行、世界银行执行董事会及其所代表的政府，或者外部作者可能隶属的任何机构的观点。

1. http：//www. justice. gov. za/legislation/constitution/constitution. htm. 南非共和国 1996 年宪法第 141 节。

2. Nyalunga，2006。

3. http：//www. info. gov. za/view/DownloadFileAction? id = 108131. 1998 年地方政府白皮书第 3 节。

4. http：//mfma. treasury. gov. za/Legislation/lgmfma/Pages/default. aspx. 2003 年第 56 期《地方政府融资法案序言》。

5. 从公共政策的角度，将债务到期条款与基础设施资产寿命相匹配与代际公平的原则相符（Liu 2008）。

6. 南非国家财政部，2011c。

7. 世界银行 2009 年，8. 43 安特 = 1 美元（2012 年 9 月 3 日）。

8. 南非国家财政部，2011c。

9. 南非国家财政部，2011b。

10. 第二节和第三节来自 Liu and Waibel（2008，2009），背景资料和文件来自世界银行授权的杂志 DNA Economics，Pretoria，South Africa（南非比勒陀利亚 DNA 经济）。

11. http：//www. salga. org. za/pages/Municipalities/About – Municipalities. 南非地方政府协会。

12. 1996 年南非共和国宪法第 151 条。

13. 《市政财务管理法案》，2003 年。

14. 1996 年南非共和国宪法第 218 条。

15. 截至 2000 年 12 月 31 日。

16. 2011 年地方政府选举之前，原本有 6 个 A 类别的城市，这些城市是南非最大的六个城市，也就是开普敦、艾古莱尼（兰特东）、ethekwini（德班）、约翰内斯堡、纳尔逊·曼德拉湾（伊丽莎白港）和茨瓦内（比勒陀利亚）。在 2011 年，Mangaung（Bloemfontein）和布法罗市（东伦敦）也宣布成为 A 类市政府。B 类，或者说地方性的市政府，涵盖了不属于 A 类的其他地市政府。在 2010 年，有 231 个地方性市政府和 44 个村镇市政府（属于此类）。

17. 南非国家财政部，2011A。

18. 在 2004 年，约翰内斯堡市在金融危机中复苏后进入市场。

19. 南非国家财政部，2011C。

20. 南非国家财政部，2001C，192 – 93。

21. 国家财务活动状况说明，包括收入、支出和债务。

22. 地方政府政府 1998 年白皮书第三节。

23. 2001 年，第二次修订法案允许市政府举债；2003 年第二次修订法案，合法化省政府干预在地方政府。

24. Wandrag，2009。

25. 财政厅，2000 年，南非 2。

26. 这种模式源自于实践中私人部门的破产法律实践，在私人部门企业破产中，高院的法官指定一个破产执行人来保管该房地产。

27. 南非共和国，2002。

28. 南非国家财政部，2001，189 – 90。

29. 《地方财务管理法案》49 条第二款（B1D – 2002）。

30. Liu 和 Waibel，2009。

31. Liu 和 Waibel，2009。

32. Liu 和 Waibel，2009。

33. 《市政财务管理法案》第 45 条（2003）。

34. 《市政财务管理法案》（2003）第 1 章的定义。

35. 《地方融资法案》第 46 条（5）（2003）。

36. 《地方融资法案》第 48 条（2003）。

37. 《公共财政管理法案》第 70 条（b）和第 66 条（3）允许在特殊情况下财政部与负责特定资产组合的国家部委也就是说公司事务和传统事物部讨论后授予担保，任何财政部发行的担保必须与有效的国民收入基金绑定。

38. 如果一个市政府拥有的企业实体满足了上述条件，那么将会触发全权干预。

39. 在一些大的都市和二级城市，这种报告必须提交财政部。

40. 《市政财务管理法案》第 136 条（1 ）。

41. 在全权干预情况下，拯救计划可能由市政府金融复苏机构准备或者是省执行机关指定有资格的个人来准备。

42. 《地方政府金融管理法案》第 141 条（3）（C）。

43. 正如所说明的，《地方政府金融管理法案》中规定成立的地方政府金融拯救机构可以被认为是一个管理支持机构而不是前几个金融管理法案中所提及的准司法机构。

44. 《地方政府金融管理法案》第 142 章。

45. Jitsing、Chisadza 和 Condon，2012。

46. 从 2004/05—2009/10 年度之经审计财务报表的数据收集和分析已覆盖原来的 6 个大都市市政府。

47. 到 2010 年大都市的数据是 6 个大城市的：开普敦、艾古莱尼（东兰德）、ethekwini（德班）、约翰内斯堡、纳尔逊·曼德拉湾（伊丽莎白港 ）和茨瓦内（比勒陀利亚）。在 2011 年 5 月，大城市的数量已从 6 个增加到 8 个（见注 16 ）。

48. Jitsing、Chisadza 和 Condon，2012。

49. Liu 和 Waibel，2008；Liu 和 Webb，2010。

50. 资料来源：STATSSA 2007 年社区调查。

51. 正如前文所述，22 个市（占全国人口的 6% ），在受 139 条的干预。这些案例以及从 Msunduzi 和 uMhlathuze 的金融复苏中得到的教训将会加强《市政财务管理法案》的实施。

52. 由 DNA 经济学家为国家财政部做的关于 2010—2011 年商业银行调查表明债权人将《市政财务管理法案》视作振兴市政府信贷市场的最重要因素。

53. 中央政府债务的估计来源于：国际货币基金组织（2011）

54. 通货膨胀相关的长期债务和固定收入长期债务合起来贡献了 2010 年中央政府债务的 81%

55. 除非有其他说明，这章主要摘自南非国家财政部。

56. 世界银行 2009，8.43 兰特 =1 美元。

57. 2012 年 9 月 3 日，8.43 兰特 =1 美元。

58. 2012 年 9 月 3 日，8.43 兰特 =1 美元。

59. 2012 年 9 月 3 日，8.43 兰特 =1 美元。

60. 税收增量融资是基于作者自己的研究。

61. Peterson，Kaganova，2010.

62. 从 Peterson 和 Koganova（2010）推得。

63. 关于公私合营模式的财务风险从 Liu（2010）和 Irwin（2007）推得。

64. 本章来自于南非国家财政部，2011b。

65. 南非财政部，2011c。

参考文献

Canuto, Otaviano, and Lili Liu. 2010. "Subnational Debt Finance: Make it Sustainable." In *The Day After Tomorrow: A Handbook on the Future of Economic Policy in the Developing World*, ed. Otaviano Canuto and Marcelo Giugale. Washington, DC: World Bank.

City of Johannesburg. 2002. "Addendum 2 of the Annual Report," http://www.joburg-archive.co.za/city_ vision/AnnualReport02Ch8.pdf.

Department of Finance, South Africa. 2000. "Policy Framework for Municipal Borrowing and Financial Emergencies." http://www.info.gov.za/view/DownloadFileAction? id = 70340. International Monetary Fund. 2011. "South Africa 2011 Article Consultation." Country Report No. 11/258, International Monetary Fund, Washington, DC.

Irwin, T. 2007. *Government Guarantees*. Washington, DC: World Bank.

Jitsing, A., S. Chisadza, and N. Condon. 2012. "Municipal Credit Markets in South Africa." Report prepared for the South African National Treasury by DNA Economics, Pretoria.

Liu, Lili. 2008. "Creating a Regulatory Framework for Managing Subnational Borrowing." In *Public Finance in China: Reform and Growth for a Harmonious Society*, ed. J. Lou and S. Wang. Washington, DC: World Bank, pp. 171-90.

Liu, Lili, and Juan Pradelli. 2012. "Financing Infrastructure and Monitoring Fiscal Risks at the Subnational Level." World Bank Policy Research Paper, No. 6069. World Bank, Washington, DC, May.

Liu, Lili, and Michael Waibel. 2008. "Subnational Borrowing, Insolvency and Regulations." In *Macro Federalism and Local Finance*, ed. A. Shah. Washington, DC: World Bank.

———. 2009. "Subnational Insolvency and Governance: Cross-Country Experiences and Lessons." In*Does Decentralization Enhance Service Delivery and Poverty Reduction*?, ed. Ehtisham Ahmad and Giorgio Brosio. Cheltenham, UK and Northampton, MA: Edward Elgar.

Liu, Lili, and Steven Webb. 2010. "Laws for Fiscal Responsibility for Subnational Discipline: International Experience." World Bank Policy Research Working Paper Series No. 5409, World Bank, Washington, DC.

South African National Treasury. 2011. "Annexure to the 2011 Budget Review. Explanatory Memorandum to the Division of Revenue." Pretoria.

Nyalunga, Dumisani. 2006. "The Revitalization of Local Government in South Africa." *International NGO Journal* 1 (1).

Peterson, G. E., and O. Kaganova. 2010. "Integrating Land Financing into Subnational Fiscal Management." World Bank Policy Research Working Paper No. 5409, World Bank, Washington, DC.

Republic of South Africa. 2002. "The Municipal Finance Management Bill." B1D-2002. http://

www. info. gov. za/view/DownloadFileAction? id = 66873.

———. 2009. "Companies Act No. 71 of 2008." *Government Gazette* No. 32121. http://www. info. gov. za/view/DownloadFileAction? id = 98894.

South African National Treasury. 2001. "Intergovernmental Fiscal Review." Pretoria.

———. 2011a. "Leveraging Private Financing." In *Local Government Budget and Expenditure Review*. Pretoria.

———. 2011b. "Financial Management and MFMA Implementation." In *Local Government Budget and Expenditure Review*. Pretoria.

South African Local Government Association. "About Local Government." www. salga. org. za/pages/Municipalities/About - Municipalities.

The Water Dialogue South Africa. 2009. "Johannesburg Case Study." In *The Water Dialogues*. http://www. waterdialogues. org/south - africa/documents/JohannesburgCaseStudy - FullReport. pdf.

Wandrag, R. 2009. "The Quest for Financial Discipline at Local Government Level: The Regulation of Municipal Borrowing and Financial Emergencies." *Law, Democracy & Development* 7 (2): 243 - 68.

World Bank. 2003. *WDR 2004: Making Services Work for Poor People*. Washington, DC: World Bank, Oxford University Press.

World Bank. 2009. "Municipal Infrastructure Finance Synthesis Report." World Bank, Washington DC.

14

预警债权人：美国地方政府举债

刘琍琍　田小维　John Joseph Wallis

引　言

由于强制还债的法律是由政府自己颁布和实施的，因此经济学家、政治学家以及研究发展问题的专家很久以来都很感兴趣的是，如果一个主权政府不能偿付债务会发生什么。当非主权政府不能还债时，这个问题依然很有挑战性。一般来说，更高等级的政府可以在它们管辖的行政区域设立和实施关于债务发行、债务偿还和债务调整方面的制度，然而公共池以及道德风险问题给财政调整和债务重组带来了特殊的挑战[1]。由于受 2008—2009 年全球金融危机的影响，时下不少发达国家的财政危机也进一步恶化，由此引发的政府破产以及主权和非主权的债务问题成为了政策争论的焦点，很多发展中国家的地方政府也面临着同样的问题。

在这里我们讨论的主要是美国地方政府破产法规的历史发展和目前的构架状况，在很多国家，所有的地方政府都是非主权政府，但是在美国，州政府有一定的自治权[2]。在第十一次修订的国家宪法[3]中明确规定了州政府关于地方债务的自主权。所有州政府以下级别的地方政府，也就是美国人所说的“地方政府”是没有自主权的，而是受其相对应的上级州政府制定的法律约束。在 2007 年，美国共有 89 476 个地方政府，包括 3 033 个县、19 492 个市（城市）、16 519 个乡镇、14 561 个学区和 37 381 特殊目的区[4]。虽然这些政府的结构和主要目的都大相径庭，但在本章中，我们把它们都归到“地方政府”的类别之下。

美国拥有到目前为止世界上最大的地方政府资本市场。2007 年，地方政府发行了 2 250 亿美元的债券，未偿付的地方政府债券有 1.5 万亿美元，而州政府当年发行了 1 610 亿美元的债券，未偿付的债券累计达到 9 360 亿美元[5]。相比之下，其他所有国家在 2007 年发行的地方政府债券的总额仅达 1 300 亿美元。美国以外国家的地方政府债券发行量在 21 世纪前十年后期迅速扩张，尤其是加拿大、中国、德国和日本，但是美国的地方债券市场规模仍然大于世界上其他国家的总和[6]。

如果发展中国家的政策目标是提高政府的信誉并对地方政府为进行基础建设而做的融资负责的话，那么美国的经验能提供建设性意见。与一个单一的政府不同，美国的地方政府结构包括 50 种不同政体。不仅州政府有主权，各州为其地方政府制定地方财政制度。有少数州政府密切监视地方政府，并建立了完善的机构来监督和规范地方政府的财政行为。其他的州政府很少有相关的主动积极的监管行为。各个州在是否允许地方政府自己做出关于借贷、收税和支出的决定方面有所不同。很多州政府对于地方政府的借贷总量、税收和支出水平有事先的限制。各个州也限制了地方政府履行职责的种类以及发行债券所得款项的使用目的。要理解当地方政府破产或者面临财政危机时发生了什么，那就不可能不提及州级财政和宪政制度。

本章的目的就是解释这个体系是如何演变以及如何运行的。这些问题对于发展中国家很重要。其中有两个方面特别重要。第一个是历史发展的顺序对于理解这个体系怎么运行很重要。在 19 世纪末发生了地方政府破产危机，当时有相当数量的地方政府债务违约。当时大家都不知道，一个破产的、民主选举的政府债务怎么被强制清偿。因为强制执行不可避免地要将负担转嫁给纳税人和选民，而纳税人和选民可能不同意这样做。单方面的对地方政府债务的强制清偿并没有实施，取而代之的是建立了一套规范地方政府在发行债券方面的权力和责任的制度，并将对借款给地方政府的风险的评估留给私人资本市场。这一点同时也引出了美国地方政府债务体系的第二个重要方面：对大多数地方政府借款来说，有效的监督和规范是通过私人资本市场来完成的。然而这个市场并不是孤立运行的。一系列的机构——有些是公立机构、有些是私立机构还有一些混合制的机构——这些机构在渐渐演变中使得地方政府借贷变得可持续并可被信任。本章的前半部分追踪描述了美国地方政府债务体系的发展历史。后半部分则更详细地分析了美国现行的制度。破产防范体系的三个方面决定了我们的研究方法。

第一个方面是关于事前政策和事后政策的区别。破产防范体系的事前要素在地方政府决定借贷前就起作用，例如地方政府借贷总量的限制以及地方政府如何借贷方面的程序性的法规。事后要素则在财政危机已经开始或政府债务发生违约时生效。

第二个方面是关于被动政策和主动政策之间的区别。美国超过半数的州都有破产防范体系，这些破产防范体系极大地依赖于事前对于地方政府做出借贷决定的约束。这些体系是被动的，因为州政府在一般情况下不直接行动或者直接干扰地方政府。虽然还是有一些主动的监视体系在实施，但是仅有几个州真正有主动干预地方政府财政决策的体系。

第三个方面是说这些体系起到作用，是因为被动的限制条件提供了一个指南，市民、债券持有者、债券承销商、资本市场以及法庭可以用这个指南去惩罚不正确的行为或者塑造地方政府的正确行为并为其带来利益。本章将会描述美国的地方政府借贷体系。各机构在这个系统里利用公共政府以及私人市场的能力来确定借贷的风险，并可相应得到偿还债务的收入来源[7]。

美国超过半数的州有完全被动的事前破产防范体系。这些系统很普遍。略少于一半的州拥有事后处理体系，这些事后处理体系在财政危机被确认开始后实施。部分的事后处理体系根据于 1937 年颁布的联邦破产法第 9 章中的程序[8]。23 个州不允许地方政府进入联邦破产程序，9 个州仅在满足限定条件下允许这样[9]。略少于三分之一的州有更主动的监督、管理以及（最重要的）在地方政府发生破产危机时的干预体系。

尽管第 9 章程序很有名，但它很少被用到。从 1980 年到 2009 年，全国每年提交的案例不到 8 个。考虑到全国大概有 89 000 个地方政府，提交案例的概率不到万分之一。从 1937 年到 2011 年，大概总共有 600 个用到第 9 章程序的案例[10]。本章将考虑为什么是由各州而不是全国性的政府监管地方政府。这在美国宪法允许中央政府管理破产的背景下表现得更突出。

在从 2008 年开始的衰退中，美联邦的很多地方政府经历着财政压力或危机。在 2011 年末，两个地方政府发生了债务违约。现有的经济危机将对破产防范体系产生什么样的影响将很难预期。地方政府监管机构是在州层面产生的。即使关于地方政府独立的规则是写在州宪法里，但宪法也是会变的。就像本章所展示的那样，美国政府的破产防范体系在不断地适应着外界环境的变化。尽管宪法和法律不是每年都变，但是它们还是在不停地变化。州政府以及地方政府都不断地重新审视双方该如何相互影响。大家都期待未来几年在这方面将会有一些新的变化。

本章第二节介绍了关于美国政治体系中主权和自治政府的几个概念性问题。为了明确地方政府破产体系的本质动态过程，第三节将从早期的州宪法中关于地方政府借贷的部分开始（主要是19世纪中被动的事前措施），接下来讲述20世纪的变化，主要包括借用私人市场的能力去协调公共部门借款者。第四节主要检测现行的州破产防范体系，包括被动的和主动的体系。第五节详细描述了三个州——北卡罗来纳州、宾夕法尼亚州以及俄亥俄州的主动干预体系。第六节提供关于不同破产防范体系与收入、支出以及债务关系的实证结果。第七节总结了市场纪律在美国各州所起的监管角色的经验教训。

概念性问题以及关于宪法的问题

美国政府的宪法结构很复杂。各州受国家宪法制约，但是各州也明确是主权政府，享受在国家宪法中没有明确授权给国家政府的所有权力（宪法第十修正案）。这点对于地方债务问题特别重要，宪法第十一修正案明确规定了各州有权决定他们不同意由其他州或者其他国家市民发起的诉讼。直接体现在地方政府借款以及破产问题上的各州以及地方政府的关系则更复杂。

国家宪法并不直接影响各州以及地方政府的关系。[11]用法律以及宪法的术语说就是，各州自己在组建地方政府以及管理地方政府破产方面具有统治性的地位。但是地方政府权力的来源以及范围一直受到争议并在不断变化[12]。现实情况是处于概念上的两个极端情况之间[13]。一个极端是Dillon法则，该法则由爱荷华州最高法院John Dillon制定，[14]该法则认为地方政府仅仅是州政府创造的管理工具，以贯彻州政府的政策，所以仅仅享有州政府明确或是偶然授予它们的权力。各州享有创建、改变、废止其地方政府，改变各地方政府边界，以及修改或是消除各地方政府的权力[15]。

另一个极端是Cooley法则，由密歇根最高法院的Thomas Cooley制定。该法则认为地方政府是其选民的创造物。因此，地方政府享有一定程度的主权。地方政府有一定的自治权，地方选民根本上决定了地方政府的行为。作为一个很重要的概念性直觉，所有的州都是Dillon法则州，各州总是在宪法框架中保留着对地方政府施加完整权力的可能性。州宪法总是可以被修改，因此Dillon法则总是可能实施的[16]。另一方面，几乎所有州选择赋予地方政府一定程度的自由，这与Cooley法则的精神一致，尽管各州对于地方自治和选择的范围有很大程度上的不同。

Cooley法则下的自主权力与主权的概念相关，在里的主权主要是指选民的主权。为了了解选民的主权对于政府借贷的影响，我们需要理解美国对于其人民和政府的主权的明确区分。政府采取的合法行为对于民众有明显的约束力，但是政府的行为如果超越了宪法里规定的民众授予的权力，那么这个行为就是有问题的。如果一个国家的政府举措超出了它被赋予的权力的话，就不能从法律上约束民众必须支持这项举措。如果这项举措是向民众借钱并需要从未来的税收收入中来偿还借款的话，那么选民—公民—纳税人就可以认为政府的举措是“超越其权力的”。

正因为合法的地方政府权力由上一级州政府和地方公民的主权决定的，因此 Dillon 法则中规定的地方政府拥有的权力比较复杂。州政府与下一级地方政府之间的持续发展关系由于太复杂就不在这里详细展开说明了，但是有三点值得我们注意。

首先是州政府怎么处理与地方政府之间的关系。最初，关于州政府和地方政府的所有关系用法律术语来讲都是“特殊的”，也就是说州政府可以单独处理每一个不同的县、市、学区或其他地方政府的问题。由于这种特殊的处理会带来政治问题，很多州开始禁止州立法机构对不同的地方政府有单独的处理办法，并且州宪法已经开始要求所有的地方政府受到相同法律条款的约束，也就是所谓的地方政府的“一般公司法”[17]。这些宪法规定和法律开始出现在 19 世纪 50 年代。州政府对地方政府的结构和行为保有自治权力，但这种权力的应用必须对所有地方政府有相同的效力。不同的州之间这种州政府与地方政府的关系大相径庭。

这对财政危机有重要的意义。例如，1851 年的俄亥俄州宪法禁止为个别法人机构专门立法[18]。结果，当克利夫兰的财政危机在 1979 年达到高峰时，州政府被要求用立法来管理各地市，这里广义的地市包括：市、村、县和学区。俄亥俄州宪法规定不能订立只适用于克利夫兰的法律条文。相比之下，纽约州没有特别的立法限制。纽约州可以通过设立仅适用于纽约市的特殊立法，来弥补 1975 年的市政财政危机。

关于主权的第二个方面就是在构建地方政府内部治理和职能执行的决定上，州政府应该赋予地方政府多少权力。19 世纪 50 年代首次设立的一般公司法有一定的局限性，它明确地规定了（在很小的范围内）哪些是地方政府能做的。这种“一刀切”的法则明显有很大的成本，在 19 世纪 80 年代初，不少州允许地方政府有一定程度的“自治”。这些自治权赋予地方政府有限的自治权力，并对州政府干预地方政府当地事务的权限有一定的限制。地方自治的法律和条文有可能将关于地方政府结构和行为的一些方面超越州政府的管制领域。尽管有时候地方自治的法律和 Cooley 法则相类似，但它的实际结构往往介于 Cooley 法则和 Dillon 法则之间。州政府直接对地方政府的某些方面进行调控，同时允许地方政府在其他方面有自己的自治权。

关于主权的第三个问题就是一些州的宪法禁止特别委员会接管地方政府的市

政职能[19]。针对特别委员会的禁令旨在通过抑制州政府接管市政的重要职能来保护地方政府的自主权，这些重要职能原本应由经地方民主选举产生的地方官员所掌控。

表14.1列出了各个州政府对地方政府采取强制性的一般公司法案和地方政府自行设立自治法律的时间。正因为我们将要在下一节详细介绍的这种演变过程，到19世纪末，几乎每一个州都建立了宪法规则来管理地方借债。每个州宪法规定的具体规则都不一样，有的州各个地方政府之间的规则也不一样。这些地方政府举债和破产结构的一个重要意义是，选民和纳税人只对地方政府做出的合法权利和职能范围内的承诺债务负有责任。在某些情况下，发行债券以及相关的项目需要获得特定选民的同意。

表14.1　第一次实行一般法和第一次实行地方自治法的时间，美国

州	独立时间	一般法	地方自治法
阿拉巴马州	1819	—	—
阿拉斯加州	1959	—	1959
亚利桑纳州	1912	1912	1912
阿肯色州	1836	1868	—
加利福尼亚州	1850	1879	1879
科罗拉多州	1876	1876	1912
康奈迪克州	1788	1965	—
特拉华州	1787	—	—
佛罗里达州	1845	1861	—
佐治亚州	1788	—	—
夏威夷州	1959	1959	1959
爱达荷州	1890	1889	—
伊利诺伊州	1818	—	1970
印第安纳州	1816	—	—
爱荷华州	1846	—	1968
堪萨斯州	1861	1859	1960
肯塔基州	1792	1891	—
路易斯安那州	1812	1974	1974
马里兰州	1788	1864	1954
马萨诸塞州	1788	—	—

续表

州	独立时间	一般法	地方自治法
密歇根州	1837	1909	1909
明尼苏达州	1858	1896	1896
密西西比州	1817	1890	—
密苏里州	1821	—	1875
蒙大拿州	1889	1922	1973
内布拉斯加州	1867	1866	1912
内华达州	1864	1864	1924
新汉普郡	1788	1966	—
新泽西州	1787	—	—
新墨西哥州	1912	—	1970
纽约州	1788	1894	—
北卡罗来纳州	1789	1916	—
北达科他州	1889	1889	1966
俄亥俄州	1803	1851	1912
俄克拉荷马州	1907	1907	1907
俄勒冈州	1859	—	1906
宾夕法尼亚州	1787	1874	1922
罗德岛	1790	1951	1951
南卡罗来纳州	1788	1896	1973
南达科他州	1889	1889	1963
田纳西州	1796	—	1953
德克萨斯州	1845	1876	1912
犹他州	1896	1896	—
华盛顿州	1889	1889	1889
西弗吉尼亚州	1863	1936	1936
威斯康星州	1848	1848	1924
怀俄明州	1890	1889	—

资料来源：Hennessey 2009。

注释：—＝截止到2009年没有法律通过。

起支配作用的一个法律概念是依据何种权威来行使职权。地方政府举债必须是有目的的，并且只能通过其被授予的方式，否则纳税人没有义务替政府还钱。

这对地方政府财政的动态发展产生了巨大的影响，于是发展成现在我们所看到的现状。

历史背景

州政府对于地方政府财政的干预政策在美国历史上渊源已久。要想了解美国20世纪地方政府财政体制框架的改变，就不得不先了解19世纪的地方政府财政体制框架。因此，本节涵盖了从殖民时期到19世纪后期以及从19世纪后期到现在两部分[20]。

从殖民时期到19世纪后期

在殖民时期，城市从殖民政府那享受了高度自治权。14个殖民城市被授予皇家特许权。这些被授予特许权的城市拥有广泛的经济权利和不够透明的民主管理模式。例如，当时奥尔巴尼因此拥有了对整个纽约州西部的皮毛贸易的垄断地位。Teaford（1975）认为，地方宪法延续了当代英国殖民统治时期的实践，被认为是神圣不可侵犯的[21]。

在美国革命之后，地方政府不受州政府干预的独立性并没有持续多久。州政府宣布了对地方政府调控的权力，撤销或替换了全部14个殖民地城市的宪章。在纽约、费城、诺福克、弗吉尼亚州、罗得岛和纽波特，州政府在地方政府的反对下依然更换了宪章。在具有里程碑意义的1819年最高法院关于公司宪章的决议（即达特茅斯诉伍德沃德案件）中，大法官斯特里区分了公共团体和私人团体。这个案件因为阐述了下属原则而变得有名，即团体的宪章是一个合约，各州必须遵守和维护自己的合约。但是这个结果也表明了各州可以依照自己的意愿更换公共团体的宪章，这其中也包括地方政府宪章。

自从赢得独立战争后，美国的地方政府再也没被视为是独立于州政府之外的。Dillon法则即地方政府是州政府的创造物，并不是由Dillon传下来的法则，而仅仅是对于当时事实的认识。尽管各州在如何组织和管理地方政府上有着极大的差异，但在关于财务和行政管理上还是可以找到一些模式。这些变化从19世纪40年代开始持续至今。

在19世纪40年代初，美国的8个州和佛罗里达领地拖欠其主权债务，其中有五个州最终拒付其所有或部分债券，其他的一些州与债券持有人达成了债务重组[22]协议。在经历了违约危机之后，几乎有一半的州重新制定了新的宪法，12个新的宪法中有11个提到了“债务限制的程序问题”。这些程序允许州政府借钱，但还需要立法机关来计算需要多少新税收来偿还债券，并且要提交选民的公民投票权，也就是说要大部分人都同意更高的税收，债券才能发行。这些“债券公投”形式在当今美国的大选当中司空见惯。尽管一些州设制负债总量上限，但大多数州只是改变了发债的程序而已。

对州政府发行债券的程序强加限制会增加其借贷的政治成本。州立法机构需要在政府借钱之前就提高税收并且要获得选民的支持。结果，借贷又转移到地方政府[23]。于是地方政府开始了大量资金的借贷，到了19世纪70年代，地方政府开始发生债务违约，尤其是为支持修建铁路而发行的债券。州政府为了应对地方政府的违约浪潮，又加大了对地方政府发债程序的限制。表14.2列出了19世纪90年代之前州政府第一次对地方政府实行财政限制的时间，表14.3列出了截止到现在州政府对地方政府实行财政限制的时间。

表14.2 美国的州宪法关于限制地方政府借贷的条款规定，1841—1890年

州	条款	时间[a]
阿拉巴马州	1	1875
阿肯色州	1	1874
加利福尼亚州	1	1879
科罗拉多州	1	1876
康奈迪克州	1	1877
特拉华州	0	n. a.
佛罗里达州	1	1868、1875
佐治亚州	1	1877
爱达荷州	1	1889
伊利诺伊州	1	1870
印第安纳州	1	1851、1881
爱荷华州	0	n. a.
堪萨斯州	0	n. a.
肯塔基州	0	n. a.
路易斯安那州[b]	1	1879
缅因州	1	1868、1878
马里兰州	1	1867
马萨诸塞州	0	n. a.
密歇根州	1	1850

续表

州	条款	时间[a]
明尼苏达州	1	1879
密西西比州	1	1875
密苏里州	1	1875
蒙大拿州	1	1889
内布拉斯加州	1	1875
内华达州	1	1864
新汉普郡	1	1877
新泽西州	0	n. a.
纽约州	1	1846、1874、1884
北卡罗来纳州	1	1876
北达科他州	1	1889
俄亥俄州	1	1851
俄勒冈州	1	1857
宾夕法尼亚州	1	1873
罗德岛	0	n. a.
南卡罗来纳州	1	1868、1884
南达科他州	1	1889
田纳西州	1	1870
德克萨斯州	1	1876
犹他州	0	n. a.
佛蒙特州	0	n. a.
弗吉尼亚州	0	n. a.
华盛顿州	1	1889
西弗吉尼亚州	1	1872
威斯康星州	1	1848、1874
怀俄明州	1	1889

资料来源：上表所列的条款来自于 1880 年和 1890 年的统计调查表以及国家经济研究局（NBER）上的宪法文本内容/马里兰宪法项目的补充，www. stateconstitutions. umd. edu。

注释：当地条款包括对地方政府发行债券的一些形式的限制和规定，这其中又包括了程序上的限制，比如公民投票权，绝对金额限制，以及估值比例的限制。n. a. = 未被应用。

a. 列表中的“1”表示州政府有相关限制条款，“0”表示没有相关限制条款。时间代表的是州政府采取地方政府债务限制条款的第一年的时间，以及在之后有重大变化的年份，时间并不是完全准确的，从某种意义上说，这里并没有考虑到南方各州的联盟或重修的宪法。我们忽略了一些重修的宪法中提到的债务上限，因此对这些限制的解释是有问题的。

b. 路易斯安那州 在1845年、1852年、1861年、1864年、1868年、1879年、1898年和1913年分别重修了宪法，列表中只提到了1845年第一次制订以及1879年的重新修订。

表 14.3　　美国的州宪法关于地方政府发行债券的法律条款

州	第一年[a]	一般义务债限制[b]	其他债务限制[c]	程序限制[d]	其他年份[e]
阿拉巴马州	1901	1	1	1	1927、1960、1965、1967、1972、1977
阿拉斯加州	1959	1	1	1	
亚利桑纳州	1912		1	1	1972、1974、1980
阿肯色州	1874	1	1	1	1924、1926、1984、1986、1988、1992
加利福尼亚州	1879	1	1	1	1892、1900、1906、1914、1918、1922、1940、1949、1950、1972
科罗拉多州	1876	1		1	1888、1972
康奈迪克州	1877	1			1955、1965
特拉华州	1897				
佛罗里达州	1912	1	1	1	1924、1930、1952、1963、1968
佐治亚州[f]	1877	1	1	1	1945、1976、1983
夏威夷州	1959	1	1	1	1968、1978
爱达荷州	1890	1	1	1	1950、1964、1966、1968、1974、1976、1978、1996
伊利诺伊州	1870	1	1	1	1904、1970
印第安纳州	1881	1			
爱荷华州	1857	1			

续表

州	第一年[a]	一般义务债限制[b]	其他债务限制[c]	程序限制[d]	其他年份[e]
堪萨斯州	—				
肯塔基州	1891	1		1	1909、1994
路易斯安那州	1898	1		1	1904、1906、1908、1913、1914、1916、1920 – 1927、1974、1989、1994
缅因州	1878	1		1	1913、1951、1962
马里兰州	1867	1	1	1	1933、1934
马萨诸塞州	—				
密歇根州	1850	1	1	1	1893、1899、1905、1909、1910、1917、1928、1964
明尼苏达州	1872	1			1879、1924
密西西比州	—				
密苏里州[f]	1875	1	1	1	1905、1945、1960、1974、1988、1990、2002
蒙大拿州	1889	1		1	1950、1973
内布拉斯加州	1875	1	1	1	1920、1972、1978
内华达州	—				
新汉普郡	—				
新泽西州	—				
新墨西哥州	1911	1		1	1964、1982、1988、1996
纽约州	1846	1	1	1	1894、1905、1907、1909、1917、1938、1945、1951、1953、1963、1973
北卡罗来纳州	1868	1	1	1	1936、1946、1962、1971、1973、1976、1977、1986
北达科他州	1889	1	1	1	1920、1981
俄亥俄州	1912	1	1		1974
俄克拉荷马州	1907	1	1	1	1960、1962、1963、1957、1958、1963、1963、1966、1976、1986、1998

续表

州	第一年[a]	一般义务债限制[b]	其他债务限制[c]	程序限制[d]	其他年份[e]
俄勒冈州[f]	1857	1		1	1910、1912、1916、1920
宾夕法尼亚州	1874	1		1	1911、1915、1918、1951、1961、1966、1969
罗德岛	1951	1		1	1986
南卡罗来纳州	1896	1		1	1977
南达科他州	1889	1		1	1954
田纳西州[f]	—				
德克萨斯州	1876	1	1	1	1904、1909、1933、1947、1956、1958、1960、1962、1965、1966、1967、1969、1970、1978、1981、1982、1987、1989、1997、1999
犹他州	1895	1		1	1911、1975、1991
弗吉尼亚州	1902	1	1	1	1928、1971、1981
华盛顿州	1889	1	1	1	1952、1972、1981
西弗吉尼亚州	1872	1		1	1950
威斯康星州[f]	1872	1		1	1909、1929
怀俄明州	1889	1		1	1919、1953、1961

资料来源：国家经济研究局 NBER/马里兰宪法项目，www. stateconstitutions. umd. edu。

注释：— =这些州没有关于地方政府借贷的相关宪法规定。

a. “第一年”指的是州宪法条款中关于地方政府出现的第一年；

b. “一般义务债限制”为“1”表示州政府对地方政府能发行的一般义务债的规模有一定的限制。这些限制可以是绝对金额的限制，也可以是先对比例的限制（估值比例，税收比例，等等）；

c. “其他限制”为“1”表示州政府对地方政府能发行的其他债务规模有一定的限制，主要是收入债券和无担保形式的债券；

d. “程序限制”为“1”表示地方政府需要满足特定的程序才能被批准发行债券，比如债券公投，或者绝对多数；

e. “其他年份”要么是新的宪法颁布时间，要么是宪法条款的修订有实质性改变；

f. 因为宪法文本本身的问题，这些州的信息可能不完全。

到了 19 世纪末，绝大多数的州宪法已经有了关于地方政府财政行为的监管规定。其中最主要的规定是要求地方政府在借贷前有足够的公民投票支持增加税收，以及对税收总量、支出总量或者地方政府能直接控制的借贷总量的限制。

正如上一节所描述的，州宪法开始强制要求州立法机构通过“一般公司法”用于创建市级（及其他地方性）政府的同时，一些州也在19世纪50年代实行了重大制度变革。一般公司法提供了公司章程的标准形式，即地方政府可以通过简单的行政程序而不用经过州立法机构的明确批准而创建。

一般公司法有两个十分重要的意义。首先，州立法机构不允许参与创建地方政府的整个过程。其次，原则上同州内每一个市的宪章应该都完全一样，即地方的宪章应该包含在一般公司法中。一般公司法在创造稳定的政治机构来监管地方政府，明确规章制度和最小化州一级别的政治力量对地方政府的影响方面是十分重要的一步。另外，还有一些州并没有实施一般公司法。

一般公司法的问题在于宪法程序中“一刀切”的性质。不同的地方政府在规模和所处的环境上差别很大。在19世纪70年代初州政府在州宪法中开始插入地方政府的自治法律条款，并且允许部分或全部地方政府在州政府的限制条件之内创建自己的章程。这些地方自治的法律条款可以被更好地解释为“自由的一般公司法”，类似于19世纪80年代州政府为企业机构创建的新的公司法。地方自治的法律条款允许地方政府在创建章程和政府的一系列选择中更为自由。地方自治法律的改革与限制州政府对地方政府的政治干预是一致的。在地方自治法律规定的州政府对地方政府干预受到更多限制的条件下，地方政府本质上基本是独立的。

然而，必须强调的是，宪法中的地方自治法律条款和州立法机构通过的地方政府法律通常都包括对地方政府的以下限制：对地方政府借贷、支出和税收的限制；地方政府可以从事的活动的限制；以及地方政府可以采取的行政管理形式的限制。这些宪法和法律规定是监管地方政府借贷的被动规则的核心部分。表14.1提供了州政府命令禁止地方政府的特殊公司法，而强行实施一般公司法并允许地方自治法律的时间。

19世纪晚期，各个州的已有体系都是被动的。州政府不主动监管地方政府的财政状况，当地方政府进入财政通道时，州政府也没有采取任何管理措施。因为这些体系嵌入到公民和债券市场这两套更大的社会机构和主动监管并规范地方政府的流程中，所以这些体系运作得相当不错。州宪法和法律制定了地方政府运行的规则。公民和债券市场都可以通过投票处、法院及市场把这些规定作为规范地方政府的一种方式。当个别公民认为其地方政府越权时，他们可以向法院提起诉讼反对其地方政府。债券市场可以通过利率和债券评级来规范地方借贷。因此，虽然州破产制度是被动的，即州没有主动监控或管理地方政府，但体系通过公民和市场来监视地方政府。然而，19世纪末期已有体系还不够完美，并且随之而来的机构改革提高了选民和市场规范地方政府的能力。

通过测定地方政府借贷相对于州借贷和国家借贷的规模，至少相对而言，不同体系看起来运作得很好。表 14.4 按政府层级——国家、州及地方列出了 1838 年到 2002 年的政府债券。在 20 世纪之交，地方政府债务超过了国家债务和州债务之和。美国地方政府是基础设施和教育投资的领导者，并在为美国现代工业经济崛起的融资中扮演了关键角色[24]。

表 14.4 1838 年到 2002 年美国不同层级地方政府的债务、名义金额及份额

年份	州债务（百万美元）	地方债务（百万美元）	国家债务（百万美元）	州份额（%）	地方份额（%）	国家份额（%）
1838	172	25	3	86.0	12.5	1.5
1841	190	25	5	86.4	11.4	2.3
1870	352	516	2 436	10.7	15.6	73.7
1880	297	826	2 090	9.2	25.7	65.0
1890	228	905	1 122	10.1	40.1	49.8
1902	230	1 877	1 178	7.0	57.1	35.9
1913	379	4 035	1 193	6.8	72.0	21.3
1922	1 131	8 978	22 963	3.4	27.1	69.4
1932	2 832	16 373	19 487	7.3	42.3	50.4
1942	3 257	16 080	67 753	3.7	18.5	77.8
1952	6 874	23 226	214 758	2.8	9.5	87.7
1962	22 023	58 779	248 010	6.7	17.9	75.4
1972	59 375	129 110	322 377	11.6	25.3	63.1
1982	147 470	257 109	924 600	11.1	19.3	69.6
1992	369 370	584 774	2 999 700	9.3	14.8	75.9
1997	456 657	764 844	3 772 300	9.1	15.3	75.5
2002	642 202	1 042 904	3 540 400	12.3	20.0	67.8

资料来源：Wallis 2000。

19 世纪末至今的私人和公共机构

在 19 世纪 70 年代，地方政府破产风波使得很多州要求地方政府进行债券公投，从而批准有地方政府一般基金作为还款保障的地方政府借款（表 14.2）。19 世纪末期，两大机构（一个私人机构和一个公共机构）的回应在 19 世纪末和 20 世纪初开始在地方债务市场中扮演更为重要的角色，并且在当代美国地方政府财政中依然很重要。

私人机构是指债券律师[25]。纳税人和地方政府在债券违约时问责的流行使得债券市场的中间机构要求保证债券具有有效、有约束力及强制执行的性质。在市场上出售地方债券的金融机构开始要求债券依照法律授权，并且这种法律保证是地方政府有效、有约束力及强制性的协议。地方政府通过雇佣债券律师来实现这个功能，为债券持有人提供可以依赖的法律意见。

目前，几乎所有的地方政府债券都有大量的公开文件[26]，而这些文件是关于债券发行性质、用于支付债券的收入、投资者认为对做出投资决定很重要的其他信息以及债券律师的意见。因为债券律师的意见不能解决地方政府借款人是否能够或者可能拒绝履行债务，所以债券律师并不为公共债券提供私人保险。债券律师的意见一般解决债券的合法发行，官方声明包括的准确描述债券、地方政府支付义务的性质、以及联邦所得税是否免除支付债券的利息等问题。

公共机构是指特殊区域（也被称为特殊政府、专项资金、以及特殊目的机构）和收入债券。随着地方政府逐渐要求进行债券公投来批准发行债券，更多提供比如水、排污、灌溉以及运输这样的职能的具有特殊目的的地方政府开始成立。在地理上，这些特殊地区常常跨越几个现存的地方政府，有时候有意划分选区，以至于大多数该地区的选民得益于特殊地区提供的职能，因此，如果特定的州政府法律要求债券，那么选民会支持以债券公投的形式发行债券（更高的税收或用户费）。

收入债券和特殊区域有相似的效果。收入债券并没有要求地方政府以一般资金作为还款保障。一般责任债券，或者“GO” debt，通常要经历公投过程。相反，收入债券有专门收入来源来偿还。有时，这些收入与政府的特定职能有关，比如，供水服务的用户费用用于偿还债券及为供水系统融资，但是，有时这样的收入仅仅是不同收入致力于债券服务的一个专项收入来源[27]。因为一般纳税人没有义务偿还债券，所以很多州的法院（但并不是所有州）认为收入债券不需要经历债券公投这样的债务程序。

发展收入债券与其说是规避州债务限制和程序的一种方式，还不如说是把债券融资项目的受益人与项目融资成本及还款来源联系在一起的一种方法[28]。通过将用户付费及税收和融资成本联系在一起，收入债券在19世纪早期就能够解决州面临的挑战——民主制度下整个州的选民不可能投票支持用于为只有特定地方居民受益的项目融资的广泛税收。在18世纪早期，预算外为铁路和运河融资是解决此类问题的一种方法[29]。但是这样的安排使得纳税人承担或有债务，最终变成到期债务，最后州政府破产[30]。旨在解决或有风险的州宪法修订案并没有完全解决利益与成本脱节的问题。在18世纪晚期收入债券工具解决了将基础设施的利益联系到支付意愿上的问题。收入债券可以在州债务限制之外，但是不能超过自己可持续发展的标准。

随着地方政府的数量和类型以及地方政府债券类型不断激增并且变得更加复杂，投资者在决定地方政府是否合法授权发行债券以及是否服从州法律授权要求时，债券律师的角色变得更为重要[31]。

20 世纪早期，州政府继续调整管理地方政府的宪法和法律机构（见表 14.1）。下一轮的机构改革开始于 20 世纪 30 年代，目的是应对 1929 年股市崩盘以及随之而来的经济萧条，包括两条新增的国家法律。1933 年的《联邦证券法案》和 1934 年的《证券交易法案》引进了大量关于证券市场中信息公开、欺诈以及经销商代理注册方面的规定[32]。国会认为，信息对投资者完全并公正公开、公平有效的市场、在市场中增强投资者信心、以及协助资本形成过程都是规范证券和证券市场的根本原因[33]。

与私人股票和债券不同，通常州政府和地方政府发行的证券一般不受 1933 年和 1934 年的法案管理。但欺诈行为被受管理。州政府和地方政府通过联邦直接监管这个过程，增加资金来为政府活动融资，直接联邦监管过程将任命联邦政府作为州政府和地方政府的金融市场的看门人。这将破坏州主权和地方选民主权存在已久的概念。市政证券和公司证券的信息公开要求对于风险评估和投资者回报来说是必不可少的。然而，联邦法律并没有规定州政府和地方政府要求公开信息的种类。

在大萧条时期，第二个新建立的规定是 1937 年颁布的《破产法》的第 9 章。该法案是为了解决地方政府和其债权人谈判中钉子户的问题[34]。在大萧条时期的违约浪潮中，百万投资者和市政债务人之间的持久谈判被证明是昂贵且无效的。在缺乏易于理解并可强制执行的程序的情况下，单个投资者或者个人投资者团队可以防止债务人和大多数投资者达成的债务重组协议。第 9 章的程序启用多数债券持有人和债务人之间的债务重组协议，通过法庭的权力克服了少数个人投资者的反对[35]。第 9 章不仅为解决办法提出了事后的法律程序，而且建立了投资者和债务人在违约潜在风险的预期。

第 9 章的规定遵守了地方选民的主权。第 9 章文件有严格规定，服从美国宪法授予州管理其政府分支机构的权力。如前所述，不能强迫州允许其地方政府执行第 9 章的程序。联邦破产法院不能强迫地方政府增加税收、削减支出，或者变卖资产，因为那些地方政府的行为只能由选民决定实施。第 9 章用来协调地方政府和其债权人之间的谈判过程。第 9 章并不是债权人用来强迫地方政府偿还贷款的法律文件。正如本书中 De Angelis 和 Tian（2013）写的第 8 章所述，第 9 章就很少用到。从 1937 年至今，大约有 600 个第 9 章的例子。从 1980 年到 2009 年，全国每年归档的案例平均少于8个[36]。

19世纪30年代，国家政府实现了两个机构改革。但是不能把这些变革当成是地方政府发行债务的国家规定。证券市场的监管会直接影响到在地方债务市场中的私人参与者（比如经纪人和交易商），而不是公共参与者（尽管反欺诈条款确实影响公共参与者）。然而，影响市政债券市场的规定会间接影响州政府和地方政府。

20世纪，地方政府债务市场持续发展。最近一次重大机构改革是成立市政证券规则委员会（MSRB）[37]。国会在1975年建立市政证券立法委员会，目的是监督管理从事市政证券行业的经纪公司。市政证券立法委员会并不管制州政府和地方政府[38]。《多德—弗兰克法案》最近扩大了管理机构来包括市政顾问在内。一些市政证券立法委员会的规定减少了交易成本，增加了信息流[39]。

一些产业协会也有助于改善州政府和地方政府的信息公开。比如政府财务师协会和美国市政债券分析师协会已经提出了很多市政债券信息公开的建议，而这些建议已经成为公认的产业惯例。大多数州和大的地方政府遵守由政府会计准则委员会成立的州政府和地方政府的一般公认会计原则[40]。

在20世纪大多数影响地方政府发行和偿还债务的机构改革是针对地方政府债券市场的，而不是发行债券的政府。美国建立的破产制度主要是被动体系。大多数州并不主动管制或监控地方政府。每个州对于地方政府能做什么、交多少税、如何借贷、以及通常从州政府控制中取得的独立程度有多大这些方面有不同的规定。因此，地方政府债券的私人投资者需要在投资之前知道地方政府所拥有的法律权力。简单来说，如果一个地方政府不依法授权债券，那么债券从一开始就是无效的，而且地方政府没有法律义务来偿还债券。选民和地方政府只对地方政府合法发行的债务负责。这并不排除债券持有人寻求法律行动来反对欺诈行为，但是如果债券从一开始就是无效的，债券持有人无法执行其债务。

19世纪晚期，确保地方政府有权发行债券以及各种类型的收入可以用来服务债务的责任逐渐从公共部门转移到私人部门。这种转变是美国联邦主义独特发展的结果，不仅历史悠久，而且是路径依赖的。然而，结果是激励了私人市场主动监控和规范地方政府借款人。20世纪的机构改革并不针对地方政府的行为，而是旨在使地方政府的私人资本市场的信息流更有效地运作，其中几个机构改革源自国家政府。

然而，这并不意味着所有的州都有被动的破产体系。在下一部分，我们考虑20世纪晚期少量州建立的主动体系。

州政府干预及监控地方政府

在法律及宪法条款中，州政府在建立地方政府及管理市政破产中起着主导作用。但是地方政府权力的来源及范围一直受到非议并不断变化[41]。显然，实际的做法介于 Dillon 规定与 Cooley 原则这两个极端之间[42]。一些州政府主动并持续监控地方政府，而且有适当的机构来解决地方政府的金融危机和破产。本部分开始调查这些州。然而，我们想要强调，这些州只代表了少数州；它们不是“典型的”。

主动的财政监管开始于 1931 年的北卡罗来纳州，事实看来北卡罗来纳州也领先于其他州[43]。在 20 世纪 70 年代，其他州采纳这个体系是由于地方财政危机。纽约和克利夫兰众所周知的财政危机对全国都有影响，其影响力超出了纽约和俄亥俄州之外，为其他州敲响警钟[44]。佛罗里达在 1979 年颁布了《地方政府财政危机和问责法》[45]。俄亥俄州也在 1979 年颁布了一项综合的市政财政紧急法令[46]。在 20 世纪 80 年代，经过多年的宾夕法尼亚州西部社区危缩之后，宾夕法尼亚州颁布了《市政金融复苏法案》来帮助陷入困境的地方政府。

20 世纪 70 年代是一个经济缓慢增长和周期性危机的时期，比如 1973 年 OPEC（石油输出国组织）首次禁运石油。20 世纪 70 年代和 80 年代也是州财政大幅改革的时期，包括引入雨天基金、税收、支出限制以及修改州宪法以增强债务限制的灵活性，使收入债券不受这些限制[47]。

州政府主动监管地方政府的财政活动，包括三个部分：监控、定义危机以及干预。大多数州政府要求地方政府采用标准会计准则（不一定由政府会计准则委员会颁布）并定期将金融活动报告州机构归档[48]。然而，事实上只有很少的州政府利用这些信息。Mackey（1993）和 Coe（2007）的研究表明，到 2003 年为止只有 17 个州定期主动监控地方政府财政。

在主动监控地方政府财政的 17 个州里面，事实上有 9 个州有适当的体系来预测地方政府是否有财政危机。表 14.5 列出了州和其干预体系。表中的州按其监控活动的水平排序。第一列，如果州试图预测地方财政情况，那么“Coe 预测”为 1。第二列，如果州有适当的政策来干预地方政府事务，那么“Coe 干预”为 1。这 9 个州在监管地方财政活动方面最为主动。在本章下一部分我们检查北卡罗来纳州、俄亥俄州以及宾夕法尼亚州这三个州。

表 14.5　　美国州政府监控地方财政情况、地方自治以及地方债务限制

	Coe 预测	Coe 干预	Kloha 监控	Kloha 早期预警	Honadle 正式	Honadle 无
监控地方财政情况并试图预测财政危机的州						
佛罗里达	1	1	1	1	1	0
肯塔基州	1	1	1	0	0	0
新泽西州	1	1	1	1	1	0
新墨西哥州	1	1	1	0	1	0
北卡罗来纳州	1	1	1	1	1	0
俄亥俄州	1	1	1	1	1	0
宾夕法尼亚州	1	1	1	1	1	0
马里兰	1	0	1	1	0	0
新罕布什尔	1	0	1	1	0	0
监控地方财政情况但不预测财政危机的州						
阿拉斯加州	0	0	1	0	1	0
康乃迪克州	0	0	1	0	0	0
伊利诺斯州	0	0	1	0	0	1
马萨诸塞州	0	0	1	0	0	0
密歇根州	0	0	1	0	1	0
内华达	0	0	1	0	0	1
纽约	0	0	1	0	0	0
西佛吉尼亚州	0	0	1	0	1	0
既不监控地方财政状况，也不预测或干预财政危机的州						
阿拉巴马州	0	0	0	0	0	1
亚利桑那州	0	0	0	0	0	0
阿肯色州	0	0	0	0	0	0
加利福尼亚	0	0	0	0	0	0
科罗拉多	0	0	0	0	0	0
特拉华州	0	0	0	0	0	0
乔治亚州	0	0	0	0	0	1
夏威夷岛	0	0	0	0	0	0
爱达荷	0	0	0	0	0	0
印第安纳州	0	0	0	0	0	1
爱荷华州	0	0	0	0	0	0
堪萨斯州	0	0	0	0	0	1
路易斯安那州	0	0	0	0	0	1
缅因州	0	0	0	0	0	1
明尼苏达州	0	0	0	0	0	0
密西西比州	0	0	0	0	0	0

续表

	Coe 预测	Coe 干预	Kloha 监控	Kloha 早期预警	Honadle 正式	Honadle 无
密苏里	0	0	0	0	0	1
蒙大拿	0	0	0	0	0	1
内布拉斯加州	0	0	0	0	0	0
北达科他州	0	0	0	0	0	1
俄克拉荷马州	0	0	0	0	0	1
俄勒冈州	0	0	0	0	0	1
罗德岛州	0	0	0	0	1	0
南卡罗来纳州	0	0	0	0	0	1
南达科塔	0	0	0	0	0	1
田纳西州	0	0	0	0	1	0
德克萨斯州	0	0	0	0	0	0
犹他州	0	0	0	0	0	1
佛蒙特州	0	0	0	0	0	1
弗吉尼亚州	0	0	0	0	0	1
华盛顿	0	0	0	0	0	0
威斯康星州	0	0	0	0	0	1
怀俄明州	0	0	0	0	0	1

资料来源：Coe（2007）；Honadle（2003）；Kloha，Weissert，Kleine（2005）。

在第三列中，如果州用任何一种方式监控地方活动，那么“Kloha 监控”为1。Kloha，Weissert 和 Kleine（KWK）（2005）对 50 个州做了电话调查，目的是确定州是否有任何的监控体系[49]。KWK 也问询各州是否有“早期预警”体系。如果 KWK 报告指出州政府确实有“早期预警”体系，那么第 4 列的“Kloha 早期预警”为1。KWK 发现9 个州拥有早期预警体系，并且 Coe 发现这 9 个州都有预测体系，在这个调查方法中我们得到一些信心。

下一部分是通过这个过程确定“财政危机”。Honadle（2003）调查了 50 个州来确定州是否会通过这个过程来确定财政危机以及如何确定。[50]她发现 11 个州正式定义了“财政危机”，有 20 个州却没有这样做。在两个极端之间，14 个州有对“危机”可行但非正式的定义，8 个州凭借地方政府制定正式定义，表中第 5 列“Honadle 正式”为 1 如果州有正式定义。同样，当州没有定义危机，那么表中在“Honadle 无”的情况下显示 1。表中并没有显示那些拥有非正式定义的州。

最后一步是干预或者帮助危机中的地方政府。Coe（2007）发现 7 个州有适当的体系来主动干预。这些体系工作于危机前和危机后。州也可以帮助地方政府。Mackey 发现 13 个州在给地方政府提供帮助方面有法律规定，额外 6 个州提供专门帮助。Mackey 的样本包括 41 个州，其中 9 个州没有回应。因为缺失观察数据，所以表中并没有包括 Mackey 的结论。

表格分类反映了州监控并干预地方政府事务的强度，而不是州政府帮助处于困境中的地方政府的程度。表中第一个面板包括了监控地方财政情况和企图预测财政危机的 9 个州。在这 9 个州中，7 个州有合适的体系干预地方财政。这些州拥有最主动的监控和干预体系。第二个面板包括了那些监控地方财政情况但并不预测财政危机的州。最后一个面板包括那些既不监控地方财政情况也不预测或干预财政危机的州[51]。这些州的体系完全是被动的，至少在事前，大多数州属于较低的面板。它们既不监控地方财政情况，也没有任何适当的系统性的计划来干预或帮助地方政府。这并不意味着处于较低面板的州不愿意帮助地方政府。它们很有可能愿意，但是它们没有适当的制度安排这样做。在危机已经形成之后，某种程度上，仅仅从事后的意义上来说，这些州是主动的。

本章第六节做了一些简单的实证检验来确定 20 世纪晚期这三种类型的州的财政行为是否有显著差异。我们发现确实如此。但是，我们想要更仔细的查看北卡罗来纳州、俄亥俄州和宾夕法尼亚州这三个最主动的州，从而更加了解“主动”监控和干预地方政府的实际含义。

州政府干预的案例

本节对 2010 年前北卡罗来纳、俄亥俄和宾夕法尼亚的州政府干预体系做了更深入的回顾，这 3 个州是从州政府干预活跃的州中挑选出来的。这 3 个州政府实施干预体系是为了应对它们各自地方政府的债务压力。然而，这 3 个州面对危机做出的反应各不相同。财政监控和破产决议关系到地方政府权力的来源和范围，它们授予地方政府自治权利，限制州政府干预权力，从而确定州如何干预地方事务，因此地方自治规定十分重要。

北卡罗来纳州是美国最主动管理地方财政的州[52]。俄亥俄州采用地方自治，拥有财政监管程序来提供早期预警和财政应急程序，从而解决深陷财政危机的个体，但是州缺乏广泛的干预权力。宾夕法尼亚州拥有强有力的地方自治权来限制州政府干预的权力，用州任命的协调者来给陷入财政危机的地方政府提供金融复苏计划；然而，地方政府可以拒绝采纳这项计划[53]。

在大萧条期间，北卡罗来纳州遭受美国第二大的市政债券违约[54]。州立法机关于 1931 年创建地方政府委员会，目的是控制地方债务并帮助陷入财政危机的市政府[55]。俄亥俄州最初的市政财政应急法案颁布于 1979 年，目的是应对克利夫兰的财政危机。经过多年在经济衰退与汽车行业的大量裁员中挣扎，克利夫兰在大萧条之后于1978年成为美国第一个拖欠债务的主要城市[56]。在1987年，当西部宾夕法尼亚州的社区遭受由钢铁业衰落造成的失业时，州立法机关颁布了《市政金融复苏法案》。该法案也被称为法案47，目的是帮助陷入财政困境的市政府[57]。法案47专为小市政府设计，当宾夕法尼亚州在1991年到达破产边缘时法案47并不能解决其面临的财政困境[58]。因此，州通过新立法建立了宾夕法尼亚政府间合作机构来提供额外帮助。

北卡罗来纳州宪法允许州立法机关定义市政府的权力和职责。根据州宪法，州可以摧毁、重组并建立任何其分支结构[59]。因此，州宪法将几乎所有控制市政府的权力交给州政府。北卡罗来纳州的政府间关系很好地体现了Dillon法则。在宪法背景下，当地方财政情况开始恶化时，北卡罗来纳州的地方政府委员会拥有干预地方财政管理的强大能力。

地方政府委员会可以下令增加税收或者其他收入来满足债务支付[60]。这些指令和那些地方官员发布的指令一样具有法律效应。州财务总管下的地方政府委员会主动参与到几乎所有的地方金融管理阶段。地方政府委员会批准几乎所有债务的发行并监控地方财政状况。州政府有权接管那些不服从地方政府委员会指令、面临财政压力或者不能及时报告金融业务的地方政府的财务管理[61]。

地方政府委员会批准几乎所有的传统类型的市政债务，包括一般义务债券、收入债券、分期付款、分期付款购买义务以及使用互换协议。地方政府委员会用指标来衡量债务负担能力，比如人均债务、债务评估价值比例、年度债务偿还额和一般预算资金的比例、企业运营的财政健康状况和征收的用户费用的比较[62]。在同意发行债务之后，州财政办公室处理所有地方债务的销售和交易并监控债务偿还事务[63]。

北卡罗来纳州进行金融监管和监控的方法是积极主动的。地方政府委员通过年度审核监控约1 230个地方政府和公共机构的财政[64]。地方政府委员要求一个独立的审计师、规定标准审计合同、批准地方政府挑选审计师和审计合同并且只有在批准财务报告之后才允许最后支付给审计师[65]。一旦发现财政问题，地方政府委员会寄信给地方政府机构，表达关切并提出改进的建议。收到信件的地方机构必须报告纠正措施的详细计划以解决问题[66]。

与北卡罗来纳州相比，宾夕法尼亚州的宪法禁止州立法机构颁布管制其特定市政府事务的法律。同时，宪法禁止州成立任何具有干预市政功能权力的委员会，也禁止将这样的权力授权给任何委员会[67]。为了遵守宪法规定，州政府不能单方面干预市政破产。州政府干预必须取决于地方协议或同意[68]。

1987年，实行法案47来帮助陷入财政困境的市政府，宾州社区和经济发展部管理该法案的实施。法案47使得宾州该部能够编译市政财政数据，用11个指标来监控其财政状况并确定困境状况[69]。任何一个指标都可以引发宾州社区和经济发展部宣布困境状况。

一旦宣布市政府陷入财政危机，宾州社区和经济发展部会任命一个协调员负责建立并实施金融复苏计划[70]。法案 47 授予市政府拒绝这样计划的权利。当工会挑战法案 47 的立宪时[71]，法院裁定，州任命的协调员并不构成一个特别委员会，并且市政府通过拒绝这项计划的权力来保留其决策机关[72]。市政府拒绝州计划的能力是一般法律规定的重要结果：没有地方政府的允许，州政府不能区别对待地方政府。

州政府于 1991 年成立特殊委员会——宾夕法尼亚政府间合作机构，目的是解决费城即将违约的金融问题。宾夕法尼亚政府间合作机构在州宪法中的政府间公司条款下成立。州政府利用金融激励措施来鼓励地方合作，并通过扣缴州基金来惩罚那些通过扣拒绝与州合作的地方政府[73]。宾夕法尼亚政府间合作机构经受了工会发起的法律挑战[74]。法院裁定，由于这座城市自愿与宾夕法尼亚政府间合作机构签订了合作协议，所以宾夕法尼亚政府间合作机构并没有干涉市政权力[75]。类似于宾夕法尼亚州，俄亥俄州宪法提出，“市政府有权行使地方自治政府的所有权力”[76]。此外，宪法禁止州政府为了特定的市政府采用特定立法[77]。因此，为了应对克利夫兰 1979 年的财政危机，俄亥俄州采用一般法案管理广泛的市政府：城市、村庄、县和学区。

1979 年的地方应急法案建立了财政应急程序并制度化财务计划和监督委员会，目的是帮助陷入财政困境的地方政府。如果后者跨越了关于欠款、基金赤字、现金流、债务拖欠以及税收转移这六种财务状况的任何一种，那么州审计员会安排地方政府启动应急程序[78]。该法律于 1996 年修订，增加了财政监控程序，为那些财政状况接近应急状态的摇摇欲坠的地方政府提供早期预警[79]。

财务计划和监督委员会成立于州审计员宣布地方政府处于财政应急状态之后。市政府必须提交一份金融复苏计划给委员会审批。然后委员会确保及时实施该项计划。金融复苏计划列出了实质性的财政调整来恢复金融稳定，消除财政紧急状况并避免未来重蹈覆辙。7 个投票选举委员会成员中的 5 个都是基于地方的，包括两名地方官员和三个地方任命成员。州政府不能命令这些改变；然而，州有权提出策略并监督其实施[80]。俄亥俄州干预体系的特点是州干预权力较弱[81]。

委员会拥有对所有金融问题提出建议的广泛权力，包括降低成本或增加收入，从而制定并签订所有必须执行其职责的合同和协议，并确保预算平衡及其实施。委员会被授权审查所有收入和支出预算，并批准和监督每月支出水平和与财政计划相一致的负担。委员会也审核任何一项发行的债务数量和目的，并为债务结构和条款提供了技术支持[82]。当州审计员决定的预警情况不再出现或者财政状况持续恶化时，将会终止监视一个地方政府的财政状况。在后一种情况下，州审计员可能会宣布财政紧急状态[83]。地方政府参与财政应急项目的时间平均为5.1年[84]。

俄亥俄州没有积极的正式监督地方政府，除非政府加入财政监管计划或财政紧急计划[85]。大多数财政窘迫的市会绕过财政监管计划直接进入财政紧急计划，这在很大程度上说明了对财政监管的缺失。想要在早期发现财政问题基本只能靠市政府的自觉，但是市政府可能意识到发现得晚的话会遇到麻烦。俄亥俄州的干预制度相对来说比较被动，虽然财政紧急计划或监管计划可以由总督或州审计长发起，但在实践中大多数情况下是通过地方政府的要求发起的[86]。

北卡罗莱纳州、宾夕法尼亚州和俄亥俄州揭示了州对当地财政事务干预的本质。如果州宪法认可了地方政府独立的财政权力，那么州在地方政府的财政调整过程中的力量会被限制。特别的法律禁令禁止针对一个特定的自治市立法。如果特别委员会被禁止，则可能无法建立财务监控委员会。州的干预可能需要当地政府的同意，同时州需要为地方的合作设立激励机制。

即使在三个州的小样本中，北卡罗来纳州依然属于州和地方关系非常活跃的极端。北卡罗来纳州对地方政府事务积极的干预在大多数州中都属于违宪行为。由于自20世纪以来，地方政府基本上都能成功的以贷款来修建基础设施，所以北卡罗来纳州积极的干预措施没有对其他州实现地方财政责任产生太大的影响。

实践结果

为了检验表14.5中所示的破产制度对地方政府的财政是否有显著影响，我们对1972年、1992年及2007年的地方财政活动做了一个简单的双重差分估计检验。这几年（以及其他年份）的数据在《美国政府人口普查》上可以得到，1992年和2007年的数据是在州开始积极监控和干预项目之后。

我们用了三种基本的方法来衡量州和地方财政的行为。“总收入”指的是从属于州政府、所有地方政府及州和地方政府共有的“自有”资源得到的总收入。自有收入是由州或地方政府直接征收的收入，不包括政府间的补贴收入。“总支出”是总的“直接”支出。与总收入相似，直接支出只包括州或地方政府直接花费的支出，不包括政府间补贴的支出。“总债务”包括长期和短期的债务，但对大多数州和地方政府来说，总债务中大部分都是长期债务。[87]

我们对每个变量都用两种方法来表示。第一种方法用了地方占州和地方共有收入总和的比例。地方占比是地方政府自有收入除以州和地方自有收入（不包括任何联邦政府的补贴收入）。地方支出及债务占比也用类似的方式来计算。另一种是以人均收入、人均支出和人均债务来核算。这种方式以每年的名义量来核算（差别在于它考虑了价格水平的变化）。

表14.6显示了地方财政活动相对州和地方财政活动的双重差分结果。[88]表中的第一部分给出了1972年、1992年和2007年地方占州和地方总收入、总支出和总债务的比例。第一栏给出了“预测州”的平均占比，Coe（2008）指出不管危机发生与否，“预测州”的地方财政活动都会被预测。第二栏显示了“监察州”的占比，“监察州”指的是Kloha、Weisser和Kleine（2005）发现的对地方财政积极监督但没有试图预测或干预地方事务的州。第三栏显示“控制州”（未处理的州）的占比，“控制州”指的是没有监督和预测地方财政活动的州。第四栏显示所有州的平均地方占比。

表14.6　美国双重差分估计，地方占州和地方总和的比例

地方占比	预测州	监察州	控制州	所有州
1972				
收入占比	0.411	0.433	0.426	0.428
支出占比	0.560	0.545	0.541	0.541
债务占比	0.641	0.616	0.712	0.693
1992				
收入占比	0.387	0.379	0.398	0.393
支出占比	0.513	0.501	0.519	0.515
债务占比	0.583	0.488	0.571	0.560
2007				
收入占比	0.411	0.385	0.397	0.397
支出占比	0.499	0.501	0.501	0.501
债务占比	0.537	0.469	0.557	0.539
一阶差分1972—1992				
收入占比	-0.024	-0.054	-0.028	
支出占比	-0.047	-0.044	-0.021	
债务占比	-0.058	-0.129	-0.141	
一阶差分1972—2007				
收入占比	0.000	-0.048	-0.030	
支出占比	-0.061	-0.044	-0.039	
债务占比	-0.104	-0.148	-0.155	
双重差分				
1972—1992				
收入占比	0.004	-0.025		
支出占比	-0.025	-0.023		
债务占比	0.083	0.012		
1972—2007				
收入占比	0.030	-0.018		
支出占比	-0.022	-0.004		
债务占比	0.051	0.008		

资料来源：政府人口普查。

在解释数据的时候，需要注意的是原始数据来自各级政府的自有收入和支出。由于地方政府是州政府补贴的对象，而“自有”和“直接”的收入和支出都不包括补贴，这导致的结果就是地方政府收入占州和地方总和的百分比小于地方政府支出占比。

表格的第二部分显示了1972年到1992年和1972年到2007年间这些比例的一阶差分估计结果。大部分的积极监测在20世纪70年代和20世纪80年代开始实施，并且在一阶差分中都应该有所反应。

表格的第三部分显示了双重差分估计结果，这部分比较了“预测州”和“监察州”与“控制州”的差别。

表14.6阐明了两个惊人的结论。

第一，地方财政在州和地方财政的占比在上文两个时间段中都相对下降了。地方收入占州和地方收入总和的比例在1992年之后小幅上涨，而在所有其他比例上地方财政却相对较小。

第二，“预测州”的地方债务占比虽然下降了，却降得更慢。1972—1992年中，“预测州”的地方债务占州和地方总债务比重的变化比“控制州”小了8%，这个变化在1972—2007年这个更长的期间内超过“控制州”5%。这是个明显的影响。

由于这50个州总体来说是相关的，这也不是州的一个样本，所以表14.6没有给出统计上是否显著的判断。

表14.7、表14.8及表14.9显示了对人均收入、人均支出和人均地方债务这三个变量的双重差分检验。表14.7是关于地方政府。表14.8是关于州。表14.9是地方和州变量总和。这几张表和表14.6的结构一样。

这三个表同时揭露了一个惊人的、出乎意料的结果：“监察州”，也就是只监督但不对地方事务做预测和干预的州，在所有衡量州和地方政府财政活动的标准上的增长都非常迅速。

表14.6显示“预测州”的地方政府借贷在州和地方借贷的比例，与此不同的是，表14.7、表14.8和表14.9显示不管是从州政府还是从地方政府的层面来看，“监察州”的人均收入、人均支出和人均债务都比“控制”和“预测”州增长得更快。成为“监察州”对州政府层面的影响是对地方政府层面的影响的两倍。与表14.6还有一个差别是，1972—2007年这个更长的期间内的影响要比短期大。

表 14.7 美国地方人均总收入、总支出和总债务，1972 年、1992 年、2007 年

地方总和	预测州（美元）	监察州（美元）	控制州（美元）	所有州（美元）
1972				
收入	280	358	298	312
支出	446	636	453	489
债务	444	690	469	512
1992				
收入	1 435	1 845	1 454	1 513
支出	2 188	2 794	2 195	2 290
债务	2 107	2 846	2 039	2 180
2007				
收入	2 449	2 829	2 300	2 412
支出	4 156	4 928	4 195	4 305
债务	3 947	4 588	3 670	3 867
一阶差分 1972—1992				
收入	1 154	1 487	1 156	
支出	1 742	2 158	1 741	
债务	1 663	2 156	1 570	
一阶差分 1972—2007				
收入	2 168	2 471	2 002	
支出	3 709	4 292	3 741	
债务	3 503	3 898	3 201	
双重差分				
1972—1992				
收入	-2	331		
支出	0	416		
债务	93	587		
1972—2007				
收入	166	468		
支出	-32	551		
债务	302	697		

资料来源：政府人口普查。

表 14.8　美国州人均总收入、总支出和总债务，1972 年、1992 年、2007 年

州总和	预测州（美元）	监察州（美元）	控制州（美元）	所有州（美元）
1972				
收入	391	444	397	409
支出	346	559	391	424
债务	268	462	222	269
1992				
收入	2 302	3 365	2 233	2 427
支出	2 075	2 935	2 054	2 199
债务	1 659	3 093	1 601	1 850
2007				
收入	3 453	4 888	3 543	3 742
支出	4 202	5 152	4 183	4 341
债务	3 420	5 562	2 943	3 448
一阶差分 1972—1992				
收入	1 911	2 922	1 836	
支出	1 729	2 376	1 663	
债务	1 391	2 631	1 379	
一阶差分 1972—2007				
收入	3 062	4 445	3 146	
支出	3 856	4 592	3 792	
债务	3 151	5 100	2 721	
双重差分				
1972—1992				
收入	75	1 085		
支出	66	712		
债务	11	1 252		
1972—2007				
收入	-84	1 299		
支出	64	801		
债务	430	2 379		

资料来源：政府人口普查。

表 14.9 美国州及地方政府人均总收入、总支出及总债务，1972 年、1992 年、2007 年

州总和	预测州（美元）	监察州（美元）	控制州（美元）	所有州（美元）
1972				
收入	671	802	695	721
支出	793	1 195	844	913
债务	712	1 152	691	781
1992				
收入	3 721	5 183	3 672	3 923
支出	4 264	5 729	4 249	4 488
债务	3 766	5 940	3 640	4 031
2007				
收入	5 901	7 717	5 843	6 154
支出	8 358	10 080	8 377	8 646
债务	7 367	10 150	6 613	7 314
	一阶差分 1972—1992			
收入	3 050	4 382	2 977	
支出	3 471	4 533	3 405	
债务	3 054	4 788	2 949	
	一阶差分 1972—2007			
收入	5 230	6 915	5 148	
支出	7 565	8 884	7 533	
债务	6 654	8 998	5 922	
	双重差分			
1972—1992				
收入	73	1 404		
支出	66	1 129		
债务	105	1 838		
1972—2007				
收入	82	1 767		
支出	32	1 351		
债务	733	3 076		

资料来源：政府人口普查。

成为“监察州”对其在经济上的影响是显著的。以州和地方人均支出为例，在1972年到2007年之间，州和地方人均支出增长了8 884美元；实行监察制度又导致州和地方支出增长1 351美元。但是，针对这一结果，我们尚无法甄别这其中是否存在某种因果关系。支出快速增长的那些州可能已经实施了监察制度，或者说在那些建立了监察制度的州内，地方政府也许能够以更低的成本募集资金。此外，另一个有趣的发现是较之直接支出的增速，“监察州”的收入增速会更快（尽管从整个联邦的角度来解读这个结果取决于从国家政府获得的部分补助，而这些补助并未涵盖在以上统计数据中）。

这些表格中的结果仅具有提示性的意义。因为在过去的35年中，这些州显然都发生了各种各样的事件，而我们在样本选取时并未试图控制住这些不同事件可能产生的影响。出于旨在改变本身的财政结构的考虑或者其他种种因素引发的州财政结构的变化，部分州变成了“预测”或者“监察”州，也正因如此，估计中并没有关于因果关系的解读。

然而，从破产体制的角度来看，这些州也的确证实了州与州之间确实存在着制度上的不同，而且这种制度与州的财政表现密切相关。尤其需要注意的是，在1972年到2002年间的“预测”州，其地方活动占地方与州财政总和均出现了增长。换言之，在那些地方政府相对日趋重要（或者地方政府萎缩相对较慢）的州，州政府在地方政府财政事务上的监察和干预都非常积极。积极监察和财政收入与支出的地方份额上升之间的关联隐约告诉我们，这些州是在有意识地按照某种方式革新制度以提高地方政府的重要性。制度间的交互作用支配着州对地方税收、支出和州级借贷的管理。这方面也是一个未来的热点研究领域。

教训：市场和选民纪律

为了能够得到与当代发展中国家相关的重要结论，本章的前面部分密切关注了从19世纪初到现在的美国地方政府破产体制的架构及其发展。然而，受制于美国在时间和州上的极大差异，我们没能得到一套统一的制度建议，反而总结了好几个教训，有的教训之间甚至自相矛盾。不过，州与州之间还是存在着非常强的普遍性。

美国已经建立起了世界上最大的地方政府资本市场。在2007年，地方政府就发行了2 250亿美元的债券，地方政府未偿债务也达到了1.5万亿美元。放眼全球，这个资本市场的运作相对来说也是非常成功的。地方政府通过这个资本市场借入大规模的资金，再投资到基础设施建设中去，而且这些债务的违约率都非常低。

绝大多数州的地方政府在贷款方式和贷款用途上都面临着的一些限制，而在有的州，地方政府还需要面临贷款规模的限制。通常情况下，这些针对地方政府的贷款限制主要集中在贷款申请程序以及特定收入来源与债务义务之间的服务方式（尤其是对收入型债券而言）。

美国经验的核心特色是强调事前和被动破产制度的重要性。仅有三分之一的州建立了地方政府监察制度，不到两成的州具备相关制度或政策能允许或迫使州政府在面临地方政府财政危机时采取行动。州没有干预程序并不意味着地方政府的借贷服务就不能被更大的社会所监察。相反，这正好凸显了事前制度规则、选民、资本市场和法院的相互作用在监察和限制地方政府借贷方面的重要作用。

看上去这个制度为地方政府提供了一个可以发行债券但不用偿还的漏洞，而这就使得其实际运作机制难以理解。州法律和议会授权地方政府按照特定的程序发行债券。为了保护公民神圣不可侵犯的权利，如果一个地方政府并未按照法定程序发行它的债券，那么这些债券就失去了其法定义务，进而地方政府也就没有义务进行偿还了。然而，实际上只有极少数州为了防止地方政府违规发行债券而对地方政府进行监察。相反，债券持有者发现，如果地方政府超越规定或者违反授权发债的程序，法院将不会强化债券持有者作为债权人对地方政府所拥有的求偿权。正因如此，债券法律咨询对保证债券的合法性非常重要，而债券合法性又是债券有效性和可实施性的必要条件。

地方政府债务发行框架的结果并没有显现，地方政府以未授权的方式大肆借款，继而违约。私有资本市场评估地方政府信贷价值的能力稳定的上升，并告诉潜在债权人关于地方债发行和偿还的实际情况。诸如债券律师和 MSRB 等体制建设都使得对私有市场参与者的信息提供更加可靠和透明。国家政府（中央政府）还没有侵犯州政府在税收、支出和借贷方面神圣不可侵犯的权力，也没有损害州政府为其地方政府创建体制的能力。

发展中国家是否拥有足够强大的公共和私有制度来利用其被动制度仍然难有定论。美国经历了很长一段时期才通过一系列的制度增值变化建立起了其地方政府借贷框架。在 19 世纪末期，要建立一个合法的程序、使得地方纳税人免于承受那些未授权或通过有缺陷的程序而产生的债务，是一项长期和艰苦的过程。要想使被动破产体制发挥作用无疑也需要建立强大而可靠的法律规范。许多发展中国家的制度还没有发展到一定程度，能用这种微妙的方式来惩罚和监管公共债务人和私人债权人。此外，在一国能够运行良好的制度也不能在没有考虑其他国家实际情况的前提下就直接应用于他国。不过，我们有一个不错的奋斗目标：在债权人之间创造清楚的利益以支持强化法律规范和私有市场发展的动机。在美国的市场建设进程中一个重要部分就是透明度和所有债券发行者的风险揭露，而普遍来看，对各国的相关建设来说，这也是非常重要的。

被动体制在借款和税收之间建立了紧密联系。正如标注的那样，19 世纪 40 年代后的绝大多数制度改革都要求州政府，19 世纪 70 年代后也要求地方政府，在发行债券时提高当期的税收。[89]地方政府进行借款时，也将同时迫使选民和纳税人的税负上升。这促使选民注重对借款支持的支出所带来的利益。需要重申的是，这仅仅是一种类似在边际上的变化，而这种变化会影响（选民的）激励，也可能会对政治经济进程的动态发展产生积极的影响。当某些特定的地区和收入型债券在 19 世纪末越发普遍时，一些类似的激励在相关运动中得到了实践。

在形式上，地方政府被视为州的产物。只有当地方政府获得了明确的授权时，地方政府才能进行借款，而且这些数额受限的借款必须用于特定的项目。这种地方政府的借款前提也符合 Dillon 法则的规定。原则上，州拥有权力来改变任何地方政府的组织结构。然而，在实际中，美国人意识到允许州政治活动操纵地方政治活动对民主建设不利，所以，他们改而通过“普通”法律来控制地方政府。这是一个根植于美国内生性的社会背景之下而产生的制度变化，但是，这也为发展中国家如何有机地采用一种制度提供了现实的经验。

中央政府和下级政府之间互动方式的变化改变了各级政府间的政治经济动态。允许下级政府在既定的范围内自主决定其贷款和税收政策的同时，必须相应地明确它们募集地方税收偿还贷款的相应义务。这种改策的自我持续性取决于将这样的政策公平地应用到所有地方政府。如果单个地方政府能够游说中央政府并获得特别待遇，或者中央政府能够单独地为地方政府分别制定特别待遇（不论是积极的还是消极的），那么创造和强化可信规则的动机就会被削弱。如果所有城市都知道所有的规则都将公平得应用于它们，那么所有的城市都会拥有很强的动机去确定所在州是否在它们之间公平地执行了这些规定以及这些规定是否在它们当中发挥了作用。推动通用和有效规定发挥作用的动机是通过地方政府面临的政治经济动机实现的。当中央政府对下级政府区别对待时，将导致那些动机的消失。如果中央政府对州和城市区别对待，那么通用规定及其带来的动机也不能可靠地建立。这也是发展中国家能够从美国的经验中得到的最大的教训之一。

对地方政府而言，通用法律的重要性还有助于解释为何如此少的州实行要求州干预地方政府的融资行为的积极破产制度。事后积极干预活动造成了行动的事前预期。州政府最好还是不要干涉体制基础，除非其想要集中地调控地方政治决策的多方面。在大多数州，地方性危机的解决或是依托于一个专门机制或者州政府不干预。相反，就北科罗拉多州的案例来看，州的严格监察会导致一定程度的地方自治权丧失。

2008 年开始的经济衰退已经造成了美国许多州和地方政府的财政危机。这次危机还没有过去，而此次危机是否会像 20 世纪 30 年代或 70 年代和 80 年代的危机一样导致制度变革还有待观察。在 20 世纪 70 年代和 80 年代时，积极的州监察体制并未减少地方政府贷款量，反而导致地方政府贷款量的上升。不论现行的是何种州监察体制，贷款更多的地方政府在面临经济下行的时候都更容易受到影响。从美国的经验来看，效果最好的还是不要采取固定的财政规定，而采取那些能使政治和经济市场、选民、资本市场可以更清晰地评估政府借贷的成本和收益的制度。人们对制度变革寄予厚望，希望制度变革在未来能够继续强化这种能力。

注　释

本文所述的发现、解释和结论，均属作者个人观点，不代表世界银行、世界银行执行董事会及其所代表的政府，或者外部作者可能隶属的任何机构的观点。

1. 参见 Canuto 和 Liu，2010a；Liu 和 Waibel，2009；还有 Liu 和 Webb，2011。许多发展中国家依然依靠银行贷款作为主要的财政收入来源。次级资本市场依然很小（参见 Canuto 和 Liu 2010a）。

2. 在例如巴西、加拿大和印度这样的联邦国家中，各国的宪法授予州和省相当大的政治和财政权力。

3. 宪法第 11 条修订案规定：“合众国的司法权，不得被解释为可以扩展到受理由他州公民或任何外国公民或臣民对合众一州提出的或起诉的任何普通法或衡平法的诉讼。”

4. 美国政府普查，2007 年。

5. 美国政府普查，2007 年。完整的政府调查将会在以 2 和 7 结尾的年份进行，所以 2007 年的调查是最近的一次。州和地方政府发行的债券有时会被混在一起称为市政债券（或地方政府债券）。从 2007 年到 2012 年，发行的年平均国家债券总额约为 4 500 亿美元（数据源：汤森路透），并且在 2011 年年底，未偿还的债务约为 3 兆美元（美国联邦储备委员会，《Flow of Funds Accounts of the United States》，2012 年 7 月，表 L. 104，63 页）。

6. 参见 Canuto 和 Liu（2010b）对 2000 年到 2009 年间美国地方政府在美国以外地区发行债券的研究。在 2009 年，地方政府在美国以外地区新发行约 3 090 亿美元债券（美国联邦储备委员会，《Flow of Funds Accounts of the United States》，2012 年 7 月，表 L. 104，63 页）。

7. “消极”、“积极”、“事前”和“事后”等词只是在章节中用来帮助理解州政府管制地方政府借贷的描述性词汇，不存在法律意义。

8. 第 9 章的破产法不仅针对市政府，也适用于所有的地方政府。只有 27 个州允许他们的地方政府进入联邦破产法庭，在这 27 个州中，只有 18 个州的地方政府不需要明确的州许可即可进入。欲了解更多有关第9章的内容，请参见本书第8章内容，作者为 De Angelis 和 Tian（2013）；Liu 和 Waibel（2009）；McConnell 和 Picker（1993）。

9. Liu 和 Waibel（2009），以及本书 De Angelis 和 Tian（2013）写的第8章参考了 Laughlin（2005）和 Spiotto（2008）的研究。欲了解关于州授权的最新发展，请参考 Spiotto（2012）。到底大于还是少于一半的州拥有积极系统取决于这9个允许其地方政府在有限条件下使用第9章的州如何被计算。

10. 本书中 De Angelis 和 Tian（2013）写的第8章参考了美国破产协会的规章制度，美国法院的网站为 http：//www. uscourts. gov；《破产基础知识》（2006）又美国法院行政办公室及美国破产协会共同编纂；2007年美国政府普查，网站为 http：//www. abiworld. org；电子法院记录的公共访问网站为 http：//www. pacer. gov。

11. 由于内战和第十四修正案，州政府和联邦法院得以实现对国家和地方政府的更多方面的控制，比如在遵守公民权利法律领域。但州政府和地方政府之间的关系仍然是几乎完全由国家宪法和国家法律管辖。

12. 参见 Briffault，1990。

13. 参见 Williams（1986）对地方政府本质的总结。

14. 狄龙法则；内战结束后不久，爱荷华州最高法院的法官约翰·狄龙首次在他写的《Commentaries on the Law of Municipal Corporations》中提出这个法则。

15. 参见《Hunter v. City of Pittsburgh》（1907）这个最高法院的例子；及 Briffault 2008。

16. 随着时间的推移，州在宪法中不断加强又削弱地方自治力，我们将在下一节中显示一般条款。

17. 这些宪法的规定及法律条文在要求工商企业、银行、教会、或任何类型的公司集团注册的法律和规定相一致。

18. 参见《俄亥俄州宪法》（1851）第13篇文章的第一部分。

19. Briffault 和 Reynolds，2004；Briffault，2008。

20. 给出一个区分这两个时间段的明确时间是不可能的，因为州政府在管制地方政府方面的变化太快。

21. Teaford，1975，79。

22. Wallis，2005。

23. 参见 Wallis 和 Weingast，2008。

24. 表格来源于 Wallis（2000），同样也讨论了国家、州和地方财政活动在美国整个历史中的相对重要性。

25. 参见 Maco（2001）对债券律师发展的历史研究。

26. 这些类似于一个企业的招股书，但通常被称为“官方声明”。大多数债券的发行者在其债券存续期发布的官方声明及额外信息现在可以在网站 www. emma. msrb. org 上免费取得，也能在各种商业信息供应商那里购买，根据这些信息，投资者便能更好地评估信贷风险。需要注意的是，与发行证券的公司的规定不同，美国证券和交易委员会目前对市政债务的披露文件的格式和披露的内容还没有规定。结果导致了经常出现过时的财务报表，财务报表有时不遵守一般公认的会计原则，且由于缺乏统一的格式和没有规定统一的内容，很难在不同债券中进行比较。

27. 例如旅馆—汽车旅馆入住率税被用来支付修路而发行的债券。

28. 现在美国地方政府发行的债券中大约有三分之二是收入债务——以债券募资建设的项目的收入流作为抵押的一种债券。第一支收入债券由西弗吉尼亚州的威灵发行，这支债券募集的资金被用以建设水和天然气计划。收入债券在20世纪70年代变成了美国的主流（Marlin和Mysak 1991，前注45，18，62）。

29. 如上文所述，对于这样的私人目的债券往往是在狄龙的规则下被认定为无效，而发行者可以免除偿还。

30. Wallis，2005。

31. 除了代表投资者利益的债券律师，也有参与发债过程中的其他律师。承销商的律师可以确保准确地披露发行人的财务状况和计划和其他对投资者要知道重要的事项。http：//www. publicbonds. org。

32. Maco（2001）的两条联邦法案。

33. 除非特别说明，本章大部分来源于Maco（2001）。

34. McConnell和Picker，1993。

35. 想了解关于第9章的起源、框架和适用范围，请参见McConnell和Picker（1993），本书由De Angelis与Tian（2013）编写的第8章，还有Liu and Waibel（2009）。

36. 1980—2008年的数据来源于美国破产协会，2009年的数据来源于美国州法庭网站，http://www. uscourts. gov。

37. Maco，2001。

38. 《证券交易法》规定用MSRB规则来对经纪交易商及市政顾问进行设计，以防止欺诈和操纵行为和做法，并且促进贸易的公正和公平的原则，促进与从事其他特定的市场支持活动的人员的合作与协调，同时在市政债券中消除障碍和完善自由开放的市场机制，并在一般情况下，保护投资者和公众利益。《证券交易法》的15B（b）（2）部分对MSRB规则的适用范围有完整的阐述。

39. 例如，通过其电子市场准入制度，MSRB目前免费给公众提供超过150万个州和地方政府债券发行的信息。http：//www. emma. msrb. org。

40. 市政府的会计准则不统一。每个州将自主确定他们和他们的地方政府使用什么会计标准。不是所有政府都使用政府会计标准委员会标准（Haines 2009）。

41. 参见Briffault，1990。

42. 参见Williams（1986）对地方政府特征的总结；参见《Hunter v. City of Pittsburgh》；参见Briffault（2008）。

43. 整理州政府积极破产制度的大事记超出了本章的范围，然而，北卡罗来纳州开始监控之后，与另一个国家采取类似的机构之前有大约40年的滞后。

44. Cahill与James，1992；CRCM，2000。

45. Mackey，1993。

46. Mackey，1993。

47. Rodriguez - Tejedo 与 Wallis，2010，2012。

48. Mackey，1993。

49. Kloha，Weissert，与 Kleine，2005。Coe 发现新墨西哥州和肯塔基州也是积极的监督者，且他们也被包括在监督者范围内，虽然 Kloha、Weissert 及 Kleine 没有被包括在内。

50. Honadle 2003。总数大概有 50 左右，一些国家汇报了多个定义。从电话调查收集资料的问题之一是 Honadle 报告称，北卡罗莱纳州财政危机没有定义，事实上，北卡罗莱纳州自 20 世纪 30 年代以来已被积极地监控和干预地方财政。我们在表中重新归类北卡罗莱纳州。

51. 在不同的研究中，表中的信息是以 2003—2005 年的现值计算的。

52. Carter，1995；Coe，2008；Kimhi，2008；Wall，1984。

53. Coe，2008。

54. 只有佛罗里达州比北卡罗莱纳州有更多的市政违约（Laskey 和 Hall 2004）。

55. Laskey 和 Hall，2004；Wall，1984。

56. 全市拖欠的短期预期债券 1 500 万美元，主要由六家银行持有。克利夫兰的危机是在本地困难中解决财政问题的典型代表。增加税收需要得到公民投票，并在 20 世纪 70 年代，克利夫兰的人均税收负担比芝加哥、底特律和费城这样的大城市还要低。参见 Ruggeri（2008）与宾夕法尼亚州经济联盟，东部分部（1991）。

57. Cahill 与 James，1991。从 1987 年到 2010 年 5 月通过的第 47 条法令，26 个市在第 47 条法令下宣布财政困境，并获得州援助。社区与经济发展部，http：//www. newpa. com。

58. Cannon，1993。据估计，这个城市的赤字比整个第 27 条法令的循环基金大 260 倍。

59. 《北卡罗莱纳州宪法》文章 VII。

60. 《北卡罗莱纳州的总章程》第 159 章，159 - 36 页；Carter，1995。

61. Laskey 和 Hall，2004。

62. Marino、Woodell 和 Thomas，2000。

63. 该司在任何应用程序提交到洛桑当局批准前，还向市政发行人提供技术援助。参见 Moore 2008。

64. 参见 Moore，2008。

65. Coe，2007。

66. 2007/08 财年，有关的整体财政健康基金平衡水平、遵守通过的预算、在水和/或下水道资金营运资金水平和遵守各项法定要求周转水平等问题的 358 封信件被送往当地单位（北卡罗莱纳州司库的“2008 年度报告”）。

67. 《宾夕法尼亚州宪法》，第 3 篇文章，31 部分。

68. 宾夕法尼亚州经济联盟，东部分部（1991），参见本部分的案例分析。

69. 第 47 条法令的 123（a）部分。某些国家资金将被扣留，直至直辖市提供 DCED 所有必需的数据。该指标包括超过三年的赤字、有 1% 或以上的各上一财年的赤字、支出超过收入为三年或三年以上、还本付息默认情况下和 30 天的工资拖欠。参见法令第 47 条的 201 部分。

70. 第 47 条法令的 221 部分。协调者不能是选举或任命的官员或市政府雇员。

71. 564 A. 2d 1015（Pa. Commw. Ct 1989）引用 Cannon（1993）。

72. Cannon，1993。

73. 根据第 47 条法令，只有当本市实行由州任命的协调员创建的金融复苏计划时，市才能得到州的贷款和补助。如果市政当局拒绝通过该计划，就必须拿出自己的计划，该计划将受 DCED 的检查。如果 DCED 的决定无法解决问题，则州会做出相应的惩罚。州将扣发一定的资金，包括补助、贷款，某些权力和从州或其机构得到的钱。

74. Cannon，1993。

75. Cannon，1993。

76.《俄亥俄州宪法》文章 XVIII 的第 3 部分。

77.《俄亥俄州宪法》文章 XVIII 的第 3 部分。这篇文章又 1912 年的宪法补充条款创建。

78. 俄亥俄州的奈尔斯市是财政应急方案下的第一个城市，接着是克利夫兰市。从 1979 年到 2010 年 11 月 1 日，财务规划和监督委员会资助了 59 个财政危机的市。请参阅《俄亥俄州修订守则》第 118 章了解这六个条件。

79.《俄亥俄州修订守则》第 118 章。从法律的修订到 2010 年 11 月 1 日，22 个地方政府参与了财政 watch 计划。

80. Beckett – Camarata，2004；Coe，2007。

81. Coe，2008。

82.《俄亥俄州修订守则》第 118 章。

83. 自俄亥俄州参见了财政监管计划后，1996 年至 2010 年 11 月间，又有 22 个地方政府参见了财政监管计划，12 个地方政府从监管计划中退出；5 个政府财政状况发生了恶化，并且进入财政紧急计划（http：//www. auditor. state. oh. us）。12 个城市得到了援助并且在退出这个计划后财政状况得到了改善，且会计和报告系统得到了提高。

84. 截至 11 月 1 日时，根据州审计员基于 35 个地方个体的统计，其财政紧急状态已被停止。

85. Taylor，2009。

86. 从 1979 年到 2010 年 11 月，58 个曾参加财政应急计划的地方个体中的 11 个州被州审计员放入了项目。从 1990 年到 2010 年 11 月，4 个曾参加财政应急计划的地方个体被州审计员放入了项目（http：//www. auditor. state. oh. us）。

87. 由于在估计国家，州和地方政府的内生补助上出现问题，故排除补贴。

88. 财政活动指政府所有的财政活动，并包括国家，州和地方政府的补助。

89. 下放支出和借贷能力需要与下放收入弹性相匹配。地方财政和债务可持续性与政府间财政体系不可分割。

参考文献

Alter, David, Julie Berman, and Patricia McGuigan. 1992. “Administrative Factors in Rating Local Debt：Case Studies in the Southeast Region.” Moody’s Municipal Issues 9：7 – 9, 12.

Bailey, Robert W. 1984. The Crisis Regime: The MAC, the EFCB, and the Political Impact of the New York City Financial Crisis. Albany: State University of New York Press.

Beckett – Camarata, Jane. 2004. "Identifying and Coping with Fiscal Emergencies in Ohio Local Governments. International Journal of Public Administration 27 (8 – 9): 615 – 30.

Berman, David R. 1995. "Takeovers of Local Governments: An Overview and Evaluation of State Policies." Publius 25 (3) (Summer): 55 – 70.

Briffault, Richard. 1990. "Our Localism: Part I: The Structure of Local Government Law." Columbia Law Review 90 (1): 7 – 8.

———. 2008. "The Central Place of State and Local Governments in American Federalism." In Handbook of Municipal Bonds, ed. Sylvan G. Feldstein and Frank J. Fabozzi. Hoboken: John Wiley & Sons, Inc.

Briffault, Richard, and Laurie Reynolds. 2004. Cases and Materials on State and Local Government and Local Government Law: Six Edition. St. Paul, MN: Thomson West.

Cahill, Anthony G., and Joseph A. James. 1991. "Coping with Fiscal Distress in Pennsylvania's Local Governments: A Program Evaluation of Act 47." Harrisburg: Pennsylvania State University, Department of Public Administration, April.

Cahill, Anthony G., and Joseph A. James. 1992. "Responding to Municipal Fiscal Distress: An Emerging Issue for State Governments in the 1990s." Public Administration Review 52 (1): 88 – 94.

Cahill, Anthony G., Joseph A. James, Jean E. Lavigne, and Ann Stacey. 1994. "State Government Responses to Municipal Fiscal Distress: A Brave New World for State – local Intergovernmental Relations." Public Productivity and Management Review 17 (Spring): 253 – 64.

Cannon, Drew P. 1993. "An Analysis of Pennsylvania's Legislative Programs for Financially Distressed Municipalities and the Reaction of Municipal Labor Unions." 98 Dickinson Law Review 281 1993 – 1994.

Canuto, O., and L. Liu. 2010a. "Subnational Debt Finance and the Global Crisis." Economic Premise #13, Poverty Reduction and Economic Management Network, World Bank, Washington, DC, May.

———. 2010b. "Subnational Debt Finance: Make it Sustainable." In The Day After Tomorrow: A Handbook on the Future of Economic Policy in the Developing World, ed. Otaviano Canuto and Marcelo Giugale. Washington, DC: World Bank.

Carter, Lee K. 1995. "State Oversight of Local Government Finance." In State and Local Government Relations in North Carolina, ed. Charles D. Liner. Chapel Hill, NC: Institute of Government, the University of North Carolina at Chapel Hill.

Coe, Charles K. 2007. "Preventing Local Government Fiscal Crises: The North Carolina Approach." Public Budgeting & Finance (Fall): 39 – 49.

———. 2008. "Preventing Local Government Fiscal Crises: Emerging Best Practices." Public

Administration Review (August): 759 - 67.

CRCM (Citizens Research Council of Michigan). 2000. "Avoiding Local Government Financial Crisis: The Role of State Oversight." Report No. 329, Citizens Research Council of Michigan, Lansing, Michigan.

De Angelis, Michael, and Xiaowei Tian. 2012. "United States: Chapter 9 Municipal Bankruptcy - Utilization, Avoidance, and Impact." In Until Debt Do Us Part - Subnational Debt, Insolvency, and Markets, ed. Otaviano Canuto and Lili Liu. Washington, DC: World Bank.

Federal Reserve Board. 2012. Flow of Funds Accounts of the United States. Washington, DC, June.

Haines. Martha. 2009. "Regulations of Subnational Securities Market," presentation at the Zhuhai International Conference on Subnational Debt Management, Zhuhai, China, September 21.

Hennessey, Jessica. 2009. Endogenous Institutional Change: The Transformation of the State - Local Relationship in the United States. PhD Dissertation, University of Maryland.

Honadle, Beth W. 2003. "The States" Role in U. S. Local Government Fiscal Crises: A Theoretical Model and Results of a National Survey." International Journal of Public Administration 26 (13): 1431 - 72.

Hren, Henry, Michael Morelli, and Lois Briggs. 1997. "Missed Opportunity: Urban Fiscal Crises and Financial Control Boards." Harvard Law Review 110: 733 - 50.

Jeweler, Robin. 2007. "Municipal Reorganization: Chapter 9 of the U. S. Bankruptcy Code." Congressional Research Service, Washington, DC, March 8.

Kimhi, Omer. 2008. "Reviving Cities: Legal Remedies to Municipal Financial Crises." Boston University Law Review 88: 633.

Kloha, Philip, Carol Weissert, and Robert Kleine. 2005. "Someone to Watch Over Me: State Monitoring of Local Fiscal Conditions." American Review of Public Administration 35 (3): 236 - 55.

Laskey, Amy and Rebecca Hall. 2004. "State of North Carolina Local Government Commission." New York: Fitch's Investors Service.

Laughlin, Alexander. 2005. "Municipal Insolvencies: A Primer on the Treatment of Municipalities under the Bankruptcy Code." Wiley Rein & Fielding LLP, Washington, DC. http://www.abiworld.org/pdfs/municipal_primer.pdf.

Liu, Lili and Michael Waibel. 2009. "Subnational Governance and Insolvency: Cross - Country Experiences." In Does Decentralization Enhance Service Delivery and Poverty Reduction? ed. E. Ahmad and G. Brosio. Northampton, MA: Edward Elgar Publishing.

Liu, Lili, and Steven Webb. 2011. "Laws for Fiscal Responsibility for Subnational Discipline: International Experience." World Bank Policy Research Working Paper #5587, World Bank, Washington, DC.

Mackey, Scott R. 1993. "State Programs to Assist Distressed Local Governments." Legislative

Finance Paper #86. National Conference of State Legislatures, Denver, Colorado, March.

Maco, Paul S. 2001. "Building a Strong Subnational Debt Market – A Regulator's Perspective." Richmond Journal of Global Law & Business 2 (1): 1 – 31.

Marino Richard, Colleen Woodell, and LaVerne Thomas. 2000. "North Carolina Local Government Commission Contributes to Higher Ratings." Standard & Poor's, New York.

Marlin, George J., and Joe Mysak. 1991. The Guidebook to Municipal Bonds. New York: The Bond Buyer.

McConnell, Michael, and Randal Picker. 1993. "When Cities Go Broke: A Conceptual Introduction to Municipal Bankruptcy." 60 University of Chicago Law Review 425 – 35.

Moore, Richard H. 2008. "The State Treasurer's Annual Report to the People of North Carolina 2008." North Carolina Department of State Treasurer, City isRaleigh.

National Bureau of Economic Research/Maryland Constitution Project, www.stateconstitutions.umd.edu.

Pennsylvania Economy League, Eastern Division. 1991. "Fiscal Crises and Remedies: A Comparative Study of Philadelphia and other Large Jurisdictions, with Emphasis on Fiscal Supervision Agencies," Report 596, Philadelphia, April.

Raphael, Richard J., Eric Friedland, Amy R. Laskey, and Amy S. Doppelt. 2010. "The Perils of Considering Municipal Bankruptcy." Fitch Ratings, Public Finance, January 27.

Rodriguez – Tejedo, Isabel, and John Joseph Wallis. 2010. "Lessons for California from the History of Fiscal Constitutions." California Journal of Politics and Policy 2 (3): 1 – 19.

———. 2012. "Fiscal Institutions and Fiscal Crises." In When States Go Broke: The Origins, Context, and Solutions for the American States in Fiscal Crisis, ed. Peter Conti – Brown and David A. Skeel, Jr., New York: Cambridge University Press, pp. 9 – 39.

Shalala, Donna E., and Carol Bellamy. 1976. "A State Saves a City: The New York Case." Duke Law Journal 1976: 1119.

Spiotto, James E. 2008. "Chapter 9: The Last Resort for Financially Distressed Municipalities." In Handbook of Municipal Bonds, ed. Sylvan G. Feldstein and Frank J. Fabozzi. Hoboken: John Wiley & Sons, Inc.

———. 2012. "Primer on Municipal Debt Adjustment – Chapter 9: The Last Resort for Financially Distressed Municipalities." Chapman and Cutler LLP, Chicago.

Taylor, Mary. 2009. "Fiscal Indicators: A Proactive Approach to Local Government Financial Assistance." http://www.auditor.state.oh.us/conferences/fiscaldistress/handouts/.

Teaford. 1975. The Municipal Revolution in America: Origins of Modern American Government, 1650 – 1825. Chicago: University of Chicago Press.

United States Census of Governments. 2007. Data taken from online sources at www.census.gov/govs/cog.

United State House of Representatives, Committee on Government Reform and Oversight, Subcommittee on the District of Columbia. 1995. "Actions Taken by Five Cities to Restore their Financial Health." Washington, DC, March 2.

Wall, Susan. 1984. "State Assistance to Local Governments: N. C. Local Government Commission." North Carolina Insight (June): 6 – 8.

Wallis, John Joseph. 2000. "American Government Finance in the Long Run: 1790 to 1990." Journal of Economic Perspectives 14 (1): 61 – 82.

———. 2005. "Constitutions, Corporations, and Corruption: American States and Constitutional Change, 1842 to 1852." Journal of Economic History 65 (1) (March): 211 – 56.

Wallis, John Joseph, and Barry R. Weingast. 2008. "Dysfunctional or Optimal Institutions: State Debt Limitations, the Structure of State and Local Governments, and the Finance of American Infrastructure." In Fiscal Challenges: An Interdisciplinary Approach to Budget Policy, ed. Elizabeth Garrett, Elizabeth A. Grady, and Howell E. Jackson. New York: Cambridge University Press.

Williams, Joan C. 1986. "The Constitutional Vulnerability of American Local Government: The Politics of City Status in American Law." Wisconsin Law Review 1: 83 – 153.

后　记

为推动我国地方政府债务管理制度建设，逐步形成与社会主义市场经济体制相适应、管理规范、运行高效的地方政府举债融资机制，财政部预算司组织翻译了本书。参加本书翻译和审核的有财政部预算司许宏才（时任预算司司长）、李敬辉、郎福宽、陈新华、张志华、尹李峰、周娅、范辉政、操佳佳、刘亚伟、柳锐，中央财经大学乔宝云、过深、尹训东、吴晓瑜、胡彬、刘乐铮、刘楠楠、李雯睿等。中国财政经济出版社的赵力女士给予了大量的支持，在此一并表示感谢。由于时间、水平和经验所限，书中尚存不尽如人意之处，恳请读者批评指正。